U0901348

浙江经济普查年鉴

Zhejiang Economic Census Yearbook 2013

综|合|卷（中册）

浙江省人民政府第三次经济普查领导小组办公室　编

中国统计出版社
China Statistics Press

图书在版编目（CIP）数据

浙江经济普查年鉴. 2013 / 浙江省人民政府第三次经济普查领导小组办公室编著. -- 北京 ：中国统计出版社, 2016.5
ISBN 978-7-5037-7770-7

Ⅰ. ①浙… Ⅱ. ①浙… Ⅲ. ①经济－普查－浙江省－2013－年鉴 Ⅳ. ①F127.55-54

中国版本图书馆 CIP 数据核字(2016)第 084697 号

浙江经济普查年鉴—2013/综合卷(中册)

作　　者/浙江省人民政府第三次经济普查领导小组办公室
责任编辑/王振宇　许立舫　冯燕玲
封面设计/黄俊杰　李雪燕
出版发行/中国统计出版社
通信地址/北京市丰台区西三环南路甲 6 号　邮政编码/100073
电　　话/邮购（010）63376909　书店（010）68783171
网　　址/http://www.zgtjcbs.com/
印　　刷/河北天普润印刷厂
经　　销/新华书店
开　　本/880mm×1230mm　1/16
字　　数/1534 千字
印　　张/48.5
版　　别/2016 年 5 月第 1 版
版　　次/2016 年 5 月第 1 次印刷
定　　价/1980.00 元（全七册附光盘）

本书附同版本 CD-ROM 一张，光盘内容以书面文字为准。
如有印装差错，由本社发行部调换。

综合卷　目录

（上册）

第一篇　综合

1-1　按产业、行业大类和构成分组的地区生产总值 ············ 3
1-2　按产业、行业大类和地区分组的地区生产总值 ············ 4
1-3　按机构类型、行业门类分组的法人单位、产业活动单位数及从业人数 ············ 6
1-4　按行业中类分组的法人单位、产业活动单位数及从业人数 ············ 7
1-5　按地区分组的法人单位、产业活动单位数及从业人数 ············ 24
1-6　按登记注册类型分组的法人单位、产业活动单位数及从业人数 ············ 28
1-7　按开业时间分组的法人单位、产业活动单位数及从业人数 ············ 29
1-8　按行业大类、地区分组的法人单位数 ············ 30
1-9　按行业大类、地区分组的法人单位从业人数 ············ 38
1-10　按行业大类、登记注册类型分组的法人单位数 ············ 46
1-11　按行业大类、登记注册类型分组的法人单位从业人数 ············ 62
1-12　按行业大类、机构类型分组的法人单位数 ············ 78
1-13　按行业大类、机构类型分组的法人单位从业人数 ············ 86
1-14　按行业大类、控股情况分组的法人单位数 ············ 94
1-15　按行业大类、控股情况分组的法人单位从业人数 ············ 102
1-16　按行业大类、开业时间分组的法人单位数 ············ 110
1-17　按行业大类、开业时间分组的法人单位从业人数 ············ 126
1-18　按地区、登记注册类型分组的法人单位数 ············ 142
1-19　按地区、登记注册类型分组的法人单位从业人数 ············ 158
1-20　按地区、机构类型分组的法人单位数 ············ 174
1-21　按地区、机构类型分组的法人单位从业人数 ············ 178
1-22　按地区、控股情况分组的法人单位数 ············ 182
1-23　按地区、控股情况分组的法人单位从业人数 ············ 186
1-24　按地区、开业时间分组的法人单位数 ············ 190
1-25　按地区、开业时间分组的法人单位从业人数 ············ 206

第二篇　企业

A. 全部企业

2-A-1　按行业小类分组的全部企业法人单位数及从业人数 …… 224
2-A-2　按地区分组的全部企业法人单位数及从业人数 …… 272
2-A-3　按开业时间分组的全部企业法人单位数及从业人数 …… 275
2-A-4　按行业小类、地区分组的全部企业法人单位数 …… 276
2-A-5　按行业小类、地区分组的全部企业法人单位从业人数 …… 370
2-A-6　按行业中类、营业状态分组的全部企业法人单位数 …… 464
2-A-7　按行业中类、营业状态分组的全部企业法人单位从业人数 …… 479
2-A-8　按行业中类、开业时间分组的全部企业法人单位数 …… 494
2-A-9　按行业中类、开业时间分组的全部企业法人单位从业人数 …… 554
2-A-10　按行业中类、登记注册类型分组的全部企业法人单位数 …… 614
2-A-11　按行业中类、登记注册类型分组的全部企业法人单位从业人数 …… 682
2-A-12　按行业中类、控股情况分组的全部企业法人单位数 …… 750
2-A-13　按行业中类、控股情况分组的全部企业法人单位从业人数 …… 766
2-A-14　按行业中类、全年营业收入组距分组的全部企业法人单位数 …… 782
2-A-15　按行业中类、资产总计组距分组的全部企业法人单位数 …… 814
2-A-16　按行业中类、从业人数组距分组的全部企业法人单位数 …… 846

（中册）

2-A-17　按地区、营业状态分组的全部企业法人单位数 …… 878
2-A-18　按地区、营业状态分组的全部企业法人单位从业人数 …… 881
2-A-19　按地区、开业时间分组的全部企业法人单位数 …… 884
2-A-20　按地区、开业时间分组的全部企业法人单位从业人数 …… 896
2-A-21　按地区、登记注册类型分组的全部企业法人单位数 …… 908
2-A-22　按地区、登记注册类型分组的全部企业法人单位从业人数 …… 920
2-A-23　按地区、控股情况分组的全部企业法人单位数 …… 932
2-A-24　按地区、控股情况分组的全部企业法人单位从业人数 …… 935
2-A-25　按地区、全年营业收入组距分组的全部企业法人单位数 …… 938
2-A-26　按地区、资产总计组距分组的全部企业法人单位数 …… 941
2-A-27　按地区、从业人数组距分组的全部企业法人单位数 …… 944
2-A-28　按登记注册类型、营业状态分组的全部企业法人单位数 …… 947
2-A-29　按登记注册类型、营业状态分组的全部企业法人单位从业人数 …… 948
2-A-30　按登记注册类型、全年营业收入组距分组的全部企业法人单位数 …… 949
2-A-31　按登记注册类型、资产总计组距分组的全部企业法人单位数 …… 950
2-A-32　按登记注册类型、从业人数组距分组的全部企业法人单位数 …… 951
2-A-33　按行业中类、地区分组的全部企业资产总计 …… 952
2-A-34　按行业中类、地区分组的全部企业全年营业收入 …… 984
2-A-35　按行业中类、登记注册类型分组的全部企业资产总计 …… 1016

2-A-36 按行业中类、登记注册类型分组的全部企业全年营业收入……1084
2-A-37 按行业中类、控股情况分组的全部企业资产总计……1152
2-A-38 按行业中类、控股情况分组的全部企业全年营业收入……1168
2-A-39 按行业中类、营业状态分组的全部企业资产总计……1184
2-A-40 按行业中类、营业状态分组的全部企业全年营业收入……1200
2-A-41 按地区、登记注册类型分组的全部企业资产总计……1216
2-A-42 按地区、登记注册类型分组的全部企业全年营业收入……1228
2-A-43 按地区、控股情况分组的全部企业资产总计……1240
2-A-44 按地区、控股情况分组的全部企业全年营业收入……1243
2-A-45 按地区、营业状态分组的全部企业资产总计……1246
2-A-46 按地区、营业状态分组的全部企业全年营业收入……1249
2-A-47 按登记注册类型、营业状态分组的全部企业资产总计……1252
2-A-48 按登记注册类型、营业状态分组的全部企业全年营业收入……1253
B. 小微企业
2-B-1 按行业小类分组的小微企业法人单位数及从业人数……1254
2-B-2 按地区分组的小微企业法人单位数及从业人数……1302
2-B-3 按开业时间分组的小微企业法人单位数及从业人数……1305
2-B-4 按行业小类、地区分组的小微企业法人单位数……1306
2-B-5 按行业小类、地区分组的小微企业法人单位从业人数……1400
2-B-6 按行业中类、营业状态分组的小微企业法人单位数……1494
2-B-7 按行业中类、营业状态分组的小微企业法人单位从业人数……1509
2-B-8 按行业中类、开业时间分组的小微企业法人单位数……1524
2-B-9 按行业中类、开业时间分组的小微企业法人单位从业人数……1584

（下册）

2-B-10 按行业中类、登记注册类型分组的小微企业法人单位数……1644
2-B-11 按行业中类、登记注册类型分组的小微企业法人单位从业人数……1712
2-B-12 按行业中类、控股情况分组的小微企业法人单位数……1780
2-B-13 按行业中类、控股情况分组的小微企业法人单位从业人数……1796
2-B-14 按行业中类、全年营业收入组距分组的小微企业法人单位数……1812
2-B-15 按行业中类、资产总计组距分组的小微企业法人单位数……1844
2-B-16 按行业中类、从业人数组距分组的小微企业法人单位数……1876
2-B-17 按地区、营业状态分组的小微企业法人单位数……1908
2-B-18 按地区、营业状态分组的小微企业法人单位从业人数……1911
2-B-19 按地区、开业时间分组的小微企业法人单位数……1914
2-B-20 按地区、开业时间分组的小微企业法人单位从业人数……1926
2-B-21 按地区、登记注册类型分组的小微企业法人单位数……1938
2-B-22 按地区、登记注册类型分组的小微企业法人单位从业人数……1950
2-B-23 按地区、控股情况分组的小微企业法人单位数……1962
2-B-24 按地区、控股情况分组的小微企业法人单位从业人数……1965
2-B-25 按地区、全年营业收入组距分组的小微企业法人单位数……1968

2-B-26 按地区、资产总计组距分组的小微企业法人单位数……1971
2-B-27 按地区、从业人数组距分组的小微企业法人单位数……1974
2-B-28 按登记注册类型、营业状态分组的小微企业法人单位数……1977
2-B-29 按登记注册类型、营业状态分组的小微企业法人单位从业人数……1978
2-B-30 按登记注册类型、全年营业收入组距分组的小微企业法人单位数……1979
2-B-31 按登记注册类型、资产总计组距分组的小微企业法人单位数……1980
2-B-32 按登记注册类型、从业人数组距分组的小微企业法人单位数……1981
2-B-33 按行业中类、地区分组的小微企业资产总计……1982
2-B-34 按行业中类、地区分组的小微企业全年营业收入……2014
2-B-35 按行业中类、登记注册类型分组的小微企业资产总计……2046
2-B-36 按行业中类、登记注册类型分组的小微企业全年营业收入……2114
2-B-37 按行业中类、控股情况分组的小微企业资产总计……2182
2-B-38 按行业中类、控股情况分组的小微企业全年营业收入……2198
2-B-39 按行业中类、营业状态分组的小微企业资产总计……2214
2-B-40 按行业中类、营业状态分组的小微企业全年营业收入……2230
2-B-41 按地区、登记注册类型分组的小微企业资产总计……2246
2-B-42 按地区、登记注册类型分组的小微企业全年营业收入……2258
2-B-43 按地区、控股情况分组的小微企业资产总计……2270
2-B-44 按地区、控股情况分组的小微企业全年营业收入……2273
2-B-45 按地区、营业状态分组的小微企业资产总计……2276
2-B-46 按地区、营业状态分组的小微企业全年营业收入……2279
2-B-47 按登记注册类型、营业状态分组的小微企业资产总计……2282
2-B-48 按登记注册类型、营业状态分组的小微企业全年营业收入……2283

第三篇 事业、机关、社团、其他及民办非企业

3-1 按行业小类分组的事业法人单位数及从业人数……2286
3-2 按地区分组的事业法人单位数及从业人数……2300
3-3 按行业中类、地区分组的事业法人单位数……2304
3-4 按行业大类、地区分组的事业法人单位从业人数……2318
3-5 按行业小类分组的机关法人单位数及从业人数……2322
3-6 按地区分组的机关法人单位数及从业人数……2323
3-7 按行业中类、地区分组的机关法人单位数……2326
3-8 按行业大类、地区分组的机关法人单位从业人数……2328
3-9 按行业小类分组的社会团体法人单位数及从业人数……2330
3-10 按地区分组的社会团体法人单位数及从业人数……2333
3-11 按行业中类、地区分组的社会团体法人单位数……2336
3-12 按行业大类、地区分组的社会团体法人单位从业人数……2340
3-13 按行业小类分组的民办非企业法人单位数及从业人数……2342
3-14 按地区分组的民办非企业法人单位数及从业人数……2353
3-15 按行业中类、地区分组的民办非企业法人单位数……2356
3-16 按行业大类、地区分组的民办非企业法人单位从业人数……2368

3-17　按行业小类分组的其他法人单位数及从业人数……2372
3-18　按地区分组的其他法人单位数及从业人数……2383
3-19　按行业中类、地区分组的其他法人单位数……2386
3-20　按行业大类、地区分组的其他法人单位从业人数……2396

第四篇　个体经营户

4-1　按行业中类分组的个体经营户户数及从业人数……2402
4-2　按地区分组的个体经营户户数及从业人数……2430

2-A-17 按地区、营业状态分组的全部企业法人单位数

单位：个

地 区	单位数	营业	停业(歇业)	筹建	当年关闭	当年破产	其他
全 省	**835565**	**673269**	**81875**	**43403**	**30166**	**1093**	**5759**
杭州市	**188409**	**149741**	**20425**	**9396**	**8237**	**190**	**420**
上城区	8963	7165	1125	430	240	1	2
下城区	13574	11894	968	543	147	1	21
江干区	18502	15727	1312	904	518	3	38
拱墅区	16736	12982	1746	1015	968	6	19
西湖区	26252	18372	3917	833	3084	7	39
滨江区	9937	9131	505	136	153	7	5
萧山区	35593	27848	3821	2072	1774	76	2
余杭区	23844	19245	2526	1677	352	16	28
桐庐县	6822	5175	849	478	280	15	25
淳安县	3139	2602	228	208	67	7	27
建德市	5327	4324	537	244	173	21	28
富阳市	11298	8762	1641	465	263	10	157
临安市	8422	6514	1250	391	218	20	29
宁波市	**149739**	**115839**	**15315**	**11296**	**6455**	**132**	**702**
海曙区	11415	9549	777	249	833		7
江东区	12055	9202	608	1756	364	2	123
江北区	9028	6300	1079	767	866	16	
北仑区	14378	11987	918	993	419	6	55
镇海区	8766	6536	544	1509	136	11	30
鄞州区	31749	24740	2774	2465	1635	19	116
象山县	7642	5267	1635	525	180	9	26
宁海县	7746	6157	767	520	116	12	174
余姚市	17130	14199	1526	982	355	7	61
慈溪市	23066	16210	4218	1111	1408	43	76
奉化市	6764	5692	469	419	143	7	34
温州市	**117608**	**93602**	**16302**	**3472**	**2683**	**223**	**1326**
鹿城区	17657	12916	3768	40	613	80	240
龙湾区	13382	9092	2514	506	554	26	690
瓯海区	9854	8234	1252	171	126	5	66
洞头县	1164	950	147	58	3		6
永嘉县	9606	7272	1559	611	144	3	17
平阳县	7245	5752	916	276	191	19	91

2-A-17 续表 1

单位：个

地 区	单位数	营业	停业(歇业)	筹建	当年关闭	当年破产	其他
苍南县	13171	11053	1354	306	369	18	71
文成县	1273	1049	134	47	30	7	6
泰顺县	1579	1296	145	71	55	3	9
瑞安市	20133	15496	3198	1044	339	13	43
乐清市	22544	20492	1315	342	259	49	87
嘉兴市	**68773**	**58558**	**3572**	**3721**	**2599**	**44**	**279**
南湖区	11307	9805	628	621	225	9	19
秀洲区	7473	6558	237	286	227	2	163
嘉善县	9458	7931	574	424	488	8	33
海盐县	6426	5416	208	480	308	3	11
海宁市	13385	11639	628	635	450	7	26
平湖市	9464	7572	698	637	537	11	9
桐乡市	11260	9637	599	638	364	4	18
湖州市	**30384**	**25181**	**2155**	**1385**	**1027**	**98**	**538**
吴兴区	8808	7676	569	262	209	45	47
南浔区	4821	4024	393	215	145	8	36
德清县	5378	4729	246	228	144	9	22
长兴县	7126	5226	720	423	342	15	400
安吉县	4251	3526	227	257	187	21	33
绍兴市	**83423**	**72706**	**6017**	**2216**	**2266**	**94**	**124**
越城区	13621	12000	783	391	415	17	15
绍兴县	24546	22165	1513	639	193	31	5
新昌县	5170	4651	212	234	62	4	7
诸暨市	18572	16670	479	307	1092	24	
上虞市	11718	10055	1167	245	171	12	68
嵊州市	9796	7165	1863	400	333	6	29
金华市	**82751**	**67083**	**8050**	**4305**	**1743**	**143**	**1427**
婺城区	9424	7042	1236	415	519	17	195
金东区	3774	2992	214	326	57	4	181
武义县	4988	4158	369	273	59	6	123
浦江县	4066	3399	278	125	129	12	123
磐安县	2567	2090	157	171	120	6	23
兰溪市	5525	4180	541	153	135	9	507
义乌市	29154	26179	1729	722	362	60	102
东阳市	8224	6130	1261	521	222	6	84
永康市	15029	10913	2265	1599	140	23	89

2-A-17 续表 2

单位：个

地　区	单位数						
		营业	停业(歇业)	筹建	当年关闭	当年破产	其他
衢州市	**17071**	**13259**	**2077**	**938**	**582**	**62**	**153**
柯城区	4598	3727	457	253	95	4	62
衢江区	2671	1759	595	154	107	22	34
常山县	2335	1814	231	136	125	3	26
开化县	1711	1240	260	179	18	7	7
龙游县	2519	2127	167	113	75	19	18
江山市	3237	2592	367	103	162	7	6
舟山市	**12287**	**9150**	**1533**	**705**	**870**	**21**	**8**
定海区	6857	4849	1042	325	624	11	6
普陀区	3290	2596	272	245	173	2	2
岱山县	1523	1185	168	98	64	8	
嵊泗县	617	520	51	37	9		
台州市	**68268**	**54899**	**4774**	**4727**	**3113**	**56**	**699**
椒江区	9068	6717	818	1035	452	5	41
黄岩区	7853	6275	796	577	191	13	1
路桥区	8566	6359	576	1056	569	2	4
玉环县	9556	8602	661	150	118	5	20
三门县	3481	2507	307	424	232	11	
天台县	3464	2862	128	149	215	7	103
仙居县	2881	2309	284	163	119	2	4
温岭市	15683	13070	813	671	607	3	519
临海市	7716	6198	391	502	610	8	7
丽水市	**16851**	**13250**	**1655**	**1242**	**591**	**30**	**83**
莲都区	4526	3186	462	618	240	9	11
青田县	2647	1904	361	108	235	12	27
缙云县	2568	2121	295	107	34	5	6
遂昌县	1230	1031	105	69	15		10
松阳县	1143	969	89	42	33	4	6
云和县	1139	998	69	56	9		7
庆元县	1071	835	161	59	6		10
景宁县	840	741	50	35	10		4
龙泉市	1687	1465	63	148	9		2

2-A-18　按地区、营业状态分组的全部企业法人单位从业人数

单位：人

地　区	从业人员期末人数	营业	停业(歇业)	筹建	当年关闭	当年破产	其他
全　省	**25123423**	**24401876**	**328693**	**222124**	**133430**	**9290**	**28010**
杭州市	**5256219**	**5103503**	**73925**	**43340**	**32088**	**1423**	**1940**
上城区	224656	218665	3127	2296	528	4	36
下城区	272709	265173	3887	2822	610	1	216
江干区	613880	603526	4710	3893	1582	5	164
拱墅区	474453	461403	5275	4592	3036	54	93
西湖区	713209	687721	13501	2550	9257	10	170
滨江区	352079	347079	3554	791	615	30	10
萧山区	1179660	1148251	13936	9554	7655	250	14
余杭区	578004	558302	11436	6705	712	450	399
桐庐县	139182	133603	2282	2234	873	53	137
淳安县	68468	66076	823	1210	265	7	87
建德市	108924	100920	2178	1719	3820	177	110
富阳市	315820	304776	5978	3825	728	95	418
临安市	215175	208008	3238	1149	2407	287	86
宁波市	**4682316**	**4552563**	**45194**	**59359**	**19350**	**951**	**4899**
海曙区	239665	235458	2628	569	987		23
江东区	313003	299112	3821	7689	1685	2	694
江北区	287539	280415	2504	3191	1403	26	
北仑区	516664	507977	2693	4756	1010	23	205
镇海区	299341	282127	2014	13810	853	345	192
鄞州区	906219	874794	8941	13036	7394	99	1955
象山县	509548	504202	3158	1531	532	11	114
宁海县	239794	234601	1760	2727	312	34	360
余姚市	459929	447097	5715	4948	1528	106	535
慈溪市	688141	668393	10440	5269	3057	269	713
奉化市	222473	218387	1520	1833	589	36	108
温州市	**2795862**	**2665043**	**89542**	**11652**	**20469**	**1798**	**7358**
鹿城区	508771	455224	39647	226	10488	887	2299
龙湾区	360225	344205	9742	1531	2036	190	2521
瓯海区	319882	309991	8109	743	457	14	568
洞头县	17766	17119	366	223	2		56
永嘉县	202865	196916	3910	1538	399	3	99
平阳县	168033	162276	3306	1141	923	21	366

2-A-18 续表 1

单位：人

地　区	从业人员期末人数	营业	停业(歇业)	筹建	当年关闭	当年破产	其他
苍南县	208750	197731	6748	1708	2002	101	460
文成县	25332	24540	459	191	44	73	25
泰顺县	88836	87623	275	565	290	18	65
瑞安市	426601	411633	9946	2740	1978	156	148
乐清市	468801	457785	7034	1046	1850	335	751
嘉兴市	**1872430**	**1827837**	**12165**	**21544**	**9015**	**424**	**1445**
南湖区	257905	250730	2656	3159	1096	122	142
秀洲区	241910	238335	770	1341	839	7	618
嘉善县	232179	225392	2331	2392	1792	89	183
海盐县	169654	163455	504	4899	716	44	36
海宁市	337126	329395	2078	3281	2221	24	127
平湖市	303397	297426	1685	3102	915	75	194
桐乡市	330259	323104	2141	3370	1436	63	145
湖州市	**952627**	**921192**	**13255**	**10576**	**5462**	**541**	**1601**
吴兴区	314698	307110	4616	1740	825	201	206
南浔区	116798	113491	1082	1378	688	39	120
德清县	194993	188486	2545	1884	1660	205	213
长兴县	180717	170657	3784	3791	1612	43	830
安吉县	145421	141448	1228	1783	677	53	232
绍兴市	**3509178**	**3463770**	**23804**	**11612**	**7711**	**1132**	**1149**
越城区	575665	566704	4041	2870	1386	512	152
绍兴县	976310	967644	4940	2306	981	391	48
新昌县	183787	180885	726	1747	385	13	31
诸暨市	793041	787008	1536	1641	2810	46	
上虞市	720558	708586	8749	1909	392	157	765
嵊州市	259817	252943	3812	1139	1757	13	153
金华市	**2495006**	**2430948**	**28894**	**19331**	**8523**	**1030**	**6280**
婺城区	300115	292482	3428	2138	1115	49	903
金东区	115149	112279	719	1235	273	13	630
武义县	154145	148488	2295	1905	331	429	697
浦江县	133025	127463	1079	722	2710	21	1030
磐安县	96733	93762	989	1146	466	110	260
兰溪市	132758	128534	1344	621	1131	43	1085
义乌市	460351	446572	8304	3407	1281	102	685
东阳市	806900	799367	4602	1836	576	15	504
永康市	295830	282001	6134	6321	640	248	486

2-A-18　续表 2　　　　单位：人

地　区	从业人员期末人数	营业	停业(歇业)	筹建	当年关闭	当年破产	其他
衢州市	**521634**	**504422**	**6678**	**6197**	**2281**	**1041**	**1015**
柯城区	151387	147458	896	2406	365	5	257
衢江区	71841	67531	2437	914	460	185	314
常山县	59260	57440	692	658	356	3	111
开化县	51345	49587	858	824	39	18	19
龙游县	88418	85142	557	1067	579	772	301
江山市	99383	97264	1238	328	482	58	13
舟山市	**347949**	**334358**	**6105**	**4495**	**2691**	**68**	**232**
定海区	174940	167733	3524	1822	1694	14	153
普陀区	110595	106834	1412	1738	486	46	79
岱山县	51077	49144	911	600	414	8	
嵊泗县	11337	10647	258	335	97		
台州市	**2184842**	**2112456**	**21739**	**28292**	**20729**	**169**	**1457**
椒江区	267012	257790	2186	5785	1103	6	142
黄岩区	235585	228012	3340	3161	1009	20	43
路桥区	217941	199529	4736	8886	4770	6	14
玉环县	260434	256826	1927	576	956	18	131
三门县	101617	96372	946	3544	720	35	
天台县	97209	94629	598	964	755	18	245
仙居县	98414	95778	1221	1041	359	4	11
温岭市	559582	542995	4130	2682	8917	27	831
临海市	347048	340525	2655	1653	2140	35	40
丽水市	**479297**	**459721**	**7392**	**5726**	**5111**	**713**	**634**
莲都区	142325	137056	1433	2492	951	332	61
青田县	75434	69364	2599	618	2401	337	115
缙云县	75333	73749	686	365	393	10	130
遂昌县	29348	28476	366	346	91		69
松阳县	35372	33318	698	262	972	34	88
云和县	29750	28932	306	382	64		66
庆元县	27084	26338	368	275	45		58
景宁县	19167	18708	191	225	16		27
龙泉市	45484	43780	745	761	178		20

2-A-19 按地区、开业时间分组的

地　　区	1949年及以前	1950-1952年	1953-1957年	1958-1962年	1963-1965年	1966-1970年	1971-1975年
全　省	**129**	**321**	**397**	**335**	**153**	**286**	**461**
杭州市	**24**	**39**	**51**	**69**	**32**	**51**	**71**
上城区	5	1	9	12	4	2	1
下城区	3	5	5	2	4	1	3
江干区	3		5	5	1	4	5
拱墅区		4	4	6	6	2	2
西湖区	7	5	8	8		7	6
滨江区		1	2	1	4		3
萧山区	2	5	6	13	5	11	15
余杭区	1	7	2	6	3	8	12
桐庐县	1			2		5	9
淳安县		2		2	2	1	2
建德市		1	2	8	2	7	4
富阳市	2	3	4	2	1	2	6
临安市		5	4	2		1	3
宁波市	**18**	**34**	**39**	**28**	**22**	**42**	**93**
海曙区	1	3	4	6		1	4
江东区	2	1	3	3	2	1	4
江北区		3	4	4	6	3	12
北仑区				2	2	3	13
镇海区	2	2	3	3	3	3	10
鄞州区	3	4	5	4	3	10	17
象山县	2		1	1	1	3	2
宁海县	1	2	2	2		4	1
余姚市	1	11	8	1	5	8	14
慈溪市	5	5	6	2		3	12
奉化市	1	3	3			3	4
温州市	**27**	**57**	**121**	**67**	**30**	**46**	**65**
鹿城区	4	8	24	18	15	15	27
龙湾区	5	8	14	6		4	4
瓯海区	2	3	13	5	1	2	2
洞头县			5	1		1	3
永嘉县	3	8	15	5	2	3	4
平阳县	1	3	2		3	1	2

全部企业法人单位数

单位：个

1976-1980年	1981-1985年	1986-1990年	1991-1995年	1996-2000年	1978年	1992年	1997年
1361	**3874**	**5898**	**21564**	**59963**	**284**	**3382**	**7934**
256	**605**	**815**	**3426**	**13330**	**49**	**567**	**1831**
22	56	59	247	690	5	54	76
19	46	69	303	1050	2	44	147
6	30	51	309	952		64	99
13	34	45	200	757	3	38	92
21	44	94	380	1414	5	64	162
3	12	13	136	559	2	26	61
52	91	110	555	3123	10	52	605
30	96	113	431	1770	5	71	175
16	27	59	145	612	4	38	73
13	31	21	55	214	2	14	34
19	39	25	163	524	2	27	42
11	28	71	302	962	2	43	164
31	71	85	200	703	7	32	101
239	**580**	**1002**	**4578**	**11306**	**38**	**657**	**1298**
12	37	41	230	623	4	54	55
8	24	42	194	530	2	31	74
17	53	82	293	737	1	53	87
9	25	55	447	910		70	110
20	33	94	327	777	3	47	102
53	131	187	997	1749	7	106	220
10	27	55	264	605	3	38	72
16	52	61	248	646		46	70
45	74	136	536	1751	6	85	217
33	102	193	849	2389	6	95	240
16	22	56	193	589	6	32	51
172	**1119**	**1497**	**5007**	**9422**	**22**	**821**	**1334**
34	263	326	932	1713	6	144	247
14	140	150	689	1255	2	127	152
14	121	157	621	951	4	98	162
3	14	17	77	90	1	7	13
14	75	122	378	762	2	56	132
7	65	61	222	416	1	46	53

2-A-19 续表 1

地　区	1949年及以前	1950-1952年	1953-1957年	1958-1962年	1963-1965年	1966-1970年	1971-1975年
苍南县		3	4	1		5	3
文成县	2	1	8	3	2	1	2
泰顺县		4	5	5	1	2	4
瑞安市	6	9	10	12	1	6	9
乐清市	4	10	21	11	5	6	5
嘉兴市	**11**	**43**	**30**	**44**	**16**	**32**	**34**
南湖区	4	4	3	19		6	9
秀洲区		6	6	6	1	1	
嘉善县		5	5	6	1		3
海盐县	2	1	2	5	3	6	6
海宁市	4	14	10	3	5	6	8
平湖市		4	2	3	2	3	2
桐乡市	1	9	2	2	4	10	6
湖州市	**5**	**10**	**18**	**12**	**7**	**7**	**21**
吴兴区	1	1	6	3	3	1	5
南浔区		6	1	3	1	3	4
德清县	2	1	6	3	2	1	6
长兴县		1	3	3	1	2	3
安吉县	2	1	2				3
绍兴市	**8**	**51**	**34**	**37**	**11**	**26**	**56**
越城区		2	6	13	1	5	11
绍兴县	1	3	5	4		3	11
新昌县	1	4	3	7	1	4	6
诸暨市	3	9	3	1	2	2	7
上虞市	2	24	6	5	7	6	6
嵊州市	1	9	11	7		6	15
金华市	**11**	**28**	**14**	**20**	**6**	**21**	**26**
婺城区	3	2	4	10		3	3
金东区			1	1	1	1	1
武义县		1				3	4
浦江县			1			1	2
磐安县			1				
兰溪市		2	1	2	1	4	1
义乌市	2	10	3	2	1	3	7
东阳市	2	11	1	3	3	6	6
永康市	4	2	2	2			2

单位：个

1976-1980年	1981-1985年	1986-1990年	1991-1995年	1996-2000年	1978年	1992年	1997年
10	56	106	378	663		71	107
8	13	12	32	83	1	8	4
8	10	18	36	124	1	6	25
30	163	315	842	1412	1	142	201
30	199	213	800	1953	3	116	238
131	**361**	**369**	**1051**	**4521**	**31**	**159**	**545**
29	47	71	175	726	9	24	86
10	43	39	123	487	3	24	64
13	36	24	130	568	1	15	73
20	47	51	151	502	5	20	60
18	57	66	158	951	3	23	132
20	27	47	150	708	7	20	78
21	104	71	164	579	3	33	52
60	**124**	**156**	**564**	**2048**	**20**	**100**	**222**
24	33	38	177	529	11	30	57
11	18	39	92	415	2	15	45
12	18	26	112	437	2	21	48
10	34	37	121	412	4	22	42
3	21	16	62	255	1	12	30
151	**280**	**441**	**1390**	**5105**	**26**	**231**	**836**
26	49	50	247	979	7	40	72
26	34	46	187	1065	7	29	80
23	49	35	129	364	1	24	30
18	33	141	370	1267	3	60	495
18	42	87	208	739	1	29	96
40	73	82	249	691	7	49	63
71	**147**	**321**	**1428**	**4914**	**20**	**187**	**612**
12	19	50	260	721	2	24	111
4	7	10	81	252	1	12	32
7	18	15	63	255	1	11	20
6	11	15	61	231	1	8	36
2	13	8	39	143	2	1	18
9	11	27	132	436	1	21	47
9	14	51	281	1216	3	22	139
14	25	58	187	731	9	30	79
8	29	87	324	929		58	130

2-A-19 续表 2

地　　区	1949年及以前	1950-1952年	1953-1957年	1958-1962年	1963-1965年	1966-1970年	1971-1975年
衢州市	**3**	**7**	**8**	**9**	**4**	**6**	**14**
柯城区	2		1	5	1		2
衢江区	1					3	3
常山县			1	1	1	1	
开化县		5	3	1	1	2	3
龙游县							2
江山市		2	3	2	1		4
舟山市		**15**	**19**	**9**	**9**	**4**	**14**
定海区		6	4	1	6		4
普陀区		5	7	2	3	1	3
岱山县		2	3	2		2	2
嵊泗县		2	5	4		1	5
台州市	**19**	**25**	**49**	**36**	**14**	**42**	**52**
椒江区	2	3	5	8	1	8	6
黄岩区	4	2	18	7	3	5	10
路桥区		2	3	2	1	2	6
玉环县			2	1		2	8
三门县		6	2	2	2		1
天台县	2	2	2	3	2	3	6
仙居县		4	5	4	1	3	2
温岭市	3		7	1	2	10	7
临海市	8	6	5	8	2	9	6
丽水市	**3**	**12**	**14**	**4**	**2**	**9**	**15**
莲都区	1		1		1		2
青田县		1	3	1			6
缙云县		3	6	1		4	1
遂昌县	1	3	1		1	3	1
松阳县		2				2	
云和县		1					2
庆元县				1			1
景宁县							1
龙泉市	1	2	3	1			1

单位：个

1976-1980年	1981-1985年	1986-1990年	1991-1995年	1996-2000年	1978年	1992年	1997年
33	**60**	**77**	**266**	**1130**	**10**	**45**	**113**
5	8	20	67	339	1	17	31
3	7	10	33	155		7	17
2	4	12	32	119	1	4	13
8	19	14	39	138	5	8	7
2	8	6	40	156		3	20
13	14	15	55	223	3	6	25
58	**104**	**91**	**380**	**969**	**13**	**49**	**132**
24	51	36	198	523	5	29	71
17	31	32	98	240	4	11	34
7	17	13	58	127	1	3	14
10	5	10	26	79	3	6	13
127	**408**	**1037**	**3118**	**5995**	**31**	**513**	**837**
11	50	126	489	704	3	73	93
20	50	141	414	711	4	61	100
11	48	83	292	717	2	43	101
16	113	153	416	907	2	82	127
11	23	34	95	175	3	13	18
14	14	43	123	223	3	23	33
13	12	39	124	315	4	20	42
20	62	313	785	1684	7	130	239
11	36	105	380	559	3	68	84
62	**86**	**92**	**356**	**1223**	**24**	**53**	**174**
7	11	20	85	312	1	6	44
6	9	8	42	192	1	9	28
14	15	29	74	205	5	12	32
8	8	5	37	106	3	8	13
8	12	6	33	86	3	3	15
7	3	8	11	81	3		13
7	7	2	21	76	6	4	10
2	13	7	23	65	1	6	9
3	8	7	30	100	1	5	10

2-A-19 续表 3

地　区	2000年	2001年	2002年	2003年	2004年	2005年	2006年
全　省	**19724**	**22350**	**28236**	**32945**	**31142**	**33706**	**42598**
杭州市	**4501**	**5159**	**6533**	**8010**	**7983**	**8413**	**9750**
上城区	242	278	297	449	426	435	415
下城区	319	414	525	691	840	721	693
江干区	375	421	517	650	734	711	871
拱墅区	281	360	488	689	746	843	853
西湖区	525	567	695	1007	1032	1050	1271
滨江区	228	230	259	328	325	367	448
萧山区	880	1057	1679	1572	1451	1738	2146
余杭区	543	655	730	897	851	888	1249
桐庐县	194	249	301	331	323	310	315
淳安县	64	89	94	113	141	139	181
建德市	246	210	184	238	192	266	258
富阳市	336	372	471	681	548	561	592
临安市	268	257	293	364	374	384	458
宁波市	**3879**	**4456**	**5540**	**6186**	**5973**	**6275**	**8251**
海曙区	229	264	296	482	457	425	685
江东区	162	238	323	466	409	366	612
江北区	269	323	401	407	389	359	470
北仑区	327	414	435	550	481	440	675
镇海区	260	352	398	500	415	389	490
鄞州区	624	666	1093	977	1097	1279	1705
象山县	189	205	250	301	297	346	449
宁海县	172	196	222	327	344	381	390
余姚市	605	727	848	825	781	913	1030
慈溪市	822	868	1007	1041	978	1070	1315
奉化市	220	203	267	310	325	307	430
温州市	**2633**	**2885**	**3435**	**4040**	**3506**	**3914**	**4849**
鹿城区	471	521	627	745	579	729	788
龙湾区	359	477	459	449	436	475	556
瓯海区	270	292	324	384	324	279	385
洞头县	24	24	30	34	37	39	46
永嘉县	203	215	259	314	341	332	391
平阳县	129	150	187	302	212	225	296

单位：个

2007年	2008年	2009年	2010年	2011年	2012年	2013年
43054	**42738**	**55985**	**73147**	**86573**	**87049**	**158013**
9697	**10186**	**13962**	**17690**	**19357**	**19275**	**33116**
451	469	657	699	900	890	1479
643	735	1059	1224	1311	1152	2031
768	881	1485	1839	2020	2017	4207
884	948	1554	1928	1825	1736	2801
1255	1344	1959	2561	2833	3222	5446
401	542	750	999	1300	1253	2000
2099	1964	2388	3168	3680	3335	5188
1258	1327	1598	2449	2569	2517	4252
300	352	403	591	642	582	1186
188	161	209	211	273	355	587
323	317	470	495	425	416	729
586	654	755	821	864	959	2013
541	492	675	705	715	841	1197
8468	**8412**	**10281**	**13296**	**16102**	**15549**	**22149**
648	722	845	1140	1368	1333	1787
670	678	909	1126	1612	1473	2333
540	747	663	681	825	782	1217
601	642	860	1517	1745	1795	2706
418	463	399	519	807	865	1173
1890	1794	2300	3051	3790	3616	5267
426	391	441	611	776	756	1405
428	386	498	663	771	790	1301
1006	916	1236	1491	1498	1441	1730
1421	1274	1654	1843	2220	2160	2457
420	399	476	654	690	538	773
5006	**5044**	**6676**	**9190**	**12255**	**11954**	**27117**
780	752	996	1467	1586	1669	3036
574	567	763	830	1426	1468	2596
371	353	453	665	1187	930	2012
53	47	53	79	128	111	269
421	428	473	763	984	1085	2184
301	284	458	548	807	840	1839

2-A-19 续表 4

地　　区	2000年	2001年	2002年	2003年	2004年	2005年	2006年
苍南县	164	181	313	303	283	319	508
文成县	22	29	31	29	29	45	59
泰顺县	31	41	41	40	33	42	50
瑞安市	359	321	423	646	472	582	668
乐清市	601	634	741	794	760	847	1102
嘉兴市	**1689**	**1999**	**2613**	**2887**	**2847**	**3006**	**4333**
南湖区	259	333	379	451	383	410	630
秀洲区	188	184	306	321	324	312	426
嘉善县	238	276	342	439	451	432	711
海盐县	187	232	270	256	280	329	450
海宁市	312	385	498	566	552	619	790
平湖市	269	311	401	413	344	434	634
桐乡市	236	278	417	441	513	470	692
湖州市	**774**	**959**	**1054**	**1174**	**1110**	**1180**	**1375**
吴兴区	214	271	258	262	241	257	315
南浔区	127	147	184	199	155	214	210
德清县	160	235	273	310	324	289	341
长兴县	177	180	201	271	257	228	318
安吉县	96	126	138	132	133	192	191
绍兴市	**1945**	**1932**	**2643**	**3312**	**2978**	**3570**	**4476**
越城区	409	362	455	603	635	726	872
绍兴县	542	384	578	805	648	1064	1406
新昌县	136	134	192	245	246	221	297
诸暨市	326	446	560	703	558	573	707
上虞市	272	340	522	555	480	554	685
嵊州市	260	266	336	401	411	432	509
金华市	**1491**	**1738**	**2237**	**2758**	**2532**	**2850**	**3816**
婺城区	192	236	308	439	379	413	509
金东区	68	87	105	179	158	128	250
武义县	105	168	157	157	180	229	300
浦江县	77	60	95	182	117	129	162
磐安县	33	42	54	73	79	110	140
兰溪市	152	156	202	228	154	169	269
义乌市	376	409	570	630	632	807	1074
东阳市	208	264	309	378	329	293	398
永康市	280	316	437	492	504	572	714

单位：个

2007年	2008年	2009年	2010年	2011年	2012年	2013年
562	569	792	1287	1556	1440	3823
38	39	60	64	168	77	435
58	49	69	133	156	173	474
740	801	1023	1245	1661	1742	6969
1108	1155	1536	2109	2596	2419	3480
4428	**3808**	**4620**	**5981**	**6884**	**6690**	**11767**
669	581	893	1056	1235	1104	2071
396	368	526	653	823	788	1313
692	701	613	879	1063	878	1162
457	381	452	569	533	651	759
776	630	820	997	1258	1406	2666
687	505	609	781	952	708	1659
751	642	707	1046	1020	1155	2137
1549	**1609**	**2042**	**2674**	**2973**	**3119**	**6386**
368	475	450	669	942	917	2521
240	270	325	433	416	460	975
339	271	299	428	459	483	661
351	363	644	764	701	711	1489
251	230	324	380	455	548	740
4609	**4270**	**5864**	**7704**	**8112**	**8328**	**17925**
971	744	928	1185	1260	1315	2149
1382	1358	1960	2616	2668	2973	5310
312	250	359	477	498	514	794
689	691	1088	1386	1560	1486	6262
732	663	849	1126	1206	1148	1661
523	564	680	914	920	892	1749
3542	**3533**	**5033**	**7579**	**10058**	**10452**	**19275**
473	540	653	932	1062	1128	1246
175	190	254	325	402	445	648
244	244	356	327	619	665	951
146	173	177	228	498	376	1379
139	134	227	257	326	350	418
267	278	445	827	541	592	759
978	981	1353	2363	3636	4330	9743
348	334	529	783	865	762	1535
772	659	1039	1537	2109	1804	2596

2-A-19 续表 5

地　　区	2000年	2001年	2002年	2003年	2004年	2005年	2006年
衢州市	**386**	**474**	**517**	**646**	**584**	**594**	**953**
柯城区	137	121	141	178	163	197	251
衢江区	55	49	83	116	85	88	134
常山县	37	56	69	68	46	71	149
开化县	49	69	51	63	53	43	96
龙游县	40	77	81	88	97	84	134
江山市	68	102	92	133	140	111	189
舟山市	**276**	**351**	**441**	**459**	**532**	**506**	**680**
定海区	165	218	233	244	296	256	351
普陀区	58	88	126	129	133	148	198
岱山县	29	33	48	60	70	79	101
嵊泗县	24	12	34	26	33	23	30
台州市	**1702**	**1908**	**2650**	**2806**	**2463**	**2731**	**3389**
椒江区	209	208	282	295	284	327	366
黄岩区	201	219	289	309	242	303	422
路桥区	230	234	369	361	303	364	481
玉环县	257	341	431	482	483	464	568
三门县	55	40	126	122	134	164	148
天台县	64	77	121	114	80	101	160
仙居县	110	114	143	155	120	134	139
温岭市	397	509	606	684	571	583	793
临海市	179	166	283	284	246	291	312
丽水市	**448**	**489**	**573**	**667**	**634**	**667**	**726**
莲都区	108	151	148	166	166	155	203
青田县	80	64	79	109	97	122	143
缙云县	63	93	106	126	123	104	112
遂昌县	47	30	32	53	32	47	34
松阳县	28	28	44	41	45	54	51
云和县	32	36	37	57	50	52	47
庆元县	35	31	40	32	45	46	36
景宁县	14	21	34	34	26	35	44
龙泉市	41	35	53	49	50	52	56

单位：个

2007年	2008年	2009年	2010年	2011年	2012年	2013年
968	**1100**	**1582**	**1625**	**1811**	**1867**	**2648**
265	293	318	387	473	576	781
142	192	344	293	264	298	342
123	140	225	185	281	255	489
80	69	128	178	156	180	277
164	151	209	253	285	261	415
194	255	358	329	352	297	344
684	**759**	**857**	**907**	**1178**	**1256**	**1915**
357	407	486	526	733	795	1059
202	204	226	243	309	306	507
92	133	116	108	101	108	234
33	15	29	30	35	47	115
3243	**3165**	**4057**	**5194**	**6189**	**6763**	**12115**
438	389	434	608	884	1113	2027
411	413	545	704	651	711	1220
428	433	554	615	851	724	1679
532	465	489	672	784	911	1293
169	188	222	317	334	374	679
118	149	165	291	355	377	916
116	166	225	255	210	242	331
729	637	977	1136	1324	1553	2301
302	325	446	596	796	758	1669
860	**852**	**1011**	**1307**	**1654**	**1796**	**3600**
231	198	267	356	402	598	971
146	115	141	111	310	263	656
104	82	164	224	271	249	452
48	82	69	90	116	92	321
59	89	67	101	87	105	222
68	71	79	109	126	123	162
56	56	68	81	114	137	209
45	38	54	96	85	67	148
103	121	102	139	143	162	459

2-A-20　按地区、开业时间分组的

地　　区	1949年及以前	1950-1952年	1953-1957年	1958-1962年	1963-1965年	1966-1970年	1971-1975年
全　省	**141552**	**219787**	**292644**	**201845**	**235408**	**273900**	**288173**
杭州市	**7449**	**17116**	**38985**	**50105**	**35072**	**40465**	**24594**
上城区	1017	5	2367	2370	11	168	39
下城区	1136	5661	22719	16	819	3	363
江干区	1857		981	4142	705	247	2906
拱墅区		1340	570	1297	18297	16	177
西湖区	1033	1904	4446	1626		650	345
滨江区		57	814	24	1354		1008
萧山区	817	1319	988	31810	13550	33337	1256
余杭区	1536	5644	2581	1797	21	1757	1699
桐庐县	51			735		1400	4035
淳安县		31		245	153	3	40
建德市		29	2064	1717	152	801	1146
富阳市	2	1071	257	3995	10	2080	895
临安市		55	1198	331		3	10685
宁波市	**2412**	**4519**	**11519**	**4180**	**6073**	**8137**	**12744**
海曙区	93	929	171	701		210	65
江东区	304	221	3396	129	2842	96	476
江北区		387	797	854	976	17	876
北仑区				396	76	63	3220
镇海区	28	36	162	1556	98	4815	915
鄞州区	14	128	262	391	100	421	606
象山县	41		63	8	66	1848	60
宁海县	680	59	28	45		198	27
余姚市	1105	1160	266	97	1915	159	330
慈溪市	145	1522	54	3		31	4437
奉化市	2	77	6320			279	1732
温州市	**566**	**22652**	**20768**	**4127**	**1865**	**3706**	**1763**
鹿城区	121	19731	6480	1444	1291	170	800
龙湾区	29	335	639	215		161	91
瓯海区	21	28	10130	114	1	40	2
洞头县			35	10		15	68
永嘉县	11	85	878	441	62	146	70
平阳县	45	54	160		166	14	194

全部企业法人单位从业人数

单位：人

1976–1980年	1981–1985年	1986–1990年	1991–1995年	1996–2000年	1978年	1992年	1997年
510257	**519877**	**537083**	**2167956**	**4283104**	**132463**	**329503**	**609981**
69906	**43147**	**67301**	**355416**	**943900**	**5463**	**88357**	**160392**
3095	7860	4352	16529	53197	1383	1577	6865
2286	2491	6049	11387	45558	10	3075	5479
9109	9330	12282	53391	70035		20718	12211
460	1373	2225	30002	63213	234	6624	15404
1523	2477	5158	60265	120780	790	22511	18643
600	4944	3538	21288	75898	85	4245	7590
37224	3863	12507	67753	288575	2447	4895	62308
6084	5475	9203	43332	98155	120	7504	13837
196	735	2155	11435	21902	57	7702	2222
828	1389	3059	2928	8659	23	1822	1186
1784	697	794	7967	12896	18	1504	1112
4104	558	3176	17950	45397	4	3692	5491
2613	1955	2803	11089	39635	292	2488	8044
60002	**147492**	**55974**	**513752**	**774759**	**13532**	**109564**	**117817**
2241	7393	1456	40912	49887	466	19454	1498
6634	1711	2356	22519	39655	5762	1665	8484
4048	3725	7249	67778	26169	1	52482	6096
1941	662	5432	30231	56609		5870	5289
4272	2326	5285	30354	34281	121	4173	5929
3712	9018	6458	81604	145920	243	5967	23240
19972	94754	1690	124371	88554	906	2006	30688
1177	18339	3239	25032	42733		8963	8391
5915	4350	11360	24167	80481	227	2775	8733
9438	4385	8994	52932	167262	5659	4360	17448
652	829	2455	13852	43208	147	1849	2021
50749	**99035**	**102960**	**314466**	**510135**	**474**	**32295**	**97363**
4123	20811	8829	78307	96999	220	4119	14094
256	5782	8190	58357	85129	28	7821	15240
77	26347	24693	31524	50968	31	3284	8481
22	171	861	1888	3886	5	53	2509
1772	2053	5545	19610	45210	83	1140	8267
4343	7176	2608	13439	24959	3	1234	4140

2-A-20 续表 1

地　　区	1949年及以前	1950-1952年	1953-1957年	1958-1962年	1963-1965年	1966-1970年	1971-1975年
苍南县		190	1411	6		2798	16
文成县	20	5	121	190	24	7	9
泰顺县		143	101	108	50	113	91
瑞安市	186	106	168	83	72	56	51
乐清市	133	1975	645	1516	199	186	371
嘉兴市	**2688**	**21118**	**1806**	**2992**	**12285**	**13056**	**12035**
南湖区	1978	497	648	112		71	6208
秀洲区		6639	204	52	1106	183	
嘉善县		40	32	954	192		114
海盐县	7	1250	116	330	8475	3328	149
海宁市	686	232	592	18	1308	1175	4196
平湖市		2108	185	446	191	17	971
桐乡市	17	10352	29	1080	1013	8282	397
湖州市	**200**	**9793**	**14449**	**2731**	**4135**	**2879**	**9876**
吴兴区	147	378	14051	294	4043	2010	472
南浔区		37	3	30	12	224	904
德清县	9	45	12	13	70	230	463
长兴县		521	338	2394	10	415	7953
安吉县	44	8812	45				84
绍兴市	**1190**	**110393**	**179524**	**83901**	**94200**	**93401**	**112059**
越城区		130	105019	9557	25	10846	8448
绍兴县	2	1398	197	1010		60008	89798
新昌县	60	2563	3722	680	2105	695	706
诸暨市	102	103966	62894	3	13	74	476
上虞市	983	1682	7474	61040	92057	19784	8298
嵊州市	43	654	218	11611		1994	4333
金华市	**102672**	**26011**	**685**	**16824**	**57072**	**2657**	**46270**
婺城区	113	24281	77	12498		53	539
金东区			207	471	15	2	45
武义县		486				98	150
浦江县			2			105	137
磐安县			1				
兰溪市		60	46	370	2	1158	6
义乌市	20	1047	237	1468	6750	8	4037
东阳市	101868	126	36	330	50305	1233	41335
永康市	671	11	79	1687			21

单位：人

1976－1980年	1981－1985年	1986－1990年	1991－1995年	1996－2000年	1978年	1992年	1997年
96	9629	5295	19020	23112		2905	4870
318	108	118	3965	3201	3	109	196
18330	175	2494	5141	7854	19	133	1257
7233	8987	30178	48534	64510	5	7558	11801
14179	17796	14149	37681	104307	77	3939	26508
35899	**30046**	**35211**	**79469**	**307636**	**3425**	**9189**	**44589**
1390	3057	8887	8296	39167	294	363	4726
627	2333	2225	12230	48604	285	1321	3222
1235	1214	1387	11988	20325	34	611	4318
1905	1292	2760	8571	22367	267	691	3804
14204	6443	6868	11498	52511	262	820	13663
7677	1846	5083	16518	72310	2254	3415	12214
8861	13861	8001	10368	52352	29	1968	2642
3949	**9088**	**12466**	**81957**	**145302**	**2013**	**6363**	**12896**
1480	3736	9617	48896	54829	955	3246	2618
337	1120	611	6626	17438	8	376	1721
1339	1411	1301	12472	34176	459	939	2445
782	1334	588	6890	17954	586	1421	1791
11	1487	349	7073	20905	5	381	4321
166697	**88191**	**125333**	**252330**	**527066**	**50225**	**28862**	**42491**
68560	13277	5603	30113	88003	315	1965	4169
41957	6904	9043	59144	116678	36827	2316	10804
11423	12245	1010	9245	58331	2	2435	7493
28803	16752	42115	104286	73293	6491	12959	9253
8337	26701	61010	32985	160336	21	7008	7041
7617	12312	6552	16557	30425	6569	2179	3731
33327	**24327**	**21342**	**255020**	**479384**	**23405**	**12075**	**60946**
3173	539	5347	22784	58057	85	2096	7298
67	433	1994	11425	12584	16	308	3730
531	735	193	5585	20340	16	1402	2716
531	237	3755	14016	25692	44	258	3932
88	4580	82	13552	21879	88	10	3515
1226	1998	522	5556	20250	200	524	2804
3247	655	4064	40942	80053	1770	455	10960
21451	14244	2868	108713	174866	21186	1333	18536
3013	906	2517	32447	65663		5689	7455

2-A-20 续表 2

地　区	1949年及以前	1950-1952年	1953-1957年	1958-1962年	1963-1965年	1966-1970年	1971-1975年
衢州市	**260**	**120**	**7133**	**17444**	**1972**	**216**	**4507**
柯城区	259		3779	16488			3288
衢江区	1					113	329
常山县			6	1	66	5	
开化县		46	3336	381	1816	98	132
龙游县							724
江山市		74	12	574	90		34
舟山市		**2890**	**7198**	**10567**	**4659**	**826**	**6038**
定海区		2688	5739	6578	4460		141
普陀区		176	1401	3649	199	782	4915
岱山县		14	33	9		34	862
嵊泗县		12	25	331		10	120
台州市	**23474**	**2855**	**9297**	**8837**	**17593**	**107601**	**57857**
椒江区	147	494	4924	5897	4552	1444	2743
黄岩区	2061	56	276	2237	1009	2966	3893
路桥区		32	109	9	6	332	10457
玉环县			593	39		235	132
三门县		1425	54	5	17		1133
天台县	858	336	7	33	20	1868	113
仙居县		65	106	265	1800	162	1629
温岭市	1629		2629	203	5085	99974	37669
临海市	18779	447	599	149	5104	620	88
丽水市	**641**	**2320**	**1280**	**137**	**482**	**956**	**430**
莲都区	348		36		243		134
青田县		16	164	25			161
缙云县		72	166	2		287	25
遂昌县	7	23	12		239	453	3
松阳县		330				216	
云和县		1852					8
庆元县				11			90
景宁县							7
龙泉市	286	27	902	99			2

单位：人

1976-1980年	1981-1985年	1986-1990年	1991-1995年	1996-2000年	1978年	1992年	1997年
8271	**3145**	**6448**	**22914**	**93937**	**5203**	**6400**	**9303**
1199	1119	1754	6876	29920	372	1377	4491
1444	75	503	4822	8426		4128	378
15	576	1659	2058	12658	3	457	287
927	392	144	3435	13074	909	112	41
6	690	1477	3023	13400		300	2117
4680	293	911	2700	16459	3919	26	1989
6181	**5525**	**5673**	**29156**	**50984**	**546**	**1447**	**3686**
1585	2511	3978	17902	27153	316	974	2473
793	1174	779	8574	15865	40	254	739
3724	1762	614	2159	6691	159	16	158
79	78	302	521	1275	31	203	316
42648	**60762**	**97980**	**241571**	**382190**	**27014**	**33475**	**48231**
490	2281	7422	20327	69516	104	3113	5399
831	4129	48379	29431	43465	143	1689	8218
1299	1069	1973	37330	36940	6	2424	6774
863	6121	8710	28578	51550	409	6071	6380
4096	12526	1140	7224	11414	727	296	4443
2771	8001	2071	25441	11886	25	2815	1754
216	8862	2317	15345	15002	61	5129	2867
6491	12424	16349	43092	106774	392	7866	9574
25591	5349	9619	34803	35643	25147	4072	2822
6565	**9119**	**6395**	**21905**	**67811**	**1163**	**1476**	**12267**
3027	6513	1793	4712	18767	514	195	2424
901	696	428	1621	17231	235	96	4852
951	724	1231	7777	9631	28	317	1314
675	68	23	2419	5728	88	175	423
250	218	118	1217	1847	188	19	427
691	33	1168	773	3263	64		522
41	64	821	1942	3758	38	461	1128
13	700	62	569	1575	3	111	304
16	103	751	875	6011	5	102	873

2-A-20 续表 3

地　区	2000年	2001年	2002年	2003年	2004年	2005年	2006年
全　省	**1077005**	**1278429**	**1307873**	**1470902**	**1336670**	**1173102**	**1276758**
杭州市	**274267**	**255325**	**285527**	**349317**	**398223**	**299475**	**300634**
上城区	29652	8173	13376	11721	12790	13455	14388
下城区	11177	11698	11091	13538	15639	11596	12464
江干区	12851	21707	23503	26251	59767	53203	42562
拱墅区	15642	34694	44908	31096	65798	16572	17845
西湖区	21463	36035	20377	57238	70515	67576	42672
滨江区	26056	22688	8460	22603	15195	16394	26072
萧山区	90301	53967	79706	84816	77970	53606	53663
余杭区	28538	25093	33520	41654	30927	20053	31533
桐庐县	6541	6777	8737	7236	8501	7226	7169
淳安县	2282	4275	3517	3176	4577	3355	6222
建德市	4341	6562	4619	5579	5292	7071	4486
富阳市	11625	13952	19892	29962	20110	19871	30410
临安市	13798	9704	13821	14447	11142	9497	11148
宁波市	**184590**	**232018**	**277452**	**278310**	**278884**	**235660**	**292490**
海曙区	8684	12418	5245	9901	10175	13516	20284
江东区	11769	8464	13085	13339	54660	10099	13956
江北区	6585	13612	12399	13919	9462	13144	31054
北仑区	20732	40464	49680	38548	45765	32137	40119
镇海区	8092	15176	37787	22708	16122	17035	26104
鄞州区	34494	36980	56655	44972	42015	39621	52706
象山县	6348	14185	11721	19085	21850	19945	9079
宁海县	7970	11990	11267	13137	9009	9313	11429
余姚市	25492	37012	30440	36881	23435	34958	30369
慈溪市	38631	34104	34457	50217	34402	34109	40159
奉化市	15793	7613	14716	15603	11989	11783	17231
温州市	**106042**	**116426**	**131887**	**122188**	**97247**	**108305**	**119318**
鹿城区	25879	25439	22216	16784	16150	15999	21228
龙湾区	11918	12272	20996	13564	14939	14150	15283
瓯海区	15307	13199	17102	12899	8490	10246	13156
洞头县	158	784	347	542	412	841	1623
永嘉县	5870	9802	8911	14774	9099	6869	7722
平阳县	6131	6466	7086	15544	5738	8632	6127

单位：人

2007年	2008年	2009年	2010年	2011年	2012年	2013年
1107313	**982586**	**1094810**	**1270670**	**1088936**	**915058**	**1128639**
265733	**238714**	**258567**	**308009**	**220310**	**192406**	**188316**
5333	10774	8021	6896	15546	6600	6457
10811	12018	19626	15012	12717	16904	11015
21523	25213	39325	64032	24591	27314	19875
19304	30995	28826	24858	14435	12025	14091
62459	26767	25040	28728	29015	22850	23653
16275	19357	24880	28044	14453	14561	13442
45821	38846	43921	57636	36757	30113	29286
38664	35890	27105	32152	33460	23695	26477
6723	6108	6478	9900	7153	4969	9259
3349	2012	3585	3636	3209	5656	4270
4863	5631	6733	11529	5355	5314	5776
17527	15107	12008	13851	15338	13312	14903
13081	9996	13019	11735	8281	9093	9812
230494	**215599**	**234217**	**233786**	**233329**	**180668**	**151903**
6807	10153	8990	11392	9963	9051	7711
12210	20192	20755	15469	22389	17124	10866
11880	13641	14469	12057	11785	10481	6740
37767	22686	17343	27440	27052	22439	15722
12013	11074	9584	12389	13638	9764	8571
47616	67594	66962	59322	56487	43826	42499
15035	7999	10988	15368	16033	8295	8488
12762	8082	13032	16955	12270	9786	9173
20294	19965	22101	22985	20080	17383	12381
39479	24238	37922	29425	31315	25902	22531
14631	9975	12071	10984	12317	6617	7221
113663	**93891**	**115800**	**155764**	**145423**	**118970**	**223695**
13986	13506	17563	30509	27411	18957	29910
13783	13649	17994	14657	16806	13912	19003
8387	9407	13226	17622	17361	14632	20205
653	490	466	790	1389	1060	1407
11682	8646	6217	10746	9183	8884	14379
9156	7066	7197	9412	9022	8269	15093

2-A-20 续表 4

地　区	2000年	2001年	2002年	2003年	2004年	2005年	2006年
苍南县	3830	4543	6781	9299	8738	5436	15210
文成县	694	3778	1104	699	628	653	611
泰顺县	339	461	7855	939	563	14881	3808
瑞安市	13765	13179	19793	18704	17769	13961	16281
乐清市	22151	26503	19696	18440	14721	16637	18269
嘉兴市	**99282**	**118056**	**118617**	**140832**	**117219**	**94836**	**121335**
南湖区	13330	10937	10738	23044	16465	14262	17076
秀洲区	12796	10909	23183	20135	16384	15155	12202
嘉善县	7361	10512	13793	21519	25812	9463	19217
海盐县	8301	8651	13049	7038	8751	10657	9213
海宁市	13177	19974	20381	27882	18474	17982	23415
平湖市	33516	20708	19260	24092	13863	13923	19611
桐乡市	10801	36365	18213	17122	17470	13394	20601
湖州市	**47566**	**49640**	**56445**	**49376**	**48151**	**44442**	**49138**
吴兴区	18009	13033	12640	9816	11681	8672	13610
南浔区	5650	5423	9630	7118	7448	7683	4063
德清县	14913	15062	14537	14250	12478	10535	13480
长兴县	4783	7979	9763	11243	10376	9584	9917
安吉县	4211	8143	9875	6949	6168	7968	8068
绍兴市	**155675**	**261971**	**150340**	**210943**	**146634**	**123415**	**102179**
越城区	44681	17242	21081	30691	25658	20988	18752
绍兴县	43049	166256	41739	74913	38013	43781	31742
新昌县	8375	6086	7528	6758	7103	6271	5338
诸暨市	19852	17419	41939	55276	30601	20257	22982
上虞市	33269	27254	24010	27997	31869	20572	13590
嵊州市	6449	27714	14043	15308	13390	11546	9775
金华市	**73370**	**92367**	**107442**	**158240**	**99414**	**116484**	**113431**
婺城区	9381	10740	15364	34023	14970	10506	10154
金东区	1363	2958	3055	12587	5997	15858	8248
武义县	7460	13710	9849	7968	8594	10602	11666
浦江县	4017	4116	5254	10292	5304	4435	5533
磐安县	494	1445	1669	2077	3899	7295	3838
兰溪市	8196	6511	9096	7543	7039	6396	10771
义乌市	17906	24491	30308	23222	20004	18642	18807
东阳市	13050	15105	19416	46074	20167	28400	27491
永康市	11503	13291	13431	14454	13440	14350	16923

单位：人

2007年	2008年	2009年	2010年	2011年	2012年	2013年
9834	8949	10387	16408	13000	11565	26817
451	456	3146	725	1885	673	5403
4024	422	1694	7212	4686	2755	4923
16465	14808	17214	21505	18428	17687	60608
25242	16492	20696	26178	26252	20576	25947
99696	**87962**	**83839**	**95382**	**89351**	**74912**	**74574**
18986	12204	13884	15410	15130	9304	10056
11565	8160	10402	12878	11094	7225	8396
17374	18450	11725	16831	11691	8249	9874
10153	7630	6554	9197	8149	13637	6393
13805	14587	13815	15038	19187	14923	17127
14268	8759	12919	12634	13928	12095	9635
13545	18172	14540	13394	10172	9479	13093
42948	**38009**	**46630**	**58285**	**47041**	**43994**	**80519**
7546	11125	9091	11288	15334	12159	38555
6275	4952	4933	7010	5831	5437	13653
11102	7516	9213	11377	7209	7645	8805
8019	8182	15780	18528	9088	11069	11734
10006	6234	7613	10082	9579	7684	7772
108977	**85508**	**96608**	**111810**	**91550**	**79874**	**103553**
22400	11498	13107	18098	13247	12078	10849
26570	25947	30076	30509	24815	26474	29317
7051	4341	7639	7271	5032	5112	5160
23278	22611	22949	27956	25075	15090	34782
16291	12096	13801	14907	13600	11853	11301
13387	9015	9036	13069	9781	9267	12144
84942	**82460**	**107000**	**126302**	**108869**	**98677**	**132478**
11493	8787	11148	15971	10820	10006	8529
3725	4344	4414	8791	6395	5991	5374
12023	7709	10103	7911	9304	8577	7937
5596	4077	6609	5068	7024	4193	20960
3369	4948	7834	6266	4615	4496	4757
5653	7455	6606	14431	6575	7336	6029
13239	12195	16816	27810	30942	31612	49502
14701	20718	31273	23221	17373	11366	14132
15143	12227	12197	16833	15821	15100	15258

2-A-20 续表 5

地　区	2000年	2001年	2002年	2003年	2004年	2005年	2006年
衢州市	**26883**	**25463**	**22149**	**30728**	**20273**	**21199**	**40552**
柯城区	8689	6181	5152	10707	5036	7365	7780
衢江区	3524	2867	4703	7115	2559	3688	3899
常山县	3771	2835	1302	2918	1168	1218	2673
开化县	2383	1490	1826	1121	4952	2222	2451
龙游县	5492	8520	4022	3122	3220	3957	7081
江山市	3024	3570	5144	5745	3338	2749	16668
舟山市	**13882**	**15066**	**14140**	**11755**	**15922**	**19628**	**20152**
定海区	9315	7809	6694	5155	8003	7683	9011
普陀区	1705	4240	5369	4189	4973	5685	7029
岱山县	2601	2037	795	1892	1805	5949	3502
嵊泗县	261	980	1282	519	1141	311	610
台州市	**67587**	**82872**	**119752**	**92438**	**86593**	**81467**	**93918**
椒江区	9811	7782	12666	12336	8330	14796	11241
黄岩区	11420	5594	9181	6817	5837	7089	7980
路桥区	7250	5167	12598	9663	11034	8915	12539
玉环县	15573	18341	17551	15882	14744	10624	13417
三门县	1221	3020	2693	3285	9136	8637	2603
天台县	2326	4028	4259	3489	3049	1916	2431
仙居县	2845	6166	4644	7173	3848	3434	2863
温岭市	10640	16067	18732	18770	17865	11939	20470
临海市	6501	16707	37428	15023	12750	14117	20374
丽水市	**27861**	**29225**	**24122**	**26775**	**28110**	**28191**	**23611**
莲都区	8112	13973	3543	6837	8482	10339	8645
青田县	9576	2405	4684	2829	4633	3135	2817
缙云县	2894	3117	3884	7485	6426	4477	3801
遂昌县	1006	1036	673	1710	736	864	1225
松阳县	341	522	4189	938	1668	5246	1053
云和县	1461	1481	2049	2632	1597	885	1101
庆元县	1692	864	1871	1087	1891	1114	1566
景宁县	146	323	1618	807	669	947	1598
龙泉市	2633	5504	1611	2450	2008	1184	1805

单位：人

2007年	2008年	2009年	2010年	2011年	2012年	2013年
30540	**33359**	**28472**	**28426**	**26559**	**19703**	**27544**
5665	7957	6395	6091	5587	5634	7129
4600	5184	4625	5087	3941	3935	3867
4043	7278	3056	3388	4461	2672	5183
1442	1149	2495	2910	2100	1451	1883
8492	4901	6043	4959	5932	3488	5251
6298	6890	5858	5991	4538	2523	4231
21552	**14809**	**20340**	**17219**	**16132**	**12459**	**18380**
9400	5371	10142	9626	8160	6254	8545
9484	3836	6809	5328	4802	4330	5984
2210	5412	2836	1873	2841	1298	2680
458	190	553	392	329	577	1171
77179	**68777**	**77060**	**100966**	**82860**	**69393**	**94662**
11873	9980	8725	17463	11399	9051	11133
7853	6737	7081	10213	8065	4981	9281
10975	9504	8278	10798	8857	7211	12836
11489	9259	9048	10107	11981	9561	11399
4137	4137	5480	6470	3433	3316	4605
1883	2725	2651	3233	3999	4149	5988
1980	4403	4653	4585	3746	2699	2436
17108	12301	17695	18571	18121	16272	21475
9881	9731	13449	19526	13259	12153	15509
31589	**23498**	**26277**	**34721**	**27512**	**24002**	**33015**
12857	5311	5712	13136	4592	5829	7124
2986	2744	5179	3665	3830	4853	10280
3799	2551	3845	3849	4913	3052	3261
1767	1093	1366	3631	1594	1276	2703
1632	4025	3878	1671	1627	2725	2000
1337	1130	1449	2055	3446	1668	1113
2163	1489	1504	1353	1416	1472	2554
2476	701	448	1745	3462	627	816
2572	4454	2896	3616	2632	2500	3164

2-A-21 按地区、登记注册类型

地 区	单位数	内 资	国 有	集 体	股份合作企业	联营企业	国有联营
全 省	**835565**	**814497**	**2995**	**10128**	**12028**	**315**	**33**
杭州市	**188409**	**184077**	**775**	**1856**	**466**	**70**	**4**
上城区	8963	8769	94	156	14	2	1
下城区	13574	13372	121	87	25	5	1
江干区	18502	17960	72	193	30	6	
拱墅区	16736	16523	80	62	39	8	1
西湖区	26252	25851	196	167	80	12	
滨江区	9937	9502	22	26	5	2	
萧山区	35593	34553	42	521	57	20	
余杭区	23844	23213	26	179	186	3	
桐庐县	6822	6634	13	47	2	2	
淳安县	3139	3076	27	80	2	2	
建德市	5327	5279	42	136	6		
富阳市	11298	11065	23	105	16	6	1
临安市	8422	8280	17	97	4	2	
宁波市	**149739**	**143912**	**379**	**1317**	**1240**	**37**	**4**
海曙区	11415	11238	59	61	237		
江东区	12055	11811	39	40	166	6	1
江北区	9028	8665	36	82	199	4	
北仑区	14378	13255	27	75	19	5	1
镇海区	8766	8225	32	144	36	4	
鄞州区	31749	30449	40	170	114	5	1
象山县	7642	7429	44	97	67	1	
宁海县	7746	7501	25	64	49	3	
余姚市	17130	16416	17	242	179	4	1
慈溪市	23066	22381	43	246	167	4	
奉化市	6764	6542	17	96	7	1	
温州市	**117608**	**116606**	**536**	**1794**	**5460**	**66**	**7**
鹿城区	17657	17439	190	389	926	32	3
龙湾区	13382	13108	16	158	638	5	
瓯海区	9854	9730	21	177	724	1	
洞头县	1164	1149	10	37	72		
永嘉县	9606	9536	61	88	507	4	
平阳县	7245	7188	24	68	308	3	

分组的全部企业法人单位数

单位：个

集体联营	国有与集体联营	其他联营	有限责任公司	国有独资公司	其他有限责任公司	股份有限公司	私营企业	私营独资
144	**42**	**96**	**42122**	**3118**	**39004**	**3367**	**726276**	**162710**
39	**21**	**6**	**13001**	**511**	**12490**	**990**	**164355**	**16265**
	1		1144	81	1063	71	7285	307
1	3		1412	63	1349	78	11622	196
2	3	1	1538	23	1515	74	16025	615
1	4	2	1099	26	1073	111	15109	249
3	8	1	2623	63	2560	195	22490	961
2			977	20	957	102	8350	296
19		1	1293	40	1253	110	32121	4303
3			1092	43	1049	71	21481	1644
2			273	31	242	21	6068	1650
2			426	46	380	23	2237	554
			225	14	211	21	4194	1336
3	2		428	24	404	60	10039	2099
1		1	471	37	434	53	7334	2055
18	**1**	**14**	**5294**	**474**	**4820**	**619**	**133162**	**30788**
			559	29	530	50	10250	452
3		2	576	24	552	58	10891	1296
2	1	1	368	33	335	40	7864	1791
2		2	644	52	592	58	12365	1847
1		3	416	27	389	38	7521	2036
2		2	1072	58	1014	154	28736	8178
1			349	93	256	29	6627	2154
1		2	214	41	173	35	6838	2223
3			510	42	468	77	15110	3522
2		2	433	60	373	60	20887	4599
1			153	15	138	20	6073	2690
33	**4**	**22**	**5943**	**359**	**5584**	**458**	**100339**	**24983**
14	2	13	1172	90	1082	163	14209	2425
3		2	501	41	460	60	11535	1892
		1	381	20	361	4	8159	2035
			59	24	35	1	942	305
3	1		390	19	371	20	8331	1969
2		1	711	31	680	26	5889	1627

2-A-21 续表 1

地 区	单位数	内 资	国 有	集 体	股份合作企业	联营企业	国有联营
苍南县	13171	13123	26	81	516	8	2
文成县	1273	1265	42	47	41		
泰顺县	1579	1578	39	36	31	1	
瑞安市	20133	20049	24	539	937	2	2
乐清市	22544	22441	83	174	760	10	
嘉兴市	**68773**	**65780**	**162**	**941**	**554**	**16**	**2**
南湖区	11307	10954	41	108	203	3	
秀洲区	7473	6986	8	69	104		
嘉善县	9458	8915	18	212	12	3	1
海盐县	6426	6249	31	77	103	4	
海宁市	13385	12911	27	299	41	3	
平湖市	9464	8977	17	57	6	2	1
桐乡市	11260	10788	20	119	85	1	
湖州市	**30384**	**29195**	**156**	**524**	**80**	**6**	**1**
吴兴区	8808	8529	66	89	22	3	1
南浔区	4821	4660	17	94	5		
德清县	5378	4986	35	122	11	1	
长兴县	7126	6929	15	155	35	2	
安吉县	4251	4091	23	64	7		
绍兴市	**83423**	**81083**	**152**	**1424**	**71**	**41**	**3**
越城区	13621	13160	35	202	11	4	1
绍兴县	24546	23887	11	134	3	2	
新昌县	5170	5081	18	103	10	17	
诸暨市	18572	18205	25	655	23	2	
上虞市	11718	11292	30	83	2	11	1
嵊州市	9796	9458	33	247	22	5	1
金华市	**82751**	**80428**	**226**	**565**	**85**	**47**	**2**
婺城区	9424	9230	66	77	8	5	
金东区	3774	3727	7	36	2	2	
武义县	4988	4946	28	78	3	1	
浦江县	4066	3987	26	42	2	4	1
磐安县	2567	2533	7	22	1	3	
兰溪市	5525	5446	14	60	8	11	1
义乌市	29154	27545	17	54	53	15	
东阳市	8224	8053	22	109			
永康市	15029	14961	39	87	8	6	

单位：个

集体联营	国有与集体联营	其他联营	有限责任公司	国有独资公司	其他有限责任公司	股份有限公司	私营企业	私营独资
2	1	3	467	26	441	47	11802	3742
			92	36	56	4	960	466
		1	89	25	64	9	1340	723
			545	19	526	30	17720	6890
9		1	1536	28	1508	94	19452	2909
7	**3**	**4**	**2997**	**374**	**2623**	**294**	**59504**	**14357**
1	1	1	713	59	654	48	9666	1402
			369	37	332	42	6255	638
1		1	377	53	324	66	7963	2130
2	2		282	64	218	24	5525	1981
2		1	392	45	347	27	11973	2857
		1	490	63	427	13	8331	3646
1			374	53	321	74	9791	1703
1	**2**	**2**	**1227**	**74**	**1153**	**68**	**26577**	**8816**
	1	1	473	23	450	25	7778	2540
			108	4	104	7	4382	1792
		1	309	28	281	21	4446	1020
1	1		218	6	212	10	6224	1850
			119	13	106	5	3747	1614
20	**7**	**11**	**4076**	**275**	**3801**	**296**	**72459**	**19513**
1	1	1	1464	66	1398	88	11103	2028
2			665	50	615	51	22418	3328
12	2	3	209	48	161	41	4311	1253
2			703	19	684	28	16326	7401
1	2	7	814	39	775	53	9997	3043
2	2		221	53	168	35	8304	2460
19	**1**	**25**	**3020**	**217**	**2803**	**294**	**73329**	**20931**
		5	615	43	572	68	8121	1421
2			149	15	134	12	3348	1214
1			98	24	74	13	4262	1009
2		1	130	24	106	17	3594	474
2		1	197	15	182	7	2104	989
6		4	291	25	266	52	4345	1671
1		14	968	19	949	71	25690	7655
			327	22	305	20	7527	2167
5	1		245	30	215	34	14338	4331

2-A-21 续表 2

地 区	单位数	内 资	国 有	集 体	股份合作企 业	联营企业	国有联营
衢州市	**17071**	**16933**	**114**	**159**	**44**	**9**	**2**
柯城区	4598	4577	34	22	13	4	
衢江区	2671	2635	9	13	9	1	
常山县	2335	2322	10	29	3		
开化县	1711	1704	16	28			
龙游县	2519	2497	20	10	3	1	
江山市	3237	3198	25	57	16	3	2
舟山市	**12287**	**12176**	**120**	**292**	**39**	**5**	**1**
定海区	6857	6804	48	128	3	1	
普陀区	3290	3261	32	77	22	3	1
岱山县	1523	1500	19	53	8		
嵊泗县	617	611	21	34	6	1	
台州市	**68268**	**67598**	**221**	**1023**	**3948**	**10**	**2**
椒江区	9068	8982	43	180	592	1	
黄岩区	7853	7793	31	178	706	1	
路桥区	8566	8494	12	154	302	2	
玉环县	9556	9462	17	94	655	1	
三门县	3481	3449	7	70	111		
天台县	3464	3430	17	42	73	2	1
仙居县	2881	2818	19	46	19		
温岭市	15683	15565	24	152	1091		
临海市	7716	7605	51	107	399	3	1
丽水市	**16851**	**16708**	**153**	**233**	**41**	**8**	**5**
莲都区	4526	4471	26	46	10	2	1
青田县	2647	2613	19	19	8		
缙云县	2568	2556	11	63	6		
遂昌县	1230	1213	15	28	9	1	
松阳县	1143	1141	11	14	1		
云和县	1139	1135	13	10	2	3	3
庆元县	1071	1067	20	13		2	1
景宁县	840	836	20	21	4		
龙泉市	1687	1676	18	19	1		

单位：个

集体联营	国有与集体联营	其他联营	有限责任公司	国有独资公司	其他有限责任公司	股份有限公司	私营企业	私营独资
		7	**779**	**137**	**642**	**96**	**13513**	**2993**
		4	255	28	227	42	3886	583
		1	85	19	66	18	1900	481
			98	20	78	5	1709	496
			78	24	54	7	1351	412
		1	178	19	159	15	2011	575
		1	85	27	58	9	2656	446
1	**1**	**2**	**1087**	**131**	**956**	**24**	**10599**	**1987**
1			540	54	486	14	6068	881
	1	1	354	43	311	6	2764	610
			106	13	93	2	1308	342
		1	87	21	66	2	459	154
3	**2**	**3**	**3861**	**332**	**3529**	**150**	**58031**	**18326**
		1	924	61	863	33	7198	1372
	1		367	13	354	16	6472	2073
	1	1	631	28	603	17	7359	2204
1			776	39	737	25	7775	2294
			88	40	48	5	3167	968
		1	162	28	134	12	3107	1174
			142	35	107	9	2579	1028
			422	39	383	16	13733	5093
2			349	49	300	17	6641	2120
3			**837**	**234**	**603**	**78**	**14408**	**3751**
1			231	33	198	27	4040	637
			75	27	48	9	2361	737
			72	24	48	12	2308	533
1			137	24	113	7	921	273
			49	26	23		930	349
			67	29	38	4	865	366
1			51	16	35	3	930	196
			60	18	42	2	670	170
			95	37	58	14	1383	490

2-A-21 续表 3

地区	私营合伙	私营有限责任公司	私营股份有限公司	其他企业	港澳台商投资	与港澳台商合资经营	与港澳台商合作经营
全 省	**23988**	**536106**	**3472**	**17266**	**9488**	**4364**	**130**
杭州市	**1266**	**146123**	**701**	**2564**	**1838**	**803**	**21**
上城区	72	6878	28	3	73	23	1
下城区	70	11294	62	22	85	22	1
江干区	68	15303	39	22	189	66	3
拱墅区	51	14711	98	15	85	20	1
西湖区	201	21190	138	88	167	52	1
滨江区	58	7944	52	18	141	43	
萧山区	227	27503	88	389	515	283	1
余杭区	228	19570	39	175	260	90	5
桐庐县	32	4369	17	208	114	78	2
淳安县	33	1633	17	279	28	7	
建德市	47	2779	32	655	28	22	
富阳市	118	7773	49	388	94	64	
临安市	61	5176	42	302	59	33	6
宁波市	**7666**	**94103**	**605**	**1864**	**2848**	**1239**	**44**
海曙区	70	9686	42	22	77	34	
江东区	89	9430	76	35	99	45	4
江北区	127	5900	46	72	162	60	1
北仑区	724	9736	58	62	551	214	2
镇海区	694	4753	38	34	275	118	5
鄞州区	1214	19245	99	158	611	256	8
象山县	295	4152	26	215	95	60	3
宁海县	407	4179	29	273	121	63	1
余姚市	1907	9608	73	277	406	176	6
慈溪市	1935	14262	91	541	366	165	10
奉化市	204	3152	27	175	85	48	4
温州市	**5269**	**69651**	**436**	**2010**	**330**	**211**	**10**
鹿城区	512	11163	109	358	49	31	3
龙湾区	448	9121	74	195	107	63	3
瓯海区	414	5707	3	263	22	8	
洞头县	52	582	3	28	8	5	
永嘉县	462	5880	20	135	32	26	
平阳县	386	3851	25	159	26	19	

单位：个

港澳台商独资	港澳台商投资股份有限公司	其他港澳台投资	外商投资	中外合资经营	中外合作经营	外资企业	外商投资股份有限公司	其他外商投资
4649	**99**	**246**	**11580**	**4947**	**157**	**5441**	**107**	**928**
989	**20**	**5**	**2494**	**1057**	**44**	**1346**	**17**	**30**
47	2		121	38	1	78	1	3
60	2		117	38	4	71	2	2
119	1		353	123	3	221	4	2
62	1	1	128	41	4	82		1
113	1		234	70	3	153	3	5
91	4	3	294	104	4	180	3	3
228	2	1	525	241	2	273	3	6
161	4		371	163	6	198		4
34			74	55	1	18		
20	1		35	18		17		
5	1		20	15	1	4		
30			139	97	4	36	1	1
19	1		83	54	11	15		3
1520	**39**	**6**	**2979**	**1357**	**36**	**1549**	**21**	**16**
42		1	100	35	1	64		
48	2		145	44	1	96	2	2
99	2		201	87	4	109		1
328	7		572	185	8	367	7	5
149	2	1	266	91	1	172	1	1
338	7	2	689	312	8	368		1
29	3		118	91	1	24	1	1
56	1		124	78	1	45		
221	3		308	154	3	145	3	3
179	10	2	319	185	8	117	7	2
31	2		137	95		42		
104	**2**	**3**	**672**	**413**	**7**	**232**	**7**	**13**
12	1	2	169	93		62	5	9
41			167	102	3	60		2
13	1		102	51		50		1
3			7	5		2		
6			38	26		12		
7			31	28		3		

2-A-21 续表 4

地 区	私营合伙	私营有限责任公司	私营股份有限公司	其他企业	港澳台商投资	与港澳台商合资经营	与港澳台商合作经营
苍南县	1323	6692	45	176	28	25	
文成县	41	447	6	79	1		1
泰顺县	114	497	6	33			
瑞安市	602	10205	23	252	15	8	2
乐清市	915	15506	122	332	42	26	1
嘉兴市	**2555**	**42053**	**539**	**1312**	**1385**	**536**	**10**
南湖区	544	7705	15	172	147	57	3
秀洲区	59	5521	37	139	188	70	2
嘉善县	1397	4052	384	264	237	58	1
海盐县	96	3425	23	203	94	45	
海宁市	104	8996	16	149	243	107	
平湖市	104	4544	37	61	199	93	2
桐乡市	251	7810	27	324	277	106	2
湖州市	**564**	**17112**	**85**	**557**	**602**	**295**	**4**
吴兴区	91	5114	33	73	126	52	
南浔区	33	2548	9	47	93	50	
德清县	104	3308	14	41	224	137	4
长兴县	197	4156	21	270	81	24	
安吉县	139	1986	8	126	78	32	
绍兴市	**417**	**52213**	**316**	**2564**	**1335**	**760**	**22**
越城区	68	8933	74	253	253	112	3
绍兴县	54	18903	133	603	358	175	5
新昌县	63	2976	19	372	42	30	
诸暨市	123	8798	4	443	214	145	10
上虞市	33	6879	42	302	261	158	
嵊州市	76	5724	44	591	207	140	4
金华市	**1103**	**50812**	**483**	**2862**	**677**	**225**	**6**
婺城区	179	6442	79	270	96	49	1
金东区	53	2066	15	171	28	12	
武义县	29	3203	21	463	20	8	
浦江县	90	3020	10	172	38	15	
磐安县	56	1049	10	192	15	7	
兰溪市	42	2608	24	665	44	22	1
义乌市	478	17305	252	677	364	76	4
东阳市	35	5300	25	48	42	18	
永康市	141	9819	47	204	30	18	

单位：个

港澳台商独资	港澳台商投资股份有限公司	其他港澳台投资	外商投资	中外合资经营	中外合作经营	外资企业	外商投资股份有限公司	其他外商投资
3			20	13	2	4		1
			7	4		3		
			1			1		
5			69	42	1	24	2	
14		1	61	49	1	11		
831	**6**	**2**	**1608**	**597**	**11**	**985**	**12**	**3**
86		1	206	66	2	134	4	
114	2		299	82	5	211	1	
175	2	1	306	74		225	5	2
48	1		83	32	2	49		
136			231	133	1	97		
103	1		288	113		173	2	
169			195	97	1	96		1
302	**1**		**587**	**319**	**10**	**254**	**4**	
74			153	64	2	85	2	
43			68	49	1	18		
82	1		168	115	1	51	1	
57			116	49		66	1	
46			82	42	6	34		
520	**15**	**18**	**1005**	**516**	**11**	**468**	**7**	**3**
134	3	1	208	79	2	123	3	1
160	2	16	301	100	2	196	2	1
12			47	37	2	8		
55	4		153	106	3	43	1	
101	1	1	165	113	2	50		
58	5		131	81		48	1	1
222	**13**	**211**	**1646**	**303**	**30**	**428**	**30**	**855**
39	6	1	98	49	1	46	1	1
16			19	10		9		
12			22	14		7		1
22		1	41	24	1	14		2
8			19	16		3		
20	1		35	22		11	1	1
71	4	209	1245	111	26	275	27	806
23	1		129	33	2	50		44
11	1		38	24		13	1	

2-A-21 续表 5

地　　区	私营合伙	私营有限责任公司	私营股份有限公司	其他企业	港澳台商投资	与港澳台商合资经营	与港澳台商合作经营
衢州市	**253**	**10177**	**90**	**2219**	**68**	**37**	**4**
柯城区	44	3212	47	321	6	2	
衢江区	38	1367	14	600	17	6	2
常山县	54	1154	5	468	7	5	1
开化县	36	896	7	224	4	2	
龙游县	23	1405	8	259	12	6	
江山市	58	2143	9	347	22	16	1
舟山市	**291**	**8317**	**4**	**10**	**44**	**28**	
定海区	134	5051	2	2	22	13	
普陀区	63	2089	2	3	15	9	
岱山县	62	904		4	5	4	
嵊泗县	32	273		1	2	2	
台州市	**3935**	**35672**	**98**	**354**	**314**	**206**	**7**
椒江区	339	5474	13	11	43	30	
黄岩区	353	4035	11	22	27	13	2
路桥区	544	4591	20	17	22	16	
玉环县	574	4887	20	119	41	29	
三门县	96	2099	4	1	13	5	3
天台县	89	1840	4	15	17	12	
仙居县	415	1130	6	4	34	31	1
温岭市	1165	7461	14	127	47	30	1
临海市	360	4155	6	38	70	40	
丽水市	**669**	**9873**	**115**	**950**	**47**	**24**	**2**
莲都区	137	3219	47	89	20	10	1
青田县	93	1507	24	122	7	2	
缙云县	162	1606	7	84	7	6	
遂昌县	44	595	9	95	5	2	
松阳县	52	526	3	136	1		
云和县	62	432	5	171	2		1
庆元县	10	721	3	48	3	3	
景宁县	70	425	5	59	1	1	
龙泉市	39	842	12	146	1		

单位：个

港澳台商独资	港澳台商投资股份有限公司	其他港澳台投资	外商投资	中外合资经营	中外合作经营	外资企业	外商投资股份有限公司	其他外商投资
27			**70**	**50**		**15**	**3**	**2**
4			15	11		3		1
9			19	14		4		1
1			6	5		1		
2			3	3				
6			10	5		2	3	
5			17	12		5		
16			**67**	**37**	**3**	**25**	**1**	**1**
9			31	17	2	10	1	1
6			14	12	1	1		
1			18	6		12		
			4	2		2		
98	**3**		**356**	**257**	**5**	**91**	**3**	
12	1		43	23		19	1	
11	1		33	24		9		
5	1		50	36	1	13		
12			53	43	2	6	2	
5			19	11		8		
5			17	10	1	6		
2			29	23		6		
16			71	60		11		
30			41	27	1	13		
20		**1**	**96**	**41**		**48**	**2**	**5**
8		1	35	13		18	2	2
5			27	6		21		
1			5	5				
3			12	5		6		1
1			1			1		
1			2	1				1
			1			1		
			3	2		1		
1			10	9				1

2-A-22 按地区、登记注册类型分组的

地区	从业人员期末人数	内资	国有	集体	股份合作企业	联营企业	国有联营
全省	**25123423**	**22784754**	**293149**	**194181**	**197997**	**5320**	**1477**
杭州市	**5256219**	**4703580**	**81240**	**25715**	**10121**	**1905**	**869**
上城区	224656	215330	12478	3071	2631	65	62
下城区	272709	258712	11601	2302	366	881	801
江干区	613880	492954	6359	3967	697	56	
拱墅区	474453	456069	16868	1196	652	488	5
西湖区	713209	665038	16044	4374	847	290	
滨江区	352079	281111	5161	259	38	23	
萧山区	1179660	1035103	3550	2237	958	26	
余杭区	578004	509054	1714	1612	3112	7	
桐庐县	139182	123042	1076	790	44	8	
淳安县	68468	65780	743	706	24	10	
建德市	108924	106258	3248	1660	79		
富阳市	315820	289439	1228	2397	592	48	1
临安市	215175	205690	1170	1144	81	3	
宁波市	**4682316**	**3962778**	**34902**	**16298**	**21460**	**361**	**35**
海曙区	239665	229304	5362	851	1550		
江东区	313003	296476	6919	822	1326	46	16
江北区	287539	260462	2985	946	3354	43	
北仑区	516664	301909	2968	972	563	42	5
镇海区	299341	250941	1184	1260	4168	37	
鄞州区	906219	755416	3646	3344	2295	80	13
象山县	509548	482955	2382	1006	1341	11	
宁海县	239794	214909	2326	783	790	11	
余姚市	459929	369617	2010	2725	3275	63	1
慈溪市	688141	609319	2577	2427	2699	23	
奉化市	222473	191470	2543	1162	99	5	
温州市	**2795862**	**2704253**	**31067**	**51330**	**82615**	**699**	**127**
鹿城区	508771	492939	10186	8987	16748	214	35
龙湾区	360225	334924	2607	4198	7998	51	
瓯海区	319882	310310	750	9050	10160	15	
洞头县	17766	16978	351	528	649		
永嘉县	202865	198970	4230	2567	5595	38	
平阳县	168033	159429	702	3502	5201	41	

全部企业法人单位从业人数

单位：人

集体联营	国有与集体联营	其他联营	有限责任公司	国有独资公司	其他有限责任公司	股份有限公司	私营企业	私营独资
1199	**788**	**1856**	**4731269**	**286842**	**4444427**	**1149273**	**16071130**	**1466269**
168	**365**	**503**	**1431662**	**90322**	**1341340**	**269545**	**2861606**	**149172**
	3		70470	6540	63930	33319	93278	1124
65	15		99825	24667	75158	13263	129292	1063
6	47	3	172214	7231	164983	17773	291801	4065
1	60	422	135252	2963	132289	26146	275280	1799
11	206	73	318508	21956	296552	58715	265508	4348
23			90777	2465	88312	45576	139081	2718
23		3	314009	5492	308517	29886	682683	39799
7			93456	10173	83283	17751	390079	13016
8			8886	1146	7740	2891	107926	16596
10			18772	1470	17302	1433	41261	5441
			16918	1827	15091	5507	72617	12390
13	34		44387	2077	42310	5786	231520	24782
1		2	48188	2315	45873	11499	141280	22031
195	**20**	**111**	**398099**	**40405**	**357694**	**315837**	**3161968**	**306826**
			40147	5810	34337	12823	168488	2055
16		14	35420	7238	28182	4096	247488	6148
4	20	19	27881	3888	23993	9252	215620	12959
7		30	39302	5562	33740	8102	249223	19038
15		22	75339	2881	72458	10071	158344	19736
61		6	69082	2949	66133	24107	651554	97910
11			20874	4285	16589	224150	232017	17165
2		9	20024	1837	18187	4871	184259	21014
62			32043	2517	29526	9312	317818	35882
12		11	29321	3050	26271	7761	560593	41622
5			8666	388	8278	1292	176564	33297
360	**34**	**178**	**536068**	**47855**	**488213**	**67638**	**1919392**	**200196**
89	15	75	105059	34979	70080	4665	343940	23820
20		31	40739	2308	38431	6391	271626	10813
		15	41714	1242	40472	25	247074	18558
			2382	631	1751	6	12733	1427
23	15		60339	806	59533	10534	114979	11104
6		35	51897	2388	49509	3555	93460	11503

2-A-22 续表 1

地　区	从业人员期末人数	内　资	国　有	集　体	股份合作企　业	联营企业	国有联营
苍南县	208750	205940	2151	1532	6643	170	62
文成县	25332	25231	788	603	382		
泰顺县	88836	88835	1368	634	476	1	
瑞安市	426601	415538	2445	8795	17701	30	30
乐清市	468801	455159	5489	10934	11062	139	
嘉兴市	**1872430**	**1507474**	**13479**	**10570**	**12133**	**340**	**21**
南湖区	257905	224179	2692	1663	5030	185	
秀洲区	241910	175921	1509	412	2060		
嘉善县	232179	161334	733	2391	403	33	20
海盐县	169654	152028	822	1987	2486	58	
海宁市	337126	286986	3040	2748	631	61	
平湖市	303397	214578	579	467	281	2	1
桐乡市	330259	292448	4104	902	1242	1	
湖州市	**952627**	**826742**	**21897**	**8020**	**1318**	**205**	**84**
吴兴区	314698	296697	8071	1395	572	103	84
南浔区	116798	98553	267	637	79		
德清县	194993	150150	1861	2482	411	3	
长兴县	180717	154108	1243	2309	185	99	
安吉县	145421	127234	10455	1197	71		
绍兴市	**3509178**	**3236157**	**11725**	**17618**	**3884**	**364**	**100**
越城区	575665	515420	5075	2549	594	115	96
绍兴县	976310	880722	860	1843	10	3	
新昌县	183787	175502	894	4132	228	77	
诸暨市	793041	754843	1689	4256	685	31	
上虞市	720558	681480	2254	1439	71	92	2
嵊州市	259817	228190	953	3399	2296	46	2
金华市	**2495006**	**2410743**	**23160**	**12501**	**3176**	**920**	**44**
婺城区	300115	277004	9341	2020	97	50	
金东区	115149	112987	137	917	102	4	
武义县	154145	151464	1372	777	14	2	
浦江县	133025	125748	1807	799	4	39	9
磐安县	96733	93129	459	239	9	42	
兰溪市	132758	126635	1072	446	137	128	35
义乌市	460351	436131	3404	1935	2737	580	
东阳市	806900	796699	2248	3343			
永康市	295830	290946	3320	2025	76	75	

单位：人

集体联营	国有与集体联营	其他联营	有限责任公司	国有独资公司	其他有限责任公司	股份有限公司	私营企业	私营独资
87	4	17	37776	1623	36153	1133	155035	25155
			7891	930	6961	30	14863	6368
		1	38491	977	37514	7498	40021	7496
			52622	424	52198	9739	321987	59118
135		4	97158	1547	95611	24062	303674	24834
82	**51**	**186**	**182230**	**16551**	**165679**	**79742**	**1198089**	**116367**
1	4	180	43798	4215	39583	11306	157790	9432
			28443	779	27664	13082	129715	5196
9		4	18757	2045	16712	3007	133050	18608
11	47		20668	1802	18866	8529	116052	18953
60		1	23925	1558	22367	10696	244075	21212
		1	22844	3327	19517	5819	184366	30550
1			23795	2825	20970	27303	233041	12416
50	**57**	**14**	**110374**	**3615**	**106759**	**26241**	**651045**	**101888**
	8	11	62016	863	61153	9500	214190	36982
			7090	51	7039	2701	87194	20272
		3	16921	860	16061	9877	118112	10947
50	49		14799	1599	13200	2444	128638	13496
			9548	242	9306	1719	102911	20191
106	**68**	**90**	**760136**	**22367**	**737769**	**189575**	**2235470**	**142929**
1	8	10	224970	9605	215365	10158	270016	12631
3			210475	2972	207503	15430	648854	24571
53	12	12	26557	1384	25173	14192	125596	11209
31			236445	2104	234341	34204	474578	49687
7	15	68	48991	2382	46609	113517	513206	25015
11	33		12698	3920	8778	2074	203220	19816
211	**3**	**662**	**557003**	**12893**	**544110**	**51586**	**1739054**	**190718**
		50	82135	3762	78373	6776	173990	13377
4			12235	151	12084	3213	94667	14013
2			2686	581	2105	1445	141056	8777
25		5	5123	691	4432	450	116266	8054
40		2	21497	393	21104	4442	63960	13943
64		29	27271	1123	26148	5966	86379	17066
4		576	46405	1956	44449	7766	369810	47185
			345982	879	345103	17355	427375	24263
72	3		13669	3357	10312	4173	265551	44040

2-A-22 续表 2

地　区	从业人员期末人数	内　资	国　有	集　体	股份合作企业	联营企业	国有联营
衢州市	**521634**	**507085**	**9497**	**1490**	**1161**	**50**	**12**
柯城区	151387	149562	4812	386	245	14	
衢江区	71841	67064	106	44	147	14	
常山县	59260	58230	895	142	41		
开化县	51345	51041	692	147			
龙游县	88418	85398	1892	168	564	6	
江山市	99383	95790	1100	603	164	16	12
舟山市	**347949**	**335603**	**11786**	**6647**	**564**	**41**	**12**
定海区	174940	171185	5048	2225	62	1	
普陀区	110595	105884	4321	3480	291	36	12
岱山县	51077	47412	1587	728	153		
嵊泗县	11337	11122	830	214	58	4	
台州市	**2184842**	**2096374**	**18175**	**41463**	**61107**	**255**	**8**
椒江区	267012	254727	3539	1446	7775	1	
黄岩区	235585	231476	2234	1491	9591	2	
路桥区	217941	206033	1121	2261	5023	230	
玉环县	260434	242159	797	1283	11563	4	
三门县	101617	99698	1071	476	1384		
天台县	97209	93047	1796	365	2713	6	3
仙居县	98414	91470	702	387	286		
温岭市	559582	540542	2931	3395	15781		
临海市	347048	337222	3984	30359	6991	12	5
丽水市	**479297**	**467902**	**10158**	**2529**	**458**	**180**	**165**
莲都区	142325	138726	2594	407	128	31	22
青田县	75434	71313	1358	201	76		
缙云县	75333	73859	1008	432	73		
遂昌县	29348	28405	588	223	59	3	
松阳县	35372	35268	398	108	30		
云和县	29750	29565	1244	629	7	24	24
庆元县	27084	26934	788	101		122	119
景宁县	19167	19022	719	196	20		
龙泉市	45484	44810	1461	232	65		

单位：人

集体联营	国有与集体联营	其他联营	有限责任公司	国有独资公司	其他有限责任公司	股份有限公司	私营企业	私营独资
		38	**88523**	**12131**	**76392**	**13635**	**374378**	**28721**
		14	46439	3008	43431	7937	84895	4209
		14	6934	3999	2935	2252	53401	5010
			5514	1205	4309	12	47396	4803
			3610	411	3199	810	44147	2870
		6	18144	1394	16750	1731	61397	4758
		4	7882	2114	5768	893	83142	7071
1	**13**	**15**	**82808**	**9262**	**73546**	**12532**	**221168**	**14595**
1			52940	4434	48506	8090	102808	6230
	13	11	21260	3977	17283	501	75970	3830
			5771	221	5550	3181	35974	3303
		4	2837	630	2207	760	6416	1232
11	**177**	**59**	**537999**	**24965**	**513034**	**116102**	**1318368**	**180096**
		1	102208	6089	96119	45221	94464	8632
	2		105007	257	104750	9598	103269	22704
	175	55	45120	575	44545	14319	137806	21702
4			76026	2062	73964	7778	143505	24593
			5342	1250	4092	2682	88739	5987
		3	27279	943	26336	6421	54314	8645
			23387	1090	22297	7945	58729	16647
			79049	9430	69619	7784	430915	50279
7			74581	3269	71312	14354	206627	20907
15			**46367**	**6476**	**39891**	**6840**	**390592**	**34761**
9			10381	1082	9299	3560	121012	3382
			6881	1001	5880	127	61193	9623
			2946	533	2413	1211	66949	5335
3			10084	1323	8761	1130	15036	2003
			1508	631	877		30255	3403
			4092	525	3567	34	22143	4834
3			993	322	671	37	24530	1763
			3336	357	2979	45	14322	779
			6146	702	5444	696	35152	3639

2-A-22 续表 3

地 区	私营合伙	私营有限责任公司	私营股份有限公司	其他企业	港澳台商投资	与港澳台商合资经营	与港澳台商合作经营
全 省	**267328**	**14037821**	**299712**	**142435**	**1162532**	**607834**	**15384**
杭州市	**14152**	**2659609**	**38673**	**21786**	**242982**	**120259**	**981**
上城区	404	90656	1094	18	4819	2975	24
下城区	665	126419	1145	1182	5394	2220	20
江干区	445	285337	1954	87	22043	10289	49
拱墅区	474	271660	1347	187	9725	1488	366
西湖区	2776	255452	2932	752	12818	9152	8
滨江区	523	133356	2484	196	37944	6495	
萧山区	2968	625944	13972	1754	84108	50932	2
余杭区	2670	369261	5132	1323	36702	12057	378
桐庐县	240	90986	104	1421	10014	8966	30
淳安县	283	35229	308	2831	622	48	
建德市	521	58309	1397	6229	1656	1167	
富阳市	1449	199500	5789	3481	12323	11084	
临安市	734	117500	1015	2325	4814	3386	104
宁波市	**86049**	**2673923**	**95170**	**13853**	**398643**	**192604**	**5140**
海曙区	672	161811	3950	83	6440	4507	
江东区	877	193335	47128	359	11082	5286	236
江北区	1513	194964	6184	381	13317	6668	6
北仑区	6736	217874	5575	737	114578	38347	119
镇海区	7627	129820	1161	538	25451	11099	934
鄞州区	15414	531126	7104	1308	92313	57965	957
象山县	2786	209675	2391	1174	9219	6975	203
宁海县	5003	153806	4436	1845	12610	6639	450
余姚市	20345	255699	5892	2371	55152	23907	1054
慈溪市	22114	486606	10251	3918	44755	23624	972
奉化市	2962	139207	1098	1139	13726	7587	209
温州市	**48896**	**1656328**	**13972**	**15444**	**30038**	**19639**	**467**
鹿城区	6462	311103	2555	3140	3302	1978	315
龙湾区	4460	253275	3078	1314	9851	5846	118
瓯海区	4026	222175	2315	1522	2006	1423	
洞头县	318	10923	65	329	736	585	
永嘉县	2207	100831	837	688	2216	1217	
平阳县	4572	77189	196	1071	3027	2262	

单位：人

港澳台商独资	港澳台商投资股份有限公司	其他港澳台投资	外商投资	中外合资经营	中外合作经营	外资企业	外商投资股份有限公司	其他外商投资
499566	**38040**	**1708**	**1176137**	**632626**	**10208**	**510121**	**17225**	**5957**
109661	**12023**	**58**	**309657**	**168797**	**3008**	**133996**	**2577**	**1279**
1767	53		4507	2043	3	2422	34	5
3098	56		8603	2505	803	4878	411	6
10803	902		98883	54477	183	43731	476	16
7758	62	51	8659	5054	65	3539		1
3645	13		35353	26559	73	8657	35	29
21367	10077	5	33024	9121	112	21633	1320	838
32808	364	2	60449	31233	10	28843	293	70
23886	381		32248	15219	403	16586		40
1018			6126	5248	181	697		
572	2		2066	1882		184		
434	55		1010	847	138	25		
1239			14058	11366	448	1984	8	252
1266	58		4671	3243	589	817		22
190561	**10204**	**134**	**320895**	**152650**	**3352**	**160130**	**4094**	**669**
1871		62	3921	3065	1	855		
4782	778		5445	3460	36	1834	107	8
6158	485		13760	8038	223	5330		169
73077	3035		100177	23588	238	73535	2456	360
11173	2242	3	22949	8404	171	14237	47	90
32376	1002	13	58490	30028	1033	27422		7
2038	3		17374	15958	143	1242	25	6
5485	36		12275	9489	143	2643		
29854	337		35160	18495	117	16350	181	17
17826	2277	56	34067	19562	1247	11968	1278	12
5921	9		17277	12563		4714		
9888	**19**	**25**	**61571**	**51307**	**61**	**10091**	**51**	**61**
979	13	17	12530	10311		2140	40	39
3887			15450	11862	29	3545		14
577	6		7566	5733		1829		4
151			52	49		3		
999			1679	1280		399		
765			5577	5160		417		

2-A-22 续表 4

地　区	私营合伙	私营有限责任公司	私营股份有限公司	其他企业	港澳台商投资	与港澳台商合资经营	与港澳台商合作经营
苍南县	9412	118995	1473	1500	1995	1984	
文成县	246	8134	115	674	1		1
泰顺县	838	31587	100	346			
瑞安市	6092	255439	1338	2219	2347	1927	21
乐清市	10263	266677	1900	2641	4557	2417	12
嘉兴市	**22370**	**1004361**	**54991**	**10891**	**150691**	**70589**	**2940**
南湖区	4083	141561	2714	1715	13955	6121	488
秀洲区	899	118148	5472	700	22813	9379	507
嘉善县	10462	100389	3591	2960	29937	6517	1
海盐县	1462	78750	16887	1426	10531	5106	
海宁市	1029	220546	1288	1810	25199	15491	
平湖市	970	128618	24228	220	28579	17244	1799
桐乡市	3465	216349	811	2060	19677	10731	145
湖州市	**6758**	**521090**	**21309**	**7642**	**69218**	**37136**	**385**
吴兴区	1041	172435	3732	850	9099	4087	
南浔区	363	65168	1391	585	9043	5912	
德清县	1303	104333	1529	483	29616	19637	385
长兴县	2371	103374	9397	4391	10811	2182	
安吉县	1680	75780	5260	1333	10649	5318	
绍兴市	**4159**	**2075742**	**12640**	**17385**	**168887**	**111078**	**3738**
越城区	682	254991	1712	1943	37553	16499	97
绍兴县	283	619014	4986	3247	61595	44995	1979
新昌县	570	111813	2004	3826	5251	2727	
诸暨市	1489	421743	1659	2955	20513	13430	1642
上虞市	386	486487	1318	1910	23336	18150	
嵊州市	749	181694	961	3504	20639	15277	20
金华市	**11646**	**1510160**	**26530**	**23343**	**45112**	**22197**	**846**
婺城区	2069	149527	9017	2595	14791	7642	791
金东区	767	79185	702	1712	1630	931	
武义县	337	131069	873	4112	453	258	
浦江县	1020	107028	164	1260	3460	1642	
磐安县	723	48820	474	2481	874	420	
兰溪市	470	67554	1289	5236	2594	857	11
义乌市	3870	310525	8230	3494	12388	8149	44
东阳市	386	401053	1673	396	6762	1209	
永康市	2004	215399	4108	2057	2160	1089	

单位：人

港澳台商独资	港澳台商投资股份有限公司	其他港澳台投资	外商投资	中外合资经营	中外合作经营	外资企业	外商投资股份有限公司	其他外商投资
11			815	522	10	279		4
			100	91		9		
			1			1		
399			8716	7746	1	958	11	
2120		8	9085	8553	21	511		
75208	**1951**	**3**	**214265**	**76142**	**591**	**132337**	**5102**	**93**
7344		2	19771	7629	123	11407	612	
12086	841		43176	10043	292	32656	185	
23354	64	1	40908	9168		27465	4205	70
4776	649		7095	3480	3	3612		
9708			24941	15614	100	9227		
9139	397		60240	19885		40255	100	
8801			18134	10323	73	7715		23
31647	**50**		**56667**	**30378**	**1175**	**24700**	**414**	
5012			8902	3511	109	5220	62	
3131			9202	7552	5	1645		
9544	50		15227	8407	1	6470	349	
8629			15798	7189		8606	3	
5331			7538	3719	1060	2759		
49657	**4276**	**138**	**104134**	**74432**	**1067**	**25482**	**3131**	**22**
20260	696	1	22692	10017	101	11637	924	13
13726	854	41	33993	28676	257	4897	155	8
2524			3034	2766	93	175		
3581	1860		17685	12648	609	2392	2036	
5089	1	96	15742	10530	7	5205		
4477	865		10988	9795		1176	16	1
11853	**8869**	**1347**	**39151**	**25712**	**592**	**8578**	**607**	**3662**
3798	2370	190	8320	6129	1	2171	16	3
699			532	259		273		
195			2228	1767		460		1
1817		1	3817	2369	231	1166		51
454			2730	2561		169		
1725	1		3529	3008		395	125	1
1626	1413	1156	11832	5115	84	3028	109	3496
704	4849		3439	2427	276	626		110
835	236		2724	2077		290	357	

2-A-22 续表 5

地区	私营合伙	私营有限责任公司	私营股份有限公司	其他企业	港澳台商投资	与港澳台商合资经营	与港澳台商合作经营
衢州市	**2994**	**330896**	**11767**	**18351**	**5496**	**1999**	**37**
柯城区	445	71658	8583	4834	438	42	
衢江区	300	47563	528	4166	2245	26	2
常山县	622	41931	40	4230	569	199	32
开化县	272	40685	320	1635	256	172	
龙游县	233	55601	805	1496	907	701	
江山市	1122	73458	1491	1990	1081	859	3
舟山市	**2697**	**202568**	**1308**	**57**	**3090**	**1670**	
定海区	1278	95252	48	11	2029	909	
普陀区	512	70368	1260	25	854	630	
岱山县	640	32031		18	166	90	
嵊泗县	267	4917		3	41	41	
台州市	**60168**	**1057938**	**20166**	**2905**	**41609**	**28690**	**633**
椒江区	3863	79693	2276	73	6186	4532	
黄岩区	5678	72924	1963	284	3073	934	152
路桥区	7488	101015	7601	153	4732	1245	
玉环县	9817	106896	2199	1203	7489	5488	
三门县	939	81621	192	4	421	331	27
天台县	2024	42725	920	153	1536	1526	
仙居县	7374	33297	1411	34	4409	4212	140
温岭市	17506	359937	3193	687	7441	6132	314
临海市	5479	179830	411	314	6322	4290	
丽水市	**7439**	**345206**	**3186**	**10778**	**6766**	**1973**	**217**
莲都区	1027	114607	1996	613	2345	373	157
青田县	942	50138	490	1477	2353	35	
缙云县	2469	59086	59	1240	1141	1131	
遂昌县	378	12624	31	1282	377	285	
松阳县	777	26051	24	2969	99		
云和县	546	16722	41	1392	62		60
庆元县	95	22623	49	363	148	148	
景宁县	658	12781	104	384	1	1	
龙泉市	547	30574	392	1058	240		

单位：人

港澳台商独资	港澳台商投资股份有限公司	其他港澳台投资	外商投资	中外合资经营	中外合作经营	外资企业	外商投资股份有限公司	其他外商投资
3460			**9053**	**5888**		**2305**	**847**	**13**
396			1387	681		698		8
2217			2532	2191		336		5
338			461	410		51		
84			48	48				
206			2113	1180		86	847	
219			2512	1378		1134		
1420			**9256**	**6402**	**114**	**2720**	**19**	**1**
1120			1726	1264	99	343	19	1
224			3857	3841	15	1		
76			3499	1148		2351		
			174	149		25		
11638	**648**		**46859**	**38122**	**248**	**8130**	**359**	
1653	1		6099	4654		1429	16	
1584	403		1036	708		328		
3243	244		7176	5976	7	1193		
2001			10786	9350	16	1077	343	
63			1498	900		598		
10			2626	1301	145	1180		
57			2535	2227		308		
995			11599	10262		1337		
2032			3504	2744	80	680		
4573		**3**	**4629**	**2796**		**1652**	**24**	**157**
1812		3	1254	807		412	24	11
2318			1768	677		1091		
10			333	333				
92			566	428		110		28
99			5			5		
2			123	21				102
			2			2		
			144	112		32		
240			434	418				16

2-A-23 按地区、控股情况分组的全部企业法人单位数

单位：个

地 区	单位数	国有控股	集体控股	私人控股	港澳台商控股	外商控股	其 他
全 省	**835565**	**10737**	**19169**	**779881**	**6748**	**8165**	**10865**
杭州市	**188409**	**2727**	**3478**	**176049**	**1403**	**1761**	**2991**
上城区	8963	393	244	7859	65	100	302
下城区	13574	420	224	12561	66	102	201
江干区	18502	233	316	17077	140	303	433
拱墅区	16736	204	138	16049	61	103	181
西湖区	26252	498	367	24645	140	184	418
滨江区	9937	127	107	9262	120	205	116
萧山区	35593	192	737	33715	382	338	229
余杭区	23844	188	437	22226	250	274	469
桐庐县	6822	63	88	6508	64	37	62
淳安县	3139	128	128	2739	24	22	98
建德市	5327	83	289	4736	15	8	196
富阳市	11298	104	233	10680	52	50	179
临安市	8422	94	170	7992	24	35	107
宁波市	**149739**	**1495**	**2217**	**140648**	**2125**	**1990**	**1264**
海曙区	11415	177	210	10838	60	63	67
江东区	12055	131	107	11555	75	94	93
江北区	9028	133	170	8408	131	133	53
北仑区	14378	226	143	13018	446	427	118
镇海区	8766	143	210	7956	191	205	61
鄞州区	31749	170	280	30152	438	470	239
象山县	7642	157	172	7099	60	45	109
宁海县	7746	97	91	7309	85	79	85
余姚市	17130	94	360	16018	294	193	171
慈溪市	23066	121	337	21880	295	230	203
奉化市	6764	46	137	6415	50	51	65
温州市	**117608**	**1238**	**4446**	**109891**	**201**	**401**	**1431**
鹿城区	17657	406	517	16081	32	113	508
龙湾区	13382	95	661	12322	69	96	139
瓯海区	9854	67	287	9272	19	70	139
洞头县	1164	50	62	1030	6	3	13
永嘉县	9606	102	403	9008	15	24	54
平阳县	7245	71	127	6942	16	11	78

2-A-23 续表 1

单位：个

地 区	单位数	国有控股	集体控股	私人控股	港澳台商控股	外商控股	其 他
苍南县	13171	67	285	12672	12	7	128
文成县	1273	90	96	1066	1	5	15
泰顺县	1579	73	49	1440		1	16
瑞安市	20133	77	1374	18521	7	39	115
乐清市	22544	140	585	21537	24	32	226
嘉兴市	**68773**	**1129**	**1830**	**63025**	**1065**	**1216**	**508**
南湖区	11307	250	222	10461	105	166	103
秀洲区	7473	114	189	6651	160	245	114
嘉善县	9458	107	311	8516	211	250	63
海盐县	6426	153	192	5871	71	59	80
海宁市	13385	164	428	12440	166	140	47
平湖市	9464	184	158	8731	146	217	28
桐乡市	11260	157	330	10355	206	139	73
湖州市	**30384**	**571**	**806**	**27568**	**451**	**396**	**592**
吴兴区	8808	204	185	7984	102	104	229
南浔区	4821	71	121	4500	66	38	25
德清县	5378	130	177	4688	161	113	109
长兴县	7126	95	207	6517	64	86	157
安吉县	4251	71	116	3879	58	55	72
绍兴市	**83423**	**715**	**2255**	**78036**	**813**	**651**	**953**
越城区	13621	222	410	12353	169	160	307
绍兴县	24546	109	467	23361	210	221	178
新昌县	5170	97	151	4840	23	18	41
诸暨市	18572	72	719	17555	141	76	9
上虞市	11718	106	163	10970	163	108	208
嵊州市	9796	109	345	8957	107	68	210
金华市	**82751**	**702**	**1086**	**77443**	**386**	**1404**	**1730**
婺城区	9424	182	135	8742	74	71	220
金东区	3774	48	55	3595	19	15	42
武义县	4988	61	118	4585	10	13	201
浦江县	4066	60	63	3816	23	20	84
磐安县	2567	29	34	2413	5	8	78
兰溪市	5525	61	222	4765	36	20	421
义乌市	29154	94	96	27084	167	1119	594
东阳市	8224	55	221	7771	30	115	32
永康市	15029	112	142	14672	22	23	58

2-A-23 续表 2 单位：个

地 区	单位数	国有控股	集体控股	私人控股	港澳台商控股	外商控股	其 他
衢州市	**17071**	**353**	**295**	**15660**	**40**	**38**	**685**
柯城区	4598	109	56	4271	5	9	148
衢江区	2671	36	31	2264	13	8	319
常山县	2335	38	51	2202	4	3	37
开化县	1711	47	38	1567	2	2	55
龙游县	2519	56	27	2321	6	7	102
江山市	3237	67	92	3035	10	9	24
舟山市	**12287**	**524**	**541**	**11010**	**25**	**45**	**142**
定海区	6857	209	243	6291	12	21	81
普陀区	3290	175	155	2911	10	7	32
岱山县	1523	82	80	1335	2	14	10
嵊泗县	617	58	63	473	1	3	19
台州市	**68268**	**798**	**1831**	**65021**	**212**	**207**	**199**
椒江区	9068	184	376	8393	30	40	45
黄岩区	7853	60	243	7503	22	17	8
路桥区	8566	66	225	8184	16	41	34
玉环县	9556	76	229	9160	24	28	39
三门县	3481	53	72	3330	9	12	5
天台县	3464	65	68	3289	14	11	17
仙居县	2881	66	62	2720	13	13	7
温岭市	15683	91	399	15139	26	22	6
临海市	7716	137	157	7303	58	23	38
丽水市	**16851**	**484**	**384**	**15530**	**27**	**56**	**370**
莲都区	4526	95	91	4270	9	21	40
青田县	2647	47	27	2475	6	20	72
缙云县	2568	44	81	2420	4	4	15
遂昌县	1230	48	46	1078	5	6	47
松阳县	1143	46	16	1072		1	8
云和县	1139	48	25	982	1	2	81
庆元县	1071	48	15	982			26
景宁县	840	43	46	723		1	27
龙泉市	1687	65	37	1528	2	1	54

2-A-24 按地区、控股情况分组的全部企业法人单位从业人数

单位：人

地 区	从业人员期末人数						
		国有控股	集体控股	私人控股	港澳台商控股	外商控股	其 他
全 省	**25123423**	**1253237**	**707434**	**20943684**	**828803**	**796008**	**594257**
杭州市	**5256219**	**454744**	**171687**	**4058170**	**178890**	**198250**	**194478**
上城区	224656	65482	9173	120693	3615	4840	20853
下城区	272709	68952	16183	165951	3912	6593	11118
江干区	613880	50606	13369	424923	21094	69468	34420
拱墅区	474453	44562	52077	352389	6445	6378	12602
西湖区	713209	90269	13829	540412	7998	13620	47081
滨江区	352079	44041	5905	229254	37737	23165	11977
萧山区	1179660	35203	23117	1009823	53061	41006	17450
余杭区	578004	21254	11259	472055	33825	23804	15807
桐庐县	139182	3490	2702	124132	5229	2970	659
淳安县	68468	4165	2196	54919	325	729	6134
建德市	108924	7248	10267	87751	633	231	2794
富阳市	315820	11902	7411	280940	3171	3863	8533
临安市	215175	7570	4199	194928	1845	1583	5050
宁波市	**4682316**	**200595**	**80214**	**3804085**	**298113**	**224165**	**75144**
海曙区	239665	22011	8365	193091	2649	650	12899
江东区	313003	23603	4833	270771	6993	3921	2882
江北区	287539	14331	11352	241832	10033	8779	1212
北仑区	516664	36337	6845	282668	93673	86195	10946
镇海区	299341	58192	18261	184802	16755	18837	2494
鄞州区	906219	10730	10466	755123	64941	39769	25190
象山县	509548	10913	5368	483952	5648	3038	629
宁海县	239794	7892	1192	214127	9511	5643	1429
余姚市	459929	6517	5081	369826	41313	22267	14925
慈溪市	688141	6262	6241	609073	36180	28660	1725
奉化市	222473	3807	2210	198820	10417	6406	813
温州市	**2795862**	**110520**	**101173**	**2503718**	**20481**	**27107**	**32863**
鹿城区	508771	63783	11759	415146	3187	7912	6984
龙湾区	360225	8268	14127	318978	6578	6910	5364
瓯海区	319882	3266	11424	298125	2012	3542	1513
洞头县	17766	2206	1294	13684	451	11	120
永嘉县	202865	5946	7376	185962	1551	1242	788
平阳县	168033	3353	5815	153138	1793	3185	749

2-A-24 续表 1 单位：人

地 区	从业人员期末人数	国有控股	集体控股	私人控股	港澳台商控股	外商控股	其 他
苍南县	208750	4319	4552	197317	559	283	1720
文成县	25332	2042	1121	21793	1	39	336
泰顺县	88836	2658	1490	80383		1	4304
瑞安市	426601	5854	24266	389294	1251	1905	4031
乐清市	468801	8825	17949	429898	3098	2077	6954
嘉兴市	**1872430**	**87403**	**30740**	**1443818**	**106280**	**174553**	**29636**
南湖区	257905	24728	6393	195410	8858	14125	8391
秀洲区	241910	14271	3093	160298	20280	38224	5744
嘉善县	232179	4743	4071	154421	27011	37071	4862
海盐县	169654	8199	3947	141317	8444	5287	2460
海宁市	337126	9214	6083	285225	13993	18765	3846
平湖市	303397	8614	3045	223241	16888	49387	2222
桐乡市	330259	17634	4108	283906	10806	11694	2111
湖州市	**952627**	**55011**	**30463**	**717819**	**44460**	**42579**	**62295**
吴兴区	314698	19704	11995	218065	7071	6351	51512
南浔区	116798	1631	3905	98352	5459	5751	1700
德清县	194993	10039	5132	145703	16134	13621	4364
长兴县	180717	10573	7520	140172	7451	11674	3327
安吉县	145421	13064	1911	115527	8345	5182	1392
绍兴市	**3509178**	**64449**	**129930**	**3099559**	**116143**	**67040**	**32057**
越城区	575665	29875	73146	417159	26591	16998	11896
绍兴县	976310	8265	18552	864774	44216	27188	13315
新昌县	183787	6781	6598	164438	3970	669	1331
诸暨市	793041	6591	17301	746401	14216	7535	997
上虞市	720558	7598	7607	677006	15235	10724	2388
嵊州市	259817	5339	6726	229781	11915	3926	2130
金华市	**2495006**	**64455**	**63276**	**2188240**	**27499**	**24437**	**127099**
婺城区	300115	20682	7003	244807	8723	8062	10838
金东区	115149	4800	1231	105626	779	754	1959
武义县	154145	2642	1524	146965	182	940	1892
浦江县	133025	2686	1257	122058	2260	2273	2491
磐安县	96733	1241	529	90992	556	1450	1965
兰溪市	132758	5217	2639	109803	2338	1460	11301
义乌市	460351	13475	5513	420577	4526	6565	9695
东阳市	806900	4039	39325	669420	6566	1349	86201
永康市	295830	9673	4255	277992	1569	1584	757

2-A-24　续表 2　　　　　　　　　　　　　　　　　　　　　　　　单位：人

地　区	从业人员期末人数	国有控股	集体控股	私人控股	港澳台商控股	外商控股	其　他
衢州市	**521634**	**48457**	**6479**	**447123**	**4822**	**5968**	**8785**
柯城区	151387	29852	3024	114732	411	809	2559
衢江区	71841	4399	355	60747	2375	1806	2159
常山县	59260	2388	267	55353	406	224	622
开化县	51345	1722	744	47294	104	10	1471
龙游县	88418	5590	627	78396	804	1197	1804
江山市	99383	4506	1462	90601	722	1922	170
舟山市	**347949**	**43894**	**22406**	**264249**	**1596**	**4220**	**11584**
定海区	174940	21727	15450	131786	1186	1188	3603
普陀区	110595	16268	5041	87257	293	384	1352
岱山县	51077	3838	1130	37016	77	2620	6396
嵊泗县	11337	2061	785	8190	40	28	233
台州市	**2184842**	**74567**	**63916**	**1982186**	**25254**	**24432**	**14487**
椒江区	267012	23424	6302	225944	4344	2359	4639
黄岩区	235585	4493	2347	224410	2917	528	890
路桥区	217941	3032	6930	196559	4552	5731	1137
玉环县	260434	3685	4011	239810	4003	7001	1924
三门县	101617	3625	490	95912	236	1110	244
天台县	97209	3655	1919	87999	1032	1556	1048
仙居县	98414	1988	778	90542	2027	1167	1912
温岭市	559582	19333	8700	525520	1850	3102	1077
临海市	347048	11332	32439	295490	4293	1878	1616
丽水市	**479297**	**23079**	**7150**	**434717**	**5265**	**3257**	**5829**
莲都区	142325	7710	1980	128956	1699	1105	875
青田县	75434	2368	531	67732	2358	1379	1066
缙云县	75333	2779	845	70347	815	396	151
遂昌县	29348	2375	1330	24196	146	212	1089
松阳县	35372	1171	292	33430		5	474
云和县	29750	1816	959	25966	2	123	884
庆元县	27084	1378	114	25376			216
景宁县	19167	1119	567	16964		32	485
龙泉市	45484	2363	532	41750	245	5	589

2-A-25 按地区、全年营业收入组距分组的全部企业法人单位数

单位：个

地区	单位数	50万元及以下	50-100万元	100-500万元	500-1000万元	1000-2000万元	2000-5000万元	5000万元-1亿元	1-2亿元	2亿元以上
全　省	**835565**	**309199**	**76432**	**232581**	**82266**	**55925**	**40230**	**17395**	**10306**	**11231**
杭州市	**188409**	**87189**	**16063**	**41137**	**15156**	**10952**	**8336**	**3982**	**2445**	**3149**
上城区	8963	4868	632	1542	565	415	418	193	125	205
下城区	13574	6087	1345	3015	1004	751	589	297	179	307
江干区	18502	9648	1732	3604	1185	821	625	321	233	333
拱墅区	16736	7972	1379	3383	1219	938	846	399	274	326
西湖区	26252	14759	2218	4894	1541	1103	892	388	184	273
滨江区	9937	5017	1164	1754	590	421	396	222	141	232
萧山区	35593	14181	3047	8907	3102	2277	1882	911	563	723
余杭区	23844	11306	1987	5161	1816	1343	1071	514	314	332
桐庐县	6822	2799	520	1786	700	451	292	148	68	58
淳安县	3139	1510	315	732	227	126	71	64	53	41
建德市	5327	1712	497	1538	654	465	266	94	59	42
富阳市	11298	4761	656	2555	1192	976	553	249	160	196
临安市	8422	2569	571	2266	1361	865	435	182	92	81
宁波市	**149739**	**58057**	**13213**	**39027**	**13834**	**9609**	**8106**	**3511**	**2023**	**2359**
海曙区	11415	6176	971	2245	647	458	449	205	97	167
江东区	12055	5930	946	2411	910	660	628	291	110	169
江北区	9028	4298	731	1931	603	489	476	228	124	148
北仑区	14378	5604	1176	2946	1195	995	979	540	364	579
镇海区	8766	3384	783	2048	720	558	620	282	160	211
鄞州区	31749	11375	3118	9086	2907	2097	1625	673	447	421
象山县	7642	3627	764	1661	562	351	368	129	82	98
宁海县	7746	2715	836	2324	747	434	377	167	82	64
余姚市	17130	4493	1368	5498	2390	1466	1089	418	224	184
慈溪市	23066	8242	1710	6790	2519	1709	1123	436	267	270
奉化市	6764	2213	810	2087	634	392	372	142	66	48
温州市	**117608**	**35610**	**12206**	**39627**	**13859**	**8324**	**4604**	**1726**	**890**	**762**
鹿城区	17657	4427	1481	6033	2654	1542	846	353	169	152
龙湾区	13382	4673	1168	3905	1389	900	703	303	182	159
瓯海区	9854	3448	1067	3008	934	607	483	171	88	48
洞头县	1164	544	134	273	74	65	42	18	7	7
永嘉县	9606	4182	1173	2559	765	466	257	97	51	56
平阳县	7245	2596	506	1776	1249	669	260	101	53	35

2-A-25 续表 1

单位：个

地 区	单位数	50万元及以下	50-100万元	100-500万元	500-1000万元	1000-2000万元	2000-5000万元	5000万元-1亿元	1-2亿元	2亿元以上
苍南县	13171	4259	1855	4545	1241	677	379	112	57	46
文成县	1273	411	120	517	83	73	36	23	6	4
泰顺县	1579	525	225	590	86	66	41	20	12	14
瑞安市	20133	7031	1851	5823	2282	1872	760	269	128	117
乐清市	22544	3514	2626	10598	3102	1387	797	259	137	124
嘉兴市	**68773**	**24639**	**6397**	**19005**	**6419**	**4750**	**4166**	**1517**	**1022**	**858**
南湖区	11307	4934	1048	2797	907	627	484	217	146	147
秀洲区	7473	2832	561	1746	727	600	544	204	141	118
嘉善县	9458	2843	915	3169	918	637	540	204	145	87
海盐县	6426	2026	638	1962	646	494	362	126	107	65
海宁市	13385	4345	1313	3750	1390	1010	840	364	193	180
平湖市	9464	4119	964	2254	688	515	479	191	120	134
桐乡市	11260	3540	958	3327	1143	867	917	211	170	127
湖州市	**30384**	**9825**	**2553**	**8654**	**3332**	**2026**	**1793**	**985**	**601**	**615**
吴兴区	8808	2466	673	2894	1229	539	428	230	166	183
南浔区	4821	1158	411	1523	611	447	359	157	81	74
德清县	5378	1338	463	1605	622	435	402	234	136	142
长兴县	7126	3224	609	1525	510	386	363	217	136	156
安吉县	4251	1639	397	1106	360	219	241	147	82	60
绍兴市	**83423**	**25045**	**7634**	**25186**	**9613**	**6822**	**4650**	**1967**	**1147**	**1359**
越城区	13621	4083	1343	4004	1496	1034	871	352	213	225
绍兴县	24546	6519	1846	7440	2977	2331	1731	800	399	503
新昌县	5170	1804	555	1489	550	360	235	62	45	70
诸暨市	18572	6221	1872	5140	1990	1504	886	383	276	300
上虞市	11718	3009	1172	4083	1411	874	596	234	142	197
嵊州市	9796	3409	846	3030	1189	719	331	136	72	64
金华市	**82751**	**27181**	**8028**	**26664**	**9318**	**5474**	**3105**	**1354**	**852**	**775**
婺城区	9424	4800	854	1805	571	586	374	188	117	129
金东区	3774	1359	366	1039	366	203	219	75	56	41
武义县	4988	1680	566	1394	428	343	314	118	98	47
浦江县	4066	1066	364	1245	601	378	208	96	55	53
磐安县	2567	1007	240	737	226	144	125	52	20	16
兰溪市	5525	1542	230	1508	826	791	326	132	78	92
义乌市	29154	7093	3132	12108	4006	1550	649	315	186	115
东阳市	8224	2943	494	2048	1030	798	454	194	121	142
永康市	15029	5691	1782	4730	1264	681	436	184	121	140

2-A-25 续表 2 单位：个

地　区	单位数	50万元及以下	50-100万元	100-500万元	500-1000万元	1000-2000万元	2000-5000万元	5000万元-1亿元	1-2亿元	2亿元以上
衢州市	**17071**	**7333**	**1258**	**4100**	**1416**	**1208**	**822**	**439**	**233**	**262**
柯城区	4598	1913	436	1218	364	246	177	106	55	83
衢江区	2671	1544	127	374	200	148	141	61	37	39
常山县	2335	952	188	646	238	129	104	37	24	17
开化县	1711	922	151	349	83	73	71	31	14	17
龙游县	2519	861	180	719	273	167	134	88	39	58
江山市	3237	1141	176	794	258	445	195	116	64	48
舟山市	**12287**	**5840**	**1028**	**2582**	**827**	**796**	**567**	**267**	**154**	**226**
定海区	6857	3393	521	1405	430	463	296	132	81	136
普陀区	3290	1523	318	676	216	168	170	101	49	69
岱山县	1523	677	131	317	125	137	73	25	20	18
嵊泗县	617	247	58	184	56	28	28	9	4	3
台州市	**68268**	**21085**	**6438**	**22606**	**7329**	**5123**	**3143**	**1210**	**712**	**622**
椒江区	9068	4612	776	1851	586	435	376	215	102	115
黄岩区	7853	2005	721	2732	1059	703	354	150	71	58
路桥区	8566	2206	649	2978	1060	1036	308	128	111	90
玉环县	9556	2067	926	3542	1176	871	597	230	83	64
三门县	3481	1503	357	952	256	148	140	57	39	29
天台县	3464	1422	410	937	279	199	104	38	38	37
仙居县	2881	1032	287	847	313	195	128	40	19	20
温岭市	15683	3350	1601	6469	1891	1075	829	209	146	113
临海市	7716	2888	711	2298	709	461	307	143	103	96
丽水市	**16851**	**7395**	**1614**	**3993**	**1163**	**841**	**938**	**437**	**227**	**243**
莲都区	4526	2119	467	989	276	193	200	124	75	83
青田县	2647	1116	173	742	201	165	128	52	33	37
缙云县	2568	1037	273	588	212	109	190	67	43	49
遂昌县	1230	604	114	271	93	66	38	19	11	14
松阳县	1143	507	120	260	59	45	66	42	22	22
云和县	1139	474	100	353	75	51	50	26	2	8
庆元县	1071	523	74	207	83	79	55	30	14	6
景宁县	840	297	123	226	63	44	57	18	6	6
龙泉市	1687	718	170	357	101	89	154	59	21	18

2-A-26 按地区、资产总计组距分组的全部企业法人单位数

单位：个

地 区	单位数	50万元及以下	50-100万元	100-500万元	500-1000万元	1000-5000万元	5000万元-1亿元	1-3亿元	3-5亿元	5亿元以上
全 省	**835565**	**319168**	**116639**	**206741**	**64765**	**81407**	**19133**	**16639**	**4189**	**6884**
杭州市	**188409**	**70595**	**26821**	**45695**	**14557**	**18584**	**4520**	**4293**	**1148**	**2196**
上城区	8963	3733	1121	1791	661	904	270	250	73	160
下城区	13574	5130	2147	3239	1028	1183	301	278	89	179
江干区	18502	7756	2606	4173	1222	1515	373	426	126	305
拱墅区	16736	6161	2346	4394	1373	1623	333	281	63	162
西湖区	26252	11030	4059	5920	1753	2097	512	475	133	273
滨江区	9937	3733	1586	1990	692	1062	291	296	98	189
萧山区	35593	11576	5250	9485	3009	3705	970	951	242	405
余杭区	23844	8233	3552	5934	1872	2593	643	617	134	266
桐庐县	6822	2289	911	1865	640	768	139	144	32	34
淳安县	3139	1207	360	777	283	322	79	66	22	23
建德市	5327	1965	735	1426	429	530	117	80	17	28
富阳市	11298	4427	1120	2565	978	1411	316	278	80	123
临安市	8422	3355	1028	2136	617	871	176	151	39	49
宁波市	**149739**	**54828**	**18773**	**39437**	**12208**	**15589**	**3654**	**3132**	**775**	**1343**
海曙区	11415	5900	1322	2323	684	692	163	174	47	110
江东区	12055	5336	1582	2794	907	899	194	190	41	112
江北区	9028	3740	1052	2073	651	962	228	197	45	80
北仑区	14378	4104	1720	3506	1399	2078	592	549	141	289
镇海区	8766	2553	1069	2415	834	1193	313	212	61	116
鄞州区	31749	11022	4440	9016	2598	3093	632	558	156	234
象山县	7642	3187	912	1659	558	832	177	191	61	65
宁海县	7746	3056	899	1965	621	802	196	144	24	39
余姚市	17130	4737	2270	5693	1608	1888	443	332	65	94
慈溪市	23066	9136	2561	5959	1754	2360	548	477	106	165
奉化市	6764	2057	946	2034	594	790	168	108	28	39
温州市	**117608**	**54653**	**17179**	**26048**	**7473**	**8268**	**1830**	**1356**	**318**	**483**
鹿城区	17657	7745	2481	4280	1224	1269	256	224	62	116
龙湾区	13382	5818	1542	2837	1055	1317	406	267	63	77
瓯海区	9854	4399	1310	2194	675	917	175	110	25	49
洞头县	1164	646	121	207	47	79	30	18	8	8
永嘉县	9606	4000	1677	2297	698	640	135	109	21	29
平阳县	7245	3415	1005	1584	471	531	110	89	19	21

2-A-26 续表 1 单位：个

地区	单位数	50万元及以下	50-100万元	100-500万元	500-1000万元	1000-5000万元	5000万元-1亿元	1-3亿元	3-5亿元	5亿元以上
苍南县	13171	7164	1866	2735	554	575	123	97	27	30
文成县	1273	697	165	196	65	103	26	19	1	1
泰顺县	1579	662	296	357	98	108	24	22	6	6
瑞安市	20133	11342	2232	3802	1042	1221	225	172	40	57
乐清市	22544	8765	4484	5559	1544	1508	320	229	46	89
嘉兴市	**68773**	**20952**	**8910**	**18873**	**6392**	**8867**	**2077**	**1672**	**394**	**636**
南湖区	11307	3995	1654	2844	869	1159	307	272	71	136
秀洲区	7473	2001	880	2012	807	1158	249	224	54	88
嘉善县	9458	2672	1265	2981	873	1112	297	176	38	44
海盐县	6426	1537	844	2022	693	913	181	151	32	53
海宁市	13385	3930	1627	3766	1247	1829	447	338	71	130
平湖市	9464	3445	1140	2309	744	1129	277	251	64	105
桐乡市	11260	3372	1500	2939	1159	1567	319	260	64	80
湖州市	**30384**	**9482**	**3457**	**8301**	**2873**	**3809**	**959**	**957**	**225**	**321**
吴兴区	8808	2590	957	2607	1017	902	239	281	82	133
南浔区	4821	1357	654	1483	420	601	133	122	22	29
德清县	5378	1195	632	1603	559	862	234	200	36	57
长兴县	7126	2810	768	1536	533	923	216	220	53	67
安吉县	4251	1530	446	1072	344	521	137	134	32	35
绍兴市	**83423**	**28154**	**13464**	**22142**	**6544**	**8220**	**1969**	**1709**	**505**	**716**
越城区	13621	4626	2033	3558	1130	1363	350	321	81	159
绍兴县	24546	6921	4823	7133	1883	2291	590	535	171	199
新昌县	5170	1937	745	1261	398	543	120	106	21	39
诸暨市	18572	6274	2631	4829	1571	2177	453	365	117	155
上虞市	11718	4434	1668	2957	817	1107	292	239	77	127
嵊州市	9796	3962	1564	2404	745	739	164	143	38	37
金华市	**82751**	**34110**	**12149**	**19756**	**6280**	**6984**	**1537**	**1269**	**295**	**371**
婺城区	9424	4656	1048	1721	642	799	227	208	52	71
金东区	3774	1279	476	960	363	490	92	76	16	22
武义县	4988	1586	700	1330	458	605	149	126	21	13
浦江县	4066	1250	567	1144	404	498	105	75	13	10
磐安县	2567	936	335	641	246	297	64	36	9	3
兰溪市	5525	2047	522	1469	441	721	143	121	27	34
义乌市	29154	12434	5072	7358	2020	1618	301	221	55	75
东阳市	8224	3157	918	1868	740	927	247	226	53	88
永康市	15029	6765	2511	3265	966	1029	209	180	49	55

2-A-26 续表 2 单位：个

地 区	单位数	50万元及以下	50-100万元	100-500万元	500-1000万元	1000-5000万元	5000万元-1亿元	1-3亿元	3-5亿元	5亿元以上
衢州市	**17071**	**7986**	**1686**	**3336**	**1218**	**1810**	**450**	**387**	**74**	**124**
柯城区	4598	2363	498	813	261	376	100	124	18	45
衢江区	2671	1377	187	430	208	299	74	69	13	14
常山县	2335	1013	201	559	197	260	53	33	7	12
开化县	1711	938	149	286	92	170	33	24	9	10
龙游县	2519	1035	279	526	205	294	84	63	16	17
江山市	3237	1260	372	722	255	411	106	74	11	26
舟山市	**12287**	**4841**	**1354**	**2530**	**923**	**1479**	**401**	**410**	**126**	**223**
定海区	6857	2788	749	1464	488	775	189	207	64	133
普陀区	3290	1273	360	578	266	426	141	144	39	63
岱山县	1523	553	164	354	120	205	47	46	15	19
嵊泗县	617	227	81	134	49	73	24	13	8	8
台州市	**68268**	**26447**	**10835**	**17106**	**4994**	**5920**	**1283**	**1080**	**248**	**355**
椒江区	9068	4388	981	1734	557	821	248	201	41	97
黄岩区	7853	2886	1198	2014	652	792	144	118	24	25
路桥区	8566	3352	1310	2182	708	674	132	120	34	54
玉环县	9556	3246	1690	2598	732	916	198	120	29	27
三门县	3481	1165	609	867	262	363	86	92	20	17
天台县	3464	1517	487	798	234	277	63	59	8	21
仙居县	2881	1197	357	690	250	269	65	30	12	11
温岭市	15683	5701	3101	4324	1027	1089	200	160	37	44
临海市	7716	2995	1102	1899	572	719	147	180	43	59
丽水市	**16851**	**7120**	**2011**	**3517**	**1303**	**1877**	**453**	**374**	**81**	**115**
莲都区	4526	1917	561	856	352	488	131	146	30	45
青田县	2647	1266	317	513	194	238	48	41	13	17
缙云县	2568	907	350	649	216	285	78	53	10	20
遂昌县	1230	523	131	257	105	137	35	28	5	9
松阳县	1143	474	127	235	83	135	40	35	10	4
云和县	1139	563	125	246	62	94	21	22	2	4
庆元县	1071	466	111	218	98	140	23	12	3	
景宁县	840	403	91	154	61	93	18	12	2	6
龙泉市	1687	601	198	389	132	267	59	25	6	10

2-A-27 按地区、从业人数组距分组的全部企业法人单位数

单位：个

地 区	单位数	7人及以下	8-19人	20-49人	50-99人	100-299人	300-499人	500-999人	1000-2999人	3000-4999人	5000人及以上
全 省	**835565**	**487273**	**181547**	**97639**	**36197**	**23043**	**4543**	**2958**	**1709**	**302**	**354**
杭州市	**188409**	**117404**	**39377**	**18536**	**6592**	**4354**	**944**	**644**	**413**	**60**	**85**
上城区	8963	6134	1518	726	291	192	42	37	17	4	2
下城区	13574	8719	2956	1125	440	229	56	26	18	2	3
江干区	18502	12866	3142	1371	481	382	96	77	55	12	20
拱墅区	16736	12083	2799	1124	354	231	49	38	32	12	14
西湖区	26252	17897	5002	2094	642	392	85	72	48	5	15
滨江区	9937	5516	2576	1033	373	277	62	48	37	7	8
萧山区	35593	21704	7268	3628	1408	1054	243	158	101	13	16
余杭区	23844	13862	5277	2774	1017	655	133	79	40	3	4
桐庐县	6822	3832	1696	811	271	156	32	13	10	1	
淳安县	3139	1805	746	356	115	86	14	13	4		
建德市	5327	2655	1550	760	209	115	18	16	3		1
富阳市	11298	6178	2505	1551	582	339	73	34	34	1	1
临安市	8422	4153	2342	1183	409	246	41	33	14		1
宁波市	**149739**	**84146**	**32919**	**18553**	**7385**	**4832**	**933**	**569**	**289**	**56**	**57**
海曙区	11415	8219	1968	758	222	168	31	20	22	1	6
江东区	12055	8086	2531	858	283	176	50	36	24	6	5
江北区	9028	5601	1805	916	338	265	49	27	22	1	4
北仑区	14378	7824	3204	1866	730	507	115	69	46	11	6
镇海区	8766	4617	2064	1128	460	373	65	40	9	5	5
鄞州区	31749	16749	7582	4203	1810	1051	196	101	38	11	8
象山县	7642	4601	1426	912	364	229	36	27	23	10	14
宁海县	7746	4189	1552	1095	490	314	48	33	22	2	1
余姚市	17130	8562	4209	2505	972	661	127	71	20	2	1
慈溪市	23066	12433	4998	3290	1249	765	157	110	53	5	6
奉化市	6764	3265	1580	1022	467	323	59	35	10	2	1
温州市	**117608**	**65257**	**28349**	**14906**	**5071**	**3014**	**511**	**283**	**161**	**32**	**24**
鹿城区	17657	9321	4660	2219	761	490	108	51	34	7	6
龙湾区	13382	8162	2525	1505	591	448	64	53	24	7	3
瓯海区	9854	4974	2188	1544	608	410	75	31	20	1	3
洞头县	1164	780	223	105	30	21	2	2	1		
永嘉县	9606	5899	1844	1167	400	216	43	18	16	2	1
平阳县	7245	3999	1684	1023	306	167	26	26	12	1	1

2-A-27 续表 1 单位：个

地 区	单位数	7人及以下	8-19人	20-49人	50-99人	100-299人	300-499人	500-999人	1000-2999人	3000-4999人	5000人及以上
苍南县	13171	7876	3417	1328	329	156	32	18	12	3	
文成县	1273	814	233	134	59	27	3		2	1	
泰顺县	1579	933	363	153	58	46	8	6	3	5	4
瑞安市	20133	11326	4224	2783	1097	565	81	37	16	1	3
乐清市	22544	11173	6988	2945	832	468	69	41	21	4	3
嘉兴市	**68773**	**40274**	**14637**	**7640**	**3196**	**2191**	**390**	**264**	**144**	**25**	**12**
南湖区	11307	6948	2369	1137	429	311	42	46	22	3	
秀洲区	7473	4251	1579	861	389	264	60	39	23	6	1
嘉善县	9458	5314	2167	1124	450	310	49	29	11	4	
海盐县	6426	3504	1471	842	314	231	31	18	12	2	1
海宁市	13385	7530	3118	1545	627	425	70	44	23	2	1
平湖市	9464	5916	1597	953	470	355	86	49	33	4	1
桐乡市	11260	6811	2336	1178	517	295	52	39	20	4	8
湖州市	**30384**	**14403**	**7656**	**5144**	**1707**	**1094**	**176**	**121**	**65**	**8**	**10**
吴兴区	8808	3990	2303	1699	436	270	46	34	20	3	7
南浔区	4821	2286	1228	831	271	163	23	15	4		
德清县	5378	2202	1450	978	401	271	32	24	16	3	1
长兴县	7126	3919	1681	926	311	207	43	24	13	1	1
安吉县	4251	2006	994	710	288	183	32	24	12	1	1
绍兴市	**83423**	**51163**	**17643**	**8517**	**2906**	**2044**	**460**	**350**	**197**	**56**	**87**
越城区	13621	8932	2480	1151	452	395	88	62	40	12	9
绍兴县	24546	15422	5480	2105	681	501	143	128	53	12	21
新昌县	5170	2889	1152	673	245	134	26	24	17	7	3
诸暨市	18572	11496	3861	1932	624	446	87	57	33	11	25
上虞市	11718	6756	2506	1374	531	360	70	54	34	9	24
嵊州市	9796	5668	2164	1282	373	208	46	25	20	5	5
金华市	**82751**	**50920**	**16222**	**9123**	**3433**	**2083**	**454**	**294**	**162**	**20**	**40**
婺城区	9424	5956	1733	966	374	248	71	41	25	4	6
金东区	3774	1883	928	580	218	120	26	8	9		2
武义县	4988	2393	1115	785	375	242	47	25	6		
浦江县	4066	1766	1054	743	305	143	27	21	5		2
磐安县	2567	1212	699	394	151	69	16	17	5	1	3
兰溪市	5525	3071	1289	699	234	159	37	30	6		
义乌市	29154	21321	4366	1968	779	543	93	49	31	2	2
东阳市	8224	4289	1702	1267	463	275	73	68	53	10	24
永康市	15029	9029	3336	1721	534	284	64	35	22	3	1

2-A-27 续表 2

单位：个

地区	单位数	7人及以下	8-19人	20-49人	50-99人	100-299人	300-499人	500-999人	1000-2999人	3000-4999人	5000人及以上
衢州市	**17071**	**10288**	**3185**	**2022**	**815**	**517**	**92**	**80**	**57**	**12**	**3**
柯城区	4598	3064	772	412	164	119	23	20	17	4	3
衢江区	2671	1589	495	331	141	79	16	10	10		
常山县	2335	1292	519	308	119	71	12	10	3	1	
开化县	1711	1120	285	172	71	41	8	6	4	4	
龙游县	2519	1364	536	338	133	102	16	16	13	1	
江山市	3237	1859	578	461	187	105	17	18	10	2	
舟山市	**12287**	**7146**	**2505**	**1560**	**515**	**381**	**81**	**60**	**33**	**5**	**1**
定海区	6857	4212	1355	795	240	159	44	33	16	2	1
普陀区	3290	1850	646	428	162	148	23	20	12	1	
岱山县	1523	770	315	258	93	63	13	4	5	2	
嵊泗县	617	314	189	79	20	11	1	3			
台州市	**68268**	**36783**	**15861**	**9304**	**3562**	**1954**	**372**	**225**	**149**	**26**	**32**
椒江区	9068	5565	1697	1000	433	261	55	30	22	3	2
黄岩区	7853	4323	1835	1071	369	176	33	20	21	1	4
路桥区	8566	4472	2351	1095	360	212	31	20	17	6	2
玉环县	9556	4130	2719	1559	622	422	61	38	5		
三门县	3481	2230	617	353	135	94	19	15	16	1	1
天台县	3464	2095	700	413	143	74	15	14	8		2
仙居县	2881	1427	630	443	246	95	18	15	4	2	1
温岭市	15683	8635	3576	2165	792	347	77	46	26	6	13
临海市	7716	3906	1736	1205	462	273	63	27	30	7	7
丽水市	**16851**	**9489**	**3193**	**2334**	**1015**	**579**	**130**	**68**	**39**	**2**	**2**
莲都区	4526	2889	708	460	219	160	54	19	14	2	1
青田县	2647	1452	431	494	156	83	15	11	4		1
缙云县	2568	1387	530	340	170	102	23	10	6		
遂昌县	1230	715	249	157	57	38	8	3	3		
松阳县	1143	625	231	159	73	38	7	4	6		
云和县	1139	529	311	185	59	42	4	8	1		
庆元县	1071	592	168	167	97	34	8	5			
景宁县	840	476	175	119	46	17	3	1	3		
龙泉市	1687	824	390	253	138	65	8	7	2		

2-A-28 按登记注册类型、营业状态分组的全部企业法人单位数

单位：个

登记注册类型	单位数	营业	停业(歇业)	筹建	当年关闭	当年破产	其他
总 计	**835565**	**673269**	**81875**	**43403**	**30166**	**1093**	**5759**
内 资	**814497**	**656017**	**80051**	**42133**	**29613**	**1051**	**5632**
国 有	2995	2501	357	19	79	6	33
集 体	10128	8129	1560	47	289	6	97
股份合作企业	12028	9531	1983	49	341	5	119
联营企业	315	242	47	3	14	1	8
国有联营	33	28	3	1	1		
集体联营	144	113	18	1	9	1	2
国有与集体联营	42	33	7		2		
其他联营	96	68	19	1	2		6
有限责任公司	42122	34636	3585	2316	1257	54	274
国有独资公司	3118	2640	266	147	31	1	33
其他有限责任公司	39004	31996	3319	2169	1226	53	241
股份有限公司	3367	2669	302	258	105	5	28
私营企业	726276	584527	70071	38885	27076	955	4762
私营独资	162710	138219	13334	4845	5072	161	1079
私营合伙	23988	19758	2418	837	791	14	170
私营有限责任公司	536106	423901	54015	32926	21011	776	3477
私营股份有限公司	3472	2549	304	277	202	4	36
其他企业	17266	13782	2146	556	452	19	311
港澳台商投资	**9488**	**7716**	**846**	**606**	**238**	**23**	**59**
与港澳台商合资经营	4364	3686	361	181	100	11	25
与港澳台商合作经营	130	104	19	1	3	2	1
港澳台商独资	4649	3614	449	412	131	10	33
港澳台商投资股份有限公司	99	86	4	6	3		
其他港澳台投资	246	226	13	6	1		
外商投资	**11580**	**9536**	**978**	**664**	**315**	**19**	**68**
中外合资经营	4947	4096	449	221	133	9	39
中外合作经营	157	133	12	5	7		
外资企业	5441	4386	486	366	167	8	28
外商投资股份有限公司	107	85	12	8	1	1	
其他外商投资	928	836	19	64	7	1	1

2-A-29 按登记注册类型、营业状态分组的全部企业法人单位从业人数

单位：人

登记注册类型	从业人员期末人数	营业	停业(歇业)	筹建	当年关闭	当年破产	其他
总　计	**25123423**	**24401876**	**328693**	**222124**	**133430**	**9290**	**28010**
内　资	**22784754**	**22100155**	**311222**	**208848**	**129563**	**8545**	**26421**
国　有	293149	286197	3999	81	2279	110	483
集　体	194181	183880	7859	487	1407	8	540
股份合作企业	197997	186118	8925	145	2439	23	347
联营企业	5320	5029	150	63	35	3	40
国有联营	1477	1468	3	5	1		
集体联营	1199	1048	50	57	30	3	11
国有与集体联营	788	776	10		2		
其他联营	1856	1737	87	1	2		29
有限责任公司	4731269	4674629	20670	19464	13537	314	2655
国有独资公司	286842	283382	1606	1112	370	1	371
其他有限责任公司	4444427	4391247	19064	18352	13167	313	2284
股份有限公司	1149273	1142767	1785	1442	3031	70	178
私营企业	16071130	15493910	259254	184429	105309	7949	20279
私营独资	1466269	1382765	43287	18007	17679	767	3764
私营合伙	267328	250580	7712	4497	3752	47	740
私营有限责任公司	14037821	13564788	206785	160666	82970	7129	15483
私营股份有限公司	299712	295777	1470	1259	908	6	292
其他企业	142435	127625	8580	2737	1526	68	1899
港澳台商投资	**1162532**	**1147012**	**7152**	**5955**	**1575**	**297**	**541**
与港澳台商合资经营	607834	600747	3474	2560	523	107	423
与港澳台商合作经营	15384	15161	89	2	49	82	1
港澳台商独资	499566	492162	2841	3355	983	108	117
港澳台商投资股份有限公司	38040	37305	703	13	19		
其他港澳台投资	1708	1637	45	25	1		
外商投资	**1176137**	**1154709**	**10319**	**7321**	**2292**	**448**	**1048**
中外合资经营	632626	624284	3219	3047	1145	437	494
中外合作经营	10208	9588	305	64	251		
外资企业	510121	498202	6674	3801	885	9	550
外商投资股份有限公司	17225	16979	55	189	1	1	
其他外商投资	5957	5656	66	220	10	1	4

2-A-30　按登记注册类型、全年营业收入组距分组的全部企业法人单位数

单位：个

登记注册类型	单位数	50万元及以下	50-100万元	100-500万元	500-1000万元	1000-2000万元	2000-5000万元	5000万元-1亿元	1-2亿元	2亿元以上
总　计	**835565**	**309199**	**76432**	**232581**	**82266**	**55925**	**40230**	**17395**	**10306**	**11231**
内　资	**814497**	**304302**	**75691**	**229307**	**80081**	**53774**	**37286**	**15613**	**8912**	**9531**
国　有	2995	881	271	769	281	234	208	115	57	179
集　体	10128	5186	1104	2504	582	363	233	78	45	33
股份合作企业	12028	3567	1189	4227	1601	992	335	74	27	16
联营企业	315	138	31	80	17	15	23	7	4	
国有联营	33	8	2	9		6	4	2	2	
集体联营	144	77	21	33	6	3	4			
国有与集体联营	42	14	1	8	6	3	5	3	2	
其他联营	96	39	7	30	5	3	10	2		
有限责任公司	42122	14079	2133	6923	3149	3110	4908	2824	1973	3023
国有独资公司	3118	1176	145	484	215	241	314	215	147	181
其他有限责任公司	39004	12903	1988	6439	2934	2869	4594	2609	1826	2842
股份有限公司	3367	1071	157	419	201	171	327	210	197	614
私营企业	726276	270241	68947	209857	73251	48348	31104	12269	6601	5658
私营独资	162710	63936	21353	56250	13574	5568	1593	315	86	35
私营合伙	23988	8231	2689	9164	2380	1002	414	82	19	7
私营有限责任公司	536106	196818	44679	143767	57023	41542	28761	11700	6394	5422
私营股份有限公司	3472	1256	226	676	274	236	336	172	102	194
其他企业	17266	9139	1859	4528	999	541	148	36	8	8
港澳台商投资	**9488**	**2219**	**289**	**1257**	**833**	**949**	**1407**	**890**	**737**	**907**
与港澳台商合资经营	4364	873	103	484	361	451	718	454	402	518
与港澳台商合作经营	130	29	6	13	10	13	15	12	17	15
港澳台商独资	4649	1268	164	639	389	465	658	411	308	347
港澳台商投资股份有限公司	99	16	3	9	7	2	14	11	10	27
其他港澳台投资	246	33	13	112	66	18	2	2		
外商投资	**11580**	**2678**	**452**	**2017**	**1352**	**1202**	**1537**	**892**	**657**	**793**
中外合资经营	4947	1093	154	659	485	518	803	465	344	426
中外合作经营	157	34	7	36	17	12	17	10	19	5
外资企业	5441	1380	211	945	564	596	708	407	285	345
外商投资股份有限公司	107	34	4	14	14	5	6	9	7	14
其他外商投资	928	137	76	363	272	71	3	1	2	3

2-A-31 按登记注册类型、资产总计组距分组的全部企业法人单位数

单位：个

登记注册类型	单位数	50万元及以下	50-100万元	100-500万元	500-1000万元	1000-5000万元	5000万元-1亿元	1-3亿元	3-5亿元	5亿元以上
总　计	**835565**	**319168**	**116639**	**206741**	**64765**	**81407**	**19133**	**16639**	**4189**	**6884**
内　资	**814497**	**316174**	**115522**	**203561**	**62822**	**76040**	**16704**	**14201**	**3576**	**5897**
国　有	2995	673	248	703	271	565	157	178	62	138
集　体	10128	4339	1033	2239	851	1174	230	169	42	51
股份合作企业	12028	4362	1720	3719	1128	939	88	50	13	9
联营企业	315	142	32	83	18	29	7	3	1	
国有联营	33	12	4	6	1	7	2	1		
集体联营	144	75	13	37	7	11	1			
国有与集体联营	42	8	4	16	5	6	2		1	
其他联营	96	47	11	24	5	5	2	2		
有限责任公司	42122	8081	3036	6622	3585	9026	3405	4142	1306	2919
国有独资公司	3118	307	104	324	197	596	269	455	188	678
其他有限责任公司	39004	7774	2932	6298	3388	8430	3136	3687	1118	2241
股份有限公司	3367	817	243	396	189	425	217	362	199	519
私营企业	726276	288277	106738	186104	55988	63165	12528	9268	1950	2258
私营独资	162710	88953	24619	38126	6949	3736	247	67	7	6
私营合伙	23988	10162	3643	7253	1523	1076	175	104	16	36
私营有限责任公司	536106	188072	78102	140150	47233	57808	11929	8873	1845	2094
私营股份有限公司	3472	1090	374	575	283	545	177	224	82	122
其他企业	17266	9483	2472	3695	792	717	72	29	3	3
港澳台商投资	**9488**	**1077**	**366**	**1157**	**830**	**2563**	**1289**	**1310**	**349**	**547**
与港澳台商合资经营	4364	424	97	456	367	1234	642	663	204	277
与港澳台商合作经营	130	19	7	17	4	31	20	17	4	11
港澳台商独资	4649	528	204	612	435	1267	620	619	130	234
港澳台商投资股份有限公司	99	18	1	4	1	24	6	10	10	25
其他港澳台投资	246	88	57	68	23	7	1	1	1	
外商投资	**11580**	**1917**	**751**	**2023**	**1113**	**2804**	**1140**	**1128**	**264**	**440**
中外合资经营	4947	561	184	755	486	1441	593	565	131	231
中外合作经营	157	40	7	22	12	32	18	15	5	6
外资企业	5441	907	344	971	551	1301	519	536	120	192
外商投资股份有限公司	107	28	10	13	5	16	8	11	7	9
其他外商投资	928	381	206	262	59	14	2	1	1	2

2-A-32　按登记注册类型、从业人数组距分组的全部企业法人单位数

单位：个

登记注册类型	单位数	7人及以下	8-19人	20-49人	50-99人	100-299人	300-499人	500-999人	1000-2999人	3000-4999人	5000人及以上
总　计	**835565**	**487273**	**181547**	**97639**	**36197**	**23043**	**4543**	**2958**	**1709**	**302**	**354**
内　资	**814497**	**480105**	**178777**	**94493**	**33446**	**19571**	**3654**	**2399**	**1443**	**271**	**338**
国　有	2995	1156	688	513	254	187	69	76	45	4	3
集　体	10128	6802	1974	866	285	149	13	16	20	1	2
股份合作企业	12028	6030	3183	2047	576	169	13	7	2	1	
联营企业	315	199	68	27	13	5	2	1			
国有联营	33	14	9	4	4	1		1			
集体联营	144	105	23	9	7						
国有与集体联营	42	20	12	8		2					
其他联营	96	60	24	6	2	2	2				
有限责任公司	42122	17478	7926	6429	4144	4042	922	622	367	70	122
国有独资公司	3118	1151	658	582	307	268	52	56	37	2	5
其他有限责任公司	39004	16327	7268	5847	3837	3774	870	566	330	68	117
股份有限公司	3367	1329	543	360	251	364	155	177	140	17	31
私营企业	726276	434974	160455	83333	27751	14569	2471	1497	868	178	180
私营独资	162710	107431	37373	14687	2575	597	38	7	2		
私营合伙	23988	13999	6524	2744	564	148	5	2	2		
私营有限责任公司	536106	311749	115927	65468	24385	13607	2351	1443	831	171	174
私营股份有限公司	3472	1795	631	434	227	217	77	45	33	7	6
其他企业	17266	12137	3940	918	172	86	9	3	1		
港澳台商投资	**9488**	**2857**	**1172**	**1455**	**1340**	**1728**	**479**	**314**	**121**	**14**	**8**
与港澳台商合资经营	4364	1033	448	724	685	948	276	179	64	5	2
与港澳台商合作经营	130	43	8	19	15	30	9	5	1		
港澳台商独资	4649	1539	688	704	622	729	181	124	49	8	5
港澳台商投资股份有限公司	99	20	10	8	14	19	13	6	7	1	1
其他港澳台投资	246	222	18		4	2					
外商投资	**11580**	**4311**	**1598**	**1691**	**1411**	**1744**	**410**	**245**	**145**	**17**	**8**
中外合资经营	4947	1335	627	835	755	936	238	130	76	9	6
中外合作经营	157	67	12	22	22	27	6	1			
外资企业	5441	2029	863	817	627	763	159	110	63	8	2
外商投资股份有限公司	107	52	13	8	4	14	7	3	6		
其他外商投资	928	828	83	9	3	4		1			

2-A-33 按行业中类、地区分组的

行　业	合　计	杭州市	宁波市	温州市
总　计	**2289058140**	**703956283**	**495553198**	**160821516**
农、林、牧、渔业	**724321**	**122397**	**115335**	**79071**
农业	55445	20630	9867	2032
谷物种植	13363		547	25
豆类、油料和薯类种植	1142			
蔬菜、食用菌及园艺作物种植	22205	18994	1067	
水果种植	3652	16	1124	546
坚果、含油果、香料和饮料作物种植	3869	1011	716	560
中药材种植	11101	609	6301	901
其他农业	112		112	
林业	992		600	
林木育种和育苗	992		600	
畜牧业	67210	18563	11028	2818
牲畜饲养	54460	17283	2646	720
家禽饲养	10089	605	7882	923
其他畜牧业	2661	675	500	1175
渔业	37357	32583	141	1860
水产养殖	37357	32583	141	1860
农、林、牧、渔服务业	563318	50621	93698	72361
农业服务业	497019	47007	78857	67878
林业服务业	33842	1065	3303	2684
畜牧服务业	16443	1791	2886	1014
渔业服务业	16014	759	8653	786
采矿业	**2853373**	**790229**	**148663**	**89311**
煤炭开采和洗选业	22913	4881	173	
烟煤和无烟煤开采洗选	18217	2579	173	
褐煤开采洗选	3284	1010		
其他煤炭采选	1412	1292		
黑色金属矿采选业	219472	4840	2400	920
铁矿采选	219472	4840	2400	920
其他黑色金属矿采选	…			

全部企业资产总计

单位：万元

嘉兴市	湖州市	绍兴市	金华市	衢州市	舟山市	台州市	丽水市
201764522	**96385895**	**219519641**	**130366033**	**39977273**	**62623131**	**123938901**	**39207515**
26272	**32069**	**121080**	**52013**	**59957**	**4370**	**12344**	**99414**
1784		5930	3290	210	1369	1244	9090
150		4424					8217
		1142					
1634		361		150			
					1369	100	498
		3		60		1144	375
			3290				
			392				
			392				
3065		9752	2079	17060	1107	600	1137
3065		9678	2069	17055	1107		837
		74		5		600	
			10				300
1026			100	30	700		917
1026			100	30	700		917
20397	32069	105399	46152	42657	1194	10500	88270
18488	21513	97610	39962	31216	580	8599	85309
…	9412	2597	4742	7871	6	14	2149
1737	310	3390	1008	3489		20	798
171	833	1803	440	81	608	1866	14
96064	**467383**	**304633**	**153929**	**129531**	**267729**	**70088**	**335814**
15335			50	200			2274
15335			50	80			
							2274
				120			
		175479	925	199		230	34479
		175479	925	199		230	34479
		…					

2-A-33 续表 1

行　　业	合　计	杭州市	宁波市	温州市
有色金属矿采选业	355905	115444		3752
常用有色金属矿采选	255612	114144		
贵金属矿采选	13952			
稀有稀土金属矿采选	86341	1300		3752
非金属矿采选业	2231969	659313	144874	84389
土砂石开采	2061844	647836	144522	63253
化学矿开采	13692	30		1079
采盐	2182	450	306	
石棉及其他非金属矿采选	154252	10997	46	20057
开采辅助活动	2019	553	216	
石油和天然气开采辅助活动	1150			
其他开采辅助活动	869	553	216	
其他采矿业	21097	5199	1000	250
其他采矿业	21097	5199	1000	250
制造业	**714203016**	**145287022**	**148785596**	**57561200**
农副食品加工业	15516870	1466173	7540062	773535
谷物磨制	477251	134062	46651	18780
饲料加工	1512484	149670	228853	117323
植物油加工	1011499	35461	251962	5096
制糖业	11309	3416	796	241
屠宰及肉类加工	1139595	196279	54484	198407
水产品加工	8955534	166094	6403534	280034
蔬菜、水果和坚果加工	1787093	568879	499833	85837
其他农副食品加工	622105	212311	53949	67817
食品制造业	6477598	2485110	999401	222352
焙烤食品制造	582797	255311	78456	41052
糖果、巧克力及蜜饯制造	494963	180847	14001	6600
方便食品制造	1131256	732321	17406	20100
乳制品制造	348494	100072	74806	63866
罐头食品制造	668273	96594	254337	654
调味品、发酵制品制造	397858	78507	20336	47965
其他食品制造	2853958	1041459	540058	42116

单位：万元

嘉兴市	湖州市	绍兴市	金华市	衢州市	舟山市	台州市	丽水市
		34308	5886	11948		14828	169740
		33868		11928		11832	83840
		440	5386			2996	4630
				20			81269
80728	467383	94847	143851	115089	266579	54981	119935
80728	464678	77598	95682	63680	266065	54019	103784
			11783				800
					514	912	
	2705	17249	36387	51409		50	15352
			50		1150	50	
					1150		
			50			50	
			3167	2095			9386
			3167	2095			9386
75801496	**33577870**	**96344566**	**57357729**	**18785476**	**19086662**	**47520086**	**14095314**
802768	435006	711003	624887	429470	1993780	522431	217755
134590	42990	22670	12838	38238	19531	2080	4820
311445	128588	317144	59114	164869	1424	13588	20465
66665	69004	42970	18622	41203	416498	17895	46124
154			5570	312		820	
141778	68965	21906	390493	30382	7746	17569	11586
17587	21818	71253	1684	9809	1540611	441578	1532
71012	24441	195122	95075	130407	611	19830	96046
59537	79200	39939	41491	14251	7358	9071	37182
1145196	379745	215486	542161	155004	62738	206600	63805
54258	51188	15382	22504	24671	15095	7281	17599
236414	10125	10037	22975	770		13004	189
205721	39984	31408	41538	19974	13738	4110	4955
392		10882	97881	500		62	34
44837	16161	47617	61531	30420	10327	95163	10632
8000	130840	32876	56546	5920	4865	1105	10898
595575	131447	67284	239185	72748	18713	85876	19497

2-A-33 续表 2

行业	合计	杭州市	宁波市	温州市
酒、饮料和精制茶制造业	6619567	2327530	519870	288158
酒的制造	2788711	327365	326077	203504
饮料制造	2661336	1725235	52200	51354
精制茶加工	1169520	274930	141593	33300
烟草制品业	3469878	2262422	1207357	
卷烟制造	3449591	2242234	1207357	
其他烟草制品制造	20288	20188		
纺织业	66808756	11853341	5404019	1515542
棉纺织及印染精加工	33982181	8321783	2598450	595429
毛纺织及染整精加工	2557273	186955	962473	37132
麻纺织及染整精加工	871139	15355	27710	135
丝绢纺织及印染精加工	3288539	781747	8929	2721
化纤织造及印染精加工	5070503	540097	238883	8809
针织或钩针编织物及其制品制造	11385865	319729	460717	159771
家用纺织制成品制造	5336360	954486	553344	355726
非家用纺织制成品制造	4316896	733189	553513	355818
纺织服装、服饰业	31976567	4513909	7728068	3921016
机织服装制造	19499998	3372241	3580401	3706439
针织或钩针编织服装制造	8332230	668826	3841078	90625
服饰制造	4144339	472842	306589	123952
皮革、毛皮、羽毛及其制品和制鞋业	15177349	2094207	473371	6250100
皮革鞣制加工	1824241	48325	12332	652485
皮革制品制造	3495977	405956	94302	494520
毛皮鞣制及制品加工	709509	11212	123752	5227
羽毛(绒)加工及制品制造	1608350	1350965	18352	1179
制鞋业	7539271	277749	224634	5096688
木材加工和木、竹、藤、棕、草制品业	5145043	579041	286292	76377
木材加工	549320	51114	35934	7997
人造板制造	1347069	92457	50935	11556
木制品制造	2325994	302329	89775	38399
竹、藤、棕、草等制品制造	922659	133141	109648	18425
家具制造业	10065919	1742697	1316922	275468

单位：万元

嘉兴市	湖州市	绍兴市	金华市	衢州市	舟山市	台州市	丽水市
190511	349696	1887279	238715	343751	37677	253338	183042
83527	94434	1397145	46505	29390	34553	184166	62045
99046	159758	145621	58887	253669	2949	57086	55532
7938	95505	344512	133323	60692	176	12085	65466
				100			
				100			
10533268	4156899	24457147	5827131	528633	1109023	1040663	383089
4259687	1114779	13449838	3001345	390249	11005	223378	16238
744323	240209	249095	81665	67	9247	45605	500
179669	103612	31904	2047	300	506619	3789	
711138	701599	1071259	5198	4306	814	794	34
1170465	821496	2016255	132738	7480	3170	131058	50
2218934	609289	6150541	1354407	60038	11162	39574	1703
731256	276605	1151176	658197	18199	565045	65861	6467
517797	289311	337078	591534	47994	1961	530602	358098
4903396	1585573	4704425	3812261	261934	35210	335344	175432
2936021	1223207	2385743	1736164	211839	24318	166002	157622
1435581	162230	895239	1077641	24180	5982	123862	6987
531794	200136	1423443	998456	25915	4910	45480	10823
3431288	330566	333629	561601	145579	6876	937376	612757
818544	119038	6332	7933	94922	172	26464	37696
1811223	120434	70251	394227	16788	315	56297	31664
513960	44610	4685	799	5087		15	162
58362		116187	4780	8830			49696
229199	46484	136174	153863	19953	6389	854600	493539
774664	1733348	215109	296696	455075	35118	201100	492222
117937	252657	4763	21247	27594	2234	8699	19144
407056	373612	16054	31817	145655	25100	78557	114270
249330	854003	158083	206403	241685	5893	53061	127033
341	253075	36209	37229	40141	1891	60784	231776
2063518	1532596	708929	1192998	199401	111065	836726	85601

2-A-33 续表 3

行 业	合 计	杭州市	宁波市	温州市
木质家具制造	4183596	762196	504660	224489
竹、藤家具制造	531150	19135	58971	20
金属家具制造	3400241	581791	400203	26797
塑料家具制造	298562	11945	147758	771
其他家具制造	1652370	367629	205328	23391
造纸和纸制品业	18232230	5717382	3758334	580804
纸浆制造	16453	4564	2925	185
造纸	11464767	4085745	2641800	187599
纸制品制造	6751010	1627074	1113608	393019
印刷和记录媒介复制业	8324032	1690266	1703841	1740360
印刷	8036250	1639275	1682627	1676291
装订及印刷相关服务	250104	45527	19207	64059
记录媒介复制	37678	5465	2007	10
文教、工美、体育和娱乐用品制造业	16814040	1881888	4267496	1035241
文教办公用品制造	2916913	219470	1626683	393410
乐器制造	1046569	153408	825482	1459
工艺美术品制造	9029196	1014907	635909	350866
体育用品制造	1710532	356963	533257	89155
玩具制造	1463172	67431	596682	81485
游艺器材及娱乐用品制造	647658	69709	49483	118867
石油加工、炼焦和核燃料加工业	6711197	140005	5451659	111392
精炼石油产品制造	6709335	138644	5451159	111392
炼焦	1362	1362		
核燃料加工	500		500	
化学原料和化学制品制造业	55351101	10826879	13732663	2265738
基础化学原料制造	13083302	1288928	2759048	45776
肥料制造	435269	168188	76415	26337
农药制造	2273527	985041	31378	187546
涂料、油墨、颜料及类似产品制造	6691751	1191558	481629	173957
合成材料制造	20246890	4007054	8819623	1477360
专用化学产品制造	8801658	2091954	1433891	325631
炸药、火工及焰火产品制造	138277	44336	3589	629
日用化学产品制造	3680427	1049821	127090	28502

单位：万元

嘉兴市	湖州市	绍兴市	金华市	衢州市	舟山市	台州市	丽水市
708630	355849	475389	480880	177239	110885	317821	65558
381700	6987	15185	31525	1350		10184	6093
511538	862348	22473	561441	15394	180	413413	4664
1281	55020	3200	11087	4569		62832	98
460369	252391	192681	108065	850		32477	9188
3623494	405255	982412	1013800	1272396	18018	683167	177169
220			5479	2720			360
2447733	172071	331905	421764	1023088	6999	102389	43674
1175542	233184	650507	586557	246588	11019	580778	133135
863563	298278	514105	1009777	98165	32482	317662	55532
828168	292817	471293	950779	96083	31900	313812	53205
35395	5461	16649	56166	881	582	3851	2327
		26162	2832	1202			
554592	421245	2701479	4055049	270682	36343	1081947	508078
50406	50739	49720	391203	31491	146	20442	83202
11431	21207	230	30184			3122	45
192807	109387	2462647	2892915	198083	2431	966644	202601
95147	61924	58000	431471	28305	10011	15249	31051
181675	5961	55265	191061	11201	23755	63073	185583
23125	172027	75616	113216	1603		13417	5595
219723	54567	72051	29832	7662	604884	18802	620
219723	54567	72051	29832	7662	604884	18802	620
8698698	1768031	8155681	2078335	3889554	476908	1766217	1692397
2923606	169656	1302536	643302	2919630	419069	579925	31826
34191	16837	50899	30389	22476	439	5092	4005
315075	366212	122746	150996	74610		39922	
999652	241639	2509228	338972	81172	28873	610622	34449
1751672	404981	2985625	180336	165130	3190	200069	251849
2350702	503092	682553	335360	618967	18792	272544	168173
	9822	16749	22975		5409	7024	27745
323799	55792	485345	376005	7568	1134	51019	1174351

2-A-33 续表 4

行业	合计	杭州市	宁波市	温州市
医药制造业	15292291	3936370	673453	320233
化学药品原料药制造	8135779	770933	124683	116760
化学药品制剂制造	3017997	1810811	84155	61995
中药饮片加工	347594	130960	31445	10309
中成药生产	1601238	514170	69303	19230
兽用药品制造	183652	63884	26747	858
生物药品制造	1243969	526607	296759	49057
卫生材料及医药用品制造	762062	119004	40361	62024
化学纤维制造业	22012165	6626383	1853822	283560
纤维素纤维原料及纤维制造	1078817	781592	190250	9325
合成纤维制造	20933348	5844790	1663573	274235
橡胶和塑料制品业	35084038	7145824	6504141	3456335
橡胶制品业	7116907	2853659	1009899	228752
塑料制品业	27967132	4292165	5494242	3227583
非金属矿物制品业	29774549	7590693	3055855	1014328
水泥、石灰和石膏制造	6061444	1521526	536253	19593
石膏、水泥制品及类似制品制造	8728069	2436696	1433130	605565
砖瓦、石材等建筑材料制造	3861749	1556294	418882	163180
玻璃制造	2044441	406229	151905	15352
玻璃制品制造	3374245	738309	163841	109166
玻璃纤维和玻璃纤维增强塑料制品制造	2637280	468374	87393	18074
陶瓷制品制造	835992	132110	96399	45831
耐火材料制品制造	1228399	105322	65913	4616
石墨及其他非金属矿物制品制造	1002928	225832	102139	32952
黑色金属冶炼和压延加工业	22614244	4927150	5358420	1382880
炼铁	39427	29804	7223	507
炼钢	3597900	2355704	13403	14163
黑色金属铸造	2652339	498446	900575	225144
钢压延加工	16140329	1987657	4413776	1141859
铁合金冶炼	184250	55539	23443	1207
有色金属冶炼和压延加工业	16328780	2656785	3698501	1090127

单位：万元

嘉兴市	湖州市	绍兴市	金华市	衢州市	舟山市	台州市	丽水市
374325	508415	3293989	1678061	247014	44340	4069625	146467
85944	101594	2464789	655459	135625	11932	3654680	13379
99897	44456	353562	250781	49565		206235	56541
25254	33641	12568	72307	27057	1500	2533	20
25273	116144	102492	528747	15510	756	155345	54268
5972	11314	38389	16810	915	8120	7314	3328
63398	141829	21418	73749	9300	22033	35990	3829
68586	59435	300770	80208	9041		7528	15103
3799674	1358103	6672694	1139624	47770	177567	46681	6288
40570	6039	18185	26307	5000		1549	…
3759103	1352064	6654509	1113317	42770	177567	45131	6288
4114115	785767	4089932	2430131	416255	85980	5261089	794468
1263122	81575	217347	136543	34316	23215	1250245	18234
2850993	704192	3872585	2293588	381940	62766	4010844	776234
4851371	3734946	3608644	2789654	1261282	482940	963486	421349
485126	890763	803120	850114	756726	24860	84612	88752
1106240	651687	899349	561772	172946	353443	434728	72513
228132	456134	388505	193942	129654	58901	184502	83623
164646	314174	893504	30879	16477	16948	31614	2714
863814	115237	302210	816036	114828	2240	117186	31378
1862255	75828	14172	76652	10880	194	16695	6762
9990	224383	29565	112398	45355	3601	67464	68897
52109	764249	162353	19361	5578	18268	9129	21500
79060	242490	115866	128499	8838	4484	17557	45211
2545612	2328532	1116362	1046555	1314951	35644	638596	1919442
		10	1510	73		300	
624023		88126	1250	364	250	328	500290
132991	269055	142776	108779	87656	26797	214380	45741
1711100	2053231	883806	927843	1226860	8297	423002	1362899
77499	6247	1644	7273		300	586	10512
695994	761048	3219400	2480030	685898	6835	823586	210575

2-A-33 续表 5

行业	合计	杭州市	宁波市	温州市
常用有色金属冶炼	2490144	835864	328214	39004
贵金属冶炼	296042	31558	7230	12
稀有稀土金属冶炼	95193	25968	66342	660
有色金属合金制造	1703069	48186	710276	235941
有色金属铸造	308552	21872	132925	6922
有色金属压延加工	11435779	1693336	2453513	807589
金属制品业	33794845	6645015	6277297	2323205
结构性金属制品制造	8888873	2460885	698751	184432
金属工具制造	3560714	763001	702131	293556
集装箱及金属包装容器制造	2193375	581962	468131	57678
金属丝绳及其制品制造	1644039	307583	304472	68048
建筑、安全用金属制品制造	6360412	606296	1277359	917749
金属表面处理及热处理加工	2374254	490167	690587	330032
搪瓷制品制造	311216	84328	37870	12769
金属制日用品制造	5025577	394168	1309633	173920
其他金属制品制造	3436385	956623	788362	285022
通用设备制造业	65042781	14065647	12886627	6560600
锅炉及原动设备制造	4039966	2359690	399933	40717
金属加工机械制造	4920283	902449	1265327	273540
物料搬运设备制造	6977290	2807912	970995	136581
泵、阀门、压缩机及类似机械制造	14825527	1350316	2829965	3625775
轴承、齿轮和传动部件制造	10350082	2588599	2706570	689489
烘炉、风机、衡器、包装等设备制造	10171562	2578711	1265193	544101
文化、办公用机械制造	819223	169628	200148	225268
通用零部件制造	11093707	1194135	3033940	917935
其他通用设备制造业	1845141	114209	214556	107194
专用设备制造业	27446667	3954097	7042522	2088471
采矿、冶金、建筑专用设备制造	2613034	578014	199487	239022
化工、木材、非金属加工专用设备制造	9460952	1075424	4534207	524253
食品、饮料、烟草及饲料生产专用设备制造	627135	71812	242726	122391
印刷、制药、日化及日用品生产专用设备制造	1075796	234521	96668	412111
纺织、服装和皮革加工专用设备制造	4747160	404019	615402	189980

单位：万元

嘉兴市	湖州市	绍兴市	金华市	衢州市	舟山市	台州市	丽水市
331234		225600	518870	179537	100	20232	11488
		195491		23925		11749	26078
600				1600		5	18
25603	69304	25836	498315	6360		43260	39988
12835	1345	3927	72804		20	47492	8411
325723	690399	2768546	1390041	474476	6715	700848	124594
2467508	1032835	3985650	6845231	428633	93444	2103334	1592691
348221	391790	1455022	2488352	153598	24214	69011	614596
246532	19108	179932	975701	41953	9560	147818	181423
255096	31027	534423	200029	19122	4153	39233	2522
195583	59232	74214	112874	1718	51	117467	402796
522965	163932	1383671	605983	101116	22448	616248	142644
268143	89724	87830	156338	23445	14765	179908	43314
8352	11952	46828	79712	35		28999	371
304156	62605	115248	1944609	58262	3231	541239	118506
318460	203465	108482	281634	29384	15022	363410	86519
5488332	2710508	9750907	4354762	1445267	485278	6073706	1221147
268070	159060	280876	241228	24873	125451	88257	51810
564660	96230	717490	401234	31958	27498	475686	164211
677303	1323688	419643	168597	26259	63992	364881	17440
785796	124745	891364	323394	885379	91198	3264480	653117
456775	363300	1898039	412324	293840	23598	787663	129884
367794	413986	2722286	1484632	16633	52798	596406	129021
79768	44608	54097	2452		20	43233	
2242489	141183	2700111	162229	154767	66608	431018	49291
45676	43707	67001	1158671	11558	34114	22082	26373
2093196	821340	4057822	1447948	324759	1080315	3337346	1198851
437674	135823	250623	90021	101554	481249	88472	11095
528733	127611	200118	547765	50582	481062	1277499	113696
34161	2806	87191	12646	6191	20280	22308	4623
109799	24332	45442	65796	26758	4261	45298	10810
244419	124197	1448387	150385	9043	67051	1303964	190312

2-A-33 续表 6

行业	合计	杭州市	宁波市	温州市
电子和电工机械专用设备制造	795144	254523	164250	88692
农、林、牧、渔专用机械制造	1663186	152820	385152	22162
医疗仪器设备及器械制造	1505737	468187	436282	122888
环保、社会公共服务及其他专用设备制造	4958522	714778	368346	366971
汽车制造业	37015383	9756058	10607085	2413397
汽车整车制造	7358321	2114681	2150496	150139
改装汽车制造	172953	116439	38800	
低速载货汽车制造	34121	34121		
电车制造	15964	943	9755	
汽车车身、挂车制造	80975	14189	21737	
汽车零部件及配件制造	29353049	7475685	8386296	2263258
铁路、船舶、航空航天和其他运输设备制造业	18699143	749898	2536115	636390
铁路运输设备制造	382927	49823	46836	71371
城市轨道交通设备制造	2160	591	1307	
船舶及相关装置制造	12563042	83238	1455407	146571
航空、航天器及设备制造	126195	48268	18622	433
摩托车制造	3007650	118728	208953	384146
自行车制造	2364263	410210	732783	32419
非公路休闲车及零配件制造	190908	30290	55392	336
潜水救捞及其他未列明运输设备制造	61998	8750	16815	1114
电气机械和器材制造业	72462427	12818688	19381062	12517197
电机制造	10589478	1299912	1739936	967457
输配电及控制设备制造	25512597	3516719	5072540	9502426
电线、电缆、光缆及电工器材制造	9829554	3253733	1932750	1055656
电池制造	4361282	785795	812575	48724
家用电力器具制造	12626589	1930325	7274821	520312
非电力家用器具制造	1116747	110371	212623	30652
照明器具制造	7920680	1828818	2199995	305119
其他电气机械及器材制造	505500	93016	135822	86851
计算机、通信和其他电子设备制造业	30522139	11255866	8166341	1629452
计算机制造	1155568	602573	302396	31612

单位：万元

嘉兴市	湖州市	绍兴市	金华市	衢州市	舟山市	台州市	丽水市
60160	27789	85979	94517	2041	3073	4349	9769
121101	179593	118319	230410	30545	1429	349754	71900
113873	37416	77474	77405	7975	14729	138251	11258
443276	161772	1744287	179002	90069	7180	107451	775389
1687268	759017	2609139	3842023	194323	278885	4369633	498557
6511		64663	2192355			675079	4396
1379	12225			4111			
			1547	2314		1405	
2327	22280		8113	20		3157	9152
1677051	724513	2544477	1640007	187878	278885	3689990	485009
166126	122927	150036	1245776	58960	9547723	3235627	249564
9247	1057	18164	6783	21954		157693	
111							150
39494	30587	36634	27397	1551	9546770	1194701	193
2889			41002			14980	
31208	15771	52764	512312	17284		1553297	113188
70114	73495	37592	550310	17418	953	309519	129450
	2018	4486	93751	37		4008	590
13064		396	13721	716		1429	5994
5269026	4365576	5907567	3367580	3196574	156497	4654671	827988
706397	364395	1940569	1629907	47247	66655	1629514	197490
1942971	688327	783094	316035	2569479	41910	851168	227929
540120	966933	800540	295275	227055	14254	649484	93755
305274	1853373	199077	242426	5602	419	30797	77219
725230	297228	759512	375689	30866	23938	649909	38760
363117	13966	128124	128792	10591	242	86146	32122
655984	170136	1244027	361574	301941	7062	695140	150885
29934	11219	52624	17883	3792	2017	62513	9828
3235117	585940	1449470	2329855	833028	51826	813506	171738
186295		9299	14763	1005	626	7000	

2-A-33 续表 7

行 业	合 计	杭州市	宁波市	温州市
通信设备制造	7564688	6314228	655089	79171
广播电视设备制造	1376923	147937	448417	5344
雷达及配套设备制造	235132	353	232912	1828
视听设备制造	2401733	478121	733752	16591
电子器件制造	6678991	1770290	2864587	141501
电子元件制造	9905546	1697296	2820828	1326401
其他电子设备制造	1203559	245068	108359	27005
仪器仪表制造业	10443840	2687474	3018251	2205719
通用仪器仪表制造	6514398	1967358	2062670	910596
专用仪器仪表制造	1820217	519336	346737	639962
钟表与计时仪器制造	245392	51530	146229	14305
光学仪器及眼镜制造	1730382	122920	409946	622219
其他仪器仪表制造业	133450	26328	52669	18637
其他制造业	7411170	274711	2656995	547038
日用杂品制造	6029849	170029	2488989	506016
煤制品制造	878850	1517	15548	542
核辐射加工	6714	305	6308	
其他未列明制造业	495757	102860	146150	40480
废弃资源综合利用业	2124650	565482	428348	18714
金属废料和碎屑加工处理	1687421	501648	372203	14070
非金属废料和碎屑加工处理	437229	63833	56146	4644
金属制品、机械和设备修理业	1443755	50032	251404	17470
金属制品修理	10548	464	7042	96
通用设备修理	39632	18708	9371	2155
专用设备修理	24742	5548	3817	840
铁路、船舶、航空航天等运输设备修理	1304519	15540	214110	13593
电气设备修理	43562	7148	10990	145
仪器仪表修理	1167		1082	
其他机械和设备修理业	19586	2623	4992	641
电力、热力、燃气及水生产和供应业	**68913831**	**7269373**	**9303046**	**4713529**
电力、热力生产和供应业	51765739	3780431	5907330	3027197

单位：万元

嘉兴市	湖州市	绍兴市	金华市	衢州市	舟山市	台州市	丽水市
420614	13779	46166	2142	520	12323	18827	1829
213525	5068	70726	4997	448793	17807	14310	
38							
149562	21751	506389	58650	286521	3010	147386	
1021291	81693	362262	123447	44668	4107	249765	15378
1038897	347217	302409	1825423	43269	12711	342547	148549
204895	116432	152218	300431	8253	1243	33671	5983
537847	142333	266021	193567	60101	69542	1176025	86961
381175	132521	127875	124336	31824	22941	699426	53676
60456	2357	91259	43599	4630	40963	51453	19465
2041	3806	700	5026	16019	192	2701	2844
90569	2827	43800	7280	7629	78	414189	8925
3606	823	2387	13328		5367	8256	2050
501812	64436	460766	831051	156786	835545	998965	83066
463935	56614	451175	717699	135711	240	982951	56491
25994		1707	727	1056	830349	1411	
102							
11781	7822	7883	112626	20019	4956	14604	26575
158148	29399	33649	47426	56220	59384	720579	7301
29010	138	15687	3805	22351	50888	675371	2249
129139	29260	17962	43621	33869	8496	45208	5052
11345	15943	13783	5111	247	1034796	32259	11364
977		668				301	1000
2250	1720	1816	444		2400	769	
5524	540	1594	3228	201	2143	1246	61
1579	6448	256			1023416	29576	
207	7051	1288	118		6207	104	10303
42					10	33	
766	184	8162	1321	46	620	231	
10734675	**4196795**	**3495115**	**2011483**	**1043353**	**1233902**	**7627179**	**2341150**
8813126	1615735	2088313	1512116	866213	457654	6545624	2207766

2-A-33 续表 8

行业	合计	杭州市	宁波市	温州市
电力生产	30309065	2293484	4899405	2306880
电力供应	20093385	934426	704004	715195
热力生产和供应	1363288	552521	303921	5121
燃气生产和供应业	3746983	1319224	686798	128491
燃气生产和供应业	3746983	1319224	686798	128491
水的生产和供应业	13401110	2169718	2708918	1557841
自来水生产和供应	9677856	1693933	1795313	1272012
污水处理及其再生利用	3126019	474998	424291	280980
其他水的处理、利用与分配	597235	787	489315	4849
建筑业	**111562599**	**30228117**	**18768516**	**7270192**
房屋建筑业	63560547	15548952	10078569	4316815
房屋建筑业	63560547	15548952	10078569	4316815
土木工程建筑业	32553223	9454669	5734056	2182263
铁路、道路、隧道和桥梁工程建筑	19206368	5223626	2672633	1262118
水利和内河港口工程建筑	4200183	1157654	1121765	62384
海洋工程建筑	566953	560	199845	105103
工矿工程建筑	1048231	286418	243043	352667
架线和管道工程建筑	3634565	1596308	563788	232829
其他土木工程建筑	3896923	1190104	932981	167162
建筑安装业	6155891	1523367	1534241	337017
电气安装	1787358	614104	207540	172670
管道和设备安装	1326881	459551	279802	106184
其他建筑安装业	3041652	449712	1046900	58163
建筑装饰和其他建筑业	9292939	3701129	1421650	434096
建筑装饰业	6287121	2103789	1022406	334949
工程准备活动	2412162	1423488	289211	89969
提供施工设备服务	131193	37002	59590	1741
其他未列明建筑业	462463	136850	50443	7437
批发和零售业	**291283063**	**108023542**	**76778864**	**20738999**
批发业	246079686	93749268	68474398	16795898
农、林、牧产品批发	3236558	1147670	447866	210435

单位：万元

嘉兴市	湖州市	绍兴市	金华市	衢州市	舟山市	台州市	丽水市
8062975	1260229	1678431	984380	615881	368470	5894948	1943982
541001	200356	409882	511656	181177	89185	598488	263784
209150	155150		16080	69155		52189	
446139	143442	228446	87378	25752	566189	95457	19668
446139	143442	228446	87378	25752	566189	95457	19668
1475410	2437618	1178356	411989	151388	210058	986098	113716
830263	2238117	565409	293437	118576	152184	613198	100414
619970	199501	610512	110811	32711	25270	333673	13302
25176		2435	2741	100	32605	39227	
5187395	**4640886**	**17770393**	**13049140**	**1834688**	**2338400**	**8875541**	**1599333**
3071635	2207859	11528407	9486897	1032449	1287298	4201550	800115
3071635	2207859	11528407	9486897	1032449	1287298	4201550	800115
1185850	1871696	3080330	2794787	621711	777190	4174271	676400
619117	1341866	2323912	1662307	461584	149439	3065502	424263
187357	93938	304021	137833	46707	310389	721291	56843
48003					119585	93857	
2258	19361	21726	70536	8000	17328	11838	15055
237341	198934	105903	234305	83618	146279	91414	143846
91773	217597	324767	639806	21802	34169	190369	36393
564025	244051	1286239	229425	51188	85695	246222	54421
169961	45179	213106	91584	38249	46018	163834	25114
106796	36999	240587	40592	6226	25622	17163	7359
287268	161873	832546	97249	6713	14054	65224	21949
365884	317279	1875416	538031	129339	188218	253498	68397
290072	147827	1598003	458484	71529	61716	140196	58150
19696	101536	198511	20896	25912	125342	109942	7658
4116	6202	15949	2669	2806	829	115	174
52000	61714	62954	55981	29092	331	3245	2416
16131305	**9598145**	**22863434**	**11715320**	**3586576**	**7339123**	**11181564**	**3326191**
13707636	7465914	19040927	7759059	2463154	6664955	7476498	2481980
414213	284955	295148	182812	178349	3790	31733	39586

2-A-33 续表 9

行业	合计	杭州市	宁波市	温州市
食品、饮料及烟草制品批发	17557950	6686530	3167981	1458621
纺织、服装及家庭用品批发	49352336	15349898	13118540	3227409
文化、体育用品及器材批发	6023904	2197276	1893469	503929
医药及医疗器材批发	6382821	3478227	956778	468901
矿产品、建材及化工产品批发	123649640	48036009	39250263	7713064
机械设备、五金产品及电子产品批发	27707667	13556130	6376139	1641714
贸易经纪与代理	5951132	1283892	1810264	1129515
其他批发业	6217677	2013637	1453098	442310
零售业	45203377	14274273	8304466	3943101
综合零售	12183201	4244518	2167755	562216
食品、饮料及烟草制品专门零售	1538156	503182	255830	125661
纺织、服装及日用品专门零售	3428883	1287986	887500	366853
文化、体育用品及器材专门零售	2532312	768670	696250	164316
医药及医疗器材专门零售	1689101	407797	388566	119297
汽车、摩托车、燃料及零配件专门零售	16177948	4145043	2791757	2045730
家用电器及电子产品专门零售	3591385	1716806	390674	345346
五金、家具及室内装饰材料专门零售	2439329	727773	446776	121162
货摊、无店铺及其他零售业	1623062	472497	279360	92520
交通运输、仓储和邮政业	**73575253**	**21482490**	**20495681**	**4535656**
铁路运输业	11649		11649	
铁路货物运输	11649		11649	
道路运输业	40668774	15444673	9077649	2327169
城市公共交通运输	10353192	5565901	4165285	168316
公路旅客运输	2896626	499229	396055	710360
道路货物运输	4866598	1630107	1246700	212298
道路运输辅助活动	22552359	7749435	3269609	1236195
水上运输业	13725437	1407384	5371430	1247771
水上旅客运输	309366	33110	15522	12996
水上货物运输	8794544	1303301	2890687	488389
水上运输辅助活动	4621526	70974	2465220	746386
航空运输业	2759785	2066306	167852	382312

单位：万元

嘉兴市	湖州市	绍兴市	金华市	衢州市	舟山市	台州市	丽水市
1123471	940438	859396	798190	336768	928374	646305	611876
3041782	1000444	10247740	1785520	82049	57917	564744	876292
149735	11833	474039	619906	3922	13470	120067	36257
165221	159247	431009	239581	77632	34678	304374	67174
7417242	4227640	4712102	2011835	1388074	4957607	3495223	440581
963022	418765	1403534	902438	211004	590309	1473105	171508
90670	113788	277320	770326	50426	47172	292778	84983
342280	308803	340639	448452	134930	31637	548169	153723
2423669	2132231	3822507	3956261	1123422	674169	3705066	844212
639313	734259	1044885	554252	180609	303160	1635815	116417
100186	71281	155631	159706	31057	32221	57373	46028
166786	84421	177902	322941	15194	27507	62683	29111
129088	89671	256626	160324	35471	26982	146657	58259
79226	44644	161055	150584	91784	33996	147585	64469
1037197	804061	1400746	1830471	356344	118983	1304737	342881
135528	102092	248280	206395	127386	80285	180782	57312
68748	141410	292221	212261	257100	29595	67146	75137
67598	60392	85164	358726	28477	21441	102289	54598
4135513	**4457804**	**1446255**	**1670592**	**965405**	**9466259**	**3732872**	**1186725**

嘉兴市	湖州市	绍兴市	金华市	衢州市	舟山市	台州市	丽水市
2407011	3930661	956324	633239	852357	1752888	2219452	1067353
62495	25542	114117	99111	18708	36869	72951	23897
133279	146599	281740	192801	48119	70517	311589	106338
324783	196388	236463	240077	119288	411683	160666	88144
1886454	3562132	324004	101250	666242	1233818	1674245	848973
515307	118736	11638	4466	53	4000376	1047047	1229
3172	606	120	322	48	224651	18720	100
191664	85633	11087	3475	5	2915600	903841	863
320471	32497	432	669		860125	124486	266
43260	1000		53903	200	44953		

2-A-33 续表 10

行 业	合 计	杭州市	宁波市	温州市
航空客货运输	49658	46265		
通用航空服务	66247	11247	688	526
航空运输辅助活动	2643880	2008795	167163	381786
管道运输业	45291	45291		
管道运输业	45291	45291		
装卸搬运和运输代理业	5915707	701041	2886299	228438
装卸搬运	1362258	121099	601684	35505
运输代理业	4553449	579942	2284615	192932
仓储业	9050434	1071310	2847859	218574
谷物、棉花等农产品仓储	1266555	332333	127855	143918
其他仓储业	7783879	738976	2720005	74656
邮政业	1398175	746485	132944	131394
邮政基本服务	741205	290491	88976	101185
快递服务	656970	455994	43967	30208
住宿和餐饮业	**15181159**	**5222005**	**2584867**	**1335159**
住宿业	11002164	3715122	1887816	898901
旅游饭店	9275584	3121032	1550487	636840
一般旅馆	1625789	545602	317957	251700
其他住宿业	100790	48489	19372	10361
餐饮业	4178995	1506883	697051	436258
正餐服务	3648676	1263980	636166	405841
快餐服务	328280	192360	12742	6320
饮料及冷饮服务	76028	22479	19916	6520
其他餐饮业	126012	28064	28227	17577
信息传输、软件和信息技术服务业	**43798332**	**28723566**	**4116295**	**2798882**
电信、广播电视和卫星传输服务	20013781	8239658	2425692	2664188
电信	18268502	7056822	2325746	2626413
广播电视传输服务	1745280	1182837	99946	37775
互联网和相关服务	8774724	8080121	105535	21018
互联网接入及相关服务	439570	36960	6075	2931
互联网信息服务	8248653	7976548	98074	17324
其他互联网服务	86501	66613	1387	762

单位：万元

嘉兴市	湖州市	绍兴市	金华市	衢州市	舟山市	台州市	丽水市
			1016		2378		
			52386	200	1200		
43260	1000		500		41375		
378208	67009	343779	345809	8225	664899	270191	21810
38446	16209	11525	8061	1492	456572	71579	86
339762	50800	332254	337748	6733	208326	198612	21724
699996	305057	88455	552957	83921	2989002	130916	62387
131191	107115	44673	87172	55232	87972	87707	61387
568805	197942	43782	465785	28689	2901030	43209	1000
91731	35341	46058	80219	20650	14141	65266	33947
41045	24225	35039	57747	18216	13171	42785	28325
50686	11116	11019	22473	2434	970	22480	5622
1002221	**655063**	**1075982**	**1143822**	**189648**	**640876**	**985607**	**345908**
637550	466790	790915	862418	133655	530591	809250	269154
579920	411806	734407	692511	127613	467478	730570	222922
52669	46956	53259	165453	5118	63113	78680	45283
4962	8028	3249	4454	924			950
364671	188272	285067	281403	55993	110285	176357	76754
292523	131580	263867	262035	55033	108384	158874	70395
56043	41064	5907	8334	120	1348	2181	1860
8520	4162	983	3966	40	187	7102	2152
7585	11466	14311	7068	800	366	8200	2347
1310821	**869236**	**1381521**	**1819496**	**336559**	**459204**	**1574997**	**407755**
1058533	756675	1141984	1171855	324189	386841	1496665	347502
988733	641604	1117162	1133550	297996	344131	1412372	323972
69800	115071	24822	38305	26192	42710	84293	23529
45727	4531	26703	440863	1088	1564	38172	9403
449	1617	1932	388868	306	100	5	326
41234	2914	18665	46552	754	409	37384	8796
4043		6105	5443	28	1056	783	281

2-A-33 续表 11

行业	合计	杭州市	宁波市	温州市
软件和信息技术服务业	15009826	12403787	1585068	113676
软件开发	10737871	9372082	775405	69224
信息系统集成服务	2320258	2082778	143538	11359
信息技术咨询服务	1237430	489552	614417	18598
数据处理和存储服务	193371	138884	8707	2257
集成电路设计	91508	57281	11950	255
其他信息技术服务业	429389	263211	31051	11982
金融业	**47308684**	**7028687**	**13054665**	**2936792**
货币金融服务	9697217	2144581	1114757	1418376
非货币银行服务	9697217	2144581	1114757	1418376
资本市场服务	32146190	4122428	9202361	1116962
证券市场服务	75834	70840	1251	1738
期货市场服务	16529	14593	15	104
资本投资服务	31863994	3967490	9158853	1109673
其他资本市场服务	189833	69505	42242	5447
保险业	492754	2838	484985	45
财产保险	473235	1122	472081	30
再保险	3			3
保险经纪与代理服务	16017	1252	12568	12
其他保险活动	3499	464	336	
其他金融业	4972523	758840	2252561	401409
金融信托与管理服务	2453605	399916	1181512	183644
控股公司服务	1815443	283823	952777	202797
其他未列明金融业	703475	75100	118272	14968
房地产业	**375996903**	**132992832**	**73409132**	**34719326**
房地产业	375996903	132992832	73409132	34719326
房地产开发经营	341606646	123699428	61774191	33343797
物业管理	4684855	2199479	826615	228561
房地产中介服务	2575745	965588	920632	185328
自有房地产经营活动	11794008	4122092	3061425	903155
其他房地产业	15335649	2006245	6826268	58485

单位：万元

嘉兴市	湖州市	绍兴市	金华市	衢州市	舟山市	台州市	丽水市
206561	108031	212834	206778	11282	70799	40160	50851
128990	83748	66823	112257	8850	62330	20358	37806
33437	5617	15608	6106	1274	5492	9762	5286
15249	8471	22851	61403	346	714	3856	1973
21678	181	18868	1260	243		1099	194
3330	5682	1498	6935	342	884	2321	1030
3877	4332	87188	18817	227	1378	2764	4564
7199235	**3334312**	**6347666**	**1763734**	**251428**	**3406794**	**1618758**	**366612**
903492	554153	1292808	960902	158607	176171	770534	202836
903492	554153	1292808	960902	158607	176171	770534	202836
6106927	2382554	4733546	502557	37522	3072141	771556	97634
						2006	
45			678		1043	50	
6100974	2349095	4711553	494375	37518	3071098	769497	93868
5908	33460	21993	7504	4		4	3766
2153	1021	259	1077		367	6	3
			2			1	
2153		12	15			5	
	1021	247	1060		367		3
186663	396583	321053	299198	55299	158115	76663	66139
24840	58981	281726	93155		157915	56931	14986
2496	337103		30239		200	6007	
159327	500	39327	175804	55299		13725	51154
28149280	**16591864**	**32171196**	**20641382**	**4127379**	**8302181**	**19539873**	**5352458**
28149280	16591864	32171196	20641382	4127379	8302181	19539873	5352458
23812342	15724630	28658724	19365909	4092482	7962229	18097994	5074920
319250	177957	339037	283143	10671	52861	83309	163971
106062	62132	92563	182611	3870	2247	37218	17494
1290562	250281	886716	493717	16331	107252	597037	65438
2621064	376864	2194157	316001	4024	177592	724315	30635

2-A-33 续表 12

行业	合计	杭州市	宁波市	温州市
租赁和商务服务业	**470138051**	**188761615**	**120864020**	**21329599**
租赁业	3701371	2379178	811958	56845
机械设备租赁	3321181	2371732	540583	53623
文化及日用品出租	380191	7447	271375	3222
商务服务业	466436680	186382437	120052062	21272754
企业管理服务	419317645	166919948	111542730	18775377
法律服务	226207	133771	15763	37078
咨询与调查	19129070	8443687	4849315	840894
广告业	2355726	1159674	422654	124605
知识产权服务	120057	86346	7680	12705
人力资源服务	695018	268235	171213	20702
旅行社及相关服务	2824314	1249161	310184	94757
安全保护服务	450065	135209	56623	42953
其他商务服务业	21318579	7986407	2675900	1323683
科学研究和技术服务业	**26023098**	**13867381**	**2694387**	**1571873**
研究和试验发展	2964205	1332204	557282	58374
自然科学研究和试验发展	88104	31512	20155	3691
工程和技术研究和试验发展	2200672	1059301	301539	42191
农业科学研究和试验发展	377957	61592	218729	6303
医学研究和试验发展	281964	179419	7577	5799
社会人文科学研究	15508	380	9283	390
专业技术服务业	17717016	9011167	1713523	1447131
气象服务	36988	4003	30444	559
地震服务	13	10		
海洋服务	34747	12327	2035	591
测绘服务	171935	46058	34501	13676
质检技术服务	781382	295663	296446	27271
环境与生态监测	155896	58700	53771	5751
地质勘查	134431	66376	43148	517
工程技术	14799672	7742160	878915	1335272
其他专业技术服务业	1601952	785870	374264	63493

单位：万元

嘉兴市	湖州市	绍兴市	金华市	衢州市	舟山市	台州市	丽水市
43558441	**9691798**	**29770203**	**13899767**	**7831691**	**8297809**	**19667042**	**6466066**
88667	27490	41121	120969	14582	77610	60718	22233
82680	26475	39956	43520	14514	72702	56110	19286
5987	1015	1165	77449	68	4908	4608	2946
43469774	9664308	29729081	13778798	7817110	8220199	19606324	6443834
40662096	8619801	25471555	11149711	7300058	6979257	15899520	5997593
6073	2951	16569	9202	2060	133	2327	279
343836	235695	1204816	577715	185381	611339	1727755	108637
198747	94840	79792	134302	14222	28741	82139	16010
3274	694	1403	4451	1414	94	1804	193
40146	12270	57522	13524	54317	20243	29674	7171
63367	143192	446101	157265	81553	57539	53745	167452
62073	15427	39951	40375	9342	8952	29632	9527
2090163	539438	2411374	1692252	168762	513901	1779729	136970
2605090	**677881**	**1273106**	**527778**	**341601**	**830915**	**673569**	**959516**
106704	120335	299060	39456	88927	13009	307302	41551
14873	4255	4413	7027	1441	357		380
61184	56449	261520	21335	81708	6192	305127	4125
9388	3311	24575	9156	5778	1140	2040	35944
21259	56264	6949	1487		1972	135	1103
	55	1603	450		3348		
2243471	397775	826280	334544	171581	476056	272691	822798
1209		109	485	20		6	154
4							
434			60		698	18602	
11399	13238	15922	15288	7471	2715	7154	4512
43050	14036	31338	16520	2852	16704	33076	4426
23946	891	7700	1074	609	600	2825	28
1075	1376	4906	10786	145		821	5281
2124337	351146	652842	198937	148262	443530	141487	782783
38017	17088	113462	91393	12222	11809	68719	25615

2-A-33 续表 13

行业	合计	杭州市	宁波市	温州市
科技推广和应用服务业	5341877	3524011	423581	66368
技术推广服务	4277119	3062035	329199	47356
科技中介服务	943893	385589	89601	11646
其他科技推广和应用服务业	120865	76387	4781	7366
水利、环境和公共设施管理业	**31873336**	**8595025**	**2746973**	**339243**
水利管理业	4788826	2829619	97454	37165
防洪除涝设施管理	2642648	2318373	100	300
水资源管理	1111055	314880	61160	12412
天然水收集与分配	691471	139398	26736	17023
水文服务	14561			
其他水利管理业	329090	56968	9459	7430
生态保护和环境治理业	1221558	596491	202899	49514
生态保护	428113	331568	17911	1295
环境治理业	793445	264923	184987	48219
公共设施管理业	25862953	5168915	2446620	252564
市政设施管理	15681772	1024334	1235036	76731
环境卫生管理	398668	214526	78366	12402
城乡市容管理	1725476	1183479	24152	17642
绿化管理	2132528	1011843	209066	39649
公园和游览景区管理	5924509	1734732	900001	106140
居民服务、修理和其他服务业	**2653629**	**801680**	**458380**	**311861**
居民服务业	1041211	308594	197339	130047
家庭服务	71588	47962	5496	2006
托儿所服务	5284	185	14	146
洗染服务	48470	18560	14076	6047
理发及美容服务	59507	26665	6880	9457
洗浴服务	185200	24896	27786	6038
保健服务	122966	13274	58878	10420
婚姻服务	18242	7554	2493	1862
殡葬服务	225500	106450	34206	24089
其他居民服务业	304456	63048	47510	69981

单位：万元

嘉兴市	湖州市	绍兴市	金华市	衢州市	舟山市	台州市	丽水市
254916	159771	147766	153778	81093	341851	93576	95167
209967	140168	125151	132180	80396	20492	38013	92161
35096	19603	14218	16001	188	316872	55056	23
9852		8397	5597	509	4487	507	2983
4833267	**7231143**	**4415415**	**1038735**	**356927**	**574927**	**441076**	**1300605**
237982	159156	578407	94219	108501	286843	20856	338623
7398	17172	20302	412	4		1935	276652
93662	123084	234768	62470	53533	146419	1225	7442
54030	13183	243391	21412	774	138770	1183	35573
4613		9649		299			
78279	5717	70297	9925	53892	1654	16513	18956
76953	20055	162798	19443	15926	5538	65387	6554
3302	8061	48655	2334	1453	62	11387	2083
73650	11995	114143	17109	14473	5476	53999	4471
4518333	7051932	3674210	925072	232500	282546	354833	955427
3521296	5975386	2657459	384474	140485	86176	81395	499000
25867	2719	10120	3274	10235	4942	33660	2556
40	101045	8390	678	38712	22	50	351266
132652	240350	292590	55283	15627	43466	74713	16289
838478	732432	705651	480363	27440	147940	165014	86317
139883	**58054**	**208556**	**116707**	**22813**	**270466**	**147519**	**117709**
66103	20484	101928	37948	2245	17656	60776	98093
6944	788	1068	2555	189	302	2597	1680
8		4920			10		
453	450	1645	3679	854	1362	1264	80
231	743	3066	5288	53	678	6139	306
34726	9389	64516	6745	25	585	9882	611
5174	1414	3867	8661	520	1362	18760	636
183	83	372	3410	195	1258	762	70
10185	7439	12567	1220	241	11969	14733	2401
8198	177	9907	6391	167	129	6638	92309

2-A-33 续表 14

行业	合计	杭州市	宁波市	温州市
机动车、电子产品和日用产品修理业	1194852	346329	189972	104242
汽车、摩托车修理与维护	1026249	274897	152371	78912
计算机和办公设备维修	75528	25815	18539	19564
家用电器修理	72130	32644	16095	3754
其他日用产品修理业	20945	12972	2967	2011
其他服务业	417566	146758	71069	77573
清洁服务	197375	66935	22587	16259
其他未列明服务业	220191	79823	48483	61315
教育	**1626035**	**244071**	**133389**	**73770**
教育	1626035	244071	133389	73770
学前教育	34907	6130	10992	3413
初等教育	10225	67	9378	760
中等教育	26599	1624	38	6755
高等教育	11431	11316		7
特殊教育	652			60
技能培训、教育辅助及其他教育	1542220	224934	112982	62774
卫生和社会工作	**2221526**	**1641922**	**176155**	**160745**
卫生	747326	268550	124493	148343
医院	574654	194361	90594	110394
社区医疗与卫生院	1923	60	365	583
门诊部(所)	128819	67863	22626	13135
计划生育技术服务活动	562	562		
妇幼保健院(所、站)	92	92		
专科疾病防治院(所、站)	89			11
疾病预防控制中心	89	…		29
其他卫生活动	41098	5613	10908	24191
社会工作	1474200	1373373	51663	12402
提供住宿社会工作	1423906	1370152	25014	10344
不提供住宿社会工作	50294	3220	26649	2058

单位：万元

嘉兴市	湖州市	绍兴市	金华市	衢州市	舟山市	台州市	丽水市
57611	33297	80471	54157	12552	233284	67575	15361
48437	28578	74673	47825	10460	232465	64249	13381
856	1919	3087	3036	1134	233	1156	190
7511	2792	1857	2426	611	587	2121	1731
808	8	854	870	347		49	59
16168	4273	26158	24601	8016	19526	19169	4255
8568	4073	21696	14097	6994	18251	14782	3135
7600	200	4462	10505	1022	1275	4387	1120
65631	**32812**	**44621**	**237011**	**13802**	**7331**	**43608**	**729988**
65631	32812	44621	237011	13802	7331	43608	729988
918	82	265	7173	1100		3074	1760
						20	
19			14497			3668	
92			13	3			
			592				
64602	32730	44356	214737	12700	7331	36847	728228
85549	**24946**	**3822**	**18333**	**36555**	**31198**	**34141**	**8159**
84403	11665	3566	18319	32983	31194	15889	7923
76610	6020	2159	14364	30828	30694	12188	6441
		3	40	29		813	31
7793	5644	1290	3575	2125	440	2879	1450
			70			8	
					60		
		115	270	1			
1146	13282	255	14	3573	4	18253	236
327	12054	180	14	3559		2025	236
819	1228	75		13	4	16228	

2-A-33 续表 15

行 业	合 计	杭州市	宁波市	温州市
文化、体育和娱乐业	**9121931**	**2874330**	**919233**	**256307**
新闻和出版业	1726089	1156719	466167	12967
新闻业	4939	456	3973	157
出版业	1721149	1156263	462194	12810
广播、电视、电影和影视录音制作业	4226899	724561	153858	50842
广播	14297	1289	500	584
电视	809470	317296	4025	80
电影和影视节目制作	2831603	231020	53787	6845
电影和影视节目发行	70873	21064	37940	143
电影放映	493900	148592	56183	43180
录音制作	6756	5299	1423	10
文化艺术业	589494	219795	40662	9468
文艺创作与表演	185009	114508	20362	2037
艺术表演场馆	72866	1376	2944	655
图书馆与档案馆	7883	5192	395	684
文物及非物质文化遗产保护	85328	24656	2133	163
博物馆	31692	8263	6420	726
烈士陵园、纪念馆	234			
群众文化活动	20349	11714	1038	4025
其他文化艺术业	186134	54085	7368	1177
体育	1201746	518649	62183	18846
体育组织	204157	20586	2225	973
体育场馆	41937	9446	1045	2634
休闲健身活动	862275	460119	50415	14117
其他体育	93377	28499	8498	1123
娱乐业	1377704	254606	196362	164184
室内娱乐活动	843968	167099	117380	117277
游乐园	357591	33317	42981	20713
彩票活动	13			3
文化、娱乐、体育经纪代理	50811	9000	13152	1982
其他娱乐业	125321	45191	22849	24208

单位：万元

嘉兴市	湖州市	绍兴市	金华市	衢州市	舟山市	台州市	丽水市
702384	**247834**	**482078**	**3149064**	**63884**	**64985**	**193035**	**168798**
1557	1097	49767	18432	15469	108	3409	395
			129	224			
1557	1097	49767	18303	15245	108	3409	395
282934	27428	56664	2847699	21543	13171	34475	13725
			11903	10		11	
20549	18267	1679	429352	15433	1739		1050
243062	733	25523	2267897	549		1144	1043
109		9692				1488	437
19206	8428	19771	138547	5551	11415	31832	11196
8					17		
69532	20184	40226	140144	3355	1779	25848	18501
16423	5764	18176	1551	510	221	1227	4230
11229		2232	48725			5187	518
781	107	412	160			131	20
29580		7803	998	983		19012	
1	350	4608	9916		1388	20	
			234				
121	1625	1328	284		148	60	5
11397	12338	5669	78277	1862	22	211	13728
292189	45885	183917	34260	1240	21091	13308	10177
62879		117492				3	
3015	1	21745	56			3996	
204661	43598	29049	34123	1240	10639	9187	5129
21634	2286	15632	81		10453	123	5049
56173	153240	151503	108529	22278	28836	115995	125999
41831	42579	110448	68454	21328	18632	106607	32333
1800	94787	32700	37249	528	486	774	92255
		10					
10712	4632	2064	1909	110	6306	242	702
1830	11242	6281	915	312	3411	8373	709

2-A-34 按行业中类、地区

行业	合计	杭州市	宁波市	温州市
总　计	**1588091401**	**428283153**	**344334166**	**119565861**
农、林、牧、渔业	**371905**	**73117**	**54950**	**45788**
农业	31236	10383	3733	3747
谷物种植	9267		324	
豆类、油料和薯类种植	1639			
蔬菜、食用菌及园艺作物种植	8628	7500	283	
水果种植	1166	38	125	451
坚果、含油果、香料和饮料作物种植	3772	1617	142	1670
中药材种植	6699	1228	2794	1626
其他农业	66		66	
林业	606		285	
林木育种和育苗	606		285	
畜牧业	47038	22393	4324	6216
牲畜饲养	34447	20329	213	854
家禽饲养	8875	549	4081	3351
其他畜牧业	3716	1515	30	2011
渔业	24032	19455	836	706
水产养殖	24032	19455	836	706
农、林、牧、渔服务业	268993	20886	45772	35120
农业服务业	217448	16864	30990	30355
林业服务业	13066	556	237	1216
畜牧服务业	20319	3121	3493	2701
渔业服务业	18160	345	11052	847
采矿业	**2502181**	**336091**	**93908**	**55612**
煤炭开采和洗选业	14719	2720	421	
烟煤和无烟煤开采洗选	5143	203	421	
褐煤开采洗选	7536	536		
其他煤炭采选	2041	1981		
黑色金属矿采选业	240921	5973	5889	100
铁矿采选	240921	5973	5889	100
有色金属矿采选业	338821	75785		2900

分组的全部企业全年营业收入

单位：万元

嘉兴市	湖州市	绍兴市	金华市	衢州市	舟山市	台州市	丽水市
120045366	**75874552**	**197271048**	**108305819**	**30941764**	**27464240**	**89736984**	**29185545**
10889	**10286**	**59462**	**60232**	**37240**	**1936**	**8099**	**9906**
722		7912	1050	266	146	195	3081
501		5772					2670
		1639					
221		487		138			
					146	45	361
		15		128		150	50
			1050				
			321				
			321				
2637		4328	3237	1058	1225	380	1240
2637		3908	3177	965	1225		1140
		420		93		380	
			60				100
598			65	26	130		2217
598			65	26	130		2217
6932	10286	47222	55559	35890	434	7524	3368
4629	7107	39902	52515	28849	80	4341	1815
8	717	3930	1885	3084	34	20	1378
2267	885	2802	995	3868		30	156
27	1577	587	165	88	320	3132	19
41653	**1032761**	**227953**	**111023**	**76900**	**74367**	**37706**	**414208**
4348			150	81			6999
4348			150	21			
							6999
				60			
		150409	1290	480			76781
		150409	1290	480			76781
		15812	800	1776		2835	238913

2-A-34 续表 1

行 业	合 计	杭州市	宁波市	温州市
常用有色金属矿采选	237092	75331		
贵金属矿采选	4370			
稀有稀土金属矿采选	97359	454		2900
非金属矿采选业	1899157	250907	86973	52175
土砂石开采	1793304	241506	86873	39940
化学矿开采	11540	300		10
采盐	790		73	
石棉及其他非金属矿采选	93523	9101	28	12226
开采辅助活动	646	385	175	
石油和天然气开采辅助活动	86			
其他开采辅助活动	560	385	175	
其他采矿业	7917	321	450	436
其他采矿业	7917	321	450	436
制造业	**712414796**	**137567647**	**145924023**	**62480080**
农副食品加工业	12784673	1717276	2068311	932644
谷物磨制	834497	228540	98498	26625
饲料加工	2493141	179159	291565	179738
植物油加工	1623504	38125	491241	11620
制糖业	13459	5584	34	1090
屠宰及肉类加工	1623798	194221	35359	256109
水产品加工	3777442	181370	784089	312146
蔬菜、水果和坚果加工	1723193	605127	298478	101902
其他农副食品加工	695639	285151	69047	43415
食品制造业	6273353	2446761	1001349	312820
焙烤食品制造	623663	297324	82389	60957
糖果、巧克力及蜜饯制造	445238	167933	6770	7787
方便食品制造	944122	581243	10274	30850
乳制品制造	524612	239188	50929	133921
罐头食品制造	600189	100214	212767	322
调味品、发酵制品制造	356298	56154	15409	37790
其他食品制造	2779231	1004705	622811	41194
酒、饮料和精制茶制造业	5757386	2626220	372034	191242

单位：万元

嘉兴市	湖州市	绍兴市	金华市	衢州市	舟山市	台州市	丽水市
		15302		1776		160	144524
		510	800			2675	385
							94005
37304	1032761	61733	106708	72863	74281	34870	88579
37304	1031598	54294	68987	56262	74044	34329	68166
			10980				250
					237	480	
	1163	7439	26741	16601		61	20163
					86		
					86		
			2075	1700			2935
			2075	1700			2935
73859074	**42265902**	**102511891**	**51523285**	**18081010**	**12195951**	**47542500**	**18463430**
1773663	850062	755293	684964	709155	2304435	663390	325481
169587	146031	63372	27685	51778	12154	2848	7380
779910	220826	283274	86442	420126	1147	25772	25181
200580	250032	57326	10711	53625	464033	13609	32601
307			5461	802		181	
481048	111507	15749	409247	34062	4372	65533	16592
22313	34858	74412	3243	9587	1820094	531892	3438
72267	28225	201035	97311	126227	1371	15942	175308
47651	58583	60125	44863	12948	1264	7613	64981
981231	341119	222080	470103	183742	52091	188119	73937
43899	38408	12596	29627	24502	9410	12299	12251
196184	12437	18641	24633	1740		9014	100
180100	34606	21522	40614	26453	3040	5079	10341
62		11075	89301			112	25
38483	26619	43004	18578	46036	17439	77367	19359
9149	128869	21144	56054	7236	5132	2165	17197
513354	100180	94098	211296	77775	17070	82083	14664
176807	364469	997886	204050	394753	25780	199449	204696

2-A-34 续表 2

行　业	合　计	杭州市	宁波市	温州市
酒的制造	1445178	306930	223585	84441
饮料制造	3018511	2066369	28713	59910
精制茶加工	1293697	252920	119736	46891
烟草制品业	6027585	3926120	2100686	
卷烟制造	6001959	3901273	2100686	
其他烟草制品制造	25626	24846		
纺织业	70211580	11839046	4500634	1649499
棉纺织及印染精加工	35870092	7719792	2055516	653698
毛纺织及染整精加工	2387858	169011	835847	18115
麻纺织及染整精加工	514857	3915	14259	1341
丝绢纺织及印染精加工	3447143	792057	18708	7226
化纤织造及印染精加工	4683086	835769	164174	14930
针织或钩针编织物及其制品制造	12844505	346480	360975	197374
家用纺织制成品制造	5728573	1183280	489274	280828
非家用纺织制成品制造	4735465	788742	561882	475989
纺织服装、服饰业	33326369	4446983	8130174	3748426
机织服装制造	19590024	3043002	2767300	3396001
针织或钩针编织服装制造	9373167	731970	4898260	185995
服饰制造	4363177	672011	464614	166430
皮革、毛皮、羽毛及其制品和制鞋业	21496511	2138955	334111	9835852
皮革鞣制加工	1994984	41833	18540	717144
皮革制品制造	4826977	485955	132529	848589
毛皮鞣制及制品加工	751775	25393	27136	15742
羽毛(绒)加工及制品制造	1486752	1169203	16863	595
制鞋业	12436023	416572	139043	8253783
木材加工和木、竹、藤、棕、草制品业	6820688	645831	277154	115086
木材加工	721260	87810	24051	13330
人造板制造	1662746	160756	35712	10158
木制品制造	3265418	288023	97767	57996
竹、藤、棕、草等制品制造	1171264	109242	119624	33601
家具制造业	9399484	1669278	1092479	226725
木质家具制造	3604185	523841	327425	170389

单位：万元

嘉兴市	湖州市	绍兴市	金华市	衢州市	舟山市	台州市	丽水市
59896	76854	443343	34643	21320	21152	131283	41729
101315	187989	121585	59541	298145	2992	63696	28257
15596	99625	432959	109866	75288	1636	4471	134710
				780			
				780			
10626037	6000101	26886019	5786272	687821	634345	1048038	553769
4206466	1518512	15836143	3086655	516667	36352	210721	29572
808040	241665	191573	76371	83	12633	33165	1355
122433	86636	53161	4996	500	222106	5510	
651285	1370512	591760	6613	8090		632	260
1257474	1443363	684920	113883	13687	4037	150720	130
2383917	596090	7695732	1151073	67459	8681	34488	2236
655759	317884	1495043	830855	18369	349127	97807	10346
540662	425438	337687	515827	62965	1409	514994	509870
5136909	2116234	5073478	3953426	195679	30856	336134	158069
3396743	1669654	2895887	1931538	145996	17979	190029	135897
1181327	193405	973872	1080561	26083	8970	83515	9208
558840	253176	1203719	941326	23600	3907	62591	12964
4263089	386760	407062	830945	197278	5075	2022599	1074785
888003	108846	7963	8474	130644	121	23781	49635
2400850	135747	68158	585342	27947	460	79527	61873
621835	48628	5823	2030	3579		30	1580
88103		161615	6994	7677			35703
264299	93539	163503	228105	27431	4494	1919261	925994
983299	2660689	297201	318971	724144	10158	168929	619226
146170	310132	7126	26623	68113	1259	6971	29676
541952	509905	7592	13161	235755	1111	43020	103623
293660	1471770	236240	220885	373817	5788	55147	164324
1517	368881	46243	58303	46459	2000	63791	321603
1647193	1913999	586875	1089450	173443	41788	822344	135911
510306	424583	416996	574952	159548	41423	375280	79442

2-A-34 续表 3

行　　业	合　计	杭州市	宁波市	温州市
竹、藤家具制造	439471	15059	36350	811
金属家具制造	3163309	535491	340071	26144
塑料家具制造	395587	14788	227372	3201
其他家具制造	1796932	580100	161261	26179
造纸和纸制品业	14544680	4630387	1857076	727252
纸浆制造	12660	4268	2566	320
造纸	8048663	2910250	1188097	213817
纸制品制造	6483357	1715869	666413	513115
印刷和记录媒介复制业	7082115	1134801	1369004	1736570
印刷	6843935	1099519	1347915	1660350
装订及印刷相关服务	229162	32939	20293	76050
记录媒介复制	9019	2342	796	170
文教、工美、体育和娱乐用品制造业	18160812	2630305	3994445	1279057
文教办公用品制造	3285923	344294	1847595	391186
乐器制造	366369	149169	147019	3156
工艺美术品制造	9720400	1684047	734709	537621
体育用品制造	1673742	311355	472814	119354
玩具制造	1888724	65893	706086	96402
游艺器材及娱乐用品制造	1225654	75547	86224	131339
石油加工、炼焦和核燃料加工业	16905392	284644	15375573	325353
精炼石油产品制造	16902295	282690	15374430	325353
炼焦	1954	1954		
核燃料加工	1144		1144	
化学原料和化学制品制造业	62115700	13762303	15373761	2106798
基础化学原料制造	14349666	1022526	3119597	52824
肥料制造	368641	158683	38252	16126
农药制造	1805624	857437	41875	200946
涂料、油墨、颜料及类似产品制造	6499601	1196894	431725	189578
合成材料制造	26079707	6955529	10486460	1352609
专用化学产品制造	7941573	2265930	1117328	267186
炸药、火工及焰火产品制造	143730	34642	6722	10815
日用化学产品制造	4927158	1270661	131802	16713

单位：万元

嘉兴市	湖州市	绍兴市	金华市	衢州市	舟山市	台州市	丽水市
324051	7843	15429	19037	1171		12327	7392
417484	1072643	22402	390926	8312	365	321333	28138
2312	53080	2264	9139	3711		79571	150
393040	355851	129784	95395	700		33833	20789
2596582	492996	984091	946082	1301382	16332	772708	219793
524			2684	1410			888
1560305	223335	298813	375709	1081921	6353	124392	65671
1035753	269661	685278	567688	218051	9979	648316	153233
701703	230771	482489	868123	101752	33931	366943	56029
683361	228962	465282	814888	100414	33359	356030	53854
18342	1809	14814	51235	21	572	10914	2174
		2392	2000	1318			
618701	1022772	2804354	3362662	261316	36449	1433234	717517
42981	53310	64467	336836	35546	409	24803	144496
8117	42560	759	12755			2794	40
179493	135326	2542459	2240443	141881	1192	1289787	233442
85825	55195	81281	402491	75742	6782	24095	38809
287436	7160	68025	258416	7446	28066	71024	292770
14849	729221	47363	111720	700		20730	7960
294598	34763	77230	53783	7180	441101	10603	564
294598	34763	77230	53783	7180	441101	10603	564
8075027	2259289	9668419	1814141	4039723	1425855	1425665	2164719
3284192	210458	1346737	458368	3176483	1372081	293242	13157
23822	11701	49243	33286	30893		4394	2240
141471	239886	85713	115177	61260		61861	
972865	346218	2363301	302651	141522	26450	477750	50646
1664809	591231	4077675	162078	178869	2274	257438	350736
1662048	659173	770162	267777	439399	18644	272120	201805
	10120	14467	27173		5007	5483	29300
325820	190501	961120	447631	11296	1400	53378	1516835

2-A-34 续表 4

行　业	合　计	杭州市	宁波市	温州市
医药制造业	10675514	2883685	560297	238683
化学药品原料药制造	4838375	174443	81512	87883
化学药品制剂制造	2623743	1749950	51758	50417
中药饮片加工	306935	97563	41432	17102
中成药生产	1138802	403930	48283	1400
兽用药品制造	163675	32832	6285	2367
生物药品制造	924614	367878	280926	36195
卫生材料及医药用品制造	679370	57090	50100	43317
化学纤维制造业	25470776	6964186	1705642	278841
纤维素纤维原料及纤维制造	767011	503561	162857	12478
合成纤维制造	24703765	6460625	1542785	266363
橡胶和塑料制品业	37323600	7770071	6346548	3854151
橡胶制品业	7369045	3793034	620589	237010
塑料制品业	29954554	3977037	5725959	3617141
非金属矿物制品业	23618135	5899454	2645689	1129633
水泥、石灰和石膏制造	5153020	1154820	581591	16266
石膏、水泥制品及类似制品制造	7740460	2114400	1251528	682139
砖瓦、石材等建筑材料制造	3268365	1220522	295036	173371
玻璃制造	758207	207056	77509	11891
玻璃制品制造	2948762	568103	149475	114077
玻璃纤维和玻璃纤维增强塑料制品制造	1186567	193857	86771	18792
陶瓷制品制造	675768	162129	77618	71115
耐火材料制品制造	1176809	88796	44610	7048
石墨及其他非金属矿物制品制造	710177	189771	81550	34935
黑色金属冶炼和压延加工业	28777668	4549179	6043571	1493446
炼铁	23168	9309	9834	720
炼钢	3214482	1295357	17750	29203
黑色金属铸造	2844725	446868	942225	291111
钢压延加工	22403669	2714219	5048740	1170772
铁合金冶炼	291623	83425	25023	1641
有色金属冶炼和压延加工业	25430871	4470963	6411943	1395908

单位：万元

嘉兴市	湖州市	绍兴市	金华市	衢州市	舟山市	台州市	丽水市
281744	357235	2332296	1168647	172561	22624	2491987	165755
61589	77325	1567391	441320	100412	11155	2224309	11036
83312	40890	234151	167532	26711		128878	90145
36313	25855	16862	47228	20934		3536	110
12869	67446	101849	370100	8259	396	79621	44651
2809	15527	70298	21103	300	4316	5748	2089
34406	74227	17055	50922	8126	6757	43844	4278
50446	55965	324691	70443	7821		6052	13446
5560662	1228153	8658700	730135	55237	219598	56892	12730
42268	2753	20701	20162	1140		1092	…
5518394	1225400	8637999	709973	54097	219598	55800	12730
3869670	939867	5087278	2314680	373741	93083	5510995	1163516
961213	60437	214209	159619	61018	21898	1200242	39776
2908458	879430	4873069	2155061	312723	71185	4310753	1123740
3247116	3229764	2462767	2377004	989393	270332	871796	495186
552887	921026	553471	555183	560435	20418	112141	124783
1069164	583153	890592	371407	161457	185240	351120	80261
179368	341587	410399	217512	126773	40743	190152	72900
88679	156149	156630	16863	14162	3865	24891	512
601266	125070	169582	969879	76067		104616	70627
658279	106978	18918	53886	19471	173	15617	13826
11522	137690	30255	57834	18367	1352	53061	54824
42206	750133	176777	14190	9273	12388	6073	25315
43744	107978	56144	120250	3388	6155	14123	52139
3750920	3554693	1665377	1289440	2088802	11614	783467	3547160
		130	1650	530		996	
911538		103984	1182	1317	388	338	853426
167089	315918	117783	105072	74339	7904	301275	75142
2551936	3219510	1440403	1177431	2012616	3322	479304	2585418
120357	19265	3078	4106			1554	33175
737309	1134739	5662524	2943745	944579	6176	1349230	373756

2-A-34 续表 5

行业	合计	杭州市	宁波市	温州市
常用有色金属冶炼	3810515	1644887	428693	64889
贵金属冶炼	807516	54667	8272	13
稀有稀土金属冶炼	76338	14232	60305	1782
有色金属合金制造	1997927	103398	917247	243406
有色金属铸造	263749	14396	107298	14421
有色金属压延加工	18474825	2639384	4890127	1071397
金属制品业	34124637	6128260	6227335	2902834
结构性金属制品制造	8427381	1825325	573759	231294
金属工具制造	3660714	864257	762093	287694
集装箱及金属包装容器制造	1945462	531993	525195	86785
金属丝绳及其制品制造	2027079	433779	394819	108945
建筑、安全用金属制品制造	7012202	439705	1360487	1176508
金属表面处理及热处理加工	2796597	752901	714865	396580
搪瓷制品制造	328544	99600	30146	20638
金属制日用品制造	4562977	131705	1219951	254232
其他金属制品制造	3363681	1048995	646019	340159
通用设备制造业	57748866	11802695	10832088	6356847
锅炉及原动设备制造	2561677	1444041	173840	25886
金属加工机械制造	4030067	658587	898177	289771
物料搬运设备制造	7447576	3581159	1113424	121915
泵、阀门、压缩机及类似机械制造	14796105	1276635	2352982	3367923
轴承、齿轮和传动部件制造	7589160	1509610	1909995	451586
烘炉、风机、衡器、包装等设备制造	8978895	1954899	1139755	539965
文化、办公用机械制造	732833	137973	196002	221112
通用零部件制造	11065243	1126829	2923839	1234466
其他通用设备制造业	547310	112961	124074	104223
专用设备制造业	21754543	2984863	5291717	2022912
采矿、冶金、建筑专用设备制造	1821978	398619	134111	245289
化工、木材、非金属加工专用设备制造	7249227	664744	3306955	487145
食品、饮料、烟草及饲料生产专用设备制造	485542	62988	157340	116131
印刷、制药、日化及日用品生产专用设备制造	1055408	233875	86652	477927

单位：万元

嘉兴市	湖州市	绍兴市	金华市	衢州市	舟山市	台州市	丽水市
208285		440645	949111	25176	10	40762	8059
		712043		4198		17292	11031
							19
24619	96735	26549	467537	21339		71499	25598
7370	2140	5788	63540		26	46483	2286
497034	1035864	4477499	1463558	893866	6140	1173193	326763
2283524	1104035	3658216	6670067	443664	119110	2403355	2184237
241007	474289	1277200	2548313	193524	12511	73306	976856
211828	20316	122681	969756	38486	5993	194766	182843
208717	18271	338025	151400	32128	2097	44876	5977
147765	103490	79320	110890	1609	…	196989	449472
540386	157738	1460829	616291	107886	70644	874774	206954
368522	64779	75708	165995	14552	18227	185373	39095
11950	12863	54368	55434	32		41706	1807
269431	71626	108198	1812479	39241	2235	448617	205261
283918	180663	141888	239509	16206	7403	342948	115973
4761095	2414280	9014947	2744892	1171254	246142	6769958	1634667
207902	80844	308469	159249	17358	8371	62457	73259
425613	80234	613152	348412	36264	18195	469528	192135
564947	1369939	261352	109544	21131	9230	271791	23143
719493	125182	826525	289135	647640	81924	4180543	928124
432782	364978	1523276	355824	258182	17462	613716	151750
196270	225061	2780657	1290653	17793	27635	594706	211501
64439	33221	36201	5651			38233	
2107012	106265	2596222	156077	160731	81250	518749	53802
42638	28555	69093	30346	12156	2075	20235	953
1423118	718654	3864791	1221517	296678	542299	2941871	446123
229987	188647	219068	46247	83528	162943	106698	6841
428917	111402	185293	476297	33441	331594	1120014	103424
22764	2906	59097	9014	6922	23019	21744	3617
64698	17214	35723	60834	22229	3416	40662	12178

2-A-34 续表 6

行业	合计	杭州市	宁波市	温州市
纺织、服装和皮革加工专用设备制造	4063981	384534	528618	173369
电子和电工机械专用设备制造	579597	193728	97928	83570
农、林、牧、渔专用机械制造	1475673	117406	405590	20778
医疗仪器设备及器械制造	1125891	412904	261189	77880
环保、社会公共服务及其他专用设备制造	3897247	516064	313334	340823
汽车制造业	29219303	4604810	9218114	2917963
汽车整车制造	5435291	1153214	2009058	99969
改装汽车制造	175555	111183	26401	
低速载货汽车制造	68929	68929		
电车制造	4533	1051	1390	
汽车车身、挂车制造	78728	5975	6674	
汽车零部件及配件制造	23456267	3264457	7174591	2817994
铁路、船舶、航空航天和其他运输设备制造业	11333946	674744	1653711	522424
铁路运输设备制造	179369	12445	29136	36841
城市轨道交通设备制造	3184	1554	1186	
船舶及相关装置制造	5532883	74417	757733	62635
航空、航天器及设备制造	62974	11592	23026	131
摩托车制造	2908763	152181	177649	394298
自行车制造	2465259	391787	632763	25541
非公路休闲车及零配件制造	117402	20455	15653	786
潜水救捞及其他未列明运输设备制造	64113	10313	16565	2191
电气机械和器材制造业	69350698	11411087	18383645	11950751
电机制造	9897187	1162398	1538916	784885
输配电及控制设备制造	19864222	2778004	3831978	9086650
电线、电缆、光缆及电工器材制造	12189704	3253813	2430928	1065267
电池制造	6086005	481916	713717	20283
家用电力器具制造	13157664	2378968	7359014	515201
非电力家用器具制造	940721	72693	204167	19614
照明器具制造	6801969	1217243	2186696	352660
其他电气机械及器材制造	413226	66053	118228	106190
计算机、通信和其他电子设备制造业	28523400	9971266	8849409	1578326

单位：万元

嘉兴市	湖州市	绍兴市	金华市	衢州市	舟山市	台州市	丽水市
155159	100492	1306602	166142	13674	6955	1048437	179999
31416	17205	53206	82524	2635	2505	9169	5713
105513	125406	82949	177506	25452	2005	384538	28530
78001	30465	51528	72041	7785	7133	122147	4817
306664	124919	1871324	130913	101012	2728	88462	101005
1198423	569531	2822869	2525100	199069	159163	4375405	628856
		159604	1359510			648807	5129
722	5219			32030			
			1279	688		125	
1174	38479		3803	150		2549	19925
1196526	525834	2663264	1160509	166201	159163	3723925	603802
109763	112837	107007	1184505	64637	3988260	2509370	406688
9998	704	13286	5463	20254		51243	
144							300
22500	20241	32505	6033	487	3987115	568880	336
766			12149			15309	
17697	21062	32479	432814	28469		1472213	179901
44882	69830	21920	642501	14897	1145	395582	224409
	1000	6317	68825			4344	21
13776		499	16721	530		1797	1721
4605806	7430438	5742266	3062524	1488523	179768	4318213	777678
945195	413781	1739677	1307449	98422	88746	1659854	157864
1397593	372999	435233	287237	753956	56458	682362	181753
784340	1848745	1361292	352204	322029	10460	613034	147590
217284	4073721	210977	295202	2845		14728	55332
519652	531616	785914	333085	26360	17511	647435	42907
280328	14360	105231	117567	11209	133	85413	30005
446216	164310	1061413	362874	268866	4911	580229	156549
15198	10906	42528	6906	4835	1548	35156	5678
2982824	521527	1253233	1794318	629181	223170	579726	140421

2-A-34 续表 7

行　业	合　计	杭州市	宁波市	温州市
计算机制造	1756506	1128381	348225	25141
通信设备制造	6568181	5029314	594404	80714
广播电视设备制造	1508565	151085	394556	12299
雷达及配套设备制造	123401	1506	119797	1449
视听设备制造	2130297	195308	701954	9717
电子器件制造	6947858	1394069	4315428	144662
电子元件制造	8584412	1902052	2241414	1267903
其他电子设备制造	904180	169550	133631	36442
仪器仪表制造业	8635219	2161025	2093624	1959699
通用仪器仪表制造	5254243	1494047	1399497	874743
专用仪器仪表制造	1535466	549458	297648	414984
钟表与计时仪器制造	185151	41992	88345	22145
光学仪器及眼镜制造	1520309	54545	266098	613821
其他仪器仪表制造业	140050	20984	42036	34007
其他制造业	4884999	401958	690788	626301
日用杂品制造	4092916	322032	511824	556962
煤制品制造	314493	2432	36410	1429
核辐射加工	2041	81	1876	
其他未列明制造业	475550	77413	140679	67910
废弃资源综合利用业	3752051	965083	990647	41699
金属废料和碎屑加工处理	3323181	906052	946150	32342
非金属废料和碎屑加工处理	428871	59032	44497	9357
金属制品、机械和设备修理业	884241	25410	132464	22337
金属制品修理	8413	340	5180	150
通用设备修理	35469	10074	11510	3622
专用设备修理	21671	6679	3357	2333
铁路、船舶、航空航天等运输设备修理	747887	499	84931	12749
电气设备修理	37198	5096	17831	920
仪器仪表修理	2845		1867	
其他机械和设备修理业	30759	2721	7789	2562

单位：万元

嘉兴市	湖州市	绍兴市	金华市	衢州市	舟山市	台州市	丽水市
219360		12923	17572		71	4832	
796376	5765	23733	2259		9653	18605	7357
282435	8640	84777	6928	382706	174277	10862	
649							
152193	36710	559250	46574	162292	28899	237400	
651448	56730	187241	75738	29404	2165	72140	18834
728928	310439	288338	1516023	42526	7555	189205	90030
151435	103243	96971	129223	12253	551	46682	24200
503638	109566	222974	200222	51922	59054	1167018	106476
375115	104082	103956	133728	29781	11675	652441	75178
45502	872	83792	27805	4426	39477	50790	20711
1073	3377	1021	15445	8812	46	2321	573
78783	913	30260	10166	8903		446971	9848
3165	322	3945	13078		7855	14494	165
486334	131082	650819	863102	91106	242677	637958	62875
445763	121488	636659	735194	85706	1010	620687	55591
29439		1307	1258	957	240122	1138	
84							
11047	9593	12853	126650	4443	1545	16133	7284
174555	27926	46348	47511	39903	123898	1285941	8540
25263	488	23560	7186	9690	120909	1247547	3993
149293	27438	22788	40325	30213	2989	38394	4546
7733	7553	17006	2904	2612	630790	31163	4269
893		563				807	480
1190	868	2182	635		4456	932	
3373	274	2581	1556	458	102	889	70
1062	3286	1693			617833	25834	
341	3107	1447	265		4112	360	3719
26					33	919	
848	19	8541	448	2154	4253	1423	

2-A-34 续表 8

行　　业	合　计	杭州市	宁波市	温州市
电力、热力、燃气及水生产和供应业	**48404211**	**5665985**	**7133397**	**2995213**
电力、热力生产和供应业	43106357	3565655	6075809	2620272
电力生产	13156183	1138075	3893208	1148149
电力供应	29181369	2158784	1924961	1468194
热力生产和供应	768805	268797	257641	3929
燃气生产和供应业	3321734	1730257	693459	131570
燃气生产和供应业	3321734	1730257	693459	131570
水的生产和供应业	1976120	370073	364128	243372
自来水生产和供应	1398545	251425	308041	192157
污水处理及其再生利用	519377	117857	40345	47134
其他水的处理、利用与分配	58199	792	15742	4082
建筑业	**174395858**	**39688423**	**23857202**	**9674017**
房屋建筑业	122862856	24682574	14742403	5727936
房屋建筑业	122862856	24682574	14742403	5727936
土木工程建筑业	34857781	9265576	5763352	3023729
铁路、道路、隧道和桥梁工程建筑	23431445	5688829	3289804	1728417
水利和内河港口工程建筑	3354289	1023481	1020904	97993
海洋工程建筑	13155		2358	3063
工矿工程建筑	1618157	439715	205798	841816
架线和管道工程建筑	2590110	1053396	472554	194111
其他土木工程建筑	3850625	1060155	771934	158330
建筑安装业	6749838	1886591	1704031	354316
电气安装	2072476	926367	183833	215285
管道和设备安装	1665816	396492	337411	83265
其他建筑安装业	3011546	563732	1182787	55765
建筑装饰和其他建筑业	9925382	3853682	1647415	568035
建筑装饰业	7340440	2684250	1030299	478344
工程准备活动	1592907	782023	312759	80511
提供施工设备服务	221716	67322	118244	874
其他未列明建筑业	770320	320087	186113	8306
批发和零售业	**496285646**	**182114708**	**137036688**	**32862099**
批发业	425892019	162071515	125063259	23981417

单位：万元

嘉兴市	湖州市	绍兴市	金华市	衢州市	舟山市	台州市	丽水市
4539696	**1480399**	**2410108**	**2276241**	**488693**	**315879**	**3191650**	**824048**
4054721	1240088	1944869	2120099	435077	224244	2948020	794600
2664044	614381	982395	686763	108207	165324	1406544	349092
1287542	587672	962474	1428694	273225	58920	1502493	445508
103135	38035		4642	53645		38983	
243900	141453	203464	53489	27437	41123	47033	8549
243900	141453	203464	53489	27437	41123	47033	8549
241075	98857	261776	102653	26178	50511	196597	20899
134701	66536	147698	79075	20700	33370	145841	19001
105542	32321	112428	21944	5279	5894	28735	1899
831		1650	1634	200	11247	22021	
7526597	**4734148**	**44500835**	**23667817**	**3401331**	**1750189**	**13645051**	**1950249**
5321013	3182097	35906013	19302646	2025603	1235061	9613149	1124362
5321013	3182097	35906013	19302646	2025603	1235061	9613149	1124362
1338584	1238932	5130433	3568361	1108860	296947	3463323	659683
988137	932154	3963908	2405091	896972	107366	3012615	418154
144528	56142	550157	127732	107400	54800	120919	50234
					7735		
2095	27140	25941	17432	5524	26885	2786	23025
115803	112045	118397	191243	79323	62802	67034	123403
88021	111451	472030	826865	19641	37359	259970	44868
476911	154848	1576694	164908	42079	81109	259780	48571
96017	88573	211100	67471	28267	54273	182724	18564
121762	8468	653403	17795	8651	16340	17642	4586
259132	57806	712191	79641	5162	10495	59415	25421
390089	158271	1887695	631903	224788	137072	308799	117633
296267	110542	1658521	544557	125551	57618	246376	108116
13024	24182	167913	14726	54371	79084	56736	7578
2033	3554	18852	3415	7096	245	41	40
78765	19994	42410	69206	37770	125	5646	1900
24549487	**21011668**	**37957999**	**21641611**	**6527426**	**8776504**	**18157330**	**5650126**
20512675	17764257	30989158	15460496	5167851	7960382	12714476	4206533

2-A-34 续表 9

行业	合计	杭州市	宁波市	温州市
农、林、牧产品批发	4192672	1326527	427801	238316
食品、饮料及烟草制品批发	27119290	10990630	3797210	2312758
纺织、服装及家庭用品批发	75127393	20898219	14802501	5962831
文化、体育用品及器材批发	9025023	3162661	2829133	827754
医药及医疗器材批发	11914295	6778547	1403009	1136256
矿产品、建材及化工产品批发	242318282	98058088	88566525	9647234
机械设备、五金产品及电子产品批发	39621432	17910626	9161327	2654837
贸易经纪与代理	6616058	707523	2500569	625522
其他批发业	9957573	2238695	1575185	575909
零售业	70393627	20043193	11973429	8880682
综合零售	13286680	5235061	2571056	995946
食品、饮料及烟草制品专门零售	1935381	476106	200244	253401
纺织、服装及日用品专门零售	3549148	895121	700928	688975
文化、体育用品及器材专门零售	2074343	741752	240127	254353
医药及医疗器材专门零售	3225390	659712	772530	310067
汽车、摩托车、燃料及零配件专门零售	36608081	9139144	5919898	5287546
家用电器及电子产品专门零售	4508510	1412830	661798	601826
五金、家具及室内装饰材料专门零售	2488561	759795	499742	272721
货摊、无店铺及其他零售业	2717532	723670	407106	215848
交通运输、仓储和邮政业	**24639859**	**6009874**	**9765514**	**1623413**
铁路运输业	17085		17085	
铁路货物运输	17085		17085	
道路运输业	10373655	3382703	2598972	869970
城市公共交通运输	808886	204072	206243	135131
公路旅客运输	1395328	321677	213289	225108
道路货物运输	5778420	1915666	1815529	341629
道路运输辅助活动	2391021	941288	363911	168101
水上运输业	3006779	276542	1233376	201246
水上旅客运输	135686	23751	1803	7456
水上货物运输	2028752	240935	641615	145800
水上运输辅助活动	842341	11856	589958	47990

单位：万元

嘉兴市	湖州市	绍兴市	金华市	衢州市	舟山市	台州市	丽水市
641586	382626	383600	338403	360551	3909	39802	49551
1696510	1078836	1502359	1571266	653619	695677	1287965	1532461
5216387	2097437	19646625	3753072	135392	44524	1390506	1179899
250441	29848	409541	1140370	18983	36586	247683	72023
329880	164827	623703	536891	124364	58718	653197	104903
10128561	9019657	6239307	3880874	3247509	6496563	6365926	668039
1604698	2358584	1523227	1599901	363858	531899	1743750	168725
111320	147327	219389	1680422	56568	52092	362618	152706
533293	2485114	441406	959296	207007	40414	623029	278225
4036811	3247411	6968841	6181115	1359575	816123	5442854	1443593
872318	565851	1347212	518333	209521	322378	472398	176606
98595	67513	341380	239819	33506	35123	142438	47256
304844	87772	305556	380328	23982	20377	120527	20736
99660	107422	311223	126707	24724	27836	102429	38111
154583	76890	236823	325887	151115	60563	338957	138263
2032435	1917901	3742980	3230700	668271	200399	3657438	811368
260768	188772	340082	333110	148860	85170	358451	111844
98490	165708	234815	165654	79108	35486	127865	48176
115117	69583	108770	854578	20487	28789	122350	51235
1231834	**810792**	**663946**	**1052915**	**444814**	**1614581**	**1146487**	**275690**
667493	523682	397463	469886	362804	323777	563198	213708
50971	15155	50360	47890	10799	21205	60107	6952
65496	41190	120837	132858	38624	40302	147464	48483
313976	223873	189968	245032	257737	196751	199732	78527
237050	243463	36298	44106	55643	65518	155896	79746
86980	59971	26987	5398	34	851977	263799	469
5771	115		269	29	91031	5390	72
22940	54778	26381	4040	5	639446	252545	267
58270	5078	606	1089		121501	5864	130

2-A-34 续表 10

行业	合计	杭州市	宁波市	温州市
航空运输业	264284	188678	30875	37321
航空客货运输	9414	8239		
通用航空服务	5558	2829		333
航空运输辅助活动	249312	177609	30875	36988
管道运输业	16375	16375		
管道运输业	16375	16375		
装卸搬运和运输代理业	7341335	1143067	4814443	286652
装卸搬运	350810	43379	114076	41323
运输代理业	6990525	1099688	4700366	245329
仓储业	2060886	331446	885586	66782
谷物、棉花等农产品仓储	593808	101715	113135	52505
其他仓储业	1467079	229731	772451	14277
邮政业	1559461	671064	185178	161442
邮政基本服务	603862	169023	94129	71025
快递服务	955599	502041	91049	90417
住宿和餐饮业	**6925626**	**2686153**	**972259**	**918513**
住宿业	3371898	1150235	509690	419553
旅游饭店	2593841	909320	372488	274982
一般旅馆	739922	232939	131132	138098
其他住宿业	38135	7975	6070	6473
餐饮业	3553728	1535918	462570	498960
正餐服务	2698413	959305	406434	449185
快餐服务	650093	515456	24236	12316
饮料及冷饮服务	63332	22627	10606	10397
其他餐饮业	141890	38530	21293	27062
信息传输、软件和信息技术服务业	**21541950**	**13797889**	**2020145**	**1480150**
电信、广播电视和卫星传输服务	8364649	2188523	1431261	1307915
电信	7993133	2011075	1391899	1297371
广播电视传输服务	371516	177448	39362	10544
互联网和相关服务	5997324	5586222	62071	24797
互联网接入及相关服务	258456	23038	2584	6419

单位：万元

嘉兴市	湖州市	绍兴市	金华市	衢州市	舟山市	台州市	丽水市
			3183	190	4038		
			348		327		
			2206	190			
			129		3711		
185889	58526	167491	336725	12865	185913	144986	4779
16625	8079	12703	14192	2678	74653	22216	885
169264	50447	154788	322533	10187	111259	122769	3895
169479	132123	32139	67194	50107	234042	69069	22919
113072	46836	14728	26200	33839	21279	47580	22919
56407	85287	17411	40994	16268	212762	21490	
121993	36491	39866	170529	18814	14835	105435	33814
41633	20337	17720	90262	14739	13032	51873	20089
80360	16154	22147	80266	4075	1802	53563	13725
360734	**294564**	**477316**	**438679**	**69430**	**183780**	**401334**	**122864**
180994	137156	258087	270312	37662	124654	209826	73729
151125	113070	230901	181788	33437	106233	160783	59715
26273	20315	22523	83607	3936	18421	49043	13634
3596	3771	4663	4917	289			380
179740	157408	219229	168367	31768	59126	191508	49135
154375	95315	194790	140963	30949	57022	167808	42266
12786	54007	4020	14820	49	1789	7205	3409
3078	2195	1253	5137	54	79	6214	1693
9501	5890	19166	7446	717	236	10281	1768
689830	**427606**	**695905**	**964099**	**202062**	**192510**	**838196**	**233557**
569075	376439	591940	537477	188987	176175	787881	208976
540382	341612	582689	521534	177820	164227	762120	202355
28692	34828	9251	15894	11166	11948	25761	6621
15528	3231	12821	273600	1286	1524	11393	4850
547	1054	3866	220031	198	80	68	521

2-A-34 续表 11

行 业	合 计	杭州市	宁波市	温州市
互联网信息服务	5696353	5534898	58678	17075
其他互联网服务	42515	28286	808	1303
软件和信息技术服务业	7179978	6023144	526813	147438
软件开发	4813209	4126951	349294	83827
信息系统集成服务	1516484	1313888	109198	20460
信息技术咨询服务	521572	365649	37679	19366
数据处理和存储服务	102402	77755	2545	5171
集成电路设计	52813	39388	5031	455
其他信息技术服务业	173499	99512	23067	18158
金融业	**2676626**	**560706**	**403885**	**266106**
货币金融服务	1423402	302895	154755	209609
非货币银行服务	1423402	302895	154755	209609
资本市场服务	895381	229060	198263	28070
证券市场服务	7417	5977	210	1227
期货市场服务	5403	2534	60	492
资本投资服务	798083	145127	196036	24523
其他资本市场服务	84478	75422	1957	1828
保险业	6801	516	3902	55
财产保险	28			5
保险经纪与代理服务	3587	318	3105	50
其他保险活动	3187	198	797	
其他金融业	351042	28234	46966	28372
金融信托与管理服务	90422	23552	22310	4776
控股公司服务	186536	119	8282	18709
其他未列明金融业	74084	4563	16373	4888
房地产业	**50566233**	**17871081**	**9285171**	**3625686**
房地产业	50566233	17871081	9285171	3625686
房地产开发经营	46091278	16069395	8348450	3180753
物业管理	1978614	983219	348857	124805
房地产中介服务	758088	264417	114116	176258
自有房地产经营活动	1065827	491968	130298	129993
其他房地产业	672425	62082	343451	13877

单位：万元

嘉兴市	湖州市	绍兴市	金华市	衢州市	舟山市	台州市	丽水市
9947	2177	7295	51059	838	400	9902	4083
5034		1660	2460	250	1044	1422	246
105227	47936	91145	153022	11789	14811	38922	19731
47294	37677	51296	76564	7753	5248	17420	9887
26458	2703	15137	4717	1578	8555	9874	3916
19147	2374	8497	58435	1102	223	8348	750
7818	623	5323	2298	655		32	183
1569	1447	2299	1282	413	111	702	114
2941	3112	8592	9725	289	674	2545	4882
202016	**277010**	**392263**	**258311**	**19623**	**109827**	**135041**	**51840**
102438	79138	245850	174443	13927	15110	99439	25798
102438	79138	245850	174443	13927	15110	99439	25798
94101	32510	139584	44695	3573	93232	16173	16119
				2			
30			354		233	1700	
93989	29887	139519	42111	3569	93000	14425	15897
82	2623	65	2230	2		48	222
84	77	120	1602		405	4	35
			20			3	
84		13	15			1	
	77	107	1567		405		35
5392	165284	6708	37571	2124	1080	19426	9887
1038	6066	949	9684		1080	17965	3002
	158771		526			130	
4354	448	5759	27361	2124		1331	6885
4219507	**2161084**	**4527289**	**2674710**	**929376**	**1479265**	**3051292**	**741771**
4219507	2161084	4527289	2674710	929376	1479265	3051292	741771
3799019	2093980	4269922	2426270	904811	1432936	2875460	690282
141495	38500	142064	83489	8288	28867	57898	21131
40077	10839	36459	71730	9254	2884	21255	10798
104395	16617	22523	89350	6054	13559	56139	4932
134520	1149	56321	3871	969	1018	40540	14627

2-A-34 续表 12

行业	合计	杭州市	宁波市	温州市
租赁和商务服务业	**28599444**	**13116960**	**5374904**	**2108858**
租赁业	645972	357851	93426	50503
机械设备租赁	623135	348595	90768	48426
文化及日用品出租	22837	9256	2658	2077
商务服务业	27953472	12759110	5281478	2058354
企业管理服务	14459886	7294477	2226681	889207
法律服务	233335	107154	26126	40987
咨询与调查	2131053	811927	374588	284430
广告业	2612904	1438951	401631	217553
知识产权服务	90687	31050	13660	25329
人力资源服务	2380897	568551	1287246	105567
旅行社及相关服务	2248262	1205911	301754	166735
安全保护服务	624277	196132	98644	85347
其他商务服务业	3172171	1104958	551149	243200
科学研究和技术服务业	**9323574**	**5653391**	**1186359**	**499971**
研究和试验发展	927626	517485	116681	32506
自然科学研究和试验发展	27941	6328	8377	1871
工程和技术研究和试验发展	757199	437619	85642	23985
农业科学研究和试验发展	60800	22190	7264	1909
医学研究和试验发展	76267	50797	15191	3566
社会人文科学研究	5419	551	207	1175
专业技术服务业	6522735	3819426	909323	416110
气象服务	15239	6656	5925	351
地震服务	32			
海洋服务	8864	6060	645	1145
测绘服务	160060	55129	27658	16131
质检技术服务	484352	192810	131827	35900
环境与生态监测	65275	28371	5845	7124
地质勘查	77140	27539	27996	681
工程技术	4861539	3091151	559612	294677
其他专业技术服务业	850234	411710	149815	60100

单位：万元

嘉兴市	湖州市	绍兴市	金华市	衢州市	舟山市	台州市	丽水市
1819271	**738054**	**1655966**	**1768806**	**417020**	**528041**	**870328**	**201237**
22447	6041	18272	43875	4167	9989	23646	15756
21548	6036	17727	38011	4092	9772	23441	14720
899	5	545	5864	75	217	206	1036
1796823	732014	1637694	1724931	412853	518052	846682	185481
1006647	476919	747528	1041405	293787	160050	276027	47159
7772	4484	19510	20017	4314	159	2484	330
66594	40842	168152	125614	23991	131210	79179	24528
136309	41310	102665	118860	17375	26269	93422	18560
2848	1022	2368	8614	838	558	4064	337
57396	51748	99838	40135	14666	44973	81485	29293
106777	52407	92452	107271	24096	72910	83187	34762
61004	18838	39108	42444	12966	17761	36620	15412
351476	44444	366073	220572	20821	64163	190214	15101
332657	**209661**	**540972**	**339449**	**99711**	**105156**	**245228**	**111018**
27869	13238	112009	19060	12291	1307	70197	4982
2815	1059	6595	641	254			
22026	7754	86571	11385	11277	1025	69688	227
1875	235	14974	6311	761	262	409	4610
1153	4184	408	723			100	145
	6	3460			20		
246155	151978	357589	206952	63814	102865	148008	100514
218		35	1089	336		28	600
32							
200			81		464	270	
8731	7695	16908	9406	5049	1895	5076	6382
29650	8226	36637	10311	2162	11159	22873	2795
12171	1894	5545	1213	428	258	2375	50
1723	2180	5395	10404	150		599	474
160607	119420	221927	130992	52477	55452	93383	81841
32824	12563	71142	43457	3212	33637	23404	8371

2-A-34 续表 13

行业	合计	杭州市	宁波市	温州市
科技推广和应用服务业	1873213	1316479	160355	51355
技术推广服务	1732926	1245973	143878	34380
科技中介服务	79986	32739	8260	11138
其他科技推广和应用服务业	60301	37767	8217	5837
水利、环境和公共设施管理业	**2879866**	**1227140**	**292801**	**133881**
水利管理业	123647	23259	9516	4637
防洪除涝设施管理	11715	61	10	220
水资源管理	24200	3694	3493	1494
天然水收集与分配	36088	664	3047	1971
水文服务	411			
其他水利管理业	51233	18840	2966	952
生态保护和环境治理业	276909	145511	33560	25786
生态保护	41152	17312	9945	3024
环境治理业	235757	128199	23615	22761
公共设施管理业	2479310	1058371	249725	103458
市政设施管理	508169	98248	51351	11048
环境卫生管理	178834	51759	33766	29395
城乡市容管理	21413	1730	4075	12557
绿化管理	1245224	707502	106505	36324
公园和游览景区管理	525669	199132	54027	14134
居民服务、修理和其他服务业	**1889654**	**531407**	**350266**	**319454**
居民服务业	586569	155615	105305	110348
家庭服务	79566	44702	10973	3992
托儿所服务	371	15	20	304
洗染服务	49703	16781	13304	7757
理发及美容服务	85205	27270	5944	21057
洗浴服务	77286	10835	18770	12126
保健服务	93560	9504	12231	28460
婚姻服务	24471	8148	1249	6587
殡葬服务	106561	29293	32491	15401
其他居民服务业	69846	9066	10325	14663

单位：万元

嘉兴市	湖州市	绍兴市	金华市	衢州市	舟山市	台州市	丽水市
58633	44444	71374	113437	23606	984	27023	5522
47375	42665	65363	105879	23168	885	17918	5442
9836	1780	2333	4590	134	45	9101	30
1423		3677	2968	304	54	4	50
244070	**262776**	**307727**	**186079**	**35733**	**47432**	**101136**	**41092**
16674	11183	31678	16282	2169	3799	1207	3244
623	8890	466	878			438	130
1005	119	1736	8734	137	3040	256	491
3918	2174	19147	2542	731	758	264	772
		225		187			
11128		10105	4028	1115		249	1850
16418	7666	13221	4994	11424	3553	6935	7842
	114	437	916	5689	40	3591	85
16418	7552	12784	4079	5736	3513	3344	7757
210979	243927	262828	164302	22140	40080	92994	30006
21624	180496	76394	49628	5096	1814	2145	10324
14067	4418	10667	4417	2041	2868	22229	3206
858	800	634	292	129	27	178	134
76750	35665	151654	39677	11227	23933	48735	7251
97679	22549	23479	70788	3647	11438	19707	9091
97809	**51761**	**137663**	**155815**	**27651**	**37101**	**156573**	**24155**
21893	15833	34901	51945	2828	8197	71441	8263
2379	2326	1161	2608	586	455	9336	1049
		30			2		
418	494	2678	3557	816	1681	1993	223
801	594	2553	11346	153	847	14166	475
6002	7106	6043	3392	200	105	11133	1074
3722	2522	3460	16233	210	635	15645	938
404	128	440	5134	121	400	1756	103
4529	2628	8233	2299	512	3636	6798	740
3638	35	10302	6876	231	436	10613	3661

2-A-34 续表 14

行业	合计	杭州市	宁波市	温州市
机动车、电子产品和日用产品修理业	929563	278408	147156	151800
汽车、摩托车修理与维护	757194	197668	119291	128674
计算机和办公设备维修	57626	24189	7100	11859
家用电器修理	92843	42822	19106	9334
其他日用产品修理业	21900	13729	1659	1933
其他服务业	373522	97384	97805	57307
清洁服务	261756	85159	37200	41790
其他未列明服务业	111766	12225	60605	15517
教育	**609192**	**229873**	**81650**	**64953**
教育	609192	229873	81650	64953
学前教育	21533	4181	3439	4083
初等教育	10409	13	8732	1476
中等教育	14080	5714	46	5736
高等教育	22270	21459		221
特殊教育	557			192
技能培训、教育辅助及其他教育	540343	198505	69433	53246
卫生和社会工作	**687664**	**291248**	**94818**	**131840**
卫生	669911	282514	91283	130110
医院	468231	166626	70010	99461
社区医疗与卫生院	2408	73	803	433
门诊部(所)	184954	108721	18248	25887
计划生育技术服务活动	10	10		
妇幼保健院(所、站)	8	8		
专科疾病防治院(所、站)	387			312
疾病预防控制中心	14	…		14
其他卫生活动	13900	7077	2223	4004
社会工作	17753	8734	3535	1729
提供住宿社会工作	11517	4509	3204	1404
不提供住宿社会工作	6235	4225	331	326

单位：万元

嘉兴市	湖州市	绍兴市	金华市	衢州市	舟山市	台州市	丽水市
57108	32445	76542	74761	14238	17304	68812	10990
47228	27051	68117	65615	12253	16429	64614	10254
1521	3396	4448	2623	537	216	1527	212
7002	1996	3185	5002	778	658	2631	329
1357	2	793	1521	671		40	195
18808	3483	26219	29109	10584	11600	16320	4902
16081	3150	23295	21948	5308	10304	13958	3564
2728	333	2924	7161	5276	1296	2362	1338
42933	**31659**	**33723**	**51118**	**13510**	**9365**	**32425**	**17982**
42933	31659	33723	51118	13510	9365	32425	17982
819	210	346	7568	550		252	86
						188	
31			2140			412	
134			6	450			
			365				
41949	31449	33377	41039	12511	9365	31574	17896
52631	**14557**	**3420**	**15973**	**38938**	**18704**	**19059**	**6476**
52544	12314	2763	15973	38726	18704	18506	6475
45280	2353	1393	9876	37520	17838	12972	4903
		8	59	108		908	17
7264	9961	1309	5448	1098	865	4597	1555
			45			30	
		53	544				
87	2243	657		212	…	553	1
40	2167	21		171			1
47	76	636		41	…	553	

2-A-34 续表 15

行 业	合 计	杭州市	宁波市	温州市
文化、体育和娱乐业	**3377116**	**861461**	**406226**	**280225**
新闻和出版业	582814	352077	170684	9013
新闻业	5177	716	3712	316
出版业	577637	351361	166972	8698
广播、电视、电影和影视录音制作业	1588581	247018	57833	39582
广播	4052	36		1654
电视	452562	96881	3808	441
电影和影视节目制作	847378	63563	9948	2187
电影和影视节目发行	33443	19486	8929	448
电影放映	248187	64971	34291	34840
录音制作	2959	2080	856	12
文化艺术业	152715	62683	22928	13807
文艺创作与表演	88857	43810	7866	5642
艺术表演场馆	10730	2432	4481	333
图书馆与档案馆	5916	2180	321	1448
文物及非物质文化遗产保护	3308	800	557	50
博物馆	6817	431	1261	563
烈士陵园、纪念馆	340			
群众文化活动	7576	2031	132	3090
其他文化艺术业	29171	10998	8309	2682
体育	176122	65466	33089	19826
体育组织	30481	16630	3493	117
体育场馆	6087	1200	420	1609
休闲健身活动	128839	42968	28441	17508
其他体育	10716	4668	736	592
娱乐业	876885	134217	121692	197997
室内娱乐活动	799545	121452	112165	179462
游乐园	25114	1274	441	8072
彩票活动	347			127
文化、娱乐、体育经纪代理	32434	6312	6586	5836
其他娱乐业	19445	5180	2500	4500

单位：万元

嘉兴市	湖州市	绍兴市	金华市	衢州市	舟山市	台州市	丽水市
224680	**59864**	**166609**	**1119654**	**31297**	**23655**	**157550**	**45897**
430	547	24554	9759	9674	126	5264	686
			169	264			
430	547	24554	9590	9410	126	5264	686
150875	19596	34897	1012025	3610	4194	13058	5894
			2260	100		2	
2303	11433	423	336191	246	37		800
134194	425	9597	624616	360		331	2158
		4397				35	147
14369	7738	20480	48957	2905	4157	12690	2789
10					1		
6446	2808	21893	8572	128	1120	5419	6909
3283	1916	14884	1491	52	1005	3871	5037
1130		967	315			565	506
772	222	390	260			226	97
902		473	261	4		262	
	91	450	4000		6	15	
			340				
139	367	1195	330		80	195	17
219	213	3534	1575	73	29	286	1253
27748	3745	11532	4559	816	1246	6233	1761
10234						7	
891	1		28			1937	
15502	3699	9117	4239	816	934	4049	1566
1121	45	2415	392		311	240	195
39181	33167	73733	84639	17068	16969	127577	30647
32140	27596	67648	79348	16892	14300	125920	22623
90	562	3030	3589	14	64	889	7089
		220					
6691	1434	1510	933	30	2292	138	672
260	3575	1324	769	132	312	629	264

2-A-35 按行业中类、登记注册

行业	合计	内资	国有	集体	股份合作企业	联营企业
总计	**2289058140**	**2005683158**	**55440967**	**16713215**	**9414733**	**241098**
农、林、牧、渔业	**724321**	**710177**	**24619**	**31339**	**3373**	**65**
农业	55445	53445	1263		396	
谷物种植	13363	13363				
豆类、油料和薯类种植	1142	1142				
蔬菜、食用菌及园艺作物种植	22205	22205	249			
水果种植	3652	3652	1014		396	
坚果、含油果、香料和饮料作物种植	3869	3869				
中药材种植	11101	9101				
其他农业	112	112				
林业	992	992				
林木育种和育苗	992	992				
畜牧业	67210	64461	13598	1547		
牲畜饲养	54460	51970	13593	1047		
家禽饲养	10089	9830	5			
其他畜牧业	2661	2661		500		
渔业	37357	37357				
水产养殖	37357	37357				
农、林、牧、渔服务业	563318	553922	9759	29792	2977	65
农业服务业	497019	487623	2251	29273	2917	
林业服务业	33842	33842	5779	11		65
畜牧服务业	16443	16443	460	20		
渔业服务业	16014	16014	1268	488	61	
采矿业	**2853373**	**2746577**	**31975**	**38768**	**4492**	**79**
煤炭开采和洗选业	22913	22913				
烟煤和无烟煤开采洗选	18217	18217				
褐煤开采洗选	3284	3284				
其他煤炭采选	1412	1412				
黑色金属矿采选业	219472	217072	1636	2080		

类型分组的全部企业资产总计

单位：万元

国有联营	集体联营	国有与集体联营	其他联营	有限责任公司	国有独资公司	其他有限责任公司	股份有限公司	私营企业	私营独资
46090	**48882**	**71834**	**74292**	**913886497**	**265118815**	**648767682**	**147745115**	**857491987**	**29585058**
			65	**161877**	**107860**	**54017**	**674**	**316014**	**13533**
				1564		1564		45779	727
								12666	
								1142	
				1529		1529		17684	246
								1835	100
								3423	381
				35		35		8916	
								112	
								992	392
								992	392
				5868		5868		38139	1507
				5868		5868		29412	1384
								7552	123
								1175	
								36063	169
								36063	169
			65	154445	107860	46585	674	195041	10738
				139748	107860	31888	674	171048	8187
			65	14115		14115		9304	147
				31		31		8015	1767
				551		551		6674	637
			79	**820829**	**255145**	**565684**	**10905**	**1831927**	**129011**
				500		500		22334	373
								18139	253
				500		500		2784	
								1412	120
				175479	156369	19110		37877	

2-A-35 续表 1

行　业	合　计	内　资	国　有	集　体	股份合作企　业	联营企业
铁矿采选	219472	217072	1636	2080		
其他黑色金属矿采选	…	…				
有色金属矿采选业	355905	355905	4000	1797	2000	
常用有色金属矿采选	255612	255612		1797	2000	
贵金属矿采选	13952	13952	4000			
稀有稀土金属矿采选	86341	86341				
非金属矿采选业	2231969	2127572	26190	34691	2492	79
土砂石开采	2061844	1957447	10053	30795	2442	79
化学矿开采	13692	13692		1079		
采盐	2182	2182		820		
石棉及其他非金属矿采选	154252	154252	16136	1997	50	
开采辅助活动	2019	2019		200		
石油和天然气开采辅助活动	1150	1150				
其他开采辅助活动	869	869		200		
其他采矿业	21097	21097	150			
其他采矿业	21097	21097	150			
制造业	**714203016**	**538131910**	**4544613**	**909458**	**7450718**	**30261**
农副食品加工业	15516870	8421746	82703	16817	80834	250
谷物磨制	477251	356621	3864	3522	13180	
饲料加工	1512484	1431678	647	116	3535	
植物油加工	1011499	749399	158	156	207	
制糖业	11309	11309				
屠宰及肉类加工	1139595	935345	7926	1408	8442	
水产品加工	8955534	2789781	68143	2973	52688	
蔬菜、水果和坚果加工	1787093	1660712	991	7819	2358	
其他农副食品加工	622105	486900	973	822	425	250
食品制造业	6477598	3596027	33979	4437	31350	135
焙烤食品制造	582797	381112		17	1330	
糖果、巧克力及蜜饯制造	494963	140324		349	1890	
方便食品制造	1131256	377257	1950		2275	

单位：万元

国有联营	集体联营	国有与集体联营	其他联营	有限责任公司	国有独资公司	其他有限责任公司	股份有限公司	私营企业	私营独资
				175479	156369	19110		37877	
								…	
				62136	20185	41951	5859	280107	5740
				61317	20185	41632	5859	184133	5572
								9952	
				319		319		86022	168
			79	577735	78590	499144	5046	1473822	122328
			79	530242	36419	493823	5026	1371292	107570
								12613	11783
								1362	
				47493	42172	5321	20	88555	2975
								1819	
								1150	
								669	
				4979		4979		15968	570
				4979		4979		15968	570
6399	**16436**	**425**	**7002**	**110694415**	**5810234**	**104884180**	**62828452**	**351297059**	**23825275**
100			150	1194197	43675	1150522	758628	6201594	306291
				86450	24878	61572	14253	229698	21761
				126827		126827	285608	1013761	13064
				426905		426905	74652	241726	3603
								10503	1609
				122266	18797	103470	238872	552700	29533
				254578		254578	65707	2341513	70909
				141087		141087	11044	1436450	113604
100			150	36084		36084	68492	375244	52209
			135	568537	2062	566475	784740	2163475	98303
				75260		75260	21764	282434	21209
				13052		13052		124303	6829
				20245		20245	108924	240221	15376

2-A-35 续表 2

行业	合计	内资	国有	集体	股份合作企业	联营企业
乳制品制造	348494	326894	13529	145	10	
罐头食品制造	668273	496701		2110	2597	135
调味品、发酵制品制造	397858	272603	18175	1683	496	
其他食品制造	2853958	1601137	325	134	22752	
酒、饮料和精制茶制造业	6619567	3973044	92848	8759	21618	6249
酒的制造	2788711	1924450	7174	3431	16754	6249
饮料制造	2661336	927295	5808	78	1621	
精制茶加工	1169520	1121299	79866	5250	3243	
烟草制品业	3469878	3451066	1207357		1375	
卷烟制造	3449591	3449591	1207357			
其他烟草制品制造	20288	1475			1375	
纺织业	66808756	50162523	917	118665	258962	
棉纺织及印染精加工	33982181	25548088		82266	108048	
毛纺织及染整精加工	2557273	1691734		1157	29634	
麻纺织及染整精加工	871139	763787			527	
丝绢纺织及印染精加工	3288539	2589574	809	3521	18228	
化纤织造及印染精加工	5070503	3307935		1615	13697	
针织或钩针编织物及其制品制造	11385865	9074562		26137	25562	
家用纺织制成品制造	5336360	3891780	108	2466	7512	
非家用纺织制成品制造	4316896	3295064		1503	55755	
纺织服装、服饰业	31976567	21570536	76977	27522	99081	411
机织服装制造	19499998	13144183	39821	19530	31881	10
针织或钩针编织服装制造	8332230	5518565	7157	1022	52740	401
服饰制造	4144339	2907788	30000	6970	14461	
皮革、毛皮、羽毛及其制品和制鞋业	15177349	12029201	1479	2879	172542	
皮革鞣制加工	1824241	1017281		147	38132	
皮革制品制造	3495977	2677262	1479	445	23031	
毛皮鞣制及制品加工	709509	587387		874	54	
羽毛(绒)加工及制品制造	1608350	991308			10	
制鞋业	7539271	6755962		1413	111315	

单位：万元

国有联营	集体联营	国有与集体联营	其他联营	有限责任公司	国有独资公司	其他有限责任公司	股份有限公司	私营企业	私营独资
				86613		86613	42813	183784	1961
			135	86056		86056	36246	367319	26364
				107119		107119		144795	6255
				180192	2062	178130	574993	820619	20309
6249				1463898	756545	707353	266752	2064291	163866
6249				1140101	755878	384223	243539	506328	37178
				117423	668	116755	17033	784894	12758
				206375		206375	6180	773069	113930
				2242234	2242234			100	
				2242234	2242234				
								100	
				6057629	19095	6038533	1699612	42011768	2149347
				3085435		3085435	693856	21574840	930664
				161715		161715	147734	1348573	80284
				317095		317095	352742	93383	6686
				479798	9208	470591	67109	2019797	146663
				121742		121742	6972	3162759	262243
				366823	9887	356935	221943	8429814	341592
				1002272		1002272	15264	2862396	170582
				522750		522750	193991	2520206	210634
			411	3089907	330735	2759172	1277087	16983880	1665141
			10	2167467	159019	2008448	1041224	9836777	924705
			401	699306	113888	585418	200573	4554404	356365
				223135	57829	165306	35289	2592698	384071
				1326867		1326867	753910	9766653	691126
				100117		100117	89385	789473	10926
				233067		233067	32051	2386142	184076
				6070		6070	442	579932	42494
				85682		85682	42453	863163	59640
				901931		901931	589578	5147944	393991

2-A-35 续表 3

行业	合计	内资	国有	集体	股份合作企业	联营企业
木材加工和木、竹、藤、棕、草制品业	5145043	4263380	1143	6880	14905	159
木材加工	549320	510357	1143	1819	3623	85
人造板制造	1347069	1050148		1178	460	
木制品制造	2325994	1935134		3084	6766	74
竹、藤、棕、草等制品制造	922659	767741		799	4056	
家具制造业	10065919	6461750		3926	15167	
木质家具制造	4183596	2906440		3906	8177	
竹、藤家具制造	531150	88079				
金属家具制造	3400241	2350576			5504	
塑料家具制造	298562	234066			1418	
其他家具制造	1652370	882590		20	68	
造纸和纸制品业	18232230	12805417		11538	137391	4231
纸浆制造	16453	12791				
造纸	11464767	7833618		2770	32240	
纸制品制造	6751010	4959008		8768	105151	4231
印刷和记录媒介复制业	8324032	7416387	18935	22226	155952	
印刷	8036250	7163684	15175	21960	149712	
装订及印刷相关服务	250104	215025	3760	266	6240	
记录媒介复制	37678	37678				
文教、工美、体育和娱乐用品制造业	16814040	12871263	3216	12526	102084	112
文教办公用品制造	2916913	2445814	217	842	9015	
乐器制造	1046569	172286		1965	678	
工艺美术品制造	9029196	7598648	2999	7111	75196	112
体育用品制造	1710532	1223467		922	2164	
玩具制造	1463172	1004286		1685	13786	
游艺器材及娱乐用品制造	647658	426762			1245	
石油加工、炼焦和核燃料加工业	6711197	5900939		35	11307	
精炼石油产品制造	6709335	5899078		35	11307	
炼焦	1362	1362				
核燃料加工	500	500				

单位：万元

国有联营	集体联营	国有与集体联营	其他联营	有限责任公司	国有独资公司	其他有限责任公司	股份有限公司	私营企业	私营独资
	159			184197		184197	230623	3809081	475912
	85			2575		2575	119089	380211	94178
				106843		106843	105375	836223	70747
	74			37137		37137	147	1886558	165086
				37641		37641	6012	706090	145901
				696795		696795	273554	5467562	302533
				519690		519690	30255	2341789	170923
								86069	8524
				97797		97797	100883	2146360	86148
				54408		54408		178240	14555
				24899		24899	142416	715104	22383
		75	4156	1554950		1554950	2282238	8810365	700888
				15		15		12776	6608
				930068		930068	2089684	4778788	147266
		75	4156	624867		624867	192554	4018801	547015
				934867	84842	850024	234358	6045376	794818
				919963	84842	835121	234123	5818134	754024
				9924		9924	235	194545	38527
				4980		4980		32698	2267
	112			806715	32480	774236	404721	11524526	1238816
				112643	5000	107643	154755	2165851	165808
				13164		13164	35540	120939	5793
	112			476626	27480	449147	162651	6861801	802971
				21733		21733	50075	1148411	118522
				134934		134934	1200	850171	128687
				47616		47616	500	377352	17036
				1234219	33163	1201056	3928083	727295	16148
				1234219	33163	1201056	3928083	725434	16148
								1362	
								500	

2-A-35 续表 4

行 业	合 计	内 资	国 有	集 体	股份合作企业	联营企业
化学原料和化学制品制造业	55351101	38294781	18585	20537	168202	523
基础化学原料制造	13083302	8978107		6492	28778	
肥料制造	435269	401621	3000	405	674	
农药制造	2273527	1844067	379	1440	36754	
涂料、油墨、颜料及类似产品制造	6691751	5086407		1465	31974	75
合成材料制造	20246890	13050681		1149	29552	
专用化学产品制造	8801658	5868299	14878	9084	33353	127
炸药、火工及焰火产品制造	138277	138277			420	
日用化学产品制造	3680427	2927324	327	502	6698	321
医药制造业	15292291	11791785	1109	154	31359	
化学药品原料药制造	8135779	7406091			14455	
化学药品制剂制造	3017997	1470742	1109		2908	
中药饮片加工	347594	293849		154	268	
中成药生产	1601238	1204758				
兽用药品制造	183652	172268			7766	
生物药品制造	1243969	694849			681	
卫生材料及医药用品制造	762062	549229			5281	
化学纤维制造业	22012165	14154106	4678		19994	
纤维素纤维原料及纤维制造	1078817	139161	4244			
合成纤维制造	20933348	14014945	434		19994	
橡胶和塑料制品业	35084038	25951179	109612	30368	515078	684
橡胶制品业	7116907	3677642	109612	11709	69509	
塑料制品业	27967132	22273537		18659	445569	684
非金属矿物制品业	29774549	24993425	20945	95236	152645	2696
水泥、石灰和石膏制造	6061444	5843757	11590	16600	2405	670
石膏、水泥制品及类似制品制造	8728069	7900934	690	13468	7554	
砖瓦、石材等建筑材料制造	3861749	2661748	8623	46487	109010	2026
玻璃制造	2044441	1305904		450	863	
玻璃制品制造	3374245	2688434		1745	3915	
玻璃纤维和玻璃纤维增强塑料制品制造	2637280	2108760		782	8536	

单位：万元

国有联营	集体联营	国有与集体联营	其他联营	有限责任公司	国有独资公司	其他有限责任公司	股份有限公司	私营企业	私营独资
	473	50		15375594	161972	15213623	6706277	15986129	511067
				4955539	58980	4896559	1639063	2346767	105650
				94137		94137	117067	185845	17670
				312951		312951	1065910	426623	1112
	25	50		861550		861550	1756702	2434526	105835
				7156109	42456	7113653	954650	4893694	45452
	127			1564327	59415	1504912	1014958	3231392	204735
				102725	60	102665		35132	841
	321			328257	1061	327195	157927	2432151	29772
				4696873	20522	4676351	4313387	2747845	25100
				3233344		3233344	2991003	1167289	1403
				703316		703316	439853	323556	1436
				119951	20397	99554	18873	153744	1631
				322383		322383	617433	264742	4553
				62372		62372		102129	2571
				203121		203121	189619	301428	3395
				52386	125	52261	56606	434957	10111
				2550329	11510	2538819	3923316	7655354	109825
				119		119		134713	5639
				2550210	11510	2538700	3923316	7520641	104186
	424		260	3487163	200620	3286543	1336687	20460407	2025775
				757661	188896	568765	333992	2394524	254919
	424		260	2729501	11724	2717778	1002695	18065883	1770856
50	1976		670	8242919	814375	7428544	1165175	15301094	771737
			670	3058760	619762	2438998	813415	1940235	34723
				2370546	194448	2176098	64859	5441760	126212
50	1976			338156	165	337991	56782	2096522	304309
				371299		371299		933079	8337
				364414		364414	60019	2256620	77070
				1431488		1431488	21352	644535	49501

2-A-35 续表 5

行 业	合 计	内 资				
			国 有	集 体	股份合作企 业	联营企业
陶瓷制品制造	835992	622686	41	3076	4592	
耐火材料制品制造	1228399	1097454		10013	12160	
石墨及其他非金属矿物制品制造	1002928	763748		2616	3611	
黑色金属冶炼和压延加工业	22614244	19028989	2318007	35369	175292	7200
炼铁	39427	22370			1380	
炼钢	3597900	3509374	2318007			
黑色金属铸造	2652339	2407343		7428	91492	
钢压延加工	16140329	12919420		27941	79893	7200
铁合金冶炼	184250	170483			2527	
有色金属冶炼和压延加工业	16328780	13343996		10816	100375	
常用有色金属冶炼	2490144	2078705		522	14169	
贵金属冶炼	296042	273056				
稀有稀土金属冶炼	95193	61777				
有色金属合金制造	1703069	1271838			4518	
有色金属铸造	308552	252610		70	3046	
有色金属压延加工	11435779	9406010		10225	78643	
金属制品业	33794845	29129006	7776	106739	367394	258
结构性金属制品制造	8888873	8344597		2925	10334	
金属工具制造	3560714	2975051	2518	3305	31087	248
集装箱及金属包装容器制造	2193375	1376652	1115	4176	116953	
金属丝绳及其制品制造	1644039	1348824		305	9670	
建筑、安全用金属制品制造	6360412	5455064		10011	73821	10
金属表面处理及热处理加工	2374254	2161709	20	15345	79987	
搪瓷制品制造	311216	259817			1722	
金属制日用品制造	5025577	4171194		6138	15096	
其他金属制品制造	3436385	3036099	4123	64534	28723	
通用设备制造业	65042781	51391323	65290	72814	578998	5020
锅炉及原动设备制造	4039966	2827672	3407	2540	13713	1606
金属加工机械制造	4920283	3536402	38338	9592	57159	300
物料搬运设备制造	6977290	4571539	4500	685	20207	

单位：万元

国有联营	集体联营	国有与集体联营	其他联营	有限责任公司	国有独资公司	其他有限责任公司	股份有限公司	私营企业	私营独资
				172840		172840	62161	378299	33146
				49383		49383	76046	949853	76579
				86034		86034	10541	660192	61860
	7200			5239804		5239804	1246929	10003954	440686
								20990	5181
							623833	567534	7398
				281937		281937	113414	1911016	229925
	7200			4948218		4948218	509682	7346107	196930
				9649		9649		158307	1252
				3500725	26078	3474648	1549050	8181186	278552
				675147		675147	430806	958062	15041
				131449	26078	105371		141607	255
				5378		5378		56400	23
				231573		231573	44774	990673	22159
				43109		43109		206276	52457
				2414069		2414069	1073470	5828169	188617
	248		10	3971384	165266	3806118	644336	24002474	2028730
				1649218	148114	1501104	4970	6676117	182031
	248			247050	15683	231367	36843	2651093	352523
				196449		196449	550	1056991	33359
				594167		594167	100	744362	66116
			10	598814	1469	597345	89986	4677053	458979
				137513		137513	8453	1905095	331333
				31056		31056	59809	167186	29929
				110996		110996	252105	3785379	264783
				406121		406121	191520	2339198	309677
4320	300		400	7603611	95346	7508265	5683502	37356619	2920013
1606				466708	26072	440637	1089476	1250216	45769
	300			469265		469265	286184	2674332	231502
				801659	17078	784581	430159	3312748	186145

2-A-35 续表 6

行 业	合 计	内 资	国 有	集 体	股份合作企业	联营企业
泵、阀门、压缩机及类似机械制造	14825527	12536009	3192	14669	190587	
轴承、齿轮和传动部件制造	10350082	8661389	2327	5249	80512	
烘炉、风机、衡器、包装等设备制造	10171562	7816339	12358	1326	56956	
文化、办公用机械制造	819223	565961	36	101	3776	33
通用零部件制造	11093707	9112195	1132	37060	143977	3070
其他通用设备制造业	1845141	1763816		1592	12111	11
专用设备制造业	27446667	20639828	59207	56177	272784	1017
采矿、冶金、建筑专用设备制造	2613034	1895102	19153	639	38244	
化工、木材、非金属加工专用设备制造	9460952	6412766	175	2742	77312	
食品、饮料、烟草及饲料生产专用设备制造	627135	442763		2358	26843	
印刷、制药、日化及日用品生产专用设备制造	1075796	834182		2026	11447	
纺织、服装和皮革加工专用设备制造	4747160	3895804		36006	82167	1017
电子和电工机械专用设备制造	795144	628055	24193	221	3107	
农、林、牧、渔专用机械制造	1663186	1276354	10	942	13185	
医疗仪器设备及器械制造	1505737	1031502		9390	7494	
环保、社会公共服务及其他专用设备制造	4958522	4223300	15676	1854	12985	
汽车制造业	37015383	26599273	1009	3248	3161830	340
汽车整车制造	7358321	4218559			5396	
改装汽车制造	172953	120648				
低速载货汽车制造	34121	34121				
电车制造	15964	8235				
汽车车身、挂车制造	80975	48836				
汽车零部件及配件制造	29353049	22168874	1009	3248	3156434	340
铁路、船舶、航空航天和其他运输设备制造业	18699143	16398581	254456	11243	126904	
铁路运输设备制造	382927	376059	2121	822	7913	
城市轨道交通设备制造	2160	2160				
船舶及相关装置制造	12563042	11034121	252336	3395	58446	
航空、航天器及设备制造	126195	125745		133	479	
摩托车制造	3007650	2901699		590	51361	
自行车制造	2364263	1757823		6304	8300	

单位：万元

国有联营	集体联营	国有与集体联营	其他联营	有限责任公司	国有独资公司	其他有限责任公司	股份有限公司	私营企业	私营独资
				2696847	40165	2656683	1492949	8132076	451128
				1408558		1408558	955113	6208523	504047
				1120609	12031	1108578	1339369	5280454	216094
			33	137547		137547		424311	14175
	2714		356	451522		451522	72022	8393420	1238297
			11	50895		50895	18230	1680538	32856
	1017			3571555	317356	3254199	1619366	15051783	1003503
				539921		539921	65249	1231884	57857
				711178	1728	709449	641118	4975131	434125
				17043		17043	14605	381525	28414
				118420		118420	31965	669774	32216
	1017			724670		724670	369628	2680643	233411
				108370		108370	10036	482128	21399
				237582	50568	187015	125223	899271	101974
				115112		115112	90727	808754	30171
				999259	265060	734199	270816	2922672	63936
	30		310	6904960	8839	6896122	2804548	13718830	865682
				2603730	4396	2599333	198757	1410676	
				63081		63081		57566	188
				34121		34121			
				1280		1280		6955	59
								48836	106
	30		310	4202748	4442	4198306	2605791	12194797	865329
				4747568	373629	4373939	3403903	7850814	248079
				61161		61161	2800	301243	8187
								2160	
				3346158		3346158	3282593	4091194	36615
				47838		47838		77295	3356
				1124798	373629	751170	95226	1628713	133825
				151192		151192	23283	1566080	51080

2-A-35 续表 7

行业	合计	内资	国有	集体	股份合作企业	联营企业
非公路休闲车及零配件制造	190908	153954			52	
潜水救捞及其他未列明运输设备制造	61998	47021			353	
电气机械和器材制造业	72462427	58318605	5194	199771	378048	62
电机制造	10589478	8554836	201	3375	39249	
输配电及控制设备制造	25512597	21155499	1373	103054	178259	10
电线、电缆、光缆及电工器材制造	9829554	7900878		13170	47001	52
电池制造	4361282	2579950	1949	1667	9428	
家用电力器具制造	12626589	10509544	1536	63966	41159	
非电力家用器具制造	1116747	989494			1736	
照明器具制造	7920680	6201275	134	14386	49126	
其他电气机械及器材制造	505500	427130		153	12091	
计算机、通信和其他电子设备制造业	30522139	18207730	899	10689	52692	
计算机制造	1155568	374492		268	240	
通信设备制造	7564688	3321555		720	6394	
广播电视设备制造	1376923	1199033			2474	
雷达及配套设备制造	235132	2219				
视听设备制造	2401733	1841485		450	1660	
电子器件制造	6678991	2909969		2388	7767	
电子元件制造	9905546	7737434	642	6864	33885	
其他电子设备制造	1203559	821544	257		272	
仪器仪表制造业	10443840	7773966	50594	8826	194908	710
通用仪器仪表制造	6514398	4761609	2906	3409	134516	
专用仪器仪表制造	1820217	1423029	40420	929	20003	710
钟表与计时仪器制造	245392	204901	192	303	4170	
光学仪器及眼镜制造	1730382	1259161	7076	5	32996	
其他仪器仪表制造业	133450	125266		4181	3223	
其他制造业	7411170	6614229	458	1636	29318	
日用杂品制造	6029849	5306598	150	1305	25031	
煤制品制造	878850	878842			67	
核辐射加工	6714	6714				
其他未列明制造业	495757	422076	308	330	4220	

单位：万元

国有联营	集体联营	国有与集体联营	其他联营	有限责任公司	国有独资公司	其他有限责任公司	股份有限公司	私营企业	私营独资
				16421		16421		137461	5906
								46668	9110
	62			11704008	12304	11691704	9327250	36691919	3031299
				1663752		1663752	2387545	4459145	206108
	10			3900602		3900602	4080745	12890220	2065572
	52			2346689		2346689	757098	4735340	181121
				759092		759092	416699	1391084	12453
				1912081		1912081	1270711	7216142	245327
				111457		111457	2430	873077	56064
				984641	12304	972336	404486	4745767	247947
				25694		25694	7535	381145	16708
				4165268	50441	4114827	3980591	9989781	378701
				89559	13359	76200	80929	203497	3446
				899691		899691	1380306	1030742	26434
				217681		217681	90024	888854	13364
								2219	
				211632		211632	668219	959504	87425
				723310	37083	686227	617545	1557939	17048
				1838758		1838758	1039382	4814855	212655
				184637		184637	104187	532170	18329
	210		500	1970873		1970873	1433793	4112615	277689
				1046969		1046969	1195163	2378583	120938
	210		500	618839		618839	88277	653661	48074
				32395		32395	3	167818	15002
				267151		267151	150349	800255	80017
				5519		5519		112298	13657
				1197799	7072	1190727	735366	4647536	228027
				303037	6876	296161	729080	4247384	194530
				856343		856343	200	22226	2530
								6714	5
				38419	196	38223	6086	371212	30962

2-A-35 续表 8

行　业	合　计	内　资	国　有	集　体	股份合作企　业	联营企业
废弃资源综合利用业	2124650	1586870	1535	167	6742	
金属废料和碎屑加工处理	1687421	1166697	1430	110	3439	
非金属废料和碎屑加工处理	437229	420173	105	57	3303	
金属制品、机械和设备修理业	1443755	990958	105704	9461	15586	205
金属制品修理	10548	7160		50	25	
通用设备修理	39632	37408	840	4		
专用设备修理	24742	19418	769	486	179	
铁路、船舶、航空航天等运输设备修理	1304519	863840	104095	7677	15080	
电气设备修理	43562	43512		1063	199	
仪器仪表修理	1167	224				
其他机械和设备修理业	19586	19397		180	104	205
电力、热力、燃气及水生产和供应业	**68913831**	**62882300**	**21136886**	**560352**	**88264**	**8713**
电力、热力生产和供应业	51765739	47002768	20471333	228380	71539	4332
电力生产	30309065	25774096	842142	110685	71045	4056
电力供应	20093385	20072388	19610085	117695	494	276
热力生产和供应	1363288	1156284	19106			
燃气生产和供应业	3746983	2889638	73667	10347	635	
燃气生产和供应业	3746983	2889638	73667	10347	635	
水的生产和供应业	13401110	12989895	591887	321625	16090	4381
自来水生产和供应	9677856	9615615	516913	296804	4408	4381
污水处理及其再生利用	3126019	2777395	74974	24048	300	
其他水的处理、利用与分配	597235	596885		773	11382	
建筑业	**111562599**	**110365930**	**1211671**	**898652**	**91377**	**16440**
房屋建筑业	63560547	63056835	42181	615548	63444	2218
房屋建筑业	63560547	63056835	42181	615548	63444	2218
土木工程建筑业	32553223	32163584	1036682	196674	16224	13982
铁路、道路、隧道和桥梁工程建筑	19206368	18974752	537157	102391	3816	13982
水利和内河港口工程建筑	4200183	4124832	141263	20141	12306	
海洋工程建筑	566953	520659				

单位：万元

国有联营	集体联营	国有与集体联营	其他联营	有限责任公司	国有独资公司	其他有限责任公司	股份有限公司	私营企业	私营独资
				292799	74	292725	57104	1228394	32621
				193658	74	193584	57089	910941	11485
				99141		99141	15	317452	21136
	205			116170		116170	3569	734359	45000
								7060	1709
				8676		8676		27288	1344
				890		890		16415	2697
				85395		85395	3469	643543	32295
				18449		18449	100	23701	3479
								224	15
	205			2760		2760		16128	3460
2353	**5696**	**576**	**89**	**35667737**	**8061709**	**27606028**	**1220307**	**4193368**	**195672**
265	3902	76	89	23112105	2643557	20468548	389877	2718995	154658
	3902	65	89	21886107	2539201	19346906	363288	2490566	154658
265		11		341719	104356	237363	15	2104	
				884279		884279	26575	226325	
				1529879	515303	1014577	535511	739598	3734
				1529879	515303	1014577	535511	739598	3734
2087	1794	500		11025753	4902850	6122903	294918	734775	37280
2087	1794	500		8317433	4287576	4029856	294918	180328	19604
				2169855	615274	1554581		508218	2922
				538465		538465		46229	14754
13982	**191**		**2268**	**37123339**	**3901400**	**33221939**	**9713814**	**61301723**	**100705**
	191		2027	21310448	690955	20619493	6527094	34495816	60713
	191		2027	21310448	690955	20619493	6527094	34495816	60713
13982				11197512	2532323	8665189	2049669	17652786	10415
13982				5668166	1491814	4176352	1239300	11409926	2157
				1589433	498891	1090542	323035	2038653	3907
				301185	150726	150460		219474	

2-A-35 续表 9

行业	合计	内资	国有	集体	股份合作企业	联营企业
工矿工程建筑	1048231	1035391	193955	170	60	
架线和管道工程建筑	3634565	3617380	116434	32694		
其他土木工程建筑	3896923	3890570	47873	41278	42	
建筑安装业	6155891	6000127	41179	66605	1907	
电气安装	1787358	1783541	37761	36182	486	
管道和设备安装	1326881	1304621	2711	19244	382	
其他建筑安装业	3041652	2911965	706	11179	1040	
建筑装饰和其他建筑业	9292939	9145384	91629	19825	9803	241
建筑装饰业	6287121	6139650	6845	16533	1542	241
工程准备活动	2412162	2412088	83386	792	7711	
提供施工设备服务	131193	131193				
其他未列明建筑业	462463	462453	1398	2500	550	
批发和零售业	**291283063**	**274445753**	**5395663**	**1189263**	**337606**	**27277**
批发业	246079686	235375694	5225475	914547	249908	13776
农、林、牧产品批发	3236558	3115704	101187	54752	7638	5
食品、饮料及烟草制品批发	17557950	16901743	3996004	34892	6387	
纺织、服装及家庭用品批发	49352336	47581260	157696	145648	35785	815
文化、体育用品及器材批发	6023904	5693984	25282	134543	7886	
医药及医疗器材批发	6382821	6067751	15203	1337	6999	
矿产品、建材及化工产品批发	123649640	118203859	661758	302063	136068	6055
机械设备、五金产品及电子产品批发	27707667	26344504	227030	162896	41706	6891
贸易经纪与代理	5951132	5767808	29020	14015	1436	
其他批发业	6217677	5699080	12297	64400	6002	10
零售业	45203377	39070059	170187	274716	87698	13501
综合零售	12183201	8472921	13800	135076	23521	338
食品、饮料及烟草制品专门零售	1538156	1504116	21640	54326	3292	187
纺织、服装及日用品专门零售	3428883	2483473	4130	9244	1525	237
文化、体育用品及器材专门零售	2532312	2501085	73692	7461	6374	120
医药及医疗器材专门零售	1689101	1639649	26180	5727	4794	336

单位：万元

国有联营	集体联营	国有与集体联营	其他联营	有限责任公司	国有独资公司	其他有限责任公司	股份有限公司	私营企业	私营独资
				458450	116126	342324	11922	370833	1334
				2491391	99311	2392580	117612	858749	844
				688386	175455	512932	357800	2755151	2173
				3006631	658157	2348474	179273	2704525	6150
				968691	15368	953323	3750	736670	1287
				412612	36274	376338	80711	788956	2364
				1625329	606515	1018813	94812	1178900	2499
			241	1608748	19965	1588783	957777	6448595	23427
			241	1031000	127	1030873	957777	4117186	14191
				501889	19540	482349		1818071	7804
				14732		14732		116461	335
				61127	298	60830		396878	1097
13450	**1838**	**7515**	**4474**	**70803489**	**4688118**	**66115372**	**17966592**	**177465612**	**3072846**
11824	160	1418	374	57591626	4109197	53482429	14926063	155374821	2009161
	5			731218	203894	527324	164557	1595192	151673
				6050944	1301627	4749316	819396	5486438	120134
	126	599	91	8264767	223049	8041719	1759684	37193303	674163
				1598294	9771	1588523	27411	3893937	300355
				2540627	34921	2505706	934632	2543673	23794
5159	19	820	57	29988030	2033049	27954981	9738257	77358484	407832
6665			226	6892321	146329	6745991	1416351	17582924	196901
				495466	125035	370431	15160	5195845	14834
	10			1029959	31521	998438	50615	4525026	119476
1626	1678	6097	4100	13211864	578921	12632943	3040529	22090791	1063685
18	320			4714894	57691	4657203	1511965	2071942	57195
	133		55	304055	25182	278873	12660	995417	123966
18	10	208		489304	7067	482237	100594	1875664	116241
		120		809134	391284	417851	158417	1441797	65514
	103		233	503456	10142	493314	166120	922530	222093

2-A-35 续表 10

行业	合计	内资				
			国有	集体	股份合作企业	联营企业
汽车、摩托车、燃料及零配件专门零售	16177948	15076941	13953	47499	24039	10707
家用电器及电子产品专门零售	3591385	3572748	665	1392	10528	88
五金、家具及室内装饰材料专门零售	2439329	2301772	1695	6502	8461	
货摊、无店铺及其他零售业	1623062	1517354	14433	7488	5166	1489
交通运输、仓储和邮政业	**73575253**	**65486394**	**2882535**	**240588**	**76525**	**42806**
铁路运输业	11649	11649				
铁路货物运输	11649	11649				
道路运输业	40668774	37499265	1146636	173787	56831	38182
城市公共交通运输	10353192	10345976	318308	15065	9097	
公路旅客运输	2896626	2892220	80759	35135	34849	402
道路货物运输	4866598	4545758	8253	10768	7827	94
道路运输辅助活动	22552359	19715311	739316	112819	5058	37685
水上运输业	13725437	12192778	59685	21027	48	
水上旅客运输	309366	309366	16999	13561	18	
水上货物运输	8794544	8794544	24608	1468	28	
水上运输辅助活动	4621526	3088867	18079	5997	2	
航空运输业	2759785	1192346	167163			
航空客货运输	49658	3461				
通用航空服务	66247	66247				
航空运输辅助活动	2643880	1122638	167163			
管道运输业	45291	45291		2704		
管道运输业	45291	45291		2704		
装卸搬运和运输代理业	5915707	5711884	67248	16255	13812	2677
装卸搬运	1362258	1256631	10358	6992	2176	2677
运输代理业	4553449	4455253	56889	9263	11636	
仓储业	9050434	7435006	716720	24486	1961	1561
谷物、棉花等农产品仓储	1266555	1264955	708975	800	115	13
其他仓储业	7783879	6170051	7745	23686	1846	1548
邮政业	1398175	1398175	725084	2330	3873	386
邮政基本服务	741205	741205	725084	2320	3843	386
快递服务	656970	656970		10	30	

单位：万元

国有联营	集体联营	国有与集体联营	其他联营	有限责任公司	国有独资公司	其他有限责任公司	股份有限公司	私营企业	私营独资
1590	50	5768	3299	4827876	65608	4762268	945477	9204344	128727
	77		11	1030550	10301	1020249	18508	2507813	82894
				238088	2572	235516	42562	2000527	190406
	986		503	294506	9075	285431	84225	1070756	76648
	1089	**39843**	**1874**	**43507024**	**14116511**	**29390514**	**2787829**	**15943582**	**90579**
							11649		
							11649		
	497	37685		29584079	8924839	20659241	707940	5787141	61325
				9725340	4761464	4963876	23480	253561	3271
	402			1955938	902525	1053414	323500	461636	267
	94			909679	38254	871425	89813	3516273	42331
		37685		16993123	3222596	13770526	271147	1555671	15455
				4824109	1644399	3179710	1665628	5622275	2275
				232996	106610	126386	1171	44622	
				2837213	465829	2371385	1134216	4797012	749
				1753899	1071961	681939	530242	780642	1527
				1015946	895172	120774	1200	8037	
				3394	2378	1016		67	
				59534		59534	1200	5513	
				953018	892794	60223		2457	
				42587		42587			
				42587		42587			
	3	903	1771	2132819	250919	1881900	86072	3392581	21266
	3	903	1771	987695	12203	975491	55303	191391	4374
				1145125	238716	906409	30769	3201190	16892
	204	1255	103	5772690	2397973	3374717	38090	879090	4862
	13			528881	478119	50761	10	25755	114
	191	1255	103	5243809	1919854	3323956	38080	853336	4747
	386			134793	3209	131585	277250	254458	852
	386			8617	3209	5408	8	949	
				126177		126177	277242	253509	852

2-A-35 续表 11

行业	合计	内资	国有	集体	股份合作企业	联营企业
住宿和餐饮业	**15181159**	**12619435**	**354444**	**125588**	**43286**	**35555**
住宿业	11002164	8992375	328538	115184	37558	34793
旅游饭店	9275584	7386112	282490	89112	19336	7057
一般旅馆	1625789	1508946	43212	25742	18140	30
其他住宿业	100790	97317	2837	330	82	27706
餐饮业	4178995	3627060	25906	10404	5728	763
正餐服务	3648676	3275942	20587	3117	4532	763
快餐服务	328280	165332	3666	75	926	
饮料及冷饮服务	76028	74978	1382	6914	96	
其他餐饮业	126012	110808	271	297	174	
信息传输、软件和信息技术服务业	**43798332**	**26814730**	**296110**	**39432**	**2055**	**271**
电信、广播电视和卫星传输服务	20013781	13717005	282927	21891		
电信	18268502	11971741	262668	9474		
广播电视传输服务	1745280	1745265	20259	12416		
互联网和相关服务	8774724	1564739	904	4204		
互联网接入及相关服务	439570	432678		897		
互联网信息服务	8248653	1081109	904	3307		
其他互联网服务	86501	50952				
软件和信息技术服务业	15009826	11532985	12280	13337	2055	271
软件开发	10737871	8429979	11397	9445	513	
信息系统集成服务	2320258	1448806	46	223	905	
信息技术咨询服务	1237430	1147678	782	741	78	
数据处理和存储服务	193371	147488			229	
集成电路设计	91508	80539				271
其他信息技术服务业	429389	278495	55	2927	329	
金融业	**47308684**	**45682585**	**2085680**	**271441**	**28189**	**5000**
货币金融服务	9697217	9095728	19767			
非货币银行服务	9697217	9095728	19767			

单位：万元

国有联营	集体联营	国有与集体联营	其他联营	有限责任公司	国有独资公司	其他有限责任公司	股份有限公司	私营企业	私营独资
	293	**6255**	**29008**	**4367826**	**272168**	**4095659**	**449176**	**7214135**	**728625**
	30	6255	28508	3661784	221096	3440688	349632	4453027	355453
		6255	802	3433309	210553	3222756	325837	3222400	111394
	30			224924	10543	214381	23730	1168346	230212
			27706	3551		3551	65	62281	13847
	263		500	706042	51072	654970	99544	2761108	373172
	263		500	679521	48182	631339	99210	2452690	327941
				11036	1253	9783	18	149220	12236
				1957		1957	216	63174	16127
				13527	1637	11891	100	96024	16868
		271		**11992388**	**1708749**	**10283639**	**7098072**	**7385356**	**20491**
				7960828	1446270	6514559	5174730	276061	252
				6370866	951102	5419764	5167598	160566	231
				1589963	495168	1094795	7132	115495	20
				468551	34249	434303	483485	607595	1122
				13707		13707	386083	31992	64
				432777	15145	417631	97388	546734	1034
				22068	19103	2965	15	28869	25
		271		3563008	228230	3334778	1439856	6501701	19117
				2740859	197229	2543630	1014215	4653519	15548
				306433	3718	302714	422704	718495	207
				308840		308840	2018	835186	2898
				106009	8000	98009		41250	
		271		24764		24764		55504	61
				76103	19283	56820	919	197746	402
	5000			**20780779**	**9037793**	**11742986**	**5506567**	**16973933**	**53940**
				1341301		1341301	4147227	3587433	
				1341301		1341301	4147227	3587433	

2-A-35 续表 12

行　业	合　计	内　资	国　有	集　体	股份合作企　业	联营企业
资本市场服务	32146190	31386911	1908792	222027	28189	5000
证券市场服务	75834	75834				
期货市场服务	16529	16529				
资本投资服务	31863994	31115444	1908792	222027	28100	5000
其他资本市场服务	189833	179104			89	
保险业	492754	492754				
财产保险	473235	473235				
再保险	3	3				
保险经纪与代理服务	16017	16017				
其他保险活动	3499	3499				
其他金融业	4972523	4707191	157121	49414		
金融信托与管理服务	2453605	2202837	154782	49061		
控股公司服务	1815443	1801879	2334	344		
其他未列明金融业	703475	702475	5	10		
房地产业	**375996903**	**334859965**	**5200051**	**1335272**	**279972**	**26905**
房地产业	375996903	334859965	5200051	1335272	279972	26905
房地产开发经营	341606646	302845218	4701384	379031	188636	21488
物业管理	4684855	4266900	91180	70689	69	29
房地产中介服务	2575745	2310981	17499	6047	476	
自有房地产经营活动	11794008	10509081	237854	578472	88703	5389
其他房地产业	15335649	14927784	152133	301033	2087	
租赁和商务服务业	**470138051**	**459968129**	**8619308**	**10617540**	**897027**	**35970**
租赁业	3701371	3137825	140139	22012	630	250
机械设备租赁	3321181	2777553	132894	16931	630	250
文化及日用品出租	380191	360273	7246	5081		
商务服务业	466436680	456830304	8479168	10595528	896397	35720
企业管理服务	419317645	412152076	7685348	10117082	781953	7033
法律服务	226207	225838	134	2787	991	111

单位：万元

国有联营	集体联营	国有与集体联营	其他联营	有限责任公司	国有独资公司	其他有限责任公司	股份有限公司	私营企业	私营独资
	5000			17682466	7544459	10138007	1240074	10269377	42200
				43023		43023	2306	30506	
				8733		8733		7796	
	5000			17582644	7540806	10041838	1237769	10100127	41320
				48065	3653	44412		130949	880
				1248		1248		491501	50
								473235	3
								3	3
				183		183		15834	39
				1065		1065		2429	6
				1755764	1493334	262430	119265	2625622	11689
				684712	541071	143641	1100	1313183	8
				858292	855312	2980	42280	898629	
				212760	96951	115809	75885	413810	11681
1412	**3642**	**13582**	**8269**	**199707907**	**29111392**	**170596515**	**9648912**	**118613215**	**244927**
1412	3642	13582	8269	199707907	29111392	170596515	9648912	118613215	244927
		13464	8024	182379050	21943218	160435833	8949325	106194590	40951
29				2056906	189368	1867538	32668	2015020	6058
				658829	208949	449880	2136	1620118	12624
1383	3642	118	245	4133509	1266540	2866969	664784	4798399	184958
				10479612	5503317	4976295		3985088	337
4816	**9847**	**2184**	**19122**	**338045787**	**170446220**	**167599567**	**27819458**	**71386691**	**213615**
150			100	807350	2144	805206	150395	2011828	22630
150			100	545465	1137	544329	150395	1926666	22398
				251885	1007	260877		85162	232
4666	9847	2184	19022	337238437	170444076	166794361	27669063	69374863	190985
100	4192	2118	623	318945358	165372440	153572918	23622242	48581074	105295
	89		22	2863		2863	850	118070	8215

2-A-35 续表 13

行业	合计	内资	国有	集体	股份合作企业	联营企业
咨询与调查	19129070	17833840	62060	69499	15202	5610
广告业	2355726	2341576	23396	2103	43209	44
知识产权服务	120057	119821	50	413	76	
人力资源服务	695018	684384	56163	34174	146	1
旅行社及相关服务	2824314	2696167	13346	5765	4808	1543
安全保护服务	450065	446514	145459	23707	2860	
其他商务服务业	21318579	20330088	493212	339998	47153	21378
科学研究和技术服务业	**26023098**	**24423810**	**2057310**	**187617**	**69814**	**5897**
研究和试验发展	2964205	2428055	114972	36714	22300	942
自然科学研究和试验发展	88104	86326	8944	26	13132	
工程和技术研究和试验发展	2200672	1755113	94961	27867	7413	
农业科学研究和试验发展	377957	376188	1806	8821	1378	
医学研究和试验发展	281964	194920	67		377	942
社会人文科学研究	15508	15508	9193			
专业技术服务业	17717016	17126981	1896003	99627	45065	4953
气象服务	36988	36988	29461	203		
地震服务	13	13				
海洋服务	34747	29153	3809			
测绘服务	171935	171935	52341	13199	4044	
质检技术服务	781382	617656	47909	17210	11695	217
环境与生态监测	155896	155197	3168	512		
地质勘查	134431	134431	50116	68		
工程技术	14799672	14616071	1696307	54256	5419	3788
其他专业技术服务业	1601952	1365536	12890	14179	23908	948
科技推广和应用服务业	5341877	4868774	46335	51276	2449	3
技术推广服务	4277119	3835271	42681	50294	1758	3
科技中介服务	943893	915017	3559	941	91	
其他科技推广和应用服务业	120865	118486	95	41	600	

单位：万元

国有联营	集体联营	国有与集体联营	其他联营	有限责任公司	国有独资公司	其他有限责任公司	股份有限公司	私营企业	私营独资
3	201	8	5398	6095607	1646936	4448671	1716409	9852746	22655
	34		10	527809	94695	433115	127268	1617053	24592
				70297	45564	24733	1762	47173	365
	1		·	185465	19827	165638	50480	355240	1981
1420	54		69	1556737	1009347	547390	4718	1108183	7127
				163441	50246	113195	566	110481	173
3144	5276	58	12900	9690861	2205022	7485839	2144770	7584843	20582
3679	**3**	**1182**	**1033**	**12897843**	**5996519**	**6901324**	**772285**	**8246127**	**44393**
			942	774529	133962	640567	35330	1430246	6294
				5818	86	5732		48031	225
				612365	101893	510472	17791	993675	3892
				73345	31500	41845	3826	285746	1566
			942	82002		82002	13714	97479	597
				998	483	515		5316	15
3679		1182	92	10321521	5286991	5034530	346003	4407292	24497
				4665	169	4496		2658	
								13	
				23202	18302	4900		2142	10
				34507	1943	32564	1601	66244	…
		125	92	287292	45723	241569	22748	230066	3409
				26282	10135	16147	513	124721	81
				34476	15318	19158	29088	20684	85
2730		1057		9627580	5155581	4471998	244998	2979027	7087
948				283517	39820	243697	47055	981737	13825
	3	…		1801793	575566	1226228	390952	2408589	13602
	3	…		1296750	261589	1035162	380814	1896532	12329
				490976	309100	181876	124	418422	816
				14067	4877	9190	10014	93635	456

2-A-35 续表 14

行　　业	合　计					
		内　资				
			国　有	集　体	股份合作企　业	联营企业
水利、环境和公共设施管理业	**31873336**	**31563358**	**1001668**	**110123**	**1815**	**51**
水利管理业	4788826	4773056	54819	7866	30	51
防洪除涝设施管理	2642648	2642648	393	…		
水资源管理	1111055	1104886	9423	6555		
天然水收集与分配	691471	691471	28513	769		11
水文服务	14561	4961	49			
其他水利管理业	329090	329090	16440	542	30	40
生态保护和环境治理业	1221558	1160671	13291	2	585	
生态保护	428113	428113	4795			
环境治理业	793445	732558	8496	2	585	
公共设施管理业	25862953	25629631	933558	102255	1200	
市政设施管理	15681772	15636596	860100	53032		
环境卫生管理	398668	398653	25187	3938		
城乡市容管理	1725476	1725476		158		
绿化管理	2132528	2119590	14309	5254	683	
公园和游览景区管理	5924509	5749316	33962	39873	517	
居民服务、修理和其他服务业	**2653629**	**2562752**	**71046**	**93410**	**15873**	**4813**
居民服务业	1041211	994088	51402	78655	1040	4430
家庭服务	71588	71428		183	28	
托儿所服务	5284	5284				
洗染服务	48470	43502		1547		
理发及美容服务	59507	58272		1283	172	40
洗浴服务	185200	185200		40	43	
保健服务	122966	122834			406	
婚姻服务	18242	18242	210		68	
殡葬服务	225500	184988	18258	74772	20	4390
其他居民服务业	304456	304338	32934	829	304	
机动车、电子产品和日用产品修理业	1194852	1151261	16855	7459	14534	383
汽车、摩托车修理与维护	1026249	984188	16708	6462	11980	376
计算机和办公设备维修	75528	75108		12	1649	

单位：万元

国有联营	集体联营	国有与集体联营	其他联营	有限责任公司	国有独资公司	其他有限责任公司	股份有限公司	私营企业	私营独资
	40		**11**	**22785698**	**9841778**	**12943920**	**962051**	**6699042**	**32515**
	40		11	4606337	1835899	2770438	4300	99553	1310
				2639312	538369	2100943		2943	
				1061451	783867	277584		27457	876
			11	660909	385257	275652		1268	
				4613		4613		299	
	40			240052	128406	111646	4300	67586	434
				796503	468491	328011	120	349454	6327
				375263	331817	43446		47817	5862
				421240	136674	284566	120	301637	465
				17382859	7537388	9845471	957631	6250035	24878
				11222299	5213452	6008847	65876	3435289	8978
				259728	85658	174070	4439	105361	2907
				1657193	1077091	580103		68070	
				668086	44294	623793	76365	1354361	6477
				3575553	1116894	2458659	810950	1286954	6517
	4568		**245**	**477156**	**196170**	**280986**	**28255**	**1858285**	**278677**
	4185		245	286404	150194	136209	260	563467	150392
				11847		11847	120	56551	689
								5154	
				3248		3248		38707	6980
			40	2517		2517	62	54103	16397
				9596		9596		174020	51857
				6659	1118	5541		115020	70832
				1505		1505	75	16377	469
	4185		205	52017	15511	36505		32642	1379
				199014	133565	65450	3	70894	1789
	383			93939	5483	88456	5671	1010245	116597
	376			66962	424	66537	5138	874571	112454
				20925	5059	15866	499	52022	681

2-A-35 续表 15

行业	合计					
		内资	国有	集体	股份合作企业	联营企业
家用电器修理	72130	71020	147	433	819	7
其他日用产品修理业	20945	20945		553	87	
其他服务业	417566	417403	2789	7296	299	
清洁服务	197375	197375	1675	848	299	
其他未列明服务业	220191	220028	1114	6448		
教育	**1626035**	**1596763**	**53714**	**38885**	**3874**	**597**
教育	1626035	1596763	53714	38885	3874	597
学前教育	34907	33112	2195	1510		86
初等教育	10225	10225				
中等教育	26599	26599	957	1273		
高等教育	11431	11431	295			
特殊教育	652	652				
技能培训、教育辅助及其他教育	1542220	1514744	50268	36102	3874	512
卫生和社会工作	**2221526**	**2131324**	**27960**	**3388**	**13819**	**200**
卫生	747326	660125	23647	1862	4389	200
医院	574654	491012	23252	442	2502	200
社区医疗与卫生院	1923	1923	50	62		
门诊部(所)	128819	128819	100	426	1887	
计划生育技术服务活动	562	2		2		
妇幼保健院(所、站)	92	92				
专科疾病防治院(所、站)	89	89				
疾病预防控制中心	89	89		29		
其他卫生活动	41098	38098	245	901		
社会工作	1474200	1471200	4314	1527	9430	
提供住宿社会工作	1423906	1423906	3685	496	8885	
不提供住宿社会工作	50294	47294	629	1030	545	
文化、体育和娱乐业	**9121931**	**8691266**	**445714**	**22098**	**6652**	**196**
新闻和出版业	1726089	1726089	350139	1207		
新闻业	4939	4939	456			
出版业	1721149	1721149	349683	1207		

单位：万元

国有联营	集体联营	国有与集体联营	其他联营	有限责任公司	国有独资公司	其他有限责任公司	股份有限公司	私营企业	私营独资
	7			5441		5441		64066	2645
				611		611	33	19585	817
				96813	40493	56320	22324	284573	11688
				29338	4036	25302	393	164780	4007
				67476	36457	31018	21931	119793	7682
			597	**315625**	**4182**	**311444**	**42943**	**1111938**	**65754**
			597	315625	4182	311444	42943	1111938	65754
			86	11248		11248		11507	3603
								10145	9388
				10		10		7810	
				7		7		11129	
				592	592			60	
			512	303769	3590	300178	42943	1071286	52764
	200			**246080**	**6000**	**240080**	**3771**	**1820219**	**89553**
	200			198426	…	198426	3771	412009	86266
	200			136214		136214	3726	310944	43368
								1707	1378
				28614		28614	45	95773	41186
				92		92			
								89	74
				…	…			60	
				33506		33506		3436	260
				47654	6000	41654		1408210	3287
				36894	6000	30894		1373946	1547
				10760		10760		34264	1740
	40		**156**	**3490698**	**1556868**	**1933830**	**885053**	**3833762**	**384948**
				1348093	1179234	168858	14178	12261	408
				4218		4218		266	
				1343875	1179234	164641	14178	11995	408

2-A-35 续表 16

行业	合计	内资				
			国有	集体	股份合作企业	联营企业
广播、电视、电影和影视录音制作业	4226899	4208964	81836	1159	300	
广播	14297	14297	239			
电视	809470	809470	17953			
电影和影视节目制作	2831603	2825870	277	3	300	
电影和影视节目发行	70873	70873	2562			
电影放映	493900	481697	60806	1156		
录音制作	6756	6756				
文化艺术业	589494	589032	6726	14682	1149	
文艺创作与表演	185009	184860	761	3547	203	
艺术表演场馆	72866	72866	2489	...		
图书馆与档案馆	7883	7883	583	5880		
文物及非物质文化遗产保护	85328	85328		5000	945	
博物馆	31692	31692	78	126		
烈士陵园、纪念馆	234	234				
群众文化活动	20349	20349	2760	106		
其他文化艺术业	186134	185821	55	22		
体育	1201746	872414	1279	2863	100	
体育组织	204157	204157	973			
体育场馆	41937	41937	156	1944		
休闲健身活动	862275	532943	150	919	100	
其他体育	93377	93377				
娱乐业	1377704	1294767	5733	2188	5104	196
室内娱乐活动	843968	839086	3335	843	5104	55
游乐园	357591	297590				
彩票活动	13	13		10		
文化、娱乐、体育经纪代理	50811	44422	398	330		108
其他娱乐业	125321	113656	2000	1005		34

单位：万元

国有联营	集体联营	国有与集体联营	其他联营	有限责任公司	国有独资公司	其他有限责任公司	股份有限公司	私营企业	私营独资
				947298	123532	823766	829834	2347784	12165
				9852		9852		4206	
				308287	46352	261934	185599	297632	
				400311	6193	394118	634041	1790938	11571
				46775	43938	2837	8201	13336	
				176820	27049	149772	1994	240169	584
				5254		5254		1503	10
				340465	76588	263877	10010	215624	14491
				101837	47379	54459		78495	3446
				58858	7585	51273	10000	1519	372
				344		344		1075	253
				44890	20547	24342		34268	
				1558		1558		29929	284
								234	234
				11836	1011	10825		5511	798
				121142	65	121077	10	64592	9104
				597710	176645	421065	797	268747	8315
				190739	169424	21314	381	12064	
				2242	2242			37596	846
				364252	4978	359274	404	166198	7300
				40477	…	40477	12	52889	169
	40		156	257132	868	256263	30235	989347	349569
	40		15	51135		51135	25071	749341	345288
				173246	103	173143	5001	119333	1312
				3		3			
			108	5095	765	4330	17	38474	799
			34	27652		27652	146	82198	2170

2-A-35 续表 17

行业	私营合伙	私营有限责任公司	私营股份有限公司	其他企业	港澳台商投资	与港澳台商合资经营
总计	**14922345**	**783757572**	**29227012**	**4749545**	**156184494**	**77196368**
农、林、牧、渔业	**2916**	**296830**	**2735**	**172215**	**6025**	
农业		45052		4444		
谷物种植		12666		697		
豆类、油料和薯类种植		1142				
蔬菜、食用菌及园艺作物种植		17438		2743		
水果种植		1735		408		
坚果、含油果、香料和饮料作物种植		3042		446		
中药材种植		8916		150		
其他农业		112				
林业		600				
林木育种和育苗		600				
畜牧业		36632		5308		
牲畜饲养		28028		2050		
家禽饲养		7429		2273		
其他畜牧业		1175		985		
渔业	549	35345		1294		
水产养殖	549	35345		1294		
农、林、牧、渔服务业	2367	179201	2735	161169	6025	
农业服务业	2287	157910	2665	141712	6025	
林业服务业		9157		4568		
畜牧服务业	65	6113	70	7917		
渔业服务业	16	6021		6972		
采矿业	**64911**	**1633898**	**4106**	**7602**	**31649**	**31649**
煤炭开采和洗选业		21961		79		
烟煤和无烟煤开采洗选		17885		79		
褐煤开采洗选		2784				
其他煤炭采选		1292				
黑色金属矿采选业		37877				

单位：万元

与港澳台商合作经营	港澳台商独资	港澳台商投资股份有限公司	其他港澳台投资	外商投资	中外合资经营	中外合作经营	外资企业	外商投资股份有限公司	其他外商投资
1726919	**70292778**	**6860830**	**107599**	**127190489**	**66720292**	**1182210**	**56163107**	**2325735**	**799144**
	6025			**8120**	**7749**		**371**		
				2000	2000				
				2000	2000				
				2749	2749				
				2490	2490				
				259	259				
	6025			3371	3000		371		
	6025			3371	3000		371		
				75147	**6467**		**67083**	**1597**	
				2400			2400		

2-A-35 续表 18

行业	私营合伙	私营有限责任公司	私营股份有限公司	其他企业	港澳台商投资	与港澳台商合资经营
铁矿采选		37877				
其他黑色金属矿采选		…				
有色金属矿采选业	680	271035	2652	5		
常用有色金属矿采选	660	177901		5		
贵金属矿采选		9952				
稀有稀土金属矿采选	20	83182	2652			
非金属矿采选业	63431	1286608	1454	7519	31649	31649
土砂石开采	60001	1202266	1454	7519	31649	31649
化学矿开采		830				
采盐		1362				
石棉及其他非金属矿采选	3430	82150				
开采辅助活动	50	1769				
石油和天然气开采辅助活动		1150				
其他开采辅助活动	50	619				
其他采矿业	750	14648				
其他采矿业	750	14648				
制造业	**4077121**	**309075693**	**14318971**	**376935**	**89781214**	**51981512**
农副食品加工业	40329	5727576	127399	86723	658148	444523
谷物磨制	972	206764	200	5655	120600	35882
饲料加工	3735	938366	58596	1185	43889	22531
植物油加工	170	231192	6761	5595	22576	12160
制糖业	10	8884		806		
屠宰及肉类加工	3385	487653	32130	3730	146496	84473
水产品加工	28281	2222440	19883	4180	281508	247767
蔬菜、水果和坚果加工	1780	1311237	9829	60963	12690	11470
其他农副食品加工	1996	321040		4609	30390	30240
食品制造业	29749	1954686	80737	9375	564756	333383
焙烤食品制造	1219	259006	1000	307	96612	49897
糖果、巧克力及蜜饯制造	1145	116330		730	12559	4650
方便食品制造	711	221987	2147	3643	101240	100007

单位：万元

与港澳台商合作经营	港澳台商独资	港澳台商投资股份有限公司	其他港澳台投资	外商投资	中外合资经营	中外合作经营	外资企业	外商投资股份有限公司	其他外商投资
				2400			2400		
				72747	6467		64683	1597	
				72747	6467		64683	1597	
1108048	**31566018**	**5061596**	**64041**	**86289892**	**47320532**	**550730**	**35883828**	**1886425**	**648378**
	213626			6436976	5968232	33173	418124	17430	17
	84718			29		12			17
	21359			36917	1641		35276		
	10416			239524	11464		228060		
	62023			57755	22370		35385		
	33741			5384245	5836431	22512	25302		
	1220			113690	74220	10649	11391	17430	
	150			104815	22106		82710		
	231372			2316815	443231	8668	1314795	32546	517575
	46715			105073	18315		86758		
	7909			342080	35836		306244		
	1234			652758	8702	7173	604337	32546	

2-A-35 续表 19

行业	私营合伙	私营有限责任公司	私营股份有限公司	其他企业	港澳台商投资	与港澳台商合资经营
乳制品制造	382	181440			7354	
罐头食品制造	11669	329286		2239	4246	3036
调味品、发酵制品制造	95	138445		336	93427	7658
其他食品制造	14528	708192	77590	2121	249317	168136
酒、饮料和精制茶制造业	22393	1867087	10945	48628	892890	192849
酒的制造	4866	455288	8996	874	431280	116146
饮料制造	1170	770728	238	438	421821	45261
精制茶加工	16357	641071	1711	47316	39789	31442
烟草制品业		100			18812	18812
卷烟制造						
其他烟草制品制造		100			18812	18812
纺织业	300268	39074742	487411	14972	11525698	7102920
棉纺织及印染精加工	144063	20244203	255910	3644	5822784	3537354
毛纺织及染整精加工	17424	1240218	10648	2920	693962	367637
麻纺织及染整精加工	320	86377		40	73814	52566
丝绢纺织及印染精加工	12253	1850435	10446	312	491314	341020
化纤织造及印染精加工	27246	2858449	14820	1152	1541675	1336750
针织或钩针编织物及其制品制造	60529	7949568	78125	4282	1457251	912345
家用纺织制成品制造	12046	2584806	94961	1763	895606	315559
非家用纺织制成品制造	26386	2260686	22500	859	549291	239688
纺织服装、服饰业	109003	13897140	1312596	15671	7051402	3494892
机织服装制造	51466	7689821	1170785	7474	4118664	2268964
针织或钩针编织服装制造	34274	4022952	140814	2963	2144295	751848
服饰制造	23262	2184368	997	5235	788443	474079
皮革、毛皮、羽毛及其制品和制鞋业	115517	8888228	71782	4871	1399559	1037401
皮革鞣制加工	15205	762288	1053	28	262926	198385
皮革制品制造	17839	2166942	17285	1048	378845	231917
毛皮鞣制及制品加工	1898	535520	20	15	52621	15666
羽毛(绒)加工及制品制造	9794	774113	19616		436490	433322
制鞋业	70781	4649365	33808	3781	268677	158111

单位：万元

与港澳台商合作经营	港澳台商独资	港澳台商投资股份有限公司	其他港澳台投资	外商投资	中外合资经营	中外合作经营	外资企业	外商投资股份有限公司	其他外商投资
	7354			14247			14247		
	1210			167327	132213		35113		
	85769			31827	29224	995	1608		
	81181			1003504	218940	500	266489		517575
	700041			1753633	1214479		514635		24519
	315134			432981	61129		371851		
	376560			1312220	1147370		140330		24519
	8347			8432	5980		2453		
244318	3100071	1078389		5120535	3470276	23903	1602353	24003	
4734	1429110	851586		2611309	1931570	16213	650107	13418	
2905	323419			171578	90597		80981		
	21248			33539	15413		18125		
3896	146399			207651	119293	5	84917	3437	
63053	113587	28286		220892	150980	7565	62347		
22118	522788			854052	610428	120	243504		
79254	306896	193898		548974	324579		217247	7148	
68359	236624	4620		472541	227417		245124		
64999	3325435	160290	5785	3354630	2030196	7600	1304051	10702	2080
33255	1732783	77929	5733	2237151	1297951	3740	927335	7429	695
31744	1360703			659370	443177	2888	218663	3274	1369
	231950	82362	52	448109	289069	972	158053		15
15066	323718	23374		1748590	948428	13268	780514	6379	
	64540			544035	143412		400623		
14689	131864	374		439870	262075	7057	170738		
	13955	23000		69502	58871		10631		
	3169			180551	113454		67098		
376	110190			514632	370617	6211	131425	6379	

2-A-35 续表 20

行业	私营合伙	私营有限责任公司	私营股份有限公司	其他企业	港澳台商投资	与港澳台商合资经营
木材加工和木、竹、藤、棕、草制品业	44204	3248603	40361	16392	462498	272776
木材加工	9104	275526	1403	1811	29381	18797
人造板制造	11405	753650	420	70	223028	121228
木制品制造	13574	1669848	38050	1368	130717	79160
竹、藤、棕、草等制品制造	10122	549579	488	13143	79371	53590
家具制造业	31265	4871000	262764	4748	1529256	806296
木质家具制造	10930	2116360	43576	2624	667109	387033
竹、藤家具制造	354	77192		2010	56521	37096
金属家具制造	7411	1896048	156753	32	485031	204025
塑料家具制造	2939	160746			45806	17963
其他家具制造	9631	620655	62435	82	274789	160179
造纸和纸制品业	125795	7916593	67089	4703	3790351	3590780
纸浆制造		6169			3661	
造纸	33367	4550230	47926	68	3233454	3183602
纸制品制造	92427	3360195	19164	4635	553235	407178
印刷和记录媒介复制业	121369	5053828	75362	4672	505899	434872
印刷	117834	4870914	75362	4616	485741	414714
装订及印刷相关服务	3535	152483		56	20158	20158
记录媒介复制		30431				
文教、工美、体育和娱乐用品制造业	131827	9985592	168291	17363	1887595	932398
文教办公用品制造	14647	1977818	7579	2491	210488	122226
乐器制造	2815	112331			93912	12196
工艺美术品制造	99378	5810185	149267	12151	836510	501537
体育用品制造	6111	1018759	5019	161	252656	72339
玩具制造	8317	708153	5014	2510	280328	89692
游艺器材及娱乐用品制造	559	358346	1412	49	213701	134408
石油加工、炼焦和核燃料加工业	2004	693117	16027		618080	568200
精炼石油产品制造	2004	691255	16027		618080	568200
炼焦		1362				
核燃料加工		500				

单位：万元

与港澳台商合作经营	港澳台商独资	港澳台商投资股份有限公司	其他港澳台投资	外商投资	中外合资经营	中外合作经营	外资企业	外商投资股份有限公司	其他外商投资
12164	144567	32990		419166	289705	21977	107483		
	10584			9583	2411		7171		
5292	63517	32990		73893	42554		31339		
	51557			260143	197571	390	62182		
6873	18909			75547	47169	21587	6790		
9827	713134			2074912	1227512	322	847074		5
24	280052			610047	314330	322	295396		
	19425			386550	383451		3094		5
9803	271203			564634	215599		349036		
	27844			18690	1983		16707		
	114610			494991	312150		182841		
9755	189816			1636461	862515	21049	702011		50886
	3661								
9755	40097			397695	323090		23718		50886
	146058			1238766	539425	21049	678292		
31	70996			401746	370464		31282		
31	70996			386825	355543		31282		
				14921	14921				
19188	772979	163030		2055182	666610	14282	1310707	63060	524
18150	70112			260611	111124		86428	63060	
	15536	66180		780371	10027	10593	759372		378
181	237941	96850		594039	352250	3689	237955		145
	180318			234409	122452		111957		
856	189779			178558	70457		108101		
	79293			7194	300		6894		
350	16986	32543		192178	53530		135717	2931	
350	16986	32543		192178	53530		135717	2931	

2-A-35 续表 21

行业	私营合伙	私营有限责任公司	私营股份有限公司	其他企业	港澳台商投资	与港澳台商合资经营
化学原料和化学制品制造业	75301	14096698	1303064	18935	6997485	3953535
基础化学原料制造	23019	2003990	214109	1467	2129666	830038
肥料制造	505	167670		494	6784	3519
农药制造		303967	121544	10	204066	199915
涂料、油墨、颜料及类似产品制造	19321	1829420	479950	115	779263	440891
合成材料制造	10472	4513771	323999	15527	2944713	1826930
专用化学产品制造	16363	2855988	154306	180	846555	626704
炸药、火工及焰火产品制造	335	31888	2068			
日用化学产品制造	5287	2390004	7089	1142	86440	25538
医药制造业	14526	2471177	237042	1059	921281	685207
化学药品原料药制造	10910	1036100	118876		282854	249203
化学药品制剂制造		292368	29753		60116	12000
中药饮片加工		151988	125	859	7832	1686
中成药生产		260189		200	320334	222982
兽用药品制造		97633	1925		500	500
生物药品制造		226250	71783		212782	184055
卫生材料及医药用品制造	3616	406650	14580		36863	14781
化学纤维制造业	16772	7104025	424732	435	5264614	4163913
纤维素纤维原料及纤维制造	1591	125983	1500	85	811948	805469
合成纤维制造	15181	6978042	423232	350	4452666	3358444
橡胶和塑料制品业	453588	17609591	371452	11181	4175862	2588543
橡胶制品业	58061	2030573	50971	635	380970	201372
塑料制品业	395527	15579018	320481	10547	3794892	2387172
非金属矿物制品业	145673	13581117	802567	12715	2688846	2030115
水泥、石灰和石膏制造	4827	1879699	20985	83	121732	300
石膏、水泥制品及类似制品制造	24280	5123988	167279	2058	649685	470444
砖瓦、石材等建筑材料制造	83304	1665195	43715	4141	456776	417670
玻璃制造	634	924052	55	213	685339	617744
玻璃制品制造	11729	1858618	309203	1721	405261	229381
玻璃纤维和玻璃纤维增强塑料制品制造	5095	585313	4626	2068	94070	64003

单位：万元

与港澳台商合作经营	港澳台商独资	港澳台商投资股份有限公司	其他港澳台投资	外商投资	中外合资经营	中外合作经营	外资企业	外商投资股份有限公司	其他外商投资
282736	2758438	2777		10058834	3591190	60879	6109086	297379	300
265215	1034413			1975530	786753	57262	956598	174917	
	3264			26864	21662		5202		
	4151			225395	140934		14751	69710	
17461	320911			826082	566651		259131		300
	1117783			4251496	1290038		2908707	52752	
	217075	2777		2086805	619634		1467170		
60	60842			666662	165519	3617	497526		
	236074			2579225	1709075		826066	44084	
	33651			446834	219617		187033	40184	
	48116			1487139	1097485		389655		
	6146			45913	9828		36084		
	97352			76146	73895		2251		
				10884	10884				
	28727			336339	178200		154238	3900	
	22082			175970	119166		56804		
	940769	159932		2593445	1538576		1054869		
	6479			127708	120839		6869		
	934290	159932		2465737	1417737		1048000		
12241	1458535	112124	4418	4955997	2846801	149421	1951261	8784	731
	179598			3058295	1864827		1193468		
12241	1278937	112124	4418	1898702	981974	149421	757793	8784	731
21341	602390	2741	32260	2092278	971725	11957	1108511		86
	121432			95956	94964		991		
21341	157899			177450	135306		42145		
	36365	2741		743225	70187		673038		
	67595			53199	28429		24770		
	143621		32260	280551	122643	9116	148705		86
	30067			434450	248978		185472		

2-A-35 续表 22

行业	私营合伙	私营有限责任公司	私营股份有限公司	其他企业	港澳台商投资	与港澳台商合资经营
陶瓷制品制造	5586	339146	421	1676	154352	138955
耐火材料制品制造	3844	760167	109263		58734	28846
石墨及其他非金属矿物制品制造	6373	444938	147021	755	62898	62772
黑色金属冶炼和压延加工业	122493	9093365	347411	2435	2353002	1856675
炼铁	45	15764				
炼钢	10600	549536			88526	88526
黑色金属铸造	58168	1591739	31184	2056	156737	73876
钢压延加工	53680	6779271	316227	379	2107739	1694273
铁合金冶炼		157055				
有色金属冶炼和压延加工业	78792	7369105	454737	1844	1754962	1250537
常用有色金属冶炼	6738	936283			218533	207985
贵金属冶炼	4240	137112			22986	22986
稀有稀土金属冶炼		56377			33416	33416
有色金属合金制造	1808	814529	152178	300	344028	257888
有色金属铸造	14557	139162	100	110	51259	34873
有色金属压延加工	51451	5285643	302459	1434	1084739	693388
金属制品业	421353	21317168	235223	28645	2665506	1377533
结构性金属制品制造	32583	6445411	16091	1034	313399	204718
金属工具制造	51556	2245170	1843	2906	271681	152528
集装箱及金属包装容器制造	3208	1014836	5588	418	542412	233909
金属丝绳及其制品制造	8582	666719	2946	219	288229	103922
建筑、安全用金属制品制造	118913	4090765	8395	5369	489253	265043
金属表面处理及热处理加工	101461	1407463	64838	15295	127518	33749
搪瓷制品制造	4493	129964	2800	43	43839	39709
金属制日用品制造	55145	3432232	33220	1479	339709	177143
其他金属制品制造	45410	1884607	99503	1880	249465	166813
通用设备制造业	570444	32299549	1566613	25469	6201418	2871009
锅炉及原动设备制造	6716	1190395	7337	5	777926	123926
金属加工机械制造	46272	2201237	195320	1232	699337	140087
物料搬运设备制造	15674	2952921	158008	1581	783375	413435

单位：万元

与港澳台商合作经营	港澳台商独资	港澳台商投资股份有限公司	其他港澳台投资	外商投资	中外合资经营	中外合作经营	外资企业	外商投资股份有限公司	其他外商投资
	15397			58955	39813		19142		
	29888			72211	69257	2841	113		
	126			176282	162147		14135		
	429826	66501		1232253	966922		265330		
				17057	17057				
	82861			88258	28132		60126		
	346965	66501		1113170	914099		199071		
				13767	7634		6134		
119686	381582	3157		1229821	233542		365533	626359	4387
	10548			192905	1266		191639		
65019	21121			87203	15629		71574		
	16386			4683	296				4387
54668	333527	3157		945030	216351		102320	626359	
14476	1260853	10994	1651	2000333	1155038	23594	783856	37781	64
	108681			230877	128605		64940	37268	63
	119153			313983	189097		124885		
	308503			274311	242290		31508	512	
	184307			6986			6986		
	211635	10994	1583	416095	172069	17732	226292		1
559	93210			85027	39341	5862	39824		
	4130			7560	7551		9		
	162498		68	514674	334744		179930		
13917	68736			150821	41340		109481		
74365	2494700	761314	30	7450040	4343647	13779	2694159	390184	8272
61726	122416	469859		434368	399466		34902		
	357375	201875		684544	88655		595877		13
	369940			1622376	1433436		188939		

2-A-35 续表 23

行业	私营合伙	私营有限责任公司	私营股份有限公司	其他企业	港澳台商投资	与港澳台商合资经营
泵、阀门、压缩机及类似机械制造	118627	7288251	274070	5689	1104988	674581
轴承、齿轮和传动部件制造	101875	5155431	447170	1106	723304	426090
烘炉、风机、衡器、包装等设备制造	19850	4761326	283185	5266	1066265	519971
文化、办公用机械制造	788	390637	18711	158	161998	114165
通用零部件制造	249817	6726654	178653	9992	839503	450498
其他通用设备制造业	10826	1632698	4159	440	44722	8256
专用设备制造业	236718	13296587	514975	7938	3705084	1401418
采矿、冶金、建筑专用设备制造	12636	1133354	28038	11	199577	123150
化工、木材、非金属加工专用设备制造	119518	4214273	207214	5109	2036334	612548
食品、饮料、烟草及饲料生产专用设备制造	1464	346396	5251	389	52471	15644
印刷、制药、日化及日用品生产专用设备制造	8659	623518	5380	550	92469	57509
纺织、服装和皮革加工专用设备制造	64746	2306657	75829	1674	422525	205694
电子和电工机械专用设备制造	3205	440608	16917		47146	11149
农、林、牧、渔专用机械制造	14565	768405	14327	141	219087	55958
医疗仪器设备及器械制造	2026	682344	94213	25	157702	30716
环保、社会公共服务及其他专用设备制造	9898	2781031	67806	38	477773	289051
汽车制造业	205690	12469971	177487	4507	4993899	3428305
汽车整车制造		1410676			2682928	2328918
改装汽车制造		57379			17846	17846
低速载货汽车制造						
电车制造		6896			7729	
汽车车身、挂车制造	95	48635			22648	14468
汽车零部件及配件制造	205594	10946386	177487	4507	2262748	1067073
铁路、船舶、航空航天和其他运输设备制造业	62284	6473386	1067065	3694	1186814	971941
铁路运输设备制造	442	292614			5451	5451
城市轨道交通设备制造		2160				
船舶及相关装置制造	18490	3136788	899301	…	758426	715701
航空、航天器及设备制造	360	39813	33766			
摩托车制造	21787	1472113	988	1010	67170	46298
自行车制造	16646	1367833	130522	2664	344317	202316

单位：万元

与港澳台商合作经营	港澳台商独资	港澳台商投资股份有限公司	其他港澳台投资	外商投资	中外合资经营	中外合作经营	外资企业	外商投资股份有限公司	其他外商投资
	430403	4		1184531	672959	11280	494392		5900
3688	290997	2500	30	965389	576252	207	388930		
50	546244			1288958	750897	2291	535770		
	47833			91264	21380		59350	10534	
8902	293026	87077		1142008	393260		367924	379650	1175
	36466			36602	7342		28075		1185
27662	2124272	134544	17188	3101755	1328243	4878	1719683	43970	4982
	76427			518356	212205		306151		
	1377482	46304		1011852	471526		538302		2023
18373	18454			131901	116333		15569		
	34960			149145	36874		112271		
1731	175906	22007	17188	428830	209288		199542	20000	
20	35977			119943	78372		41571		
7250	154079	1801		167745	22931		141856		2958
289	126697			316534	88677	4878	200130	22849	
	124291	64431		257449	92037		164291	1121	
9350	1381972	174273		5422212	3362321	56709	1823990	179192	
	354010			456834	418677		38157		
				34459	18938		15522		
	7729								
	8179			9491			9491		
9350	1012053	174273		4921427	2924706	56709	1760820	179192	
12452	202422			1113747	223463	10330	879753		200
				1416	1416				
	42725			770495	62918		707577		
				450			450		
	20872			38782	20713		17869		200
5920	136080			262123	126530	10330	125263		

2-A-35 续表 24

行业	私营合伙	私营有限责任公司	私营股份有限公司	其他企业	港澳台商投资	与港澳台商合资经营
非公路休闲车及零配件制造	841	128226	2488	20	2417	
潜水救捞及其他未列明运输设备制造	3718	33840			9033	2174
电气机械和器材制造业	231324	30681276	2748020	12354	7253268	3537201
电机制造	29482	4146329	77226	1571	573077	366755
输配电及控制设备制造	70533	9954022	800093	1235	2155745	1373601
电线、电缆、光缆及电工器材制造	23710	3562115	968394	1528	890564	398780
电池制造	4155	1238933	135544	30	1297744	249357
家用电力器具制造	62477	6778252	130087	3950	1240100	574802
非电力家用器具制造	3448	759307	54258	794	68207	40117
照明器具制造	32686	3882887	582248	2735	989274	498319
其他电气机械及器材制造	4836	359432	169	512	38558	35472
计算机、通信和其他电子设备制造业	44684	8456013	1110382	7809	6551472	1934740
计算机制造	1516	194547	3989		129879	4522
通信设备制造	5397	988574	10337	3702	3066311	262750
广播电视设备制造	2501	657133	215855		127026	36222
雷达及配套设备制造		2219			230665	230665
视听设备制造	4334	867694	50	20	327685	250958
电子器件制造	2345	1083688	454858	1020	1400171	363419
电子元件制造	26519	4156453	419229	3047	1136584	699577
其他电子设备制造	2072	505705	6064	20	133150	86625
仪器仪表制造业	56339	3568320	210267	1647	1244451	363797
通用仪器仪表制造	23898	2036569	197179	62	902265	264903
专用仪器仪表制造	5380	587218	12989	190	46479	9833
钟表与计时仪器制造	1644	151171		20	24066	20259
光学仪器及眼镜制造	17175	703063		1330	269660	68802
其他仪器仪表制造业	8242	90298	100	45	1982	
其他制造业	247177	4145615	26717	2117	379750	178980
日用杂品制造	244998	3793603	14252	611	349558	160676
煤制品制造	28	19668		6		
核辐射加工	15	402	6293			
其他未列明制造业	2136	331942	6172	1500	30192	18304

单位：万元

与港澳台商合作经营	港澳台商独资	港澳台商投资股份有限公司	其他港澳台投资	外商投资	中外合资经营	中外合作经营	外资企业	外商投资股份有限公司	其他外商投资
	2417			34537	5943		28594		
6531	327			5944	5944				
40228	3466570	206561	2709	6890554	4558863	52334	2273044	6223	90
23737	180139	2446		1461566	764447	29940	667089		90
3280	630104	146051	2709	2201354	1774666	9367	413514	3807	
7715	484070			1038113	674995	1667	359035	2416	
	1030167	18220		483588	284548		199040		
5496	651904	7898		876945	629973		246972		
	28090			59046	5727		53319		
	459010	31946		730131	414057	11361	304713		
	3086			39812	10450		29362		
87050	3018103	1511579		5762937	1585939	10888	4088692	77419	
	83098	42259		651197	65944		585253		
1450	1338844	1463267		1176822	553760	6399	616663		
	88153	2651		50865	12930		37935		
				2247	2247				
	76727			232563	60616		171947		
1781	1034972			2368850	582017		1756565	30268	
83820	349785	3403		1031528	284106	4489	695783	47151	
	46525			248865	24320		224546		
30765	425406	424484		1425423	683943	1387	688432	18002	33660
30765	182113	424484		850524	435361		397161	18002	
	36646			350709	166218		150832		33660
	3806			16426	15893		533		
	200858			201562	66471	1387	133704		
	1982			6202			6202		
	200770			417191	282853	8252	126085		
	188882			373694	278959	8252	86483		
				8			8		
	11888			43489	3894		39595		

2-A-35 续表 25

行业	私营合伙	私营有限责任公司	私营股份有限公司	其他企业	港澳台商投资	与港澳台商合资经营
废弃资源综合利用业	7443	1187962	368	130	393149	17479
金属废料和碎屑加工处理	2583	896536	338	30	377910	17459
非金属废料和碎屑加工处理	4860	291426	30	100	15239	20
金属制品、机械和设备修理业	12797	676475	86	5905	145407	140483
金属制品修理		5350		25	3388	
通用设备修理	393	25468	83	600	2159	623
专用设备修理	30	13688		678		
铁路、船舶、航空航天等运输设备修理	11761	599487		4582	138867	138867
电气设备修理	156	20063	3		50	50
仪器仪表修理		209			943	943
其他机械和设备修理业	458	12210		20		
电力、热力、燃气及水生产和供应业	**227713**	**3707207**	**62776**	**6674**	**1830434**	**1165347**
电力、热力生产和供应业	206534	2296658	61145	6208	1530488	971604
电力生产	206339	2068424	61145	6208	1407504	905894
电力供应	195	1909				
热力生产和供应		226325			122983	65710
燃气生产和供应业	4915	730948			172820	91453
燃气生产和供应业	4915	730948			172820	91453
水的生产和供应业	16264	679600	1630	466	127126	102290
自来水生产和供应	5498	155226		430	9950	
污水处理及其再生利用	1713	502583	1000		117176	102290
其他水的处理、利用与分配	9053	21791	630	36		
建筑业	**9537**	**58634350**	**2557131**	**8913**	**793501**	**568793**
房屋建筑业	1361	33042759	1390984	85	457774	375933
房屋建筑业	1361	33042759	1390984	85	457774	375933
土木工程建筑业	1622	16649728	991021	55	83547	71375
铁路、道路、隧道和桥梁工程建筑	135	10511698	895936	15	9316	
水利和内河港口工程建筑	16	1988282	46448		53807	53807
海洋工程建筑		216454	3020			

单位：万元

与港澳台商合作经营	港澳台商独资	港澳台商投资股份有限公司	其他港澳台投资	外商投资	中外合资经营	中外合作经营	外资企业	外商投资股份有限公司	其他外商投资
	375670			144631	86475	2080	56076		
	360452			142814	86325	2080	54409		
	15219			1817	150		1667		
	4924			307391	306734		657		
	3388								
	1536			65	65				
				5324	5324				
				301812	301182		630		
				189	162		27		
157811	**507277**			**4201097**	**3498404**	**158911**	**543283**		**500**
146671	412212			3232483	2812806	150077	269599		
146671	354939			3127465	2707788	150077	269599		
				20997	20997				
	57274			84021	84021				
2528	78839			684525	588490		96034		
2528	78839			684525	588490		96034		
8611	16225			284089	97107	8833	177649		500
8611	1339			52291	25999	8833	17459		
	14886			231448	70758		160190		500
				350	350				
9316	**94412**	**120980**		**403169**	**99210**	**4924**	**298451**		**584**
	81841			45938	42906		3032		
	81841			45938	42906		3032		
9316	2856			306093	30271	4844	270977		
9316				222300			222300		
				21545	21545				
				46293			46293		

2-A-35 续表 26

行业	私营合伙	私营有限责任公司	私营股份有限公司	其他企业	港澳台商投资	与港澳台商合资经营
工矿工程建筑		369499				
架线和管道工程建筑		838852	19053		16924	16924
其他土木工程建筑	1471	2724942	26564	40	3500	644
建筑安装业	3387	2675159	19830	7	125035	116895
电气安装	2446	728454	4483	2	3121	3121
管道和设备安装	819	772425	13349	5	54	
其他建筑安装业	123	1174280	1998		121860	113774
建筑装饰和其他建筑业	3167	6266704	155297	8766	127145	4590
建筑装饰业	2469	3985816	114711	8526	127145	4590
工程准备活动	678	1769048	40540	240		
提供施工设备服务	15	116110				
其他未列明建筑业	5	395730	46			
批发和零售业	**332851**	**171198110**	**2861806**	**1260251**	**8835132**	**2376001**
批发业	127425	150873990	2364245	1079477	5338089	1386528
农、林、牧产品批发	6435	1362536	74548	461155	116914	23437
食品、饮料及烟草制品批发	16363	5183325	166616	507682	486043	99318
纺织、服装及家庭用品批发	26209	36326080	166850	23563	1022813	186859
文化、体育用品及器材批发	3300	3558446	31835	6631	177937	18744
医药及医疗器材批发	187	2341979	177713	25282	266882	27316
矿产品、建材及化工产品批发	55795	76143874	750982	13143	2330713	726991
机械设备、五金产品及电子产品批发	9454	16598551	778018	14386	538895	255884
贸易经纪与代理	1803	4996608	182601	16865	98253	47139
其他批发业	7878	4362590	35083	10770	299638	839
零售业	205425	20324120	497561	180774	3497042	989474
综合零售	109459	1754071	151217	1385	2292947	521200
食品、饮料及烟草制品专门零售	2837	830882	37731	112540	23856	23210
纺织、服装及日用品专门零售	4442	1740770	14211	2776	542916	187346
文化、体育用品及器材专门零售	3013	1344533	28737	4089	15018	6490
医药及医疗器材专门零售	27177	671385	1875	10505	46468	46468

单位：万元

与港澳台商合作经营	港澳台商独资	港澳台商投资股份有限公司	其他港澳台投资	外商投资	中外合资经营	中外合作经营	外资企业	外商投资股份有限公司	其他外商投资
				12840	5968	4844	2028		
				261	261				
	2856			2853	2498		356		
	8140			30729	6808		23421		500
				697	150		47		500
	54			22206	310		21896		
	8086			7826	6348		1478		
	1576	120980		20409	19224	80	1021		84
	1576	120980		20325	19224	80	1021		
				74					74
				10					10
53663	**6236284**	**126923**	**42260**	**8002179**	**4240335**	**18171**	**3520477**	**84400**	**138795**
17647	3771943	120449	41523	5365903	3346482	4208	1822276	57806	135130
2609	90869			3939	12		3927		
	386624		100	170164	31867		138147		150
10831	680442	120196	24486	748263	92061	2021	569390	3973	80818
	157471	150	1572	151982	53180	20	91631	110	7041
4141	235425			48188	45300		2878		10
	1603661	61		3115068	2695642	25	417013		2387
	278957		4053	824269	222615	1017	537009	51933	11695
67	39712	42	11294	85071	5134	976	48043	1580	29338
	298782		17	213959	200671	150	14237	210	3691
36016	2464341	6474	737	2636276	893853	13963	1698201	26594	3665
35674	1735984		90	1417333	421165		994808		1361
32	585		28	10184	2620		7564		
	355457		113	402494	361709		40735		50
250	8279			16209	716		15453		40
				2984	2744		220		20

2-A-35 续表 27

行　业	私营合伙	私营有限责任公司	私营股份有限公司	其他企业	港澳台商投资	与港澳台商合资经营
汽车、摩托车、燃料及零配件专门零售	27579	8862867	185172	3047	484522	127197
家用电器及电子产品专门零售	13094	2367342	44483	3204	4496	661
五金、家具及室内装饰材料专门零售	10354	1783303	16463	3937	10838	7784
货摊、无店铺及其他零售业	7470	968967	17672	39291	75981	69118
交通运输、仓储和邮政业	**215198**	**14232276**	**1405528**	**5503**	**5357344**	**4897287**
铁路运输业						
铁路货物运输						
道路运输业	12723	4388979	1324115	4668	2223575	1953082
城市公共交通运输	30	248628	1631	1125	6364	4749
公路旅客运输	405	403787	57178		4406	4406
道路货物运输	10704	3360667	102571	3051	113945	20921
道路运输辅助活动	1585	375896	1162735	492	2098861	1923006
水上运输业	115	5598674	21211	5	799199	799199
水上旅客运输		44622				
水上货物运输		4775052	21211			
水上运输辅助活动	115	779000		5	799199	799199
航空运输业		8037			1521242	1521242
航空客货运输		67				
通用航空服务		5513				
航空运输辅助活动		2457			1521242	1521242
管道运输业						
管道运输业						
装卸搬运和运输代理业	201513	3113701	56101	420	108975	94856
装卸搬运	2623	182482	1912	38	68398	60586
运输代理业	198889	2931220	54189	381	40576	34270
仓储业	843	869810	3576	407	704353	528909
谷物、棉花等农产品仓储		24787	853	407		
其他仓储业	843	845023	2723		704353	528909
邮政业	5	253075	526	3		
邮政基本服务		949				
快递服务	5	252127	526	3		

单位：万元

与港澳台商合作经营	港澳台商独资	港澳台商投资股份有限公司	其他港澳台投资	外商投资	中外合资经营	中外合作经营	外资企业	外商投资股份有限公司	其他外商投资
	352640	4684		616485	72469		519372	24594	50
61	3775			14141	8331		5343		467
	1264	1790		126719	9416	13963	102963		377
	6356		507	29727	14684		11744	2000	1300
26846	**428627**	**4584**		**2731515**	**2279503**	**29038**	**422619**		**355**
26846	243648			945934	907115		38534		285
	1615			852			567		285
10888	82136			206895	169058		37837		
15958	159897			738187	738057		130		
				733461	704473	28988			
				733461	704473	28988			
				46197	46197		…		
				46197	46197				
				…			…		
	11663	2456		94848	81244	50	13484		70
	7812			37229	27960	50	9219		
	3851	2456		57619	53284		4265		70
	173316	2128		911074	540473		370601		
				1600			1600		
	173316	2128		909474	540473		369001		

2-A-35 续表 28

行业	私营合伙	私营有限责任公司	私营股份有限公司	其他企业	港澳台商投资	与港澳台商合资经营
住宿和餐饮业	**178754**	**5799806**	**506950**	**29424**	**1546666**	**586489**
住宿业	93108	3612639	391827	11858	1370974	528790
旅游饭店	40457	2762800	307749	6572	1275293	511880
一般旅馆	48785	805271	84078	4822	92208	16910
其他住宿业	3866	44568		465	3473	
餐饮业	85646	2187166	115123	17565	175691	57699
正餐服务	71381	1940445	112922	15523	166698	49419
快餐服务	1558	134783	642	390	8655	8095
饮料及冷饮服务	6675	39177	1196	1238	155	15
其他餐饮业	6032	72761	364	414	182	170
信息传输、软件和信息技术服务业	**39687**	**7222907**	**102272**	**1045**	**15339830**	**330684**
电信、广播电视和卫星传输服务	288	268225	7296	568	6214169	55450
电信	238	152800	7296	568	6214169	55450
广播电视传输服务	50	115425				
互联网和相关服务	80	588204	18188		7200503	
互联网接入及相关服务		31917	11			
互联网信息服务	80	527444	18176		7164954	
其他互联网服务		28843	1		35549	
软件和信息技术服务业	39318	6366478	76787	477	1925158	275234
软件开发	1247	4566314	70410	30	859454	156659
信息系统集成服务	50	714543	3695		860351	99588
信息技术咨询服务	37596	792765	1927	32	73048	10
数据处理和存储服务		41250			85	
集成电路设计		55443			4316	4316
其他信息技术服务业	426	196163	755	415	127904	14661
金融业	**5425306**	**10366023**	**1128664**	**30996**	**1248512**	**403549**
货币金融服务	547	2517472	1069415		494884	254169
非货币银行服务	547	2517472	1069415		494884	254169

单位：万元

与港澳台商合作经营	港澳台商独资	港澳台商投资股份有限公司	其他港澳台投资	外商投资	中外合资经营	中外合作经营	外资企业	外商投资股份有限公司	其他外商投资
42865	**864399**	**52041**	**872**	**1015058**	**580475**	**38131**	**394032**	**1213**	**1207**
42773	747294	52041	76	638815	319258	38131	280675	751	
992	710380	52041		614180	306306	32281	275593		
41781	33441		76	24635	12952	5850	5082	751	
	3473								
92	117105		795	376244	261217		113357	463	1207
92	116392		795	206035	157123		47242	463	1207
	560			154293	104030		50263		
	140			895	14		881		
	13			15021	50		14971		
	14159983	**849164**		**1643772**	**388624**	**424**	**1252998**	**1094**	**632**
	6033246	125473		82607	15		82592		
	6033246	125473		82592			82592		
				15	15				
	7200503			9482	441		9041		
				6892			6892		
	7164954			2590	441		2149		
	35549								
	926233	723691		1551682	388168	424	1161365	1094	632
	702794			1448439	355206	14	1091654	1094	471
	37073	723691		11100	7775	410	2915		
	73038			16704	5913		10630		161
	85			45797			45797		
				6653			6653		
	113243			22990	19274		3715		
	749960	**95003**		**377587**	**38323**		**254743**	**84521**	
	145712	95003		106605	22134		50	84421	
	145712	95003		106605	22134		50	84421	

2-A-35 续表 29

行业	私营合伙	私营有限责任公司	私营股份有限公司	其他企业	港澳台商投资	与港澳台商合资经营
资本市场服务	4611551	5586209	29416	30985	490478	148381
证券市场服务	2787	27719				
期货市场服务	3843	3953				
资本投资服务	4570482	5458908	29416	30985	479779	148381
其他资本市场服务	34440	95630			10699	
保险业	143	491308		5		
财产保险		473233				
再保险						
保险经纪与代理服务	12	15782				
其他保险活动	131	2292		5		
其他金融业	813065	1771035	29832	6	263151	1000
金融信托与管理服务	738754	571884	2537		249587	
控股公司服务	27652	870841	135		12564	
其他未列明金融业	46659	328310	27160	6	1000	1000
房地产业	**102153**	**115836805**	**2429331**	**47730**	**24619245**	**10307042**
房地产业	102153	115836805	2429331	47730	24619245	10307042
房地产开发经营	32799	104310743	1810097	31712	23378904	9734863
物业管理	604	1987050	21307	340	217483	7402
房地产中介服务	24193	1469922	113380	5877	138504	77364
自有房地产经营活动	43874	4242600	326967	1971	668154	347117
其他房地产业	682	3826490	157579	7830	216199	140296
租赁和商务服务业	**3985830**	**64166664**	**3020582**	**2546350**	**5716927**	**3903534**
租赁业	1432	1955727	32039	5222	110477	59904
机械设备租赁	1370	1870910	31988	4322	90560	59904
文化及日用品出租	62	84817	51	900	19918	
商务服务业	3984398	62210937	2988543	2541128	5606449	3843630
企业管理服务	1571993	44160026	2743761	2411987	4553276	3685498
法律服务	93889	12983	2983	100034	369	

单位：万元

与港澳台商合作经营	港澳台商独资	港澳台商投资股份有限公司	其他港澳台投资	外商投资	中外合资经营	中外合作经营	外资企业	外商投资股份有限公司	其他外商投资
	342097			268801	14189		254513	100	
	331398			268771	14159		254513	100	
	10699			30	30				
	262151			2181	2001		180		
	249587			1181	1001		180		
	12564			1000	1000				
154574	**13623351**	**534279**		**16517693**	**4964818**	**260846**	**11268069**	**23910**	**50**
154574	13623351	534279		16517693	4964818	260846	11268069	23910	50
140992	13003770	499279		15382525	4196959	255842	10905868	23856	
13582	196500			200471	141799	3863	54756	53	
	61140			126260	47010		79200		50
	321037			616772	393415	1141	222216		
	40903	35000		191666	185636		6030		
33190	**1763902**	**16261**	**40**	**4452995**	**2481209**	**27247**	**1730308**	**206666**	**7565**
	50573			453068	122007		170962	160099	
	30655			453068	122007		170962	160099	
	19918								
33190	1713329	16261	40	3999926	2359202	27247	1559346	46567	7565
28190	824814	14765	10	2612292	2080770	26460	480922	24045	95
	369								

2-A-35 续表 30

行业	私营合伙	私营有限责任公司	私营股份有限公司	其他企业	港澳台商投资	与港澳台商合资经营
咨询与调查	2297205	7462308	70578	16708	236914	37548
广告业	1701	1587059	3701	694	3885	36
知识产权服务	4307	42500		50		
人力资源服务	895	341138	11226	2714	1699	
旅行社及相关服务	816	1081187	19053	1067	106359	1159
安全保护服务		110308		1		
其他商务服务业	13593	7413428	137241	7874	703947	119389
科学研究和技术服务业	**23086**	**8003650**	**174998**	**186917**	**705061**	**331111**
研究和试验发展	816	1420981	2154	13021	140007	109308
自然科学研究和试验发展	19	47783	5	10374	1520	
工程和技术研究和试验发展	388	988404	990	1041	118521	106141
农业科学研究和试验发展	47	282984	1149	1266	270	270
医学研究和试验发展	230	96641	10	340	19697	2897
社会人文科学研究	132	5169				
专业技术服务业	14188	4223986	144620	6518	262993	94237
气象服务		2658				
地震服务		13				
海洋服务		2132				
测绘服务	2469	63706	69			
质检技术服务	1884	224444	329	519	30650	16142
环境与生态监测	56	124584			55	55
地质勘查		20578	20			
工程技术	7377	2829013	135550	4697	125718	70835
其他专业技术服务业	2403	956857	8652	1301	106569	7205
科技推广和应用服务业	8081	2358683	28224	167377	302061	127566
技术推广服务	7718	1857299	19186	166439	299236	125714
科技中介服务	298	413331	3977	905	2824	1852
其他科技推广和应用服务业	65	88052	5061	34		

单位：万元

与港澳台商合作经营	港澳台商独资	港澳台商投资股份有限公司	其他港澳台投资	外商投资	中外合资经营	中外合作经营	外资企业	外商投资股份有限公司	其他外商投资
	197908	1459		1053316	57881		971879	22521	6035
	3811	37		10265	66		10198		
				236			236		
	1699			8935	8585		330		20
5000	100171		30	21788	16827	787	4125		50
				3550	3200		5		345
	584558			284544	191873		91651		1020
134869	**238974**		**106**	**894227**	**485075**	**7119**	**365166**	**35909**	**959**
300	30399			396143	306694	781	61228	27439	
	1520			258	172		86		
300	12080			327038	281952		45086		
				1499	593	781	125		
	16800			57347	23977		15931	27439	
	168680		76	327042	83760	3534	238787	2	959
				5594	5594				
	14507			133077	15920	3294	113863		
				643	643				
	54884			57882	35985	240	20698		959
	99289		76	129846	25617		104227	2	
134569	39895		30	171042	94621	2804	65151	8467	
134569	38953			142611	72321	2804	59020	8467	
	942		30	26052	22300		3752		
				2379			2379		

2-A-35 续表 31

行业	私营合伙	私营有限责任公司	私营股份有限公司	其他企业	港澳台商投资	与港澳台商合资经营
水利、环境和公共设施管理业	**3690**	**6367343**	**295494**	**2909**	**181572**	**163396**
水利管理业	50	82416	15777	100	15769	
防洪除涝设施管理		2943				
水资源管理		12804	13777		6169	
天然水收集与分配		1268				
水文服务		299			9600	
其他水利管理业	50	65102	2000	100		
生态保护和环境治理业	2089	341039		716	49479	49459
生态保护		41955		238		
环境治理业	2089	299084		478	49479	49459
公共设施管理业	1551	5943888	279717	2093	116324	113937
市政设施管理		3426242	70		32712	32609
环境卫生管理	23	102183	248			
城乡市容管理		68070		55		
绿化管理	175	1323167	24542	532		
公园和游览景区管理	1353	1024227	254858	1506	83612	81328
居民服务、修理和其他服务业	**52387**	**1520528**	**6693**	**13913**	**51067**	**45787**
居民服务业	27574	382516	2986	8430	45559	43680
家庭服务	148	55715		2699	160	160
托儿所服务	4520	634		130		
洗染服务	2429	29213	84		4885	4885
理发及美容服务	4261	33416	28	95		
洗浴服务	10472	109408	2283	1501		
保健服务	3561	40577	50	750	3	
婚姻服务	583	15305	20	7		
殡葬服务	1029	29734	500	2891	40512	38636
其他居民服务业	570	68514	21	358		
机动车、电子产品和日用产品修理业	21972	869363	2312	2175	5507	2106
汽车、摩托车修理与维护	21192	739295	1631	1991	5507	2106
计算机和办公设备维修	291	51012	37	…		

单位：万元

与港澳台商合作经营	港澳台商独资	港澳台商投资股份有限公司	其他港澳台投资	外商投资	中外合资经营	中外合作经营	外资企业	外商投资股份有限公司	其他外商投资
	18176			**128406**	**48608**		**79799**		**…**
	15769								
	6169								
	9600								
	20			11409	9609		1800		
	20			11409	9609		1800		
	2386			116998	38999		77999		…
	102			12464	12384		80		
				15			15		
				12938	2204		10734		…
	2284			91580	24411		67169		
1876	**3404**			**39810**	**9406**		**30284**		**120**
1876	3			1564	998		516		49
				83	48		34		
				1235	950		235		49
	3			129			129		
1876									
				118			118		
	3401			38083	8390		29623		70
	3401			36553	7933		28550		70
				420			420		

2-A-35 续表 32

行业	私营合伙	私营有限责任公司	私营股份有限公司	其他企业	港澳台商投资	与港澳台商合资经营
家用电器修理	457	60398	566	107		
其他日用产品修理业	32	18658	78	76		
其他服务业	2841	268649	1395	3308		
清洁服务	1576	158152	1046	41		
其他未列明服务业	1265	110497	350	3267		
教育	**28384**	**1003814**	**13985**	**29187**	**12747**	**1652**
教育	28384	1003814	13985	29187	12747	1652
学前教育	668	7236		6567	1465	651
初等教育	20	737		80		
中等教育	2130	5680		16550		
高等教育	10613	516				
特殊教育		60				
技能培训、教育辅助及其他教育	14953	989584	13985	5990	11282	1002
卫生和社会工作	**57546**	**1663274**	**9846**	**15887**	**6000**	**3000**
卫生	56815	259083	9846	15822	3000	3000
医院	39327	218404	9846	13733		
社区医疗与卫生院	329			105		
门诊部(所)	16159	38427		1974		
计划生育技术服务活动						
妇幼保健院(所、站)						
专科疾病防治院(所、站)		16				
疾病预防控制中心		60				
其他卫生活动	1000	2176		10	3000	3000
社会工作	731	1404191		65	3000	
提供住宿社会工作	631	1371767				
不提供住宿社会工作	100	32424		65	3000	
文化、体育和娱乐业	**95276**	**3028396**	**325143**	**7093**	**121569**	**99535**
新闻和出版业	4	11849		212		
新闻业		266		...		
出版业	4	11583		212		

单位：万元

与港澳台商合作经营	港澳台商独资	港澳台商投资股份有限公司	其他港澳台投资	外商投资	中外合资经营	中外合作经营	外资企业	外商投资股份有限公司	其他外商投资
				1109	456		653		
				163	18		145		
				163	18		145		
	11095			**16525**	**1753**		**14772**		
	11095			16525	1753		14772		
	814			330	326		4		
	10280			16194	1427		14768		
	3000			**84202**	**51245**	**32957**			
				84202	51245	32957			
				83642	50685	32957			
				560	560				
	3000								
	3000								
3861	**17891**		**282**	**309096**	**218556**	**53715**	**36825**		

2-A-35 续表 33

行　业	私营合伙	私营有限责任公司	私营股份有限公司	其他企业	港澳台商投资	与港澳台商合资经营
广播、电视、电影和影视录音制作业	3876	2039404	292339	753	9361	3761
广播		4206				
电视		296132	1500			
电影和影视节目制作	2358	1490039	286969		5600	
电影和影视节目发行		13336				
电影放映	1517	234199	3869	753	3761	3761
录音制作		1493				
文化艺术业	703	172269	28161	376	197	
文艺创作与表演	410	46659	27979	17	149	
艺术表演场馆		1147				
图书馆与档案馆	162	660				
文物及非物质文化遗产保护	130	34138		224		
博物馆		29645				
烈士陵园、纪念馆						
群众文化活动		4714		135		
其他文化艺术业		55306	182		48	
体育	5289	254893	250	919	85683	77575
体育组织		12064				
体育场馆	1726	35024				
休闲健身活动	3563	155336		919	85683	77575
其他体育		52470	250			
娱乐业	85405	549980	4393	4833	26328	18199
室内娱乐活动	84917	315873	3262	4203	2480	2480
游乐园	458	117564		10	23809	15680
彩票活动						
文化、娱乐、体育经纪代理		36544	1131		39	39
其他娱乐业	30	79999		620		

单位：万元

与港澳台商合作经营	港澳台商独资	港澳台商投资股份有限公司	其他港澳台投资	外商投资	中外合资经营	中外合作经营	外资企业	外商投资股份有限公司	其他外商投资
	5600			8574	8441		133		
	5600			133			133		
				8441	8441				
	197			264			264		
	149								
	48			264			264		
3861	3965		282	243649	178140	53665	11844		
3861	3965		282	243649	178140	53665	11844		
	8129			56609	31975	50	24583		
				2402	2099	50	253		
	8129			36191	11861		24331		
				6350	6350				
				11665	11665				

2-A-36 按行业中类、登记注册类型

行业	合计	内资	国有	集体	股份合作企业	联营企业
总计	**1588091401**	**1379494966**	**49886540**	**5265329**	**6238533**	**234944**
农、林、牧、渔业	**371905**	**370349**	**7734**	**8424**	**1476**	**360**
农业	31236	30186	197		381	
谷物种植	9267	9267				
豆类、油料和薯类种植	1639	1639				
蔬菜、食用菌及园艺作物种植	8628	8628	84			
水果种植	1166	1166	113		381	
坚果、含油果、香料和饮料作物种植	3772	3772				
中药材种植	6699	5649				
其他农业	66	66				
林业	606	606				
林木育种和育苗	606	606				
畜牧业	47038	46899	3310	1011		
牲畜饲养	34447	34334	3217	981		
家禽饲养	8875	8848	93			
其他畜牧业	3716	3716		30		
渔业	24032	24032				
水产养殖	24032	24032				
农、林、牧、渔服务业	268993	268626	4226	7412	1095	360
农业服务业	217448	217081	194	7291	794	
林业服务业	13066	13066	1180	74		360
畜牧服务业	20319	20319	529	47		
渔业服务业	18160	18160	2324		301	
采矿业	**2502181**	**2420403**	**17912**	**170293**	**4524**	**29**
煤炭开采和洗选业	14719	14719				
烟煤和无烟煤开采洗选	5143	5143				
褐煤开采洗选	7536	7536				
其他煤炭采选	2041	2041				
黑色金属矿采选业	240921	235032	3551	948		
铁矿采选	240921	235032	3551	948		

分组的全部企业全年营业收入

单位：万元

国有联营	集体联营	国有与集体联营	其他联营	有限责任公司	国有独资公司	其他有限责任公司	股份有限公司	私营企业	私营独资
69881	**29849**	**71933**	**63281**	**382165461**	**27083270**	**355082191**	**124764363**	**807032905**	**42999335**
			360	**10473**	**1637**	**8836**	**11**	**145187**	**14897**
				214		214		24092	784
								8442	
								1639	
				214		214		6167	57
								453	45
								2377	682
								4949	
								66	
								606	321
								606	321
				3200		3200		15629	1642
				3200		3200		9074	1422
								6245	220
								311	
								20928	50
								20928	50
			360	7059	1637	5423	11	83932	12100
				4338	1637	2701	11	65369	6800
			360	2009		2009		3800	137
				485		485		10313	4330
				227		227		4449	833
			29	**675949**	**130221**	**545728**	**9900**	**1525265**	**186174**
								14599	502
								5023	442
								7536	
								2041	60
				150409	97194	53214		80124	
				150409	97194	53214		80124	

2-A-36 续表 1

行　业	合 计	内 资	国 有	集 体	股份合作企业	联营企业
有色金属矿采选业	338821	338821	385	1152	1975	
常用有色金属矿采选	237092	237092		1152	1975	
贵金属矿采选	4370	4370	385			
稀有稀土金属矿采选	97359	97359				
非金属矿采选业	1899157	1823268	13540	168064	2549	29
土砂石开采	1793304	1717415	6107	166715	2488	29
化学矿开采	11540	11540		10		
采盐	790	790		310		
石棉及其他非金属矿采选	93523	93523	7434	1029	61	
开采辅助活动	646	646		130		
石油和天然气开采辅助活动	86	86				
其他开采辅助活动	560	560		130		
其他采矿业	7917	7917	436			
其他采矿业	7917	7917	436			
制造业	**712414796**	**551291425**	**3973458**	**690963**	**5085665**	**21251**
农副食品加工业	12784673	10767202	118910	17262	136758	124
谷物磨制	834497	645064	6504	3102	16775	
饲料加工	2493141	2344104	1050	194	9065	
植物油加工	1623504	1089313		326	673	
制糖业	13459	13459				
屠宰及肉类加工	1623798	1406058	7781	9609	7829	
水产品加工	3777442	3136272	100725	2890	96881	
蔬菜、水果和坚果加工	1723193	1619167		749	4819	
其他农副食品加工	695639	513765	2851	393	715	124
食品制造业	6273353	3710306	45109	1937	26172	220
焙烤食品制造	623663	415356		284	2985	
糖果、巧克力及蜜饯制造	445238	156370		139	1226	
方便食品制造	944122	380457	763		5883	
乳制品制造	524612	516378	24818	375	182	

单位：万元

国有联营	集体联营	国有与集体联营	其他联营	有限责任公司	国有独资公司	其他有限责任公司	股份有限公司	私营企业	私营独资
				16062	9762	6300	7234	311956	4857
				15816	9762	6054	7234	210858	4857
								3985	
				246		246		97113	
			29	509478	23265	486214	2666	1110589	179694
			29	495962	14651	481311	2663	1027099	165734
								11530	10980
								480	
				13516	8614	4902	3	71479	2979
								516	
								86	
								430	
								7481	1121
								7481	1121
1270	**10461**	**666**	**8853**	**111434375**	**6396572**	**105037804**	**56669305**	**372839852**	**33618983**
16			108	1744540	28262	1716278	1171752	7445007	539995
				103218		103218	23547	489318	37618
				256406		256406	441959	1634266	42272
				518229		518229	197999	367952	4999
								11907	3086
				314078	28262	285816	382048	682500	34357
				384280		384280	46871	2500190	81883
				106615		106615	22355	1376803	254313
16			108	61714		61714	56973	382070	81467
			220	726134	5132	721002	893363	2004271	103932
				73302		73302	31428	306803	29472
				8170		8170		146586	6172
				36226		36226	100419	231473	13882
				224215		224215	103083	163705	2835

2-A-36 续表 2

行业	合计	内资				
			国有	集体	股份合作企业	联营企业
罐头食品制造	600189	405380		710	2148	220
调味品、发酵制品制造	356298	254790	18787	269	750	
其他食品制造	2779231	1581573	742	160	12997	
酒、饮料和精制茶制造业	5757386	3064543	15941	4713	19529	1254
酒的制造	1445178	781404	3115	2928	13866	1254
饮料制造	3018511	1027933	2244	66	1510	
精制茶加工	1293697	1255206	10582	1720	4154	
烟草制品业	6027585	6004131	2100686		1392	
卷烟制造	6001959	6001959	2100686			
其他烟草制品制造	25626	2172			1392	
纺织业	70211580	56890780	75	36622	217358	
棉纺织及印染精加工	35870092	28507855		19009	88768	
毛纺织及染整精加工	2387858	1676956		997	18554	
麻纺织及染整精加工	514857	429268		24	115	
丝绢纺织及印染精加工	3447143	2983048		4680	9639	
化纤织造及印染精加工	4683086	4110886		2038	12707	
针织或钩针编织物及其制品制造	12844505	10723988		5547	21417	
家用纺织制成品制造	5728573	4533579	75	3087	10383	
非家用纺织制成品制造	4735465	3925200		1240	55775	
纺织服装、服饰业	33326369	23936148	29784	13260	91915	1072
机织服装制造	19590024	14448392	8808	7607	37586	20
针织或钩针编织服装制造	9373167	6075337	1976	2446	34461	1052
服饰制造	4363177	3412418	19000	3206	19868	
皮革、毛皮、羽毛及其制品和制鞋业	21496511	18325258	3030	7849	310136	
皮革鞣制加工	1994984	1252550		1407	61337	
皮革制品制造	4826977	3930539	3030	77	30659	
毛皮鞣制及制品加工	751775	639983		824	35	
羽毛(绒)加工及制品制造	1486752	937029			10	
制鞋业	12436023	11565157	…	5541	218095	
木材加工和木、竹、藤、棕、草制品业	6820688	5634492	610	12047	18867	522

单位：万元

国有联营	集体联营	国有与集体联营	其他联营	有限责任公司	国有独资公司	其他有限责任公司	股份有限公司	私营企业	私营独资
			220	92099		92099	27573	278992	22664
				101372		101372		133175	9090
				190750	5132	185618	630860	743537	19816
1254				720405	153449	566956	122330	2111913	247198
1254				353913	152359	201553	100541	304018	36791
				179084	1089	177995	14960	829489	13812
				187408		187408	6829	978406	196595
				3901273	3901273			780	
				3901273	3901273				
								780	
				5511662	8884	5502778	1531160	49574489	3571195
				3159186		3159186	833398	24404722	1559602
				139740		139740	178008	1337833	126750
				188092		188092	162124	78518	4475
				360883	4601	356283	13595	2592345	254618
				110505		110505	3892	3979904	407871
				355253	4283	350970	144500	10194673	510449
				686451		686451	15680	3813915	373092
				511551		511551	179962	3172579	334339
			1072	2636133	123061	2513073	762002	20376938	2703151
			20	1966233	77470	1888763	629489	11790122	1423088
			1052	472281	21312	450969	61210	5495081	644024
				197619	24279	173340	71304	3091735	636039
				2123665		2123665	668286	15196371	1790225
				126121		126121	121693	941022	25571
				296197		296197	7361	3591034	367345
				4054		4054	578	634442	79572
				127141		127141	93674	716204	88361
				1570152		1570152	444980	9313669	1229375
	522			212843		212843	132867	5230419	911763

2-A-36 续表 3

行业	合计	内资	国有	集体	股份合作企业	联营企业
木材加工	721260	695087	610	3568	3012	280
人造板制造	1662746	1220868		2048	453	
木制品制造	3265418	2702957		5051	5921	242
竹、藤、棕、草等制品制造	1171264	1015580		1381	9480	
家具制造业	9399484	6300594		3549	20312	
木质家具制造	3604185	2877679		3449	9109	
竹、藤家具制造	439471	95651				
金属家具制造	3163309	2126356			8926	
塑料家具制造	395587	231535			1972	
其他家具制造	1796932	969373		100	305	
造纸和纸制品业	14544680	11563785		14128	137761	3691
纸浆制造	12660	12660				
造纸	8048663	6303590		3512	41002	
纸制品制造	6483357	5247534		10616	96759	3691
印刷和记录媒介复制业	7082115	6385806	10578	21734	173371	
印刷	6843935	6165461	8578	20618	168555	
装订及印刷相关服务	229162	211326	2000	1116	4817	
记录媒介复制	9019	9019				
文教、工美、体育和娱乐用品制造业	18160812	14053827	3610	9498	112480	72
文教办公用品制造	3285923	2860612	200	378	8756	
乐器制造	366369	154371		111	631	
工艺美术品制造	9720400	7928077	3410	6475	87783	72
体育用品制造	1673742	1317366		884	2360	
玩具制造	1888724	1348230		1650	11385	
游艺器材及娱乐用品制造	1225654	445172			1566	
石油加工、炼焦和核燃料加工业	16905392	14052792		15	14229	
精炼石油产品制造	16902295	14049695		15	14229	
炼焦	1954	1954				
核燃料加工	1144	1144				
化学原料和化学制品制造业	62115700	43364829	28291	27079	168525	229

单位：万元

国有联营	集体联营	国有与集体联营	其他联营	有限责任公司	国有独资公司	其他有限责任公司	股份有限公司	私营企业	私营独资
	280			4746		4746	85399	594592	219838
				130088		130088	42794	1045419	177576
	242			38901		38901	587	2647594	292628
				39108		39108	4088	942814	221721
				673028		673028	172583	5419249	576729
				490313		490313	25876	2340828	335352
								95431	9191
				93514		93514	52226	1969890	157160
				50965		50965		178598	15315
				38235		38235	94481	834501	59710
		6	3685	1626598		1626598	1196644	8577429	968564
				151		151		12509	3615
				860396		860396	1061948	4336372	169226
		6	3685	766051		766051	134696	4228548	795723
				798829	20833	777996	239773	5133980	903571
				789062	20833	768229	239690	4931658	841441
				7597		7597	83	195472	60430
				2169		2169		6849	1700
	72			833558	53411	780147	472601	12590644	1698336
				110764		110764	339629	2393460	280517
				10959		10959	33385	109284	6197
	72			482269	53411	428858	64807	7262078	1046152
				25257		25257	34294	1254339	126814
				138681		138681		1194454	216525
				65627		65627	487	377028	22131
				889569	152692	736878	12561896	587083	12887
				889569	152692	736878	12561896	583986	12887
								1954	
								1144	
	109	120		19560994	136191	19424803	5302005	18249964	908368

2-A-36 续表 4

行业	合计	内资	国有	集体	股份合作企业	联营企业
基础化学原料制造	14349666	10039295		7272	24717	
肥料制造	368641	340177	290	590	371	
农药制造	1805624	1301708	800	1121	26169	
涂料、油墨、颜料及类似产品制造	6499601	4976653		3149	32249	126
合成材料制造	26079707	17319315		1307	39933	
专用化学产品制造	7941573	5477659	26704	12705	38821	63
炸药、火工及焰火产品制造	143730	143730			560	
日用化学产品制造	4927158	3766291	497	936	5705	40
医药制造业	10675514	7403622	1759	123	33336	
化学药品原料药制造	4838375	4162953			15760	
化学药品制剂制造	2623743	1035002	1759		4454	
中药饮片加工	306935	280949		123	651	
中成药生产	1138802	874914				
兽用药品制造	163675	145725			7108	
生物药品制造	924614	450585			1106	
卫生材料及医药用品制造	679370	453494			4258	
化学纤维制造业	25470776	16467407	1542		31109	
纤维素纤维原料及纤维制造	767011	122536	180			
合成纤维制造	24703765	16344871	1361		31109	
橡胶和塑料制品业	37323600	29026935	2597	31820	488284	715
橡胶制品业	7369045	3769970	2597	10254	73482	
塑料制品业	29954554	25256965		21566	414803	715
非金属矿物制品业	23618135	20685642	26306	151541	164103	3045
水泥、石灰和石膏制造	5153020	4983753	21034	15700	459	1293
石膏、水泥制品及类似制品制造	7740460	6999758	526	27682	9235	
砖瓦、石材等建筑材料制造	3268365	2391361	4728	85869	114542	1752
玻璃制造	758207	623815		175	754	
玻璃制品制造	2948762	2454193		947	5293	
玻璃纤维和玻璃纤维增强塑料制品制造	1186567	939297		2109	11268	
陶瓷制品制造	675768	543326	18	2476	3911	

单位：万元

国有联营	集体联营	国有与集体联营	其他联营	有限责任公司	国有独资公司	其他有限责任公司	股份有限公司	私营企业	私营独资
				6474093	70630	6403463	1181194	2350347	147730
				55942		55942	121370	160867	17990
				301298		301298	560400	411879	4502
	6	120		899294		899294	1544153	2496915	156972
				10133283	21032	10112251	922949	6199655	79350
	63			1138781	43025	1095757	821784	3438681	451189
				108576	123	108452		34594	682
	40			449727	1380	448347	150155	3157025	49952
				2868816	19139	2849677	2399344	2099468	27623
				1839728		1839728	1553964	753502	2291
				445103		445103	322406	261280	3910
				135587	19139	116448	8016	135816	2692
				213907		213907	391165	269823	3053
				59998		59998		78619	2350
				140537		140537	88999	219944	1644
				33956		33956	34795	380485	11682
				3173628	10007	3163622	3966446	9293034	245407
				230		230		120775	7477
				3173398	10007	3163391	3966446	9172258	237930
	470		245	3623949	205145	3418804	951578	23901233	2919663
				1066544	201878	864666	308682	2307327	324145
	470		245	2557406	3267	2554138	642896	21593905	2595518
	1752		1293	6014969	722789	5292181	762715	13542732	1013719
			1293	2660587	598672	2061915	514099	1770289	54790
				2028145	122297	1905848	55401	4876074	156155
	1752			252247	1820	250427	45058	1875513	366596
				173340		173340		448667	15162
				283738		283738	59322	2103410	123898
				389935		389935	25464	509118	68000
				109071		109071	15658	411265	58296

2-A-36 续表 5

行业	合计	内资	国有	集体	股份合作企业	联营企业
耐火材料制品制造	1176809	1095076		14803	14909	
石墨及其他非金属矿物制品制造	710177	655063		1780	3733	
黑色金属冶炼和压延加工业	28777668	24294228	1272620	37631	241720	480
炼铁	23168	18927			1049	
炼钢	3214482	3110298	1272620			
黑色金属铸造	2844725	2670869		11047	143500	
钢压延加工	22403669	18221425		26584	94649	480
铁合金冶炼	291623	272709			2522	
有色金属冶炼和压延加工业	25430871	21456820		9762	159410	
常用有色金属冶炼	3810515	3278035		2282	23133	
贵金属冶炼	807516	755993				
稀有稀土金属冶炼	76338	67825				
有色金属合金制造	1997927	1369192			6997	
有色金属铸造	263749	222466		82	2827	
有色金属压延加工	18474825	15763309		7398	126453	
金属制品业	34124637	29742020	4314	56934	407491	249
结构性金属制品制造	8427381	7998536		6796	14775	
金属工具制造	3660714	3167802	315	4242	25691	219
集装箱及金属包装容器制造	1945462	1150813	970	3228	74383	
金属丝绳及其制品制造	2027079	1766285		373	17828	
建筑、安全用金属制品制造	7012202	6165049		13407	102270	30
金属表面处理及热处理加工	2796597	2618947	190	21984	111685	
搪瓷制品制造	328544	286917			120	
金属制日用品制造	4562977	3779672		3366	16153	
其他金属制品制造	3363681	2807999	2839	3536	44586	
通用设备制造业	57748866	46866824	37878	62009	685314	5510
锅炉及原动设备制造	2561677	1852985	1525	2146	9592	3962
金属加工机械制造	4030067	3049665	14473	11701	55934	540
物料搬运设备制造	7447576	4819074	3344	873	17556	
泵、阀门、压缩机及类似机械制造	14796105	12814270	679	16168	252403	

单位：万元

国有联营	集体联营	国有与集体联营	其他联营	有限责任公司	国有独资公司	其他有限责任公司	股份有限公司	私营企业	私营独资
				43755		43755	47714	973896	93243
				74152		74152		574501	77579
	480			6929316		6929316	1587923	14220618	662045
								17878	7169
							911491	926187	11122
				268732		268732	129492	2115067	347380
	480			6637444		6637444	546940	10914439	294569
				23141		23141		247046	1805
				6450006	11031	6438975	2317824	12518113	509415
				1348955		1348955	330277	1573389	25102
				317037	11031	306006		438956	870
				3813		3813		64012	19
				223738		223738	47844	1090613	29297
				37026		37026		182427	67742
				4519438		4519438	1939704	9168716	386385
	219		30	3574610	182237	3392373	474220	25176967	2930523
				1207317	170207	1037110	3043	6765097	243434
	219			298737	11129	287607	18462	2814603	535307
				175814		175814	1566	894198	41283
				754905		754905	563	992140	135740
			30	497588	901	496687	45859	5495668	799299
				106598		106598	7037	2351439	431111
				31672		31672	38193	216906	52578
				137811		137811	197386	3420166	283923
				364169		364169	162111	2226751	407847
	3962	540	1008	7175196	53880	7121317	4007984	34857723	4042730
	3962			371144	25727	345417	616389	848227	52910
		540		342415		342415	201606	2420565	317386
				1003996	8603	995393	818709	2972375	219880
				2813780	8826	2804954	1013084	8710387	749446

2-A-36 续表 6

行业	合计	内资	国有	集体	股份合作企业	联营企业
轴承、齿轮和传动部件制造	7589160	6526137	2557	6905	78330	
烘炉、风机、衡器、包装等设备制造	8978895	7255461	14922	3273	50063	
文化、办公用机械制造	732833	541787	16	364	3022	
通用零部件制造	11065243	9510291	363	18447	203078	914
其他通用设备制造业	547310	497154		2132	15336	94
专用设备制造业	21754543	16570727	28772	13327	277163	2394
采矿、冶金、建筑专用设备制造	1821978	1190290	12177	1122	33047	
化工、木材、非金属加工专用设备制造	7249227	5133645	2435	2562	81754	
食品、饮料、烟草及饲料生产专用设备制造	485542	384108		1019	24707	
印刷、制药、日化及日用品生产专用设备制造	1055408	858592		1815	14994	
纺织、服装和皮革加工专用设备制造	4063981	3384017		655	78346	2394
电子和电工机械专用设备制造	579597	511562	3831	530	8722	
农、林、牧、渔专用机械制造	1475673	1071229	4	790	13518	
医疗仪器设备及器械制造	1125891	754780		3638	10230	
环保、社会公共服务及其他专用设备制造	3897247	3282502	10325	1194	11846	
汽车制造业	29219303	21104385	2	4530	255168	380
汽车整车制造	5435291	3201325			1278	
改装汽车制造	175555	144483				
低速载货汽车制造	68929	68929				
电车制造	4533	3237				
汽车车身、挂车制造	78728	68878				
汽车零部件及配件制造	23456267	17617533	2	4530	253890	380
铁路、船舶、航空航天和其他运输设备制造业	11333946	9734389	141141	13561	138485	
铁路运输设备制造	179369	177486	2128	1354	5936	
城市轨道交通设备制造	3184	3184				
船舶及相关装置制造	5532883	4629961	139012	2679	67417	
航空、航天器及设备制造	62974	62603			360	
摩托车制造	2908763	2792898		950	60442	
自行车制造	2465259	1903129		8578	3939	
非公路休闲车及零配件制造	117402	109116			390	
潜水救捞及其他未列明运输设备制造	64113	56013				

单位：万元

国有联营	集体联营	国有与集体联营	其他联营	有限责任公司	国有独资公司	其他有限责任公司	股份有限公司	私营企业	私营独资
				1088676		1088676	527435	4819504	599478
				968485	10724	957761	778920	5434478	343333
				113195		113195		425133	18996
			914	437811		437811	50749	8784672	1687776
			94	35695		35695	1092	442383	53525
	2394			3247264	172619	3074645	1120298	11870802	1283206
				209580		209580	53261	881104	76842
				553258	1500	551758	478993	4008559	580160
				12428		12428	7026	338517	33915
				99330		99330	18686	721970	57397
	2394			535465		535465	284713	2480245	290722
				80013		80013	5572	412894	29494
				237178	45905	191273	73401	746206	69627
				98028		98028	68564	574246	45616
				1421985	125214	1296772	130084	1707061	99434
	230		150	5513775	5129	5508646	1923388	13401372	1222630
				1339554	5129	1334425	159542	1700951	
				71089		71089		73394	728
				68929		68929			
								3237	94
								68878	432
	230		150	4034203		4034203	1763845	11554912	1221376
				2840587	375044	2465543	1152978	5445468	362854
				24686		24686		143382	5963
								3184	
				1628795		1628795	1016130	1775927	39499
				11268		11268		50975	7460
				1029985	375044	654941	119529	1580858	196703
				145492		145492	17318	1727005	95958
				360		360		108126	5652
								56013	11619

2-A-36 续表 7

行　业	合　计					
		内　资				
			国　有	集　体	股份合作企　业	联营企业
电气机械和器材制造业	69350698	54796212	4830	97109	434022	93
电机制造	9897187	7594224	94	5695	51360	
输配电及控制设备制造	19864222	16375285	915	69220	206385	30
电线、电缆、光缆及电工器材制造	12189704	10179982		10231	77669	63
电池制造	6086005	3601119	2637	1288	11697	
家用电力器具制造	13157664	10354251	904	6892	22000	
非电力家用器具制造	940721	849636			1225	
照明器具制造	6801969	5469177	280	3347	53810	
其他电气机械及器材制造	413226	372538		437	9875	
计算机、通信和其他电子设备制造业	28523400	14584593	807	11656	71411	
计算机制造	1756506	330497		77	360	
通信设备制造	6568181	2393942		86	7372	
广播电视设备制造	1508565	1321624			3879	
雷达及配套设备制造	123401	3604				
视听设备制造	2130297	1471801		652	1938	
电子器件制造	6947858	2092852		1279	15404	
电子元件制造	8584412	6338778	70	9562	41547	
其他电子设备制造	904180	631494	737		910	
仪器仪表制造业	8635219	6744710	42025	9812	184895	1052
通用仪器仪表制造	5254243	4176003	1212	2708	112471	
专用仪器仪表制造	1535466	1064799	37773	1432	18554	1052
钟表与计时仪器制造	185151	159240	46	126	3595	
光学仪器及眼镜制造	1520309	1212448	2994	7	46052	
其他仪器仪表制造业	140050	132219		5539	4222	
其他制造业	4884999	4196495	1018	4075	32864	
日用杂品制造	4092916	3459435	600	3075	31038	
煤制品制造	314493	314321			58	
核辐射加工	2041	2041				
其他未列明制造业	475550	420697	418	1000	1768	

单位：万元

国有联营	集体联营	国有与集体联营	其他联营	有限责任公司	国有独资公司	其他有限责任公司	股份有限公司	私营企业	私营独资
	93			11841537	5225	11836312	7069536	35326944	1993242
				1152248		1152248	1765234	4615917	351117
	30			3036594		3036594	2660238	10397867	519487
	63			2424190		2424190	985549	6679965	306834
				1892465		1892465	284762	1408269	20544
				2415016		2415016	1076503	6825514	336449
				96700		96700	3405	747623	53914
				815250	5225	810025	285967	4306864	374360
				9073		9073	7878	344927	30538
				3429845	47064	3382782	2168863	8898164	577197
				82551	20826	61724	36198	211311	6841
				670445		670445	871019	844299	34996
				317022		317022	44983	955741	26816
								3604	
				149357		149357	399228	920607	127016
				586076	26237	559839	376332	1113180	23507
				1547648		1547648	351211	4386311	324439
				76746		76746	89892	463110	33583
	10		1042	1407747		1407747	1092402	4003696	400069
				879626		879626	890627	2289073	164569
	10		1042	352167		352167	114737	538892	35847
				15352		15352		139811	12344
				156980		156980	87038	917111	163934
				3623		3623		118810	23375
				697551	3720	693831	439755	3018963	345825
				400174	3663	396511	436402	2587138	291176
				269561		269561		44694	2243
								2041	31
				27816	57	27759	3353	385090	52375

2-A-36 续表 8

行业	合计	内资	国有	集体	股份合作企业	联营企业
废弃资源综合利用业	3752051	2789041	1734	1282	14007	
金属废料和碎屑加工处理	3323181	2373655	1560	410	8634	
非金属废料和碎屑加工处理	428871	415387	174	872	5373	
金属制品、机械和设备修理业	884241	772881	49490	16098	18078	150
金属制品修理	8413	8297		75	275	
通用设备修理	35469	34393	570	19		
专用设备修理	21671	17329	1652	165	68	
铁路、船舶、航空航天等运输设备修理	747887	644012	47268	15427	15325	
电气设备修理	37198	37198		387	329	
仪器仪表修理	2845	1129				
其他机械和设备修理业	30759	30523		25	2081	150
电力、热力、燃气及水生产和供应业	**48404211**	**45105660**	**29086704**	**320362**	**40160**	**3623**
电力、热力生产和供应业	43106357	40467865	28909121	205616	25812	1346
电力生产	13156183	10634985	665854	58443	25675	1073
电力供应	29181369	29181369	28217090	147173	137	272
热力生产和供应	768805	651511	26177			
燃气生产和供应业	3321734	2725854	61927	8005	1639	
燃气生产和供应业	3321734	2725854	61927	8005	1639	
水的生产和供应业	1976120	1911940	115656	106741	12709	2278
自来水生产和供应	1398545	1383833	105789	102413	2711	2278
污水处理及其再生利用	519377	470108	9867	3235	100	
其他水的处理、利用与分配	58199	57999		1094	9897	
建筑业	**174395858**	**173350375**	**1287707**	**1259006**	**149684**	**26282**
房屋建筑业	122862856	122196171	37425	1013972	122230	8121
房屋建筑业	122862856	122196171	37425	1013972	122230	8121
土木工程建筑业	34857781	34769687	1078249	163999	20523	18139
铁路、道路、隧道和桥梁工程建筑	23431445	23429404	338926	102294	4156	18139
水利和内河港口工程建筑	3354289	3302854	73288	10434	15989	

单位：万元

国有联营	集体联营	国有与集体联营	其他联营	有限责任公司	国有独资公司	其他有限责任公司	股份有限公司	私营企业	私营独资
				589104	357	588747	4964	2177189	98768
				496008	357	495651	4806	1861981	49008
				93096		93096	158	315208	49760
	150			97244		97244	1826	588829	48154
								7927	1106
				6386		6386		27019	4430
				641		641		14269	4911
				73532		73532	1721	490626	30994
				12691		12691	105	23686	1480
								1129	39
	150			3994		3994		24173	5195
1629	**1820**	**102**	**72**	**13058422**	**2300182**	**10758240**	**1469044**	**1124931**	**99547**
242	961	71	72	10486613	1363981	9122632	112411	724922	78801
	961	41	72	9174060	1217501	7956560	90018	617836	78801
242		30		816374	146481	669893	10	314	
				496179		496179	22383	106772	
				1091145	176334	914812	1335439	227700	4460
				1091145	176334	914812	1335439	227700	4460
1387	859	31		1480664	759867	720797	21194	172309	16285
1387	859	31		1104567	677276	427291	21194	44491	6633
				357815	82591	275224		99093	1057
				18282		18282		28726	8596
18139	**29**		**8113**	**59799910**	**2238974**	**57560936**	**13406585**	**97418212**	**104011**
	29		8092	43645274	301778	43343496	10431675	66936853	55075
	29		8092	43645274	301778	43343496	10431675	66936853	55075
18139				10165841	1350465	8815376	1939514	21382644	14985
18139				6305921	936577	5369344	1321840	15338002	3349
				1288599	325476	963123	367339	1547203	4737

2-A-36 续表 9

行业	合计	内资				
			国有	集体	股份合作企业	联营企业
海洋工程建筑	13155	13155				
工矿工程建筑	1618157	1614346	375320	369	60	
架线和管道工程建筑	2590110	2564692	219444	13410		
其他土木工程建筑	3850625	3845237	71270	37492	318	
建筑安装业	6749838	6631869	41355	58561	2274	
电气安装	2072476	2070398	38770	23671		
管道和设备安装	1665816	1659227	2077	10528	1211	
其他建筑安装业	3011546	2902244	507	24362	1062	
建筑装饰和其他建筑业	9925382	9752648	130679	22475	4657	21
建筑装饰业	7340440	7168125	4608	18836	3113	21
工程准备活动	1592907	1592871	123976	1320	883	
提供施工设备服务	221716	221716				
其他未列明建筑业	770320	769936	2094	2319	662	
批发和零售业	**496285646**	**471433767**	**11356355**	**1031468**	**604511**	**120307**
批发业	425892019	408061715	11100215	593648	424875	10397
农、林、牧产品批发	4192672	4011734	187492	57207	11475	5
食品、饮料及烟草制品批发	27119290	26367861	7788013	13953	27145	
纺织、服装及家庭用品批发	75127393	73181120	264147	117064	34698	976
文化、体育用品及器材批发	9025023	8235017	52714	5899	14248	
医药及医疗器材批发	11914295	11670837	25152	2650	5552	
矿产品、建材及化工产品批发	242318282	233660503	2412439	255245	244112	8912
机械设备、五金产品及电子产品批发	39621432	35805198	357466	91155	77817	504
贸易经纪与代理	6616058	6250296	10754	1548	1061	
其他批发业	9957573	8879149	2038	48927	8767	
零售业	70393627	63372052	256140	437820	179636	109910
综合零售	13286680	10067453	10012	186331	7873	1952
食品、饮料及烟草制品专门零售	1935381	1921839	26864	12736	5807	1816
纺织、服装及日用品专门零售	3549148	3100477	3930	14632	3819	300
文化、体育用品及器材专门零售	2074343	2028225	51114	8346	5246	160

单位：万元

国有联营	集体联营	国有与集体联营	其他联营	有限责任公司	国有独资公司	其他有限责任公司	股份有限公司	私营企业	私营独资
				8596	2331	6264		4559	
				550584	43458	507125	20360	667653	1878
				1520513	39557	1480956	37116	774208	2404
				491629	3065	488564	192859	3051019	2618
				3594027	581263	3012764	217543	2718049	8974
				1259613	22386	1237227	2786	745558	2258
				803642	18845	784797	43540	798168	3286
				1530772	540033	990739	171217	1174324	3431
			21	2394768	5468	2389301	817854	6380666	24977
			21	1665186	1500	1663686	817854	4657001	16684
				519885	3796	516089		946786	5487
				26561		26561		195155	150
				183136	172	182964		581724	2656
24946	**4204**	**60260**	**30897**	**136099082**	**7037610**	**129061472**	**44296524**	**275537301**	**6811120**
5568	402	3665	762	114250110	6331476	107918634	37358128	242190146	4294946
	5			556084	128065	428019	128465	2090038	174126
				7951311	695178	7256132	1653372	8006378	448241
	277	605	95	14696545	519342	14177203	2814122	55189033	1166831
				2077204	12002	2065202	56792	6009429	565783
				5720022	48691	5671330	1872748	4016456	118860
5430	120	3060	303	70485199	4592694	65892505	29980949	130242840	1070198
138			365	10094557	220164	9874393	763934	24383975	414530
				681148	80166	600982	18888	5514323	36832
				1988042	35173	1952869	68858	6737675	299546
19378	3802	56595	30134	21848972	706134	21142839	6938396	33347154	2516174
454	1498			5662467	28156	5634311	1474012	2720419	105847
	250		1566	398684	52201	346483	5605	1325415	429572
67	35	197		744143	6762	737381	76246	2251339	284762
		160		571620	214103	357518	240815	1147400	115961

2-A-36 续表 10

行业	合计	内资	国有	集体	股份合作企业	联营企业
医药及医疗器材专门零售	3225390	3108181	76542	16017	12732	775
汽车、摩托车、燃料及零配件专门零售	36608081	33726558	78839	179324	108453	97837
家用电器及电子产品专门零售	4508510	4487199	637	2247	15983	94
五金、家具及室内装饰材料专门零售	2488561	2337968	1416	7277	10028	
货摊、无店铺及其他零售业	2717532	2594153	6786	10910	9695	6976
交通运输、仓储和邮政业	**24639859**	**22326393**	**1264374**	**133914**	**87518**	**8213**
铁路运输业	17085	17085				
铁路货物运输	17085	17085				
道路运输业	10373655	9570066	268230	75342	43599	2737
城市公共交通运输	808886	801592	96663	7851	5796	
公路旅客运输	1395328	1392781	55714	14961	12057	509
道路货物运输	5778420	5519556	10944	13543	23393	161
道路运输辅助活动	2391021	1856137	104909	38987	2353	2067
水上运输业	3006779	2601277	14883	14551	1019	
水上旅客运输	135686	135686	4945	9176	16	
水上货物运输	2028752	2028752	5535	2874	164	
水上运输辅助活动	842341	436839	4403	2502	839	
航空运输业	264284	100475	30875			
航空客货运输	9414	1176				
通用航空服务	5558	5558				
航空运输辅助活动	249312	93741	30875			
管道运输业	16375	16375		2582		
管道运输业	16375	16375		2582		
装卸搬运和运输代理业	7341335	7022076	14851	35900	16802	1442
装卸搬运	350810	315916	7426	23274	2676	1442
运输代理业	6990525	6706161	7425	12626	14126	
仓储业	2060886	1439578	362989	2912	697	3835
谷物、棉花等农产品仓储	593808	593808	358099		137	13
其他仓储业	1467079	845770	4889	2912	560	3822

单位：万元

国有联营	集体联营	国有与集体联营	其他联营	有限责任公司	国有独资公司	其他有限责任公司	股份有限公司	私营企业	私营独资
	40		735	978591	9358	969233	434914	1574323	464948
18857		56238	22743	11655605	337206	11318398	4335838	17246552	319128
	90		4	1128689	3878	1124812	37219	3291112	180841
				139487	41368	98120	108596	2056575	412549
	1890		5086	569686	13103	556583	225151	1734019	202565
	4286	**3104**	**823**	**8405462**	**1498295**	**6907167**	**1053546**	**11361779**	**193951**
							17085		
							17085		
	670	2067		3961795	804877	3156917	299497	4909622	116545
				541848	347315	194534	11690	137323	571
	509			847128	312530	534598	145253	317158	847
	161			1154722	38728	1115994	101673	4206972	96203
		2067		1418096	106305	1311792	40882	248169	18924
				944837	125671	819166	390645	1235340	1656
				108554	19761	88793	2534	10461	
				673040	49241	623800	245567	1101572	903
				163242	56669	106573	142544	123306	753
				64843	39715	25127		4758	
				1175	327	848		1	
				2112		2112		3446	
				61555	39388	22167		1311	
				13794		13794			
				13794		13794			
	104	517	820	2453028	347767	2105261	99840	4398864	71342
	104	517	820	133462	17916	115546	19841	127524	6591
				2319566	329851	1989715	79999	4271340	64751
	3314	519	2	731569	180013	551556	2509	334090	2191
	13			224276	140716	83560		10304	15
	3301	519	2	507292	39296	467996	2509	323786	2176

2-A-36 续表 11

行业	合计	内资	国有	集体	股份合作企业	联营企业
邮政业	1559461	1559461	572546	2628	25402	199
邮政基本服务	603862	603862	572546	2599	25392	199
快递服务	955599	955599		28	10	
住宿和餐饮业	**6925626**	**5873458**	**213821**	**61388**	**28810**	**12597**
住宿业	3371898	2911597	196762	53903	14760	11843
旅游饭店	2593841	2169480	170148	41602	5523	9090
一般旅馆	739922	705982	25181	12190	9190	90
其他住宿业	38135	36135	1433	112	46	2663
餐饮业	3553728	2961861	17058	7484	14050	754
正餐服务	2698413	2595538	9587	4708	12138	754
快餐服务	650093	175999	4230	88	1385	
饮料及冷饮服务	63332	62745	2502	1502	143	
其他餐饮业	141890	127579	739	1186	384	
信息传输、软件和信息技术服务业	**21541950**	**13510457**	**90015**	**26869**	**1144**	
电信、广播电视和卫星传输服务	8364649	6450695	75157	20551		
电信	7993133	6079200	65458	19751		
广播电视传输服务	371516	371496	9699	800		
互联网和相关服务	5997324	1101341	835	528		
互联网接入及相关服务	258456	258456		254		
互联网信息服务	5696353	814892	835	274		
其他互联网服务	42515	27994				
软件和信息技术服务业	7179978	5958420	14023	5790	1144	
软件开发	4813209	4101193	13211	757	301	
信息系统集成服务	1516484	1078212	24	183	572	
信息技术咨询服务	521572	515269	640	379	25	
数据处理和存储服务	102402	66652			245	
集成电路设计	52813	48367				
其他信息技术服务业	173499	148727	149	4471	1	

单位：万元

国有联营	集体联营	国有与集体联营	其他联营	有限责任公司	国有独资公司	其他有限责任公司	股份有限公司	私营企业	私营独资
	199			235598	252	235346	243969	479106	2218
	199			2974	252	2722		152	
				232623		232623	243969	478953	2218
	644	**4353**	**7600**	**1488844**	**109403**	**1379440**	**151250**	**3898076**	**761599**
	90	4353	7400	1035730	85937	949793	86711	1506564	228614
		4353	4737	918472	82991	835481	77750	945299	40233
	90			110936	2946	107990	8709	536309	180414
			2663	6323		6323	253	24956	7967
	554		200	453113	23466	429647	64539	2391512	532985
	554		200	428731	19455	409275	63988	2064358	453820
				10277	1276	9001	20	159601	28674
				2240		2240	527	55220	23695
				11866	2735	9131	4	112333	26795
				6470009	**621793**	**5848216**	**3536160**	**3385209**	**16334**
				3515046	545734	2969313	2698557	140507	1987
				3180439	467124	2713315	2698557	114118	1906
				334607	78610	255997		26390	81
				552973	3539	549434	277674	269332	1447
				8988		8988	219076	30138	41
				539306	2908	536398	58378	216098	1386
				4679	631	4048	220	23095	20
				2401989	72520	2329469	559930	2975370	12901
				1623928	62797	1561131	466401	1996596	11162
				399063	9352	389711	93160	585210	58
				275444		275444	369	238413	727
				37127		37127		29280	
				16591		16591		31776	41
				49837	371	49466		94096	913

2-A-36 续表 12

行　业	合　计	内　资				
			国　有	集　体	股份合作企　业	联营企业
金融业	**2676626**	**2612770**	**98000**	**50713**	**27**	
货币金融服务	1423402	1385949	1529			
非货币银行服务	1423402	1385949	1529			
资本市场服务	895381	870661	95461	40030	27	
证券市场服务	7417	7417				
期货市场服务	5403	5403				
资本投资服务	798083	773387	95461	40030		
其他资本市场服务	84478	84454			27	
保险业	6801	6801				
财产保险	28	28				
保险经纪与代理服务	3587	3587				
其他保险活动	3187	3187				
其他金融业	351042	349359	1009	10683		
金融信托与管理服务	90422	88792	1009	10613		
控股公司服务	186536	186483				
其他未列明金融业	74084	74084		70		
房地产业	**50566233**	**45464063**	**443220**	**198362**	**63177**	**4909**
房地产业	50566233	45464063	443220	198362	63177	4909
房地产开发经营	46091278	41164173	382002	116939	35990	2763
物业管理	1978614	1951014	21744	17886	557	1297
房地产中介服务	758088	732244	4399	1308	1327	
自有房地产经营活动	1065827	965752	27043	57616	23250	849
其他房地产业	672425	650880	8032	4613	2053	
租赁和商务服务业	**28599444**	**27617124**	**692376**	**1063195**	**110934**	**24080**
租赁业	645972	531554	813	4591	765	213
机械设备租赁	623135	508717	812	4157	765	213
文化及日用品出租	22837	22837	…	434		
商务服务业	27953472	27085570	691564	1058604	110169	23867
企业管理服务	14459886	13779834	156087	799508	60630	7501
法律服务	233335	233107	357	5918	1331	562

单位：万元

国有联营	集体联营	国有与集体联营	其他联营	有限责任公司	国有独资公司	其他有限责任公司	股份有限公司	私营企业	私营独资
				342514	**35114**	**307401**	**648048**	**1473410**	**6929**
				182121		182121	617739	584561	
				182121		182121	617739	584561	
				126307	24819	101487	16924	591912	288
				1847		1847	658	4912	
				2504		2504		2899	
				106073	24819	81254	16266	515556	208
				15882		15882		68545	80
				1164		1164		5625	147
								28	23
				520		520		3066	61
				643		643		2531	63
				32923	10294	22629	13386	291313	6494
				7889	1534	6355	444	68836	25
				2293	1767	526		184189	
				22740	6993	15748	12942	38287	6469
1406	**594**	**2231**	**679**	**26339521**	**1180074**	**25159447**	**1460419**	**16945916**	**78314**
1406	594	2231	679	26339521	1180074	25159447	1460419	16945916	78314
		2219	544	24568218	972437	23595781	1422230	14636030	100
1297				1017562	38754	978808	19434	871904	1844
				107978	2536	105442	2636	607533	38498
109	594	11	135	204080	18369	185711	16119	636001	37557
				441683	147978	293705		194448	315
15032	**3484**	**758**	**4806**	**12414240**	**4341956**	**8072284**	**1163756**	**11708187**	**142837**
210			3	122216	611	121605	43972	356220	15573
210			3	111153	241	110912	43972	344881	15338
				11063	370	10693		11339	234
14822	3484	758	4804	12292024	4341345	7950679	1119784	11351968	127264
4200	1759	585	957	8695294	3881812	4813482	495957	3194256	13028
	497		65	4892		4892	1352	192882	13542

2-A-36 续表 13

行业	合计	内资				
			国有	集体	股份合作企业	联营企业
咨询与调查	2131053	2070835	17423	16787	4779	3116
广告业	2612904	2597571	58217	3500	15142	128
知识产权服务	90687	90654	460	300	24	
人力资源服务	2380897	2328914	36825	56721	6664	13
旅行社及相关服务	2248262	2231444	87024	10781	9477	9686
安全保护服务	624277	621115	252942	34648	2632	
其他商务服务业	3172171	3132097	82228	130442	9489	2861
科学研究和技术服务业	**9323574**	**8833186**	**1046939**	**107103**	**24653**	**8156**
研究和试验发展	927626	667984	63962	14177	4885	194
自然科学研究和试验发展	27941	25872	5546	13	1165	
工程和技术研究和试验发展	757199	511571	57707	13459	3315	
农业科学研究和试验发展	60800	60615	138	705	133	
医学研究和试验发展	76267	64506	25		273	194
社会人文科学研究	5419	5419	546			
专业技术服务业	6522735	6369892	971776	64014	18964	7962
气象服务	15239	15239	5321	240		
地震服务	32	32				
海洋服务	8864	6945	1862			
测绘服务	160060	160060	45638	11307	4385	
质检技术服务	484352	429742	25134	12374	5867	295
环境与生态监测	65275	64952	2879	104		
地质勘查	77140	77140	47112	175		
工程技术	4861539	4809115	836482	33105	4758	6020
其他专业技术服务业	850234	806666	7349	6708	3954	1647
科技推广和应用服务业	1873213	1795310	11201	28913	803	
技术推广服务	1732926	1662769	10419	28375	720	
科技中介服务	79986	74271	696	465	83	
其他科技推广和应用服务业	60301	58270	86	72		

单位：万元

国有联营	集体联营	国有与集体联营	其他联营	有限责任公司	国有独资公司	其他有限责任公司	股份有限公司	私营企业	私营独资
149	5	64	2898	371468	44807	326661	30237	1620836	21264
			128	387269	78186	309083	151357	1980941	35298
				7492	2210	5283	748	81562	1176
	13			692750	118882	573867	20404	1513467	6450
9238	85		363	808933	31317	777616	9990	1289653	12942
				228059	85239	142820	2937	99838	77
1236	1124	108	393	1095867	98892	996975	406801	1378533	23488
7457		**460**	**239**	**3161776**	**499154**	**2662622**	**477327**	**3821096**	**42278**
			194	183352	13593	174759	3953	388401	5117
				1826	168	1659		16640	91
				142823	12295	130528	2129	291587	3120
				11656	199	11457	1344	44589	632
			194	30968		30968	480	31791	1273
				1078	931	147		3794	2
7457		460	45	2380853	447922	1932931	239826	2682012	30061
				6057	21	6036		3621	
								32	
				3458		3458		1624	20
				29106	784	28321	2306	67319	
		250	45	190540	18748	171792	15749	179218	1804
				9391	1957	7434	767	51811	20
				14387	6973	7414	1740	13727	243
5810		210		1999283	400694	1598590	200747	1727354	7171
1647				128631	18746	109885	18517	637307	20803
				592571	37639	554932	233549	750682	7099
				568075	37575	530500	232255	645855	5793
				20030	28	20002	314	52184	905
				4466	37	4429	980	52643	401

2-A-36 续表 14

行业	合计	内资	国有	集体	股份合作企业	联营企业
水利、环境和公共设施管理业	**2879866**	**2845190**	**70167**	**24658**	**1310**	**18**
水利管理业	123647	122817	17643	3084	19	18
防洪除涝设施管理	11715	11715	155	…		
水资源管理	24200	23371	1156	1570		
天然水收集与分配	36088	36088	4973	568		
水文服务	411	411	225			
其他水利管理业	51233	51233	11134	946	19	18
生态保护和环境治理业	276909	265733	1671	6	937	
生态保护	41152	41152	620			
环境治理业	235757	224581	1050	6	937	
公共设施管理业	2479310	2456641	50853	21568	354	
市政设施管理	508169	507464	9757	6982		
环境卫生管理	178834	178824	23195	6163		
城乡市容管理	21413	21413		129		
绿化管理	1245224	1233423	12742	4321	275	
公园和游览景区管理	525669	515516	5158	3974	79	
居民服务、修理和其他服务业	**1889654**	**1868736**	**27947**	**70231**	**18801**	**2142**
居民服务业	586569	574685	17589	55414	3037	1768
家庭服务	79566	79405		732	247	
托儿所服务	371	371				
洗染服务	49703	46963		2020		
理发及美容服务	85205	84808		759	338	37
洗浴服务	77286	77286		75	18	
保健服务	93560	93502			1486	
婚姻服务	24471	24471	207		261	
殡葬服务	106561	98074	9788	50509	235	1731
其他居民服务业	69846	69804	7594	1318	452	
机动车、电子产品和日用产品修理业	929563	920529	7873	10928	15685	375
汽车、摩托车修理与维护	757194	749674	7825	9531	14077	331
计算机和办公设备维修	57626	57565		13	409	

单位：万元

国有联营	集体联营	国有与集体联营	其他联营	有限责任公司	国有独资公司	其他有限责任公司	股份有限公司	私营企业	私营独资
	18			**1116955**	**315726**	**801229**	**192477**	**1437093**	**21428**
	18			84388	31068	53320	1292	16273	868
				9899	178	9722		1660	
				18254	6102	12152		2392	198
				29531	19650	9882		1015	
								187	
	18			26704	5138	21566	1292	11019	670
				107901	11862	96039	7	154548	6183
				16410	148	16262		24049	5954
				91491	11714	79777	7	130498	229
				924666	272797	651869	191178	1266273	14377
				270777	164950	105827	147	219801	4874
				65359	17870	47989	1724	81882	2005
				13177	5665	7512		8039	
				297293	15794	281499	55439	862876	3737
				277560	68519	209042	133867	93674	3761
	2103		**39**	**230109**	**32392**	**197717**	**11634**	**1496364**	**325706**
	1728		39	74745	17613	57132	513	416568	128128
				18242		18242	108	59731	1886
								151	
				3204		3204		41739	8428
			37	3018		3018	235	80057	34359
				3620		3620		73068	29344
				1916	46	1870		88125	47391
				1091		1091	168	22713	1764
	1728		3	19570	8772	10798		15114	1789
				24083	8795	15288	2	35871	3167
	375			73811	6326	67485	5075	801407	188549
	331			49352	1396	47966	4246	660242	181320
				12135	4931	7205	801	44204	1287

2-A-36 续表 15

行业	合计					
		内资				
			国有	集体	股份合作企业	联营企业
家用电器修理	92843	91390	47	740	1160	44
其他日用产品修理业	21900	21900		646	39	
其他服务业	373522	373522	2485	3889	79	
清洁服务	261756	261756	2479	733	79	
其他未列明服务业	111766	111766	6	3156		
教育	**609192**	**596315**	**37741**	**35335**	**3415**	**595**
教育	609192	596315	37741	35335	3415	595
学前教育	21533	20225	1290	356		332
初等教育	10409	10409				
中等教育	14080	14080	367	5434		
高等教育	22270	22270	267			
特殊教育	557	557				
技能培训、教育辅助及其他教育	540343	528775	35818	29546	3415	263
卫生和社会工作	**687664**	**655521**	**32941**	**4981**	**4788**	**65**
卫生	669911	637808	32156	4466	4182	65
医院	468231	436128	31503	2897	3255	65
社区医疗与卫生院	2408	2408	65	60		
门诊部(所)	184954	184954	130	559	927	
计划生育技术服务活动	10	10		10		
妇幼保健院(所、站)	8	8				
专科疾病防治院(所、站)	387	387				
疾病预防控制中心	14	14		14		
其他卫生活动	13900	13900	458	927		
社会工作	17753	17713	785	515	606	
提供住宿社会工作	11517	11517	785	324	298	
不提供住宿社会工作	6235	6196	…	191	308	
文化、体育和娱乐业	**3377116**	**3319774**	**139129**	**8065**	**7936**	**2316**
新闻和出版业	582814	582814	103929	402		
新闻业	5177	5177	716			
出版业	577637	577637	103213	402		

单位：万元

国有联营	集体联营	国有与集体联营	其他联营	有限责任公司	国有独资公司	其他有限责任公司	股份有限公司	私营企业	私营独资
	44			12035		12035		76523	4868
				278		278	29	20438	1074
				81553	8453	73101	6045	278388	9029
				23545	7555	15991	980	233705	5832
				58008	898	57110	5065	44683	3196
			595	**96640**	**3529**	**93111**	**14802**	**385700**	**81077**
			595	96640	3529	93111	14802	385700	81077
			332	2037		2037		9107	4002
								9929	8852
				25		25		5901	
				221		221		21783	
				365	365			192	
			263	93992	3164	90828	14802	338789	68222
	65			**182486**	**...**	**182486**	**6843**	**409261**	**85888**
	65			173059	...	173059	6843	402933	85244
	65			113979		113979	6781	267235	36066
								1915	1581
				48080		48080	62	131958	47110
				8		8			
								387	57
				...	...				
				10992		10992		1439	430
				9427		9427		6327	644
				4586		4586		5523	524
				4841		4841		804	120
	2140		**177**	**838693**	**340638**	**498055**	**196733**	**2120064**	**408263**
				438205	267910	170295	25477	14695	720
				4124		4124		337	
				434081	267910	166171	25477	14358	720

2-A-36 续表 16

行业	合计	内资	国有	集体	股份合作企业	联营企业
广播、电视、电影和影视录音制作业	1588581	1580331	29785	1156	25	2120
广播	4052	4052	672			
电视	452562	452562	7073			2120
电影和影视节目制作	847378	847014	554		25	
电影和影视节目发行	33443	33443	362			
电影放映	248187	240302	21123	1156		
录音制作	2959	2959				
文化艺术业	152715	152325	3037	3162	742	
文艺创作与表演	88857	88610	404	287	247	
艺术表演场馆	10730	10730	1185	…		
图书馆与档案馆	5916	5916	646	2745		
文物及非物质文化遗产保护	3308	3308		30	495	
博物馆	6817	6817		34		
烈士陵园、纪念馆	340	340				
群众文化活动	7576	7576	787	37		
其他文化艺术业	29171	29029	14	29		
体育	176122	138763	816	1229	120	
体育组织	30481	30481	117			
体育场馆	6087	6087	100	908		
休闲健身活动	128839	91480	598	322	120	
其他体育	10716	10716				
娱乐业	876885	865541	1562	2116	7050	197
室内娱乐活动	799545	798679	410	1346	7050	34
游乐园	25114	18692				
彩票活动	347	347		220		
文化、娱乐、体育经纪代理	32434	29639	952	152		137
其他娱乐业	19445	18184	200	397		26

单位：万元

国有联营	集体联营	国有与集体联营	其他联营	有限责任公司	国有独资公司	其他有限责任公司	股份有限公司	私营企业	私营独资
	2120			259794	51143	208650	152766	1134542	17611
				1205		1205		2174	
	2120			104596	18856	85740	37852	300922	
				39917	204	39714	105394	701123	17263
				21089	11950	9139	8569	3423	
				90990	20134	70856	951	125937	315
				1997		1997		962	33
				58637	18672	39965		86460	13192
				45306	14769	30536		42359	9801
				7143	3337	3807		2402	909
				339		339		2185	298
				988	313	676		1614	
				1183		1183		5600	32
								340	340
				416	145	271		6235	1138
				3262	108	3154		25725	673
				43456	2623	40833	2934	89330	11606
				17121	665	16456	2453	10790	
				1138	1138			3941	1048
				24201	674	23527	473	64888	10338
				996	146	850	8	9711	220
	20		177	38602	290	38312	15556	795037	365135
	20		14	27877		27877	15060	741489	359710
				6181	3	6178		12501	1049
				127		127			
			137	2986	287	2699	60	25353	1558
			26	1430		1430	436	15694	2818

2-A-36 续表 17

行业	私营合伙	私营有限责任公司	私营股份有限公司	其他企业	港澳台商投资	与港澳台商合资经营
总计	**7990873**	**733356027**	**22686670**	**3906892**	**103540247**	**54232694**
农、林、牧、渔业	**1506**	**127579**	**1206**	**196685**		
农业		23309		5302		
谷物种植		8442		825		
豆类、油料和薯类种植		1639				
蔬菜、食用菌及园艺作物种植		6110		2163		
水果种植		408		219		
坚果、含油果、香料和饮料作物种植		1695		1395		
中药材种植		4949		700		
其他农业		66				
林业		285				
林木育种和育苗		285				
畜牧业		13987		23749		
牲畜饲养		7651		17863		
家禽饲养		6025		2510		
其他畜牧业		311		3375		
渔业	157	20721		3104		
水产养殖	157	20721		3104		
农、林、牧、渔服务业	1349	69277	1206	164531		
农业服务业	1279	56960	330	139084		
林业服务业		3663		5643		
畜牧服务业	48	5059	876	8946		
渔业服务业	22	3595		10859		
采矿业	**60959**	**1273807**	**4326**	**16531**	**28014**	**28014**
煤炭开采和洗选业		14097		120		
烟煤和无烟煤开采洗选		4581		120		
褐煤开采洗选		7536				
其他煤炭采选		1981				
黑色金属矿采选业		80124				
铁矿采选		80124				

单位：万元

与港澳台商合作经营	港澳台商独资	港澳台商投资股份有限公司	其他港澳台投资	外商投资	中外合资经营	中外合作经营	外资企业	外商投资股份有限公司	其他外商投资
2378750	**42897790**	**3904898**	**126115**	**105056187**	**57377186**	**841201**	**43849353**	**1964680**	**1023769**
				1556	**1189**		**367**		
				1050	1050				
				1050	1050				
				139	139				
				112	112				
				26	26				
				367			367		
				367			367		
				53764	**4766**		**48998**		
				5889			5889		
				5889			5889		

2-A-36 续表 18

行　　业						
	私营合伙	私营有限责任公司	私营股份有限公司	其他企业	港澳台商投　资	与港澳台商合资经　营
有色金属矿采选业	1359	303040	2700	58		
常用有色金属矿采选	1359	204641		58		
贵金属矿采选		3985				
稀有稀土金属矿采选		94413	2700			
非金属矿采选业	59450	869820	1626	16352	28014	28014
土砂石开采	57350	802389	1626	16352	28014	28014
化学矿开采		550				
采盐		480				
石棉及其他非金属矿采选	2100	66400				
开采辅助活动		516				
石油和天然气开采辅助活动		86				
其他开采辅助活动		430				
其他采矿业	150	6210				
其他采矿业	150	6210				
制造业	**5922018**	**320626682**	**12672169**	**576556**	**80247646**	**47714281**
农副食品加工业	86353	6648469	170189	132849	693003	531946
谷物磨制	4720	446980		2601	189333	105119
饲料加工	12923	1474158	104913	1164	68395	40680
植物油加工	2189	351654	9109	4134	51039	51039
制糖业	110	8712		1551		
屠宰及肉类加工	18619	589494	40030	2211	172780	145799
水产品加工	39699	2365315	13294	4436	143291	121770
蔬菜、水果和坚果加工	5436	1114210	2844	107827	8270	7745
其他农副食品加工	2657	297946		8925	59895	59795
食品制造业	52784	1802483	45073	13099	482991	242426
焙烤食品制造	2073	272257	3000	555	106587	51528
糖果、巧克力及蜜饯制造	535	139879		250	20106	3446
方便食品制造	873	214500	2218	5692	22505	20347
乳制品制造	56	160814			3595	

单位：万元

与港澳台商合作经营	港澳台商独资	港澳台商投资股份有限公司	其他港澳台投资	外商投资	中外合资经营	中外合作经营	外资企业	外商投资股份有限公司	其他外商投资
				47875	4766		43109		
				47875	4766		43109		
2076707	**27260484**	**3177172**	**19002**	**80875724**	**42822843**	**576469**	**35221817**	**1689074**	**565521**
	161057			1324468	590093	26557	698579	9202	37
	84214			100		63			37
	27715			80642	4422		76220		
				483152	30069		453084		
	26982			44960	25486		19474		
	21521			497879	457534	14786	25560		
	525			95755	67009	11708	7836	9202	
	100			121979	5574		116405		
	240565			2080056	579384	18639	983556	14820	483657
	55059			101719	17956		83764		
	16660			268762	2062		266700		
	2158			541160	7774	17626	500940	14820	
	3595			4639			4639		

2-A-36 续表 19

行业	私营合伙	私营有限责任公司	私营股份有限公司	其他企业	港澳台商投资	与港澳台商合资经营
罐头食品制造	8264	248064		3638	9210	7230
调味品、发酵制品制造	44	124041		438	74997	14122
其他食品制造	40939	642927	39855	2527	245991	145753
酒、饮料和精制茶制造业	24166	1826481	14068	68459	724769	136739
酒的制造	3218	250821	13188	1771	313836	64406
饮料制造	1383	813902	392	580	380079	49869
精制茶加工	19565	761758	488	66107	30854	22465
烟草制品业		780			23454	23454
卷烟制造						
其他烟草制品制造		780			23454	23454
纺织业	341342	45283664	378288	19414	9148611	5422938
棉纺织及印染精加工	166949	22432480	245690	2772	5126862	3345237
毛纺织及染整精加工	30219	1166918	13946	1824	598600	249107
麻纺织及染整精加工	229	73815		395	73720	62520
丝绢纺织及印染精加工	12770	2318338	6619	1906	338207	205255
化纤织造及印染精加工	35241	3527976	8817	1840	375909	150761
针织或钩针编织物及其制品制造	24333	9597462	62429	2598	1358863	905841
家用纺织制成品制造	29780	3387268	23775	3986	863834	352086
非家用纺织制成品制造	41821	2779407	17012	4093	412616	152133
纺织服装、服饰业	147936	16493969	1031883	25043	6103700	2929915
机织服装制造	61552	9407146	898336	8527	3072284	1685322
针织或钩针编织服装制造	59454	4660523	131080	6831	2476436	857237
服饰制造	26929	2426301	2466	9686	554980	387356
皮革、毛皮、羽毛及其制品和制鞋业	227930	13110351	67864	15922	1296166	971709
皮革鞣制加工	29350	882817	3284	970	221509	161248
皮革制品制造	35713	3165472	22503	2182	377773	276321
毛皮鞣制及制品加工	2531	552339		50	23275	11048
羽毛(绒)加工及制品制造	3666	605512	18665		371631	371541
制鞋业	156670	7904211	23412	12721	301978	151551
木材加工和木、竹、藤、棕、草制品业	68883	4191082	58691	26318	582654	412705

单位：万元

与港澳台商合作经营	港澳台商独资	港澳台商投资股份有限公司	其他港澳台投资	外商投资	中外合资经营	中外合作经营	外资企业	外商投资股份有限公司	其他外商投资
	1980			185598	161911		23688		
	60876			26511	24114	1012	1385		
	100238			951666	365568		102441		483657
	588030			1968073	1537967		423168		6938
	249430			349937	83793		266145		
	330210			1610499	1447629		155932		6938
	8389			7637	6546		1092		
313461	2887354	524859		4172189	2777117	31660	1325170	38243	
5928	1422204	353494		2235375	1554315	17376	646091	17593	
7111	342382			112303	63413		48890		
	11201			11869	11869				
2789	130163			125888	100185		25353	350	
128378	69981	26789		196291	151307	14284	30701		
24074	428948			761654	527940		233714		
125007	248139	138603		331160	144340		166520	20300	
20174	234336	5973		397649	223748		173901		
74920	3046072	48787	4005	3286521	1963088	6532	1292573	21137	3191
43946	1298829	40257	3930	2069348	1189397	3250	859159	16460	1082
30974	1588226			821394	505128	2376	307228	4678	1984
	159018	8531	74	395780	268563	905	126186		125
14504	307634	2319		1875087	1075053	19069	777313	3652	
	60261			520924	149625		371299		
14419	85039	1994		518666	288743	10155	219768		
	11901	325		88518	72680		15837		
	90			178092	136814		41278		
85	150343			568888	427191	8914	129131	3652	
13611	132868	23470		603542	465002	41388	97152		

2-A-36 续表 20

行业	私营合伙	私营有限责任公司	私营股份有限公司	其他企业	港澳台商投资	与港澳台商合资经营
木材加工	9102	357591	8060	2882	21651	7985
人造板制造	29292	838250	301	65	312363	203432
木制品制造	19323	2286479	49164	4661	200940	170072
竹、藤、棕、草等制品制造	11165	708762	1166	18710	47700	31217
家具制造业	66830	4503952	271739	11874	1201153	541214
木质家具制造	21461	1977418	6597	8103	362588	202787
竹、藤家具制造	1240	85000		220	19743	15219
金属家具制造	11289	1635189	166252	1800	515983	243681
塑料家具制造	8509	154774			141349	21591
其他家具制造	24330	651571	98890	1750	161491	57936
造纸和纸制品业	179740	7403448	25677	7535	1795225	1657907
纸浆制造		8895				
造纸	43003	4115494	8648	361	1373501	1322056
纸制品制造	136737	3279058	17029	7174	421725	335851
印刷和记录媒介复制业	159282	4030383	40743	7541	421430	368891
印刷	153169	3896304	40743	7300	413623	361085
装订及印刷相关服务	6113	128930		241	7806	7806
记录媒介复制		5150				
文教、工美、体育和娱乐用品制造业	209650	10555086	127572	31363	2726107	1988370
文教办公用品制造	23263	2082208	7471	7425	144507	80265
乐器制造	4548	98540			50260	12486
工艺美术品制造	158648	5962208	95070	21183	1344313	1059895
体育用品制造	8143	1117759	1623	232	154710	37165
玩具制造	13527	942195	22208	2059	263094	92330
游艺器材及娱乐用品制造	1521	352177	1200	464	769223	706229
石油加工、炼焦和核燃料加工业	1853	571834	508		2616056	2551140
精炼石油产品制造	1853	568737	508		2616056	2551140
炼焦		1954				
核燃料加工		1144				
化学原料和化学制品制造业	112118	15877990	1351489	27740	8181734	4475394

单位：万元

与港澳台商合作经营	港澳台商独资	港澳台商投资股份有限公司	其他港澳台投资	外商投资	中外合资经营	中外合作经营	外资企业	外商投资股份有限公司	其他外商投资
	13666			4522	1239		3283		
8033	77429	23470		129516	100680		28836		
	30868			361521	306045	311	55164		
5579	10904			107984	57038	41077	9869		
14761	645179			1897737	1145576	1231	750924		6
448	159353			363919	137184	1231	225504		
	4524			324077	323960		111		6
14313	257989			520970	203655		317315		
	119758			22703	2985		19717		
	103555			666068	477791		188277		
10743	126575			1185670	795982	7077	340633		41978
10743	40701			371572	316026		13568		41978
	85874			814098	479956	7077	327065		
76	52463			274879	258062		16818		
76	52463			264850	248032		16818		
				10030	10030				
6142	631543	100052		1380878	597191	19131	668777	94510	1269
4958	59284			280803	124960		61333	94510	
	3500	34274		161739	14163	15096	131395		1086
39	218600	65778		448011	267624	4035	176168		184
	117546			201665	95465		106200		
1145	169619			277401	94976		182424		
	62994			11259	3		11256		
100	1956	62861		236544	10544		216672	9327	
100	1956	62861		236544	10544		216672	9327	
1039777	2666422	141		10569138	5063588	20883	5333993	150100	574

2-A-36 续表 21

行业	私营合伙	私营有限责任公司	私营股份有限公司	其他企业	港澳台商投资	与港澳台商合资经营
基础化学原料制造	32390	1895644	274584	1672	2890877	828533
肥料制造	633	142244		749	5735	1600
农药制造	132	269744	137501	40	231246	228643
涂料、油墨、颜料及类似产品制造	26751	1952811	360380	767	719625	420017
合成材料制造	20925	5701445	397934	22186	3669991	2519778
专用化学产品制造	23990	2795534	167967	120	631482	462167
炸药、火工及焰火产品制造	1298	32241	374			
日用化学产品制造	5999	3088327	12748	2206	32780	14657
医药制造业	8500	1841827	221518	776	752365	613234
化学药品原料药制造	5533	635341	110337		250582	230799
化学药品制剂制造		186547	70823		21023	
中药饮片加工		132886	238	756	3330	1213
中成药生产		266770		20	211567	163963
兽用药品制造		76128	142		833	833
生物药品制造		184545	33755		232714	209420
卫生材料及医药用品制造	2966	359612	6225		32316	7006
化学纤维制造业	46811	8430758	570057	1649	5462218	4457393
纤维素纤维原料及纤维制造	1182	112115	…	1350	529322	526360
合成纤维制造	45629	8318642	570057	299	4932895	3931033
橡胶和塑料制品业	727531	19790343	463696	26759	3001983	1981673
橡胶制品业	92640	1831763	58780	1084	51489	34211
塑料制品业	634891	17958580	404916	25675	2950495	1947462
非金属矿物制品业	169174	11784506	575333	20230	1621362	1222275
水泥、石灰和石膏制造	5471	1689751	20278	293	69691	250
石膏、水泥制品及类似制品制造	29070	4576121	114727	2696	571796	436343
砖瓦、石材等建筑材料制造	86398	1368329	54190	11652	371012	345133
玻璃制造	1788	431707	10	879	80431	54263
玻璃制品制造	18319	1760905	200287	1483	287019	182306
玻璃纤维和玻璃纤维增强塑料制品制造	7733	426603	6783	1403	70615	52951
陶瓷制品制造	6364	346542	63	927	94428	89616

单位：万元

与港澳台商合作经营	港澳台商独资	港澳台商投资股份有限公司	其他港澳台投资	外商投资	中外合资经营	中外合作经营	外资企业	外商投资股份有限公司	其他外商投资
1012783	1049561			1419495	851735	15035	497498	55227	
	4135			22729	22729				
	2603			272670	211997		4700	55974	
26557	273051			803323	523005		279743		574
	1150212			5090402	2404465		2647037	38899	
	169174	141		1832432	821046		1011386		
437	17686			1128087	228611	5848	893628		
	139132			2519527	1405668		1101144	12715	
	19784			424839	170726		241399	12715	
	21023			1567718	925095		642623		
	2117			22656	6396		16259		
	47604			52322	50083		2239		
				17117	17117				
	23294			241315	84529		156786		
	25310			193560	151723		41838		
	799462	205363		3541151	2140859		1400292		
	2963			115153	112802		2351		
	796500	205363		3425998	2028057		1397941		
11145	908446	95531	5188	5294681	3393337	200586	1679019	21389	350
	17278			3547587	2626626		920961		
11145	891168	95531	5188	1747095	766711	200586	758058	21389	350
15939	375886	906	6356	1311130	584019	10811	715740		560
	69441			99576	98316		1260		
15939	119515			168906	136313		32593		
	24973	906		505992	38170		467821		
	26169			53961	34787		19174		
	98357		6356	207550	102880	7017	97094		560
	17664			176655	85608		91047		
	4812			38013	33095		4918		

2-A-36 续表 22

行业	私营合伙	私营有限责任公司	私营股份有限公司	其他企业	港澳台商投资	与港澳台商合资经营
耐火材料制品制造	6802	800012	73838		33806	19665
石墨及其他非金属矿物制品制造	7228	384537	105157	897	42564	41749
黑色金属冶炼和压延加工业	208249	12819815	530508	3919	2760009	2229822
炼铁	34	10674				
炼钢	5964	909101			104184	104184
黑色金属铸造	90717	1655212	21758	3030	108949	42638
钢压延加工	111534	9999586	508750	889	2546875	2083001
铁合金冶炼		245241				
有色金属冶炼和压延加工业	108229	11105512	794957	1705	2512497	1601736
常用有色金属冶炼	10105	1538182			500523	489738
贵金属冶炼	3361	434725			51523	51523
稀有稀土金属冶炼		63993			8513	8513
有色金属合金制造	2226	897939	161151		504566	263070
有色金属铸造	14054	100451	180	104	39922	23279
有色金属压延加工	78483	8070223	633626	1601	1407450	765613
金属制品业	596946	21457944	191555	47236	2307706	1251931
结构性金属制品制造	50219	6454629	16815	1509	249232	182236
金属工具制造	61484	2213963	3848	5534	193133	129574
集装箱及金属包装容器制造	8553	836838	7524	654	441217	117784
金属丝绳及其制品制造	18144	834993	3263	477	254801	121118
建筑、安全用金属制品制造	182247	4500207	13916	10226	398277	180701
金属表面处理及热处理加工	146396	1751165	22767	20013	107003	35732
搪瓷制品制造	4217	160110		26	33021	31341
金属制日用品制造	57718	3049029	29496	4789	243881	128414
其他金属制品制造	67968	1657010	93927	4007	387139	325031
通用设备制造业	845884	28913879	1055230	35209	4400164	2156456
锅炉及原动设备制造	11420	778869	5027		455726	62140
金属加工机械制造	68087	1875160	159932	2432	396131	57645
物料搬运设备制造	19330	2620352	112812	2222	723033	372075
泵、阀门、压缩机及类似机械制造	205936	7442050	312955	7768	968226	649779

单位：万元

与港澳台商合作经营	港澳台商独资	港澳台商投资股份有限公司	其他港澳台投资	外商投资	中外合资经营	中外合作经营	外资企业	外商投资股份有限公司	其他外商投资
	14141			47927	43433	3794	700		
	815			12551	11418		1133		
	461636	68551		1723431	1428912		294519		
				4241	4241				
	66312			64907	41281		23626		
	395324	68551		1635369	1383390		251978		
				18915			18915		
300377	605266	5119		1461553	417821		243485	799178	1069
	10785			31957	1163		30794		
183125	58371			124169	36960		87209		
	16643			1361	292				1069
117252	519466	5119		1304066	379406		125482	799178	
9864	1028116	14730	3064	2074912	1156421	45204	853725	19539	22
	66996			179613	114152		46168	19292	
	63559			299779	155444		144335		
	323433			353431	327464		25721	247	
	133684			5993			5993		
	199781	14730	3064	448876	209137	33762	205956		22
1139	70133			70647	31731	11443	27473		
	1680			8606	8577		29		
	115467			539424	241230		298193		
8725	53382			168543	68687		99856		
62978	1713142	467445	143	6481877	4019899	13722	2205354	235096	7807
52781	84248	256557		252966	224665		28301		
	246526	91959		584271	60792		523417		62
	350958			1905469	1759708		145761		
	317620	828		1013609	502444	13181	494384		3600

2-A-36 续表 23

行　业	私营合伙	私营有限责任公司	私营股份有限公司	其他企业	港澳台商投资	与港澳台商合资经营
轴承、齿轮和传动部件制造	137502	4007938	74585	2730	454837	231291
烘炉、风机、衡器、包装等设备制造	32977	4814345	243824	5320	558127	343467
文化、办公用机械制造	2601	391172	12365	57	102109	89748
通用零部件制造	353860	6613307	129730	14257	723881	346107
其他通用设备制造业	14171	370686	4001	423	18094	4204
专用设备制造业	282905	10127217	177473	10707	2674507	1179906
采矿、冶金、建筑专用设备制造	13631	772535	18095		193580	179258
化工、木材、非金属加工专用设备制造	132539	3230874	64987	6084	1439413	530361
食品、饮料、烟草及饲料生产专用设备制造	2356	298080	4165	412	27137	16164
印刷、制药、日化及日用品生产专用设备制造	12007	651176	1390	1799	59718	44138
纺织、服装和皮革加工专用设备制造	78423	2103081	8019	2200	252269	104629
电子和电工机械专用设备制造	5299	364034	14068		13535	8021
农、林、牧、渔专用机械制造	18041	651501	7037	132	187961	44152
医疗仪器设备及器械制造	2693	490074	35863	75	102842	11963
环保、社会公共服务及其他专用设备制造	17916	1565862	23849	7	398052	241221
汽车制造业	299200	11744532	135010	5771	3469328	2296536
汽车整车制造		1700951			1829074	1462552
改装汽车制造		72666			9842	9842
低速载货汽车制造						
电车制造		3143			1296	
汽车车身、挂车制造	454	67991			2073	1539
汽车零部件及配件制造	298746	9899781	135010	5771	1627043	822604
铁路、船舶、航空航天和其他运输设备制造业	99790	4327639	655186	2170	832032	742532
铁路运输设备制造	408	137011			1883	1883
城市轨道交通设备制造		3184				
船舶及相关装置制造	42240	1260010	434178		372368	366219
航空、航天器及设备制造	985	18200	24329			
摩托车制造	29288	1354655	212	1133	80193	74545
自行车制造	20853	1416591	193603	797	371180	296630
非公路休闲车及零配件制造	1300	98310	2864	240		
潜水救捞及其他未列明运输设备制造	4715	39679			6409	3255

单位：万元

与港澳台商合作经营	港澳台商独资	港澳台商投资股份有限公司	其他港澳台投资	外商投资	中外合资经营	中外合作经营	外资企业	外商投资股份有限公司	其他外商投资
2901	218702	1800	143	608186	302643	93	305450		
420	214241			1165307	839014	449	325844		
	12361			88937	18890		51332	18715	
6876	254597	116302		831070	308080		305422	216381	1187
	13890			32062	3661		25442		2959
21111	1366715	106775		2509309	987215	856	1511895	7900	1444
	14323			438107	180888		257220		
	894469	14583		676169	306984		368806		379
6423	4550			74296	52636		21661		
	15581			137098	22016		115082		
2995	125112	19532		427696	205813		221883		
300	5214			54500	21611		32889		
9993	131811	2006		216482	23302		192115		1065
1400	89479			268269	105760	856	154784	6869	
	86177	70654		216693	68206		147455	1031	
6545	1030075	136171		4645589	2925630	37682	1539201	143076	
	366522			404892	397222		7670		
				21230	14468		6762		
	1296								
	534			7777			7777		
6545	661723	136171		4211690	2513940	37682	1516992	143076	
14042	75457			767525	143419	10368	613739		
	6148			530555	31169		499385		
				371			371		
	5648			35672	19585		16087		
11067	63483			190950	86837	10368	93745		
				8287	4136		4150		
2975	178			1691	1691				

2-A-36 续表 24

行业	私营合伙	私营有限责任公司	私营股份有限公司	其他企业	港澳台商投资	与港澳台商合资经营
电气机械和器材制造业	395011	30144321	2794370	22140	6854872	3421538
电机制造	55180	4124413	85207	3676	554468	355789
输配电及控制设备制造	137262	8956062	785056	4037	1850098	1250013
电线、电缆、光缆及电工器材制造	36753	4706704	1629673	2315	926790	420191
电池制造	2838	1286579	98308		1416891	201793
家用电力器具制造	89813	6239465	159787	7422	1315093	734762
非电力家用器具制造	5118	667237	21353	683	52607	35686
照明器具制造	61332	3856408	14764	3659	718285	403460
其他电气机械及器材制造	6715	307452	222	348	20639	19843
计算机、通信和其他电子设备制造业	66309	7526259	728399	3847	5850258	1784476
计算机制造	1691	202425	355		116878	913
通信设备制造	6041	797713	5549	720	2922050	248773
广播电视设备制造	3611	634875	290439		109177	42353
雷达及配套设备制造		3604			118976	118976
视听设备制造	5935	787199	457	20	361683	316979
电子器件制造	4382	884472	200819	580	1021211	252229
电子元件制造	40192	3797028	224652	2428	1128227	756324
其他电子设备制造	4457	418942	6128	99	72056	47929
仪器仪表制造业	90931	3342917	169779	3082	666095	206038
通用仪器仪表制造	38412	1927558	158535	286	467794	125372
专用仪器仪表制造	6360	485508	11176	192	15081	8279
钟表与计时仪器制造	3893	123573		311	14261	10884
光学仪器及眼镜制造	32414	720763		2267	166214	61503
其他仪器仪表制造业	9852	85515	68	25	2745	
其他制造业	264276	2384062	24800	2270	365043	248227
日用杂品制造	261426	2018184	16353	1010	357242	244386
煤制品制造	155	42296		8		
核辐射加工	15	134	1861			
其他未列明制造业	2680	323449	6586	1253	7801	3841

单位：万元

与港澳台商合作经营	港澳台商独资	港澳台商投资股份有限公司	其他港澳台投资	外商投资	中外合资经营	中外合作经营	外资企业	外商投资股份有限公司	其他外商投资
72569	3274321	86198	246	7699614	4684881	51645	2956571	6384	132
41478	154169	3032		1748495	825525	12756	910082		132
1944	544953	52942	246	1638838	1358222	960	277002	2654	
15433	491166			1082932	712539	3321	363342	3731	
	1203297	11802		1067995	255845		812150		
13714	554478	12139		1488320	1197089		291231		
	16921			38478	6968		31509		
	308542	6283		614506	323155	34607	256745		
	796			20049	5539		14510		
50378	2947870	1067534		8088549	1692053	6006	6301334	89156	
	90034	25930		1309131	32633		1276498		
944	1635437	1036896		1252189	613263	3838	635088		
	64211	2613		77764	17882		59882		
				821	821				
	44704			295812	59354		237459		
178	768803			3833795	575377		3238311	20106	
49256	320554	2094		1117407	377479	2168	668710	69050	
	24127			200630	15244		185386		
23663	276032	160362		1224413	583602	366	610309	13650	16486
23663	158398	160362		610446	326895		269901	13650	
	6802			455585	204324		234776		16486
	3377			11650	11650				
	104711			141646	40734	366	100546		
	2745			5087			5087		
	116815			323462	184296	6788	132377		
	112856			276238	181110	6788	88340		
				172			172		
	3959			47052	3186		43866		

2-A-36 续表 25

行业	私营合伙	私营有限责任公司	私营股份有限公司	其他企业	港澳台商投资	与港澳台商合资经营
废弃资源综合利用业	11608	2066471	342	761	695007	40726
金属废料和碎屑加工处理	2339	1810305	330	255	681980	40726
非金属废料和碎屑加工处理	9269	256167	12	506	13027	
金属制品、机械和设备修理业	21798	518706	171	1166	25147	25031
金属制品修理		6822		20	116	
通用设备修理	290	22170	129	400	976	976
专用设备修理	230	9128		533		
铁路、船舶、航空航天等运输设备修理	20847	438785		113	22339	22339
电气设备修理	152	22011	42			
仪器仪表修理		1090			1716	1716
其他机械和设备修理业	278	18701		100		
电力、热力、燃气及水生产和供应业	**87296**	**899031**	**39057**	**2414**	**907417**	**473772**
电力、热力生产和供应业	66028	541065	39027	2024	802922	409505
电力生产	65981	434026	39027	2024	764473	372081
电力供应	47	267				
热力生产和供应		106772			38449	37424
燃气生产和供应业	7761	215479			82015	47772
燃气生产和供应业	7761	215479			82015	47772
水的生产和供应业	13506	142487	30	390	22481	16495
自来水生产和供应	4767	33091		390	2375	
污水处理及其再生利用	1885	96151			20106	16495
其他水的处理、利用与分配	6855	13245	30			
建筑业	**23397**	**93280929**	**4009876**	**2987**	**712764**	**574711**
房屋建筑业	13146	64347608	2521024	622	396123	395187
房屋建筑业	13146	64347608	2521024	622	396123	395187
土木工程建筑业	1460	20069464	1296735	777	78647	75564
铁路、道路、隧道和桥梁工程建筑	207	14156912	1177533	127	768	43
水利和内河港口工程建筑	125	1491941	50401		49935	49935

单位：万元

与港澳台商合作经营	港澳台商独资	港澳台商投资股份有限公司	其他港澳台投资	外商投资	中外合资经营	中外合作经营	外资企业	外商投资股份有限公司	其他外商投资
	654281			268003	130749	268	136986		
	641254			267546	130449	268	136829		
	13027			457	300		157		
	116			86213	85416		796		
	116								
				99	99				
				4342	4342				
				81536	80958		578		
				236	17		219		
164237	**269409**			**2391134**	**2032716**	**163145**	**194973**		**300**
161221	232196			1835570	1587492	160037	88041		
161221	231171			1756725	1508647	160037	88041		
	1025			78846	78846				
801	33442			513864	424218		89646		
801	33442			513864	424218		89646		
2215	3771			41699	21005	3108	17286		300
2215	160			12337	6186	3108	3042		
	3611			29162	14619		14244		300
				200	200				
726	**6148**	**131181**		**332718**	**319369**	**962**	**11467**		**920**
	937			270562	269749		813		
	937			270562	269749		813		
726	2357			9448	6132	832	2483		
726				1273			1273		
				1500	1500				

2-A-36 续表 26

行业	私营合伙	私营有限责任公司	私营股份有限公司	其他企业	港澳台商投资	与港澳台商合资经营
海洋工程建筑		1634	2925			
工矿工程建筑		665775				
架线和管道工程建筑		739566	32238		25380	25380
其他土木工程建筑	1128	3013636	33637	650	2563	206
建筑安装业	4114	2684640	20321	60	103354	101883
电气安装	2853	734643	5804		1578	1578
管道和设备安装	536	784469	9877	60	18	
其他建筑安装业	725	1165527	4641		101758	100306
建筑装饰和其他建筑业	4677	6179217	171795	1527	134640	2077
建筑装饰业	3714	4498579	138025	1506	134640	2077
工程准备活动	948	906626	33724	21		
提供施工设备服务	15	194990				
其他未列明建筑业		579022	46			
批发和零售业	**822979**	**263456514**	**4446688**	**2388219**	**8315600**	**2938908**
批发业	419357	233863050	3612794	2134196	5119737	1478427
农、林、牧产品批发	19338	1879458	17117	980967	174893	541
食品、饮料及烟草制品批发	209915	7121425	226797	927691	578358	165493
纺织、服装及家庭用品批发	29575	53629822	362806	64536	782804	212293
文化、体育用品及器材批发	6951	5366169	70526	18730	317055	7168
医药及医疗器材批发	436	3529834	367327	28256	184763	43457
矿产品、建材及化工产品批发	108501	127440688	1623452	30807	1996357	558982
机械设备、五金产品及电子产品批发	19128	23141484	808833	35791	808840	431765
贸易经纪与代理	12924	5399168	65400	22575	157799	57490
其他批发业	12590	6355002	70537	24842	118868	1238
零售业	403622	29593464	833894	254023	3195863	1460480
综合零售	137097	2247978	229497	4387	1528413	650613
食品、饮料及烟草制品专门零售	4692	863941	27211	144912	8309	7871
纺织、服装及日用品专门零售	9057	1947390	10130	6069	336260	172486
文化、体育用品及器材专门零售	2625	1010765	18048	3524	27987	5

单位：万元

与港澳台商合作经营	港澳台商独资	港澳台商投资股份有限公司	其他港澳台投资	外商投资	中外合资经营	中外合作经营	外资企业	外商投资股份有限公司	其他外商投资
				3311	2902	832	77		
				39	39				
	2357			2825	1692		1133		
	1471			14615	5960		8155		500
				500					500
	18			6571	59		6512		
	1453			7544	5901		1643		
	1383	131181		38094	37528	130	16		420
	1383	131181		37674	37528	130	16		
				36					36
				384					384
91345	**5152113**	**28739**	**104496**	**16536278**	**9365175**	**17992**	**6522265**	**179654**	**451193**
29157	3497373	12220	102559	12710567	7737630	9854	4406063	120638	436382
1035	173317			6045			6045		
	412815		50	173071	17727		154782		562
16871	490717	11843	51080	1163470	192034	2235	734082	21888	213232
	299169	122	10596	472952	312441	300	126685	796	32729
10005	131301			58694	56577		2117		…
	1437318	57		6661422	5964950	140	653695		42636
	368783		8292	3007394	264961	66	2615577	91367	35423
1246	66936	199	31927	207963	13020	6680	87252	5189	95821
	117016		614	959557	915919	433	25828	1398	15978
62187	1654740	16520	1936	3825711	1627545	8138	2116201	59016	14811
61864	815815		122	1690814	859610		825559		5645
30	351		58	5233	850		4185		198
	163304		470	112410	50436		61482		491
255	27728			18131	329		17706		95

2-A-36 续表 27

行业	私营合伙	私营有限责任公司	私营股份有限公司	其他企业	港澳台商投资	与港澳台商合资经营
医药及医疗器材专门零售	79805	1026103	3466	14287	113373	113373
汽车、摩托车、燃料及零配件专门零售	104851	16412220	410353	24110	1075412	425136
家用电器及电子产品专门零售	22118	3043277	44876	11216	6302	1093
五金、家具及室内装饰材料专门零售	20660	1564249	59117	14588	8837	1385
货摊、无店铺及其他零售业	22716	1477541	31197	30930	90970	88518
交通运输、仓储和邮政业	**69280**	**10828671**	**269876**	**11588**	**1102856**	**854967**
铁路运输业						
铁路货物运输						
道路运输业	35677	4539232	218169	9244	563292	386954
城市公共交通运输	136	133741	2875	422	5677	5130
公路旅客运输	1056	290540	24716		2547	2547
道路货物运输	32010	4021288	57472	8148	158951	17558
道路运输辅助活动	2476	93664	133105	673	396117	361720
水上运输业	164	1224681	8838	2	164775	164775
水上旅客运输		10461				
水上货物运输		1091830	8838			
水上运输辅助活动	164	122389		2	164775	164775
航空运输业		4758			155571	155571
航空客货运输		1				
通用航空服务		3446				
航空运输辅助活动		1311			155571	155571
管道运输业						
管道运输业						
装卸搬运和运输代理业	33129	4253106	41287	1348	95754	60704
装卸搬运	8153	111618	1163	271	19015	19004
运输代理业	24976	4141489	40124	1077	76739	41700
仓储业	288	331395	216	978	123464	86963
谷物、棉花等农产品仓储	8	10113	168	978		
其他仓储业	280	321283	48		123464	86963

单位：万元

与港澳台商合作经营	港澳台商独资	港澳台商投资股份有限公司	其他港澳台投资	外商投资	中外合资经营	中外合作经营	外资企业	外商投资股份有限公司	其他外商投资
				3837	3695		131		11
	639077	11199		1806111	658518		1087958	59016	618
39	5169			15010	11900		1644		1465
	2131	5321		141757	26044	8138	106467		1108
	1165		1287	32409	16161		11069		5180
15	**230062**	**17812**		**1210610**	**773189**	**11570**	**424302**		**1549**
15	176323			240296	219964		19013		1319
	547			1617			298		1319
	141394			99912	81421		18491		
15	34382			138767	138543		224		
				240727	229159	11568			
				240727	229159	11568			
				8238	8238		…		
				8238	8238				
				…			…		
	17802	17247		223505	209662	2	13611		230
	11			15879	8350	2	7526		
	17791	17247		207626	201311		6085		230
	35937	564		497844	106166		391679		
	35937	564		497844	106166		391679		

2-A-36 续表 28

行业	私营合伙	私营有限责任公司	私营股份有限公司	其他企业	港澳台商投资	与港澳台商合资经营
邮政业	22	475500	1366	15		
邮政基本服务		152				
快递服务	22	475347	1366	15		
住宿和餐饮业	**156209**	**2808970**	**171297**	**18673**	**407926**	**217880**
住宿业	60333	1164728	52889	5324	344173	187147
旅游饭店	20608	843177	41280	1596	314781	186933
一般旅馆	37915	306371	11609	3377	27392	214
其他住宿业	1809	15180		350	2000	
餐饮业	95877	1644242	118408	13349	63753	30733
正餐服务	80806	1416323	113408	11273	45856	14086
快餐服务	3048	125802	2077	398	17676	16487
饮料及冷饮服务	5164	24145	2216	610	5	3
其他餐饮业	6859	77972	707	1067	216	157
信息传输、软件和信息技术服务业	**3014**	**3270432**	**95429**	**1051**	**7441944**	**124013**
电信、广播电视和卫星传输服务	356	134055	4110	878	1900908	22162
电信	296	107806	4110	878	1900908	22162
广播电视传输服务	60	26249				
互联网和相关服务	187	256727	10971		4894495	
互联网接入及相关服务		30097				
互联网信息服务	187	203555	10971		4879975	
其他互联网服务		23075			14521	
软件和信息技术服务业	2471	2879649	80349	173	646541	101851
软件开发	1534	1907564	76336		200959	33381
信息系统集成服务	30	582783	2339		422551	68402
信息技术咨询服务	367	235848	1471		1660	22
数据处理和存储服务		29280				
集成电路设计		31735				
其他信息技术服务业	540	92440	203	173	21371	46

单位：万元

与港澳台商合作经营	港澳台商独资	港澳台商投资股份有限公司	其他港澳台投资	外商投资	中外合资经营	中外合作经营	外资企业	外商投资股份有限公司	其他外商投资
20290	**154400**	**13975**	**1382**	**644242**	**505430**	**4126**	**132037**	**1361**	**1288**
20132	122696	13975	224	116127	82046	4126	29105	851	
644	113230	13975		109580	78631	3341	27608		
19488	7466		224	6547	3415	785	1497	851	
	2000								
158	31704		1158	528114	423385		102932	510	1288
158	30455		1158	57018	43435		11786	510	1288
	1188			456419	379901		76518		
	2			582	49		533		
	59			14095			14095		
	6893818	**424113**		**589549**	**82212**	**618**	**505787**	**669**	**264**
	1800802	77944		13046	20		13026		
	1800802	77944		13026			13026		
				20	20				
	4894495			1487	869		618		
	4879975			1487	869		618		
	14521								
	198520	346170		575017	81323	618	492144	669	264
	167578			511057	64930	18	445206	669	234
	7979	346170		15721	9424	600	5698		
	1638			4643	3862		751		30
				35750			35750		
				4445			4445		
	21325			3401	3107		294		

2-A-36 续表 29

行业	私营合伙	私营有限责任公司	私营股份有限公司	其他企业	港澳台商投资	与港澳台商合资经营
金融业	**114664**	**1189579**	**162239**	**57**	**53376**	**18669**
货币金融服务	67	426937	157558		29158	13497
非货币银行服务	67	426937	157558		29158	13497
资本市场服务	103691	485348	2585		23447	5173
证券市场服务	3278	1634				
期货市场服务		2899				
资本投资服务	99931	412833	2585		23447	5173
其他资本市场服务	482	67983				
保险业	654	4824		12		
财产保险		5				
保险经纪与代理服务	50	2955				
其他保险活动	604	1864		12		
其他金融业	10252	272470	2097	45	771	
金融信托与管理服务	10061	57820	930		718	
控股公司服务	16	184173			54	
其他未列明金融业	175	30476	1167	45		
房地产业	**66533**	**16545376**	**255693**	**8538**	**3987179**	**1146910**
房地产业	66533	16545376	255693	8538	3987179	1146910
房地产开发经营		14402955	232974		3897661	1085406
物业管理	309	861856	7895	630	12335	2739
房地产中介服务	58404	503425	7205	7064	9777	3382
自有房地产经营活动	7550	584965	5929	793	47052	35728
其他房地产业	269	192174	1689	51	20354	19654
租赁和商务服务业	**370924**	**10851748**	**342679**	**440356**	**162742**	**37688**
租赁业	1017	322575	17055	2766	7834	4226
机械设备租赁	857	311744	16941	2766	7834	4226
文化及日用品出租	160	10831	114			
商务服务业	369907	10529173	325624	437591	154909	33463
企业管理服务	55444	2964963	160820	370601	53375	26742
法律服务	157642	20862	836	25812	228	

单位：万元

与港澳台商合作经营	港澳台商独资	港澳台商投资股份有限公司	其他港澳台投资	外商投资	中外合资经营	中外合作经营	外资企业	外商投资股份有限公司	其他外商投资
	27524	**7182**		**10480**	**4419**		**2036**	**4025**	
	8479	7182		8294	4382		16	3896	
	8479	7182		8294	4382		16	3896	
	18274			1273	24		1120	129	
	18274			1249			1120	129	
				24	24				
	771			913	13		900		
	718			913	13		900		
	54								
20830	**2718175**	**101264**		**1114992**	**523566**	**2168**	**588829**	**428**	**…**
20830	2718175	101264		1114992	523566	2168	588829	428	…
15160	2695831	101264		1029444	484416		544649	379	
5669	3926			15266	3945	2072	9200	49	
	6395			16066	11173		4894		…
	11324			53024	23216	96	29713		
	700			1192	817		375		
30	**121488**	**3460**	**76**	**819578**	**615940**	**24689**	**87225**	**89464**	**2260**
	3608			106585	13194		4920	88471	
	3608			106585	13194		4920	88471	
30	117881	3460	76	712993	602746	24689	82305	993	2260
30	23824	2779		626677	570936	23834	31657	71	178
	228								

2-A-36 续表 30

行业	私营合伙	私营有限责任公司	私营股份有限公司	其他企业	港澳台商投资	与港澳台商合资经营
咨询与调查	122184	1467687	9701	6188	29517	1129
广告业	2605	1937276	5763	1017	3353	63
知识产权服务	10573	69812		68		
人力资源服务	12935	1449379	44702	2070	47812	
旅行社及相关服务	1984	1206905	67823	5900	104	10
安全保护服务		99761		59		
其他商务服务业	6539	1312527	35979	25875	20519	5518
科学研究和技术服务业	**23731**	**3680198**	**74889**	**186136**	**127388**	**76753**
研究和试验发展	1530	380252	1502	4060	18471	12856
自然科学研究和试验发展	46	16499	5	682	1916	
工程和技术研究和试验发展	753	286698	1016	551	16495	12832
农业科学研究和试验发展	35	43451	471	2051	19	19
医学研究和试验发展	431	30077	10	776	42	5
社会人文科学研究	265	3527				
专业技术服务业	17165	2574060	60725	4485	74403	37860
气象服务		3621				
地震服务		32				
海洋服务		1604				
测绘服务	1578	65663	78			
质检技术服务	1786	174858	770	566	24401	12044
环境与生态监测	331	51459				
地质勘查		13475	9			
工程技术	8185	1654714	57284	1366	35599	25815
其他专业技术服务业	5286	608634	2585	2554	14403	
科技推广和应用服务业	5036	725885	12662	177591	34514	26036
技术推广服务	4273	623542	12247	177068	32693	24433
科技中介服务	180	50908	190	500	1820	1604
其他科技推广和应用服务业	583	51434	225	23		

单位：万元

与港澳台商合作经营	港澳台商独资	港澳台商投资股份有限公司	其他港澳台投资	外商投资	中外合资经营	中外合作经营	外资企业	外商投资股份有限公司	其他外商投资
	27921	467		30701	3607		25021	922	1150
	3077	214		11980	179		11801		
				33			33		
	47812			4171	3549		570		52
	18		76	16714	14036	854	1224		600
				3162	3000		11		152
	15001			19555	7440		11988		128
	50292		**343**	**363000**	**267002**	**10018**	**85901**	**5**	**73**
	5615			241171	209994	…	31177		
	1916			153	103		50		
	3663			229133	201942		27191		
				166	166	…			
	36			11719	7783		3936		
	36323		220	78440	42267	9351	26744	5	73
				1919	1919				
	12357			30208	17761	9241	3207		
				322	322				
	9784			16825	12061	110	4580		73
	14183		220	29165	10203		18957	5	
	8354		123	43389	14742	667	27980		
	8261			37463	13722	667	23075		
	94		123	3894	1021		2874		
				2031			2031		

2-A-36 续表 31

行业	私营合伙	私营有限责任公司	私营股份有限公司	其他企业	港澳台商投资	与港澳台商合资经营
水利、环境和公共设施管理业	**2861**	**1386540**	**26265**	**2513**	**10967**	**9785**
水利管理业	234	15172		100	829	
防洪除涝设施管理		1660				
水资源管理		2194			829	
天然水收集与分配		1015				
水文服务		187				
其他水利管理业	234	10116		100		
生态保护和环境治理业	857	147507		663	7588	7588
生态保护		18095		72		
环境治理业	857	129412		591	7588	7588
公共设施管理业	1770	1223861	26265	1750	2550	2197
市政设施管理		214641	286		85	50
环境卫生管理	1215	77824	838			
城乡市容管理		8039		69		
绿化管理	274	833922	24943	478		
公园和游览景区管理	281	89435	197	1203	2465	2148
居民服务、修理和其他服务业	**63868**	**1095937**	**10853**	**11508**	**11616**	**8785**
居民服务业	30724	254364	3352	5051	11003	8332
家庭服务	229	57617		344	161	161
托儿所服务	30	121		220		
洗染服务	3247	30039	25		2328	2328
理发及美容服务	5090	40399	209	365		
洗浴服务	10692	29990	3042	505		
保健服务	8432	32237	65	1974	28	
婚姻服务	1351	19598		31		
殡葬服务	138	13187		1127	8487	5844
其他居民服务业	1517	31175	12	485		
机动车、电子产品和日用产品修理业	29215	579655	3989	5374	613	453
汽车、摩托车修理与维护	27673	449076	2174	4059	613	453
计算机和办公设备维修	636	42230	50	4		

单位：万元

与港澳台商合作经营	港澳台商独资	港澳台商投资股份有限公司	其他港澳台投资	外商投资	中外合资经营	中外合作经营	外资企业	外商投资股份有限公司	其他外商投资
	1182			**23708**	**10560**		**13148**		
	829								
	829								
				3589	3589				
				3589	3589				
	353			20120	6971		13148		
	36			620			620		
				10			10		
				11801			11801		
	317			7689	6971		718		
2643	**188**			**9302**	**2944**		**5956**		**401**
2643	28			881	582		120		179
				412	400		12		
				397	182		35		179
	28			31			31		
2643									
				42			42		
	161			8421	2362		5837		223
	161			6906	1826		4858		223
				61			61		

2-A-36 续表 32

行业	私营合伙	私营有限责任公司	私营股份有限公司	其他企业	港澳台商投资	与港澳台商合资经营
家用电器修理	844	69717	1094	841		
其他日用产品修理业	61	18632	671	470		
其他服务业	3928	261919	3512	1082		
清洁服务	2040	222769	3064	235		
其他未列明服务业	1889	39150	448	847		
教育	**42579**	**257226**	**4818**	**22086**	**11400**	**904**
教育	42579	257226	4818	22086	11400	904
学前教育	656	4448		7103	1039	482
初等教育	188	889		480		
中等教育	982	4919		2353		
高等教育	21015	768				
特殊教育		192				
技能培训、教育辅助及其他教育	19739	246010	4818	12150	10361	423
卫生和社会工作	**50393**	**263207**	**9772**	**14156**	**40**	
卫生	50343	257575	9772	14104		
医院	24760	196637	9772	10413		
社区医疗与卫生院	334			369		
门诊部(所)	25250	59599		3238		
计划生育技术服务活动						
妇幼保健院(所、站)						
专科疾病防治院(所、站)		330				
疾病预防控制中心						
其他卫生活动		1009		85		
社会工作	50	5632		52	40	
提供住宿社会工作		4999				
不提供住宿社会工作	50	634		52	40	
文化、体育和娱乐业	**108661**	**1513601**	**89539**	**6838**	**11371**	**6655**
新闻和出版业	233	13742		106		
新闻业		337		...		
出版业	233	13405		106		

单位：万元

与港澳台商合作经营	港澳台商独资	港澳台商投资股份有限公司	其他港澳台投资	外商投资	中外合资经营	中外合作经营	外资企业	外商投资股份有限公司	其他外商投资
				1454	535		918		
	10496			**1476**	**689**		**787**		
	10496			1476	689		787		
	557			270	234		36		
	9938			1207	455		752		
	40			**32104**	**18782**	**13322**			
				32104	18782	13322			
				32104	18782	13322			
	40								
	40								
1929	**1971**		**816**	**45971**	**26395**	**16122**	**3454**		

2-A-36 续表 33

行业	私营合伙	私营有限责任公司	私营股份有限公司	其他企业	港澳台商投资	与港澳台商合资经营
广播、电视、电影和影视录音制作业	1140	1037575	78216	144	159	159
广播		2174				
电视		300420	501			
电影和影视节目制作		606906	76954			
电影和影视节目发行		3423				
电影放映	1140	123722	760	144	159	159
录音制作		929				
文化艺术业	1781	67577	3911	287	247	
文艺创作与表演	1068	27772	3718	7	247	
艺术表演场馆		1493				
图书馆与档案馆	662	1224				
文物及非物质文化遗产保护	50	1564		181		
博物馆		5568				
烈士陵园、纪念馆						
群众文化活动		5097		100		
其他文化艺术业		24859	192			
体育	3193	72592	1940	879	10511	6165
体育组织		10790				
体育场馆	810	2083				
休闲健身活动	2383	52167		879	10511	6165
其他体育		7552	1940			
娱乐业	102314	322115	5472	5423	453	330
室内娱乐活动	101365	275265	5149	5413	230	230
游乐园	750	10703		10	224	101
彩票活动						
文化、娱乐、体育经纪代理		23472	323			
其他娱乐业	200	12676				

单位：万元

与港澳台商合作经营	港澳台商独资	港澳台商投资股份有限公司	其他港澳台投资	外商投资	中外合资经营	中外合作经营	外资企业	外商投资股份有限公司	其他外商投资
				8091	7726		365		
				365			365		
				7726	7726				
	247			142			142		
	247								
				142			142		
1929	1601		816	26847	8051	16112	2684		
1929	1601		816	26847	8051	16112	2684		
	123			10891	10617	10	264		
				636	363	10	264		
	123			6198	6198				
				2794	2794				
				1262	1262				

2-A-37 按行业中类、控股情况分组的全部企业资产总计

单位：万元

行业	合计	国有控股	集体控股	私人控股	港澳台商控股	外商控股	其他
总计	**2289058140**	**581346087**	**69649443**	**1326163025**	**115629106**	**88755755**	**107514724**
农、林、牧、渔业	**724321**	**136538**	**65970**	**498409**	**6025**	**396**	**16984**
农业	55445	3507	50	51390			498
谷物种植	13363			12865			498
豆类、油料和薯类种植	1142			1142			
蔬菜、食用菌及园艺作物种植	22205	2494		19712			
水果种植	3652	1014		2638			
坚果、含油果、香料和饮料作物种植	3869		50	3819			
中药材种植	11101			11101			
其他农业	112			112			
林业	992			992			
林木育种和育苗	992			992			
畜牧业	67210	13598	1547	52054			10
牲畜饲养	54460	13593	1047	39820			
家禽饲养	10089	5		10084			
其他畜牧业	2661		500	2150			10
渔业	37357		917	36440			
水产养殖	37357		917	36440			
农、林、牧、渔服务业	563318	119433	63456	357532	6025	396	16475
农业服务业	497019	111916	57050	307278	6025	396	14354
林业服务业	33842	5789	5279	22223			551
畜牧服务业	16443	460	28	14650			1305
渔业服务业	16014	1268	1100	13380			266
采矿业	**2853373**	**613689**	**53748**	**2069480**	**29234**	**73863**	**13359**
煤炭开采和洗选业	22913			22834			79
烟煤和无烟煤开采洗选	18217			18139			79
褐煤开采洗选	3284			3284			
其他煤炭采选	1412			1412			
黑色金属矿采选业	219472	177114	2080	37877		2400	
铁矿采选	219472	177114	2080	37877		2400	
其他黑色金属矿采选	…			…			

2-A-37 续表 1

单位：万元

行 业	合 计	国有控股	集体控股	私人控股	港澳台商控 股	外商控股	其 他
有色金属矿采选业	355905	24185	1797	329749			174
常用有色金属矿采选	255612	20185	1797	233625			5
贵金属矿采选	13952	4000		9952			
稀有稀土金属矿采选	86341			86172			169
非金属矿采选业	2231969	412239	49671	1656254	29234	71463	13107
土砂石开采	2061844	353931	45775	1548333	29234	71463	13107
化学矿开采	13692		1079	12613			
采盐	2182		820	1362			
石棉及其他非金属矿采选	154252	58308	1997	93947			
开采辅助活动	2019		200	1819			
石油和天然气开采辅助活动	1150			1150			
其他开采辅助活动	869		200	669			
其他采矿业	21097	150		20947			
其他采矿业	21097	150		20947			
制造业	**714203016**	**42044598**	**15494285**	**507655913**	**62609040**	**60452399**	**25946782**
农副食品加工业	15516870	377080	305301	7969440	242106	6041578	581365
谷物磨制	477251	51502	18703	320551	84718		1776
饲料加工	1512484	8572	568	1415156	37481	36917	13790
植物油加工	1011499	158	12740	336004	10416	239229	412952
制糖业	11309		278	11022			9
屠宰及肉类加工	1139595	82743	18503	920360	63127	38124	16738
水产品加工	8955534	221827	208609	2822371	38220	5591899	72609
蔬菜、水果和坚果加工	1787093	991	18807	1669763	2255	35141	60136
其他农副食品加工	622105	11286	27094	474214	5889	100267	3355
食品制造业	6477598	151800	48539	4096484	493425	1580119	107231
焙烤食品制造	582797	11799	132	392065	71223	78470	29109
糖果、巧克力及蜜饯制造	494963		477	175683	12559	306244	
方便食品制造	1131256	9123	1535	384650	92417	643109	422
乳制品制造	348494	13529	145	313219	7354	14247	
罐头食品制造	668273	38296	18978	506750	2941	88647	12661
调味品、发酵制品制造	397858	18175	12394	246397	89789	28904	2198
其他食品制造	2853958	60878	14879	2077720	217142	420498	62841

2-A-37 续表 2

单位：万元

行业	合计	国有控股	集体控股	私人控股	港澳台商控股	外商控股	其他
酒、饮料和精制茶制造业	6619567	948771	375413	2831521	789618	1628860	45383
酒的制造	2788711	861482	344685	779324	381952	421169	98
饮料制造	2661336	7423	9120	1030509	376560	1203478	34245
精制茶加工	1169520	79866	21608	1021689	31106	4212	11040
烟草制品业	3469878	3449591		20288			
卷烟制造	3449591	3449591					
其他烟草制品制造	20288			20288			
纺织业	66808756	557776	1955857	51732403	8724577	3175877	662266
棉纺织及印染精加工	33982181	111900	530552	27136530	4240316	1534138	428746
毛纺织及染整精加工	2557273	49442	39197	1766362	559479	130515	12279
麻纺织及染整精加工	871139		522669	286988	59207	2275	
丝绢纺织及印染精加工	3288539	341887	116564	2294746	424824	77060	33459
化纤织造及印染精加工	5070503		6724	3591735	1325769	141720	4555
针织或钩针编织物及其制品制造	11385865	13462	125799	9571169	972825	664537	38074
家用纺织制成品制造	5336360	14542	584955	3631895	709768	331848	63352
非家用纺织制成品制造	4316896	26543	29398	3452979	432389	293785	81801
纺织服装、服饰业	31976567	453137	249000	22675397	5339915	2400987	858132
机织服装制造	19499998	242217	162123	13569559	3233380	1729530	563189
针织或钩针编织服装制造	8332230	121044	61057	5869233	1756365	401913	122617
服饰制造	4144339	89875	25820	3236605	350170	269544	172326
皮革、毛皮、羽毛及其制品和制鞋业	15177349	4639	71411	12874467	934902	1190422	101507
皮革鞣制加工	1824241		31443	1244176	81755	466867	
皮革制品制造	3495977	1479	4109	2858458	259869	341541	30521
毛皮鞣制及制品加工	709509		874	639354	51116	18151	15
羽毛(绒)加工及制品制造	1608350		10	1159486	329708	105348	13798
制鞋业	7539271	3160	34976	6972993	212454	258515	57173
木材加工和木、竹、藤、棕、草制品业	5145043	2386	43340	4462513	364952	183617	88235
木材加工	549320	1143	1904	515963	21256	8564	490
人造板制造	1347069		32234	1082099	155095	42701	34942
木制品制造	2325994	1243	4349	2055925	127697	90081	46699
竹、藤、棕、草等制品制造	922659		4853	808527	60904	42272	6104
家具制造业	10065919	7560	133187	7679450	991784	1162604	91334

2-A-37　续表 3　　　　单位：万元

行　　业	合　计	国有控股	集体控股	私人控股	港澳台商控股	外商控股	其　他
木质家具制造	4183596		83602	3095365	417158	514299	73172
竹、藤家具制造	531150			504534	20142	6474	
金属家具制造	3400241		45490	2615759	355958	375459	7575
塑料家具制造	298562			251138	26844	19316	1265
其他家具制造	1652370	7560	4094	1212653	171683	247057	9323
造纸和纸制品业	18232230	307461	199717	13381871	1023398	955520	2364263
纸浆制造	16453			12791	3661		
造纸	11464767	307461	130016	8267370	266987	170627	2322305
纸制品制造	6751010		69701	5101709	752750	784893	41957
印刷和记录媒介复制业	8324032	324596	71626	7148785	390212	196902	191911
印刷	8036250	315856	66330	6898462	387634	191430	176538
装订及印刷相关服务	250104	3760	5296	217625	2578	5472	15373
记录媒介复制	37678	4980		32698			
文教、工美、体育和娱乐用品制造业	16814040	48260	77130	13624146	1295186	1625177	144141
文教办公用品制造	2916913	5217	1167	2558457	126981	198686	26405
乐器制造	1046569		1965	163378	78290	789772	13164
工艺美术品制造	9029196	43043	70265	7968096	534104	330213	83476
体育用品制造	1710532		1282	1297588	223150	179686	8826
玩具制造	1463172		2452	1115922	220244	118726	5828
游艺器材及娱乐用品制造	647658			520706	112417	8094	6441
石油加工、炼焦和核燃料加工业	6711197	4734464	6853	1401285	63309	170431	334855
精炼石油产品制造	6709335	4734464	6853	1399424	63309	170431	334855
炼焦	1362			1362			
核燃料加工	500			500			
化学原料和化学制品制造业	55351101	5189463	2256859	33423041	5215577	7870263	1395897
基础化学原料制造	13083302	3133764	716664	5879159	1780801	1324225	248688
肥料制造	435269	58092	5566	361313	3264	5762	1271
农药制造	2273527	166688	27903	1598706	15955	212783	251493
涂料、油墨、颜料及类似产品制造	6691751	46557	278282	5332336	498374	506850	29353
合成材料制造	20246890	1269751	1088994	11332009	2373722	3487740	694674
专用化学产品制造	8801658	448015	97453	5911700	454260	1720147	170082
炸药、火工及焰火产品制造	138277	64144	420	73713			
日用化学产品制造	3680427	2451	41579	2934106	89200	612756	335

2-A-37 续表 4

单位：万元

行　业	合　计	国有控股	集体控股	私人控股	港澳台商控股	外商控股	其　他
医药制造业	15292291	2854523	603849	7914247	673120	1885724	1360828
化学药品原料药制造	8135779	2292907	417993	4332777	181079	425690	485332
化学药品制剂制造	3017997	502508	61514	1131907	57920	1058218	205930
中药饮片加工	347594	17510	37759	229996	6146	45813	10369
中成药生产	1601238	14158	28906	739724	299002	58682	460767
兽用药品制造	183652			127090		9064	47498
生物药品制造	1243969	27315	12826	763081	98460	192422	149867
卫生材料及医药用品制造	762062	125	44852	589672	30514	95835	1064
化学纤维制造业	22012165	176960	249556	16552620	3032357	1563783	436889
纤维素纤维原料及纤维制造	1078817	92578		905771	55087	25381	
合成纤维制造	20933348	84381	249556	15646849	2977270	1538403	436889
橡胶和塑料制品业	35084038	2164701	367583	26670228	2529984	2776968	574574
橡胶制品业	7116907	2106631	219278	3123092	375726	1212195	79985
塑料制品业	27967132	58070	148305	23547137	2154258	1564773	494589
非金属矿物制品业	29774549	4841928	773782	20227133	1862494	1339901	729311
水泥、石灰和石膏制造	6061444	2397823	84032	3203996	80126	42297	253170
石膏、水泥制品及类似制品制造	8728069	669088	403815	6950145	368948	96955	239118
砖瓦、石材等建筑材料制造	3861749	115891	105629	2616214	252504	685252	86258
玻璃制造	2044441		107585	1256330	615616	22412	42498
玻璃制品制造	3374245	36554	16030	2806865	275622	207238	31936
玻璃纤维和玻璃纤维增强塑料制品制造	2637280	1467355	1052	888661	48344	198690	33178
陶瓷制品制造	835992	41	3096	653388	141593	14496	23377
耐火材料制品制造	1228399	10978	10632	1089454	57247	50864	9223
石墨及其他非金属矿物制品制造	1002928	144197	41909	762079	22494	21697	10553
黑色金属冶炼和压延加工业	22614244	4781994	913503	14936446	1342167	439333	200801
炼铁	39427		593	38834			
炼钢	3597900	2318007		1191367	88126		400
黑色金属铸造	2652339	60303	74298	2301915	116912	74582	24328
钢压延加工	16140329	2394035	838612	11235864	1137129	358617	176073
铁合金冶炼	184250	9649		168468		6134	
有色金属冶炼和压延加工业	16328780	409656	64145	13510665	976425	230190	1137698

2-A-37 续表 5

单位：万元

行 业	合 计	国有控股	集体控股	私人控股	港澳台商控 股	外商控股	其 他
常用有色金属冶炼	2490144		28107	1382661	167681	24191	887505
贵金属冶炼	296042	26078		264396			5568
稀有稀土金属冶炼	95193			59938	29878		5378
有色金属合金制造	1703069	7926	1140	1485654	89279	84788	34284
有色金属铸造	308552		650	251473	51259	4387	783
有色金属压延加工	11435779	375653	34248	10066543	638330	116824	204181
金属制品业	33794845	397498	311711	29002719	2000359	1584308	498250
结构性金属制品制造	8888873	153251	98534	8279366	168588	67869	121266
金属工具制造	3560714	18201	4914	3034552	202209	217442	83396
集装箱及金属包装容器制造	2193375	61541	17767	1450803	335599	246040	81624
金属丝绳及其制品制造	1644039		11862	1291679	276600	6756	57141
建筑、安全用金属制品制造	6360412	77173	35515	5476466	383029	300807	87422
金属表面处理及热处理加工	2374254	20	41149	2156071	115675	51807	9531
搪瓷制品制造	311216		2135	271862	34392	2200	627
金属制日用品制造	5025577	32860	12347	4257086	258976	447302	17007
其他金属制品制造	3436385	54452	87488	2784833	225290	244086	40236
通用设备制造业	65042781	2612781	940885	50865891	4561557	5051184	1010484
锅炉及原动设备制造	4039966	825891	135700	2230409	693483	70646	83837
金属加工机械制造	4920283	38351	17198	3476837	693606	603717	90574
物料搬运设备制造	6977290	42001	153851	4817787	456593	1182899	324159
泵、阀门、压缩机及类似机械制造	14825527	451573	189855	12806701	600071	708984	68345
轴承、齿轮和传动部件制造	10350082	359355	213480	8439480	524128	559360	254278
烘炉、风机、衡器、包装等设备制造	10171562	854237	56940	7360409	834440	910362	155173
文化、办公用机械制造	819223	36	566	589830	148322	71132	9337
通用零部件制造	11093707	27371	166444	9397944	569519	910206	22223
其他通用设备制造业	1845141	13965	6852	1746494	41395	33877	2558
专用设备制造业	27446667	689543	445269	20095157	3058873	2465368	692456
采矿、冶金、建筑专用设备制造	2613034	66366	7233	1577057	165323	515908	281148
化工、木材、非金属加工专用设备制造	9460952	96556	92510	6537454	1869637	695528	169266
食品、饮料、烟草及饲料生产专用设备制造	627135		19272	452385	29557	125922	
印刷、制药、日化及日用品生产专用设备制造	1075796	3303	10904	892854	41422	116421	10892
纺织、服装和皮革加工专用设备制造	4747160		143038	3961414	354052	249453	39203

2-A-37 续表 6　　　　单位：万元

行　　业	合　计	国有控股	集体控股	私人控股	港澳台商控　　股	外商控股	其　他
电子和电工机械专用设备制造	795144	28483	37161	603510	35184	80699	10107
农、林、牧、渔专用机械制造	1663186	144927	22027	1048539	211228	168046	68419
医疗仪器设备及器械制造	1505737		31729	1062706	130846	279167	1288
环保、社会公共服务及其他专用设备制造	4958522	349908	81394	3959239	221625	234224	112133
汽车制造业	37015383	1838646	553235	23419331	3225426	3810991	4167755
汽车整车制造	7358321	1696104		3562322	1394514	426926	278454
改装汽车制造	172953	17717		138494		16743	
低速载货汽车制造	34121			34121			
电车制造	15964			15964			
汽车车身、挂车制造	80975			49562	21921	9491	
汽车零部件及配件制造	29353049	124825	553235	19618868	1808990	3357831	3889301
铁路、船舶、航空航天和其他运输设备制造业	18699143	1400670	451443	11154427	1027660	1108142	3556800
铁路运输设备制造	382927	43329	10889	312386	3970	2897	9456
城市轨道交通设备制造	2160			2160			
船舶及相关装置制造	12563042	860243	359982	6330756	758426	755164	3498471
航空、航天器及设备制造	126195		133	125612		450	
摩托车制造	3007650	497099	65073	2313491	53806	38485	39697
自行车制造	2364263		15014	1854231	208956	282830	3233
非公路休闲车及零配件制造	190908			162592		28316	
潜水救捞及其他未列明运输设备制造	61998		353	53199	2502		5944
电气机械和器材制造业	72462427	860125	2574774	56795078	5269473	4384764	2578214
电机制造	10589478	161505	577100	8110702	348258	1251068	140846
输配电及控制设备制造	25512597	459925	1059258	20823581	1690640	766793	712400
电线、电缆、光缆及电工器材制造	9829554	14584	251744	7891513	665482	634647	371584
电池制造	4361282	1949	115086	2454022	820058	706641	263525
家用电力器具制造	12626589	177931	339618	9651333	915726	579751	962231
非电力家用器具制造	1116747		6862	1003083	43701	53216	9885
照明器具制造	7920680	31646	223739	6425542	753737	369280	116736
其他电气机械及器材制造	505500	12585	1367	435302	31870	23369	1008
计算机、通信和其他电子设备制造业	30522139	1365732	1195004	17140143	5426193	4251523	1143545
计算机制造	1155568	19893	750	386825	122703	622681	2716

2-A-37　续表 7

单位：万元

行　业	合　计	国有控股	集体控股	私人控股	港澳台商控股	外商控股	其　他
通信设备制造	7564688	608781	136845	2715690	3146119	461973	495282
广播电视设备制造	1376923	8928	165	1223401	96900	46810	720
雷达及配套设备制造	235132			232885		2247	
视听设备制造	2401733	402213	1512	1682216	56862	211871	47059
电子器件制造	6678991	137846	130906	2790080	1248081	1875447	496632
电子元件制造	9905546	138100	902605	7273639	694833	805525	90845
其他电子设备制造	1203559	49972	22222	835408	60695	224970	10292
仪器仪表制造业	10443840	79291	110688	7716465	1102556	960217	474624
通用仪器仪表制造	6514398	23651	60249	4710980	762539	585318	371661
专用仪器仪表制造	1820217	44779	12147	1491221	36354	192102	43615
钟表与计时仪器制造	245392	192	28125	186106	16056	14893	20
光学仪器及眼镜制造	1730382	10669	4451	1208653	285625	161702	59282
其他仪器仪表制造业	133450		5716	119505	1982	6202	45
其他制造业	7411170	869413	36540	5832039	251120	181253	240805
日用杂品制造	6029849	12566	36139	5379879	238226	140878	222161
煤制品制造	878850	856343		22501			6
核辐射加工	6714			6714			
其他未列明制造业	495757	504	401	422946	12893	40375	18638
废弃资源综合利用业	2124650	29085	65022	1454858	393712	142130	39843
金属废料和碎屑加工处理	1687421	2592	54529	1075105	376826	142130	36239
非金属废料和碎屑加工处理	437229	26493	10493	379753	16886		3605
金属制品、机械和设备修理业	1443755	115069	43060	1047373	6605	94264	137385
金属制品修理	10548		50	7110	3388		
通用设备修理	39632	5586	4	31317	2224		500
专用设备修理	24742	769	997	22971			5
铁路、船舶、航空航天等运输设备修理	1304519	108512	20064	944902		94236	136805
电气设备修理	43562	201	18750	24520	50		40
仪器仪表修理	1167			224	943		
其他机械和设备修理业	19586		3195	16329		27	35
电力、热力、燃气及水生产和供应业	**68913831**	**56340832**	**1100624**	**9009907**	**1070229**	**906668**	**485571**
电力、热力生产和供应业	51765739	44470583	592627	5080935	939235	516603	165755

2-A-37 续表 8　　　　单位：万元

行　业	合　计	国有控股	集体控股	私人控股	港澳台商控股	外商控股	其　他
电力生产	30309065	23931324	462038	4516470	816251	437922	145061
电力供应	20093385	19948320	120347	2951		20997	769
热力生产和供应	1363288	590938	10242	561515	122983	57684	19925
燃气生产和供应业	3746983	2085299	42172	1082938	81089	185285	270200
燃气生产和供应业	3746983	2085299	42172	1082938	81089	185285	270200
水的生产和供应业	13401110	9784950	465825	2846034	49905	204780	49616
自来水生产和供应	9677856	7128582	379472	2069186	9950	41869	48796
污水处理及其再生利用	3126019	2143414	80428	698491	39955	162911	820
其他水的处理、利用与分配	597235	512954	5924	78357			
建筑业	**111562599**	**11387068**	**4901536**	**91140528**	**740838**	**314097**	**3078533**
房屋建筑业	63560547	3309797	1477048	55908660	422518	37531	2404993
房屋建筑业	63560547	3309797	1477048	55908660	422518	37531	2404993
土木工程建筑业	32553223	6479164	2170915	23292939	74778	238946	296482
铁路、道路、隧道和桥梁工程建筑	19206368	3482880	363042	14962417		229316	168712
水利和内河港口工程建筑	4200183	1193251	67647	2863480	8348		67457
海洋工程建筑	566953	150726	10373	359561	46293		
工矿工程建筑	1048231	333024	121376	557340		6872	29620
架线和管道工程建筑	3634565	962224	1537566	1115882	16924	261	1708
其他土木工程建筑	3896923	357059	70910	3434259	3212	2498	28986
建筑安装业	6155891	1141110	1159674	3435359	116905	20622	282221
电气安装	1787358	168635	498516	1037905	3121		79182
管道和设备安装	1326881	182161	118039	981815	54	20491	24322
其他建筑安装业	3041652	790315	543120	1415639	113731	131	178718
建筑装饰和其他建筑业	9292939	456997	93899	8503570	126638	16997	94837
建筑装饰业	6287121	63645	37518	5979882	126638	16997	62440
工程准备活动	2412162	334563	47539	2006743			23317
提供施工设备服务	131193		50	122213			8930
其他未列明建筑业	462463	58789	8792	394733			150
批发和零售业	**291283063**	**31397854**	**9666526**	**224519712**	**7088215**	**5662397**	**12948359**
批发业	246079686	27381899	6824012	194376838	4356732	3398728	9741477
农、林、牧产品批发	3236558	463322	169161	2210972	114323	1984	276795

2-A-37 续表 9

单位：万元

行 业	合 计	国有控股	集体控股	私人控股	港澳台商控股	外商控股	其 他
食品、饮料及烟草制品批发	17557950	5959555	209854	9955018	473196	151740	808588
纺织、服装及家庭用品批发	49352336	1680904	1458794	42824587	868733	710165	1809152
文化、体育用品及器材批发	6023904	834074	246065	4541441	168484	140971	92869
医药及医疗器材批发	6382821	1347248	29516	3728858	256465	141133	879602
矿产品、建材及化工产品批发	123649640	14665949	3527524	98289065	1781285	973389	4412428
机械设备、五金产品及电子产品批发	27707667	1939588	817102	22398688	353777	992056	1206457
贸易经纪与代理	5951132	179945	51826	5461887	65120	72899	119456
其他批发业	6217677	311315	314169	4966323	275350	214391	136130
零售业	45203377	4015955	2842514	30142874	2731483	2263669	3206882
综合零售	12183201	1331095	2183899	4355113	1781198	1332277	1199619
食品、饮料及烟草制品专门零售	1538156	138934	113985	1218867	23796	12608	29967
纺织、服装及日用品专门零售	3428883	20253	32913	2403151	368366	172271	431930
文化、体育用品及器材专门零售	2532312	729339	40246	1630991	15405	14547	101784
医药及医疗器材专门零售	1689101	353617	52293	1189270	46453	251	47217
汽车、摩托车、燃料及零配件专门零售	16177948	1296224	325476	12490618	445781	567341	1052507
家用电器及电子产品专门零售	3591385	16994	20900	3265930	3739	13388	270435
五金、家具及室内装饰材料专门零售	2439329	22475	43567	2217851	2310	129426	23700
货摊、无店铺及其他零售业	1623062	107025	29236	1371082	44436	21560	49723
交通运输、仓储和邮政业	**73575253**	**42967485**	**1697475**	**22438842**	**1755951**	**1662578**	**3052923**
铁路运输业	11649	11649					
铁路货物运输	11649	11649					
道路运输业	40668774	25623728	1271776	9574281	856687	907670	2434632
城市公共交通运输	10353192	9399929	57750	371663	1615		522235
公路旅客运输	2896626	1450541	301265	954514	1529		188776
道路货物运输	4866598	176787	119374	4195736	99198	169484	106019
道路运输辅助活动	22552359	14596470	793387	4052368	754345	738187	1617602
水上运输业	13725437	6013526	222584	6769243	275819	46268	397998
水上旅客运输	309366	214609	22334	64469			7955
水上货物运输	8794544	2533467	120478	5824009			316591
水上运输辅助活动	4621526	3265450	79772	880766	275819	46268	73452
航空运输业	2759785	2642918	43525	72142		…	1200

2-A-37 续表 10　　　　单位：万元

行　业	合　计	国有控股	集体控股	私人控股	港澳台商控股	外商控股	其　他
航空客货运输	49658	3394		46265			
通用航空服务	66247	7223	43525	14299			1200
航空运输辅助活动	2643880	2632301		11579		…	
管道运输业	45291	42587	2704				
管道运输业	45291	42587	2704				
装卸搬运和运输代理业	5915707	1722667	74517	3876761	93551	30799	117412
装卸搬运	1362258	873390	14502	384375	61295	25639	3057
运输代理业	4553449	849276	60015	3492386	32256	5160	114354
仓储业	9050434	5893053	72413	1781840	529893	677841	95393
谷物、棉花等农产品仓储	1266555	1228376	1066	35513		1600	
其他仓储业	7783879	4664677	71348	1746327	529893	676241	95393
邮政业	1398175	1017357	9956	364574			6288
邮政基本服务	741205	729215	9725	949			1316
快递服务	656970	288142	231	363625			4972
住宿和餐饮业	**15181159**	**1941499**	**689661**	**9432146**	**1176081**	**742509**	**1199261**
住宿业	11002164	1779021	586105	6201049	1000166	493312	942512
旅游饭店	9275584	1720031	548766	4759692	904702	485070	857324
一般旅馆	1625789	55657	36577	1349110	91991	8242	84212
其他住宿业	100790	3333	762	92247	3473		976
餐饮业	4178995	162479	103556	3231097	175916	249198	256750
正餐服务	3648676	152982	95319	2905669	166455	182583	145669
快餐服务	328280	6208	991	157870	8655	50763	103792
饮料及冷饮服务	76028	1382	6934	64621	573	881	1638
其他餐饮业	126012	1907	312	102938	233	14971	5651
信息传输、软件和信息技术服务业	**43798332**	**14068471**	**1083394**	**10992598**	**15008804**	**1300548**	**1344517**
电信、广播电视和卫星传输服务	20013781	12867022	654856	306720	6098826	82592	3766
电信	18268502	11320890	581930	181973	6098826	82592	2291
广播电视传输服务	1745280	1546132	72926	124748			1474
互联网和相关服务	8774724	562049	5341	912804	7192998	9141	92391
互联网接入及相关服务	439570	398446	897	33335		6892	
互联网信息服务	8248653	143635	4434	841000	7164954	2249	92381
其他互联网服务	86501	19968	10	38468	28044		10

2-A-37　续表 11　　　　　　　　单位：万元

行　业	合　计	国有控股	集体控股	私人控股	港澳台商控股	外商控股	其　他
软件和信息技术服务业	15009826	639400	423197	9773073	1716980	1208815	1248360
软件开发	10737871	457486	394286	6969217	699997	1144149	1072737
信息系统集成服务	2320258	116172	3880	1291436	815182	3509	90078
信息技术咨询服务	1237430	13682	21688	1070452	73065	1194	57348
数据处理和存储服务	193371	20344		126921	85	45797	223
集成电路设计	91508	11153	271	62468		10958	6657
其他信息技术服务业	429389	20563	3072	252580	128650	3207	21316
金融业	**47308684**	**18511585**	**1477366**	**24188716**	**1111101**	**143001**	**1876914**
货币金融服务	9697217	136866	475631	7535072	379906	90007	1079735
非货币银行服务	9697217	136866	475631	7535072	379906	90007	1079735
资本市场服务	32146190	16653643	883845	13303793	469044	52814	783051
证券市场服务	75834	4281	662	58119			12772
期货市场服务	16529			8976			7552
资本投资服务	31863994	16645709	883183	13061216	469044	42115	762726
其他资本市场服务	189833	3653		175481		10699	
保险业	492754		11	492743			
财产保险	473235			473235			
再保险	3			3			
保险经纪与代理服务	16017		11	16006			
其他保险活动	3499			3499			
其他金融业	4972523	1721076	117879	2857108	262151	180	14128
金融信托与管理服务	2453605	749872	49061	1403783	249587	180	1123
控股公司服务	1815443	857646	344	944889	12564		
其他未列明金融业	703475	113558	68475	508436			13006
房地产业	**375996903**	**69354960**	**9533925**	**219989030**	**22239440**	**14667178**	**40212369**
房地产业	375996903	69354960	9533925	219989030	22239440	14667178	40212369
房地产开发经营	341606646	55500662	7647065	204033399	21318418	13994585	39112517
物业管理	4684855	1012770	416768	2606186	217533	192401	239196
房地产中介服务	2575745	235146	45044	1937735	86686	102137	168996
自有房地产经营活动	11794008	2357274	936470	7161276	540827	274743	523419
其他房地产业	15335649	10249108	488577	4250435	75976	103312	168241

2-A-37 续表 12 单位：万元

行业	合计	国有控股	集体控股	私人控股	港澳台商控股	外商控股	其他
租赁和商务服务业	**470138051**	**254350534**	**21059762**	**175890866**	**1923444**	**1801772**	**15111673**
租赁业	3701371	577144	49072	2594021	31981	238062	211091
机械设备租赁	3321181	321718	31100	2488138	31981	238062	210181
文化及日用品出租	380191	255425	17972	105883			910
商务服务业	466436680	253773391	21010690	173296845	1891463	1563710	14900582
企业管理服务	419317645	243448520	18067156	144438893	952849	562865	11847361
法律服务	226207	167	3725	211195	369		10750
咨询与调查	19129070	2350261	597742	13079342	175216	806345	2120165
广告业	2355726	424823	90391	1798388	3885		38238
知识产权服务	120057	69532	621	49566		36	302
人力资源服务	695018	167469	51628	446516	2029	20	27356
旅行社及相关服务	2824314	1339175	50960	1222941	107006	11780	92452
安全保护服务	450065	264114	31402	120557		5	33987
其他商务服务业	21318579	5709330	2117064	11929447	650110	182659	729970
科学研究和技术服务业	**26023098**	**11769588**	**889843**	**11427773**	**510729**	**615868**	**809296**
研究和试验发展	2964205	490639	65548	1791893	145272	340557	130295
自然科学研究和试验发展	88104	10537	10863	54246	1520	86	10852
工程和技术研究和试验发展	2200672	424077	42715	1245140	123035	291759	73946
农业科学研究和试验发展	377957	41918	11695	315244		125	8975
医学研究和试验发展	281964	4430	210	171496	20717	48588	36523
社会人文科学研究	15508	9676	65	5766			
专业技术服务业	17717016	10122414	680977	6185185	184716	159248	384477
气象服务	36988	30831	329	5729			99
地震服务	13			13			
海洋服务	34747	22573	2015	4564	5594		
测绘服务	171935	64559	19251	85223			2901
质检技术服务	781382	183781	49006	495628	17159	19551	16257
环境与生态监测	155896	21130	5225	129464	55		22
地质勘查	134431	98248	1227	33161	562		1234
工程技术	14799672	9580032	567638	4241620	54469	37381	318532
其他专业技术服务业	1601952	121260	36286	1189782	106878	102316	45431

2-A-37 续表 13 单位：万元

行 业	合 计	国有控股	集体控股	私人控股	港澳台商控股	外商控股	其 他
科技推广和应用服务业	5341877	1156536	143318	3450696	180741	116063	294524
技术推广服务	4277119	770280	138100	2814453	179852	114007	260428
科技中介服务	943893	381084	5166	530606	889	2056	24093
其他科技推广和应用服务业	120865	5172	52	105637			10003
水利、环境和公共设施管理业	**31873336**	**23387417**	**1312568**	**6235514**	**144556**	**97180**	**696101**
水利管理业	4783826	4385100	36335	219841	6169		141380
防洪除涝设施管理	2642648	2638128	1403	3117			
水资源管理	1111055	1043544	13933	33383	6169		14026
天然水收集与分配	691471	491403	12879	71147			116043
水文服务	14561	49	4613	9899			
其他水利管理业	329090	211976	3507	102296			11311
生态保护和环境治理业	1221558	521386	16582	577391	49479	9003	47716
生态保护	428113	336739	2	87512			3860
环境治理业	793445	184648	16580	489879	49479	9003	43856
公共设施管理业	25862953	18480930	1259650	5438282	88908	88177	507005
市政设施管理	15681772	13521530	528778	1249683	32712	12464	336605
环境卫生管理	398668	198898	7026	180238		15	12491
城乡市容管理	1725476	1520308	14350	190764			55
绿化管理	2132528	390611	50016	1543802		10734	137366
公园和游览景区管理	5924509	2849584	659481	2273796	56196	64964	20488
居民服务、修理和其他服务业	**2653629**	**316139**	**138964**	**2051448**	**44049**	**31243**	**71786**
居民服务业	1041211	219594	92407	635090	38799	1043	54278
家庭服务	71588	8573	318	59811	160		2727
托儿所服务	5284			5284			
洗染服务	48470	385	1956	46094		34	
理发及美容服务	59507		1373	56283		762	1088
洗浴服务	185200		70	184977			153
保健服务	122966	1118		121204	3	129	512
婚姻服务	18242	235	1010	16977			19
殡葬服务	225500	38310	85337	62357	38636		860
其他居民服务业	304456	170973	2343	82103		118	48919

2-A-37 续表 14

单位：万元

行　业	合　计	国有控股	集体控股	私人控股	港澳台商控　股	外商控股	其　他
机动车、电子产品和日用产品修理业	1194852	25554	26191	1095917	5250	30037	11903
汽车、摩托车修理与维护	1026249	19175	23201	938708	5250	28963	10952
计算机和办公设备维修	75528	5958	12	69138		420	
家用电器修理	72130	421	2339	67766		653	952
其他日用产品修理业	20945		639	20306			
其他服务业	417566	70991	20365	320441		163	5605
清洁服务	197375	8337	11215	174794			3028
其他未列明服务业	220191	62654	9150	145647		163	2577
教育	**1626035**	**107598**	**59532**	**1388634**	**11289**	**14953**	**44028**
教育	1626035	107598	59532	1388634	11289	14953	44028
学前教育	34907	2195	1510	28717	814	326	1345
初等教育	10225			10145			80
中等教育	26599	957	1273	7760			16610
高等教育	11431	295		11129			7
特殊教育	652	592		60			
技能培训、教育辅助及其他教育	1542220	103561	56750	1330822	10475	14627	25987
卫生和社会工作	**2221526**	**140679**	**5109**	**1993012**	**3000**	**37223**	**42503**
卫生	747326	111480	3558	564586		37223	30480
医院	574654	80734	1840	436221		37223	18636
社区医疗与卫生院	1923	50	62	1727			85
门诊部(所)	128819	1262	724	118090			8744
计划生育技术服务活动	562		2	560			
妇幼保健院(所、站)	92			92			
专科疾病防治院(所、站)	89			89			
疾病预防控制中心	89	…	29	60			
其他卫生活动	41098	29434	901	7748			3015
社会工作	1474200	29199	1552	1428426	3000		12023
提供住宿社会工作	1423906	28570	496	1382831			12008
不提供住宿社会工作	50294	629	1055	45595	3000		15

2-A-37　续表 15　　　　单位：万元

行　　业	合　计	国有控股	集体控股	私人控股	港澳台商控股	外商控股	其　他
文化、体育和娱乐业	**9121931**	**2509552**	**419156**	**5240497**	**157081**	**231882**	**563764**
新闻和出版业	1725089	1665888	20139	14267			25795
新闻业	4939	4429		430			80
出版业	1721149	1661459	20139	13837			25715
广播、电视、电影和影视录音制作业	4225899	477342	292817	3314517	9361	5711	127151
广播	14297	250		14047			
电视	809470	180755	18484	524322			85909
电影和影视节目制作	2831603	34820	269403	2488886	5600	133	32761
电影和影视节目发行	70873	56845		14028			
电影放映	493900	200605	4930	270544	3761	5578	8481
录音制作	6756	4067		2689			
文化艺术业	589494	159968	65061	338449	197	264	25554
文艺创作与表演	185009	85319	3851	80657	149		15033
艺术表演场馆	72866	20584	48567	3716			
图书馆与档案馆	7883	583	6052	1247			
文物及非物质文化遗产保护	85328	43549	6330	35438			10
博物馆	31692	1235	126	30281			50
烈士陵园、纪念馆	234			234			
群众文化活动	20349	4019	112	15812			405
其他文化艺术业	186134	4678	22	171065	48	264	10056
体育	1201746	198601	37035	348135	139348	117846	360780
体育组织	204157	170397	381	33378			
体育场馆	41937	2398	1944	37596			
休闲健身活动	862275	5140	34505	209799	139348	117846	355636
其他体育	93377	20666	205	67362			5144
娱乐业	1377704	7752	4103	1225130	8174	108060	24484
室内娱乐活动	843968	3335	2573	830401		1924	5735
游乐园	357591	103		243780	8129	92565	13014
彩票活动	13		10	3			
文化、娱乐、体育经纪代理	50811	2074	384	40840	45	6306	1163
其他娱乐业	125321	2240	1137	110106		7265	4573

2-A-38 按行业中类、控股情况分组的全部企业全年营业收入

单位：万元

行业	合计	国有控股	集体控股	私人控股	港澳台商控股	外商控股	其他
总计	**1588091401**	**225626500**	**42525863**	**1111118026**	**72650119**	**70078777**	**66092116**
农、林、牧、渔业	**371905**	**10823**	**18740**	**326628**		**396**	**15319**
农业	31236	1650	30	29352			204
谷物种植	9267			9063			204
豆类、油料和薯类种植	1639			1639			
蔬菜、食用菌及园艺作物种植	8628	1537		7091			
水果种植	1166	113		1053			
坚果、含油果、香料和饮料作物种植	3772		30	3742			
中药材种植	6699			6699			
其他农业	66			66			
林业	606			606			
林木育种和育苗	606			606			
畜牧业	47038	3310	1011	42657			60
牲畜饲养	34447	3217	981	30249			
家禽饲养	8875	93		8781			
其他畜牧业	3716		30	3626			60
渔业	24032		2217	21815			
水产养殖	24032		2217	21815			
农、林、牧、渔服务业	268993	5863	15482	232198		396	15055
农业服务业	217448	1830	11540	191875		396	11808
林业服务业	13066	1180	2276	9110			500
畜牧服务业	20319	529	47	17190			2554
渔业服务业	18160	2324	1620	14023			193
采矿业	**2502181**	**283054**	**154955**	**1948414**	**26932**	**50845**	**37982**
煤炭开采和洗选业	14719			14599			120
烟煤和无烟煤开采洗选	5143			5023			120
褐煤开采洗选	7536			7536			
其他煤炭采选	2041			2041			
黑色金属矿采选业	240921	153960	948	80124		5889	
铁矿采选	240921	153960	948	80124		5889	
有色金属矿采选业	338821	10147	1152	327464			58

2-A-38　续表 1　　　　单位：万元

行　业	合　计	国有控股	集体控股	私人控股	港澳台商控股	外商控股	其　他
常用有色金属矿采选	237092	9762	1152	226120			58
贵金属矿采选	4370	385		3985			
稀有稀土金属矿采选	97359			97359			
非金属矿采选业	1899157	118510	152725	1518230	26932	44956	37804
土砂石开采	1793304	102463	151377	1429773	26932	44956	37804
化学矿开采	11540		10	11530			
采盐	790		310	480			
石棉及其他非金属矿采选	93523	16048	1029	76446			
开采辅助活动	646		130	516			
石油和天然气开采辅助活动	86			86			
其他开采辅助活动	560		130	430			
其他采矿业	7917	436		7481			
其他采矿业	7917	436		7481			
制造业	**712414796**	**50187678**	**14287627**	**520035197**	**53020089**	**55500751**	**19383455**
农副食品加工业	12784673	433522	331066	10444003	201825	786144	588112
谷物磨制	834497	35870	24971	688542	84214		899
饲料加工	2493141	27345	989	2290296	62867	80642	31003
植物油加工	1623504		51803	626726		482746	462228
制糖业	13459		915	12393			150
屠宰及肉类加工	1623798	90489	82738	1378319	27538	24101	20613
水产品加工	3777442	261827	85067	3307281	23250	56518	43499
蔬菜、水果和坚果加工	1723193		12935	1660765	1225	20192	28075
其他农副食品加工	695639	17991	71649	479679	2732	121945	1644
食品制造业	6273353	170465	27308	4092997	422247	1424041	136294
焙烤食品制造	623663	12653	345	415510	82101	86118	26935
糖果、巧克力及蜜饯制造	445238		176	158256	20106	266700	
方便食品制造	944122	18389	1065	387137	16026	520753	752
乳制品制造	524612	24818	375	491186	3595	4639	
罐头食品制造	600189	34046	19010	408845	7229	115229	15829
调味品、发酵制品制造	356298	18787	4675	238534	65606	25499	3198
其他食品制造	2779231	61771	1662	1993530	227586	405102	89580
酒、饮料和精制茶制造业	5757386	244283	181007	2830813	652676	1807864	40743

2-A-38 续表 2

单位：万元

行业	合计	国有控股	集体控股	私人控股	港澳台商控股	外商控股	其他
酒的制造	1445178	230018	136960	498242	287147	292593	217
饮料制造	3018511	3682	7132	1140859	330207	1510050	26581
精制茶加工	1293697	10582	36915	1191712	35322	5221	13945
烟草制品业	6027585	6001959		25626			
卷烟制造	6001959	6001959					
其他烟草制品制造	25626			25626			
纺织业	70211580	408394	1369264	58603118	6458272	2628917	743616
棉纺织及印染精加工	35870092	86689	503260	29817177	3646769	1312234	503965
毛纺织及染整精加工	2387858	66776	31455	1681307	518738	73740	15843
麻纺织及染整精加工	514857		243824	245565	24806	662	
丝绢纺织及印染精加工	3447143	202200	83742	2857290	246034	45255	12622
化纤织造及印染精加工	4683086		8093	4366102	173910	119491	15490
针织或钩针编织物及其制品制造	12844505	10375	108897	11221375	922001	544598	37260
家用纺织制成品制造	5728573	764	356880	4403851	590916	286756	89407
非家用纺织制成品制造	4735465	41591	33115	4010450	335098	246181	69030
纺织服装、服饰业	33326369	214034	255537	25503351	4403196	2338274	611977
机织服装制造	19590024	145430	153810	15111771	2197797	1623448	357767
针织或钩针编织服装制造	9373167	23288	86760	6601699	2005553	510082	145785
服饰制造	4363177	45316	14966	3789881	199846	204744	108424
皮革、毛皮、羽毛及其制品和制鞋业	21496511	8082	100339	19151793	878400	1219483	138413
皮革鞣制加工	1994984		36606	1434501	82128	441750	
皮革制品制造	4826977	3030	3925	4119182	238680	422550	39610
毛皮鞣制及制品加工	751775		824	709420	19880	21602	50
羽毛(绒)加工及制品制造	1486752		10	1092244	292038	81001	21459
制鞋业	12436023	5052	58975	11796447	245675	252581	77294
木材加工和木、竹、藤、棕、草制品业	6820688	1896	95963	5931951	412086	239258	139534
木材加工	721260	610	3848	698338	14172	3363	930
人造板制造	1662746		76533	1271992	172103	97226	44892
木制品制造	3265418	1287	7298	2892996	194605	82511	86721
竹、藤、棕、草等制品制造	1171264		8285	1068624	31206	56158	6991
家具制造业	9399484		100791	7420682	895119	898665	84226
木质家具制造	3604185		29459	2979613	232547	305697	56869

2-A-38　续表 3　　　　单位：万元

行　　业	合　计	国有控股	集体控股	私人控股	港澳台商控股	外商控股	其　他
竹、藤家具制造	439471			430662	5171	3639	
金属家具制造	3163309		71217	2375858	346798	351208	18229
塑料家具制造	395587			250878	119758	22370	2580
其他家具制造	1796932		115	1383672	190846	215751	6548
造纸和纸制品业	14544680	218715	160632	12040128	640149	632611	852446
纸浆制造	12660			12660			
造纸	8048663	218715	86686	6592491	152569	170428	827774
纸制品制造	6483357		73946	5434976	487580	462183	24672
印刷和记录媒介复制业	7082115	245195	75869	6205846	300488	148868	105848
印刷	6843935	241026	71097	5989749	297973	148738	95352
装订及印刷相关服务	229162	2000	4772	209249	2515	130	10496
记录媒介复制	9019	2169		6849			
文教、工美、体育和娱乐用品制造业	18160812	78022	73834	15172306	1708781	1012111	115759
文教办公用品制造	3285923	200	1717	2919080	105562	230916	28448
乐器制造	366369		111	155412	41090	158797	10959
工艺美术品制造	9720400	77822	65868	8158054	1111803	251091	55762
体育用品制造	1673742		3249	1368651	138803	155423	7615
玩具制造	1888724		2888	1443297	230607	202931	9000
游艺器材及娱乐用品制造	1225654			1127810	80917	12952	3974
石油加工、炼焦和核燃料加工业	16905392	15605639	9427	629551	93905	236530	330341
精炼石油产品制造	16902295	15605639	9427	626454	93905	236530	330341
炼焦	1954			1954			
核燃料加工	1144			1144			
化学原料和化学制品制造业	62115700	6957104	2165669	37337943	5567880	8920088	1167017
基础化学原料制造	14349666	5064904	746318	5598687	1532934	1088535	318287
肥料制造	368641	22297	10685	329814	4135	345	1366
农药制造	1805624	117788	13426	1281170	15871	259230	118140
涂料、油墨、颜料及类似产品制造	6499601	85650	278059	5122567	455584	515256	42485
合成材料制造	26079707	1312905	1002256	15475727	3154154	4645157	489507
专用化学产品制造	7941573	291036	87593	5669568	373518	1323865	195992
炸药、火工及焰火产品制造	143730	60223	560	82948			
日用化学产品制造	4927158	2302	26772	3777462	31683	1087699	1240

2-A-38 续表 4

单位：万元

行业	合计	国有控股	集体控股	私人控股	港澳台商控股	外商控股	其他
医药制造业	10675514	1278437	451832	5516780	549201	1931257	948007
化学药品原料药制造	4838375	800983	274962	2802266	155556	415244	389362
化学药品制剂制造	2623743	419325	69967	826033	18428	1167189	122802
中药饮片加工	306935	21693	44282	206330	2117	22611	9902
中成药生产	1138802	10464	16206	539617	204495	48180	319839
兽用药品制造	163675			95900		14056	53719
生物药品制造	924614	25972	17733	512765	138431	180184	49530
卫生材料及医药用品制造	679370		28681	533869	30173	83793	2853
化学纤维制造业	25470776	126066	511674	18951480	3247138	2107984	526434
纤维素纤维原料及纤维制造	767011	79556		616364	48761	22331	
合成纤维制造	24703765	46510	511674	18335117	3198377	2085653	526434
橡胶和塑料制品业	37323600	2828008	705784	28828411	1853197	2372193	736007
橡胶制品业	7369045	2768447	502014	2960188	46667	948788	142940
塑料制品业	29954554	59561	203770	25868222	1806530	1423405	593066
非金属矿物制品业	23618135	3319614	652788	17249593	912666	903952	579521
水泥、石灰和石膏制造	5153020	2311897	40448	2611624	41747	28954	118351
石膏、水泥制品及类似制品制造	7740460	531460	418924	6165741	270338	85984	268013
砖瓦、石材等建筑材料制造	3268365	43681	119588	2337822	200700	470905	95669
玻璃制造	758207		8086	637517	73595	27631	11378
玻璃制品制造	2948762	47500	11671	2536864	160369	148857	43502
玻璃纤维和玻璃纤维增强塑料制品制造	1186567	379506	2280	647527	40325	105278	11651
陶瓷制品制造	675768	18	2929	568128	83324	5789	15579
耐火材料制品制造	1176809	2811	16133	1092982	30705	26020	8158
石墨及其他非金属矿物制品制造	710177	2741	32729	651388	11564	4535	7221
黑色金属冶炼和压延加工业	28777668	4051068	927555	21585598	1294114	544753	374579
炼铁	23168		199	22969			
炼钢	3214482	1272620		1837678	103984		200
黑色金属铸造	2844725	59633	76540	2561320	78210	43774	25248
钢压延加工	22403669	2695675	850816	16914063	1111920	482065	349131
铁合金冶炼	291623	23141		249568		18915	
有色金属冶炼和压延加工业	25430871	1169799	348741	21017882	1747569	283111	863769

2-A-38　续表 5　　　　单位：万元

行　业	合　计	国有控股	集体控股	私人控股	港澳台商控股	外商控股	其　他
常用有色金属冶炼	3810515		64124	2574019	437190	30904	704278
贵金属冶炼	807516	11031		789323			7162
稀有稀土金属冶炼	75338			64073	8453		3813
有色金属合金制造	1997927	6944	1669	1574274	248092	121254	45694
有色金属铸造	263749		633	221607	39922	1069	518
有色金属压延加工	18474825	1151823	282315	15794586	1013912	129883	102305
金属制品业	34124637	617011	297738	29462039	1765669	1465492	516688
结构性金属制品制造	8427381	177145	102550	7857653	110722	55983	123327
金属工具制造	3660714	11445	6573	3168941	134397	221523	117836
集装箱及金属包装容器制造	1945462	45001	7726	1162734	332390	332566	65044
金属丝绳及其制品制造	2027079		27297	1672801	214672	5433	106876
建筑、安全用金属制品制造	7012202	103189	44978	6193904	307420	312601	50110
金属表面处理及热处理加工	2796597	190	59086	2591433	92379	38301	15208
搪瓷制品制造	328544		2042	298342	28133		26
金属制日用品制造	4562977	195945	9383	3858521	180315	307999	10814
其他金属制品制造	3363681	84096	38103	2657709	365240	191086	27446
通用设备制造业	57748866	1813005	1060212	45834123	3078245	4710861	1252419
锅炉及原动设备制造	2561677	559665	151768	1377741	398803	46412	27288
金属加工机械制造	4030067	14535	20543	3061175	387984	534295	11536
物料搬运设备制造	7447576	89688	248405	4464357	426082	1541839	677204
泵、阀门、压缩机及类似机械制造	14796105	475311	269672	12782031	472897	732100	64093
轴承、齿轮和传动部件制造	7589160	181036	180922	6147029	334058	417109	329006
烘炉、风机、衡器、包装等设备制造	8978895	463302	39930	7238711	418282	711477	107193
文化、办公用机械制造	732833	16	653	560875	90694	73940	6655
通用零部件制造	11065243	16924	135377	9729165	534363	623990	25425
其他通用设备制造业	547310	12530	12941	473039	15081	29699	4020
专用设备制造业	21754543	365838	291195	16527181	2092553	2047385	430391
采矿、冶金、建筑专用设备制造	1821978	26320	7175	1141835	72763	436957	136928
化工、木材、非金属加工专用设备制造	7249227	68414	77412	5209011	1305149	489577	99666
食品、饮料、烟草及饲料生产专用设备制造	485542		10898	401987	5069	67587	
印刷、制药、日化及日用品生产专用设备制造	1055408	2765	11711	889988	19304	123616	8024

2-A-38 续表 6 单位：万元

行业	合计	国有控股	集体控股	私人控股	港澳台商控股	外商控股	其他
纺织、服装和皮革加工专用设备制造	4063981		62311	3514045	225566	244034	18026
电子和电工机械专用设备制造	579597	4376	36074	493691	4773	35259	5424
农、林、牧、渔专用机械制造	1475673	85311	21146	916596	176407	213585	62628
医疗仪器设备及器械制造	1125891		22763	771169	89211	241853	896
环保、社会公共服务及其他专用设备制造	3897247	178652	41707	3188860	194311	194917	98801
汽车制造业	29219303	1036286	630252	20801891	2369014	3585810	796050
汽车整车制造	5435291	956945		2741258	1113318	399080	224689
改装汽车制造	175555	14468		154325		6762	
低速载货汽车制造	68929			68929			
电车制造	4533			4533			
汽车车身、挂车制造	78728			69410	1541	7777	
汽车零部件及配件制造	23456267	64873	630252	17763436	1254155	3172191	571361
铁路、船舶、航空航天和其他运输设备制造业	11333946	1125724	182820	7443216	569322	897844	1115020
铁路运输设备制造	179369	8439	11502	151630	30	1853	5915
城市轨道交通设备制造	3184			3184			
船舶及相关装置制造	5532883	641100	91272	2834125	372368	524141	1069878
航空、航天器及设备制造	62974			62603		371	
摩托车制造	2908763	476185	70778	2224943	76538	25643	34676
自行车制造	2465259		9268	1994234	116953	341944	2861
非公路休闲车及零配件制造	117402			113509		3893	
潜水救捞及其他未列明运输设备制造	64113			58989	3434		1691
电气机械和器材制造业	69350698	698024	1996334	53188338	4559528	4748034	4160440
电机制造	9897187	87490	315432	7428448	327211	1592009	146597
输配电及控制设备制造	19864222	338573	696173	16508240	1241416	541255	538565
电线、电缆、光缆及电工器材制造	12189704	45659	212631	10066661	672011	665884	526858
电池制造	6086005	2637	78648	3056962	967152	592293	1388314
家用电力器具制造	13157664	189065	468615	9300624	802131	942680	1454548
非电力家用器具制造	940721		1553	875974	22190	32400	8604
照明器具制造	6801969	33883	222072	5564594	518991	366615	95814
其他电气机械及器材制造	413226	716	1210	386837	8426	14898	1139
计算机、通信和其他电子设备制造业	28523400	743952	948317	14344743	4865503	6290773	1330112

2-A-38 续表 7

单位：万元

行 业	合 计	国有控股	集体控股	私人控股	港澳台商控股	外商控股	其 他
计算机制造	1756506	32464	900	319571	115517	1285561	2495
通信设备制造	6568181	358923	86186	2209276	3050748	313046	550001
广播电视设备制造	1508565	2635	550	1356083	77258	71511	527
雷达及配套设备制造	123401			122581		821	
视听设备制造	2130297	142271	1303	1647806	49781	252203	36934
电子器件制造	6947858	80317	121298	1905731	864129	3322329	654054
电子元件制造	8584412	126357	708475	6150124	659288	859836	80333
其他电子设备制造	904180	987	29605	633571	48782	185466	5768
仪器仪表制造业	8635219	65570	117023	6630998	585060	807019	429549
通用仪器仪表制造	5254243	13980	76295	4050918	384907	414204	313939
专用仪器仪表制造	1535466	47138	9079	1149175	6446	257921	65706
钟表与计时仪器制造	185151	46	14666	149068	10628	10432	311
光学仪器及眼镜制造	1520309	4406	9286	1157339	180334	119375	49567
其他仪器仪表制造业	140050		7697	124498	2745	5087	25
其他制造业	4884999	276701	34277	3991477	204165	237445	140935
日用杂品制造	4092916	6664	33079	3526025	199251	193572	134325
煤制品制造	314493	269561		44924			8
核辐射加工	2041			2041			
其他未列明制造业	475550	475	1198	418488	4915	43873	6601
废弃资源综合利用业	3752051	28845	147641	2530105	689212	256939	99309
金属废料和碎屑加工处理	3323181	2724	145496	2145855	676028	256939	96140
非金属废料和碎屑加工处理	428871	26121	2145	384251	13184		3169
金属制品、机械和设备修理业	884241	56420	36736	741232	2907	17045	29900
金属制品修理	8413		75	8222	116		
通用设备修理	35469	5286	19	28738	1076		350
专用设备修理	21671	1652	750	19219			50
铁路、船舶、航空航天等运输设备修理	747887	48344	20741	632662		16827	29312
电气设备修理	37198	1136	10966	25056			40
仪器仪表修理	2845			1129	1716		
其他机械和设备修理业	30759		4185	26207		219	148

2-A-38 续表 8

单位：万元

行　业	合　计	国有控股	集体控股	私人控股	港澳台商控股	外商控股	其　他
电力、热力、燃气及水生产和供应业	**48404211**	**44283550**	**579916**	**2386288**	**560977**	**439215**	**154265**
电力、热力生产和供应业	43106357	40229126	400427	1709725	496655	209924	60500
电力生产	13156183	10892851	240947	1372240	458206	150181	41758
电力供应	29181369	29029659	149098	659			1953
热力生产和供应	768805	306617	10382	336826	38449	59743	16789
燃气生产和供应业	3321734	2518778	36702	424376	55493	206386	79998
燃气生产和供应业	3321734	2518778	36702	424376	55493	206386	79998
水的生产和供应业	1976120	1535646	142786	252187	8829	22904	13767
自来水生产和供应	1398545	1183870	123339	66622	2375	9042	13296
污水处理及其再生利用	519377	335609	16372	146608	6454	13862	471
其他水的处理、利用与分配	58199	16167	3075	38957			
建筑业	**174395858**	**10878770**	**6230710**	**151769751**	**644434**	**304592**	**4567601**
房屋建筑业	122862856	4275553	3175106	111140510	379098	257292	3635299
房屋建筑业	122862856	4275553	3175106	111140510	379098	257292	3635299
土木工程建筑业	34857781	4603658	1876845	27896832	28913	3365	448169
铁路、道路、隧道和桥梁工程建筑	23431445	2608597	500901	20017050	43	726	304129
水利和内河港口工程建筑	3354289	898848	59666	2310696			85080
海洋工程建筑	13155	2331	6164	4660			
工矿工程建筑	1618157	459522	112353	1017222		909	28151
架线和管道工程建筑	2590110	510313	1127916	925709	25380	39	754
其他土木工程建筑	3850625	124048	69844	3621495	3490	1692	30056
建筑安装业	6749838	1399133	1122369	3758403	102185	6980	360767
电气安装	2072476	442625	531137	940832	1578		156303
管道和设备安装	1665816	217688	103150	1323206	18	6371	15383
其他建筑安装业	3011546	738819	488082	1494365	100589	609	189082
建筑装饰和其他建筑业	9925382	600426	56391	8974007	134238	36955	123366
建筑装饰业	7340440	199649	34330	6869667	134238	36955	65601
工程准备活动	1592907	307795	17094	1230477			37542
提供施工设备服务	221716			201492			20224
其他未列明建筑业	770320	92981	4968	672371			
批发和零售业	**496285646**	**84708197**	**14634957**	**350465185**	**6464908**	**10383847**	**29628551**
批发业	425892019	74541782	10950048	304690176	4082383	7621824	24005806

2-A-38 续表 9

单位：万元

行 业	合 计	国有控股	集体控股	私人控股	港澳台商控股	外商控股	其 他
农、林、牧产品批发	4192672	427639	345437	2920849	174279	5288	319181
食品、饮料及烟草制品批发	27119290	9439777	261566	14864894	577321	140442	1835290
纺织、服装及家庭用品批发	75127393	3554172	2770825	62879019	610605	1059134	4253638
文化、体育用品及器材批发	9025023	799241	375149	6947937	311089	453653	137952
医药及医疗器材批发	11914295	2993016	68860	6366972	170263	370616	1944569
矿产品、建材及化工产品批发	242318282	54303838	5501901	165816828	1586407	1907093	13202214
机械设备、五金产品及电子产品批发	39621432	2340112	1152062	31174911	410436	2547728	1996183
贸易经纪与代理	6616058	98894	84895	6063829	119768	182147	66525
其他批发业	9957573	585092	389354	7654938	122214	955722	250253
零售业	70393627	10166415	3684909	45775009	2382525	2762023	5622746
综合零售	13286680	1417523	2452546	5425080	975287	1350271	1665973
食品、饮料及烟草制品专门零售	1935381	170658	78205	1609150	8221	24909	44238
纺织、服装及日用品专门零售	3549148	44435	32779	2852215	184019	98255	337445
文化、体育用品及器材专门零售	2074343	425779	22949	1503424	28131	15288	78771
医药及医疗器材专门零售	3225390	896617	108371	1961684	113363	287	145068
汽车、摩托车、燃料及零配件专门零售	36608081	6654203	754487	24218890	1045935	1174383	2760183
家用电器及电子产品专门零售	4508510	21562	70454	3919732	3972	35714	457076
五金、家具及室内装饰材料专门零售	2488561	47939	131677	2242695	6424	37182	22645
货摊、无店铺及其他零售业	2717532	487697	33441	2042139	17174	25734	111347
交通运输、仓储和邮政业	**24639859**	**8036770**	**675906**	**13897624**	**554921**	**651882**	**822757**
铁路运输业	17085	17085					
铁路货物运输	17085	17085					
道路运输业	10373655	2541253	445789	6292916	349328	172131	572238
城市公共交通运输	808886	506705	34436	233102	547		34096
公路旅客运输	1395328	617897	157317	514324	3036		102753
道路货物运输	5778420	186625	159639	5114330	143566	33364	140896
道路运输辅助活动	2391021	1230025	94398	431160	202179	138767	294493
水上运输业	3006779	1281321	80911	1495913	61099	2268	85267
水上旅客运输	135686	75333	24117	32229			4007
水上货物运输	2028752	615022	39023	1316991			57717
水上运输辅助活动	842341	590966	17771	146692	61099	2268	23544

2-A-38 续表 10

单位：万元

行业	合计	国有控股	集体控股	私人控股	港澳台商控股	外商控股	其他
航空运输业	264284	236873	13	27398		…	
航空客货运输	9414	1175		8239			
通用航空服务	5558	180	13	5365			
航空运输辅助活动	249312	235518		13794		…	
管道运输业	16375	13794	2582				
管道运输业	16375	13794	2582				
装卸搬运和运输代理业	7341335	2174142	89167	4868274	65171	16421	128160
装卸搬运	350810	121498	35269	163799	17674	10966	1604
运输代理业	6990525	2052644	53898	4704475	47497	5455	126557
仓储业	2060886	935799	27786	530591	79323	461063	26325
谷物、棉花等农产品仓储	593808	580175	800	12832			
其他仓储业	1467079	355624	26986	517759	79323	461063	26325
邮政业	1559461	836503	29658	682533			10766
邮政基本服务	603862	574098	29497	152			114
快递服务	955599	262405	161	682380			10652
住宿和餐饮业	**6925626**	**720165**	**264978**	**4708260**	**235627**	**216185**	**780410**
住宿业	3371898	608301	221767	1980413	171883	97481	292052
旅游饭店	2593841	573484	202157	1330521	142689	92494	252497
一般旅馆	739922	31312	19373	621029	27194	4988	36025
其他住宿业	38135	3505	237	28864	2000		3530
餐饮业	3553728	111864	43211	2727847	63743	118704	488358
正餐服务	2698413	98486	38996	2388502	45026	27543	99860
快餐服务	650093	7402	1454	166198	17676	76533	380831
饮料及冷饮服务	63332	2502	1552	56364	826	533	1555
其他餐饮业	141890	3474	1208	116784	216	14095	6112
信息传输、软件和信息技术服务业	**21541950**	**6566034**	**648325**	**5442485**	**7333091**	**517919**	**1034096**
电信、广播电视和卫星传输服务	8364649	5877860	457699	155235	1854422	13026	6407
电信	7993133	5558313	432591	128737	1854422	13026	6045
广播电视传输服务	371516	319547	25108	26498			362
互联网和相关服务	5997324	285978	850	760986	4894303	618	54589
互联网接入及相关服务	258456	226193	254	32009			

2-A-38 续表 11

单位：万元

行 业	合 计	国有控股	集体控股	私人控股	港澳台商控股	外商控股	其 他
互联网信息服务	5696353	58291	596	702285	4879975	618	54589
其他互联网服务	42515	1494		26692	14329		
软件和信息技术服务业	7179978	402196	189776	4526264	584366	504276	973100
软件开发	4813209	226776	120806	3072172	176109	456358	760988
信息系统集成服务	1516484	154392	4182	817540	378678	6650	155044
信息技术咨询服务	521572	9636	60318	414456	5442	703	31016
数据处理和存储服务	102402	6758		59677		35750	216
集成电路设计	52813	2655		39648		4445	6064
其他信息技术服务业	173499	1979	4471	122771	24136	369	19772
金融业	**2676626**	**178305**	**136674**	**2118704**	**49400**	**5629**	**187915**
货币金融服务	1423402	17503	60517	1161872	25903	3998	153609
非货币银行服务	1423402	17503	60517	1161872	25903	3998	153609
资本市场服务	895381	144869	53563	639508	22726	731	33984
证券市场服务	7417	558		5863			997
期货市场服务	5403			2933			2470
资本投资服务	793083	144311	53563	546234	22726	731	30518
其他资本市场服务	84478			84478			
保险业	6801		2	6799			
财产保险	28			28			
保险经纪与代理服务	3587		2	3584			
其他保险活动	3187			3187			
其他金融业	351042	15933	22592	310525	771	900	322
金融信托与管理服务	90422	5149	10613	72765	718	900	277
控股公司服务	185536	1767		184715	54		
其他未列明金融业	74084	9016	11979	53044			45
房地产业	**50566233**	**5627226**	**1832211**	**31491993**	**3496748**	**1480951**	**6637103**
房地产业	50566233	5627226	1832211	31491993	3496748	1480951	6637103
房地产开发经营	46091278	4692015	1560991	28535104	3433955	1418183	6451030
物业管理	1978614	412538	124372	1297971	11020	15934	116780
房地产中介服务	758088	8901	8455	690119	9227	13512	27874
自有房地产经营活动	1065827	83789	111531	756298	41836	32236	40137
其他房地产业	672425	429984	26863	212501	710	1086	1282

2-A-38 续表 12 单位：万元

行业	合计	国有控股	集体控股	私人控股	港澳台商控股	外商控股	其他
租赁和商务服务业	**28599444**	**9583482**	**2229799**	**14312235**	**147331**	**167468**	**2159129**
租赁业	645972	26670	12810	457703	2327	100641	45822
机械设备租赁	623135	19000	9147	446245	2327	100641	45777
文化及日用品出租	22837	7670	3663	11458			45
商务服务业	27953472	9556812	2216989	13854533	145004	66827	2113307
企业管理服务	14459886	6897987	1470346	4407939	31517	26764	1625332
法律服务	233335	436	7397	219768	228		5505
咨询与调查	2131053	165542	48126	1802273	28492	23996	62623
广告业	2612904	261121	74493	2236846	3353		37090
知识产权服务	90687	4592	350	85517		33	195
人力资源服务	2380897	451035	113701	1730021	48382	52	37706
旅行社及相关服务	2248262	424376	53689	1573795	13786	719	181897
安全保护服务	624277	421275	46901	106843		11	49248
其他商务服务业	3172171	930447	401986	1691531	19244	15252	113710
科学研究和技术服务业	**9323574**	**2634646**	**460501**	**5483326**	**60398**	**309674**	**375030**
研究和试验发展	927626	90778	34775	553286	9751	226763	12273
自然科学研究和试验发展	27941	5960	1027	18211	1916	50	776
工程和技术研究和试验发展	757199	81571	30713	407053	7793	223435	6634
农业科学研究和试验发展	60800	1434	2818	55887			662
医学研究和试验发展	76267	335	71	68340	42	3278	4201
社会人文科学研究	5419	1478	147	3794			
专业技术服务业	6522735	2264937	341448	3611268	42895	54701	207486
气象服务	15239	5721	340	8967			210
地震服务	32			32			
海洋服务	8864	2780	1174	2991	1919		
测绘服务	160060	54122	17666	86880			1392
质检技术服务	484352	114521	48229	264080	14376	28899	14247
环境与生态监测	65275	9102	1436	54737			
地质勘查	77140	56223	2737	15719	285		2177
工程技术	4861539	1959348	243258	2466976	12432	11123	168401
其他专业技术服务业	850234	63121	26607	710887	13883	14679	21058

2-A-38　续表 13　　单位：万元

行　业	合　计	国有控股	集体控股	私人控股	港澳台商控股	外商控股	其　他
科技推广和应用服务业	1873213	278931	84277	1318772	7752	28210	155271
技术推广服务	1732926	271284	81627	1192323	7722	25628	154342
科技中介服务	79986	6925	2564	67690	30	2582	196
其他科技推广和应用服务业	60301	722	87	58759			733
水利、环境和公共设施管理业	**2879866**	**895677**	**165481**	**1689229**	**10497**	**15907**	**103074**
水利管理业	123647	83308	10096	26365	829		3049
防洪除涝设施管理	11715	9754	52	1909			
水资源管理	24200	17477	2737	2957	829		200
天然水收集与分配	36088	29879	1591	3954			664
水文服务	411	225		187			
其他水利管理业	51233	25973	5716	17358			2185
生态保护和环境治理业	276909	19451	8285	229049	7588	2854	9682
生态保护	41152	768		40279			105
环境治理业	235757	18683	8285	188770	7588	2854	9577
公共设施管理业	2479310	792919	147100	1433816	2080	13053	90343
市政设施管理	508169	413668	16385	68008	85	620	9403
环境卫生管理	178834	68141	9747	98390		10	2545
城乡市容管理	21413	12412	129	8804			69
绿化管理	1245224	47534	40873	1070942		11801	74074
公园和游览景区管理	525669	251164	79966	187672	1995	622	4251
居民服务、修理和其他服务业	**1889654**	**146738**	**101845**	**1609099**	**6274**	**6756**	**18942**
居民服务业	586569	56253	69869	448507	6032	373	5533
家庭服务	79566	12109	849	66132	161		314
托儿所服务	371			371			
洗染服务	49703	415	2676	46600		12	
理发及美容服务	85205		857	83127		289	932
洗浴服务	77286		85	76979			222
保健服务	93560	46		92858	28	31	598
婚姻服务	24471	208	157	24016			90
殡葬服务	106561	24243	55489	20582	5844		404
其他居民服务业	69846	19232	9758	37841		42	2973

2-A-38 续表 14　　　　单位：万元

行　业	合　计	国有控股	集体控股	私人控股	港澳台商控股	外商控股	其　他
机动车、电子产品和日用产品修理业	929563	20541	23591	868748	242	6383	10059
汽车、摩托车修理与维护	757194	13508	18273	711878	242	5404	7889
计算机和办公设备维修	57626	5587	13	51966		61	
家用电器修理	92843	1446	4621	83688		918	2170
其他日用产品修理业	21900		685	21216			
其他服务业	373522	69943	8385	291844			3350
清洁服务	261756	15390	4289	239338			2739
其他未列明服务业	111766	54553	4096	52506			611
教育	**609192**	**58786**	**53412**	**458173**	**10798**	**681**	**27341**
教育	609192	58786	53412	458173	10798	681	27341
学前教育	21533	1290	356	17752	557	234	1345
初等教育	10409			9929			480
中等教育	14080	367	5434	5809			2470
高等教育	22270	267		21783			221
特殊教育	557	365		192			
技能培训、教育辅助及其他教育	540343	56498	47622	402708	10241	447	22826
卫生和社会工作	**687664**	**55425**	**10166**	**569537**	**40**	**13322**	**39175**
卫生	669911	52071	9571	557833		13322	37115
医院	468231	46480	7649	378002		13322	22779
社区医疗与卫生院	2408	65	60	1983			300
门诊部(所)	184954	2753	911	167253			14036
计划生育技术服务活动	10		10				
妇幼保健院(所、站)	8			8			
专科疾病防治院(所、站)	387			387			
疾病预防控制中心	14	…	14				
其他卫生活动	13900	2772	927	10201			
社会工作	17753	3354	595	11704	40		2059
提供住宿社会工作	11517	3354	324	5822			2017
不提供住宿社会工作	6235	…	271	5883	40		42

2-A-38 续表 15

单位：万元

行 业	合 计	国有控股	集体控股	私人控股	港澳台商控股	外商控股	其 他
文化、体育和娱乐业	**3377116**	**771175**	**39661**	**2405897**	**27654**	**12757**	**119971**
新闻和出版业	582814	528676	6292	17048			30798
新闻业	5177	4428		622			127
出版业	577637	524248	6292	16426			30671
广播、电视、电影和影视录音制作业	1588581	197488	19670	1324270	159	5335	41659
广播	4052	674		3377			
电视	452562	75224	5970	352775			18594
电影和影视节目制作	847378	7574	11082	819789		365	8569
电影和影视节目发行	33443	29967		3476			
电影放映	248187	83796	2619	142147	159	4971	14496
录音制作	2959	253		2706			
文化艺术业	152715	38006	3735	93185	247	142	17399
文艺创作与表演	88857	28121	490	42845	247		17154
艺术表演场馆	10730	5511	12	5207			
图书馆与档案馆	5916	646	3098	2171			
文物及非物质文化遗产保护	3308	983	30	2290			5
博物馆	6817	840	34	5942			
烈士陵园、纪念馆	340			340			
群众文化活动	7576	943	42	6357			235
其他文化艺术业	29171	962	29	28033		142	5
体育	176122	4037	6443	113941	26623	3251	21827
体育组织	30481	782	2453	27246			
体育场馆	6087	1238	908	3941			
休闲健身活动	128839	1273	3074	72931	26623	3251	21688
其他体育	10716	744	8	9824			140
娱乐业	876885	2968	3522	857452	625	4029	8288
室内娱乐活动	799545	410	2632	788219		475	7808
游乐园	25114	3		24877	123		111
彩票活动	347		220	127			
文化、娱乐、体育经纪代理	32434	2282	157	26831	502	2292	369
其他娱乐业	19445	273	512	17398		1262	…

2-A-39 按行业中类、营业状态分组的全部企业资产总计

单位：万元

行业	合计	营业	停业(歇业)	筹建	当年关闭	当年破产	其他
总计	**2289058140**	**2112390375**	**70982456**	**82440311**	**14141099**	**1596413**	**7507487**
农、林、牧、渔业	**724321**	**656550**	**21125**	**44098**	**2405**	**3**	**141**
农业	55445	44903		10542			
谷物种植	13363	5146		8217			
豆类、油料和薯类种植	1142	1142					
蔬菜、食用菌及园艺作物种植	22205	22205					
水果种植	3652	3652					
坚果、含油果、香料和饮料作物种植	3869	2869		1000			
中药材种植	11101	9776		1325			
其他农业	112	112					
林业	992	605			387		
林木育种和育苗	992	605			387		
畜牧业	67210	66745	5	450	10		
牲畜饲养	54460	54100		350	10		
家禽饲养	10089	10084	5				
其他畜牧业	2661	2561		100			
渔业	37357	37327	30				
水产养殖	37357	37327	30				
农、林、牧、渔服务业	563318	506970	21090	33106	2008	3	141
农业服务业	497019	448231	17924	28897	1918	3	46
林业服务业	33842	27978	2478	3291			95
畜牧服务业	16443	15691	142	530	80		…
渔业服务业	16014	15071	546	388	10		
采矿业	**2853373**	**2559271**	**139314**	**118477**	**33056**	**1460**	**1794**
煤炭开采和洗选业	22913	19363		3550			
烟煤和无烟煤开采洗选	18217	15717		2500			
褐煤开采洗选	3284	2784		500			
其他煤炭采选	1412	862		550			
黑色金属矿采选业	219472	215822	420	3230			
铁矿采选	219472	215822	420	3230			
其他黑色金属矿采选	…		…				

2-A-39　续表 1　　　　单位：万元

行　　业	合　计	营业	停业(歇业)	筹建	当年关闭	当年破产	其他
有色金属矿采选业	355905	335779	7557	10989	1580		
常用有色金属矿采选	255612	244819	513	10000	280		
贵金属矿采选	13952	7436	5886	630			
稀有稀土金属矿采选	86341	83524	1158	359	1300		
非金属矿采选业	2231969	1972425	129687	95679	30923	1460	1794
土砂石开采	2061844	1814473	126532	89234	28350	1460	1794
化学矿开采	13692	12613	1079				
采盐	2182	1732		450			
石棉及其他非金属矿采选	154252	143607	2076	5996	2573		
开采辅助活动	2019	266	1150	50	553		
石油和天然气开采辅助活动	1150	50	1100				
其他开采辅助活动	869	216	50	50	553		
其他采矿业	21097	15618	500	4979			
其他采矿业	21097	15618	500	4979			
制造业	**714203016**	**682944181**	**11608129**	**10803340**	**6645010**	**1234745**	**967612**
农副食品加工业	15516870	15143106	181392	101269	81005	873	9225
谷物磨制	477251	443360	28437	2867	2506		80
饲料加工	1512484	1461961	6689	32943	7827		3064
植物油加工	1011499	971856	21712	14747	2684	500	
制糖业	11309	11270	18	21			
屠宰及肉类加工	1139595	1104168	20759	13977	592		100
水产品加工	8955534	8836953	72623	22164	23438	353	3
蔬菜、水果和坚果加工	1787093	1732266	24512	4741	19839		5736
其他农副食品加工	622105	581272	6642	9810	24119	20	243
食品制造业	6477598	6135025	45651	284772	4180	1257	6714
焙烤食品制造	582797	564875	2703	14137	496	257	330
糖果、巧克力及蜜饯制造	494963	477052	2697	15213			
方便食品制造	1131256	1042711	10924	76304	317	1000	
乳制品制造	348494	343844	2590	2000	60		
罐头食品制造	668273	659721	3103	4310	330		810
调味品、发酵制品制造	397858	391983	2305	2148	1421		
其他食品制造	2853958	2654839	21329	170660	1557		5574

2-A-39 续表 2

单位：万元

行业	合计	营业	停业(歇业)	筹建	当年关闭	当年破产	其他
酒、饮料和精制茶制造业	6619567	6482586	22016	49510	64872	150	432
酒的制造	2788711	2761453	6497	7771	12890	100	
饮料制造	2661336	2571870	9726	35714	43814		212
精制茶加工	1169520	1149263	5794	6025	8167	50	220
烟草制品业	3469878	3469878					
卷烟制造	3449591	3449591					
其他烟草制品制造	20288	20288					
纺织业	66808756	64646813	879067	380742	555839	301880	44415
棉纺织及印染精加工	33982181	33063423	345126	111285	239915	212703	9729
毛纺织及染整精加工	2557273	2477309	38708	4128	29367		7761
麻纺织及染整精加工	871139	851539	100	19441			59
丝绢纺织及印染精加工	3288539	3200007	49497	11367	23382	3836	450
化纤织造及印染精加工	5070503	4748994	231992	82392	4706	1400	1019
针织或钩针编织物及其制品制造	11385865	11077794	86628	62055	137378	14503	7508
家用纺织制成品制造	5336360	5092339	93212	39975	101309	1530	7995
非家用纺织制成品制造	4316896	4135408	33805	50099	19782	67907	9895
纺织服装、服饰业	31976567	30543224	779983	240364	331231	64303	17461
机织服装制造	19499998	18650475	469898	122902	189471	57935	9316
针织或钩针编织服装制造	8332230	7972716	186631	57094	103129	5882	6777
服饰制造	4144339	3920033	123454	60368	38631	485	1368
皮革、毛皮、羽毛及其制品和制鞋业	15177349	14441308	455793	82964	150883	14859	31541
皮革鞣制加工	1824241	1758863	15522	5937	42831	1000	88
皮革制品制造	3495977	3276560	152744	35348	14932	7707	8686
毛皮鞣制及制品加工	709509	675863	21638	6815	5173		20
羽毛(绒)加工及制品制造	1608350	1555206	45080	8064			
制鞋业	7539271	7174816	220809	26800	87947	6152	22748
木材加工和木、竹、藤、棕、草制品业	5145043	4796240	125016	78359	124371	14597	6460
木材加工	549320	508867	16321	10791	13311	25	5
人造板制造	1347069	1204570	36132	15579	90629		160
木制品制造	2325994	2196559	57102	41868	13509	10852	6104
竹、藤、棕、草等制品制造	922659	886244	15460	10121	6923	3720	191
家具制造业	10065919	9600152	251580	100939	95896	650	16702

2-A-39　续表 3　　　　单位：万元

行　业	合　计						
		营业	停业(歇业)	筹建	当年关闭	当年破产	其他
木质家具制造	4183596	3955398	125208	67945	31155		3890
竹、藤家具制造	531150	499570	9887	388	21225		80
金属家具制造	3400241	3286422	68208	9791	27352	650	7819
塑料家具制造	298562	295108	1458	687	519		790
其他家具制造	1652370	1563654	46819	22128	15646		4124
造纸和纸制品业	18232230	17528575	192614	194127	207564	101617	7733
纸浆制造	16453	16288	5		160		
造纸	11464767	11135429	113211	48720	120202	44912	2293
纸制品制造	6751010	6376858	79398	145407	87202	56705	5440
印刷和记录媒介复制业	8324032	8021686	97198	159875	30445	7236	7592
印刷	8036250	7754860	93842	143536	29440	7236	7337
装订及印刷相关服务	250104	229759	2999	16107	984		255
记录媒介复制	37678	37066	358	232	21		
文教、工美、体育和娱乐用品制造业	16814040	16041147	422760	184240	146728	5787	13379
文教办公用品制造	2915913	2798073	80012	29523	8534		772
乐器制造	1045569	1030134	14625	1800	10		…
工艺美术品制造	9029196	8640991	184994	82556	105830	4927	9898
体育用品制造	1710532	1569287	86983	34487	18334		1441
玩具制造	1463172	1374659	45457	27207	13732	860	1258
游艺器材及娱乐用品制造	647658	628003	10689	8667	288		11
石油加工、炼焦和核燃料加工业	6711197	6556836	15061	136869	1865	500	65
精炼石油产品制造	6709335	6554974	15061	136869	1865	500	65
炼焦	1362	1362					
核燃料加工	500	500					
化学原料和化学制品制造业	55351101	52884912	579529	1487492	372896	12041	14232
基础化学原料制造	13083302	12110058	112391	741015	117423	1245	1170
肥料制造	435269	411349	9539	13004	1126	50	200
农药制造	2273527	2255034	16603	1500	340		50
涂料、油墨、颜料及类似产品制造	6691751	6579386	68693	33389	9629		655
合成材料制造	20246890	19556313	70450	540633	69272	10	10212
专用化学产品制造	8801658	8226148	277489	115705	170997	10646	674
炸药、火工及焰火产品制造	138277	137697	170		400		10
日用化学产品制造	3680427	3608926	24193	42246	3710	90	1261

2-A-39 续表 4 单位：万元

行业	合计					
		营业	停业(歇业)	筹建	当年关闭	当年破产	其他

行业	合计	营业	停业(歇业)	筹建	当年关闭	当年破产	其他
医药制造业	15292291	14517965	309460	407903	51264	560	5138
化学药品原料药制造	8135779	7876355	147318	77426	30330		4350
化学药品制剂制造	3017997	2724887	41995	251115			
中药饮片加工	347594	341921	344	5319			9
中成药生产	1601238	1511748	60619	8152	20719		
兽用药品制造	183652	164033	3812	15710	98		
生物药品制造	1243969	1182346	18521	42395	50	560	98
卫生材料及医药用品制造	762062	716676	36851	7787	68		681
化学纤维制造业	22012165	21263173	185493	285336	240474	33788	3902
纤维素纤维原料及纤维制造	1078817	1057409	14884	5325		1199	
合成纤维制造	20933348	20205763	170609	280011	240474	32588	3902
橡胶和塑料制品业	35084038	33171298	526476	957198	381680	16402	30985
橡胶制品业	7116907	6559066	50920	457597	45311	947	3066
塑料制品业	27967132	26612232	475557	499600	336368	15456	27919
非金属矿物制品业	29774549	27372139	904988	329466	1032536	57876	77543
水泥、石灰和石膏制造	6061444	5893852	73851	24468	10611	3	58660
石膏、水泥制品及类似制品制造	8728069	8500672	53686	99421	57272	15560	1458
砖瓦、石材等建筑材料制造	3861749	3075950	651712	97910	23202	541	12434
玻璃制造	2044441	1189665	9406	13929	806657	24534	250
玻璃制品制造	3374245	3179751	42857	22619	118020	9729	1270
玻璃纤维和玻璃纤维增强塑料制品制造	2637280	2590302	35454	7654	3171		700
陶瓷制品制造	835992	801623	22834	8540	1779		1216
耐火材料制品制造	1228399	1200473	7388	13259	6074		1206
石墨及其他非金属矿物制品制造	1002928	939851	7800	41666	5752	7509	350
黑色金属冶炼和压延加工业	22614244	21986264	346324	60877	147222	54696	18861
炼铁	39427	39382	45				
炼钢	3597900	3525251	61005	500	11143		
黑色金属铸造	2652339	2619303	15943	5711	10373		1009
钢压延加工	16140329	15629763	258655	53666	125696	54696	17853
铁合金冶炼	184250	172564	10676	1000	10		
有色金属冶炼和压延加工业	16328780	15752056	155509	150407	179590	14826	76392

2-A-39 续表 5

单位：万元

行 业	合 计	营业	停业(歇业)	筹建	当年关闭	当年破产	其他
常用有色金属冶炼	2490144	2430529	30169	9383	16351		3712
贵金属冶炼	296042	295453	89	500			
稀有稀土金属冶炼	95193	89560	4029	1600	5		
有色金属合金制造	1703069	1667557	8781	18372	7039		1320
有色金属铸造	308552	258195	8380	7967	33914		95
有色金属压延加工	11435779	11010761	104061	112584	122281	14826	71265
金属制品业	33794845	31911563	990857	592536	216368	13345	70176
结构性金属制品制造	8888873	8549460	138477	130868	34133	8679	27256
金属工具制造	3560714	3356794	90862	78522	20511	10	14015
集装箱及金属包装容器制造	2193375	2129047	48906	13546	1823		53
金属丝绳及其制品制造	1644039	1597472	33525	7955	4761		325
建筑、安全用金属制品制造	6360412	5975525	175156	126199	68223	719	14590
金属表面处理及热处理加工	2374254	2224635	45881	69806	31604	1243	1085
搪瓷制品制造	311216	297375	7058	6335	383		65
金属制日用品制造	5025577	4513149	375660	91238	32068	2625	10837
其他金属制品制造	3435385	3268105	75331	68068	22862	69	1950
通用设备制造业	65042781	62370210	1085695	1156814	240188	19869	170006
锅炉及原动设备制造	4039966	3960600	11106	45240	2924	1025	19071
金属加工机械制造	4920283	4568521	110350	125263	26951	9785	79413
物料搬运设备制造	6977290	6725423	62645	182726	3191	257	3048
泵、阀门、压缩机及类似机械制造	14825527	14163490	407705	175656	48976	2177	27523
轴承、齿轮和传动部件制造	10350082	10161727	84101	79068	17601	3345	4239
烘炉、风机、衡器、包装等设备制造	10171562	9778588	165952	190963	19867	2884	13308
文化、办公用机械制造	819223	766162	15836	12706	18377		6142
通用零部件制造	11093707	10534252	171131	280939	98951	395	8037
其他通用设备制造业	1845141	1711445	56869	64253	3350		9225
专用设备制造业	27446667	25936395	610199	624014	198990	44154	32915
采矿、冶金、建筑专用设备制造	2613034	2474799	26020	63505	48574	20	115
化工、木材、非金属加工专用设备制造	9460952	9054767	197975	129041	72123	2143	4902
食品、饮料、烟草及饲料生产专用设备制造	627135	602615	9839	11379	956		2345
印刷、制药、日化及日用品生产专用设备制造	1075796	995994	22695	38916	4275	590	13326
纺织、服装和皮革加工专用设备制造	4747160	4374270	202470	102495	28707	38854	364

2-A-39 续表 6　　　　单位：万元

行　业	合　计					
		营业	停业(歇业)	筹建	当年关闭	当年破产	其他

行　业	合　计	营业	停业(歇业)	筹建	当年关闭	当年破产	其他
电子和电工机械专用设备制造	795144	722300	18196	37272	9509	150	7718
农、林、牧、渔专用机械制造	1663186	1525348	57568	63230	15267	1724	50
医疗仪器设备及器械制造	1505737	1389653	28810	84932	1576		767
环保、社会公共服务及其他专用设备制造	4958522	4796648	46626	93243	18003	673	3328
汽车制造业	37015383	35550844	396956	814100	114355	64220	74908
汽车整车制造	7358321	7307056	13154	8111			30000
改装汽车制造	172953	170898	834	1221			
低速载货汽车制造	34121	34121					
电车制造	15964	12717		3247			
汽车车身、挂车制造	80975	60660	30	14772	5513		
汽车零部件及配件制造	29353049	27965392	382938	786750	108842	64220	44908
铁路、船舶、航空航天和其他运输设备制造业	18699143	17405989	409216	214177	507451	134815	27495
铁路运输设备制造	382927	365388	12061	4858	119		500
城市轨道交通设备制造	2160	2160					
船舶及相关装置制造	12563042	11611825	279133	132461	398676	133475	7472
航空、航天器及设备制造	126195	115839	333	226	9797		
摩托车制造	3007650	2889005	27466	16147	57227	81	17724
自行车制造	2364263	2196178	72494	52746	41331	1259	255
非公路休闲车及零配件制造	190908	166383	17116	7109	300		
潜水救捞及其他未列明运输设备制造	61998	59211	613	630			1544
电气机械和器材制造业	72462427	69263058	1100935	881456	923442	149305	144232
电机制造	10589478	10374081	79865	110800	17304		7428
输配电及控制设备制造	25512597	24402694	208382	301644	503310	32773	63794
电线、电缆、光缆及电工器材制造	9829554	9548916	102864	46989	83248	33693	13844
电池制造	4361282	3888369	171278	65979	168566	54251	12840
家用电力器具制造	12626589	12111829	274386	136527	75923	10135	17790
非电力家用器具制造	1116747	1029846	36677	36182	13741		300
照明器具制造	7920680	7479003	199012	157018	58849	18453	8345
其他电气机械及器材制造	505500	428320	28471	26316	2501		19892
计算机、通信和其他电子设备制造业	30522139	29530349	304305	479987	158912	23056	25531
计算机制造	1155568	1097878	25962	21871	6198		3658

2-A-39 续表 7

单位：万元

行 业	合 计	营业	停业(歇业)	筹建	当年关闭	当年破产	其他
通信设备制造	7564688	7492277	21602	28481	19526		2801
广播电视设备制造	1376923	1360425	4727	3974	180	7614	3
雷达及配套设备制造	235132	235132					
视听设备制造	2401733	2313482	18943	37519	16304	15285	200
电子器件制造	6678991	6419792	88202	90950	77707		2340
电子元件制造	9905546	9584087	117677	156014	31153	87	16529
其他电子设备制造	1203559	1027275	27192	141177	7845	70	
仪器仪表制造业	10443840	10144383	108520	127331	32240	915	30452
通用仪器仪表制造	6514398	6366275	47076	63495	7835	310	29407
专用仪器仪表制造	1820217	1744618	29877	38973	6699		50
钟表与计时仪器制造	245392	243870	1149	200	174		
光学仪器及眼镜制造	1730382	1668006	21375	22274	17132	605	990
其他仪器仪表制造业	133450	121615	9043	2388	400		4
其他制造业	7411170	7135026	66318	104465	21431	81169	2762
日用杂品制造	6029849	5843831	47431	41464	13675	81169	2280
煤制品制造	878850	876989	10	160	1482		208
核辐射加工	6714	6699	15				
其他未列明制造业	495757	407506	18862	62841	6273		274
废弃资源综合利用业	2124650	2053627	25500	29728	15643		152
金属废料和碎屑加工处理	1687421	1638716	21810	12055	14688		152
非金属废料和碎屑加工处理	437229	414911	3690	17673	955		
金属制品、机械和设备修理业	1443755	1288355	33717	106023	15448	2	210
金属制品修理	10548	9933	4	611			
通用设备修理	39632	36061	1964	1557	50		
专用设备修理	24742	21285	220	2461	772		5
铁路、船舶、航空航天等运输设备修理	1304519	1157416	31266	101325	14510	2	
电气设备修理	43562	43419	89	53			
仪器仪表修理	1167	1167					
其他机械和设备修理业	19586	19074	174	17	116		205
电力、热力、燃气及水生产和供应业	**68913831**	**63792546**	**536831**	**4518223**	**48295**	**2**	**17933**
电力、热力生产和供应业	51765739	47054069	328467	4333093	39576		10533

2-A-39 续表 8

单位：万元

行业	合计	营业	停业(歇业)	筹建	当年关闭	当年破产	其他
电力生产	30309065	25734774	327548	4196634	39576		10533
电力供应	20093385	20072102	286	20997			
热力生产和供应	1363288	1247193	633	115463			
燃气生产和供应业	3746983	3664655	14786	67333	207	2	
燃气生产和供应业	3746983	3664655	14786	67333	207	2	
水的生产和供应业	13401110	13073822	193578	117797	8513		7400
自来水生产和供应	9677856	9646305	15683	9787	5961		120
污水处理及其再生利用	3126019	2855146	176741	84789	2062		7280
其他水的处理、利用与分配	597235	572371	1154	23220	490		
建筑业	**111562599**	**109463941**	**1027230**	**648629**	**377399**	**10814**	**34586**
房屋建筑业	63560547	63111120	176595	154877	93872	5477	18606
房屋建筑业	63560547	63111120	176595	154877	93872	5477	18606
土木工程建筑业	32553223	31476870	605531	334015	123633	4418	8757
铁路、道路、隧道和桥梁工程建筑	19206368	18699696	305549	102625	89066	3618	5815
水利和内河港口工程建筑	4200183	4006539	123237	63277	6330	800	
海洋工程建筑	566953	462550	5476	98917	10		
工矿工程建筑	1048231	1011805	29302	4532	2592		
架线和管道工程建筑	3634565	3609298	7247	4085	13931		5
其他土木工程建筑	3896923	3686982	134720	60580	11704		2937
建筑安装业	6155891	5937329	80741	32175	104941	80	626
电气安装	1787358	1677508	9555	4846	95448		
管道和设备安装	1326881	1282705	27511	10603	5610		452
其他建筑安装业	3041652	2977116	43674	16725	3883	80	174
建筑装饰和其他建筑业	9292939	8938622	164364	127563	54953	839	6597
建筑装饰业	6287121	6044540	112059	81174	44162	839	4347
工程准备活动	2412162	2347653	46237	10175	6397		1700
提供施工设备服务	131193	122202	2191	3450	3350		
其他未列明建筑业	462463	424229	3877	32764	1044		550
批发和零售业	**291283063**	**275964769**	**6237422**	**6885166**	**1879795**	**100848**	**215062**
批发业	246079686	233985776	5284268	4861966	1694018	96743	156914
农、林、牧产品批发	3236558	3024052	102622	89154	12805	771	7154

2-A-39 续表 9

单位：万元

行 业	合 计	营业	停业(歇业)	筹建	当年关闭	当年破产	其他
食品、饮料及烟草制品批发	17557950	17020702	331268	166362	34757	1168	3693
纺织、服装及家庭用品批发	49352336	47547484	908277	590095	243966	17756	44759
文化、体育用品及器材批发	6023904	5558211	253777	183112	19633	850	8321
医药及医疗器材批发	6382821	6226465	92562	52072	9369	36	2318
矿产品、建材及化工产品批发	123649640	119182295	2111311	1287781	941018	72235	55000
机械设备、五金产品及电子产品批发	27707667	24936568	927209	1528462	295248	2935	17244
贸易经纪与代理	5951132	4750655	287418	862369	36251	414	14026
其他批发业	6217677	5739345	269824	102560	100971	578	4399
零售业	45203377	41978993	953154	2023200	185776	4106	58148
综合零售	12183201	10719474	89188	1335250	30987	440	7863
食品、饮料及烟草制品专门零售	1538156	1416088	85391	27208	7509	178	1782
纺织、服装及日用品专门零售	3428883	3206177	53727	134878	32797	381	923
文化、体育用品及器材专门零售	2532312	2440984	39078	38801	10804		2645
医药及医疗器材专门零售	1689101	1647197	25118	3942	12070	176	598
汽车、摩托车、燃料及零配件专门零售	16177948	15708532	120226	281506	43988	353	23343
家用电器及电子产品专门零售	3591385	3187120	332301	51557	16602	1292	2513
五金、家具及室内装饰材料专门零售	2439329	2184449	141389	82600	15342	315	15233
货摊、无店铺及其他零售业	1623062	1468972	66737	67457	15677	970	3248
交通运输、仓储和邮政业	**73575253**	**69826954**	**1762913**	**1635929**	**243087**	**2153**	**104218**
铁路运输业	11649	11649					
铁路货物运输	11649	11649					
道路运输业	40668774	38769883	1192675	605160	78073	1853	21131
城市公共交通运输	10353192	10338537	3592	260	1303		9500
公路旅客运输	2896626	2891192	4610	500	324		
道路货物运输	4866598	4483383	146067	158775	66050	1853	10471
道路运输辅助活动	22552359	21056771	1038406	445625	10396		1160
水上运输业	13725437	13201361	236784	171112	109927		6253
水上旅客运输	309366	297694	1238	927	9457		50
水上货物运输	8794544	8467364	86464	134764	99749		6203
水上运输辅助活动	4621526	4436303	149081	35421	722		
航空运输业	2759785	2670677	1175	44673			43260

2-A-39 续表 10

单位：万元

行业	合计	营业	停业(歇业)	筹建	当年关闭	当年破产	其他
航空客货运输	49658	49658					
通用航空服务	66247	21243	331	44673			
航空运输辅助活动	2643880	2599776	844	…			43260
管道运输业	45291	45291					
管道运输业	45291	45291					
装卸搬运和运输代理业	5915707	5454964	156492	227163	49113	230	27745
装卸搬运	1362258	1322159	19712	19623	440		324
运输代理业	4553449	4132805	136780	207539	48673	230	27421
仓储业	9050434	8316264	158437	564650	5427		5655
谷物、棉花等农产品仓储	1266555	1233123	26819	1600	13		5000
其他仓储业	7783879	7083141	131618	563050	5414		655
邮政业	1398175	1356865	17350	23171	546	70	174
邮政基本服务	741205	741095	89				21
快递服务	656970	615770	17261	23171	546	70	153
住宿和餐饮业	**15181159**	**13806217**	**426966**	**799898**	**106831**	**10057**	**31191**
住宿业	11002164	9905188	315854	680506	65977	9448	25191
旅游饭店	9275584	8343228	272539	605911	19844	9392	24670
一般旅馆	1625789	1473851	40781	65553	45123	56	425
其他住宿业	100790	88109	2534	9042	1010		96
餐饮业	4178995	3901029	111112	119391	40854	609	6000
正餐服务	3648676	3398191	98891	108670	37347	604	4973
快餐服务	328280	321636	3091	2223	593		737
饮料及冷饮服务	76028	67237	4726	2098	1963	5	
其他餐饮业	126012	113965	4405	6400	952		290
信息传输、软件和信息技术服务业	**43798332**	**42040610**	**1114794**	**330793**	**266461**	**1218**	**44456**
电信、广播电视和卫星传输服务	20013781	19967751	36097	8279	1640		14
电信	18268502	18230092	35535	1271	1590		14
广播电视传输服务	1745280	1737659	562	7009	50		
互联网和相关服务	8774724	8723359	33237	13709	3292		1127
互联网接入及相关服务	439570	428649	9667	373	881		
互联网信息服务	8248653	8222360	17839	6329	1998		127
其他互联网服务	86501	72351	5731	7007	412		1000

2-A-39 续表 11

单位：万元

行 业	合 计	营业	停业(歇业)	筹建	当年关闭	当年破产	其他
软件和信息技术服务业	15009826	13349500	1045460	308804	261529	1218	43314
软件开发	10737871	9388722	881768	211587	215886	1112	38797
信息系统集成服务	2320258	2256314	31022	31286	1591		44
信息技术咨询服务	1237430	1083343	75018	34705	40733	106	3524
数据处理和存储服务	193371	182610	2477	7949	149		186
集成电路设计	91508	82136	5526	3102	310		434
其他信息技术服务业	429389	356375	49649	20175	2861		330
金融业	**47308684**	**38669588**	**5905428**	**2178342**	**368075**	**60**	**187191**
货币金融服务	9697217	9527205	76331	93551	130		
非货币银行服务	9697217	9527205	76331	93551	130		
资本市场服务	32146190	24074145	5618561	1923268	355019	60	175137
证券市场服务	75834	60882	2988	11464	500		
期货市场服务	16529	14304		1328			896
资本投资服务	31863994	23851325	5589946	1899353	349074	60	174236
其他资本市场服务	189833	147633	25626	11123	5446		5
保险业	492754	491583	42	1129			
财产保险	473235	472083	30	1122			
再保险	3			3			
保险经纪与代理服务	16017	16003	9	4			
其他保险活动	3499	3496	3				
其他金融业	4972523	4576656	210494	160394	12925		12054
金融信托与管理服务	2453605	2257227	96471	87767	4539		7601
控股公司服务	1815443	1676927	86566	47547			4403
其他未列明金融业	703475	642502	27458	25079	8386		50
房地产业	**375996903**	**359120553**	**4890387**	**7550484**	**906141**	**4746**	**3524592**
房地产业	375996903	359120553	4890387	7550484	906141	4746	3524592
房地产开发经营	341606646	329085059	3297248	5427414	601640	1000	3194284
物业管理	4684855	3731052	385695	391210	162864	56	13978
房地产中介服务	2575745	2166733	215899	165494	18154	3686	5779
自有房地产经营活动	11794008	10439990	759862	488961	48168	4	57022
其他房地产业	15335649	13697718	231683	1077405	75314		253529

2-A-39 续表 12

单位：万元

行业	合计	营业	停业(歇业)	筹建	当年关闭	当年破产	其他
租赁和商务服务业	**470138051**	**392215206**	**29408662**	**43192862**	**2869514**	**229588**	**2222219**
租赁业	3701371	2359679	243917	55343	1022046	17496	2891
机械设备租赁	3321181	2009716	220489	49164	1021425	17496	2891
文化及日用品出租	380191	349963	23427	6180	621		
商务服务业	466436680	389855527	29164745	43137519	1847469	212092	2219328
企业管理服务	419317645	349924580	24963521	41040392	1068801	204394	2115957
法律服务	226207	223362	714	283	286		1561
咨询与调查	19129070	14504125	3006738	1046230	519949	5466	46562
广告业	2355726	2169886	68923	88811	23629		4477
知识产权服务	120057	113980	3479	2122	305	92	79
人力资源服务	695018	654410	12008	19453	8750	10	387
旅行社及相关服务	2824314	2266841	285720	258825	9312	2000	1615
安全保护服务	450065	425319	5956	16265	2508	17	
其他商务服务业	21318579	19573023	817687	665138	213928	113	48691
科学研究和技术服务业	**26023098**	**20965475**	**3220314**	**1552852**	**250134**	**26**	**34298**
研究和试验发展	2964205	2346524	315612	264534	29661		7874
自然科学研究和试验发展	88104	67246	2756	17783	72		247
工程和技术研究和试验发展	2200672	1723357	276297	174593	21803		4622
农业科学研究和试验发展	377957	310817	14148	44550	6306		2137
医学研究和试验发展	281964	230605	21505	27506	1480		868
社会人文科学研究	15508	14498	906	103			
专业技术服务业	17717016	14929860	2019124	617493	139065	20	11453
气象服务	36988	36763	174		51		
地震服务	13	13					
海洋服务	34747	16304	18332	111			
测绘服务	171935	169501	1455	467	328		183
质检技术服务	781382	754684	11533	10476	2825		1865
环境与生态监测	155896	148723	4884	2045	127		116
地质勘查	134431	121348	2044	9175	1864		
工程技术	14799672	12371833	1799645	498477	121249	17	8451
其他专业技术服务业	1601952	1310692	181057	96741	12621	3	838

2-A-39 续表 13

单位：万元

行 业	合 计						
		营业	停业(歇业)	筹建	当年关闭	当年破产	其他
科技推广和应用服务业	5341877	3689090	885578	670824	81408	6	14971
技术推广服务	4277119	3023691	849094	313096	79795	6	11436
科技中介服务	943893	581345	29050	332093	271		1135
其他科技推广和应用服务业	120865	84054	7434	25635	1342		2400
水利、环境和公共设施管理业	**31873336**	**27532166**	**2917657**	**1261304**	**50870**	**180**	**111159**
水利管理业	4788826	4569444	183923	21601	13827	30	
防洪除涝设施管理	2642648	2636789	44	5815			
水资源管理	1111055	1090054	3148	4026	13827		
天然水收集与分配	691471	539788	151683				
水文服务	14561	14561					
其他水利管理业	329090	288252	29049	11759		30	
生态保护和环境治理业	1221558	812864	304965	86532	6847		10350
生态保护	428113	139029	284549	4000	34		500
环境治理业	793445	673835	20416	82532	6813		9850
公共设施管理业	25862953	22149858	2428769	1153172	30196	150	100809
市政设施管理	15681772	13221306	1661549	696495	12547		89874
环境卫生管理	398668	330764	36953	29744	901		306
城乡市容管理	1725476	1721316	855	3205		100	
绿化管理	2132528	1936470	159118	22539	13563	50	787
公园和游览景区管理	5924509	4940002	570293	401188	3184		9841
居民服务、修理和其他服务业	**2653629**	**2225030**	**76409**	**321602**	**26573**	**310**	**3704**
居民服务业	1041211	948128	14084	63191	14417	110	1281
家庭服务	71588	65585	1870	1418	2440		275
托儿所服务	5284	396	8	4880			
洗染服务	48470	46189	1623	447	210		
理发及美容服务	59507	53528	754	3216	1074		935
洗浴服务	185200	180239	1019	3170	771		
保健服务	122966	118148	1663	1617	1537		…
婚姻服务	18242	15918	1012	1048	258	3	3
殡葬服务	225500	219600	2297	2438	1165		
其他居民服务业	304456	248525	3838	44955	6963	107	68

2-A-39 续表 14

单位：万元

行 业	合 计	营业	停业(歇业)	筹建	当年关闭	当年破产	其他
机动车、电子产品和日用产品修理业	1194852	908098	30380	247263	8267		843
汽车、摩托车修理与维护	1026249	753547	22788	244652	4469		793
计算机和办公设备维修	75528	69501	3968	1440	570		50
家用电器修理	72130	66252	1705	998	3175		
其他日用产品修理业	20945	18799	1919	174	53		
其他服务业	417566	368804	31945	11148	3889	200	1581
清洁服务	197375	173309	13832	6016	3447	200	571
其他未列明服务业	220191	195495	18113	5132	442		1010
教育	**1626035**	**1555845**	**39618**	**24288**	**4211**	**50**	**2023**
教育	1626035	1555845	39618	24288	4211	50	2023
学前教育	34907	32143	498	1236	417		614
初等教育	10225	10225					
中等教育	26599	24971	68	1500			60
高等教育	11431	11338			93		
特殊教育	652	642	10				
技能培训、教育辅助及其他教育	1542220	1476527	39042	21552	3701	50	1349
卫生和社会工作	**2221526**	**791643**	**1389577**	**35613**	**977**	**153**	**3563**
卫生	747326	708668	19981	13994	977	153	3553
医院	574654	543024	19266	9240	16		3109
社区医疗与卫生院	1923	1423			500		
门诊部(所)	128819	125633	552	1739	299	153	444
计划生育技术服务活动	562	562					
妇幼保健院(所、站)	92				92		
专科疾病防治院(所、站)	89	89					
疾病预防控制中心	89	29	60				
其他卫生活动	41098	37909	104	3015	70		
社会工作	1474200	82974	1369596	21619			10
提供住宿社会工作	1423906	58517	1358915	6473			
不提供住宿社会工作	50294	24457	10681	15146			10

2-A-39　续表 15　　　　　　　　　　　　　　　　　　　　　　　　　单位：万元

行　业	合　计						
		营业	停业(歇业)	筹建	当年关闭	当年破产	其他
文化、体育和娱乐业	**9121931**	**8259830**	**259680**	**538411**	**62265**		**1746**
新闻和出版业	1726089	1709386	1322	14	15363		3
新闻业	4939	4821			116		3
出版业	1721149	1704565	1322	14	15248		
广播、电视、电影和影视录音制作业	4226899	4015892	155114	49595	5649		648
广播	14297	12808		1489			
电视	809470	787984	5274	15306	906		
电影和影视节目制作	2831603	2656082	147335	23397	4289		499
电影和影视节目发行	70873	69670	994		100		109
电影放映	493900	482595	1508	9404	353		40
录音制作	6756	6753	3		…		
文化艺术业	589494	502398	15630	56875	14366		225
文艺创作与表演	185009	171658	4779	4300	4263		10
艺术表演场馆	72866	62592	224	10050			
图书馆与档案馆	7883	7398	276	82	127		
文物及非物质文化遗产保护	85328	80951	187	3195	995		
博物馆	31692	16293	3733	11666			
烈士陵园、纪念馆	234	234					
群众文化活动	20349	8991	3341	7734	220		63
其他文化艺术业	186134	154282	3090	19848	8761		153
体育	1201746	883680	37964	267546	12540		16
体育组织	204157	86665		117492			
体育场馆	41937	40612	475	851			
休闲健身活动	862275	699536	30665	130169	1889		16
其他体育	93377	56867	6825	19035	10651		
娱乐业	1377704	1148474	49649	164381	14346		854
室内娱乐活动	843968	805342	18735	6391	12791		709
游乐园	357591	208510	8154	140928			
彩票活动	13	13					
文化、娱乐、体育经纪代理	50811	41157	6751	2558	335		10
其他娱乐业	125321	93452	16010	14504	1220		135

2-A-40 按行业中类、营业状态分组的全部企业全年营业收入

单位：万元

行业	合计						
		营业	停业(歇业)	筹建	当年关闭	当年破产	其他
总　计	**1588091401**	**1565933637**	**8364587**	**4860258**	**7172057**	**841640**	**919221**
农、林、牧、渔业	**371905**	**359310**	**4520**	**5213**	**2238**		**624**
农业	31236	28166		3070			
谷物种植	9267	6597		2670			
豆类、油料和薯类种植	1639	1639					
蔬菜、食用菌及园艺作物种植	8628	8628					
水果种植	1166	1166					
坚果、含油果、香料和饮料作物种植	3772	3372		400			
中药材种植	6699	6699					
其他农业	66	66					
林业	606	285			321		
林木育种和育苗	606	285			321		
畜牧业	47038	46934	93		10		
牲畜饲养	34447	34437			10		
家禽饲养	8875	8781	93				
其他畜牧业	3716	3716					
渔业	24032	24006	26				
水产养殖	24032	24006	26				
农、林、牧、渔服务业	268993	259919	4401	2143	1907		624
农业服务业	217448	209895	4253	2008	1029		264
林业服务业	13066	12625	66	15			360
畜牧服务业	20319	19408	35		876		
渔业服务业	18160	17990	47	120	3		
采矿业	**2502181**	**2385958**	**85157**	**6289**	**22687**	**1200**	**890**
煤炭开采和洗选业	14719	14636		83			
烟煤和无烟煤开采洗选	5143	5060		83			
褐煤开采洗选	7536	7536					
其他煤炭采选	2041	2041					
黑色金属矿采选业	240921	240921					
铁矿采选	240921	240921					
有色金属矿采选业	338821	335716	1983		1121		

2-A-40　续表 1　　　　单位：万元

行　业	合　计	营业	停业(歇业)	筹建	当年关闭	当年破产	其他
常用有色金属矿采选	237092	235242	1183		667		
贵金属矿采选	4370	3570	800				
稀有稀土金属矿采选	97359	96905	…		454		
非金属矿采选业	1899157	1786506	83174	6206	21181	1200	890
土砂石开采	1793304	1686100	83111	3304	18698	1200	890
化学矿开采	11540	11530	10				
采盐	790	790					
石棉及其他非金属矿采选	93523	88086	53	2902	2482		
开采辅助活动	646	261			385		
石油和天然气开采辅助活动	86	86					
其他开采辅助活动	560	175			385		
其他采矿业	7917	7917					
其他采矿业	7917	7917					
制造业	**712414796**	**700948128**	**4327550**	**1468430**	**4625196**	**678030**	**367462**
农副食品加工业	12784673	12670598	30014	12184	63460	2210	6207
谷物磨制	834497	829350	1084	1352	2710		
饲料加工	2493141	2483785	663	1324	7368		1
植物油加工	1623504	1612537	47	2026	6894	2000	
制糖业	13459	13113	150	195			
屠宰及肉类加工	1623798	1617201	5270	592	688		47
水产品加工	3777442	3728799	15548	3063	29846	187	
蔬菜、水果和坚果加工	1723193	1699276	3223	2233	12318		6143
其他农副食品加工	695639	686537	4029	1399	3636	23	16
食品制造业	6273353	6251137	10766	4503	5755	785	407
焙烤食品制造	623663	618941	2236	1110	1084	285	7
糖果、巧克力及蜜饯制造	445238	444995	243				
方便食品制造	944122	942082	667	629	245	500	
乳制品制造	524612	524237	207		169		
罐头食品制造	600189	598976	311	902			
调味品、发酵制品制造	356298	352697	1924		1677		
其他食品制造	2779231	2769210	5178	1863	2580		400
酒、饮料和精制茶制造业	5757386	5713379	11548	2355	29736	182	186

2-A-40 续表 2

单位：万元

行业	合计	营业	停业(歇业)	筹建	当年关闭	当年破产	其他
酒的制造	1445178	1440396	2266	581	1852	82	
饮料制造	3018511	2995352	3486	95	19558		19
精制茶加工	1293697	1277630	5796	1679	8325	100	167
烟草制品业	6027585	6027585					
卷烟制造	6001959	6001959					
其他烟草制品制造	25626	25626					
纺织业	70211580	69206473	261196	99498	524860	99528	20026
棉纺织及印染精加工	35870092	35502899	90720	20043	185090	60720	10621
毛纺织及染整精加工	2387858	2356604	15041	2627	11272		2314
麻纺织及染整精加工	514857	513476	36	612			733
丝绢纺织及印染精加工	3447143	3390741	20229	6604	26874	2015	680
化纤织造及印染精加工	4683086	4603351	33822	33097	9766	1859	1191
针织或钩针编织物及其制品制造	12844505	12626093	30325	18301	156172	12545	1069
家用纺织制成品制造	5728573	5541193	53560	11468	117317	2204	2830
非家用纺织制成品制造	4735465	4672116	17462	6744	18368	20185	590
纺织服装、服饰业	33326369	32613304	325584	57446	269833	47882	12320
机织服装制造	19590024	19172657	204994	27004	143271	34539	7559
针织或钩针编织服装制造	9373167	9174719	80157	15205	86433	12230	4423
服饰制造	4363177	4265928	40433	15237	40128	1114	338
皮革、毛皮、羽毛及其制品和制鞋业	21496511	20761778	351065	53458	296791	23289	10130
皮革鞣制加工	1994984	1897291	20257	1480	74948	908	100
皮革制品制造	4826977	4740052	36948	14013	24274	9318	2371
毛皮鞣制及制品加工	751775	727177	18850	3506	2201		40
羽毛(绒)加工及制品制造	1486752	1473872	4808	8038	34		
制鞋业	12436023	11923386	270202	26421	195334	13063	7618
木材加工和木、竹、藤、棕、草制品业	6820688	6644903	52609	35353	63647	8617	15559
木材加工	721260	688570	10366	4160	18163		
人造板制造	1662746	1624991	8106	9178	19337	10	1125
木制品制造	3265418	3192921	24046	11393	17245	5737	14076
竹、藤、棕、草等制品制造	1171264	1138420	10091	10623	8902	2870	358
家具制造业	9399484	9247626	82831	18879	44904	2436	2809
木质家具制造	3604185	3543828	20903	14181	23380		1893

2-A-40 续表 3

单位：万元

行 业	合 计	营业	停业(歇业)	筹建	当年关闭	当年破产	其他
竹、藤家具制造	439471	425264	9449	88	4635		35
金属家具制造	3163309	3097706	47997	211	14118	2430	847
塑料家具制造	395587	393792	148	1163	478		5
其他家具制造	1795932	1787037	4333	3235	2293	6	28
造纸和纸制品业	14544680	14127057	74660	39228	217815	80507	5413
纸浆制造	12660	12509	120		31		
造纸	8048663	7830639	42528	3389	102859	67516	1731
纸制品制造	6483357	6283909	32012	35839	114924	12991	3682
印刷和记录媒介复制业	7082115	6940849	54030	37118	38604	6793	4722
印刷	6843935	6709523	52907	34577	36481	6793	3653
装订及印刷相关服务	229162	222320	1123	2541	2110		1068
记录媒介复制	9019	9006			12		
文教、工美、体育和娱乐用品制造业	18160812	17814340	144835	46757	138233	2742	13905
文教办公用品制造	3285923	3241456	23898	7037	11726		1805
乐器制造	366369	364681	509	676	504		…
工艺美术品制造	9720400	9504414	79141	19381	107309	2471	7684
体育用品制造	1673742	1617679	33239	8529	12467		1828
玩具制造	1888724	1868271	6469	5158	5973	271	2583
游艺器材及娱乐用品制造	1225654	1217839	1579	5977	254		5
石油加工、炼焦和核燃料加工业	16905392	16900857	2273	120	1543		600
精炼石油产品制造	16902295	16897759	2273	120	1543		600
炼焦	1954	1954					
核燃料加工	1144	1144					
化学原料和化学制品制造业	62115700	61698946	137584	21222	242100	3436	12412
基础化学原料制造	14349666	14267870	40465	1074	37741	1547	969
肥料制造	368641	364412	3258	231	318	71	350
农药制造	1805624	1804942	428		254		
涂料、油墨、颜料及类似产品制造	6499601	6440038	35171	6396	17489		506
合成材料制造	26079707	26008598	10092	5066	47844	400	7707
专用化学产品制造	7941573	7763284	40376	5775	130479	1417	242
炸药、火工及焰火产品制造	143730	141623	900		1207		
日用化学产品制造	4927158	4908178	6893	2680	6768		2639

2-A-40 续表 4

单位：万元

行业	合计	营业	停业(歇业)	筹建	当年关闭	当年破产	其他
医药制造业	10675514	10563080	26781	68984	15039	1630	
化学药品原料药制造	4838375	4808798	18068	124	11255	130	
化学药品制剂制造	2623743	2554760	813	68170			
中药饮片加工	306935	306837	90	7			
中成药生产	1138802	1129764	5866	20	3153		
兽用药品制造	163675	162775	829		71		
生物药品制造	924614	922813	184		118	1500	
卫生材料及医药用品制造	679370	677333	932	663	442		
化学纤维制造业	25470776	25157870	45901	5112	201854	56318	3722
纤维素纤维原料及纤维制造	767011	761618	3897	626	123	747	
合成纤维制造	24703765	24396252	42004	4485	201731	55571	3722
橡胶和塑料制品业	37323600	36577583	242424	127479	358152	5304	12658
橡胶制品业	7369045	7309661	19069	9496	28935	1130	753
塑料制品业	29954554	29267922	223355	117982	329217	4174	11905
非金属矿物制品业	23618135	22700425	507212	52600	282577	33719	41603
水泥、石灰和石膏制造	5153020	5086598	20178	898	26050	233	19064
石膏、水泥制品及类似制品制造	7740460	7678971	14503	9660	21634	4300	11392
砖瓦、石材等建筑材料制造	3268365	2786502	436013	12086	27901	1594	4268
玻璃制造	758207	609835	3652	1864	124351	18505	
玻璃制品制造	2948762	2846500	10505	9362	73556	5506	3332
玻璃纤维和玻璃纤维增强塑料制品制造	1186567	1173201	6951	2480	3936		
陶瓷制品制造	675768	657553	10084	3517	2364		2250
耐火材料制品制造	1176809	1161261	2676	9563	2010		1297
石墨及其他非金属矿物制品制造	710177	700003	2649	3169	775	3581	
黑色金属冶炼和压延加工业	28777668	28149947	404145	22186	140881	58959	1551
炼铁	23168	23134	34				
炼钢	3214482	2977413	231513		5557		
黑色金属铸造	2844725	2804712	13488	3971	21596		959
钢压延加工	22403669	22054893	157282	18215	113728	58959	592
铁合金冶炼	291623	289796	1828				
有色金属冶炼和压延加工业	25430871	25117244	41351	16021	214105	8270	33880

2-A-40 续表 5

单位：万元

行 业	合 计	营业	停业(歇业)	筹建	当年关闭	当年破产	其他
常用有色金属冶炼	3810515	3754018	11508	4175	40814		
贵金属冶炼	807516	806846	1	670			
稀有稀土金属冶炼	76338	76338					
有色金属合金制造	1997927	1988550	2651	3020	3406		300
有色金属铸造	263749	247811	2053	1070	12304		511
有色金属压延加工	18474825	18243681	25138	7086	157581	8270	33070
金属制品业	34124637	33336275	322381	144103	242064	10977	68838
结构性金属制品制造	8427381	8285122	43388	33665	18358	6419	40430
金属工具制造	3660714	3574759	28572	25926	24617	300	6540
集装箱及金属包装容器制造	1945462	1909196	28387	3089	4790		
金属丝绳及其制品制造	2027079	1978557	32420	1587	14065		450
建筑、安全用金属制品制造	7012202	6775660	111747	28917	84278	722	10878
金属表面处理及热处理加工	2796597	2711073	26267	4242	51336	1381	2297
搪瓷制品制造	328544	320031	4340	3446	709		17
金属制日用品制造	4562977	4473267	26139	34923	21721	2131	4795
其他金属制品制造	3363681	3308609	21120	8306	22191	24	3431
通用设备制造业	57748866	56940262	360468	201768	207612	11829	26926
锅炉及原动设备制造	2561677	2549508	6187	2322	1402	2260	
金属加工机械制造	4030067	3955968	32420	20107	19266	177	2128
物料搬运设备制造	7447576	7417758	6617	18101	3794		1306
泵、阀门、压缩机及类似机械制造	14796105	14567165	128115	31352	58182	2360	8930
轴承、齿轮和传动部件制造	7589160	7516051	23069	33952	9970	4374	1744
烘炉、风机、衡器、包装等设备制造	8978895	8884213	44092	24651	23652	1321	966
文化、办公用机械制造	732833	712822	9021	2039	6970		1979
通用零部件制造	11065243	10821592	91831	60718	81161	1337	8604
其他通用设备制造业	547310	515184	19116	8525	3216		1269
专用设备制造业	21754543	21445874	118285	82700	91796	7937	7952
采矿、冶金、建筑专用设备制造	1821978	1809311	6746	3365	2497	59	
化工、木材、非金属加工专用设备制造	7249227	7134589	41606	43981	27926		1125
食品、饮料、烟草及饲料生产专用设备制造	485542	472749	8136	1201	2661		794
印刷、制药、日化及日用品生产专用设备制造	1055408	1030800	11204	2421	5885	986	4112

2-A-40 续表 6 单位：万元

行　业	合　计	营业	停业(歇业)	筹建	当年关闭	当年破产	其他
纺织、服装和皮革加工专用设备制造	4063981	4009045	14357	15645	20391	4047	497
电子和电工机械专用设备制造	579597	568161	3883	1387	5669	353	144
农、林、牧、渔专用机械制造	1475673	1447644	7436	4865	13536	2191	
医疗仪器设备及器械制造	1125891	1113525	5689	5211	256		1211
环保、社会公共服务及其他专用设备制造	3897247	3860050	19228	4624	12975	301	68
汽车制造业	29219303	28956961	102904	66543	51290	36534	5070
汽车整车制造	5435291	5435007	269	15			
改装汽车制造	175555	175555					
低速载货汽车制造	68929	68929					
电车制造	4533	4533					
汽车车身、挂车制造	78728	77722		1007			
汽车零部件及配件制造	23456267	23195216	102636	65521	51290	36534	5070
铁路、船舶、航空航天和其他运输设备制造业	11333946	11081879	122995	32640	78986	4430	13016
铁路运输设备制造	179369	178984	172		213		
城市轨道交通设备制造	3184	3184					
船舶及相关装置制造	5532883	5414620	57414	4741	53085	3021	…
航空、航天器及设备制造	62974	62947	24		3		
摩托车制造	2908763	2865269	8781	11928	10044	36	12704
自行车制造	2465259	2386299	48332	13647	15295	1372	313
非公路休闲车及零配件制造	117402	107084	8038	1938	341		
潜水救捞及其他未列明运输设备制造	64113	63492	233	385	4		
电气机械和器材制造业	69350698	68111176	298961	121008	637205	150422	31926
电机制造	9897187	9834276	18971	23552	17268		3121
输配电及控制设备制造	19864222	19485599	72426	17950	256606	23529	8113
电线、电缆、光缆及电工器材制造	12189704	11946958	39856	14572	135784	50376	2159
电池制造	6086005	5857960	15055	6273	142738	63978	
家用电力器具制造	13157664	12983352	71402	30069	50511	10170	12160
非电力家用器具制造	940721	927218	7917	2982	2603		
照明器具制造	6801969	6684265	59566	20544	29800	2369	5425
其他电气机械及器材制造	413226	391549	13767	5067	1895		948
计算机、通信和其他电子设备制造业	28523400	28368779	48676	31519	59939	7058	7428

2-A-40 续表 7 单位：万元

行业	合计	营业	停业(歇业)	筹建	当年关闭	当年破产	其他
计算机制造	1756506	1754143	1351	705	307		
通信设备制造	6568181	6553545	9341	2230	2369		697
广播电视设备制造	1508565	1504353	1630	1293	610	679	
雷达及配套设备制造	123401	123401					
视听设备制造	2130297	2110651	4193	2627	6754	6070	2
电子器件制造	6947858	6899485	8462	6284	32303		1323
电子元件制造	8584412	8530466	21728	14612	11891	309	5406
其他电子设备制造	904180	892736	1971	3768	5705		
仪器仪表制造业	8635219	8533439	51018	13759	31088	310	5605
通用仪器仪表制造	5254243	5218168	18063	4047	10340	310	3316
专用仪器仪表制造	1535466	1522209	6353	3690	3214		
钟表与计时仪器制造	185151	184182	372		596		
光学仪器及眼镜制造	1520309	1472826	22987	5647	16560		2289
其他仪器仪表制造业	140050	136054	3244	376	378		
其他制造业	4884999	4777173	67350	9590	23878	4569	2439
日用杂品制造	4092916	4010275	58639	6361	10655	4569	2417
煤制品制造	314493	313871	65		557		
核辐射加工	2041	2026	15				
其他未列明制造业	475550	451001	8631	3229	12667		22
废弃资源综合利用业	3752051	3638166	22606	41559	49721		
金属废料和碎屑加工处理	3323181	3218618	18875	38600	47087		
非金属废料和碎屑加工处理	428871	419547	3730	2959	2634		
金属制品、机械和设备修理业	884241	873162	5098	2738	1733	1357	153
金属制品修理	8413	7980		433			
通用设备修理	35469	34832	585	35	18		
专用设备修理	21671	21256	46		368		
铁路、船舶、航空航天等运输设备修理	747887	738712	4230	2242	1343	1357	3
电气设备修理	37198	37192	6				
仪器仪表修理	2845	2845					
其他机械和设备修理业	30759	30346	231	29	3		150

2-A-40 续表 8

单位：万元

行业	合计	营业	停业(歇业)	筹建	当年关闭	当年破产	其他
电力、热力、燃气及水生产和供应业	**48404211**	**48321572**	**28656**	**11570**	**41211**	**20**	**1183**
电力、热力生产和供应业	43106357	43040178	24664	4435	36212		869
电力生产	13156183	13092100	23879	3316	36019		869
电力供应	29181369	29180836	533	…			
热力生产和供应	768805	767242	252	1118	193		
燃气生产和供应业	3321734	3319947	6	1739	22	20	
燃气生产和供应业	3321734	3319947	6	1739	22	20	
水的生产和供应业	1976120	1961447	3986	5396	4976		314
自来水生产和供应	1398545	1394132	813	1049	2549		2
污水处理及其再生利用	519377	510433	2618	3945	2068		312
其他水的处理、利用与分配	58199	56882	555	402	360		
建筑业	**174395858**	**173740649**	**245336**	**112365**	**269529**	**18910**	**9069**
房屋建筑业	122862856	122719513	55967	17624	63457	5902	394
房屋建筑业	122862856	122719513	55967	17624	63457	5902	394
土木工程建筑业	34857781	34600346	104929	23617	116524	12165	201
铁路、道路、隧道和桥梁工程建筑	23431445	23274026	48065	13335	84654	11365	…
水利和内河港口工程建筑	3354289	3336151	9234	3244	4860	800	
海洋工程建筑	13155	9528	3625	2			
工矿工程建筑	1618157	1599202	18213	741	1		
架线和管道工程建筑	2590110	2570424	4384	130	15171		…
其他土木工程建筑	3850625	3811016	21408	6164	11837		201
建筑安装业	6749838	6638261	49002	8278	53972	184	141
电气安装	2072476	2029078	516	911	41971		
管道和设备安装	1665816	1625930	30940	1486	7327		133
其他建筑安装业	3011546	2983253	17547	5881	4674	184	8
建筑装饰和其他建筑业	9925382	9782528	35437	62846	35577	660	8334
建筑装饰业	7340440	7262073	25476	14560	29913	660	7758
工程准备活动	1592907	1580012	7191	1205	3923		576
提供施工设备服务	221716	221010	118	588			
其他未列明建筑业	770320	719434	2652	46493	1741		
批发和零售业	**496285646**	**488957450**	**2568013**	**2855092**	**1585151**	**120974**	**198966**
批发业	425892019	419262414	2247111	2718727	1391363	115121	157282

2-A-40 续表 9

单位：万元

行 业	合 计	营业	停业(歇业)	筹建	当年关闭	当年破产	其他
农、林、牧产品批发	4192672	4124977	30390	27489	5401	448	3967
食品、饮料及烟草制品批发	27119290	26908786	88478	58252	55922	4564	3288
纺织、服装及家庭用品批发	75127393	74009400	477710	262651	332062	23911	21659
文化、体育用品及器材批发	9025023	8896035	68913	20617	31782	193	7483
医药及医疗器材批发	11914295	11822010	68675	8244	11328	26	4012
矿产品、建材及化工产品批发	242318282	238518950	1029954	1998842	620141	81534	68862
机械设备、五金产品及电子产品批发	39621432	38931347	288975	158788	204077	3977	34269
贸易经纪与代理	6616058	6315671	114212	121409	55535	385	8846
其他批发业	9957573	9735240	79803	62434	75116	84	4897
零售业	70393627	69695036	320902	136364	193787	5853	41684
综合零售	13286680	13243284	21569	7452	12358	745	1272
食品、饮料及烟草制品专门零售	1935381	1891863	24056	8885	8062	641	1874
纺织、服装及日用品专门零售	3549148	3448727	44921	18321	34357	1043	1779
文化、体育用品及器材专门零售	2074343	2043782	19560	4095	5846		1060
医药及医疗器材专门零售	3225390	3193513	20338	2383	7499	226	1431
汽车、摩托车、燃料及零配件专门零售	36608081	36440081	47246	35713	62223	869	21949
家用电器及电子产品专门零售	4508510	4398960	67421	12498	23879	1060	4692
五金、家具及室内装饰材料专门零售	2488561	2404103	36892	25529	19917	281	1839
货摊、无店铺及其他零售业	2717532	2630723	38899	21489	19647	987	5788
交通运输、仓储和邮政业	**24639859**	**24355425**	**133602**	**76648**	**64767**	**1108**	**8310**
铁路运输业	17085	17085					
铁路货物运输	17085	17085					
道路运输业	10373655	10218065	87749	27621	34731	516	4973
城市公共交通运输	808886	799776	8245	11	854		
公路旅客运输	1395328	1393297	1536	400	94		
道路货物运输	5778420	5645940	75471	23124	28863	516	4507
道路运输辅助活动	2391021	2379052	2497	4086	4920		466
水上运输业	3006779	2983799	4562	1345	15294		1778
水上旅客运输	135686	125079	460	226	9921		
水上货物运输	2028752	2018506	2813	697	4957		1778
水上运输辅助活动	842341	840214	1289	422	416		

2-A-40 续表 10

单位：万元

行业	合计						
		营业	停业(歇业)	筹建	当年关闭	当年破产	其他
航空运输业	264284	263974	310	…			
航空客货运输	9414	9414					
通用航空服务	5558	5438	120				
航空运输辅助活动	249312	249122	190	…			
管道运输业	16375	16375					
管道运输业	16375	16375					
装卸搬运和运输代理业	7341335	7248800	35648	42039	13144	455	1249
装卸搬运	350810	343579	5609	854	591		177
运输代理业	6990525	6905221	30038	41186	12553	455	1072
仓储业	2060886	2051927	2583	5259	1117		
谷物、棉花等农产品仓储	593808	593126	668		13		
其他仓储业	1467079	1458801	1914	5259	1104		
邮政业	1559461	1555400	2750	383	481	137	310
邮政基本服务	603862	603780	32				50
快递服务	955599	951621	2718	383	481	137	260
住宿和餐饮业	**6925626**	**6802018**	**51629**	**16291**	**40660**	**9642**	**5387**
住宿业	3371898	3323228	19386	5913	12802	9268	1301
旅游饭店	2593841	2560604	12525	1593	8852	9238	1029
一般旅馆	739922	725484	6367	4205	3583	30	252
其他住宿业	38135	37140	494	115	367		20
餐饮业	3553728	3478789	32243	10378	27858	374	4086
正餐服务	2698413	2637850	25336	7629	24916	374	2308
快餐服务	650093	645022	2200	1299	436		1136
饮料及冷饮服务	63332	58568	2947	471	1345		
其他餐饮业	141890	137350	1759	978	1161		642
信息传输、软件和信息技术服务业	**21541950**	**21431529**	**51047**	**27368**	**23157**	**3170**	**5679**
电信、广播电视和卫星传输服务	8364649	8361360	1828	219	1122		119
电信	7993133	7989904	1828	219	1062		119
广播电视传输服务	371516	371456			60		
互联网和相关服务	5997324	5986443	3846	4991	2010		33
互联网接入及相关服务	258456	257680	359	14	403		

2-A-40　续表 11　　　　单位：万元

行　　业	合　计						
		营业	停业(歇业)	筹建	当年关闭	当年破产	其他
互联网信息服务	5696353	5686879	3001	4925	1516		33
其他互联网服务	42515	41885	487	52	91		
软件和信息技术服务业	7179978	7083726	45372	22157	20024	3170	5527
软件开发	4813209	4748298	34311	11677	15311	2775	838
信息系统集成服务	1516484	1505928	4882	4382	1214		78
信息技术咨询服务	521572	509693	3547	1877	1449	395	4611
数据处理和存储服务	102402	98942	16	3418	25		
集成电路设计	52813	52499	256		58		
其他信息技术服务业	173499	168367	2361	804	1967		
金融业	**2676626**	**2623629**	**19177**	**23327**	**8565**		**1927**
货币金融服务	1423402	1413975	1517	7841	69		
非货币银行服务	1423402	1413975	1517	7841	69		
资本市场服务	895381	869269	6929	14376	2991		1817
证券市场服务	7417	7347	7		63		
期货市场服务	5403	5361					42
资本投资服务	798083	772987	6825	13648	2848		1775
其他资本市场服务	84478	83573	97	728	80		
保险业	6801	6787	5	9			
财产保险	28	23	5				
保险经纪与代理服务	3587	3578	…	9			
其他保险活动	3187	3187					
其他金融业	351042	333599	10726	1101	5506		110
金融信托与管理服务	90422	87018	2285	968	40		110
控股公司服务	186536	179998	6538				
其他未列明金融业	74084	66582	1903	133	5466		
房地产业	**50566233**	**49635675**	**378259**	**39907**	**234160**	**568**	**277663**
房地产业	50566233	49635675	378259	39907	234160	568	277663
房地产开发经营	46091278	45336591	263368	15025	214242	270	261781
物业管理	1978614	1946243	12877	9044	7719		2731
房地产中介服务	758088	721225	20851	4684	7140	238	3950
自有房地产经营活动	1065827	965500	75593	10595	4879	60	9200
其他房地产业	672425	666116	5570	560	179		

2-A-40 续表 12

单位：万元

行　业	合　计	营业	停业(歇业)	筹建	当年关闭	当年破产	其他
租赁和商务服务业	**28599444**	**28030589**	**301587**	**100007**	**136184**	**7382**	**23695**
租赁业	645972	622637	13571	4936	4045	395	388
机械设备租赁	623135	601276	12601	4933	3542	395	388
文化及日用品出租	22837	21362	970	3	502		
商务服务业	27953472	27407951	288016	95072	132139	6987	23307
企业管理服务	14459886	14295136	115497	29383	9210	2806	7854
法律服务	233335	228905	1030	265	678		2458
咨询与调查	2131053	2024007	55191	18565	22778	2928	7584
广告业	2612904	2540145	33437	16542	21118		1664
知识产权服务	90687	86015	2406	981	1107	153	24
人力资源服务	2380897	2309461	15366	5149	50792		128
旅行社及相关服务	2248262	2234637	4876	3024	3744	750	1230
安全保护服务	624277	613350	4434	6007	429	58	
其他商务服务业	3172171	3076295	55779	15156	22283	293	2365
科学研究和技术服务业	**9323574**	**9109666**	**79513**	**78775**	**50804**	**138**	**4678**
研究和试验发展	927626	885447	17638	21209	3049		283
自然科学研究和试验发展	27941	27327	580	10	23		
工程和技术研究和试验发展	757199	725444	9158	19946	2476		174
农业科学研究和试验发展	60800	59601	453	587	50		108
医学研究和试验发展	76267	68174	6928	666	499		
社会人文科学研究	5419	4901	518				
专业技术服务业	6522735	6413711	37763	40842	27850	138	2431
气象服务	15239	15228	11				
地震服务	32	32					
海洋服务	8864	8864					
测绘服务	160060	158955	112	312	494		187
质检技术服务	484352	475154	3409	3776	1914		98
环境与生态监测	65275	64063	87	664	34		427
地质勘查	77140	74163	439	9	2530		
工程技术	4861539	4801706	19883	22790	15686	137	1337
其他专业技术服务业	850234	815545	13823	13292	7192	1	382

2-A-40 续表 13 单位：万元

行 业	合 计						
		营业	停业(歇业)	筹建	当年关闭	当年破产	其他
科技推广和应用服务业	1873213	1810509	24112	16724	19905		1964
技术推广服务	1732926	1676522	21687	14518	18554		1646
科技中介服务	79986	77081	1039	1612	206		49
其他科技推广和应用服务业	60301	56906	1386	594	1145		270
水利、环境和公共设施管理业	**2879866**	**2839731**	**16373**	**7430**	**14652**	**131**	**1549**
水利管理业	123647	122675	934	28		10	
防洪除涝设施管理	11715	11643	71				
水资源管理	24200	24107	65	28			
天然水收集与分配	36088	35590	498				
水文服务	411	411					
其他水利管理业	51233	50923	300			10	
生态保护和环境治理业	276909	268333	3090	379	4207		900
生态保护	41152	39620	527	105			900
环境治理业	235757	228712	2563	274	4207		
公共设施管理业	2479310	2448723	12349	7023	10445	121	649
市政设施管理	508169	502372	1890	782	3125		
环境卫生管理	178834	175604	2235	343	651		…
城乡市容管理	21413	20287	287	839		1	
绿化管理	1245224	1229696	6096	2805	6349	120	158
公园和游览景区管理	525669	520764	1841	2254	319		491
居民服务、修理和其他服务业	**1889654**	**1816412**	**29436**	**16777**	**22196**	**180**	**4653**
居民服务业	586569	559236	12645	6438	6745	180	1325
家庭服务	79566	76259	1336	633	1098		240
托儿所服务	371	371					
洗染服务	49703	47782	1494	265	162		
理发及美容服务	85205	79646	1169	2545	1183		662
洗浴服务	77286	74784	804	780	918		
保健服务	93560	88427	2392	1065	1677		
婚姻服务	24471	21805	1401	318	886	1	60
殡葬服务	106561	105875	131	552	3		
其他居民服务业	69846	64286	3919	280	819	179	364

2-A-40 续表 14

单位：万元

行　业	合　计						
		营业	停业(歇业)	筹建	当年关闭	当年破产	其他
机动车、电子产品和日用产品修理业	929563	898407	11572	6918	11215		1451
汽车、摩托车修理与维护	757194	736016	8029	6541	5156		1451
计算机和办公设备维修	57626	56787	694		145		
家用电器修理	92843	84275	2538	124	5906		
其他日用产品修理业	21900	21329	310	253	8		
其他服务业	373522	358770	5220	3421	4236		1876
清洁服务	261756	250931	3748	2713	3274		1090
其他未列明服务业	111766	107838	1471	708	963		786
教育	**609192**	**596030**	**6622**	**1613**	**1544**	**127**	**3256**
教育	609192	596030	6622	1613	1544	127	3256
学前教育	21533	19875	471	77	466		645
初等教育	10409	10409					
中等教育	14080	13963					117
高等教育	22270	22267			4		
特殊教育	557	507	50				
技能培训、教育辅助及其他教育	540343	529010	6101	1535	1075	127	2495
卫生和社会工作	**687664**	**679337**	**4463**	**194**	**543**	**60**	**3067**
卫生	669911	662009	4055	178	543	60	3067
医院	468231	461719	3409	158			2946
社区医疗与卫生院	2408	2278			130		
门诊部(所)	184954	184120	446	20	187	60	121
计划生育技术服务活动	10	10					
妇幼保健院(所、站)	8				8		
专科疾病防治院(所、站)	387	387					
疾病预防控制中心	14	14					
其他卫生活动	13900	13481	200		219		
社会工作	17753	17328	409	16			
提供住宿社会工作	11517	11200	317				
不提供住宿社会工作	6235	6128	91	16			

2-A-40 续表 15

单位：万元

行 业	合 计	营业	停业(歇业)	筹建	当年关闭	当年破产	其他
文化、体育和娱乐业	**3377116**	**3300528**	**33649**	**12964**	**28814**		**1161**
新闻和出版业	582814	573104	20	8	9652		30
新闻业	5177	4904			243		30
出版业	577637	568199	20	8	9410		
广播、电视、电影和影视录音制作业	1588581	1574071	7317	4640	2537		17
广播	4052	4052					
电视	452562	450442			2120		
电影和影视节目制作	847378	839255	7122	725	274		2
电影和影视节目发行	33443	33443					
电影放映	248187	243920	194	3915	142		15
录音制作	2959	2959			…		
文化艺术业	152715	146725	1686	2462	1578		264
文艺创作与表演	88857	86302	124	2101	327		2
艺术表演场馆	10730	10703	27				
图书馆与档案馆	5916	5270	395	170	80		
文物及非物质文化遗产保护	3308	3308					
博物馆	6817	6254	563				
烈士陵园、纪念馆	340	340					
群众文化活动	7576	6082	352	135	1005		3
其他文化艺术业	29171	28465	225	56	166		259
体育	176122	169601	4078	1192	1228		22
体育组织	30481	30481					
体育场馆	6087	6045	42				
休闲健身活动	128839	123343	3401	1192	881		22
其他体育	10716	9733	636		347		
娱乐业	876885	837028	20548	4662	13819		828
室内娱乐活动	799545	764972	16483	3976	13306		807
游乐园	25114	24280	704	131			
彩票活动	347	347					
文化、娱乐、体育经纪代理	32434	29495	2797	135	6		
其他娱乐业	19445	17934	564	420	507		21

2-A-41 按地区、登记注册类型

地区	合计	内资	国有	集体	股份合作企业	联营企业	国有联营
全省	**2289058140**	**2005683158**	**55440967**	**16713215**	**9414733**	**241098**	**46090**
杭州市	**703956283**	**608829208**	**16837401**	**5995876**	**4001615**	**83375**	**15401**
上城区	55961853	54254759	3922759	931468	9238	1397	1390
下城区	57622408	53318506	2636327	1076430	4419	16246	13982
江干区	76792047	60485450	511924	1359846	395787	4675	
拱墅区	52669513	45171439	4535491	40877	23779	32516	30
西湖区	127097138	113909549	834450	1112413	288409	13821	
滨江区	60885120	47458942	569295	134285	49892	3775	
萧山区	117287736	98760032	2474277	621159	2992897	10	
余杭区	78287323	65069434	651910	241970	148383	1138	
桐庐县	12362838	10916687	96149	45141	3304	85	
淳安县	6718358	6379277	138980	42095	1369	153	
建德市	8305880	7855593	127196	185653	10784		
富阳市	33235012	29566168	216715	118894	72732	9550	
临安市	16731056	15683373	121929	85645	623	8	
宁波市	**495553198**	**409382052**	**5417451**	**4288177**	**682144**	**27651**	**8022**
海曙区	75016941	73801487	470867	107468	97940		
江东区	39591572	36198432	2168312	39498	35867	3682	2964
江北区	25643102	21616695	299506	133056	93013	934	
北仑区	93819917	54777398	93285	97709	25417	13829	4879
镇海区	37754679	31393317	361735	2424990	53873	1870	
鄞州区	76758420	63689979	382285	684174	105359	5386	179
象山县	21508605	19844375	341068	109444	50760	237	
宁海县	15388719	14166071	254342	50221	24450	842	
余姚市	32795210	26918854	238332	238127	110710	495	
慈溪市	65002301	56714616	604145	283113	80540	178	
奉化市	12273732	10260828	203575	120377	4215	200	
温州市	**160821516**	**153182926**	**2327497**	**1960922**	**2210726**	**19985**	**3633**
鹿城区	40179231	38144653	1340294	372481	418522	2365	86
龙湾区	27837413	25879522	114318	310471	248724	8690	
瓯海区	14216236	13672005	107681	511361	213772	316	
洞头县	1951216	1745001	29738	9619	10609		
永嘉县	10895827	10645005	165314	110173	170066	2192	
平阳县	7432485	6958948	36096	60514	262903	540	

分组的全部企业资产总计

单位：万元

集体联营	国有与集体联营	其他联营	有限责任公司	国有独资公司	其他有限责任公司	股份有限公司	私营企业	私营独资
48882	**71834**	**74292**	**913886497**	**265118815**	**648767682**	**147745115**	**857491987**	**29585058**
10709	**22644**	**34622**	**337079926**	**76447813**	**260632114**	**43117754**	**200934766**	**3487995**
	8		34957835	13264039	21693796	5333169	9091845	13314
1606	658		34514589	11952927	22561661	3558611	11500591	12750
3001	733	942	37960221	3366463	34593758	5883059	14282621	143855
	3979	28508	21965907	3137220	18828687	2221989	16313453	26766
130	8534	5157	82481270	15653628	66827641	6763455	22293872	187633
3775			26426429	3305784	23120645	4931240	15291756	75315
		10	36149384	5209832	30939552	6308525	50131141	1063023
1138			32279379	7883752	24395626	2558373	29118853	258962
85			3961024	2311957	1649067	658903	6110910	351610
153			4062320	1714978	2347342	348997	1739808	93097
			2951440	963665	1987775	987225	3479847	238665
817	8733		11952050	4997594	6954456	1135111	15983869	639732
3		5	7418079	2685973	4732107	2429097	5596200	383273
6570	**903**	**12155**	**170787618**	**48420275**	**122367343**	**43406857**	**183907987**	**6513494**
			57258872	13336144	43922727	3918703	11894054	28321
251		467	18712279	4345990	14366289	1542310	13677294	86698
20	903	10	10411028	1385207	9025821	1541200	9133228	238549
18		8932	20720295	4953808	15766488	1346027	32465183	405694
52		1818	13780554	5092646	8687908	4888697	9872575	479953
5127		79	19564640	5267917	14296723	7497383	35411176	1966636
237			6439792	4149540	2290251	4326208	8538425	413831
42		800	5723399	2686002	3037397	771203	7300657	433823
495			9007275	2177010	6830266	1440600	15782567	823977
128		50	7061064	3863938	3197126	15873633	32342492	1037215
200			2108421	1162073	946348	260893	7490337	598799
13920	**451**	**1981**	**65428378**	**22040054**	**43388324**	**8366001**	**72132970**	**1693708**
1149	206	925	22427188	14024773	8402415	1440327	12096861	148274
8450		240	9011316	1869467	7141849	588708	15439349	136799
		316	3868648	1424259	2444388	39169	8730278	109619
			938360	253961	684398	10220	743496	17224
2067	125		4658153	625338	4032815	1330624	4163603	102926
103		437	3249430	850229	2399201	202424	3126373	130230

2-A-41 续表 1

地 区	合 计	内 资	国 有	集 体	股份合作企 业	联营企业	国有联营
苍南县	9395584	8938671	96680	41645	159265	2882	2506
文成县	961110	935353	50960	10983	8151		
泰顺县	1882531	1881973	36204	9721	25395	10	
瑞安市	19499843	18826852	125157	407684	407575	1041	1041
乐清市	26570039	25554943	225056	116271	285744	1950	
嘉兴市	**201764522**	**168371708**	**2139354**	**1355961**	**384700**	**22129**	**998**
南湖区	41145904	36872307	78856	239981	161936	5213	
秀洲区	23347040	17575049	441930	37644	59991		
嘉善县	17462890	12150227	788278	255506	7847	4077	948
海盐县	21738962	20171723	91825	79231	70552	618	
海宁市	40602454	34511620	405216	638908	37492	12121	
平湖市	30135868	22864886	107798	41266	3678	50	50
桐乡市	27331403	24225897	225451	63426	43204	50	
湖州市	**96385895**	**84188415**	**4227805**	**485812**	**61915**	**8830**	**2579**
吴兴区	36637189	33809730	3252494	170500	25292	7363	2579
南浔区	10326741	8808165	55465	34041	1332		
德清县	17051341	14142940	136956	123987	19133	3	
长兴县	20996488	17141517	582683	110679	15363	1465	
安吉县	11374137	10286063	200206	46607	795		
绍兴市	**219519641**	**192393778**	**2063562**	**1104910**	**211407**	**12818**	**6572**
越城区	44218464	37301468	524388	223262	70948	7363	6249
绍兴县	61578919	52225175	78464	168650	8118	200	
新昌县	13099666	12618559	109464	26740	6629	2876	
诸暨市	43956844	39072885	1069507	405861	30548	91	
上虞市	32679571	29182336	187673	217501	3392	1740	100
嵊州市	23986177	21993355	94065	62896	91771	548	223
金华市	**130366033**	**123392010**	**1788022**	**428335**	**208999**	**14246**	**130**
婺城区	19634441	17296833	547551	75567	41767	2356	
金东区	7643963	7426435	3196	29361	2530	613	
武义县	7049256	6846001	98111	23600	350	33	
浦江县	5399441	4934856	80361	20701	3	827	30
磐安县	2679747	2524645	36905	10116	735	200	
兰溪市	10906398	10177259	58558	19744	6961	6005	100
义乌市	30782203	29004929	283142	55709	150414	2797	
东阳市	28548938	28129472	161704	118131			
永康市	17721646	17051580	518493	75405	6239	1416	

单位：万元

集体联营	国有与集体联营	其他联营	有限责任公司	国有独资公司	其他有限责任公司	股份有限公司	私营企业	私营独资
227	120	29	3461699	634003	2827696	273608	4862895	279216
			413926	123371	290555	175	438598	26172
		10	813166	105379	707787	111323	882367	74563
			6544163	1764275	4779888	1732660	9480667	390383
1925		25	10042329	364997	9677331	2636763	12168481	278303
4452	**1480**	**15199**	**83309744**	**30876224**	**52433520**	**11446063**	**69098901**	**2317311**
	1057	4156	23340486	5898894	17441592	2321796	10657139	182402
			8418753	3075006	5343747	1102080	7444148	165163
3116		13	3908758	1632763	2275995	302418	6802642	383309
196	422		12996902	4160821	8836082	1622439	5201784	378606
1091		11030	13329351	7034150	6295201	1850771	18198223	381118
			12908337	5440794	7467543	1286735	8467217	545871
50			8407157	3633797	4773360	2959824	12327747	280842
210	**5986**	**55**	**28418300**	**7411918**	**21006382**	**3636497**	**47227710**	**1880823**
	4731	52	14580992	3259088	11321903	1266952	14495374	685686
			1380499	692654	687845	646813	6674873	356392
		3	5042795	2313051	2729744	1145981	7658056	190200
210	1255		4675396	190692	4484704	454822	11257524	299782
			2738617	956432	1782185	121929	7141883	348764
2533	**2393**	**1320**	**74271522**	**29459347**	**44812175**	**15528682**	**98380695**	**3571639**
10	1003	100	19241929	7832640	11409289	1229860	15887570	290293
200			16766056	4904749	11861307	2099769	32718097	524988
2207	565	104	3332471	1721650	1610821	2390805	6657890	198338
91			12657153	747972	11909181	2492437	22345340	1545677
	524	1116	7626909	1372276	6254633	7046489	14050947	614058
25	300		14647003	12880060	1766944	269321	6720851	398285
8299	**11**	**5806**	**39106337**	**10153185**	**28953152**	**6362050**	**75081621**	**4531985**
		2356	7030647	1215010	5815636	1241338	8331032	254664
613			1940838	665136	1275702	1150817	4265213	300575
33			148719	61129	87590	269411	6255082	173987
757		40	770203	188882	581320	59747	3981778	198450
200			628357	199420	428937	44679	1775974	275586
5166		739	3353837	876552	2477286	1480603	5130922	405173
126		2671	9580033	3821749	5758284	774385	18082286	1595435
			13626321	2129014	11497306	1122798	13085777	421108
1405	11		2027382	996292	1031090	218272	14173557	907008

2-A-41 续表 2

地 区	合 计	内 资	国 有	集 体	股份合作企 业	联营企业	国有联营
衢州市	**39977273**	**38487784**	**1247649**	**59990**	**181917**	**7734**	**6722**
柯城区	13816986	13331964	312132	4566	5148	635	
衢江区	6218820	5754802	61455	5428	152134	135	
常山县	3241220	3205781	36765	6733	281		
开化县	2709460	2674572	55963	6430			
龙游县	7198733	6926287	308396	11308	22092	150	
江山市	6792054	6594377	472939	25526	2262	6814	6722
舟山市	**62623131**	**59562663**	**1003544**	**324376**	**34040**	**1922**	**1383**
定海区	34243075	32830763	768068	191990	2034	137	
普陀区	17923835	17233811	116116	61795	22326	1751	1383
岱山县	8236361	7475599	53820	66655	8849		
嵊泗县	2219860	2022489	65540	3936	831	34	
台州市	**123938901**	**114742940**	**1934201**	**591234**	**1424644**	**40200**	**250**
椒江区	29156555	27871582	859116	111083	168067	103	
黄岩区	9822747	9484683	304178	51082	298212	118	
路桥区	13740064	12471064	118474	29884	105380	38185	
玉环县	13121208	10739332	165490	55119	224188	28	
三门县	10246557	10049677	61036	28492	40736		
天台县	6096018	5719390	79920	10489	69488	1450	150
仙居县	3687888	3504671	76408	15005	3672		
温岭市	18034933	16989421	150875	83543	386623		
临海市	20032931	17913121	118703	206536	128280	315	100
丽水市	**39207515**	**38205441**	**1510247**	**117621**	**12626**	**2207**	**398**
莲都区	18022468	17583361	884486	39655	5237	32	3
青田县	5007342	4819785	97026	7237	2982		
缙云县	5054322	4994245	160892	27893	1508		
遂昌县	2614309	2505453	29016	10666	1835	1270	
松阳县	2111589	2110619	33535	6064	26		
云和县	1257610	1220601	115937	7226	12	366	366
庆元县	952324	942051	90218	1099		539	29
景宁县	1432972	1311674	21181	12248	965		
龙泉市	2754579	2717653	77954	5534	60		

单位：万元

集体联营	国有与集体联营	其他联营	有限责任公司	国有独资公司	其他有限责任公司	股份有限公司	私营企业	私营独资
		1012	**15011031**	**7921226**	**7089805**	**1786101**	**20033185**	**2358346**
		635	6993571	2181721	4811850	1085609	4895495	89486
		135	584063	267798	316265	313753	4604986	1883581
			1106438	899539	206899	831	2005487	82197
			692093	343330	348763	127552	1781777	54670
		150	3978837	3073268	905569	59520	2530245	99554
		92	1656029	1155571	500458	198836	4215195	148857
137	**163**	**239**	**34354073**	**7511264**	**26842810**	**4005970**	**19833793**	**328574**
137			20586470	5015518	15570952	586478	10694765	185062
	163	205	10779658	1770296	9009362	131693	6116359	74828
			1603100	393041	1210059	3283556	2459620	49547
		34	1384845	332408	1052437	4243	563049	19137
243	**37804**	**1903**	**53695345**	**17038824**	**36656521**	**9250233**	**47657852**	**2356887**
		103	16685730	4997799	11687931	2769802	7276590	93734
	118		3928501	346472	3582030	960156	3939196	355218
	37685	500	4232272	315489	3916782	1353237	6590448	329291
28			5228887	1755121	3473767	671523	4316438	303589
			5544120	2002395	3541725	247103	4128189	106565
		1300	2901843	1753492	1148351	407138	2244387	123949
			1122354	326271	796084	474906	1812191	201839
			6766589	3397337	3369252	614862	8973094	583824
215			7285047	2144448	5140599	1751507	8377319	258878
1809			**12424223**	**7838686**	**4585537**	**838908**	**23202508**	**544296**
29			5497526	3609714	1887812	380415	10767323	48335
			1552824	972992	579833	41061	3105509	118601
			1240682	926874	313808	178944	3376031	163691
1270			1574931	522945	1051986	199634	677724	25471
			627285	540526	86759		1430309	48483
			573418	415748	157670	5473	505099	51730
510			147826	80383	67443	5082	690520	18978
			424396	266502	157894	230	849067	9893
			785335	503004	282331	28069	1800925	59113

2-A-41 续表 3

地　区	私营合伙	私营有限责任公司	私营股份有限公司	其他企业	港澳台商投　资	与港澳台商合资经　营	与港澳台商合作经　营
全　省	**14922345**	**783757572**	**29227012**	**4749545**	**156184494**	**77196368**	**1726919**
杭州市	**2247400**	**190043985**	**5155386**	**778494**	**54424361**	**21948879**	**256154**
上城区	216212	8731438	130882	7048	685052	308931	3436
下城区	31571	11316101	140170	11293	1901519	451406	137
江干区	343976	13438252	356537	87316	4763250	1214310	3912
拱墅区	102653	15658682	525352	37426	5456576	593831	35674
西湖区	638934	20987043	480262	121858	6185216	3717497	92
滨江区	146119	13853368	1216953	52270	8948056	1316410	
萧山区	155684	47845890	1066544	82639	12245474	9544422	134569
余杭区	458926	27618700	782266	69428	9875424	2245552	64508
桐庐县	29572	5692787	36941	41171	1037624	750023	2878
淳安县	8106	1623650	14956	45555	179250	37306	
建德市	15195	3107512	118473	113449	274747	259949	
富阳市	85868	15051671	206598	77248	2149119	1302747	
临安市	14585	5118889	79453	31792	723055	206495	10947
宁波市	**7391978**	**160772460**	**9230055**	**864167**	**48920870**	**26585019**	**876886**
海曙区	38416	10489620	1337697	53584	901500	386282	
江东区	1791575	10318060	1480961	19190	2384968	1404369	151548
江北区	48856	8654685	191139	4731	2267212	870880	1781
北仑区	3516686	28051397	491405	15653	20187092	11551469	5502
镇海区	143946	8981507	267170	9024	3954872	1486512	364292
鄞州区	746757	31574383	1123400	39577	7387780	4616848	150268
象山县	66552	7610714	447327	38442	645775	399960	6598
宁海县	109969	6546013	210852	40958	654625	366019	9803
余姚市	441045	13745723	771822	100746	4350900	1638691	38415
慈溪市	430702	28250843	2623732	469452	4829074	3025509	112438
奉化市	57474	6549515	284550	72811	1357073	838479	36240
温州市	**839832**	**67406228**	**2193201**	**736445**	**2692128**	**1644053**	**56861**
鹿城区	96263	11671808	180516	46613	315102	115235	50308
龙湾区	110105	14904137	288308	157945	867356	439115	1003
瓯海区	56827	7591824	972009	200781	126650	74314	
洞头县	2098	710641	13534	2960	204194	190216	
永嘉县	32835	3949419	78424	44880	153891	73623	
平阳县	81110	2830508	84525	20669	169396	115934	

单位：万元

港澳台商独资	港澳台商投资股份有限公司	其他港澳台投资	外商投资	中外合资经营	中外合作经营	外资企业	外商投资股份有限公司	其他外商投资
70292778	**6860830**	**107599**	**127190489**	**66720292**	**1182210**	**56163107**	**2325735**	**799144**
28724727	**3477123**	**17479**	**40702714**	**19485997**	**591103**	**19732648**	**312981**	**579985**
262917	109768		1022042	581458		440121	463	
1337817	112159		2402383	1122835	47027	1019502	212032	987
3075169	469859		11543347	5994835	259136	5266996	22202	179
4825001	1790	282	2041499	1322586	14958	703855		100
2463426	4201		7002374	1409332	11611	5579911	753	767
5347315	2284322	10	4478122	1310865	4619	2596378	48245	518015
2438966	110328	17188	6282230	3855259	33146	2360516	27690	5619
7525446	39919		3342465	1683044	95663	1560837		2922
284722			408527	353736	16257	38533		
141944			159831	126162		33669		
12299	2500		175539	163452	9116	2970		
846371			1519726	1294515	69315	103412	1597	50886
163335	342278		324628	267917	30254	25946		510
19429977	**2026480**	**2509**	**37250275**	**20209654**	**144737**	**16302382**	**534475**	**59027**
514423		795	313953	212123		101830		
826596	2456		1008173	537761	6399	462466	1386	161
1248501	146051		1759195	1027356	10416	714495		6927
8266621	363500		18855427	9433073	22712	9031218	327975	40449
1264126	839893	49	2406490	1147239	3617	1246803	2931	5900
2539649	80962	52	5680661	3343574	34325	2302741		20
239216			1018456	872350	17185	123484	437	5000
274892	3910		568023	409955	5862	152206		
2618169	55625		1525457	784220	3243	733823	3764	407
1190472	499043	1613	3458611	1961005	40977	1258482	197982	164
447312	35042		655831	480997		174834		
979541	**8848**	**2825**	**4946463**	**3880569**	**147067**	**904353**	**14061**	**413**
148669	774	116	1719477	1582701		136205	205	365
427238			1090536	754893	7053	328576		14
44262	8074		417580	255963		161615		3
13978			2020	2020				
80268			96932	67834		29098		
53462			304141	276231		27910		

2-A-41 续表 4

地 区	私营合伙	私营有限责任公司	私营股份有限公司	其他企业	港澳台商投资	与港澳台商合资经营	与港澳台商合作经营
苍南县	127380	4312879	143420	39996	386698	385972	
文成县	5700	369705	37021	12560	5000		5000
泰顺县	33721	722650	51433	3786			
瑞安市	92184	8713027	285073	127904	109008	96252	300
乐清市	201608	11629630	58939	78350	354832	153391	250
嘉兴市	**1886708**	**61940857**	**2954025**	**614856**	**15016883**	**6694421**	**88373**
南湖区	1188925	8641313	644499	66899	2260825	545501	28980
秀洲区	61603	6758278	459105	70503	2101112	994006	27730
嘉善县	403991	5670699	344644	80700	1945297	355760	60
海盐县	28362	4477514	317302	108371	963977	521807	
海宁市	82037	17569551	165517	39539	3130714	1646683	
平湖市	23981	6954997	942368	49804	2800854	1820259	21848
桐乡市	97809	11868505	80590	199039	1814105	810404	9755
湖州市	**259228**	**42830902**	**2256757**	**121545**	**6353088**	**2904598**	**41273**
吴兴区	54370	13112817	642501	10763	1606421	611298	
南浔区	6314	5855690	456476	15142	834809	609629	
德清县	79191	6759559	629105	16028	1889602	1173292	41273
长兴县	59969	10612598	285175	43586	1493242	274427	
安吉县	59382	6490237	243499	36026	529014	235952	
绍兴市	**472670**	**92478398**	**1857989**	**820184**	**18573440**	**12419582**	**278693**
越城区	22528	15045577	529172	116148	4601069	2718130	4399
绍兴县	267729	31290130	635251	385821	7180536	5214730	180764
新昌县	63526	6222284	173743	91683	276345	89177	
诸暨市	60245	20582530	156888	71947	2957473	1937642	83695
上虞市	43147	13181231	212511	47686	2304038	1714711	
嵊州市	15495	6156646	150425	106899	1253978	745192	9835
金华市	**361756**	**68222934**	**1964945**	**402400**	**4051878**	**2320130**	**38856**
婺城区	35547	7666471	374350	26576	1630454	875515	14689
金东区	18997	3900189	45453	33867	184342	100692	
武义县	8578	6009310	63207	50696	58659	25887	
浦江县	65778	3713810	3740	21238	250140	119814	
磐安县	35698	1452480	12211	27677	59400	45984	
兰溪市	16553	4540900	168296	120628	278843	54832	9316
义乌市	108995	15672636	705220	76163	1013210	764279	14851
东阳市	15121	12303746	345802	14741	218321	58198	
永康市	56489	12963392	246668	30815	358510	274928	

单位：万元

港澳台商独资	港澳台商投资股份有限公司	其他港澳台投资	外商投资	中外合资经营	中外合作经营	外资企业	外商投资股份有限公司	其他外商投资
726			70216	43656	130	26400		30
			20756	13556		7200		
			558			558		
12456			563984	390758	1300	158069	13856	
198482		2709	660264	492957	138584	28723		
8059479	**174611**		**18375930**	**6434335**	**57600**	**11382409**	**499035**	**2551**
1686344			2012772	476694	6225	1499585	30268	
990608	88769		3670879	981600	40922	2645083	3274	
1579283	10193		3367366	415931		2498660	451594	1182
399511	42659		603263	185342		417921		
1484031			2960120	1745935	7565	1206620		
925757	32990		4470128	1804562		2651666	13900	
993946			1291402	824272	2888	462874		1369
3393057	**14160**		**5844393**	**3282329**	**36345**	**2458889**	**66829**	
995123			1221038	476308	16890	700280	27560	
225181			683767	563548	390	119828		
660877	14160		1018799	498940	500	482090	37268	
1218814			2361729	1469699		890030	2000	
293062			559060	273833	18566	266661		
5345946	**524266**	**4952**	**8552423**	**5168321**	**116113**	**2599763**	**668112**	**115**
1856324	22186	30	2315928	828226	9196	1447400	31073	32
1784539	…	504	2173207	1675059	4494	486329	7243	83
187168			204762	189822	9615	5325		
537224	398912		1926486	1070166	92387	137575	626359	
584909		4418	1193196	745369	422	447405		
395783	103168		738845	659679		75729	3437	
1027318	**585768**	**79806**	**2922145**	**2072165**	**67599**	**608233**	**43410**	**130737**
337331	370659	32260	707154	517707		188894	53	500
83649			33186	16202		16984		
32772			144596	109354		35237		5
130258		68	214445	111006	8252	95080		106
13416			95702	93317		2385		
214694			450296	419740		24178	6379	…
117274	69327	47479	764065	448767	1763	180513	3255	129766
39144	120980		201145	107461	57583	35740		360
58779	24803		311555	248611		29222	33723	

2-A-41 续表 5

地区	私营合伙	私营有限责任公司	私营股份有限公司	其他企业	港澳台商投资	与港澳台商合资经营	与港澳台商合作经营
衢州市	**88692**	**17009590**	**576556**	**160178**	**430292**	**154980**	**1778**
柯城区	8433	4548395	249181	34809	209010	1251	
衢江区	18054	2649436	53915	32848	29033	532	
常山县	22340	1900604	346	49246	18352	5942	1711
开化县	9319	1700580	17209	10758	30687	27736	
龙游县	5276	2356187	69227	15740	80005	63817	
江山市	25269	3854388	186680	16777	63205	55702	67
舟山市	**67135**	**18518337**	**919748**	**4944**	**1066327**	**719661**	
定海区	40296	10434820	34588	821	638694	335197	
普陀区	7451	5148920	885160	4113	332171	289911	
岱山县	14429	2395643			41455	40545	
嵊泗县	4958	538954		10	54007	54007	
台州市	**1066900**	**42702707**	**1531358**	**149231**	**4258119**	**1710841**	**83944**
椒江区	115742	6798030	269084	1091	576099	329629	
黄岩区	91235	3346487	146257	3239	219256	85992	1700
路桥区	103011	5712931	445216	3184	385209	94020	
玉环县	186818	3617586	208444	77660	420066	309136	
三门县	30606	3943374	47644		84090	8687	68691
天台县	32493	2072830	15115	4675	70404	70078	
仙居县	122538	1441508	46306	135	136919	130888	5292
温岭市	267637	7917707	203927	13834	579058	366737	8262
临海市	116821	7852254	149366	45414	1787017	315673	
丽水市	**240047**	**21831173**	**586991**	**97100**	**397109**	**94206**	**4103**
莲都区	26991	10229787	462210	8685	266541	39309	3247
青田县	21470	2942099	23340	13144	68147	401	
缙云县	65335	3129944	17060	8294	31353	31222	
遂昌县	22059	617011	13183	10376	19933	14801	
松阳县	47615	1301476	32735	13400	850		
云和县	19858	431848	1663	13070	856		856
庆元县	1471	668114	1956	6768	8472	8472	
景宁县	18879	816101	4194	3586			
龙泉市	16368	1694793	30650	19777	956		

单位：万元

港澳台商独资	港澳台商投资股份有限公司	其他港澳台投资	外商投资	中外合资经营	中外合作经营	外资企业	外商投资股份有限公司	其他外商投资
273534			**1059196**	**686126**		**300067**	**72558**	**445**
207759			276011	97148		178518		345
28502			434985	393801		41085		100
10699			17086	16286		800		
2950			4201	4201				
16188			192441	118773		1110	72558	
7436			134472	55918		78554		
346666			**1994142**	**1089928**	**10419**	**809374**	**84421**	**…**
303496			773618	429912	7218	252068	84421	…
42260			357853	354651	3201			
910			719307	167043		552265		
			143364	138322		5042		
2413761	**49573**		**4937842**	**4107952**	**11227**	**799630**	**19033**	
246470			708875	565069		142774	1032	
92985	38579		118808	73103		45705		
280195	10994		883791	664347	2080	217364		
110930			1961811	1890804	812	52193	18002	
6713			112790	75240		37550		
326			306223	114416	6082	185725		
739			46298	35338		10960		
204059			466454	387890		78564		
1471345			332793	301745	2253	28795		
298772		**28**	**604966**	**302916**		**265359**	**10819**	**25872**
223957		28	172566	99397		62047	10819	302
67746			119410	37264		82146		
131			28724	28724				
5132			88924	26677		61247		1000
850			120			120		
			36153	11634				24519
			1800			1800		
			121299	63301		57998		
956			35970	35920				50

2-A-42 按地区、登记注册类型

地区	合计						
		内资					
			国有	集体	股份合作企业	联营企业	
							国有联营
全省	**1588091401**	**1379494966**	**49886540**	**5265329**	**6238533**	**234944**	**69881**
杭州市	**428283153**	**367807782**	**10112744**	**868971**	**256438**	**105878**	**27378**
上城区	40301718	39366462	1721739	109272	27070	9300	9236
下城区	50111085	45305738	2624079	123081	7984	22706	18139
江干区	47561871	32662773	713192	149487	40225	18672	
拱墅区	39543948	37383291	1628396	40077	17974	32962	2
西湖区	37509702	34065565	685047	123505	27147	19391	
滨江区	34446330	26321383	121603	6616	2265	844	
萧山区	87878071	74574059	1214842	92189	28358	20	
余杭区	38842643	30569175	528883	37791	76839	684	
桐庐县	7807809	6629397	94612	22740	561	280	
淳安县	4108850	3904897	90805	19900	399	98	
建德市	6604475	6313626	141085	46389	3254		
富阳市	21511890	19209857	351536	57822	22491	770	
临安市	12054762	11501561	196924	40103	1872	150	
宁波市	**344334166**	**279014229**	**6157516**	**468785**	**614437**	**16726**	**3007**
海曙区	23743949	22599645	234696	10487	43997		
江东区	26205322	24887912	3412597	9683	52916	1805	1067
江北区	16507647	14748163	81161	27030	95992	658	
北仑区	94234394	63981373	60363	47081	15152	7505	1772
镇海区	37378548	30813521	70167	42509	110736	5070	
鄞州区	56108470	45911052	581511	90121	61132	261	169
象山县	13979303	12820535	226527	10945	39780	139	
宁海县	9686548	8821848	204562	17843	13774	147	
余姚市	25465111	20881249	467844	94241	98811	481	
慈溪市	33731124	27850962	638409	97882	78519	561	
奉化市	7293749	5697970	179679	20963	3628	100	
温州市	**119565861**	**114668091**	**2362975**	**1359034**	**2782848**	**29070**	**18955**
鹿城区	25836540	25112880	1487956	305128	572292	5663	821
龙湾区	19140374	17658198	21153	226895	336321	843	
瓯海区	9628457	9286731	92369	308999	258957	658	
洞头县	1352406	1320394	14443	23611	23685		
永嘉县	7387114	7256630	199607	48983	140559	997	
平阳县	6243722	5783296	11146	72729	209424	283	

分组的全部企业全年营业收入

单位：万元

集体联营	国有与集体联营	其他联营	有限责任公司			股份有限公司	私营企业	
				国有独资公司	其他有限责任公司			私营独资
29849	**71933**	**63281**	**382165461**	**27083270**	**355082191**	**124764363**	**807032905**	**42999335**
6390	**61710**	**10399**	**148782963**	**13913772**	**134869191**	**40813736**	**166240816**	**4788998**
	64		17501441	4780547	12720894	13760160	6232518	9792
3962	605		25238134	3633771	21604363	3451716	13832164	16892
71	18407	194	16115598	364807	15750791	4435981	11179400	170761
	25560	7400	12975340	1213364	11761976	1618048	21066321	33544
249	16507	2636	16457522	1550426	14907096	4070761	12663280	113984
844			14690443	704584	13985859	4312739	7184307	53135
		20	25053571	497993	24555577	3481589	44605349	1156522
684			9032009	332732	8699277	1894232	18896033	287739
280			812893	72126	740768	207215	5452225	587595
98			1322379	99724	1222655	130245	2303208	157390
			1523611	178295	1345315	715420	3770306	460363
203	568		5280227	345597	4934630	744159	12656242	842400
		150	2779794	139804	2639990	1991473	6399464	898880
1258	**517**	**11943**	**64819241**	**4228968**	**60590274**	**33325694**	**173230354**	**8113735**
			7586092	1176451	6409642	3253702	11461649	38323
110		628	4363060	765624	3597436	1222296	15817888	156057
	517	140	3228056	168199	3059857	1891203	9418750	271306
10		5723	23400083	608537	22791546	1114524	39317852	374466
63		5007	6979604	188303	6791301	13051563	10541716	431438
63		29	10824368	144195	10680173	6253862	28061706	2969875
139			1536816	730793	806023	4209302	6766400	370502
17		130	1839924	154956	1684968	326041	6377463	510206
481			2617855	110535	2507320	1233040	16315903	1130683
275		286	1956279	95601	1860678	716664	24250101	1219715
100			487102	85774	401329	53496	4900927	641164
6186	**660**	**3269**	**26414296**	**1939149**	**24475148**	**6249277**	**75002744**	**5132581**
2721	250	1870	5867734	1426416	4441318	1753971	15011709	753579
623		220	3226170	100998	3125172	340740	13467174	290657
		658	1266279	15204	1251075	5341	7283269	279707
			592067	34404	557662	594	662949	31941
747	250		2584909	19562	2565347	723247	3545662	192832
40		243	1857593	183224	1674369	211125	3394556	371166

2-A-42 续表 1

地区	合计	内资	国有	集体	股份合作企业	联营企业	国有联营
苍南县	7898751	7781804	25111	25687	206762	4437	3619
文成县	781859	777979	43046	25049	6333		
泰顺县	1663035	1663035	48075	7595	11707		
瑞安市	17923089	17270881	44741	178296	671100	14514	14514
乐清市	21710513	20756264	375329	136062	345707	1676	
嘉兴市	**120045366**	**94316763**	**2253006**	**372518**	**400315**	**12078**	**1647**
南湖区	19245015	16573460	50507	57088	196322	6015	
秀洲区	14631738	10226588	741055	6251	56051		
嘉善县	12695021	8250178	297715	123862	5505	2831	1647
海盐县	10588275	9464396	160924	35408	53001	494	
海宁市	23208734	19189842	445058	107801	34517	2738	
平湖市	18281259	12190987	186496	11001	5990		
桐乡市	21395323	18421311	371251	31107	48928		
湖州市	**75874552**	**62077914**	**1528521**	**325793**	**51134**	**8132**	**5289**
吴兴区	22373470	20908443	778167	62636	15137	7093	5289
南浔区	9953453	8393844	9918	19758	2673		
德清县	15017849	11589068	230727	167100	17881	20	
长兴县	21853239	15399643	300750	67580	14831	1019	
安吉县	6676541	5786916	208958	8720	613		
绍兴市	**197271048**	**173547541**	**1897387**	**670265**	**135794**	**26148**	**4929**
越城区	31593961	26423991	739909	87425	50658	1816	1254
绍兴县	70113747	61122934	10029	154225	542	177	
新昌县	9344763	8977417	125615	79429	5494	903	
诸暨市	45732963	41352086	557984	150515	23343	159	
上虞市	30830169	27545836	316705	113069	510	18880	16
嵊州市	9655445	8125277	147144	85604	55248	4214	3658
金华市	**108305819**	**103134655**	**2540647**	**317996**	**139514**	**26643**	**4300**
婺城区	15567172	13904986	915350	78362	12678	1405	
金东区	4859715	4800376	2259	4099	2006	38	
武义县	6218690	6062794	141183	16265	538	20	
浦江县	5652528	5284166	159156	11206		3812	100
磐安县	2429050	2319146	26632	5064	127	83	
兰溪市	10586435	10057402	193565	22076	9148	8607	4200
义乌市	21490784	19824812	546485	40504	112736	11587	
东阳市	26588841	26249910	249197	73230			
永康市	14912602	14631063	306821	67188	2281	1091	

单位：万元

集体联营	国有与集体联营	其他联营	有限责任公司	国有独资公司	其他有限责任公司	股份有限公司	私营企业	私营独资
499	160	158	1765637	41599	1724038	125263	5599074	825669
			209118	24784	184334	2202	472611	102881
			621184	11409	609775	167170	802573	130301
			2981407	19219	2962188	1218866	12080419	1407167
1556		120	5442198	62328	5379870	1700757	12682749	746679
5954	**669**	**3807**	**16815557**	**949772**	**15865785**	**11580551**	**62517564**	**3108711**
2120	210	3685	4017901	277998	3739903	3952097	8247750	189156
			1558333	22269	1536065	1256785	6599912	201122
1164		20	1249159	116516	1132642	153871	6387340	530947
35	460		2549625	108589	2441036	1119838	5513233	573453
2636		102	2029918	201893	1828026	905291	15588728	504928
			3994089	64445	3929643	669518	7318110	665879
			1416532	158062	1258470	3523150	12862491	443226
500	**2171**	**173**	**12165664**	**431732**	**11733932**	**3988930**	**43803403**	**2851176**
	1652	153	5180763	56841	5123922	1674259	13180773	934383
			644052	9242	634811	1017304	6678843	753817
		20	2389037	41843	2347194	884999	7890203	323633
500	519		3115497	258964	2856533	295502	11472338	361777
			836315	64843	771472	116866	4581247	477567
1097	**2458**	**17666**	**41171520**	**1324980**	**39846540**	**12434197**	**116622743**	**5782311**
	559	3	9093661	521653	8572008	1552558	14843118	441511
177			14163205	256389	13906815	829175	45862400	1361866
745	72	86	1737518	81226	1656292	1286097	5626484	267563
159			11830649	230988	11599661	2389670	26353977	2142483
	1286	17577	3764317	151218	3613100	6242759	17041022	932707
16	540		582170	83506	498664	133940	6895741	636181
7905	**30**	**14408**	**24147563**	**1019663**	**23127900**	**4625255**	**70461808**	**6479183**
		1405	3957484	303557	3653927	1800783	7086236	329681
38			962328	33593	928735	528395	3266976	342865
20			127314	20096	107218	208766	5518577	168875
3676		37	220554	16764	203790	61231	4789955	281470
83			518041	13190	504852	54340	1689453	326169
2751		1656	2728065	64650	2663415	924271	5692622	893396
277		11310	2355206	348648	2006558	392360	16204477	2062568
			12556459	65468	12490991	477860	12885628	860767
1061	30		722112	153697	568415	177249	13327884	1213392

2-A-42 续表 2

地区	合计	内资	国有	集体	股份合作企业	联营企业	国有联营
衢州市	**30941764**	**29557613**	**1246626**	**39372**	**30155**	**561**	**138**
柯城区	12119942	11653904	754993	4639	3809	50	
衢江区	3770174	3283645	32782	14258	2572	220	
常山县	2060780	2026194	52290	2635	863		
开化县	1943760	1919790	43381	4060			
龙游县	5402395	5208205	266862	1689	12011	108	
江山市	5644713	5465876	96317	12091	10901	183	138
舟山市	**27464240**	**26070435**	**652242**	**103311**	**12565**	**1776**	**109**
定海区	15198874	14774890	416876	40477	1829		
普陀区	8705430	8263201	141835	39016	5061	1750	109
岱山县	3085287	2598934	40115	21405	4677		
嵊泗县	474650	433410	53416	2412	998	26	
台州市	**89736984**	**83710705**	**3065928**	**688373**	**1806988**	**5762**	**2220**
椒江区	16311261	15664841	1442860	43540	170758	2	
黄岩区	9078364	8915136	255174	47169	317938	11	
路桥区	13317816	11801059	205372	38764	150529	3110	
玉环县	11199790	9396697	275803	31287	317765	250	
三门县	3179953	3052318	67116	16122	41119		
天台县	3452765	3210969	73868	5847	65204	330	210
仙居县	3040866	2848942	59491	6684	4611		
温岭市	19108377	18359055	403334	66001	585345		
临海市	11047793	10461689	282912	432960	153718	2058	2010
丽水市	**29185545**	**28506334**	**986045**	**50910**	**8346**	**2169**	**1909**
莲都区	9519990	9274869	451479	11902	2812	157	149
青田县	4680119	4458095	90431	3331	2381		
缙云县	4798255	4706500	112083	8206	728		
遂昌县	1746805	1691447	46250	2334	1260	210	
松阳县	2047027	2045127	32727	3433	21		
云和县	1224536	1213909	77190	9764	27	463	463
庆元县	1057663	1043541	36951	1499		1339	1297
景宁县	1633167	1624254	32178	4642	557		
龙泉市	2477982	2448592	106754	5797	560		

单位：万元

集体联营	国有与集体联营	其他联营	有限责任公司	国有独资公司	其他有限责任公司	股份有限公司	私营企业	私营独资
		423	**8012733**	**878248**	**7134485**	**1674501**	**18343457**	**887366**
		50	5374399	177755	5196644	984914	4468480	108903
		220	341484	113945	227539	295504	2573598	108379
			266741	143094	123647	26	1651958	107138
			249710	9963	239747	85211	1517848	64372
		108	1157674	115333	1042341	133635	3611560	153667
		45	622725	318157	304568	175211	4520014	344908
	1639	**29**	**11336547**	**256644**	**11079903**	**1817116**	**12140404**	**351777**
			6939380	156262	6783118	643556	6732624	164056
	1639	3	3977879	68506	3909373	145446	3946443	55379
			245402	17130	228272	1018227	1268571	98155
		26	173885	14746	159139	9887	192766	34187
298	**2079**	**1165**	**24503497**	**1824993**	**22678503**	**7419849**	**46172383**	**4808934**
		2	7157120	994383	6162737	3405268	3444537	140656
	11		3124676	19346	3105330	505181	4655372	666016
	2067	1042	2792598	27590	2765008	689210	7919120	802092
250			3354917	37908	3317008	523386	4869413	730773
			132583	27863	104720	215181	2580198	143117
		120	922159	79609	842550	265793	1876271	205556
			753498	34536	718962	502100	1522198	293658
			3310423	461778	2848645	430168	13560321	1450400
48			2955523	141981	2813543	883561	5744953	376666
261			**3995880**	**315348**	**3680531**	**835256**	**22497228**	**694563**
8			804627	26047	778580	460752	7529723	66260
			1112244	171618	940626	7127	3218707	188445
			181792	37166	144627	153303	4242214	145220
210			1046105	29376	1016729	75302	512165	34132
			63420	17036	46384		1919220	54191
			349314	6190	343124	1150	756250	83631
42			143171	3514	139657	350	850383	32723
			123222	7798	115424	470	1456111	34878
			171983	16604	155380	136801	2012455	55082

2-A-42 续表 3

地　　区	私营合伙	私营有限责任公司	私营股份有限公司	其他企业	港澳台商投资	与港澳台商合资经营	与港澳台商合作经营
全　省	**7990873**	**733356027**	**22686670**	**3906892**	**103540247**	**54232694**	**2378750**
杭州市	**470584**	**157476607**	**3504626**	**626237**	**27298755**	**12457445**	**124278**
上城区	11795	6152249	58682	4962	289904	191652	1993
下城区	14576	13645799	154896	5875	1077144	454856	50
江干区	11187	10549012	448440	10217	1831193	670248	4625
拱墅区	17379	20855693	159706	4174	959836	80221	61864
西湖区	110782	12304450	134064	18912	1868328	1027190	158
滨江区	8292	6591822	531058	2567	4649543	345861	
萧山区	92168	42432211	924447	98142	8299269	6714656	
余杭区	68964	17788055	751275	102704	6066768	1067824	47914
桐庐县	35615	4823759	5256	38871	837528	755835	901
淳安县	5276	2124401	16141	37862	47099	109	
建德市	24580	3179102	106261	113561	110599	79301	
富阳市	41182	11635371	137289	96609	983717	865046	
临安市	28789	5394683	77112	91781	277828	204645	6774
宁波市	**2426208**	**155656570**	**7033841**	**381477**	**36316506**	**18142286**	**1595456**
海曙区	13393	10410935	998998	9021	584735	234486	
江东区	31207	14362649	1267975	7668	817632	335702	19284
江北区	37784	8897380	212280	5312	805932	350121	178
北仑区	277881	37671350	994155	18812	15585485	7928515	2100
镇海区	135536	9849349	125393	12157	3590899	1152426	1135129
鄞州区	427939	23989501	674391	38092	6596111	4045431	248300
象山县	61235	6105105	229558	30625	487479	320102	2975
宁海县	119398	5542981	204878	42095	465325	245345	14313
余姚市	655715	13734016	795490	53074	2867345	1000719	30489
慈溪市	618539	20954818	1457029	112547	3459582	1972908	133722
奉化市	47581	4138486	73696	52074	1055981	556530	8965
温州市	**1497572**	**66897383**	**1475208**	**467846**	**1569217**	**895402**	**36548**
鹿城区	158769	13961549	137812	108427	125520	58153	33335
龙湾区	137769	12745990	292759	38902	730271	401260	2233
瓯海区	97196	6237556	668810	70860	80315	45911	
洞头县	4990	622781	3236	3045	30510	27620	
永嘉县	41903	3271587	39339	12666	83167	44945	
平阳县	139059	2869018	15312	26440	137525	108772	

单位：万元

港澳台商独资	港澳台商投资股份有限公司	其他港澳台投资	外商投资	中外合资经营	中外合作经营	外资企业	外商投资股份有限公司	其他外商投资
42897790	**3904898**	**126115**	**105056187**	**57377186**	**841201**	**43849353**	**1964680**	**1023769**
12857686	**1858528**	**816**	**33176617**	**19224223**	**158913**	**12909486**	**311183**	**572813**
86298	9962		645351	261924		382720	510	198
621235	1002		3728203	2910082	34179	604015	179838	90
899763	256557		13067905	7781378	9241	5237601	38981	705
811614	5321	816	1200821	887148	8463	305210		
840510	470		1575810	1143318	2860	428032	856	743
2894510	1409173		3475405	711137	10037	2200843	69719	483669
1470071	114541		5004743	2618254	856	2360563	21279	3791
4891326	59703		2206701	927799	53873	1184075		40953
80792			340884	302625	5004	33255		
46989			156854	139599		17255		
29498	1800		180250	166973	7017	6260		
118671			1318316	1157345	6040	112952		41978
66409			275373	216640	21346	36704		684
15636030	**938294**	**4440**	**29003430**	**14722141**	**174863**	**13665791**	**398819**	**41816**
349091		1158	559569	489814		69755		
445399	17247		499778	199490	3838	290769	5651	30
402690	52942		953553	612999	5762	316179		18613
7429712	225158		14667536	5528449	18793	8853620	247654	19020
970627	332717		2974129	1746081	5848	1209272	9327	3600
2221832	80472	74	3601307	2136762	42289	1422203		52
164402			671289	595606	11136	64457	90	
198024	7643		399375	279134	11443	108798		
1830582	5555		1716517	1028770	3796	674806	8810	334
1133383	216361	3208	2420580	1738439	71957	482728	127288	168
490288	199		539798	366595		173203		
621871	**14610**	**786**	**3328552**	**2620953**	**161172**	**543942**	**1498**	**988**
29936	3556	540	598140	463416		132782	1119	824
326778			751906	567602	925	183295		84
23350	11054		261411	221063		40318		30
2890			1502	1502				
38222			47318	36406		10912		
28753			322901	310298		12603		

2-A-42 续表 4

地区	私营合伙	私营有限责任公司	私营股份有限公司	其他企业	港澳台商投资	与港澳台商合资经营	与港澳台商合作经营
苍南县	399614	4318975	54816	29834	71117	70828	
文成县	9296	347889	12545	19619			
泰顺县	22480	644207	5584	4731			
瑞安市	176671	10366069	130512	81537	101901	58300	300
乐清市	309826	11511761	114484	71785	208892	79615	680
嘉兴市	**801890**	**55837510**	**2769452**	**365173**	**11148499**	**5731446**	**121774**
南湖区	112950	7411498	534145	45781	1128917	377229	28978
秀洲区	33431	6067823	297537	8201	1398904	605867	46199
嘉善县	406072	5248372	201949	29895	1921204	599185	11
海盐县	41825	4461579	436376	31873	785195	241991	
海宁市	23562	14982789	77448	75790	1969963	1394602	
平湖市	24185	5452832	1175215	5782	1999484	1247402	35842
桐乡市	159865	12212617	46783	167852	1944831	1265170	10743
湖州市	**221550**	**38584014**	**2146663**	**206338**	**5779745**	**3251010**	**36559**
吴兴区	37373	11572752	636264	9616	776762	392757	
南浔区	13334	5169796	741896	21297	703696	525580	
德清县	41724	7394388	130458	9102	2322974	1802459	36559
长兴县	86136	10718974	305451	132127	1522691	353309	
安吉县	42982	3728103	332594	34197	453622	176905	
绍兴市	**139287**	**108895872**	**1805272**	**589485**	**15027772**	**10437405**	**392994**
越城区	19231	14084145	298232	54846	3240131	2081765	11003
绍兴县	8763	43868689	623082	103182	6211029	4266911	310170
新昌县	20456	5081736	256729	115877	242279	82960	
诸暨市	58225	23765976	387293	45791	2300798	1597897	71363
上虞市	9716	15905468	193130	48574	2077428	1707945	
嵊州市	22896	6189859	46806	221216	956107	699927	458
金华市	**355933**	**62039264**	**1587429**	**875228**	**2749193**	**1564282**	**18400**
婺城区	38579	6336943	381033	52688	1114583	663163	14419
金东区	17742	2858548	47821	34274	40293	23933	
武义县	6979	5287502	55222	50130	16524	9713	
浦江县	37755	4466096	4634	38251	194118	99638	
磐安县	27046	1318490	17748	25406	32729	23896	
兰溪市	23709	4575367	200149	479047	237484	44395	726
义乌市	144525	13448888	548496	161458	803870	607185	3255
东阳市	11312	11871372	142177	7536	205560	54302	
永康市	48284	11876058	190149	26438	104031	38057	

单位：万元

港澳台商独资	港澳台商投资股份有限公司	其他港澳台投资	外商投资	口外合资经营	中外合作经营	外资企业	外商投资股份有限公司	其他外商投资
289			45830	27137	132	18511		50
			3880	3520		360		
43302			550307	420185	154	129589	379	
128351		246	745357	569822	159961	15574		
5037757	**257521**		**14580105**	**5565966**	**44165**	**8701195**	**263867**	**4912**
722710			1542638	565728	10024	946780	20106	
629875	116962		3006246	728070	17482	2256017	4678	
1319184	2823		2523640	477556		1804073	239083	2929
428938	114266		338684	103187		235496		
575361			2048929	1316863	14284	717783		
692770	23470		4090787	1741658		2349130		
668919			1029181	632904	2376	391917		1984
2480913	**11263**		**8016893**	**3890346**	**41777**	**4064446**	**20323**	
384005			688265	317566	2370	367298	1031	
178116			855913	793810	311	61792		
472694	11263		1105807	632121		454394	19292	
1169382			4930905	1904765		3026140		
276717			436003	242085	39097	154822		
3833732	**357415**	**6227**	**8695735**	**5635601**	**189261**	**2024097**	**846046**	**731**
1131065	16175	123	1929839	1059039	719	844657	25204	221
1632978	55	915	2779784	2222604	3933	531423	21314	509
159319			125068	116578	3108	5382		
321524	310014		2080079	986159	180839	113904	799178	
364295		5188	1206905	708917	663	497325		
224551	31171		574060	542304		31406	350	
606563	**446160**	**113788**	**2421971**	**1364115**	**31988**	**599986**	**32466**	**393415**
156963	273683	6356	547603	305493		241560	49	500
16360			19046	9988		9058		
6811			139373	119911		19456		6
94481			174244	80860	6788	86025		571
8833			77175	72977		4198		
192363			291549	267613		20284	3652	…
56999	28999	107432	862102	276028	8935	172469	12907	391764
20078	131181		133371	92294	16266	24237		574
53676	12298		177508	138951		22698	15859	

2-A-42 续表 5

地　区							
					港澳台商投资	与港澳台商合资经营	与港澳台商合作经营
	私营合伙	私营有限责任公司	私营股份有限公司	其他企业			
衢州市	**105803**	**16839948**	**510339**	**210208**	**523198**	**91958**	**4750**
柯城区	10750	4057148	291678	62620	369078	1380	
衢江区	7132	2410409	47678	23227	28109	549	
常山县	19715	1523983	1123	51681	22169	8565	3504
开化县	10268	1430885	12323	19580	20856	17840	
龙游县	8030	3346286	103577	24667	37018	24730	
江山市	49909	4071237	53960	28434	45969	38894	1246
舟山市	**53017**	**11300809**	**434801**	**6474**	**401884**	**286369**	
定海区	30083	6537868	617	148	154115	50224	
普陀区	6937	3449943	434184	5770	220072	210388	
岱山县	12820	1157597		538	10033	8095	
嵊泗县	3177	155402		19	17663	17663	
台州市	**1751409**	**38425652**	**1186389**	**47926**	**2308018**	**1268643**	**38743**
椒江区	75951	3169129	58801	754	359574	182706	
黄岩区	137864	3755423	96069	9615	109766	34455	4438
路桥区	240653	6215338	661038	2357	628158	151424	
玉环县	315354	3672561	150725	23876	296628	191117	
三门县	24747	2394573	17761		28633	7023	20174
天台县	43917	1613112	13686	1497	58021	58010	
仙居县	157601	1024590	46348	360	146433	136836	8033
温岭市	607379	11368693	133848	3463	359210	312689	6098
临海市	147942	5212233	8113	6004	321595	194383	
丽水市	**167620**	**21402398**	**232648**	**130500**	**417460**	**106447**	**9249**
莲都区	20042	7273388	170032	13416	187364	30859	8104
青田县	22624	2991209	16429	23874	143192	203	
缙云县	68371	4025868	2755	8172	48634	48563	
遂昌县	6458	470236	1339	7820	15249	12700	
松阳县	12758	1843962	8309	26306	1900		
云和县	11115	657512	3992	19750	1145		1145
庆元县	959	815475	1226	9847	14122	14122	
景宁县	14330	1405108	1795	7073			
龙泉市	10963	1919640	26770	14242	5854		

单位：万元

港澳台商独资	港澳台商投资股份有限公司	其他港澳台投资	外商投资	中外合资经营	中外合作经营	外资企业	外商投资股份有限公司	其他外商投资
426491			**860952**	**731708**		**65742**	**63300**	**202**
367698			96960	90173		6636		152
27559			458420	450888		7483		50
10100			12418	11768		650		
3017			3114	3114				
12289			157172	92988		884	63300	
5829			132868	82778		50090		
115515			**991921**	**394135**	**28520**	**565370**	**3896**	
103892			269869	120956	5649	139367	3896	
9684			222157	199286	22870			
1939			476319	52492		423827		
			23577	21401		2176		
979525	**21106**		**3718261**	**3017987**	**10541**	**667085**	**22647**	
176868			286846	232521		45328	8997	
64496	6376		53462	34617		18845		
462004	14730		888599	643137	268	245195		
105511			1506465	1440096	212	52508	13650	
1436			99002	61452		37549		
11			183775	77676	7018	99081		
1564			45491	41658		3833		
40424			390112	279476		110636		
127212			264509	207355	3043	54111		
301706		**58**	**261750**	**210011**		**42212**	**634**	**8894**
148343		58	57758	50716		5052	634	1356
142989			78832	55843		22989		
71			43121	43121				
2550			40109	32713		7396		
1900								
			9482	2544				6938
			8914	2138		6776		
5854			23535	22935				600

2-A-43 按地区、控股情况分组的全部企业资产总计

单位：万元

地区	合计	国有控股	集体控股	私人控股	港澳台商控股	外商控股	其他
全省	**2289058140**	**581346087**	**69649443**	**1326163025**	**115629106**	**88755755**	**107514724**
杭州市	**703956283**	**192081132**	**24220525**	**359476402**	**43068018**	**28051665**	**57058542**
上城区	55961853	33867029	2490215	13769342	544330	748599	4542338
下城区	57622408	27816393	3620630	18717303	1608056	1304369	4555656
江干区	76792047	16773992	3068440	28419414	4585024	7940393	16004784
拱墅区	52669513	12511343	1260305	28780003	5247490	1615183	3255190
西湖区	127097138	34697660	3000826	72433277	3823968	6354962	6786446
滨江区	60885120	15013041	3061061	27712563	9283018	2637065	3178372
萧山区	117287736	15958747	3531215	80946033	6274409	3912181	6665150
余杭区	78287323	16272499	2039598	41249006	9094211	2600029	7031981
桐庐县	12362838	2648032	247117	8212718	598091	230829	426049
淳安县	6718358	2355498	129229	2780398	148010	56035	1249189
建德市	8305880	1648475	618739	5214045	123934	81821	618866
富阳市	33235012	7633154	785824	21259157	1171494	449586	1935797
临安市	16731056	4885268	367326	9983143	565982	120613	808723
宁波市	**495553198**	**109228510**	**13114619**	**297706537**	**34219101**	**27272046**	**14012384**
海曙区	75016941	22369651	1363944	49230769	715428	94643	1242507
江东区	39591572	16104332	279303	19706577	1778219	905420	817722
江北区	25643102	8227086	1204309	12621918	1950960	962060	676769
北仑区	93819917	19554258	1225076	41661251	12964154	15332434	3082745
镇海区	37754679	13726090	4037862	15185349	2525860	1937712	341806
鄞州区	76758420	7125842	1433459	54195656	4527564	3147266	6328633
象山县	21508605	4808669	1008317	14633473	421392	433779	202974
宁海县	15388719	4844313	127967	9364278	513706	302738	235716
余姚市	32795210	5591414	986918	20732290	3526424	1021608	936557
慈溪市	65002301	5161564	1126076	51711266	4142881	2754086	106428
奉化市	12273732	1715291	321388	8663712	1152514	380299	40528
温州市	**160821516**	**37448700**	**5042685**	**109754557**	**1991282**	**3037254**	**3547038**
鹿城区	40179231	20731979	658416	16588620	319174	1551708	329335
龙湾区	27837413	4438436	1143952	20092849	701030	529751	931396
瓯海区	14216236	1770294	859945	10943887	126539	228111	287459
洞头县	1951216	941579	30046	917344	58030	180	4036
永嘉县	10895827	1848224	288040	8530945	100476	72019	56123
平阳县	7432485	912183	281951	5872655	81739	214561	69396

2-A-43 续表 1

单位：万元

地 区	合 计	国有控股	集体控股	私人控股	港澳台商控股	外商控股	其 他
苍南县	9395584	962085	400243	7135376	344007	29000	524874
文成县	961110	208668	33019	701092	5000	9485	3845
泰顺县	1882531	198485	35181	1586478		558	61829
瑞安市	19499843	3071023	875388	14866208	29488	263626	394110
乐清市	26570039	2365743	436503	22519104	225799	138255	884635
嘉兴市	**201764522**	**67662646**	**4881112**	**98393479**	**11584929**	**14125319**	**5117037**
南湖区	41145904	16795444	1055846	18156635	1808094	1654369	1675516
秀洲区	23347040	6795877	372030	9910820	1958707	3177829	1131777
嘉善县	17462890	3336968	597862	8373160	1807704	3128589	218606
海盐县	21738962	11620847	339177	8111617	763334	422705	481282
海宁市	40602454	12283397	1491763	22624217	1905756	1915507	381814
平湖市	30135868	9849457	418898	14218559	2146276	3128088	374590
桐乡市	27331403	6980655	605536	16998470	1195058	698232	853453
湖州市	**96385895**	**24997456**	**3947567**	**52083436**	**4663381**	**3920704**	**6773351**
吴兴区	36637189	9735335	2049841	18420276	1320112	921770	4189855
南浔区	10326741	2466332	489115	5988527	606987	486471	289309
德清县	17051341	4113500	513949	9599267	1378293	710589	735742
长兴县	20996488	5874142	398227	11306379	925423	1327560	1164757
安吉县	11374137	2808146	496435	6768987	432566	474315	393688
绍兴市	**219519641**	**43189866**	**7507358**	**146436841**	**12560123**	**5848331**	**3977122**
越城区	44218464	12733808	3084344	22564785	2604392	2126224	1104911
绍兴县	61578919	7087642	2184066	43563098	5161060	1985127	1597926
新昌县	13099666	2936809	237334	9504263	228520	40351	152390
诸暨市	43956844	2464407	1056095	36908747	2204028	575350	748218
上虞市	32679571	3882957	648362	25437254	1632353	879436	199209
嵊州市	23986177	14084244	297158	8458695	729770	241843	174468
金华市	**130366033**	**17437067**	**5048546**	**95862836**	**2609171**	**1712368**	**7696044**
婺城区	19634441	2872693	753619	13407755	1320684	557941	721749
金东区	7643963	2158652	88882	5128644	131710	48767	87308
武义县	7049256	187726	48048	6647289	37836	88217	40140
浦江县	5399441	285728	52364	4700354	172087	123963	64946
磐安县	2679747	244766	19485	2267224	30440	46374	71457
兰溪市	10906398	1786095	116862	7290003	249675	332702	1131062
义乌市	30782203	5550034	336945	23244507	292957	300719	1057040
东阳市	28548938	2366549	3439750	18260177	206490	59543	4216429
永康市	17721646	1984825	192591	14916882	167292	154142	305914

2-A-43 续表 2

单位：万元

地　区	合　计						
		国有控股	集体控股	私人控股	港澳台商控股	外商控股	其　他
衢州市	**39977273**	**12473912**	**445923**	**25442373**	**388329**	**627863**	**598872**
柯城区	13816986	5299965	128308	7660253	208059	66665	453735
衢江区	6218820	359452	27060	5403202	45229	366577	17300
常山县	3241220	990605	17630	2196044	14877	10078	11985
开化县	2709460	434183	169986	2061553	5341	185	38213
龙游县	7198733	3502237	42201	3424902	75657	91931	61806
江山市	6792054	1887471	60738	4696419	39166	92427	15832
舟山市	**62623131**	**20539756**	**2542784**	**31176531**	**671734**	**1332197**	**6360130**
定海区	34243075	12725277	2141840	16139876	561371	633296	2041416
普陀区	17923835	5621274	280463	11425490	55971	121307	419329
岱山县	8236361	857836	101720	2897802	910	569755	3808338
嵊泗县	2219860	1335368	18760	713363	53483	7840	91047
台州市	**123938901**	**30271156**	**2515412**	**83278113**	**3579639**	**2404936**	**1889646**
椒江区	29156555	9181528	539316	17441656	482977	393638	1117439
黄岩区	9822747	937589	89089	8397585	279614	61877	56995
路桥区	13740064	1068768	484264	10965739	360150	789721	71422
玉环县	13121208	3491803	180015	8651749	324657	401673	71311
三门县	10246557	5431254	28689	4590975	78445	98367	18826
天台县	6096018	1924745	104682	3670442	58995	234431	102723
仙居县	3687888	419400	44714	2891957	61901	30986	238931
温岭市	18034933	3879271	663596	12983337	251293	152352	105083
临海市	20032931	3936798	381046	13684674	1681605	241891	106917
丽水市	**39207515**	**11071655**	**382911**	**26551920**	**293399**	**423071**	**484559**
莲都区	18022468	5681484	94956	11856437	190875	135710	63005
青田县	5007342	1070951	13214	3669201	69947	108538	75490
缙云县	5054322	1354052	38264	3612382	21258	20069	8297
遂昌县	2614309	682001	67369	1647690	10340	62683	144226
松阳县	2111589	606652	11602	1472318		120	20897
云和县	1257610	532381	25093	631813		36153	32170
庆元县	952324	176538	1609	770051			4126
景宁县	1432972	293933	83036	909809		57998	88196
龙泉市	2754579	673663	47766	1982218	979	1800	48153

2-A-44 按地区、控股情况分组的全部企业全年营业收入

单位：万元

地 区	合 计	国有控股	集体控股	私人控股	港澳台商控股	外商控股	其 他
全 省	**1588091401**	**225626500**	**42525863**	**1111118026**	**72650119**	**70078777**	**66092116**
杭州市	**428283153**	**90942271**	**15195526**	**250632355**	**20360892**	**20441294**	**30710815**
上城区	40301718	24505254	1020627	8721936	165998	605847	5282055
下城区	50111085	21709434	2841814	19302061	711648	1032531	4513596
江干区	47561871	11443632	1306234	19071722	1844463	8694242	5201579
拱墅区	39543948	7956747	1171961	26353041	765299	1035435	2261465
西湖区	37509702	8925530	760736	22747687	1187410	1048710	2839629
滨江区	34446330	4324118	3464031	17757700	4878100	2198190	1824191
萧山区	87878071	4803445	2345589	69980164	4473335	3328326	2947212
余杭区	38842643	2592949	636605	25564769	5589045	1485816	2973459
桐庐县	7807809	248192	116262	6944449	324629	153011	21266
淳安县	4108850	263976	107451	3084095	41944	63569	547816
建德市	6604475	610624	664245	4977395	36142	64802	251267
富阳市	21511890	2547382	446748	16422324	258924	651480	1185032
临安市	12054762	1010989	313224	9705012	83954	79335	862247
宁波市	**344334166**	**51875809**	**6440435**	**226580815**	**26142459**	**20403422**	**12891224**
海曙区	23743949	5304705	1467487	15401285	385551	70456	1114464
江东区	26205322	6760954	123535	18185745	513821	408213	213055
江北区	16507647	1237980	441715	13477873	605065	638857	106158
北仑区	94234394	15483722	1240985	53292413	11818134	10745559	1653580
镇海区	37378548	17133574	1204715	14299636	1510357	2619414	610852
鄞州区	56108470	1230212	1015519	39402442	4195170	2178110	8087018
象山县	13979303	1077726	305099	12050793	342375	160068	43242
宁海县	9686548	1599819	49680	7402721	358083	206861	69384
余姚市	25465111	983809	258218	19935067	2416472	939242	932303
慈溪市	33731124	758286	231764	27330788	3114843	2206061	39382
奉化市	7293749	305023	51717	5802052	882588	230582	21787
温州市	**119565861**	**10028448**	**3543156**	**101634050**	**1252987**	**1409682**	**1697537**
鹿城区	25836540	6143089	505226	18167581	227966	373816	418862
龙湾区	19140374	263115	908033	16498028	589882	387702	493615
瓯海区	9628457	166998	398925	8782620	80030	96434	103450
洞头县	1352406	374415	48229	904348	23036	283	2095
永嘉县	7387114	236447	171241	6865039	51733	34033	28622
平阳县	6243722	202287	182680	5542569	60202	208417	47567

2-A-44 续表 1

单位：万元

地区	合计	国有控股	集体控股	私人控股	港澳台商控股	外商控股	其他
苍南县	7898751	363924	144192	7263220	10177	18474	98764
文成县	781859	85843	43266	644282		1057	7410
泰顺县	1663035	70658	38638	1525210			28529
瑞安市	17923089	704835	736246	15954363	62522	217145	247980
乐清市	21710513	1416839	366479	19486790	147441	72322	220642
嘉兴市	**120045366**	**12245538**	**1806927**	**84295114**	**7360956**	**11866227**	**2470604**
南湖区	19245015	3990905	499021	11985622	790677	1039481	939309
秀洲区	14631738	1565179	131274	8693343	1280367	2671274	290302
嘉善县	12695021	557097	168089	7895638	1449539	2421067	203590
海盐县	10588275	1725604	181623	7547376	697202	266560	169912
海宁市	23208734	1372065	401328	18685890	930482	1554783	264187
平湖市	18281259	1783866	212888	11261179	1411058	3330810	281458
桐乡市	21395323	1250823	212704	18226065	801631	582253	321847
湖州市	**75874552**	**5752450**	**2400202**	**52140298**	**3277243**	**5804108**	**6500252**
吴兴区	22373470	2595297	1007705	14151059	463778	542485	3613147
南浔区	9953453	86795	400304	8292656	496754	520583	156362
德清县	15017849	718552	446355	11445290	1046359	829014	532279
长兴县	21853239	1757556	504299	12990532	909860	3607545	2083446
安吉县	6676541	594249	41540	5260761	360492	304481	115018
绍兴市	**197271048**	**7193241**	**6667968**	**165712568**	**10113767**	**5067509**	**2515997**
越城区	31593961	3588150	3148041	20592201	1810868	1291456	1163244
绍兴县	70113747	798637	1964134	59722208	4331406	2309811	987551
新昌县	9344763	538347	288100	8186342	208615	27581	95779
诸暨市	45732963	1020301	610257	41880008	1720882	454032	47483
上虞市	30830169	938649	459324	26895319	1591739	821244	123894
嵊州市	9655445	309157	198111	8436490	450258	163384	98046
金华市	**108305819**	**7617847**	**3043713**	**89198777**	**1533044**	**1755895**	**5156543**
婺城区	15567172	3192884	390317	10241463	624830	621341	496337
金东区	4859715	683792	16256	3980082	20069	14918	144597
武义县	6218690	186566	45605	5865277	6791	84779	29673
浦江县	5652528	184459	24125	5127355	122642	109812	84135
磐安县	2429050	45707	10590	2251857	20516	43244	57136
兰溪市	10586435	1061537	208558	7912939	221236	167016	1015148
义乌市	21490784	1211505	222286	18636987	236266	589168	594573
东阳市	26588841	354447	1974819	21324345	198902	35633	2700695
永康市	14912602	696950	151158	13858471	81792	89984	34248

2-A-44 续表 2　　单位：万元

地 区	合 计						
		国有控股	集体控股	私人控股	港澳台商控股	外商控股	其 他
衢州市	**30941764**	**5489651**	**314959**	**23696951**	**486764**	**639882**	**313557**
柯城区	12119942	4007752	154482	7394047	368398	68280	126982
衢江区	3770174	167631	36192	3128403	30385	397687	9874
常山县	2060780	214477	4654	1809353	18200	8192	5905
开化县	1943760	64614	59083	1709931	4671	1327	104134
龙游县	5402395	443233	23854	4748628	34346	85007	62327
江山市	5644713	591943	31692	4906590	30765	79389	4334
舟山市	**27464240**	**6333893**	**1033851**	**16789703**	**182756**	**665250**	**2458786**
定海区	15198874	3512801	907603	9175340	105684	218390	1279056
普陀区	8705430	2600460	75813	5910826	57470	3981	56880
岱山县	3085287	107829	32413	1385137	1939	440703	1117266
嵊泗县	474650	112803	18022	318401	17663	2176	5585
台州市	**89736984**	**9114017**	**1817150**	**74176747**	**1618605**	**1882861**	**1127604**
椒江区	16311261	4733937	250844	10360884	290566	87917	587112
黄岩区	9078364	336120	80873	8496612	103048	31443	30267
路桥区	13317816	362576	397653	11052439	608961	804763	91425
玉环县	11199790	1357778	105209	9127972	185874	355982	66976
三门县	3179953	95549	16578	2935032	24303	84983	23509
天台县	3452765	176300	61289	3006729	43415	134378	30653
仙居县	3040866	99887	20801	2667764	61692	27420	163303
温岭市	19108377	1142124	321466	17379483	72434	157410	35460
临海市	11047793	809747	562437	9149831	228313	198566	98899
丽水市	**29185545**	**1950432**	**261977**	**26260649**	**320643**	**142646**	**249198**
莲都区	9519990	963277	93610	8278710	137681	26921	19792
青田县	4680119	265259	12468	4118097	141452	62314	80529
缙云县	4798255	234873	23636	4475495	31800	28435	4016
遂昌县	1746805	109730	66892	1501317	3806	8720	56340
松阳县	2047027	74746	8890	1954861			8531
云和县	1224536	84280	21608	1092835		9482	16332
庆元县	1057663	44999	1800	1006394			4470
景宁县	1633167	44513	14858	1516360		6776	50661
龙泉市	2477982	128755	18215	2316580	5904		8527

2-A-45 按地区、营业状态分组的全部企业资产总计

单位：万元

地　区	合　计	营业	停业(歇业)	筹建	当年关闭	当年破产	其他
全　省	**2289058140**	**2112390375**	**70982456**	**82440311**	**14141099**	**1596413**	**7507487**
杭州市	**703956283**	**623936912**	**31461728**	**41846194**	**5357144**	**319388**	**1034917**
上城区	55961853	54877660	635674	395645	40495	1211	11169
下城区	57622408	55371476	1780162	238346	20121		212302
江干区	76792047	73543672	1475808	1361689	125514	32	285332
拱墅区	52669513	50325933	960858	310142	866379	201450	4753
西湖区	127097138	78491969	13914894	31615994	2808692	129	265459
滨江区	60885120	60278165	493304	69389	39230	4654	378
萧山区	117287736	108944222	5196801	2181737	888715	41692	34568
余杭区	78287323	69940624	4305320	3742308	142137	55392	101542
桐庐县	12362838	10650694	1102708	499259	41156	1117	67904
淳安县	6718358	6174478	55704	406771	61858	50	19497
建德市	8305880	7935089	83181	214141	68721	3709	1039
富阳市	33235012	31187821	1242550	634715	143598	1099	25230
临安市	16731056	16215110	214763	176058	110528	8853	5743
宁波市	**495553198**	**472338963**	**11349279**	**9486254**	**1243600**	**82895**	**1052206**
海曙区	75016941	73857433	1001632	143480	11559		2836
江东区	39591572	38242875	556063	659080	103580		29974
江北区	25643102	23052741	1344969	1148909	78986	17496	
北仑区	93819917	90739512	1273298	1415523	207266	323	183995
镇海区	37754679	35787117	543135	1238724	146019	11229	28456
鄞州区	76758420	71610108	2826510	1747748	411631	6146	156276
象山县	21508605	19619948	1474928	272934	19563	34	121198
宁海县	15388719	14750782	173575	398469	4402	62	61429
余姚市	32795210	31604560	565738	365082	146395	42561	70874
慈溪市	65002301	61450990	1346846	1727732	95843	4246	376644
奉化市	12273732	11622897	242584	368573	18356	797	20525
温州市	**160821516**	**148230904**	**5426430**	**4770912**	**634948**	**74284**	**1684037**
鹿城区	40179231	38013793	1518429	302645	166175	17933	160256
龙湾区	27837413	24654675	926665	1478340	85966	8973	682794
瓯海区	14216236	12724090	1056249	365668	28997	5	41226
洞头县	1951216	1905440	25000	10068			10708
永嘉县	10895827	8931215	308099	1622904	20881	684	12045
平阳县	7432485	7039388	259401	111404	13920	3029	5343

2-A-45　续表 1　　　　　　　　　　　　　　　　　　　单位：万元

地　区	合　计	营业	停业(歇业)	筹建	当年关闭	当年破产	其他
苍南县	9395584	8651615	180088	335778	22331	840	204933
文成县	961110	876342	19019	27522	899	4123	33205
泰顺县	1882531	1673621	91537	106336	5397	1283	4358
瑞安市	19499843	18404608	721473	322337	28941	1187	21298
乐清市	26570039	25356118	320471	87910	261441	36228	507871
嘉兴市	**201764522**	**188486947**	**4828248**	**6310689**	**1883544**	**22721**	**232372**
南湖区	41145904	38881781	1270604	852075	82556	6364	52524
秀洲区	23347040	21632980	991138	531846	120265	88	70723
嘉善县	17462890	16378441	289304	548371	222947	3017	20810
海盐县	21738962	20765346	257777	458857	252496	711	3775
海宁市	40602454	38062460	574062	1269160	653589	6081	37103
平湖市	30135868	26866853	1097480	1747840	406895	6461	10339
桐乡市	27331403	25899086	347884	902541	144796		37097
湖州市	**96385895**	**88700206**	**3025937**	**3519554**	**452946**	**137926**	**549327**
吴兴区	36637189	35146969	759208	446401	47018	49269	188324
南浔区	10326741	9547266	141607	474377	142672	1470	19348
德清县	17051341	14495635	1350906	853227	61051	83807	206715
长兴县	20996488	19778360	581461	450990	124258	3010	58409
安吉县	11374137	9731974	192755	1294560	77947	370	76531
绍兴市	**219519641**	**209415959**	**5892503**	**2065944**	**1330796**	**391216**	**423222**
越城区	44218464	41182288	1801624	565369	135121	186426	347637
绍兴县	61578919	58770560	1287688	447540	913016	117984	42132
新昌县	13099666	11978411	892080	200518	6714	142	21801
诸暨市	43956844	42591940	799104	306338	184918	74543	
上虞市	32679571	31580285	617838	455607	11886	7092	6863
嵊州市	23986177	23312475	494169	90573	79141	5030	4790
金华市	**130366033**	**122769740**	**3108344**	**1911726**	**779418**	**128373**	**1668433**
婺城区	19634441	18638194	385857	190541	80822	12318	326709
金东区	7643963	6707430	36402	284663	8049	210	607210
武义县	7049256	6713417	102586	112683	26662	15133	78775
浦江县	5399441	4847138	123177	53748	257960	70835	46583
磐安县	2679747	2543483	39859	56159	16776	5196	18274
兰溪市	10906398	10331643	56078	137263	162494	2111	216809
义乌市	30782203	29764161	474458	223523	93223	1115	225723
东阳市	28548938	26580276	1224335	559245	75341		109741
永康市	17721646	16643998	665590	293901	58092	21455	38610

2-A-45 续表 2 单位：万元

地区	合计	营业	停业(歇业)	筹建	当年关闭	当年破产	其他
衢州市	**39977273**	**38844454**	**346133**	**503416**	**146741**	**102626**	**33902**
柯城区	13816986	13662622	62603	69094	17313		5354
衢江区	6218820	6058406	23964	57799	41749	16780	20123
常山县	3241220	2962367	58366	209371	7543		3573
开化县	2709460	2552109	109596	46879	242	25	610
龙游县	7198733	7033006	20627	45466	36260	60229	3146
江山市	6792054	6575946	70978	74808	43635	25592	1097
舟山市	**62623131**	**56556996**	**1845365**	**3055394**	**909140**	**160098**	**96138**
定海区	34243075	30599814	959032	1840603	772554		71073
普陀区	17923835	16503473	555497	811340	28458	2	25065
岱山县	8236361	7593639	280338	187776	14512	160096	
嵊泗县	2219860	1860071	50498	215676	93616		
台州市	**123938901**	**111631165**	**2863390**	**7551238**	**1053252**	**165482**	**674374**
椒江区	29156555	27631119	1018500	430707	65625		10605
黄岩区	9822747	8894034	457761	412606	47340	2225	8782
路桥区	13740064	12850915	332070	264993	263862	100	28125
玉环县	13121208	12694275	173126	223717	26840	1554	1696
三门县	10246557	5755090	223505	3950792	165149	152021	
天台县	6096018	5765952	29906	54031	32397	938	212793
仙居县	3687888	3532233	73843	78205	3404	2	200
温岭市	18034933	16947977	188307	312288	213169	1100	372091
临海市	20032931	17559570	366373	1823899	235466	7542	40082
丽水市	**39207515**	**36533896**	**835098**	**1418989**	**349570**	**11405**	**58557**
莲都区	18022468	17174374	330535	373497	121496	7666	14901
青田县	5007342	4703257	174398	38995	54538	2140	34014
缙云县	5054322	4268905	94615	657583	26819	1597	4802
遂昌县	2614309	2549639	22028	23348	18730		565
松阳县	2111589	1930477	47817	42933	90122	2	237
云和县	1257610	1197414	4505	45049	8095		2547
庆元县	952324	888797	11705	50457	1165		200
景宁县	1432972	1382525	2611	47661	160		15
龙泉市	2754579	2438507	146885	139466	28444		1277

2-A-46　按地区、营业状态分组的全部企业全年营业收入

单位：万元

地　区	合　计	营业	停业(歇业)	筹建	当年关闭	当年破产	其他
全　省	**1588091401**	**1565933637**	**8364587**	**4860258**	**7172057**	**841640**	**919221**
杭州市	**428283153**	**424338730**	**1721119**	**586817**	**1436829**	**98160**	**101499**
上城区	40301718	40198372	67720	10733	24625		269
下城区	50111085	49840071	179170	76436	8541		6866
江干区	47561871	47421703	63418	18938	57153	5	655
拱墅区	39543948	39117704	86285	119482	212444	2530	5504
西湖区	37509702	37261065	36730	58165	151253	41	2448
滨江区	34446330	34317215	114949	4457	7493	2217	…
萧山区	87878071	86747016	427869	144311	553024	5851	
余杭区	38842643	38116324	517518	28903	46237	59226	74434
桐庐县	7807809	7745846	28771	17611	14445	742	395
淳安县	4108850	4075630	16527	1173	15093		428
建德市	6604475	6472721	43827	16669	62750	5720	2788
富阳市	21511890	21218222	85153	81776	120508	985	5247
临安市	12054762	11806842	53182	8162	163266	20844	2466
宁波市	**344334166**	**339824342**	**836358**	**2533255**	**916331**	**114574**	**109305**
海曙区	23743949	23712028	23235	4843	3842		
江东区	26205322	25881098	1858	268468	10682		43215
江北区	16507647	16227920	14043	98694	166595	395	
北仑区	94234394	92840446	186914	1148934	55407	328	2365
镇海区	37378548	36625420	26494	531771	136104	44373	14386
鄞州区	56108470	55477373	104238	175220	331513	2238	17888
象山县	13979303	13904680	38226	9346	25622		1429
宁海县	9686548	9620972	17659	36569	6180	626	4542
余姚市	25465111	25031668	161693	113426	87166	59307	11852
慈溪市	33731124	33261574	243815	120696	85135	6876	13029
奉化市	7293749	7241163	18183	25288	8085	432	598
温州市	**119565861**	**115522258**	**2490512**	**26625**	**1078022**	**97890**	**350554**
鹿城区	25836540	24272775	1071681		383150	45116	63818
龙湾区	19140374	18395791	512733	11	177273	6491	48075
瓯海区	9628457	9461716	128434	8	30603	71	7624
洞头县	1352406	1348782	3388				237
永嘉县	7387114	7336641	38016		9351		3106
平阳县	6243722	6127720	49791	6302	51593	3900	4417

2-A-46 续表 1 单位：万元

地区	合计						
		营业	停业(歇业)	筹建	当年关闭	当年破产	其他
苍南县	7898751	7667537	147244	14873	58119	2572	8406
文成县	781859	760533	8875	5195	359	6897	
泰顺县	1663035	1637053	20757		4827	217	181
瑞安市	17923089	17427788	328586	237	112181	5237	49061
乐清市	21710513	21085920	181008	…	250565	27390	165629
嘉兴市	**120045366**	**118800974**	**326838**	**264083**	**601219**	**8426**	**43825**
南湖区	19245015	19149083	22401	17510	52395	1153	2474
秀洲区	14631738	14515050	58741	11176	28050	80	18642
嘉善县	12695021	12466962	75756	51952	95816	1492	3043
海盐县	10588275	10443722	12115	86372	44042	1758	266
海宁市	23208734	22857450	56945	37359	250627	2653	3699
平湖市	18281259	18191182	36578	4476	47657	1095	271
桐乡市	21395323	21177526	64301	55238	82631	195	15431
湖州市	**75874552**	**74857956**	**417766**	**177165**	**257389**	**118971**	**45305**
吴兴区	22373470	22131889	98597	40560	36899	53260	12265
南浔区	9953453	9799048	44165	35154	69741	1540	3805
德清县	15017849	14773562	98843	28910	53825	60967	1742
长兴县	21853239	21590421	130450	56020	50074	2627	23648
安吉县	6676541	6563036	45711	16522	46849	577	3845
绍兴市	**197271048**	**195137867**	**849320**	**261292**	**832091**	**178511**	**11967**
越城区	31593961	31107821	200451	75214	143575	65261	1639
绍兴县	70113747	69370980	136018	115968	419642	71092	48
新昌县	9344763	9266662	54800	16680	6233	340	48
诸暨市	45732963	45487144	3227	2377	204836	35380	
上虞市	30830169	30391590	377551	32775	18837	3583	5834
嵊州市	9655445	9513671	77273	18278	38969	2857	4398
金华市	**108305819**	**106501578**	**648547**	**287782**	**643158**	**61918**	**162837**
婺城区	15567172	15378673	110040	30851	28603	8322	10685
金东区	4859715	4812257	10570	5920	22504	400	8064
武义县	6218690	6026983	78689	36204	36183	14559	26073
浦江县	5652528	5378806	28203	6051	202098	25596	11774
磐安县	2429050	2391468	18556	542	1742	1809	14932
兰溪市	10586435	10308124	34963	11893	213454	1590	16410
义乌市	21490784	21150821	218848	61606	42205	591	16713
东阳市	26588841	26468124	70860	…	24567		25290
永康市	14912602	14586322	77817	134715	71802	9051	32896

2-A-46 续表 2

单位：万元

地 区	合 计	营业	停业(歇业)	筹建	当年关闭	当年破产	其他
衢州市	**30941764**	**30501347**	**118165**	**45315**	**139569**	**111077**	**26290**
柯城区	12119942	12084398	9670	9671	11541		4662
衢江区	3770174	3679861	55257	9439	10852	3044	11722
常山县	2060780	2034699	13649		7632		4801
开化县	1943760	1929287	4403	8973	185	282	629
龙游县	5402395	5264907	672	17231	46825	68403	4357
江山市	5644713	5508196	34515	…	62534	39349	119
舟山市	**27464240**	**27127726**	**113200**	**87373**	**128906**	**4379**	**2657**
定海区	15198874	14984657	83612	27647	101246		1712
普陀区	8705430	8673967	4353	17618	7189	1357	945
岱山县	3085287	3015589	23979	35717	6981	3021	
嵊泗县	474650	453513	1256	6390	13491		
台州市	**89736984**	**88052579**	**455528**	**524433**	**616382**	**28673**	**59389**
椒江区	16311261	16157347	17910	85905	48881	3	1214
黄岩区	9078364	8796051	129148	113755	39373	36	
路桥区	13317816	12854561	76854	241151	144859	392	
玉环县	11199790	11131392	25432	3378	38066	1522	
三门县	3179953	3083694	16380	24241	30899	24739	
天台县	3452765	3426677	6409	1329	17910	440	
仙居县	3040866	2994902	22043	11885	12033	4	
温岭市	19108377	18737626	115635	42788	211538	790	
临海市	11047793	10870329	45718		72823	747	58175
丽水市	**29185545**	**28185377**	**387234**	**66118**	**522162**	**19060**	**5593**
莲都区	9519990	9311062	54361	32669	109928	11840	130
青田县	4680119	4448586	57418	6009	160229	7080	797
缙云县	4798255	4769407	7952	415	19598		884
遂昌县	1746805	1731914	4250	2571	7576		494
松阳县	2047027	1839655	4450	86	202465	140	231
云和县	1224536	1209854	5172	7295	2048		167
庆元县	1057663	1048743	908	2443	5280		288
景宁县	1633167	1624838	2703	5542	45		40
龙泉市	2477982	2201317	250020	9088	14994		2562

2-A-47　按登记注册类型、营业状态分组的全部企业资产总计

单位：万元

登记注册类型	合　计	营业	停业(歇业)	筹建	当年关闭	当年破产	其他
总　计	**2289058140**	**2112390375**	**70982456**	**82440311**	**14141099**	**1596413**	**7507487**
内　资	**2005683158**	**1845642524**	**65973996**	**73044377**	**12509095**	**1247690**	**7265476**
国　有	55440967	54731497	641313	22766	36748	284	8359
集　体	16713215	15706307	784731	141132	50259	672	30114
股份合作企业	9414733	8973641	330262	35397	65594	543	9296
联营企业	241098	218128	16575	5000	851	30	514
国有联营	46090	46040	50				
集体联营	48882	39344	3720	5000	580	30	208
国有与集体联营	71834	70863	700		271		
其他联营	74292	61881	12105				306
有限责任公司	913886497	827341693	31587001	47981368	2694879	48075	4233482
国有独资公司	265118815	242078243	16795079	4968897	48448		1228147
其他有限责任公司	648767682	585263449	14791922	43012471	2646430	48075	3005336
股份有限公司	147745115	146071403	1115775	282698	240778	442	34019
私营企业	857491987	788427919	31378323	24504927	9394175	1197129	2589514
私营独资	29585058	28065452	901995	230490	309806	9265	68049
私营合伙	14922345	12668796	1227909	858799	137683	688	28470
私营有限责任公司	783757572	719952042	28703970	23161740	8652617	1187116	2100089
私营股份有限公司	29227012	27741628	544449	253899	294069	60	392907
其他企业	4749545	4171936	120017	71089	25810	515	360178
港澳台商投资	**156184494**	**146599105**	**2403129**	**5611206**	**1178547**	**248722**	**143784**
与港澳台商合资经营	77196368	74116084	700229	1404682	797071	97852	80450
与港澳台商合作经营	1726919	1490541	165652	300	1305	69121	…
港澳台商独资	70292778	64079644	1536904	4153716	377429	81750	63334
港澳台商投资股份有限公司	6860830	6823088		35000	2741		
其他港澳台投资	107599	89747	344	17508			
外商投资	**127190489**	**120148746**	**2605331**	**3784727**	**453457**	**100001**	**98227**
中外合资经营	66720292	63372916	1133060	1876106	202868	74060	61283
中外合作经营	1182210	1109777	2137	2228	68068		
外资企业	56163107	52597723	1466450	1853699	182400	25941	36894
外商投资股份有限公司	2325735	2278698	3022	44014			
其他外商投资	799144	789632	662	8679	121		50

2-A-48 按登记注册类型、营业状态分组的全部企业全年营业收入

单位：万元

登记注册类型	合 计	营业	停业(歇业)	筹建	当年关闭	当年破产	其他
总 计	**1588091401**	**1565933637**	**8364587**	**4860258**	**7172057**	**841640**	**919221**
内 资	**1379494966**	**1359180321**	**7518999**	**4618822**	**6698495**	**578185**	**900144**
国 有	49886540	49818108	42266	6405	14581	2737	2442
集 体	5265329	5095840	110700	918	52126		5745
股份合作企业	6238533	5928663	192340	308	109615	2908	4699
联营企业	234944	229121	2707		2521	10	586
国有联营	69881	69881					
集体联营	29849	26417	751		2521	10	150
国有与集体联营	71933	71927	6				
其他联营	63281	60896	1950				436
有限责任公司	382165461	379082251	647057	1160831	996679	39659	238985
国有独资公司	27083270	27038600	23190	10305	10420		754
其他有限责任公司	355082191	352043651	623866	1150525	986259	39659	238230
股份有限公司	124764363	124567947	67257	8100	116468	552	4038
私营企业	807032905	790720939	6357032	3424501	5376071	531444	622918
私营独资	42999335	41537919	690604	228165	462403	23668	56576
私营合伙	7990873	7657452	139484	73342	105482	842	14272
私营有限责任公司	733356027	719004860	5476555	3109078	4714348	506934	544251
私营股份有限公司	22686670	22520707	50390	13916	93838		7819
其他企业	3906892	3737453	99641	17758	30434	874	20731
港澳台商投资	**103540247**	**102725917**	**237515**	**105167**	**300045**	**168972**	**2631**
与港澳台商合资经营	54232694	53889525	127323	18283	122088	75119	355
与港澳台商合作经营	2378750	2345303	10439		1395	21544	70
港澳台商独资	42897790	42463541	98033	86045	175655	72309	2206
港澳台商投资股份有限公司	3904898	3903992			906		
其他港澳台投资	126115	123556	1720	839			
外商投资	**105056187**	**104027399**	**608073**	**136269**	**173517**	**94484**	**16446**
中外合资经营	57377186	57028835	81028	91622	98911	74610	2180
中外合作经营	841201	825235	2	853	15111		
外资企业	43849353	43198409	524501	33537	59443	19874	13590
外商投资股份有限公司	1964680	1963561	1119				
其他外商投资	1023769	1011360	1423	10256	53		677

B. 小微企业

2-B-1 按行业小类分组的小微企业法人单位数及从业人数

行业	单位数（个）	#单产业法人	从业人员期末人数（人）	#单产业法人	#女性
总计	**807048**	**786726**	**13146386**	**12194279**	**5164667**
农、林、牧、渔业	**2744**	**2654**	**18441**	**17111**	**5149**
农业	41		691		269
谷物种植	3		44		12
稻谷种植	3		44		12
蔬菜、食用菌及园艺作物种植	11		252		111
蔬菜种植	8		219		96
花卉种植	1		8		
其他园艺作物种植	2		25		15
水果种植	10		166		43
仁果类和核果类水果种植	5		66		16
香蕉等亚热带水果种植	1		30		11
其他水果种植	4		70		16
坚果、含油果、香料和饮料作物种植	10		106		43
坚果种植	1		3		1
茶及其他饮料作物种植	9		103		42
中药材种植	6		120		59
中药材种植	6		120		59
其他农业	1		3		1
其他农业	1		3		1
林业	4		20		2
林木育种和育苗	4		20		2
林木育种	2		13		2
林木育苗	2		7		
畜牧业	23		259		78
牲畜饲养	12		135		41
猪的饲养	12		135		41
家禽饲养	6		40		16
鸡的饲养	4		22		7

2-B-1 续表 1

行 业	单位数(个)	#单产业法人	从业人员期末人数(人)	#单产业法人	#女性
鸭的饲养	1		13		7
其他家禽饲养	1		5		2
其他畜牧业	5		84		21
其他畜牧业	5		84		21
渔业	14		257		43
水产养殖	14		257		43
海水养殖	6		75		9
内陆养殖	8		182		34
农、林、牧、渔服务业	2662	2654	17214	17111	4757
农业服务业	2335	2329	14915	14865	4046
农业机械服务	955	953	6299	6292	1659
灌溉服务	22	22	139	139	34
农产品初加工服务	184	182	1206	1185	402
其他农业服务	1174	1172	7271	7249	1951
林业服务业	126	126	1068	1068	319
林业有害生物防治服务	51	51	470	470	130
林产品初级加工服务	20	20	176	176	45
其他林业服务	55	55	422	422	144
畜牧服务业	121	120	730	707	232
畜牧服务业	121	120	730	707	232
渔业服务业	80	79	501	471	160
渔业服务业	80	79	501	471	160
采矿业	**1257**	**1237**	**26938**	**25910**	**4158**
煤炭开采和洗选业	20	20	211	211	52
烟煤和无烟煤开采洗选	9	9	159	159	38
烟煤和无烟煤开采洗选	9	9	159	159	38
褐煤开采洗选	5	5	29	29	10
褐煤开采洗选	5	5	29	29	10
其他煤炭采选	6	6	23	23	4
其他煤炭采选	6	6	23	23	4

2-B-1 续表 2

行业	单位数（个）	#单产业法人	从业人员期末人数（人）	#单产业法人	#女性
黑色金属矿采选业	22	22	832	832	152
铁矿采选	21	21	831	831	152
铁矿采选	21	21	831	831	152
其他黑色金属矿采选	1	1	1	1	
其他黑色金属矿采选	1	1	1	1	
有色金属矿采选业	69	68	2779	2663	517
常用有色金属矿采选	42	41	1629	1513	323
铜矿采选	9	9	417	417	35
铅锌矿采选	22	21	986	870	212
锑矿采选	1	1	35	35	7
其他常用有色金属矿采选	10	10	191	191	69
贵金属矿采选	5	5	186	186	34
金矿采选	3	3	93	93	14
银矿采选	2	2	93	93	20
稀有稀土金属矿采选	22	22	964	964	160
钨钼矿采选	19	19	770	770	96
放射性金属矿采选	1	1	79	79	38
其他稀有金属矿采选	2	2	115	115	26
非金属矿采选业	1110	1093	22757	21876	3375
土砂石开采	1009	994	21015	20338	3049
石灰石、石膏开采	148	143	3448	3253	503
建筑装饰用石开采	312	309	6825	6761	798
耐火土石开采	117	113	2823	2535	608
粘土及其他土砂石开采	432	429	7919	7789	1140
化学矿开采	6	6	78	78	20
化学矿开采	6	6	78	78	20
采盐	9	9	333	333	80
采盐	9	9	333	333	80
石棉及其他非金属矿采选	86	84	1331	1127	226
石棉、云母矿采选	2	2	16	16	2

2-B-1　续表 3

行　　业	单位数（个）	#单产业法人	从业人员期末人数（人）	#单产业法人	#女性
石墨、滑石采选	5	5	36	36	4
宝石、玉石采选	5	5	32	32	6
其他未列明非金属矿采选	74	72	1247	1043	214
开采辅助活动	8	7	42	41	8
石油和天然气开采辅助活动	3	2	8	7	1
石油和天然气开采辅助活动	3	2	8	7	1
其他开采辅助活动	5	5	34	34	7
其他开采辅助活动	5	5	34	34	7
其他采矿业	28	27	317	287	54
其他采矿业	28	27	317	287	54
其他采矿业	28	27	317	287	54
制造业	**360058**	**353686**	**8284943**	**7891595**	**3637556**
农副食品加工业	5423	5183	116826	103056	56374
谷物磨制	289	278	3938	3523	1108
谷物磨制	289	278	3938	3523	1108
饲料加工	434	419	13156	11683	4118
饲料加工	434	419	13156	11683	4118
植物油加工	262	254	3929	3569	1341
食用植物油加工	241	233	3589	3229	1256
非食用植物油加工	21	21	340	340	85
制糖业	38	38	470	470	152
制糖业	38	38	470	470	152
屠宰及肉类加工	668	603	15740	12018	6675
牲畜屠宰	155	131	4298	2857	876
禽类屠宰	26	24	511	476	303
肉制品及副产品加工	487	448	10931	8685	5496
水产品加工	1554	1493	39312	35932	20352
水产品冷冻加工	1116	1079	29544	27266	15369
鱼糜制品及水产品干腌制加工	224	207	6320	5568	3811
水产饲料制造	121	119	1889	1822	404

2-B-1 续表 4

行业	单位数(个)	#单产业法人	从业人员期末人数(人)	#单产业法人	#女性
鱼油提取及制品制造	5	5	143	143	36
其他水产品加工	88	83	1416	1133	732
蔬菜、水果和坚果加工	1541	1486	29733	26668	17368
蔬菜加工	634	605	16114	13888	9483
水果和坚果加工	907	881	13619	12780	7885
其他农副食品加工	637	612	10548	9193	5260
淀粉及淀粉制品制造	96	91	1635	1323	859
豆制品制造	256	245	4981	4310	2360
蛋品加工	94	91	1195	1164	696
其他未列明农副食品加工	191	185	2737	2396	1345
食品制造业	2397	2276	57773	50953	29389
焙烤食品制造	690	640	12236	9692	6799
糕点、面包制造	546	500	8725	6355	4836
饼干及其他焙烤食品制造	144	140	3511	3337	1963
糖果、巧克力及蜜饯制造	185	175	4820	4093	2578
糖果、巧克力制造	83	83	2486	2486	1220
蜜饯制作	102	92	2334	1607	1358
方便食品制造	359	345	9481	8631	5207
米、面制品制造	184	178	2931	2672	1617
速冻食品制造	110	107	3293	3127	1779
方便面及其他方便食品制造	65	60	3257	2832	1811
乳制品制造	42	41	1576	1460	757
乳制品制造	42	41	1576	1460	757
罐头食品制造	222	219	7491	7283	4721
肉、禽类罐头制造	19	18	242	234	138
水产品罐头制造	17	17	402	402	138
蔬菜、水果罐头制造	160	158	6009	5809	3947
其他罐头食品制造	26	26	838	838	498
调味品、发酵制品制造	221	206	5282	4255	2366
味精制造	45	44	736	669	318

2-B-1 续表 5

行 业	单位数(个)	#单产业法人	从业人员期末人数(人)	#单产业法人	#女性
酱油、食醋及类似制品制造	85	76	2381	2057	1026
其他调味品、发酵制品制造	91	86	2165	1529	1022
其他食品制造	678	650	16887	15539	6961
营养食品制造	87	80	2430	1939	1068
保健食品制造	129	122	2895	2652	1497
冷冻饮品及食用冰制造	115	112	1783	1726	547
盐加工	14	13	580	469	241
食品及饲料添加剂制造	218	210	7732	7299	2877
其他未列明食品制造	115	113	1467	1454	731
酒、饮料和精制茶制造业	2656	2540	46564	42340	19903
酒的制造	525	496	12625	11131	4664
酒精制造	12	12	92	92	32
白酒制造	143	133	1831	1393	665
啤酒制造	24	24	2384	2384	763
黄酒制造	271	252	7369	6313	2810
葡萄酒制造	10	10	95	95	36
其他酒制造	65	65	854	854	358
饮料制造	666	634	11025	10198	4699
碳酸饮料制造	19	19	479	479	172
瓶(罐)装饮用水制造	459	434	4522	4061	1938
果菜汁及果菜汁饮料制造	63	62	2198	2188	935
含乳饮料和植物蛋白饮料制造	31	30	1372	1342	649
固体饮料制造	34	32	722	693	337
茶饮料及其他饮料制造	60	57	1732	1435	668
精制茶加工	1465	1410	22914	21011	10540
精制茶加工	1465	1410	22914	21011	10540
烟草制品业	5	5	2862	2862	930
卷烟制造	2	2	2551	2551	851
卷烟制造	2	2	2551	2551	851
其他烟草制品制造	3	3	311	311	79
其他烟草制品制造	3	3	311	311	79

2-B-1 续表 6

行业	单位数(个)	#单产业法人	从业人员期末人数(人)	#单产业法人	#女性
纺织业	29648	29083	735720	699828	419888
棉纺织及印染精加工	8969	8804	266052	253813	149442
棉纺纱加工	3589	3530	87417	83117	54083
棉织造加工	4316	4223	114535	108100	70235
棉印染精加工	1064	1051	64100	62596	25124
毛纺织及染整精加工	1138	1120	36875	35656	19250
毛条和毛纱线加工	559	548	16057	15453	9223
毛织造加工	417	414	13251	13146	7298
毛染整精加工	162	158	7567	7057	2729
麻纺织及染整精加工	88	87	2771	2645	1627
麻纤维纺前加工和纺纱	35	35	1421	1421	857
麻织造加工	49	48	1290	1164	752
麻染整精加工	4	4	60	60	18
丝绢纺织及印染精加工	1464	1435	48109	46208	30743
缫丝加工	170	167	8194	7855	5704
绢纺和丝织加工	1155	1131	32445	31355	21777
丝印染精加工	139	137	7470	6998	3262
化纤织造及印染精加工	3600	3531	69673	67537	38636
化纤织造加工	3221	3157	58385	56307	33915
化纤织物染整精加工	379	374	11288	11230	4721
针织或钩针编织物及其制品制造	6380	6295	147008	139550	85210
针织或钩针编织物织造	5154	5100	113623	110118	67267
针织或钩针编织物印染精加工	381	377	10024	9760	4423
针织或钩针编织品制造	845	818	23361	19672	13520
家用纺织制成品制造	4587	4488	92520	86769	58094
床上用品制造	1600	1546	37594	34226	24189
毛巾类制品制造	248	243	5370	4905	3758
窗帘、布艺类产品制造	1469	1447	29002	28069	17610
其他家用纺织制成品制造	1270	1252	20554	19569	12537

2-B-1　续表 7

行　　业	单位数(个)	#单产业法人	从业人员期末人数(人)	#单产业法人	#女性
非家用纺织制成品制造	3422	3323	72712	67650	36886
非织造布制造	970	957	23320	22745	9477
绳、索、缆制造	296	288	5398	5276	3128
纺织带和帘子布制造	898	879	17451	15296	9671
篷、帆布制造	372	364	12219	11386	6611
其他非家用纺织制成品制造	886	835	14324	12947	7999
纺织服装、服饰业	25905	25505	763651	731479	509805
机织服装制造	13895	13669	436056	417321	286049
机织服装制造	13895	13669	436056	417321	286049
针织或钩针编织服装制造	6230	6123	202214	192570	140732
针织或钩针编织服装制造	6230	6123	202214	192570	140732
服饰制造	5780	5713	125381	121588	83024
服饰制造	5780	5713	125381	121588	83024
皮革、毛皮、羽毛及其制品和制鞋业	15288	15049	500829	478761	251639
皮革鞣制加工	554	540	16410	15112	5207
皮革鞣制加工	554	540	16410	15112	5207
皮革制品制造	4205	4102	118319	109099	69004
皮革服装制造	1150	1096	27570	23086	17499
皮箱、包(袋)制造	2265	2233	69314	65721	39588
皮手套及皮装饰制品制造	405	394	12226	11236	7058
其他皮革制品制造	385	379	9209	9056	4859
毛皮鞣制及制品加工	1102	1094	14339	14136	7653
毛皮鞣制加工	54	52	2028	1910	965
毛皮服装加工	381	376	5541	5479	3222
其他毛皮制品加工	667	666	6770	6747	3466
羽毛(绒)加工及制品制造	311	305	9500	8745	6006
羽毛(绒)加工	136	135	1764	1644	696
羽毛(绒)制品加工	175	170	7736	7101	5310
制鞋业	9116	9008	342261	331669	163769
纺织面料鞋制造	1174	1168	33183	32953	19881

2-B-1 续表 8

行业	单位数（个）	#单产业法人	从业人员期末人数（人）	#单产业法人	#女性
皮鞋制造	5866	5799	240796	234073	111374
塑料鞋制造	928	921	24976	24066	10822
橡胶鞋制造	638	613	31888	29391	16012
其他制鞋业	510	507	11418	11186	5680
木材加工和木、竹、藤、棕、草制品业	6218	6121	129146	123590	53020
木材加工	1201	1189	16164	15692	5571
锯材加工	499	497	6087	6078	1897
木片加工	283	282	3158	3148	1195
单板加工	224	219	4946	4579	1823
其他木材加工	195	191	1973	1887	656
人造板制造	765	748	24587	23017	9977
胶合板制造	471	458	15140	13817	6572
纤维板制造	57	56	2733	2724	733
刨花板制造	35	35	544	544	135
其他人造板制造	202	199	6170	5932	2537
木制品制造	2665	2623	54136	51973	19916
建筑用木料及木材组件加工	346	344	5340	5289	1824
木门窗、楼梯制造	744	738	18013	17872	6410
地板制造	302	289	9711	8942	3578
木制容器制造	564	556	6852	6423	2035
软木制品及其他木制品制造	709	696	14220	13447	6069
竹、藤、棕、草等制品制造	1587	1561	34259	32908	17556
竹制品制造	1280	1261	28675	27664	14715
藤制品制造	54	53	1314	1296	535
棕制品制造	7	7	130	130	62
草及其他制品制造	246	240	4140	3818	2244
家具制造业	5340	5242	155420	147880	53566
木质家具制造	3192	3133	82408	78375	25407
木质家具制造	3192	3133	82408	78375	25407
竹、藤家具制造	163	161	4028	3988	1738
竹、藤家具制造	163	161	4028	3988	1738

2-B-1　续表 9

行　　业	单位数（个）	#单产业法人	从业人员期末人数（人）	#单产业法人	#女性
金属家具制造	1078	1052	40745	38222	15508
金属家具制造	1078	1052	40745	38222	15508
塑料家具制造	181	180	6111	5878	2482
塑料家具制造	181	180	6111	5878	2482
其他家具制造	726	716	22128	21417	8431
其他家具制造	726	716	22128	21417	8431
造纸和纸制品业	9693	9595	179348	174233	69454
纸浆制造	24	24	315	315	90
木竹浆制造	10	10	132	132	44
非木竹浆制造	14	14	183	183	46
造纸	1823	1804	60126	59383	19944
机制纸及纸板制造	1376	1362	53519	52891	17526
手工纸制造	49	49	871	871	420
加工纸制造	398	393	5736	5621	1998
纸制品制造	7846	7767	118907	114535	49420
纸和纸板容器制造	5844	5791	84657	82216	34838
其他纸制品制造	2002	1976	34250	32319	14582
印刷和记录媒介复制业	10053	9825	173737	164472	72249
印刷	9318	9100	165199	156226	68841
书、报刊印刷	806	787	14437	13668	6144
本册印制	537	526	9413	9159	4898
包装装潢及其他印刷	7975	7787	141349	133399	57799
装订及印刷相关服务	718	708	8215	7923	3308
装订及印刷相关服务	718	708	8215	7923	3308
记录媒介复制	17	17	323	323	100
记录媒介复制	17	17	323	323	100
文教、工美、体育和娱乐用品制造业	18524	18206	379899	363195	204238
文教办公用品制造	3142	3081	68756	65311	39137
文具制造	1505	1477	33402	32336	19066

2-B-1 续表 10

行　　业	单位数(个)	#单产业法人	从业人员期末人数(人)	#单产业法人	#女性
笔的制造	1151	1130	28867	26816	17237
教学用模型及教具制造	249	244	2668	2509	1118
墨水、墨汁制造	22	20	257	240	114
其他文教办公用品制造	215	210	3562	3410	1602
乐器制造	181	176	4830	4685	2314
中乐器制造	18	17	439	437	225
西乐器制造	59	59	2075	2075	1040
电子乐器制造	25	24	610	590	314
其他乐器及零件制造	79	76	1706	1583	735
工艺美术品制造	11267	11069	208223	198745	113326
雕塑工艺品制造	1968	1938	37531	36318	17772
金属工艺品制造	1885	1827	33268	30773	15512
漆器工艺品制造	467	464	9963	9808	5509
花画工艺品制造	210	206	4361	4063	2611
天然植物纤维编织工艺品制造	392	385	8909	8559	5141
抽纱刺绣工艺品制造	2559	2537	43793	41941	28337
地毯、挂毯制造	193	187	7253	6779	3847
珠宝首饰及有关物品制造	493	478	9796	9147	5584
其他工艺美术品制造	3100	3047	53349	51357	29013
体育用品制造	1497	1480	38733	37658	18300
球类制造	102	100	4048	3916	2556
体育器材及配件制造	423	415	10588	10252	4680
训练健身器材制造	513	508	13100	12501	4996
运动防护用具制造	85	85	2902	2902	1739
其他体育用品制造	374	372	8095	8087	4329
玩具制造	1974	1948	47923	46060	26189
玩具制造	1974	1948	47923	46060	26189
游艺器材及娱乐用品制造	463	452	11434	10736	4972
露天游乐场所游乐设备制造	198	195	4639	4274	1695
游艺用品及室内游艺器材制造	160	154	4850	4567	2380
其他娱乐用品制造	105	103	1945	1895	897

2-B-1　续表 11

行　业	单位数(个)	#单产业法人	从业人员期末人数(人)	#单产业法人	#女性
石油加工、炼焦和核燃料加工业	340	331	5989	5852	1535
精炼石油产品制造	335	326	5920	5783	1518
原油加工及石油制品制造	291	283	5415	5294	1385
人造原油制造	44	43	505	489	133
炼焦	3	3	48	48	13
炼焦	3	3	48	48	13
核燃料加工	2	2	21	21	4
核燃料加工	2	2	21	21	4
化学原料和化学制品制造业	8712	8520	207008	194949	65160
基础化学原料制造	1260	1218	38962	36281	9892
无机酸制造	101	101	2712	2712	798
无机碱制造	38	37	628	602	195
无机盐制造	250	244	6960	6858	1594
有机化学原料制造	463	452	18570	17221	4817
其他基础化学原料制造	408	384	10092	8888	2488
肥料制造	253	246	3871	3715	1026
氮肥制造	19	18	733	658	202
磷肥制造	17	15	271	248	57
钾肥制造	6	6	167	167	95
复混肥料制造	45	44	830	819	169
有机肥料及微生物肥料制造	145	143	1527	1483	423
其他肥料制造	21	20	343	340	80
农药制造	98	90	6305	5614	1860
化学农药制造	77	69	5843	5152	1687
生物化学农药及微生物农药制造	21	21	462	462	173
涂料、油墨、颜料及类似产品制造	2215	2168	42191	39489	12004
涂料制造	1485	1448	22969	20770	6381
油墨及类似产品制造	203	201	3144	3079	1088
颜料制造	141	138	4107	4031	1154

2-B-1 续表 12

行业	单位数(个)	#单产业法人	从业人员期末人数(人)	#单产业法人	#女性
染料制造	222	219	9453	9312	2306
密封用填料及类似品制造	164	162	2518	2297	1075
合成材料制造	1027	1002	35623	33344	10389
初级形态塑料及合成树脂制造	600	580	22225	20117	6017
合成橡胶制造	110	109	3412	3379	1108
合成纤维单(聚合)体制造	75	73	4934	4812	1543
其他合成材料制造	242	240	5052	5036	1721
专用化学产品制造	2779	2731	53778	51333	16195
化学试剂和助剂制造	1337	1308	26960	25460	7581
专项化学用品制造	388	382	7104	6881	1979
林产化学产品制造	129	125	2877	2522	1212
信息化学品制造	154	154	5047	5047	1778
环境污染处理专用药剂材料制造	131	131	2060	2060	631
动物胶制造	30	30	1189	1189	328
其他专用化学产品制造	610	601	8541	8174	2686
炸药、火工及焰火产品制造	29	28	1529	1526	488
炸药及火工产品制造	14	13	1298	1295	379
焰火、鞭炮产品制造	15	15	231	231	109
日用化学产品制造	1051	1037	24749	23647	13306
肥皂及合成洗涤剂制造	290	289	4575	4525	2387
化妆品制造	380	370	12368	11425	7502
口腔清洁用品制造	18	18	663	663	342
香料、香精制造	88	87	2480	2475	798
其他日用化学产品制造	275	273	4663	4559	2277
医药制造业	1188	1136	58197	54395	25676
化学药品原料药制造	275	264	17177	16387	4926
化学药品原料药制造	275	264	17177	16387	4926
化学药品制剂制造	114	108	8053	7497	4137
化学药品制剂制造	114	108	8053	7497	4137
中药饮片加工	108	98	3595	2840	1918
中药饮片加工	108	98	3595	2840	1918

2-B-1　续表 13

行　业	单位数(个)	#单产业法人	从业人员期末人数(人)	#单产业法人	#女性
中成药生产	87	79	5599	4968	2702
中成药生产	87	79	5599	4968	2702
兽用药品制造	66	63	2597	2450	1033
兽用药品制造	66	63	2597	2450	1033
生物药品制造	193	185	8538	7880	3657
生物药品制造	193	185	8538	7880	3657
卫生材料及医药用品制造	345	339	12638	12373	7303
卫生材料及医药用品制造	345	339	12638	12373	7303
化学纤维制造业	1431	1416	55011	54129	24149
纤维素纤维原料及纤维制造	131	130	3604	3589	1651
化纤浆粕制造	35	35	701	701	274
人造纤维(纤维素纤维)制造	96	95	2903	2888	1377
合成纤维制造	1300	1286	51407	50540	22498
锦纶纤维制造	123	118	6623	6224	3123
涤纶纤维制造	548	545	27425	27105	11099
腈纶纤维制造	30	30	1638	1638	673
维纶纤维制造	4	4	218	218	132
丙纶纤维制造	69	68	1556	1519	722
氨纶纤维制造	90	87	2474	2397	1122
其他合成纤维制造	436	434	11473	11439	5627
橡胶和塑料制品业	29163	28793	535196	515326	240085
橡胶制品业	3536	3483	69107	67204	29017
轮胎制造	178	174	4312	4228	1558
橡胶板、管、带制造	854	845	18754	18586	7169
橡胶零件制造	1391	1368	24044	23422	11124
再生橡胶制造	90	89	2523	2485	686
日用及医用橡胶制品制造	176	174	4794	4732	2502
其他橡胶制品制造	847	833	14680	13751	5978
塑料制品业	25627	25310	466089	448122	211068

2-B-1 续表 14

行 业	单位数（个）	#单产业法人	从业人员期末人数（人）	#单产业法人	#女性
塑料薄膜制造	1744	1719	33501	31598	11440
塑料板、管、型材制造	2639	2598	52176	49453	19931
塑料丝、绳及编织品制造	2009	1964	40587	37118	22000
泡沫塑料制造	966	949	18692	17790	7235
塑料人造革、合成革制造	348	342	27853	27169	8621
塑料包装箱及容器制造	2150	2131	39572	38387	19348
日用塑料制品制造	4950	4888	94716	91154	47354
塑料零件制造	5314	5262	79732	78224	39648
其他塑料制品制造	5507	5457	79260	77229	35491
非金属矿物制品业	12916	12718	307091	293065	89377
水泥、石灰和石膏制造	666	654	23901	22371	5782
水泥制造	358	349	19386	17923	4716
石灰和石膏制造	308	305	4515	4448	1066
石膏、水泥制品及类似制品制造	2892	2800	80434	72684	14998
水泥制品制造	1994	1918	68443	61722	12316
砼结构构件制造	312	301	5814	4843	1103
石棉水泥制品制造	23	23	269	269	97
轻质建筑材料制造	437	435	4193	4184	1043
其他水泥类似制品制造	126	123	1715	1666	439
砖瓦、石材等建筑材料制造	3865	3828	78183	76919	21941
粘土砖瓦及建筑砌块制造	1339	1329	46212	45553	14049
建筑陶瓷制品制造	102	101	2901	2883	935
建筑用石加工	1507	1499	14435	14373	2830
防水建筑材料制造	175	165	4639	4308	1167
隔热和隔音材料制造	279	276	4168	4030	1288
其他建筑材料制造	463	458	5828	5772	1672
玻璃制造	355	348	10964	10634	3119
平板玻璃制造	87	87	1683	1683	472
其他玻璃制造	268	261	9281	8951	2647
玻璃制品制造	2256	2238	54459	53417	21645

2-B-1　续表 15

行　业	单位数(个)	#单产业法人	从业人员期末人数(人)	#单产业法人	#女性
技术玻璃制品制造	167	166	7470	7245	2333
光学玻璃制造	56	56	1610	1610	667
玻璃仪器制造	40	38	621	482	324
日用玻璃制品制造	1451	1442	31373	31024	12308
玻璃包装容器制造	56	54	2658	2451	1284
玻璃保温容器制造	101	99	1945	1855	903
制镜及类似品加工	115	115	3169	3169	1366
其他玻璃制品制造	270	268	5613	5581	2460
玻璃纤维和玻璃纤维增强塑料制品制造	463	454	12102	11350	4772
玻璃纤维及制品制造	241	238	6561	6250	2981
玻璃纤维增强塑料制品制造	222	216	5541	5100	1791
陶瓷制品制造	798	792	17873	17420	7426
卫生陶瓷制品制造	455	453	8504	8404	3065
特种陶瓷制品制造	101	99	4408	4371	2029
日用陶瓷制品制造	75	75	1521	1521	574
园林、陈设艺术及其他陶瓷制品制造	167	165	3440	3124	1758
耐火材料制品制造	754	747	15558	15311	4935
石棉制品制造	86	85	1097	1092	338
云母制品制造	31	30	831	797	439
耐火陶瓷制品及其他耐火材料制造	637	632	13630	13422	4158
石墨及其他非金属矿物制品制造	867	857	13617	12959	4759
石墨及碳素制品制造	120	116	2728	2436	977
其他非金属矿物制品制造	747	741	10889	10523	3782
黑色金属冶炼和压延加工业	4129	4039	135797	129819	28508
炼铁	39	39	786	786	172
炼铁	39	39	786	786	172
炼钢	58	58	2068	2068	363
炼钢	58	58	2068	2068	363
黑色金属铸造	1579	1543	54007	50936	12295
黑色金属铸造	1579	1543	54007	50936	12295

2-B-1 续表 16

行业	单位数(个)	#单产业法人	从业人员期末人数(人)	#单产业法人	#女性
钢压延加工	2397	2344	77256	74350	15283
钢压延加工	2397	2344	77256	74350	15283
铁合金冶炼	56	55	1680	1679	395
铁合金冶炼	56	55	1680	1679	395
有色金属冶炼和压延加工业	3445	3404	90356	88159	27422
常用有色金属冶炼	322	318	7321	7150	1852
铜冶炼	89	89	1580	1580	332
铅锌冶炼	43	42	886	821	206
镍钴冶炼	25	25	1509	1509	320
锡冶炼	14	14	162	162	44
铝冶炼	103	101	2346	2299	665
镁冶炼	4	4	177	177	56
其他常用有色金属冶炼	44	43	661	602	229
贵金属冶炼	25	25	849	849	200
金冶炼	8	8	433	433	91
银冶炼	11	11	227	227	63
其他贵金属冶炼	6	6	189	189	46
稀有稀土金属冶炼	21	21	592	592	205
钨钼冶炼	4	4	196	196	47
稀土金属冶炼	11	11	327	327	147
其他稀有金属冶炼	6	6	69	69	11
有色金属合金制造	304	298	10020	9770	2897
有色金属合金制造	304	298	10020	9770	2897
有色金属铸造	407	402	7235	7143	2440
有色金属铸造	407	402	7235	7143	2440
有色金属压延加工	2366	2340	64339	62655	19828
铜压延加工	1047	1039	26073	25626	7447
铝压延加工	887	873	27583	26437	8829
贵金属压延加工	45	45	913	913	345
稀有稀土金属压延加工	59	59	2449	2449	935
其他有色金属压延加工	328	324	7321	7230	2272

2-B-1　续表 17

行　业	单位数(个)	#单产业法人	从业人员期末人数(人)	#单产业法人	#女性
金属制品业	30630	30229	613399	590476	229633
结构性金属制品制造	4884	4813	100944	98003	30094
金属结构制造	2186	2159	39404	38547	11730
金属门窗制造	2698	2654	61540	59456	18364
金属工具制造	5052	4981	96286	92332	40378
切削工具制造	983	956	19608	18498	7140
手工具制造	1871	1849	37113	35602	15870
农用及园林用金属工具制造	507	502	12179	11740	5444
刀剪及类似日用金属工具制造	413	403	7681	6929	3503
其他金属工具制造	1278	1271	19705	19563	8421
集装箱及金属包装容器制造	680	667	21090	19339	7925
集装箱制造	17	17	240	240	72
金属压力容器制造	186	182	6838	6466	1667
金属包装容器制造	477	468	14012	12633	6186
金属丝绳及其制品制造	906	896	16901	16449	5358
金属丝绳及其制品制造	906	896	16901	16449	5358
建筑、安全用金属制品制造	8660	8552	153253	147690	62085
建筑、家具用金属配件制造	5472	5412	88479	85417	36904
建筑装饰及水暖管道零件制造	2485	2446	49055	46901	19714
安全、消防用金属制品制造	458	451	10625	10400	3604
其他建筑、安全用金属制品制造	245	243	5094	4972	1863
金属表面处理及热处理加工	2727	2692	71554	69643	25532
金属表面处理及热处理加工	2727	2692	71554	69643	25532
搪瓷制品制造	325	323	6799	6550	2710
生产专用搪瓷制品制造	21	21	418	418	146
建筑装饰搪瓷制品制造	14	14	407	407	110
搪瓷卫生洁具制造	223	222	3368	3319	1226
搪瓷日用品及其他搪瓷制品制造	67	66	2606	2406	1228
金属制日用品制造	3831	3780	82824	79706	34041

2-B-1 续表 18

行业	单位数(个)	#单产业法人	从业人员期末人数(人)	#单产业法人	#女性
金属制厨房用器具制造	623	615	15705	15151	5978
金属制餐具和器皿制造	1018	1003	33541	32188	13643
金属制卫生器具制造	249	243	6886	6459	2896
其他金属制日用品制造	1941	1919	26692	25908	11524
其他金属制品制造	3565	3525	63748	60764	21510
锻件及粉末冶金制品制造	1541	1521	31750	30339	9738
交通及公共管理用金属标牌制造	258	253	3637	3356	1119
其他未列明金属制品制造	1766	1751	28361	27069	10653
通用设备制造业	45764	45013	910743	870407	299182
锅炉及原动设备制造	712	697	22427	21845	5802
锅炉及辅助设备制造	271	262	7912	7524	1666
内燃机及配件制造	254	250	8474	8340	2934
汽轮机及辅机制造	38	38	2826	2826	580
水轮机及辅机制造	69	68	2225	2173	402
风能原动设备制造	22	22	349	349	60
其他原动设备制造	58	57	641	633	160
金属加工机械制造	4564	4492	77213	73125	20311
金属切削机床制造	802	782	17610	15913	4041
金属成形机床制造	608	595	11824	11440	2497
铸造机械制造	604	598	10204	9927	2620
金属切割及焊接设备制造	530	515	11228	10226	3926
机床附件制造	525	513	8702	8287	2389
其他金属加工机械制造	1495	1489	17645	17332	4838
物料搬运设备制造	1565	1494	48362	42725	12799
轻小型起重设备制造	375	349	10816	9368	3243
起重机制造	190	183	6254	5396	1350
生产专用车辆制造	108	106	5438	5252	1326
连续搬运设备制造	239	237	5143	4914	1029
电梯、自动扶梯及升降机制造	577	544	18314	15440	5197
其他物料搬运设备制造	76	75	2397	2355	654

2-B-1　续表 19

行　业	单位数(个)	#单产业法人	从业人员期末人数(人)	#单产业法人	#女性
泵、阀门、压缩机及类似机械制造	10339	10149	240625	228446	76975
泵及真空设备制造	2032	1987	49118	45740	15959
气体压缩机械制造	473	466	14678	14496	4597
阀门和旋塞制造	5923	5811	136454	129433	43716
液压和气压动力机械及元件制造	1911	1885	40375	38777	12703
轴承、齿轮和传动部件制造	5350	5284	145609	141574	52379
轴承制造	3592	3551	99356	96783	38638
齿轮及齿轮减、变速箱制造	1267	1251	31587	30796	8542
其他传动部件制造	491	482	14666	13995	5199
烘炉、风机、衡器、包装等设备制造	4795	4707	109708	104720	39334
烘炉、熔炉及电炉制造	323	317	4922	4821	1165
风机、风扇制造	669	658	11978	11565	4182
气体、液体分离及纯净设备制造	488	470	14714	13523	4650
制冷、空调设备制造	1046	1030	25810	24976	9344
风动和电动工具制造	1251	1238	32080	30960	13370
喷枪及类似器具制造	274	271	5977	5683	2549
衡器制造	174	172	3766	3620	1714
包装专用设备制造	570	551	10461	9572	2360
文化、办公用机械制造	436	422	13935	13002	5946
电影机械制造	12	12	231	231	122
幻灯及投影设备制造	24	24	412	412	195
照相机及器材制造	110	108	3467	3310	1786
复印和胶印设备制造	59	59	2905	2905	930
计算器及货币专用设备制造	112	103	4251	3665	1592
其他文化、办公用机械制造	119	116	2669	2479	1321
通用零部件制造	16945	16719	237054	229361	81247
金属密封件制造	804	788	14050	13389	5310
紧固件制造	5108	4971	83370	78416	29892
弹簧制造	954	943	13792	13586	5039
机械零部件加工	7741	7696	91709	90504	28630
其他通用零部件制造	2338	2321	34133	33466	12376

2-B-1 续表 20

行业	单位数（个）	#单产业法人	从业人员期末人数（人）	#单产业法人	#女性
其他通用设备制造业	1058	1049	15810	15609	4389
其他通用设备制造业	1058	1049	15810	15609	4389
专用设备制造业	19013	18739	378463	361852	110211
采矿、冶金、建筑专用设备制造	1170	1140	27323	25512	5940
矿山机械制造	398	391	8771	8299	2033
石油钻采专用设备制造	51	50	2671	2428	719
建筑工程用机械制造	378	367	7469	7045	1537
海洋工程专用设备制造	16	16	540	540	119
建筑材料生产专用机械制造	228	220	4785	4370	909
冶金专用设备制造	99	96	3087	2830	623
化工、木材、非金属加工专用设备制造	7675	7598	136701	131480	34571
炼油、化工生产专用设备制造	226	223	5707	5599	1376
橡胶加工专用设备制造	86	86	1680	1680	392
塑料加工专用设备制造	1152	1122	29343	27142	5722
木材加工机械制造	104	103	1481	1477	332
模具制造	5998	5956	96784	94038	26302
其他非金属加工专用设备制造	109	108	1706	1544	447
食品、饮料、烟草及饲料生产专用设备制造	620	613	11192	10733	2189
食品、酒、饮料及茶生产专用设备制造	431	427	7738	7540	1509
农副食品加工专用设备制造	139	138	2345	2336	459
烟草生产专用设备制造	31	30	636	604	122
饲料生产专用设备制造	19	18	473	253	99
印刷、制药、日化及日用品生产专用设备制造	1277	1250	26043	24167	5822
制浆和造纸专用设备制造	119	116	2699	2627	485
印刷专用设备制造	583	568	12449	11493	2334
日用化工专用设备制造	69	69	796	796	238
制药专用设备制造	188	181	5054	4288	867
照明器具生产专用设备制造	115	115	1654	1654	817
玻璃、陶瓷和搪瓷制品生产专用设备制造	47	47	932	932	323
其他日用品生产专用设备制造	156	154	2459	2377	758

2-B-1 续表 21

行 业	单位数(个)	#单产业法人	从业人员期末人数(人)	#单产业法人	#女性
纺织、服装和皮革加工专用设备制造	3500	3448	72868	70558	24839
纺织专用设备制造	1767	1746	33671	33012	10329
皮革、毛皮及其制品加工专用设备制造	134	129	2408	2137	489
缝制机械制造	1567	1543	36274	35014	13836
洗涤机械制造	32	30	515	395	185
电子和电工机械专用设备制造	814	809	13855	13660	5263
电工机械专用设备制造	410	406	6975	6798	2483
电子工业专用设备制造	404	403	6880	6862	2780
农、林、牧、渔专用机械制造	889	875	21844	20693	7468
拖拉机制造	32	31	1410	1372	377
机械化农业及园艺机具制造	386	381	12052	11577	4471
营林及木竹采伐机械制造	13	13	318	318	119
畜牧机械制造	39	38	511	496	179
渔业机械制造	37	36	883	623	399
农林牧渔机械配件制造	271	265	4959	4596	1535
棉花加工机械制造	9	9	123	123	24
其他农、林、牧、渔业机械制造	102	102	1588	1588	364
医疗仪器设备及器械制造	985	969	24850	24008	11790
医疗诊断、监护及治疗设备制造	172	168	4517	4343	2019
口腔科用设备及器具制造	66	64	1808	1743	844
医疗实验室及医用消毒设备和器具制造	53	53	881	881	363
医疗、外科及兽医用器械制造	255	252	9408	9336	5353
机械治疗及病房护理设备制造	62	60	1727	1573	824
假肢、人工器官及植(介)入器械制造	61	58	1166	808	514
其他医疗设备及器械制造	316	314	5343	5324	1873
环保、社会公共服务及其他专用设备制造	2083	2037	43787	41041	12329
环境保护专用设备制造	1083	1063	21451	20232	5217
地质勘查专用设备制造	12	12	496	496	77
邮政专用机械及器材制造	23	23	620	620	213

2-B-1 续表 22

行业	单位数(个)	#单产业法人	从业人员期末人数(人)	#单产业法人	#女性
商业、饮食、服务专用设备制造	33	33	654	654	231
社会公共安全设备及器材制造	378	365	10343	9524	3856
交通安全、管制及类似专用设备制造	66	64	1154	1052	373
水资源专用机械制造	78	76	1861	1689	562
其他专用设备制造	410	401	7208	6774	1800
汽车制造业	13696	13489	357658	345732	135101
汽车整车制造	73	69	4593	4094	1260
汽车整车制造	73	69	4593	4094	1260
改装汽车制造	25	24	1764	1630	285
改装汽车制造	25	24	1764	1630	285
低速载货汽车制造	2	2	145	145	27
低速载货汽车制造	2	2	145	145	27
电车制造	12	12	203	203	70
电车制造	12	12	203	203	70
汽车车身、挂车制造	36	34	1197	1034	344
汽车车身、挂车制造	36	34	1197	1034	344
汽车零部件及配件制造	13548	13348	349756	338626	133115
汽车零部件及配件制造	13548	13348	349756	338626	133115
铁路、船舶、航空航天和其他运输设备制造业	4369	4259	120254	112803	40204
铁路运输设备制造	107	102	3364	2948	901
铁路机车车辆及动车组制造	2	2	107	107	23
窄轨机车车辆制造	1	1	36	36	8
铁路机车车辆配件制造	40	38	1913	1634	529
铁路专用设备及器材、配件制造	58	55	1259	1122	334
其他铁路运输设备制造	6	6	49	49	7
城市轨道交通设备制造	8	8	168	168	50
城市轨道交通设备制造	8	8	168	168	50
船舶及相关装置制造	1093	1064	30874	28866	5549
金属船舶制造	535	515	19378	17952	2780
非金属船舶制造	27	27	278	278	70

2-B-1 续表 23

行 业	单位数(个)	#单产业法人	从业人员期末人数(人)	#单产业法人	#女性
娱乐船和运动船制造	42	42	1640	1640	550
船用配套设备制造	435	427	8293	7736	1903
船舶改装与拆除	45	44	1051	1026	193
航标器材及其他相关装置制造	9	9	234	234	53
航空、航天器及设备制造	34	33	1345	1313	467
飞机制造	9	9	506	506	160
航天器制造	5	5	29	29	8
航空、航天相关设备制造	9	9	464	464	128
其他航空航天器制造	11	10	346	314	171
摩托车制造	1495	1453	44672	41694	17207
摩托车整车制造	57	52	4664	4144	1593
摩托车零部件及配件制造	1438	1401	40008	37550	15614
自行车制造	1382	1351	33747	31841	13627
脚踏自行车及残疾人座车制造	664	658	18548	17914	7967
助动自行车制造	718	693	15199	13927	5660
非公路休闲车及零配件制造	167	166	3738	3683	1433
非公路休闲车及零配件制造	167	166	3738	3683	1433
潜水救捞及其他未列明运输设备制造	83	82	2346	2290	970
潜水及水下救捞装备制造	14	14	532	532	293
其他未列明运输设备制造	69	68	1814	1758	677
电气机械和器材制造业	31930	31212	741737	696456	338930
电机制造	3360	3289	95773	90069	40756
发电机及发电机组制造	449	438	11321	10811	3877
电动机制造	1688	1659	40127	38219	15801
微电机及其他电机制造	1223	1192	44325	41039	21078
输配电及控制设备制造	11626	11270	241673	220565	104426
变压器、整流器和电感器制造	1151	1112	31825	29030	12958
电容器及其配套设备制造	328	315	6831	6127	2941
配电开关控制设备制造	6562	6357	122228	110568	52067
电力电子元器件制造	2657	2580	54446	50215	25955

2-B-1 续表 24

行　业	单位数(个)	#单产业法人	从业人员期末人数(人)	#单产业法人	#女性
光伏设备及元器件制造	320	315	13253	12809	5801
其他输配电及控制设备制造	608	591	13090	11816	4704
电线、电缆、光缆及电工器材制造	3099	2995	76372	70171	32495
电线、电缆制造	2402	2309	61273	55727	26410
光纤、光缆制造	108	106	4050	3839	1588
绝缘制品制造	230	227	4830	4692	1920
其他电工器材制造	359	353	6219	5913	2577
电池制造	458	445	16035	15574	7480
锂离子电池制造	116	114	4292	4030	1911
镍氢电池制造	30	29	864	856	417
其他电池制造	312	302	10879	10688	5152
家用电力器具制造	5763	5700	130554	126235	60270
家用制冷电器具制造	283	279	6679	6593	2554
家用空气调节器制造	176	173	5623	5081	2234
家用通风电器具制造	549	542	11004	10367	4222
家用厨房电器具制造	1065	1052	27798	27026	13214
家用清洁卫生电器具制造	413	409	12229	11914	5756
家用美容、保健电器具制造	355	345	12553	11638	6507
家用电力器具专用配件制造	1333	1319	27000	26435	12814
其他家用电力器具制造	1589	1581	27668	27181	12969
非电力家用器具制造	1000	982	18232	17410	7437
燃气、太阳能及类似能源家用器具制造	864	849	14168	13661	5760
其他非电力家用器具制造	136	133	4064	3749	1677
照明器具制造	5744	5664	148690	142824	80189
电光源制造	1255	1237	45130	43339	24682
照明灯具制造	3190	3143	76718	73444	41099
灯用电器附件及其他照明器具制造	1299	1284	26842	26041	14408
其他电气机械及器材制造	880	867	14408	13608	5877
电气信号设备装置制造	234	226	5229	4875	2616
其他未列明电气机械及器材制造	646	641	9179	8733	3261

2-B-1　续表 25

行　　业	单位数(个)	#单产业法人	从业人员期末人数(人)	#单产业法人	#女性
计算机、通信和其他电子设备制造业	9148	8976	237640	224340	117978
计算机制造	310	303	8873	7992	3644
计算机整机制造	21	21	242	242	112
计算机零部件制造	113	112	2376	2242	1048
计算机外围设备制造	76	75	3317	3126	1237
其他计算机制造	100	95	2938	2382	1247
通信设备制造	729	711	22239	20693	9573
通信系统设备制造	535	524	15705	14675	6592
通信终端设备制造	194	187	6534	6018	2981
广播电视设备制造	471	462	12670	12379	6834
广播电视节目制作及发射设备制造	22	22	729	729	321
广播电视接收设备及器材制造	375	370	9944	9712	5642
应用电视设备及其他广播电视设备制造	74	70	1997	1938	871
雷达及配套设备制造	11	11	289	289	126
雷达及配套设备制造	11	11	289	289	126
视听设备制造	675	660	18480	17184	9438
电视机制造	41	38	1267	1006	507
音响设备制造	555	546	14450	13818	7572
影视录放设备制造	79	76	2763	2360	1359
电子器件制造	1183	1154	34392	31783	16965
电子真空器件制造	97	93	2777	1700	1385
半导体分立器件制造	219	210	6443	5859	3224
集成电路制造	113	111	4841	4809	2208
光电子器件及其他电子器件制造	754	740	20331	19415	10148
电子元件制造	5117	5032	127825	121679	65198
电子元件及组件制造	4776	4695	115860	110038	59944
印制电路板制造	341	337	11965	11641	5254
其他电子设备制造	652	643	12872	12341	6200
其他电子设备制造	652	643	12872	12341	6200

2-B-1 续表 26

行业	单位数(个)	#单产业法人	从业人员期末人数(人)	#单产业法人	#女性
仪器仪表制造业	5713	5583	148110	140101	66248
通用仪器仪表制造	2651	2577	68082	63566	28136
工业自动控制系统装置制造	776	754	21519	19608	6645
电工仪器仪表制造	852	825	15865	14683	6844
绘图、计算及测量仪器制造	218	213	5625	5446	2825
实验分析仪器制造	192	185	4582	4157	2206
试验机制造	48	47	1462	1402	448
供应用仪表及其他通用仪器制造	565	553	19029	18270	9168
专用仪器仪表制造	736	711	18701	16669	8137
环境监测专用仪器仪表制造	62	60	1713	1505	627
运输设备及生产用计数仪表制造	140	132	5712	4769	2824
导航、气象及海洋专用仪器制造	37	35	880	794	417
农林牧渔专用仪器仪表制造	15	14	261	254	99
地质勘探和地震专用仪器制造	15	15	446	446	108
教学专用仪器制造	135	129	3569	3126	1557
核子及核辐射测量仪器制造	5	5	94	94	14
电子测量仪器制造	145	141	2624	2353	1059
其他专用仪器制造	182	180	3402	3328	1432
钟表与计时仪器制造	152	149	4303	4214	2423
钟表与计时仪器制造	152	149	4303	4214	2423
光学仪器及眼镜制造	1851	1829	52113	50984	24928
光学仪器制造	203	201	5767	5744	2968
眼镜制造	1648	1628	46346	45240	21960
其他仪器仪表制造业	323	317	4911	4668	2624
其他仪器仪表制造业	323	317	4911	4668	2624
其他制造业	5087	5020	92044	86906	46647
日用杂品制造	4102	4045	79928	75225	42018
鬃毛加工、制刷及清扫工具制造	304	302	8734	8552	5147
其他日用杂品制造	3798	3743	71194	66673	36871

2-B-1　续表 27

行　业	单位数(个)	#单产业法人	从业人员期末人数(人)	#单产业法人	#女性
煤制品制造	55	54	547	547	137
煤制品制造	55	54	547	547	137
核辐射加工	5	5	83	83	13
核辐射加工	5	5	83	83	13
其他未列明制造业	925	916	11486	11051	4479
其他未列明制造业	925	916	11486	11051	4479
废弃资源综合利用业	913	898	20593	19837	6552
金属废料和碎屑加工处理	413	405	14203	13600	4618
金属废料和碎屑加工处理	413	405	14203	13600	4618
非金属废料和碎屑加工处理	500	493	6390	6237	1934
非金属废料和碎屑加工处理	500	493	6390	6237	1934
金属制品、机械和设备修理业	1321	1281	27882	24342	4503
金属制品修理	37	37	307	307	98
金属制品修理	37	37	307	307	98
通用设备修理	170	168	1669	1461	308
通用设备修理	170	168	1669	1461	308
专用设备修理	152	150	1129	1123	195
专用设备修理	152	150	1129	1123	195
铁路、船舶、航空航天等运输设备修理	770	736	21945	18737	3291
铁路运输设备修理	1	1	191	191	3
船舶修理	757	723	21526	18318	3227
航空航天器修理	1	1	125	125	32
其他运输设备修理	11	11	103	103	29
电气设备修理	77	76	1405	1306	317
电气设备修理	77	76	1405	1306	317
仪器仪表修理	11	11	73	73	19
仪器仪表修理	11	11	73	73	19
其他机械和设备修理业	104	103	1354	1335	275
其他机械和设备修理业	104	103	1354	1335	275

2-B-1 续表 28

行业	单位数（个）	#单产业法人	从业人员期末人数（人）	#单产业法人	#女性
电力、热力、燃气及水生产和供应业	**4204**	**4052**	**80336**	**68489**	**20459**
电力、热力生产和供应业	2745	2675	44412	39767	10232
电力生产	2615	2553	37462	34057	8792
火力发电	129	124	12069	11458	2371
水力发电	2369	2315	20516	17842	5136
核力发电	5	5	1642	1642	673
风力发电	40	39	427	406	87
太阳能发电	18	18	93	93	21
其他电力生产	54	52	2715	2616	504
电力供应	53	48	2822	1723	575
电力供应	53	48	2822	1723	575
热力生产和供应	77	74	4128	3987	865
热力生产和供应	77	74	4128	3987	865
燃气生产和供应业	305	269	8225	5691	2117
燃气生产和供应业	305	269	8225	5691	2117
燃气生产和供应业	305	269	8225	5691	2117
水的生产和供应业	1154	1108	27699	23031	8110
自来水生产和供应	604	566	18451	14109	5690
自来水生产和供应	604	566	18451	14109	5690
污水处理及其再生利用	324	321	7197	6965	1981
污水处理及其再生利用	324	321	7197	6965	1981
其他水的处理、利用与分配	226	221	2051	1957	439
其他水的处理、利用与分配	226	221	2051	1957	439
建筑业	**20941**	**20120**	**1232991**	**1061248**	**153625**
房屋建筑业	2777	2614	605978	529679	64221
房屋建筑业	2777	2614	605978	529679	64221
房屋建筑业	2777	2614	605978	529679	64221
土木工程建筑业	4524	4311	267165	219990	39123
铁路、道路、隧道和桥梁工程建筑	1832	1750	152847	135102	23063

2-B-1 续表 29

行 业	单位数(个)	#单产业法人	从业人员期末人数(人)	#单产业法人	#女性
铁路工程建筑	36	35	1178	1121	204
公路工程建筑	295	284	19509	17192	2723
市政道路工程建筑	1273	1211	117037	102864	17236
其他道路、隧道和桥梁工程建筑	228	220	15123	13925	2900
水利和内河港口工程建筑	412	384	25498	19360	3411
水源及供水设施工程建筑	218	198	15682	11013	2284
河湖治理及防洪设施工程建筑	111	106	6583	5616	809
港口及航运设施工程建筑	83	80	3233	2731	318
海洋工程建筑	29	28	352	296	70
海洋工程建筑	29	28	352	296	70
工矿工程建筑	170	158	9451	6796	1150
工矿工程建筑	170	158	9451	6796	1150
架线和管道工程建筑	510	484	18308	15809	2677
架线及设备工程建筑	323	300	11641	9255	1658
管道工程建筑	187	184	6667	6554	1019
其他土木工程建筑	1571	1507	60709	42627	8752
其他土木工程建筑	1571	1507	60709	42627	8752
建筑安装业	3351	3199	90768	73805	14663
电气安装	1064	1001	33281	27167	5223
电气安装	1064	1001	33281	27167	5223
管道和设备安装	937	900	21202	16485	3489
管道和设备安装	937	900	21202	16485	3489
其他建筑安装业	1350	1298	36285	30153	5951
其他建筑安装业	1350	1298	36285	30153	5951
建筑装饰和其他建筑业	10289	9996	269080	237774	35618
建筑装饰业	7617	7385	156987	131559	25257
建筑装饰业	7617	7385	156987	131559	25257
工程准备活动	2075	2033	48483	45025	4908
建筑物拆除活动	451	426	13104	11029	1353
其他工程准备活动	1624	1607	35379	33996	3555

2-B-1 续表 30

行业	单位数（个）	#单产业法人	从业人员期末人数（人）	#单产业法人	#女性
提供施工设备服务	155	152	12059	12013	1016
提供施工设备服务	155	152	12059	12013	1016
其他未列明建筑业	442	426	51551	49177	4437
其他未列明建筑业	442	426	51551	49177	4437
批发和零售业	**247318**	**240907**	**1384817**	**1294257**	**594312**
批发业	175094	171431	1021405	969793	423778
农、林、牧产品批发	5487	5375	40871	39021	13433
谷物、豆及薯类批发	598	583	4971	4612	1449
种子批发	318	289	1962	1638	710
饲料批发	483	478	2216	2188	713
棉、麻批发	124	119	919	857	327
林业产品批发	1677	1672	15159	15093	4499
牲畜批发	687	681	5133	4953	1707
其他农牧产品批发	1600	1553	10511	9680	4028
食品、饮料及烟草制品批发	15736	15311	110793	103194	45028
米、面制品及食用油批发	1348	1297	10012	9006	3514
糕点、糖果及糖批发	480	466	3497	3203	1578
果品、蔬菜批发	4337	4289	34643	33545	13538
肉、禽、蛋、奶及水产品批发	2288	2235	15514	14518	5734
盐及调味品批发	262	239	2875	2211	988
营养和保健品批发	617	593	3669	3327	1775
酒、饮料及茶叶批发	3190	3057	21880	19961	9895
烟草制品批发	51	48	331	278	154
其他食品批发	3163	3087	18372	17145	7852
纺织、服装及家庭用品批发	49313	48593	280397	269677	137404
纺织品、针织品及原料批发	22657	22399	123930	121441	58151
服装批发	12264	12088	71953	68157	39762
鞋帽批发	1581	1559	9756	9413	4880

2-B-1　续表 31

行　　业	单位数(个)	#单产业法人	从业人员期末人数(人)	#单产业法人	#女性
化妆品及卫生用品批发	1226	1210	7738	7495	4344
厨房、卫生间用具及日用杂货批发	3424	3362	17931	17030	8632
灯具、装饰物品批发	1281	1267	7397	7111	3258
家用电器批发	2978	2877	20013	18621	8318
其他家庭用品批发	3902	3831	21679	20409	10059
文化、体育用品及器材批发	8464	8294	45730	43084	21855
文具用品批发	2828	2758	16287	15259	7377
体育用品及器材批发	790	778	4418	4328	2023
图书批发	218	207	1547	1323	743
报刊批发	16	15	548	508	231
音像制品及电子出版物批发	64	62	557	552	253
首饰、工艺品及收藏品批发	3387	3337	16165	15314	8385
其他文化用品批发	1161	1137	6208	5800	2843
医药及医疗器材批发	2921	2838	23430	21680	10602
西药批发	251	232	3212	2514	1566
中药批发	395	377	4180	3667	1912
医疗用品及器材批发	2275	2229	16038	15499	7124
矿产品、建材及化工产品批发	43454	42356	240381	227092	85839
煤炭及制品批发	1409	1374	10085	9707	3454
石油及制品批发	1992	1868	14530	12712	5414
非金属矿及制品批发	457	452	2554	2479	845
金属及金属矿批发	12801	12566	69411	67111	24266
建材批发	11207	11084	57147	55679	19344
化肥批发	1296	1060	6311	3446	1936
农药批发	714	629	4101	2165	1344
农用薄膜批发	53	51	255	246	111
其他化工产品批发	13525	13272	75987	73547	29125
机械设备、五金产品及电子产品批发	32873	32123	194066	184252	74882
农业机械批发	517	502	2689	2592	891

2-B-1 续表 32

行业	单位数(个)	#单产业法人	从业人员期末人数(人)	#单产业法人	#女性
汽车批发	433	404	3121	2797	1096
汽车零配件批发	3216	3154	18890	18065	7296
摩托车及零配件批发	263	259	1648	1620	704
五金产品批发	9206	8997	46937	44570	18983
电气设备批发	2485	2422	15758	14832	6008
计算机、软件及辅助设备批发	2369	2292	20546	19299	8074
通讯及广播电视设备批发	852	819	6465	5939	2862
其他机械设备及电子产品批发	13532	13274	78012	74538	28968
贸易经纪与代理	9709	9585	50584	49189	22742
贸易代理	7795	7727	40463	39839	18516
拍卖	242	208	2095	1589	936
其他贸易经纪与代理	1672	1650	8026	7761	3290
其他批发业	7137	6956	35153	32604	11993
再生物资回收与批发	4017	3878	18725	16647	5521
其他未列明批发业	3120	3078	16428	15957	6472
零售业	72224	69476	363412	324464	170534
综合零售	3001	2790	20230	16803	11270
百货零售	1476	1402	9052	8005	4623
超级市场零售	442	390	5284	4293	3563
其他综合零售	1083	998	5894	4505	3084
食品、饮料及烟草制品专门零售	9145	8849	41098	37027	19075
粮油零售	480	465	2797	2499	969
糕点、面包零售	326	295	1855	1374	1062
果品、蔬菜零售	1832	1798	8693	8097	3639
肉、禽、蛋、奶及水产品零售	1886	1859	6126	5729	2523
营养和保健品零售	525	502	2074	1876	1069
酒、饮料及茶叶零售	1768	1696	9150	8296	4440
烟草制品零售	235	205	1359	723	911
其他食品零售	2093	2029	9044	8433	4462

2-B-1　续表 33

行　业	单位数（个）	#单产业法人	从业人员期末人数（人）	#单产业法人	#女性
纺织、服装及日用品专门零售	10719	10365	48195	44227	25895
纺织品及针织品零售	1149	1125	5411	5055	2823
服装零售	4778	4680	21716	20420	12445
鞋帽零售	555	548	2234	2176	1202
化妆品及卫生用品零售	521	508	2378	2296	1344
钟表、眼镜零售	1049	914	5042	3618	2897
箱、包零售	258	250	1099	1049	591
厨房用具及日用杂品零售	312	304	1278	1214	555
自行车零售	283	257	1326	1119	535
其他日用品零售	1814	1779	7711	7280	3503
文化、体育用品及器材专门零售	3885	3746	20313	17856	10963
文具用品零售	762	740	3434	3022	1712
体育用品及器材零售	329	322	1533	1449	770
图书、报刊零售	296	266	2489	1648	1370
音像制品及电子出版物零售	58	57	254	246	110
珠宝首饰零售	852	809	5489	4701	3771
工艺美术品及收藏品零售	1128	1112	4750	4655	2158
乐器零售	135	126	616	538	323
照相器材零售	65	59	459	359	215
其他文化用品零售	260	255	1289	1238	534
医药及医疗器材专门零售	10760	10071	42177	35462	25015
药品零售	9878	9217	37567	31066	22857
医疗用品及器材零售	882	854	4610	4396	2158
汽车、摩托车、燃料及零配件专门零售	7467	7045	59547	50454	24759
汽车零售	4035	3782	35992	31179	13309
汽车零配件零售	1376	1341	6869	6458	2336
摩托车及零配件零售	444	404	2132	1795	734
机动车燃料零售	1612	1518	14554	11022	8380
家用电器及电子产品专门零售	7945	7601	47024	41519	19411

2-B-1 续表 34

行业	单位数(个)	#单产业法人	从业人员期末人数(人)	#单产业法人	#女性
家用视听设备零售	501	461	4416	3328	2155
日用家电设备零售	2212	2131	13517	12189	5677
计算机、软件及辅助设备零售	2646	2545	15171	13689	5230
通信设备零售	1255	1152	7215	5828	3760
其他电子产品零售	1331	1312	6705	6485	2589
五金、家具及室内装饰材料专门零售	10530	10403	43219	41894	17300
五金零售	2998	2943	12252	11750	4669
灯具零售	278	272	1375	1299	546
家具零售	1521	1500	7987	7743	3623
涂料零售	2686	2673	7551	7411	3058
卫生洁具零售	261	260	1176	1154	558
木质装饰材料零售	596	591	2773	2693	1108
陶瓷、石材装饰材料零售	787	781	3840	3766	1394
其他室内装饰材料零售	1403	1383	6265	6078	2344
货摊、无店铺及其他零售业	8772	8606	41609	39222	16846
货摊食品零售	30	28	196	139	85
货摊纺织、服装及鞋零售	35	35	111	111	48
货摊日用品零售	33	33	117	117	53
互联网零售	6091	6064	26468	26188	11624
邮购及电视、电话零售	72	70	472	457	208
旧货零售	89	87	256	245	64
生活用燃料零售	590	486	5067	3427	1599
其他未列明零售业	1832	1803	8922	8538	3165
交通运输、仓储和邮政业	**16320**	**15439**	**298209**	**249453**	**74940**
道路运输业	8245	7878	157577	132992	36303
城市公共交通运输	422	397	21311	17887	4790
公共电汽车客运	97	92	6940	6524	1850
城市轨道交通	12	9	4787	2577	1291
出租车客运	281	265	9179	8518	1571
其他城市公共交通运输	32	31	405	268	78

2-B-1 续表 35

行 业	单位数（个）	#单产业法人	从业人员期末人数（人）	#单产业法人	#女性
公路旅客运输	448	375	23596	15510	6919
公路旅客运输	448	375	23596	15510	6919
道路货物运输	6611	6377	96354	85754	19773
道路货物运输	6611	6377	96354	85754	19773
道路运输辅助活动	764	729	16316	13841	4821
客运汽车站	82	74	2600	1907	914
公路管理与养护	220	205	7900	6458	2157
其他道路运输辅助活动	462	450	5816	5476	1750
水上运输业	1029	977	35657	31762	4850
水上旅客运输	81	74	3905	3054	1062
海洋旅客运输	30	25	1978	1261	418
内河旅客运输	26	24	1266	1132	469
客运轮渡运输	25	25	661	661	175
水上货物运输	662	631	24252	22408	2474
远洋货物运输	32	30	814	558	150
沿海货物运输	510	486	20113	18724	1675
内河货物运输	120	115	3325	3126	649
水上运输辅助活动	286	272	7500	6300	1314
客运港口	12	9	485	56	195
货运港口	79	76	2964	2616	546
其他水上运输辅助活动	195	187	4051	3628	573
航空运输业	37	35	994	780	442
航空客货运输	3	3	102	102	31
航空旅客运输	3	3	102	102	31
通用航空服务	18	18	206	206	68
通用航空服务	18	18	206	206	68
航空运输辅助活动	16	14	686	472	343
机场	7	7	416	416	179
其他航空运输辅助活动	9	7	270	56	164

2-B-1 续表 36

行业	单位数（个）	#单产业法人	从业人员期末人数（人）	#单产业法人	#女性
管道运输业	3	3	161	161	43
管道运输业	3	3	161	161	43
管道运输业	3	3	161	161	43
装卸搬运和运输代理业	5257	4978	70767	58371	24035
装卸搬运	842	828	18968	17801	2322
装卸搬运	842	828	18968	17801	2322
运输代理业	4415	4150	51799	40570	21713
货物运输代理	3692	3474	45856	36130	18603
旅客票务代理	468	433	3655	2452	2097
其他运输代理业	255	243	2288	1988	1013
仓储业	818	775	14284	12311	3745
谷物、棉花等农产品仓储	134	106	3350	1902	653
谷物仓储	106	78	3059	1611	603
棉花仓储	8	8	88	88	18
其他农产品仓储	20	20	203	203	32
其他仓储业	684	669	10934	10409	3092
其他仓储业	684	669	10934	10409	3092
邮政业	931	793	18769	13076	5522
邮政基本服务	28	25	905	595	283
邮政基本服务	28	25	905	595	283
快递服务	903	768	17864	12481	5239
快递服务	903	768	17864	12481	5239
住宿和餐饮业	**13274**	**12493**	**233592**	**201465**	**129573**
住宿业	5729	5395	92693	77938	57400
旅游饭店	1268	1082	47316	35959	27713
旅游饭店	1268	1082	47316	35959	27713
一般旅馆	4200	4055	42777	39414	28036
一般旅馆	4200	4055	42777	39414	28036

2-B-1 续表 37

行 业	单位数(个)	#单产业法人	从业人员期末人数(人)	#单产业法人	#女性
其他住宿业	261	258	2600	2565	1651
其他住宿业	261	258	2600	2565	1651
餐饮业	7545	7098	140899	123527	72173
正餐服务	5720	5399	118039	104854	60431
正餐服务	5720	5399	118039	104854	60431
快餐服务	566	501	8708	6020	4682
快餐服务	566	501	8708	6020	4682
饮料及冷饮服务	561	539	6405	5841	3291
茶馆服务	162	153	1382	1194	844
咖啡馆服务	191	185	2231	2158	1161
酒吧服务	117	115	1948	1878	866
其他饮料及冷饮服务	91	86	844	611	420
其他餐饮业	698	659	7747	6812	3769
小吃服务	338	311	3579	3071	1745
餐饮配送服务	136	130	1656	1472	782
其他未列明餐饮业	224	218	2512	2269	1242
信息传输、软件和信息技术服务业	**15813**	**15499**	**138970**	**130169**	**49388**
电信、广播电视和卫星传输服务	465	426	6783	5539	2845
电信	378	343	4922	3732	2115
固定电信服务	47	32	1244	568	594
移动电信服务	112	106	779	720	361
其他电信服务	219	205	2899	2444	1160
广播电视传输服务	87	83	1861	1807	730
有线广播电视传输服务	73	69	1612	1558	626
无线广播电视传输服务	14	14	249	249	104
互联网和相关服务	1331	1305	11891	10911	4901
互联网接入及相关服务	173	173	1432	1432	518
互联网接入及相关服务	173	173	1432	1432	518
互联网信息服务	967	943	8797	7864	3755
互联网信息服务	967	943	8797	7864	3755

2-B-1 续表 38

行业	单位数(个)	#单产业法人	从业人员期末人数(人)	#单产业法人	#女性
其他互联网服务	191	189	1662	1615	628
其他互联网服务	191	189	1662	1615	628
软件和信息技术服务业	14017	13768	120296	113719	41642
软件开发	10005	9834	87498	83246	29705
软件开发	10005	9834	87498	83246	29705
信息系统集成服务	1237	1212	11906	10957	3989
信息系统集成服务	1237	1212	11906	10957	3989
信息技术咨询服务	1650	1621	11303	10726	4370
信息技术咨询服务	1650	1621	11303	10726	4370
数据处理和存储服务	256	255	2684	2655	1158
数据处理和存储服务	256	255	2684	2655	1158
集成电路设计	167	160	1791	1559	594
集成电路设计	167	160	1791	1559	594
其他信息技术服务业	702	686	5114	4576	1826
数字内容服务	84	83	645	635	234
呼叫中心	8	7	179	89	94
其他未列明信息技术服务业	610	596	4290	3852	1498
房地产业	**17354**	**16231**	**253546**	**207983**	**95617**
房地产业	17354	16231	253546	207983	95617
房地产开发经营	5574	5291	82056	76100	30488
房地产开发经营	5574	5291	82056	76100	30488
物业管理	4564	4145	129556	95750	47156
物业管理	4564	4145	129556	95750	47156
房地产中介服务	6566	6168	35528	30153	15684
房地产中介服务	6566	6168	35528	30153	15684
其他房地产业	650	627	6406	5980	2289
其他房地产业	650	627	6406	5980	2289

2-B-1 续表 39

行 业	单位数(个)	#单产业法人	从业人员期末人数(人)	#单产业法人	#女性
租赁和商务服务业	**59888**	**58005**	**749789**	**644854**	**233985**
租赁业	3466	3401	20268	19511	5687
机械设备租赁	3333	3270	18483	17751	4854
汽车租赁	1814	1761	8513	7905	2234
农业机械租赁	63	63	359	359	95
建筑工程机械与设备租赁	1092	1088	6767	6696	1621
计算机及通讯设备租赁	24	24	128	128	45
其他机械与设备租赁	340	334	2716	2663	859
文化及日用品出租	133	131	1785	1760	833
娱乐及体育设备出租	76	75	1394	1392	655
图书出租	3	3	10	10	8
音像制品出租	3	3	27	27	9
其他文化及日用品出租	51	50	354	331	161
商务服务业	56422	54604	729521	625343	228298
企业管理服务	15092	14785	119298	109311	42845
企业总部管理	868	800	12162	9629	5114
投资与资产管理	5645	5539	44353	41294	16788
单位后勤管理服务	245	227	7359	5746	3693
其他企业管理服务	8334	8219	55424	52642	17250
法律服务	538	526	7855	7343	2971
律师及相关法律服务	503	493	7470	6978	2814
公证服务	7	7	81	81	46
其他法律服务	28	26	304	284	111
咨询与调查	15977	15509	107879	93064	51886
会计、审计及税务服务	1978	1821	26584	19663	16447
市场调查	119	117	913	847	467
社会经济咨询	11737	11476	67514	60546	29854
其他专业咨询	2143	2095	12868	12008	5118
广告业	10789	10659	65382	62437	26051
广告业	10789	10659	65382	62437	26051

2-B-1 续表 40

行 业	单位数(个)	#单产业法人	从业人员期末人数(人)	#单产业法人	#女性
知识产权服务	752	723	4873	4487	2409
知识产权服务	752	723	4873	4487	2409
人力资源服务	2079	1959	231964	194147	47346
公共就业服务	34	33	1270	1267	657
职业中介服务	702	658	39395	27012	14212
劳务派遣服务	1145	1076	186148	160779	30156
其他人力资源服务	198	192	5151	5089	2321
旅行社及相关服务	2697	2191	32211	18982	20348
旅行社服务	1654	1267	21899	11178	14698
旅游管理服务	775	666	8118	5805	4591
其他旅行社相关服务	268	258	2194	1999	1059
安全保护服务	447	398	85186	66591	5482
安全服务	254	208	81910	63344	5021
安全系统监控服务	137	135	2448	2439	304
其他安全保护服务	56	55	828	808	157
其他商务服务业	8051	7854	74873	68981	28960
市场管理	2126	2055	33302	30473	10773
会议及展览服务	1190	1178	8771	8543	4037
包装服务	180	178	1487	1264	727
办公服务	701	672	4280	3706	1974
信用服务	28	26	273	196	116
担保服务	713	692	6792	6309	3113
其他未列明商务服务业	3113	3053	19968	18490	8220
科学研究和技术服务业	**21062**	**20289**	**195416**	**168852**	**66141**
研究和试验发展	2449	2421	17708	17193	6046
自然科学研究和试验发展	113	112	711	696	252
自然科学研究和试验发展	113	112	711	696	252
工程和技术研究和试验发展	1660	1647	11934	11636	3848
工程和技术研究和试验发展	1660	1647	11934	11636	3848

2-B-1　续表 41

行　　业	单位数（个）	#单产业法人	从业人员期末人数（人）	#单产业法人	#女性
农业科学研究和试验发展	335	327	2283	2122	816
农业科学研究和试验发展	335	327	2283	2122	816
医学研究和试验发展	319	315	2520	2491	954
医学研究和试验发展	319	315	2520	2491	954
社会人文科学研究	22	20	260	248	176
社会人文科学研究	22	20	260	248	176
专业技术服务业	12473	11819	135114	110497	45255
气象服务	36	31	314	146	88
气象服务	36	31	314	146	88
地震服务	2	2	6	6	1
地震服务	2	2	6	6	1
海洋服务	29	29	386	386	84
海洋服务	29	29	386	386	84
测绘服务	355	334	6369	5679	1827
测绘服务	355	334	6369	5679	1827
质检技术服务	1032	977	15417	13883	5128
质检技术服务	1032	977	15417	13883	5128
环境与生态监测	227	210	2616	2214	912
环境保护监测	222	207	2592	2205	905
生态监测	5	3	24	9	7
地质勘查	87	76	1321	944	339
能源矿产地质勘查	15	13	133	60	26
固体矿产地质勘查	16	16	211	211	69
水、二氧化碳等矿产地质勘查	1	1	11	11	2
基础地质勘查	20	17	519	367	132
地质勘查技术服务	35	29	447	295	110
工程技术	6312	5846	77823	58170	24758
工程管理服务	1843	1574	31363	19795	9782
工程勘察设计	4293	4102	44418	36560	14252
规划管理	176	170	2042	1815	724

2-B-1 续表 42

行业	单位数（个）	#单产业法人	从业人员期末人数（人）	#单产业法人	#女性
其他专业技术服务业	4393	4314	30862	29069	12118
专业化设计服务	3182	3142	22361	21531	8483
摄影扩印服务	532	505	4067	3443	2196
兽医服务	106	104	467	451	128
其他未列明专业技术服务业	573	563	3967	3644	1311
科技推广和应用服务业	6140	6049	42594	41162	14840
技术推广服务	5192	5108	37128	35910	12902
农业技术推广服务	2051	2021	14372	14121	4755
生物技术推广服务	712	706	4515	4474	1888
新材料技术推广服务	334	326	2384	2190	774
节能技术推广服务	638	629	4434	4326	1440
其他技术推广服务	1457	1426	11423	10799	4045
科技中介服务	528	524	2981	2930	1114
科技中介服务	528	524	2981	2930	1114
其他科技推广和应用服务业	420	417	2485	2322	824
其他科技推广和应用服务业	420	417	2485	2322	824
水利、环境和公共设施管理业	**3745**	**3611**	**46383**	**42396**	**15733**
水利管理业	265	254	3373	3021	984
防洪除涝设施管理	35	35	374	374	102
防洪除涝设施管理	35	35	374	374	102
水资源管理	69	65	887	758	259
水资源管理	69	65	887	758	259
天然水收集与分配	43	43	873	873	270
天然水收集与分配	43	43	873	873	270
水文服务	6	6	39	39	5
水文服务	6	6	39	39	5
其他水利管理业	112	105	1200	977	348
其他水利管理业	112	105	1200	977	348

2-B-1　续表 43

行　业	单位数(个)	#单产业法人	从业人员期末人数(人)	#单产业法人	#女性
生态保护和环境治理业	461	439	5326	4740	1413
生态保护	55	53	577	520	200
自然保护区管理	14	13	155	103	47
野生动物保护	14	14	207	207	89
野生植物保护	8	8	79	79	18
其他自然保护	19	18	136	131	46
环境治理业	406	386	4749	4220	1213
水污染治理	218	207	2015	1763	514
大气污染治理	41	36	541	316	155
固体废物治理	47	45	817	801	168
危险废物治理	16	15	449	425	130
放射性废物治理	1	1	4	4	3
其他污染治理	83	82	923	911	243
公共设施管理业	3019	2918	37684	34635	13336
市政设施管理	482	472	4847	4488	1316
市政设施管理	482	472	4847	4488	1316
环境卫生管理	371	368	5581	5485	2161
环境卫生管理	371	368	5581	5485	2161
城乡市容管理	73	72	636	603	205
城乡市容管理	73	72	636	603	205
绿化管理	1276	1232	14521	13408	4588
绿化管理	1276	1232	14521	13408	4588
公园和游览景区管理	817	774	12099	10651	5066
公园管理	57	53	785	604	311
游览景区管理	760	721	11314	10047	4755
居民服务、修理和其他服务业	**11214**	**10846**	**110087**	**103185**	**44468**
居民服务业	4037	3827	40897	37108	23255
家庭服务	668	649	5546	5260	3506
家庭服务	668	649	5546	5260	3506

2-B-1 续表 44

行业	单位数(个)	#单产业法人	从业人员期末人数(人)	#单产业法人	#女性
托儿所服务	12	12	66	66	55
托儿所服务	12	12	66	66	55
洗染服务	244	205	3329	2520	1764
洗染服务	244	205	3329	2520	1764
理发及美容服务	814	737	7338	6038	4685
理发及美容服务	814	737	7338	6038	4685
洗浴服务	447	438	7245	6961	4089
洗浴服务	447	438	7245	6961	4089
保健服务	658	616	9532	8757	6303
保健服务	658	616	9532	8757	6303
婚姻服务	469	461	2055	2009	1132
婚姻服务	469	461	2055	2009	1132
殡葬服务	239	233	2798	2651	652
殡葬服务	239	233	2798	2651	652
其他居民服务业	486	476	2988	2846	1069
其他居民服务业	486	476	2988	2846	1069
机动车、电子产品和日用产品修理业	5148	5012	48715	46065	11737
汽车、摩托车修理与维护	3988	3888	41268	39248	9531
汽车修理与维护	3918	3818	40881	38861	9447
摩托车修理与维护	70	70	387	387	84
计算机和办公设备维修	434	422	2440	2239	823
计算机和辅助设备修理	266	259	1331	1274	438
通讯设备修理	73	69	491	442	193
其他办公设备维修	95	94	618	523	192
家用电器修理	562	544	4004	3745	1123
家用电子产品修理	156	151	988	936	319
日用电器修理	406	393	3016	2809	804
其他日用产品修理业	164	158	1003	833	260
自行车修理	29	29	87	87	24

2-B-1　续表 45

行　业	单位数（个）	#单产业法人	从业人员期末人数（人）	#单产业法人	#女性
鞋和皮革修理	16	16	50	50	24
家具和相关物品修理	11	11	137	137	40
其他未列明日用产品修理业	108	102	729	559	172
其他服务业	2029	2007	20475	20012	9476
清洁服务	1550	1536	17439	17170	8508
建筑物清洁服务	214	212	2098	2009	1069
其他清洁服务	1336	1324	15341	15161	7439
其他未列明服务业	479	471	3036	2842	968
其他未列明服务业	479	471	3036	2842	968
卫生和社会工作	**97**	**90**	**688**	**619**	**388**
社会工作	97	90	688	619	388
提供住宿社会工作	46	43	356	341	202
干部休养所	6	6	34	34	22
护理机构服务	7	6	94	91	74
老年人、残疾人养护服务	32	30	227	215	105
其他提供住宿社会救助	1	1	1	1	1
不提供住宿社会工作	51	47	332	278	186
社会看护与帮助服务	41	38	267	220	164
其他不提供住宿社会工作	10	9	65	58	22
文化、体育和娱乐业	**11759**	**11567**	**91240**	**86693**	**39175**
新闻和出版业	130	126	2418	2337	1234
新闻业	11	11	79	79	39
新闻业	11	11	79	79	39
出版业	119	115	2339	2258	1195
图书出版	29	28	943	908	491
报纸出版	32	30	842	799	408
期刊出版	38	38	378	378	225
音像制品出版	8	7	92	89	42
电子出版物出版	5	5	31	31	13
其他出版业	7	7	53	53	16

2-B-1 续表 46

行业	单位数（个）	#单产业法人	从业人员期末人数（人）	#单产业法人	#女性
广播、电视、电影和影视录音制作业	1328	1265	16351	14252	7484
广播	14	13	207	113	60
广播	14	13	207	113	60
电视	71	66	896	729	427
电视	71	66	896	729	427
电影和影视节目制作	878	861	8041	7542	3341
电影和影视节目制作	878	861	8041	7542	3341
电影和影视节目发行	35	32	360	303	157
电影和影视节目发行	35	32	360	303	157
电影放映	314	277	6736	5454	3449
电影放映	314	277	6736	5454	3449
录音制作	16	16	111	111	50
录音制作	16	16	111	111	50
文化艺术业	1093	1074	8947	8737	4279
文艺创作与表演	423	418	5018	4979	2531
文艺创作与表演	423	418	5018	4979	2531
艺术表演场馆	33	29	620	542	278
艺术表演场馆	33	29	620	542	278
图书馆与档案馆	52	52	343	343	218
图书馆	3	3	4	4	1
档案馆	49	49	339	339	217
文物及非物质文化遗产保护	34	34	263	263	112
文物及非物质文化遗产保护	34	34	263	263	112
博物馆	29	27	207	195	77
博物馆	29	27	207	195	77
烈士陵园、纪念馆	1	1	11	11	1
烈士陵园、纪念馆	1	1	11	11	1
群众文化活动	124	123	620	604	253
群众文化活动	124	123	620	604	253

2-B-1 续表 47

行 业	单位数(个)	#单产业法人	从业人员期末人数(人)	#单产业法人	#女性
其他文化艺术业	397	390	1865	1800	809
其他文化艺术业	397	390	1865	1800	809
体育	1008	962	8314	7474	3438
体育组织	11	8	136	126	30
体育组织	11	8	136	126	30
体育场馆	28	26	455	403	176
体育场馆	28	26	455	403	176
休闲健身活动	837	799	6815	6103	2853
休闲健身活动	837	799	6815	6103	2853
其他体育	132	129	908	842	379
其他体育	132	129	908	842	379
娱乐业	8200	8140	55210	53893	22740
室内娱乐活动	7707	7653	51354	50157	21100
歌舞厅娱乐活动	1244	1217	24003	23287	11193
电子游艺厅娱乐活动	450	447	2255	2165	833
网吧活动	5856	5835	23220	22952	8136
其他室内娱乐活动	157	154	1876	1753	938
游乐园	75	74	1098	1083	464
游乐园	75	74	1098	1083	464
彩票活动	3	3	61	61	31
彩票活动	3	3	61	61	31
文化、娱乐、体育经纪代理	200	198	1057	987	507
文化娱乐经纪人	40	40	213	213	90
体育经纪人	9	9	65	65	35
其他文化艺术经纪代理	151	149	779	709	382
其他娱乐业	215	212	1640	1605	638
其他娱乐业	215	212	1640	1605	638

2-B-2 按地区分组的小微企业法人单位数及从业人数

地 区	单位数（个）	#单产业法人	从业人员期末人数（人）	#单产业法人	#女性
全 省	**807048**	**786726**	**13146386**	**12194279**	**5164667**
杭州市	**181335**	**176178**	**2720383**	**2488744**	**985342**
上城区	8449	8020	106020	88454	38142
下城区	12848	12323	142346	122956	59503
江干区	17629	17154	305743	275974	83281
拱墅区	16177	15706	228215	199849	63017
西湖区	25329	24466	299985	265674	99741
滨江区	9348	9147	144647	136144	49128
萧山区	34489	33812	528711	497887	214601
余杭区	22901	22213	373652	344862	145943
桐庐县	6676	6545	99850	94648	45486
淳安县	3037	2900	45059	40746	20548
建德市	5228	5121	82680	77751	33758
富阳市	11013	10762	219864	209267	75533
临安市	8211	8009	143611	134532	56661
宁波市	**144591**	**141045**	**2612019**	**2441602**	**1044675**
海曙区	10962	10456	109994	92336	41938
江东区	11642	11143	146339	117109	48018
江北区	8703	8387	166806	141572	54811
北仑区	13315	12866	251249	232924	89335
镇海区	8490	8310	202607	195334	70247
鄞州区	30794	30161	595210	564812	241673
象山县	7419	7246	124389	115708	54591
宁海县	7545	7402	151083	146190	67453
余姚市	16680	16422	321592	310334	144408
慈溪市	22439	22183	399095	388036	168951
奉化市	6602	6469	143655	137247	63250
温州市	**114340**	**110722**	**1803423**	**1624226**	**669253**
鹿城区	16694	15942	275658	242821	104422
龙湾区	13011	12612	208372	185509	70060
瓯海区	9402	9157	193734	179536	75937
洞头县	1143	1096	13793	12022	5285
永嘉县	9316	9142	130953	121189	43816
平阳县	7137	6914	116027	104935	42387

2-B-2　续表 1

地　区	单位数（个）	#单产业法人	从业人员期末人数（人）	#单产业法人	#女性
苍南县	12982	12587	155134	141269	57882
文成县	1235	1188	17549	16096	7896
泰顺县	1517	1471	27067	23899	8442
瑞安市	19759	19202	326717	294253	117745
乐清市	22144	21411	338419	302697	135381
嘉兴市	**66172**	**64316**	**1091994**	**1011355**	**480181**
南湖区	10526	10141	153596	139621	67260
秀洲区	7135	6922	128686	116916	56556
嘉善县	9241	9107	155806	150352	63640
海盐县	6258	6064	113524	104046	51217
海宁市	12998	12500	213529	191261	99869
平湖市	9113	8909	155677	147032	67709
桐乡市	10901	10673	171176	162127	73930
湖州市	**29260**	**28685**	**568458**	**545767**	**239628**
吴兴区	8473	8233	156327	146508	68577
南浔区	4677	4584	90861	87023	38418
德清县	5127	5048	124308	120432	51281
长兴县	6878	6780	113113	110002	46478
安吉县	4105	4040	83849	81802	34874
绍兴市	**81073**	**79936**	**1178094**	**1127028**	**511796**
越城区	13091	12810	189211	178402	82747
绍兴县	23786	23524	312940	302375	143916
新昌县	5025	4885	87971	80935	33303
诸暨市	18204	18016	259511	248082	108178
上虞市	11337	11232	188639	184255	83330
嵊州市	9630	9469	139822	132979	60322
金华市	**79819**	**78319**	**1220266**	**1146315**	**508095**
婺城区	8921	8651	130286	122213	50402
金东区	3617	3562	68948	67092	28883
武义县	4742	4672	109667	106074	43267
浦江县	3977	3917	90245	87217	38475
磐安县	2481	2456	51057	48594	22195
兰溪市	5392	5314	90946	87176	41587
义乌市	28208	27610	320448	288328	146893
东阳市	7839	7672	166017	154849	61042
永康市	14642	14465	192652	184772	75351

2-B-2 续表 2

地 区	单位数(个)	#单产业法人	从业人员期末人数(人)	#单产业法人	#女性
衢州市	**16504**	**16178**	**276546**	**262384**	**101888**
柯城区	4393	4251	62296	56357	21923
衢江区	2606	2579	42303	40881	14544
常山县	2285	2264	40354	39060	15640
开化县	1661	1632	24616	23613	9924
龙游县	2426	2400	50651	49262	18501
江山市	3133	3052	56326	53211	21356
舟山市	**11657**	**10926**	**192240**	**159284**	**61908**
定海区	6550	6170	93517	78698	29986
普陀区	3086	2871	57955	46734	19468
岱山县	1471	1391	31813	27671	9955
嵊泗县	550	494	8955	6181	2499
台州市	**66059**	**64754**	**1162442**	**1106077**	**446801**
椒江区	8747	8500	133069	123375	49912
黄岩区	7449	7336	122797	116850	47458
路桥区	8375	8139	133107	124654	52547
玉环县	9386	9303	201556	198847	78853
三门县	3379	3344	53298	51103	19581
天台县	3375	3289	52367	49380	21455
仙居县	2793	2727	60435	56575	25073
温岭市	15122	14822	253388	238965	93612
临海市	7433	7294	152425	146328	58310
丽水市	**16238**	**15667**	**320521**	**281497**	**115100**
莲都区	4304	4085	76515	63456	24617
青田县	2549	2506	48793	46932	16427
缙云县	2486	2413	52672	46661	18560
遂昌县	1187	1144	21321	19289	8139
松阳县	1119	1070	25677	19477	7237
云和县	1109	1101	23061	21883	9485
庆元县	1047	1009	22633	20628	10567
景宁县	798	767	14845	11928	5213
龙泉市	1639	1572	35004	31243	14855

2-B-3　按开业时间分组的小微企业法人单位数及从业人数

开业时间	单位数(个)	#单产业法人	从业人员期末人数(人)	#单产业法人	#女性
1949年及以前	93	79	4391	3419	1268
1950-1952年	203	119	4194	2450	1279
1953-1957年	267	209	8680	5800	2730
1958-1962年	224	181	8808	7080	2558
1963-1965年	95	89	3955	3464	1324
1966-1970年	217	194	13846	10607	3541
1971-1975年	378	346	16792	13353	5126
1976-1980年	1149	1054	41031	34892	13009
1981-1985年	3508	3285	100085	87713	35727
1986-1990年	5429	5098	167378	144421	54828
1991-1995年	19519	18226	640996	550585	245630
1996-2000年	55629	52003	1646253	1425724	675164
1978年	228	206	8790	7658	2688
1992年	3093	2885	94213	80235	33885
1997年	7310	6825	237335	203404	96949
2000年	18524	17459	512623	443588	212530
2001年	21066	19927	550856	492140	231531
2002年	26766	25489	684215	624117	283082
2003年	31146	29767	783063	721714	312599
2004年	29627	28446	723253	665249	277951
2005年	32226	31129	686274	629168	266652
2006年	41083	39813	867786	818496	315919
2007年	41643	40506	750395	705348	295044
2008年	41406	40349	721427	676658	268969
2009年	54523	53371	841194	799095	319801
2010年	71574	70321	1029665	987047	395701
2011年	84934	83840	944296	908236	368830
2012年	85290	84381	817380	795959	326974
2013年	155824	155284	1070814	1062266	453023

2-B-4 按行业小类、地区

行业	单位数	杭州市	宁波市	温州市
总计	**807048**	**181335**	**144591**	**114340**
农、林、牧、渔业	**2744**	**202**	**296**	**325**
农业	41	5	12	7
谷物种植	3		2	1
稻谷种植	3		2	1
蔬菜、食用菌及园艺作物种植	11	2	3	
蔬菜种植	8	1	2	
花卉种植	1		1	
其他园艺作物种植	2	1		
水果种植	10	1	2	2
仁果类和核果类水果种植	5	1	1	1
香蕉等亚热带水果种植	1			
其他水果种植	4		1	1
坚果、含油果、香料和饮料作物种植	10	1	2	2
坚果种植	1		1	
茶及其他饮料作物种植	9	1	1	2
中药材种植	6	1	2	2
中药材种植	6	1	2	2
其他农业	1		1	
其他农业	1		1	
林业	4		1	1
林木育种和育苗	4		1	1
林木育种	2		1	1
林木育苗	2			
畜牧业	23	2	4	7
牲畜饲养	12	1	2	4
猪的饲养	12	1	2	4
家禽饲养	6	1	1	1
鸡的饲养	4	1	1	
鸭的饲养	1			
其他家禽饲养	1			1

分组的小微企业法人单位数

单位：个

嘉兴市	湖州市	绍兴市	金华市	衢州市	舟山市	台州市	丽水市
66172	**29260**	**81073**	**79819**	**16504**	**11657**	**66059**	**16238**
119	**126**	**518**	**299**	**675**	**9**	**63**	**112**
2		4	1	2	1	2	5
2		3		1			
2		2		1			
		1					
					1	1	3
					1	1	
							1
							2
		1		1		1	2
		1		1		1	2
			1				
			1				
			2				
			2				
			2				
1		1	3	2	1	1	1
1			2	1	1		
1			2	1	1		
		1		1		1	
				1		1	
		1					

2-B-4 续表 1

行业	单位数	杭州市	宁波市	温州市
其他畜牧业	5		1	2
其他畜牧业	5		1	2
渔业	14	1	4	3
水产养殖	14	1	4	3
海水养殖	6		3	2
内陆养殖	8	1	1	1
农、林、牧、渔服务业	2662	194	275	307
农业服务业	2335	171	250	262
农业机械服务	955	98	160	76
灌溉服务	22	3	6	2
农产品初加工服务	184	21	25	34
其他农业服务	1174	49	59	150
林业服务业	126	14	7	20
林业有害生物防治服务	51	7	2	12
林产品初级加工服务	20	2	2	2
其他林业服务	55	5	3	6
畜牧服务业	121	6	7	14
畜牧服务业	121	6	7	14
渔业服务业	80	3	11	11
渔业服务业	80	3	11	11
采矿业	**1257**	**276**	**121**	**103**
煤炭开采和洗选业	20	11	2	
烟煤和无烟煤开采洗选	9	4	2	
烟煤和无烟煤开采洗选	9	4	2	
褐煤开采洗选	5	4		
褐煤开采洗选	5	4		
其他煤炭采选	6	3		
其他煤炭采选	6	3		
黑色金属矿采选业	22	4	1	2
铁矿采选	21	4	1	2
铁矿采选	21	4	1	2

单位：个

嘉兴市	湖州市	绍兴市	金华市	衢州市	舟山市	台州市	丽水市
			1				1
			1				1
3			1	1	1		
3			1	1	1		
					1		
3			1	1			
113	126	513	292	670	6	60	106
98	110	455	253	618	1	35	82
38	75	356	43	78		7	24
	2	2	2	3		2	
7	1	41	26	16		2	11
53	32	56	182	521	1	24	47
2	6	7	20	31	1	1	17
2	3	2	8	9	1		5
		2	3	8			1
	3	3	9	14		1	11
10	6	40	14	17		1	6
10	6	40	14	17		1	6
3	4	11	5	4	4	23	1
3	4	11	5	4	4	23	1
7	**174**	**92**	**106**	**132**	**42**	**96**	**108**
1			1	4			1
1			1	1			
1			1	1			
							1
							1
				3			
				3			
		2	1	1		3	8
		1	1	1		3	8
		1	1	1		3	8

2-B-4 续表 2

行　　业	单位数	杭州市	宁波市	温州市
其他黑色金属矿采选	1			
其他黑色金属矿采选	1			
有色金属矿采选业	69	21		2
常用有色金属矿采选	42	20		
铜矿采选	9	5		
铅锌矿采选	22	12		
锑矿采选	1	1		
其他常用有色金属矿采选	10	2		
贵金属矿采选	5			
金矿采选	3			
银矿采选	2			
稀有稀土金属矿采选	22	1		2
钨钼矿采选	19	1		1
放射性金属矿采选	1			1
其他稀有金属矿采选	2			
非金属矿采选业	1110	235	113	93
土砂石开采	1009	221	107	87
石灰石、石膏开采	148	46	8	2
建筑装饰用石开采	312	34	54	52
耐火土石开采	117	35		1
粘土及其他土砂石开采	432	106	45	32
化学矿开采	6	1		1
化学矿开采	6	1		1
采盐	9	1	3	
采盐	9	1	3	
石棉及其他非金属矿采选	86	12	3	5
石棉、云母矿采选	2	1		1
石墨、滑石采选	5	2		
宝石、玉石采选	5	2	1	
其他未列明非金属矿采选	74	7	2	4

单位：个

嘉兴市	湖州市	绍兴市	金华市	衢州市	舟山市	台州市	丽水市
		1					
		1					
		6	1	9		3	27
		4		8		2	8
		1		1			2
		3		3		2	2
				4			4
		1	1			1	2
		1	1				1
						1	1
		1		1			17
		1		1			15
							2
6	174	84	97	115	40	89	64
6	171	76	74	96	36	87	48
	19	10	8	50		2	3
3	40	30	19	21	8	41	10
	6	7	21	14		12	21
3	106	29	26	11	28	32	14
			2				2
			2				2
					4	1	
					4	1	
	3	8	21	19		1	14
			1	2			
			2				
	3	8	18	17		1	14

2-B-4 续表 3

行　业	单位数			
		杭州市	宁波市	温州市
开采辅助活动	8	1	2	1
石油和天然气开采辅助活动	3			1
石油和天然气开采辅助活动	3			1
其他开采辅助活动	5	1	2	
其他开采辅助活动	5	1	2	
其他采矿业	28	4	3	5
其他采矿业	28	4	3	5
其他采矿业	28	4	3	5
制造业	**360058**	**48007**	**71509**	**63035**
农副食品加工业	5423	904	788	693
谷物磨制	289	25	38	33
谷物磨制	289	25	38	33
饲料加工	434	62	25	52
饲料加工	434	62	25	52
植物油加工	262	53	16	16
食用植物油加工	241	47	15	14
非食用植物油加工	21	6	1	2
制糖业	38	2	2	5
制糖业	38	2	2	5
屠宰及肉类加工	668	96	35	197
牲畜屠宰	155	23	15	31
禽类屠宰	26	4	1	5
肉制品及副产品加工	487	69	19	161
水产品加工	1554	40	420	265
水产品冷冻加工	1116	13	337	127
鱼糜制品及水产品干腌制加工	224	9	45	81
水产饲料制造	121	11	19	11
鱼油提取及制品制造	5		3	
其他水产品加工	88	7	16	46
蔬菜、水果和坚果加工	1541	492	171	46
蔬菜加工	634	144	149	30
水果和坚果加工	907	348	22	16

单位：个

嘉兴市	湖州市	绍兴市	金华市	衢州市	舟山市	台州市	丽水市
			1		2	1	
					2		
					2		
			1			1	
			1			1	
			5	3			8
			5	3			8
			5	3			8
35159	**15246**	**37094**	**35684**	**5853**	**3412**	**39004**	**6055**
378	237	361	375	582	417	497	191
41	33	37	26	32	3	9	12
41	33	37	25	32	3	9	12
96	62	27	30	45	2	26	7
96	62	27	30	45	2	26	7
18	11	20	20	68	2	7	31
15	9	17	19	67	2	6	30
3	2	3	[illegible]	1		1	1
4			21	2		2	
4			21	2		2	
45	39	35	132	39	11	21	18
15	13	6	19	10	10	3	10
1	4	2	7	2			
29	22	27	106	27	1	18	8
15	26	25	4	3	384	367	5
6	8	14	3	2	305	300	1
8	6	5			48	19	3
1	9	2			23	45	
					2		
	3	4	1	1	6	3	1
103	42	135	60	356	3	36	97
87	29	32	32	18	2	29	82
16	13	103	28	338	1	7	15

2-B-4 续表 4

行业	单位数	杭州市	宁波市	温州市
其他农副食品加工	637	134	81	79
淀粉及淀粉制品制造	96	22	9	13
豆制品制造	256	42	24	41
蛋品加工	94	21	21	7
其他未列明农副食品加工	191	49	27	18
食品制造业	2397	586	314	300
焙烤食品制造	690	165	89	93
糕点、面包制造	546	147	59	85
饼干及其他焙烤食品制造	144	18	30	8
糖果、巧克力及蜜饯制造	185	83	9	29
糖果、巧克力制造	83	24	5	16
蜜饯制作	102	59	4	13
方便食品制造	359	58	38	72
米、面制品制造	184	19	20	47
速冻食品制造	110	19	11	23
方便面及其他方便食品制造	65	20	7	2
乳制品制造	42	11	3	8
乳制品制造	42	11	3	8
罐头食品制造	222	41	53	6
肉、禽类罐头制造	19	3	1	1
水产品罐头制造	17	1	5	1
蔬菜、水果罐头制造	160	32	45	3
其他罐头食品制造	26	5	2	1
调味品、发酵制品制造	221	44	26	29
味精制造	45	9	2	4
酱油、食醋及类似制品制造	85	12	11	9
其他调味品、发酵制品制造	91	23	13	16
其他食品制造	678	184	96	63
营养食品制造	87	36	8	5
保健食品制造	129	35	9	6

单位：个

嘉兴市	湖州市	绍兴市	金华市	衢州市	舟山市	台州市	丽水市
56	24	82	82	37	12	29	21
19	5	10	13	2		2	1
22	3	46	31	9	12	21	5
7	4	8	11	8		6	1
8	12	18	27	18			14
200	149	162	322	143	33	120	68
75	31	45	30	31	17	46	18
60	22	36	50	17	16	40	14
15	9	9	30	14	1	6	4
8	12	5	18	4		16	1
7	3	2	8	2		15	1
1	9	3	10	2		1	
41	16	23	49	24	5	9	24
8	3	12	28	17	2	8	20
13	10	7	13	7	3		4
20	3	4	8			1	
2			13	3		1	1
2			13	3		1	1
7	32	9	25	21	3	18	7
1	4	3	4	2			
	2			1	3	4	
4	23	4	17	15		13	4
2	3	2	4	3		1	3
20	12	25	37	12	3	6	7
3	1	3	16	4		1	2
6	6	18	8	6	2	4	3
11	5	4	13	2	1	1	2
47	46	55	100	48	5	24	10
7	3	6	7	10	2	1	2
10	11	13	15	17		7	6

2-B-4 续表 5

行业	单位数	杭州市	宁波市	温州市
冷冻饮品及食用冰制造	115	13	40	22
盐加工	14	3	3	1
食品及饲料添加剂制造	218	70	17	12
其他未列明食品制造	115	27	19	17
酒、饮料和精制茶制造业	2656	533	257	256
酒的制造	525	70	65	63
酒精制造	12	2	3	5
白酒制造	143	42	20	26
啤酒制造	24		3	4
黄酒制造	271	18	32	20
葡萄酒制造	10			3
其他酒制造	65	8	7	5
饮料制造	666	140	68	120
碳酸饮料制造	19	1	2	3
瓶(罐)装饮用水制造	459	89	53	100
果菜汁及果菜汁饮料制造	63	14	5	3
含乳饮料和植物蛋白饮料制造	31	8	1	6
固体饮料制造	34	11	2	4
茶饮料及其他饮料制造	60	17	5	4
精制茶加工	1465	323	124	73
精制茶加工	1465	323	124	73
烟草制品业	5	4		
卷烟制造	2	2		
卷烟制造	2	2		
其他烟草制品制造	3	2		
其他烟草制品制造	3	2		
纺织业	29648	4067	2309	2524
棉纺织及印染精加工	8969	1407	533	1021
棉纺纱加工	3589	534	230	911
棉织造加工	4316	757	165	60
棉印染精加工	1064	116	138	50

单位：个

嘉兴市	湖州市	绍兴市	金华市	衢州市	舟山市	台州市	丽水市
3	2	8	20	2	1	4	
		2	1		2	2	
22	20	16	40	10		10	1
5	10	10	17	9			1
77	210	544	214	163	36	141	225
28	42	93	45	27	11	55	26
1				1			
4	8	9	13	5	1	6	9
4	4	2	1	1	1	3	1
14	26	74	26	10	6	35	10
2	1	2				1	1
3	3	6	5	10	3	10	5
40	66	32	66	27	22	65	20
1	3	2	5	1		1	
23	44	23	34	17	21	43	12
7	8	2	3	4		14	3
4	1	2	6	1		2	
3	1		8	1		2	2
2	9	3	10	3	1	3	3
9	102	419	103	109	3	21	179
9	102	419	103	109	3	21	179
				1			
				1			
				1			
5314	2261	9565	2433	168	39	903	65
1643	363	3025	792	81	5	96	3
572	113	674	445	68	2	38	2
754	186	2092	255	9	1	36	1
317	64	259	92	4	2	22	

2-B-4 续表 6

行　　业	单位数			
		杭州市	宁波市	温州市
毛纺织及染整精加工	1138	124	288	39
毛条和毛纱线加工	559	78	83	18
毛织造加工	417	38	179	16
毛染整精加工	162	8	26	5
麻纺织及染整精加工	88	10	11	9
麻纤维纺前加工和纺纱	35	4	6	4
麻织造加工	49	6	4	5
麻染整精加工	4		1	
丝绢纺织及印染精加工	1464	292	23	20
缫丝加工	170	34		
绢纺和丝织加工	1155	241	5	7
丝印染精加工	139	17	18	13
化纤织造及印染精加工	3600	520	156	35
化纤织造加工	3221	475	102	29
化纤织物染整精加工	379	45	54	6
针织或钩针编织物及其制品制造	6380	303	526	155
针织或钩针编织物织造	5154	194	302	93
针织或钩针编织物印染精加工	381	57	136	16
针织或钩针编织品制造	845	52	88	46
家用纺织制成品制造	4587	1011	362	594
床上用品制造	1600	411	128	91
毛巾类制品制造	248	20	20	1
窗帘、布艺类产品制造	1469	393	68	417
其他家用纺织制成品制造	1270	187	146	85
非家用纺织制成品制造	3422	400	410	651
非织造布制造	970	116	74	371
绳、索、缆制造	296	71	43	23
纺织带和帘子布制造	898	103	100	149
篷、帆布制造	372	44	104	8
其他非家用纺织制成品制造	886	66	89	100
纺织服装、服饰业	25905	3894	4486	2830

单位：个

嘉兴市	湖州市	绍兴市	金华市	衢州市	舟山市	台州市	丽水市
263	142	175	71	1	6	28	1
155	117	68	32		2	5	1
43	15	89	29	1	3	4	
65	10	18	10		1	19	
20	20	6	5	2	1	4	
10	4	3	2			2	
10	15	3	2	2	1	1	
	1		1			1	
298	579	226	15	3	2	4	2
55	44	34	1	2			
213	521	151	12	1	1	1	2
30	14	41	2		1	3	
1084	665	964	112	7	3	52	2
1026	637	791	100	7	3	51	
58	28	173	12			1	2
933	170	3923	305	14	7	40	4
809	146	3363	203	13	3	26	2
84	6	60	14	1	1	4	2
40	18	500	88		3	10	
523	152	973	739	26	8	186	13
317	61	164	359	10	3	49	7
10	9	27	150	7	2	2	
137	27	243	79	3	1	100	1
59	55	539	151	6	2	35	5
550	170	273	394	34	7	493	40
136	74	46	71	4		58	20
14	7	49	27	1	4	52	5
169	69	105	152	8		41	2
35	4	13	61	18	2	74	9
196	16	60	83	3	1	268	4
4258	2357	3592	3064	208	64	1031	121

2-B-4 续表 7

行　业	单位数	杭州市	宁波市	温州市
机织服装制造	13895	2269	1683	2047
机织服装制造	13895	2269	1683	2047
针织或钩针编织服装制造	6230	479	2183	410
针织或钩针编织服装制造	6230	479	2183	410
服饰制造	5780	1146	620	373
服饰制造	5780	1146	620	373
皮革、毛皮、羽毛及其制品和制鞋业	15288	1062	560	6664
皮革鞣制加工	554	18	8	412
皮革鞣制加工	554	18	8	412
皮革制品制造	4205	326	256	840
皮革服装制造	1150	89	7	50
皮箱、包(袋)制造	2265	187	227	405
皮手套及皮装饰制品制造	405	9	7	210
其他皮革制品制造	385	41	15	175
毛皮鞣制及制品加工	1102	32	45	66
毛皮鞣制加工	54	3	7	16
毛皮服装加工	381	25	30	39
其他毛皮制品加工	667	4	8	11
羽毛(绒)加工及制品制造	311	214	37	4
羽毛(绒)加工	136	109	8	1
羽毛(绒)制品加工	175	105	29	3
制鞋业	9116	472	214	5342
纺织面料鞋制造	1174	317	129	304
皮鞋制造	5866	52	25	3789
塑料鞋制造	928	11	17	467
橡胶鞋制造	638	54	18	444
其他制鞋业	510	38	25	338
木材加工和木、竹、藤、棕、草制品业	6218	995	596	297
木材加工	1201	209	100	49
锯材加工	499	95	35	19

单位：个

嘉兴市	湖州市	绍兴市	金华市	衢州市	舟山市	台州市	丽水市
2055	2079	1698	1222	136	44	587	75
2055	2079	1698	1222	136	44	587	75
1511	106	547	705	17	15	252	5
1511	106	547	705	17	15	252	5
692	172	1347	1137	55	5	192	41
692	172	1347	1137	55	5	192	41
2960	265	314	905	61	14	2292	191
45	25	15	14	3	1	8	5
45	25	15	14	3	1	8	5
1623	100	81	801	24	1	130	23
953	30	3	12			1	5
562	36	55	655	15		110	13
52	30	2	83	4		8	
56	4	21	51	5	1	11	5
927	12	6	7	5		1	1
24	2	1	1				
269	7	2	2	5		1	1
634	3	3	4				
13		29	5	4			5
2		13	2				1
11		16	3	4			4
352	128	183	78	25	12	2153	157
37	20	124	17	6	4	207	9
276	97	19	35	7	6	1443	117
15	7	9	9	1	1	391	
15		16	12	10	1	61	7
9	4	15	5	1		51	24
639	1415	269	615	477	17	363	535
130	365	46	89	101	7	32	73
17	168	20	31	68	3	15	28

2-B-4 续表 8

行　　业	单位数	杭州市	宁波市	温州市
木片加工	283	47	21	14
单板加工	224	20	10	3
其他木材加工	195	47	34	13
人造板制造	765	148	36	10
胶合板制造	471	95	11	2
纤维板制造	57	15	6	1
刨花板制造	35	2	3	
其他人造板制造	202	36	16	7
木制品制造	2665	441	249	199
建筑用木料及木材组件加工	346	71	37	22
木门窗、楼梯制造	744	111	33	60
地板制造	302	23	11	8
木制容器制造	564	142	80	69
软木制品及其他木制品制造	709	94	88	40
竹、藤、棕、草等制品制造	1587	197	211	39
竹制品制造	1280	187	71	33
藤制品制造	54	7	13	
棕制品制造	7		3	1
草及其他制品制造	246	3	124	5
家具制造业	5340	854	720	483
木质家具制造	3192	527	407	311
木质家具制造	3192	527	407	311
竹、藤家具制造	163	28	21	1
竹、藤家具制造	163	28	21	1
金属家具制造	1078	162	149	60
金属家具制造	1078	162	149	60
塑料家具制造	181	24	42	12
塑料家具制造	181	24	42	12
其他家具制造	726	113	101	99
其他家具制造	726	113	101	99

单位：个

嘉兴市	湖州市	绍兴市	金华市	衢州市	舟山市	台州市	丽水市
43	76	10	31	15	2	8	16
49	101	4	12	9		6	10
21	20	12	15	9	2	3	19
255	111	16	30	90	2	29	38
217	76	8	9	22	1	7	23
7	10	1	4	4	1	4	4
5	7	1	2	6		6	3
26	18	6	15	58		12	8
249	473	148	407	211	7	164	117
45	42	24	36	46	1	12	10
16	88	25	235	104	3	43	26
17	220	7	4	3		4	5
92	25	50	25	11	2	60	8
79	98	42	107	47	1	45	68
5	466	59	89	75	1	138	307
3	459	54	62	75		34	302
	1	1	4			27	1
	1					1	1
2	5	4	23		1	76	3
492	741	235	943	120	25	527	200
267	322	152	642	100	24	325	115
267	322	152	642	100	24	325	115
3	18	11	12	4		53	12
3	18	11	12	4		53	12
111	238	23	208	11	1	80	35
111	238	23	208	11	1	80	35
14	31	9	14	2		32	1
14	31	9	14	2		32	1
97	132	40	67	3		37	37
97	132	40	67	3		37	37

2-B-4 续表 9

行业	单位数			
		杭州市	宁波市	温州市
造纸和纸制品业	9693	2192	1620	1239
纸浆制造	24	7	6	2
木竹浆制造	10	3	1	1
非木竹浆制造	14	4	5	1
造纸	1823	592	293	284
机制纸及纸板制造	1376	469	240	154
手工纸制造	49	16	5	10
加工纸制造	398	107	48	120
纸制品制造	7846	1593	1321	953
纸和纸板容器制造	5844	1052	1028	597
其他纸制品制造	2002	541	293	356
印刷和记录媒介复制业	10053	1302	2013	2579
印刷	9318	1193	1899	2339
书、报刊印刷	806	210	161	94
本册印制	537	81	96	88
包装装潢及其他印刷	7975	902	1642	2157
装订及印刷相关服务	718	103	111	239
装订及印刷相关服务	718	103	111	239
记录媒介复制	17	6	3	1
记录媒介复制	17	6	3	1
文教、工美、体育和娱乐用品制造业	18524	2015	3033	2705
文教办公用品制造	3142	572	968	546
文具制造	1505	52	653	276
笔的制造	1151	456	269	116
教学用模型及教具制造	249	27	19	128
墨水、墨汁制造	22	6	5	
其他文教办公用品制造	215	31	22	26
乐器制造	181	30	67	6
中乐器制造	18	7	4	
西乐器制造	59	4	17	

单位：个

嘉兴市	湖州市	绍兴市	金华市	衢州市	舟山市	台州市	丽水市
1063	384	801	921	204	23	1117	129
3			2	2			2
2			1	1			1
1			1	1			1
171	76	127	117	79	9	47	28
140	65	103	70	66	9	37	23
1		4	11	2			
30	11	20	36	11		10	5
889	308	674	802	123	14	1070	99
686	239	490	587	88	12	983	82
203	69	184	215	35	2	87	17
772	250	847	1278	105	82	714	111
738	241	777	1194	100	79	657	101
28	31	58	143	12	13	30	26
46	30	32	73	17	16	53	5
664	180	687	978	71	50	574	70
34	9	68	81	3	3	57	10
34	9	68	81	3	3	57	10
		2	3	2			
		2	3	2			
778	315	1738	4333	235	76	2532	764
70	60	109	589	54	3	74	97
26	7	83	316	11	2	53	26
22	47	14	110	39		8	70
7	1		56	2		9	
3	2	1	3	1	1		
12	3	11	104	1		4	1
11	37	5	18	1		5	1
2	2		2	1			
4	29	2	2			1	

2-B-4 续表 10

行　业	单位数			
		杭州市	宁波市	温州市
电子乐器制造	25	8	6	
其他乐器及零件制造	79	11	40	6
工艺美术品制造	11267	963	1222	1647
雕塑工艺品制造	1968	112	195	249
金属工艺品制造	1885	111	188	451
漆器工艺品制造	467	8	23	10
花画工艺品制造	210	25	19	15
天然植物纤维编织工艺品制造	392	15	145	24
抽纱刺绣工艺品制造	2559	524	167	143
地毯、挂毯制造	193	15	45	13
珠宝首饰及有关物品制造	493	17	6	45
其他工艺美术品制造	3100	136	434	697
体育用品制造	1497	294	358	81
球类制造	102	22	11	6
体育器材及配件制造	423	161	93	14
训练健身器材制造	513	59	60	42
运动防护用具制造	85	13	32	5
其他体育用品制造	374	39	162	14
玩具制造	1974	89	341	310
玩具制造	1974	89	341	310
游艺器材及娱乐用品制造	463	67	77	115
露天游乐场所游乐设备制造	198	3	15	100
游艺用品及室内游艺器材制造	160	49	40	13
其他娱乐用品制造	105	15	22	2
石油加工、炼焦和核燃料加工业	340	81	81	21
精炼石油产品制造	335	78	79	21
原油加工及石油制品制造	291	68	71	19
人造原油制造	44	10	8	2
炼焦	3	3		
炼焦	3	3		

单位：个

嘉兴市	湖州市	绍兴市	金华市	衢州市	舟山市	台州市	丽水市
2	1		6			1	1
3	5	3	8			3	
407	183	1487	2722	117	10	2253	256
44	24	52	417	25	6	706	138
48	9	35	686	3	1	293	60
7	1	11	16	3		387	1
6	3	15	108	5		13	1
3	49	16	65	2		66	7
248	22	1094	214	4	1	137	5
20	9	17	38	5	1	29	1
1	2	148	226	17		17	14
30	64	99	952	53	1	605	29
37	20	60	541	41	9	39	17
1	7	12	21	25		6	1
10	5	21	94	7	6	9	3
17	4	13	291	5	1	12	9
1	1	1	25	2		2	3
8	3	13	120	2	2	10	1
249	10	51	341	20	54	123	386
249	10	51	341	20	54	123	386
4	5	26	122	2		38	7
	1	6	60			11	2
3	3	12	11			25	4
1	1	8	51	2		2	1
33	25	33	26	8	13	14	5
33	25	33	26	8	13	14	5
27	20	27	22	6	12	14	5
6	5	6	4	2	1		

2-B-4 续表 11

行　业	单位数	杭州市	宁波市	温州市
核燃料加工	2		2	
核燃料加工	2		2	
化学原料和化学制品制造业	8712	2040	1249	655
基础化学原料制造	1260	282	133	57
无机酸制造	101	15	11	8
无机碱制造	38	8	3	4
无机盐制造	250	65	2	4
有机化学原料制造	463	88	50	17
其他基础化学原料制造	408	106	67	24
肥料制造	253	56	25	17
氮肥制造	19	1	3	3
磷肥制造	17	1	4	
钾肥制造	6		2	
复混肥料制造	45	12	2	1
有机肥料及微生物肥料制造	145	38	12	12
其他肥料制造	21	4	2	1
农药制造	98	25	8	18
化学农药制造	77	20	3	15
生物化学农药及微生物农药制造	21	5	5	3
涂料、油墨、颜料及类似产品制造	2215	540	366	187
涂料制造	1485	395	264	81
油墨及类似产品制造	203	51	15	41
颜料制造	141	36	17	12
染料制造	222	37	28	28
密封用填料及类似品制造	164	21	42	25
合成材料制造	1027	214	218	127
初级形态塑料及合成树脂制造	600	113	133	76
合成橡胶制造	110	34	16	15
合成纤维单(聚合)体制造	75	17	15	11
其他合成材料制造	242	50	54	25

单位：个

嘉兴市	湖州市	绍兴市	金华市	衢州市	舟山市	台州市	丽水市
901	618	786	962	713	62	569	157
106	105	117	97	245	23	77	18
5	11	16	13	16		5	1
3	7	2	2	3		5	1
12	16	12	10	124		5	
59	36	49	42	73	4	37	8
27	35	38	30	29	19	25	8
33	22	10	32	37	3	13	5
3	1		4	3		1	
3	3		1	4		1	
			1	3			
4	4	3	3	13		2	1
23	13	3	21	11	3	7	2
	1	4	2	3		2	2
6	9	8	15	4		5	
5	6	8	13	2		5	
1	3		2	2			
233	169	206	186	99	18	182	29
140	110	113	144	67	13	136	22
33	6	9	15	12		18	3
14	26	20	5	4		5	2
24	19	52	10	10	3	10	1
22	8	12	12	6	2	13	1
93	79	66	116	47	2	49	16
53	48	27	79	24	1	36	10
11	7	8	7	3	1	8	
10	11	8	1			1	1
19	13	23	29	20		4	5

2-B-4 续表 12

行业	单位数	杭州市	宁波市	温州市
专用化学产品制造	2779	694	330	181
化学试剂和助剂制造	1337	379	157	72
专项化学用品制造	388	88	51	33
林产化学产品制造	129	37	4	2
信息化学品制造	154	21	11	6
环境污染处理专用药剂材料制造	131	38	26	3
动物胶制造	30	1	5	13
其他专用化学产品制造	610	130	76	52
炸药、火工及焰火产品制造	29	5	3	2
炸药及火工产品制造	14	1	2	1
焰火、鞭炮产品制造	15	4	1	1
日用化学产品制造	1051	224	166	66
肥皂及合成洗涤剂制造	290	76	73	23
化妆品制造	380	53	37	11
口腔清洁用品制造	18	6	7	
香料、香精制造	88	40	13	2
其他日用化学产品制造	275	49	36	30
医药制造业	1188	265	128	46
化学药品原料药制造	275	33	20	7
化学药品原料药制造	275	33	20	7
化学药品制剂制造	114	41	11	6
化学药品制剂制造	114	41	11	6
中药饮片加工	108	19	8	4
中药饮片加工	108	19	8	4
中成药生产	87	27	9	2
中成药生产	87	27	9	2
兽用药品制造	66	19	6	4
兽用药品制造	66	19	6	4
生物药品制造	193	60	31	11
生物药品制造	193	60	31	11

单位：个

嘉兴市	湖州市	绍兴市	金华市	衢州市	舟山市	台州市	丽水市
369	208	308	202	258	12	144	73
188	87	209	88	83	5	43	26
53	41	27	41	19	3	25	7
2	15	3	3	42			21
20	5	13	5	70		1	2
18	19	10	12	2	1	1	1
3	5		1	1		1	
85	36	46	52	41	3	73	16
1	1	1	11		1	3	1
1	1	1	4		1	1	1
			7			2	
60	25	70	303	23	3	96	15
14	8	23	39	10		21	3
8	7	10	208	3		40	3
3			2				
9	1	3	7	4		9	
26	9	34	47	6	3	26	9
128	111	166	125	30	12	148	29
11	17	41	24	6	2	109	5
11	17	41	24	6	2	109	5
11	7	10	14	5		7	2
11	7	10	14	5		7	2
39	6	6	15	5	1	3	2
39	6	6	15	5	1	3	2
6	5	12	5	6	1	5	9
6	5	12	5	6	1	5	9
3	11	10	7	2	1	2	1
3	11	10	7	2	1	2	1
22	22	9	15	5	7	6	5
22	22	9	15	5	7	6	5

2-B-4 续表 13

行　业	单位数	杭州市	宁波市	温州市
卫生材料及医药用品制造	345	66	43	12
卫生材料及医药用品制造	345	66	43	12
化学纤维制造业	1431	246	201	46
纤维素纤维原料及纤维制造	131	21	35	3
化纤浆粕制造	35	4	16	
人造纤维(纤维素纤维)制造	96	17	19	3
合成纤维制造	1300	225	166	43
锦纶纤维制造	123	18	13	3
涤纶纤维制造	548	146	83	15
腈纶纤维制造	30	5	9	6
维纶纤维制造	4		2	1
丙纶纤维制造	69	4	27	4
氨纶纤维制造	90	14	2	4
其他合成纤维制造	436	38	30	10
橡胶和塑料制品业	29163	3309	8304	3508
橡胶制品业	3536	364	818	331
轮胎制造	178	38	21	16
橡胶板、管、带制造	854	83	116	62
橡胶零件制造	1391	100	343	132
再生橡胶制造	90	16	12	10
日用及医用橡胶制品制造	176	19	66	19
其他橡胶制品制造	847	108	260	92
塑料制品业	25627	2945	7486	3177
塑料薄膜制造	1744	271	297	331
塑料板、管、型材制造	2639	471	426	208
塑料丝、绳及编织品制造	2009	276	207	543
泡沫塑料制造	966	137	203	123
塑料人造革、合成革制造	348	19	14	147
塑料包装箱及容器制造	2150	460	590	202
日用塑料制品制造	4950	332	1354	200

单位：个

嘉兴市	湖州市	绍兴市	金华市	衢州市	舟山市	台州市	丽水市
36	43	78	45	1		16	5
36	43	78	45	1		16	5
228	50	494	133	14	3	11	5
18	9	17	23	1		3	1
5		5	5				
13	9	12	18	1		3	1
210	41	477	110	13	3	8	4
23	1	42	22				1
54	30	157	44	9	3	5	2
4	1	3	2				
			1				
4	4	15	9	1			1
14		39	15	1		1	
111	5	221	17	2		2	
2884	708	1835	2586	312	114	5427	176
287	74	161	203	28	19	1229	22
24	7	9	23	3	2	31	4
36	21	44	38	1	4	444	5
130	13	54	45	3	9	558	4
11		6	7	2		24	2
12	3	8	10	6	1	28	4
74	30	40	80	13	3	144	3
2597	634	1674	2383	284	95	4198	154
231	108	162	161	31	4	134	14
482	96	278	314	65	8	280	11
289	56	142	204	26	22	235	9
114	52	60	89	9	10	160	9
28	7	20	14			63	36
185	71	187	170	22	8	243	12
281	52	181	628	55	18	1821	28

2-B-4 续表 14

行 业	单位数	杭州市	宁波市	温州市
塑料零件制造	5314	346	2588	560
其他塑料制品制造	5507	633	1807	863
非金属矿物制品业	12916	2531	1534	1282
水泥、石灰和石膏制造	666	272	68	35
水泥制造	358	81	52	29
石灰和石膏制造	308	191	16	6
石膏、水泥制品及类似制品制造	2892	549	441	237
水泥制品制造	1994	382	323	188
砼结构构件制造	312	66	54	14
石棉水泥制品制造	23	8	3	
轻质建筑材料制造	437	51	37	29
其他水泥类似制品制造	126	42	24	6
砖瓦、石材等建筑材料制造	3865	761	458	585
粘土砖瓦及建筑砌块制造	1339	175	182	76
建筑陶瓷制品制造	102	23	12	16
建筑用石加工	1507	363	120	432
防水建筑材料制造	175	33	37	9
隔热和隔音材料制造	279	57	33	12
其他建筑材料制造	463	110	74	40
玻璃制造	355	110	70	29
平板玻璃制造	87	32	11	12
其他玻璃制造	268	78	59	17
玻璃制品制造	2256	294	184	79
技术玻璃制品制造	167	49	27	6
光学玻璃制造	56	11	7	12
玻璃仪器制造	40	5	20	2
日用玻璃制品制造	1451	92	66	28
玻璃包装容器制造	56	17	8	2
玻璃保温容器制造	101	8	4	2
制镜及类似品加工	115	45	14	14
其他玻璃制品制造	270	67	38	13

单位：个

嘉兴市	湖州市	绍兴市	金华市	衢州市	舟山市	台州市	丽水市
626	51	301	298	15	17	500	12
361	141	343	505	61	8	762	23
1000	1419	1003	2183	407	181	925	451
53	57	44	41	64	3	19	10
40	38	37	35	25	3	11	7
13	19	7	6	39		8	3
411	389	262	141	97	76	242	47
333	122	185	108	73	61	183	36
48	15	36	8	12	10	45	4
2	1	6	1	1			1
19	240	23	13	6	5	11	3
9	11	12	11	5		3	3
193	335	378	354	169	81	373	178
89	105	139	215	106	36	161	55
4	26	6	6	4		4	1
34	64	96	49	39	29	171	110
9	18	25	25	5	2	10	2
31	54	49	16		8	15	4
26	68	63	43	15	6	12	6
31	28	26	26	7	5	19	4
6	2	9	10		1	3	1
25	26	17	16	7	4	16	3
93	81	81	1270	27	1	126	20
21	20	8	22	5	1	4	4
8			7	2		8	1
	3	2	2			5	1
20	23	25	1116	10		68	3
2	5	7	7	3		1	4
3		8	70			4	2
10	3	5	11	1		11	1
29	27	26	35	6		25	4

2-B-4 续表 15

行　业	单位数	杭州市	宁波市	温州市
玻璃纤维和玻璃纤维增强塑料制品制造	463	73	83	32
玻璃纤维及制品制造	241	29	56	11
玻璃纤维增强塑料制品制造	222	44	27	21
陶瓷制品制造	798	167	105	200
卫生陶瓷制品制造	455	148	47	162
特种陶瓷制品制造	101	5	32	11
日用陶瓷制品制造	75	5	14	19
园林、陈设艺术及其他陶瓷制品制造	167	9	12	8
耐火材料制品制造	754	77	39	36
石棉制品制造	86	20	11	6
云母制品制造	31	11	1	4
耐火陶瓷制品及其他耐火材料制造	637	46	27	26
石墨及其他非金属矿物制品制造	867	228	86	49
石墨及碳素制品制造	120	7	35	15
其他非金属矿物制品制造	747	221	51	34
黑色金属冶炼和压延加工业	4129	554	871	948
炼铁	39	10	16	4
炼铁	39	10	16	4
炼钢	58	10	23	4
炼钢	58	10	23	4
黑色金属铸造	1579	292	239	247
黑色金属铸造	1579	292	239	247
钢压延加工	2397	227	586	688
钢压延加工	2397	227	586	688
铁合金冶炼	56	15	7	5
铁合金冶炼	56	15	7	5
有色金属冶炼和压延加工业	3445	382	870	505
常用有色金属冶炼	322	54	113	38
铜冶炼	89	15	34	12

单位：个

嘉兴市	湖州市	绍兴市	金华市	衢州市	舟山市	台州市	丽水市
131	30	26	44	10	3	20	11
52	25	14	31	8		4	11
79	5	12	13	2	3	16	
30	42	43	27	9	3	62	110
13	5	15	10	4	1	49	1
11	14	11	6	2		7	2
3	10	9	7	2	1	3	2
3	13	8	4	1	1	3	105
29	382	112	27	10	5	20	17
	15	10	5	1	5	4	9
8			3			4	
21	367	102	19	9		12	8
29	75	31	253	14	4	44	54
15	15	9	10	6		5	3
14	60	22	243	8	4	39	51
362	243	226	226	56	30	416	197
		1	5	1		2	
		1	5	1		2	
2		1	4	2	1	2	9
2		1	4	2	1	2	9
122	125	102	84	25	19	279	45
122	125	102	84	25	19	279	45
229	116	118	127	28	9	130	139
229	116	118	127	28	9	130	139
9	2	4	6		1	3	4
9	2	4	6		1	3	4
189	116	445	473	55	11	347	52
11		20	55	11	1	11	8
1		7	15			4	1

2-B-4 续表 16

行业	单位数	杭州市	宁波市	温州市
铅锌冶炼	43	16	9	7
镍钴冶炼	25	8	6	2
锡冶炼	14	2	9	
铝冶炼	103	8	38	8
镁冶炼	4	1	1	
其他常用有色金属冶炼	44	4	16	9
贵金属冶炼	25	5	3	1
金冶炼	8	4		
银冶炼	11	1	1	1
其他贵金属冶炼	6		2	
稀有稀土金属冶炼	21	6	9	2
钨钼冶炼	4	3		1
稀土金属冶炼	11	1	8	1
其他稀有金属冶炼	6	2	1	
有色金属合金制造	304	32	75	68
有色金属合金制造	304	32	75	68
有色金属铸造	407	29	170	28
有色金属铸造	407	29	170	28
有色金属压延加工	2366	256	500	368
铜压延加工	1047	69	141	227
铝压延加工	887	102	245	84
贵金属压延加工	45	4	13	11
稀有稀土金属压延加工	59	6	36	
其他有色金属压延加工	328	75	65	46
金属制品业	30630	4557	7061	4677
结构性金属制品制造	4884	1019	855	388
金属结构制造	2186	546	528	134
金属门窗制造	2698	473	327	254
金属工具制造	5052	1030	945	421
切削工具制造	983	133	140	102

单位：个

嘉兴市	湖州市	绍兴市	金华市	衢州市	舟山市	台州市	丽水市
1			5	3	1		1
2		2	1	3		1	
		2	1				
5		5	28	4		6	1
		1		1			
2		3	5				5
1		4		2		9	
		3		1			
						8	
1		1		1		1	
1				1		1	1
1							
				1		1	1
12	3	20	73	3		13	5
12	3	20	73	3		13	5
13	9	12	103		1	38	4
13	9	12	103		1	38	4
151	104	389	242	38	9	275	34
24	15	281	74	18	4	182	12
79	64	68	137	15	2	74	17
4	2	4	2		1	4	
7	5	3		2			
37	18	33	29	3	2	15	5
2304	677	1989	5934	307	160	2485	479
439	177	343	1185	100	47	220	111
280	96	197	248	27	18	80	32
159	81	146	937	73	29	140	79
177	50	187	1556	34	15	488	149
35	14	21	130	5	1	312	90

2-B-4 续表 17

行　业	单位数			
		杭州市	宁波市	温州市
手工具制造	1871	631	268	123
农用及园林用金属工具制造	507	34	75	5
刀剪及类似日用金属工具制造	413	40	114	61
其他金属工具制造	1278	192	348	130
集装箱及金属包装容器制造	680	171	129	65
集装箱制造	17	3	5	6
金属压力容器制造	186	42	46	12
金属包装容器制造	477	126	78	47
金属丝绳及其制品制造	906	295	159	80
金属丝绳及其制品制造	906	295	159	80
建筑、安全用金属制品制造	8660	851	2406	2087
建筑、家具用金属配件制造	5472	632	1684	1461
建筑装饰及水暖管道零件制造	2485	110	461	563
安全、消防用金属制品制造	458	47	191	36
其他建筑、安全用金属制品制造	245	62	70	27
金属表面处理及热处理加工	2727	357	710	724
金属表面处理及热处理加工	2727	357	710	724
搪瓷制品制造	325	57	41	68
生产专用搪瓷制品制造	21	4	4	4
建筑装饰搪瓷制品制造	14	2	4	1
搪瓷卫生洁具制造	223	34	24	59
搪瓷日用品及其他搪瓷制品制造	67	17	9	4
金属制日用品制造	3831	170	827	361
金属制厨房用器具制造	623	46	156	34
金属制餐具和器皿制造	1018	28	159	31
金属制卫生器具制造	249	14	84	64
其他金属制日用品制造	1941	82	428	232
其他金属制品制造	3565	607	989	483
锻件及粉末冶金制品制造	1541	287	459	240
交通及公共管理用金属标牌制造	258	69	27	58
其他未列明金属制品制造	1766	251	503	185

单位：个

嘉兴市	湖州市	绍兴市	金华市	衢州市	舟山市	台州市	丽水市
40	8	66	563	12	11	114	35
8	3	12	341	5		14	10
48	6	13	113	2	1	8	7
46	19	75	409	10	2	40	7
64	18	79	73	16	3	58	4
2						1	
8	1	15	26	10	2	24	
54	17	64	47	6	1	33	4
75	52	44	83	10	2	92	14
75	52	44	83	10	2	92	14
701	97	845	634	54	19	884	82
641	80	196	511	20	14	172	61
29	7	572	48	7	1	680	7
20	5	59	39	24	1	25	11
11	5	18	36	3	3	7	3
263	73	97	181	19	44	218	41
263	73	97	181	19	44	218	41
12	4	60	28	2		51	2
4		2	1	1		1	
1		3	2			1	
6		47	5			46	2
1	4	8	20	1		3	
274	39	154	1748	46	5	168	39
42	2	31	265	12	2	21	12
25	6	14	692	8	2	43	10
13	2	15	20	1		35	1
194	29	94	771	25	1	69	16
299	167	180	446	26	25	306	37
138	47	52	61	5	13	228	11
19	7	11	26	3		23	15
142	113	117	359	18	12	55	11

2-B-4 续表 18

行业	单位数	杭州市	宁波市	温州市
通用设备制造业	45764	5283	11781	8451
锅炉及原动设备制造	712	178	138	55
锅炉及辅助设备制造	271	69	42	16
内燃机及配件制造	254	25	59	20
汽轮机及辅机制造	38	10	9	2
水轮机及辅机制造	69	54	5	4
风能原动设备制造	22	3	10	4
其他原动设备制造	58	17	13	9
金属加工机械制造	4564	776	890	801
金属切削机床制造	802	86	163	92
金属成形机床制造	608	96	110	150
铸造机械制造	604	111	139	79
金属切割及焊接设备制造	530	46	114	136
机床附件制造	525	84	109	52
其他金属加工机械制造	1495	353	255	292
物料搬运设备制造	1565	304	322	85
轻小型起重设备制造	375	68	23	13
起重机制造	190	42	34	21
生产专用车辆制造	108	38	20	3
连续搬运设备制造	239	31	40	5
电梯、自动扶梯及升降机制造	577	109	178	34
其他物料搬运设备制造	76	16	27	9
泵、阀门、压缩机及类似机械制造	10339	515	1633	4047
泵及真空设备制造	2032	150	191	341
气体压缩机械制造	473	64	86	90
阀门和旋塞制造	5923	172	563	3075
液压和气压动力机械及元件制造	1911	129	793	541
轴承、齿轮和传动部件制造	5350	749	1727	279
轴承制造	3592	348	1402	71

单位：个

嘉兴市	湖州市	绍兴市	金华市	衢州市	舟山市	台州市	丽水市
3839	987	5168	2374	456	222	6382	821
48	42	70	79	11	11	64	16
33	27	23	29	7		15	10
5	5	40	39	1	11	44	5
5	6	2	3	1			
1	2		2	1			
		2	2	1			
4	2	3	4			5	1
193	108	501	362	57	40	700	136
45	13	73	40	7		196	87
32	12	34	69	9	1	88	7
14	20	143	36	12	12	28	10
15	3	23	77	2	10	101	3
23	3	26	29	10	2	180	7
64	57	202	111	17	15	107	22
297	246	58	61	12	4	159	17
201	5	22	14	5	1	18	5
22	24	14	8	1	3	15	6
10	5	4	16	2		9	1
9	54	3	1	3		92	1
50	154	12	20	1		17	2
5	4	3	2			8	2
169	53	224	142	66	21	3098	371
30	13	53	53	17	8	1148	28
20	9	13	19	17	3	149	3
44	9	95	46	19	3	1563	334
75	22	63	24	13	7	238	6
448	91	1058	284	132	6	420	156
407	39	876	30	118	1	154	146

2-B-4 续表 19

行业	单位数			
		杭州市	宁波市	温州市
齿轮及齿轮减、变速箱制造	1267	276	231	178
其他传动部件制造	491	125	94	30
烘炉、风机、衡器、包装等设备制造	4795	542	691	641
烘炉、熔炉及电炉制造	323	45	54	13
风机、风扇制造	669	59	82	31
气体、液体分离及纯净设备制造	488	151	61	87
制冷、空调设备制造	1046	155	159	48
风动和电动工具制造	1251	37	206	60
喷枪及类似器具制造	274	22	69	16
衡器制造	174	28	31	14
包装专用设备制造	570	45	29	372
文化、办公用机械制造	436	64	104	134
电影机械制造	12	2	6	3
幻灯及投影设备制造	24	3	5	5
照相机及器材制造	110	8	43	8
复印和胶印设备制造	59	18	21	7
计算器及货币专用设备制造	112	7	5	95
其他文化、办公用机械制造	119	26	24	16
通用零部件制造	16945	2005	5985	2234
金属密封件制造	804	85	277	103
紧固件制造	5108	293	1431	1363
弹簧制造	954	154	212	164
机械零部件加工	7741	1220	3040	469
其他通用零部件制造	2338	253	1025	135
其他通用设备制造业	1058	150	291	175
其他通用设备制造业	1058	150	291	175
专用设备制造业	19013	2331	4884	2874
采矿、冶金、建筑专用设备制造	1170	219	140	218
矿山机械制造	398	55	19	106
石油钻采专用设备制造	51	4	14	18

单位：个

嘉兴市	湖州市	绍兴市	金华市	衢州市	舟山市	台州市	丽水市
27	15	131	144	8	4	247	6
14	37	51	110	6	1	19	4
196	186	939	968	27	19	549	37
29	117	17	25	3		14	6
30	6	308	13	4	3	129	4
45	21	74	9	3		30	7
35	18	486	21	9	2	105	8
11	4	25	769	2	1	130	6
9	11	12	21			113	1
3		1	92	2	1	1	1
34	9	16	18	4	12	27	4
12	12	76	19		1	13	1
1							
5			4			2	
3		45	3				
2	5	1	1		1	3	
1			3			1	
	7	30	8			7	1
2432	190	2095	370	129	110	1318	77
204	7	53	22	2	9	38	4
1473	18	110	80	36	12	272	20
57	15	211	30	7	2	100	2
470	117	1266	143	75	84	811	46
228	33	455	95	9	3	97	5
44	59	147	89	22	10	61	10
44	59	147	89	22	10	61	10
1142	401	2020	1157	266	520	3061	357
98	42	176	72	65	16	104	20
23	29	54	25	43	2	35	7
2	1	1	1	2	1	6	1

2-B-4 续表 20

行　业	单位数	杭州市	宁波市	温州市
建筑工程用机械制造	378	84	52	57
海洋工程专用设备制造	16	2	4	
建筑材料生产专用机械制造	228	58	20	27
冶金专用设备制造	99	16	31	10
化工、木材、非金属加工专用设备制造	7675	595	2882	885
炼油、化工生产专用设备制造	226	56	43	41
橡胶加工专用设备制造	86	8	24	10
塑料加工专用设备制造	1152	90	337	180
木材加工机械制造	104	11	10	2
模具制造	5998	402	2448	635
其他非金属加工专用设备制造	109	28	20	17
食品、饮料、烟草及饲料生产专用设备制造	620	51	103	214
食品、酒、饮料及茶生产专用设备制造	431	34	82	178
农副食品加工专用设备制造	139	12	10	28
烟草生产专用设备制造	31	3	9	6
饲料生产专用设备制造	19	2	2	2
印刷、制药、日化及日用品生产专用设备制造	1277	208	125	598
制浆和造纸专用设备制造	119	55	3	32
印刷专用设备制造	583	42	44	364
日用化工专用设备制造	69	15	12	19
制药专用设备制造	188	12	11	131
照明器具生产专用设备制造	115	36	26	13
玻璃、陶瓷和搪瓷制品生产专用设备制造	47	10	9	6
其他日用品生产专用设备制造	156	38	20	33
纺织、服装和皮革加工专用设备制造	3500	315	666	293
纺织专用设备制造	1767	251	207	129
皮革、毛皮及其制品加工专用设备制造	134	11	25	57
缝制机械制造	1567	45	426	102
洗涤机械制造	32	8	8	5
电子和电工机械专用设备制造	814	182	200	183

单位：个

嘉兴市	湖州市	绍兴市	金华市	衢州市	舟山市	台州市	丽水市
37	4	79	17	4		35	9
			1		9		
31	5	23	23	14	2	23	2
5	3	19	5	2	2	5	1
472	101	271	363	50	418	1598	40
13	3	11	21	15	1	20	2
3	6	7	6		1	21	
27	10	19	20	1	392	76	
12	19		27	3		16	4
415	54	227	270	31	24	1459	33
2	9	7	19			6	1
32	6	77	32	13	25	57	10
12	3	54	19	4	19	22	4
14	2	17	12	9	3	27	5
3		1				8	1
3	1	5	1		3		
73	21	57	98	17	4	62	14
12	2	3	2	5	1	3	1
46	5	17	22	3		36	4
1	1	5	7	4		4	1
2	1	12	7		3	9	
5	6	8	10	3		3	5
2		3	14			1	2
5	6	9	36	2		6	1
174	54	861	190	14	23	706	204
134	36	669	105	6	18	209	3
10	14	1	4	1		9	2
27	4	190	81	7	5	481	199
3		1				7	
60	17	62	56	7	5	29	13

2-B-4 续表 21

行　业	单位数			
		杭州市	宁波市	温州市
电工机械专用设备制造	410	72	106	101
电子工业专用设备制造	404	110	94	82
农、林、牧、渔专用机械制造	889	81	153	48
拖拉机制造	32	10	5	1
机械化农业及园艺机具制造	386	23	50	14
营林及木竹采伐机械制造	13	2	2	1
畜牧机械制造	39	6	9	1
渔业机械制造	37	2	12	1
农林牧渔机械配件制造	271	28	57	10
棉花加工机械制造	9	1	1	6
其他农、林、牧、渔业机械制造	102	9	17	14
医疗仪器设备及器械制造	985	258	340	104
医疗诊断、监护及治疗设备制造	172	58	50	17
口腔科用设备及器具制造	66	20	21	5
医疗实验室及医用消毒设备和器具制造	53	16	15	3
医疗、外科及兽医用器械制造	255	79	69	33
机械治疗及病房护理设备制造	62	20	19	5
假肢、人工器官及植(介)入器械制造	61	17	13	7
其他医疗设备及器械制造	316	48	153	34
环保、社会公共服务及其他专用设备制造	2083	422	275	331
环境保护专用设备制造	1083	214	104	103
地质勘查专用设备制造	12	3	3	1
邮政专用机械及器材制造	23	13	6	2
商业、饮食、服务专用设备制造	33	9	9	4
社会公共安全设备及器材制造	378	43	53	132
交通安全、管制及类似专用设备制造	66	20	17	7
水资源专用机械制造	78	27	13	5
其他专用设备制造	410	93	70	77
汽车制造业	13696	1436	3519	3405
汽车整车制造	73	14	18	1
汽车整车制造	73	14	18	1

单位：个

嘉兴市	湖州市	绍兴市	金华市	衢州市	舟山市	台州市	丽水市
22	8	35	31	4	2	21	8
38	9	27	25	3	3	8	5
29	33	68	164	25	6	271	11
2	2	1	6			3	2
10	9	40	90	6		138	6
1	1	1	4			1	
3		2	15	2		1	
		2	1		5	14	
9	17	9	31	1	1	105	3
				1			
4	4	13	17	15		9	
55	27	53	45	8	11	75	9
15	4	9	6	2	3	7	1
3	1	5	3	1	1	5	1
5	2	4	4			3	1
8	8	6	9	1	6	34	2
3	3	4	2	2		3	1
8	2	6	4			3	1
13	7	19	17	2	1	20	2
149	100	395	137	67	12	159	36
102	69	291	63	15	7	92	23
		2				3	
	1	1					
1	1	2	3			4	
12	1	42	21	37	3	28	6
3	3	7	5	1		2	1
6	5	6	3	9		3	1
25	20	44	42	5	2	27	5
445	133	781	573	75	89	3028	212
1		4	27			7	1
1		4	27			7	1

2-B-4 续表 22

行业	单位数			
		杭州市	宁波市	温州市
改装汽车制造	25	11	7	1
改装汽车制造	25	11	7	1
低速载货汽车制造	2	1		
低速载货汽车制造	2	1		
电车制造	12	3	3	
电车制造	12	3	3	
汽车车身、挂车制造	36	11	11	
汽车车身、挂车制造	36	11	11	
汽车零部件及配件制造	13548	1396	3480	3403
汽车零部件及配件制造	13548	1396	3480	3403
铁路、船舶、航空航天和其他运输设备制造业	4369	514	788	578
铁路运输设备制造	107	13	30	14
铁路机车车辆及动车组制造	2	1	1	
窄轨机车车辆制造	1		1	
铁路机车车辆配件制造	40	5	7	9
铁路专用设备及器材、配件制造	58	6	18	5
其他铁路运输设备制造	6	1	3	
城市轨道交通设备制造	8	2	4	
城市轨道交通设备制造	8	2	4	
船舶及相关装置制造	1093	54	215	73
金属船舶制造	535	23	74	36
非金属船舶制造	27	2	8	6
娱乐船和运动船制造	42	14	13	1
船用配套设备制造	435	15	101	27
船舶改装与拆除	45		10	3
航标器材及其他相关装置制造	9		9	
航空、航天器及设备制造	34	6	10	2
飞机制造	9	2	3	
航天器制造	5		2	

单位：个

嘉兴市	湖州市	绍兴市	金华市	衢州市	舟山市	台州市	丽水市
2	2		1	1			
2	2		1	1			
							1
							1
			3	1		2	
			3	1		2	
2	2		6	1		2	1
2	2		6	1		2	1
440	129	777	536	72	89	3017	209
440	129	777	536	72	89	3017	209
141	60	127	407	26	368	1306	54
6	2	14	7	2		19	
	1	7	2			9	
6	1	6	5	2		9	
		1				1	
1							1
1							1
42	26	31	14	3	365	267	3
36	17	4	3	1	178	161	2
1	3		2		2	3	
2	4		4	1	1	2	
3	2	26	5	1	161	93	1
		1			23	8	
3		1	6	1		5	
		1	1			2	
			3				

2-B-4 续表 23

行业	单位数	杭州市	宁波市	温州市
航空、航天相关设备制造	9	2	2	
其他航空航天器制造	11	2	3	2
摩托车制造	1495	49	164	426
摩托车整车制造	57	3	11	5
摩托车零部件及配件制造	1438	46	153	421
自行车制造	1382	361	323	53
脚踏自行车及残疾人座车制造	664	287	225	16
助动自行车制造	718	74	98	37
非公路休闲车及零配件制造	167	20	24	6
非公路休闲车及零配件制造	167	20	24	6
潜水救捞及其他未列明运输设备制造	83	9	18	4
潜水及水下救捞装备制造	14	2	7	1
其他未列明运输设备制造	69	7	11	3
电气机械和器材制造业	31930	3317	8692	10122
电机制造	3360	216	662	409
发电机及发电机组制造	449	57	74	51
电动机制造	1688	77	258	191
微电机及其他电机制造	1223	82	330	167
输配电及控制设备制造	11626	816	1301	7869
变压器、整流器和电感器制造	1151	128	182	506
电容器及其配套设备制造	328	37	86	72
配电开关控制设备制造	6562	310	343	5465
电力电子元器件制造	2657	222	499	1501
光伏设备及元器件制造	320	36	97	43
其他输配电及控制设备制造	608	83	94	282
电线、电缆、光缆及电工器材制造	3099	685	800	568
电线、电缆制造	2402	558	625	383
光纤、光缆制造	108	31	44	11
绝缘制品制造	230	34	36	72
其他电工器材制造	359	62	95	102

单位：个

嘉兴市	湖州市	绍兴市	金华市	衢州市	舟山市	台州市	丽水市
1			2	1		1	
2						2	
18	7	23	103	11		659	35
			9			27	2
18	7	23	94	11		632	33
53	24	52	151	7	3	345	10
25	9	26	45	1	1	26	2
28	15	26	105	6	2	319	8
	1	4	100	1		8	3
	1	4	100	1		8	3
18		2	26	1		3	2
1						2	1
17		2	26	1		1	1
2170	663	2041	1359	400	141	2762	263
76	89	491	202	13	58	1094	50
11	2	29	44	5	6	163	7
39	44	271	78	4	5	709	12
26	43	191	80	4	47	222	31
400	113	197	215	194	28	410	83
94	15	33	30	63	2	83	15
8	9	25	4	7		78	2
126	23	38	42	50	14	133	18
97	41	63	91	29	7	70	37
34	18	21	36	13	1	14	7
41	7	17	12	32	4	32	4
273	146	110	126	62	4	298	27
232	127	72	85	41	3	252	24
4	7	4	5	2			
25	6	16	8	10		23	
12	6	18	28	9	1	23	3

2-B-4 续表 24

行业	单位数	杭州市	宁波市	温州市
电池制造	458	58	122	34
锂离子电池制造	116	24	34	5
镍氢电池制造	30	5	9	3
其他电池制造	312	29	79	26
家用电力器具制造	5763	295	3346	391
家用制冷电器具制造	283	26	161	18
家用空气调节器制造	176	39	81	7
家用通风电器具制造	549	17	202	14
家用厨房电器具制造	1065	43	527	40
家用清洁卫生电器具制造	413	17	262	30
家用美容、保健电器具制造	355	4	139	125
家用电力器具专用配件制造	1333	112	955	65
其他家用电力器具制造	1589	37	1019	92
非电力家用器具制造	1000	98	217	48
燃气、太阳能及类似能源家用器具制造	864	89	158	46
其他非电力家用器具制造	136	9	59	2
照明器具制造	5744	1008	2018	569
电光源制造	1255	600	81	21
照明灯具制造	3190	285	1261	358
灯用电器附件及其他照明器具制造	1299	123	676	190
其他电气机械及器材制造	880	141	226	234
电气信号设备装置制造	234	45	57	75
其他未列明电气机械及器材制造	646	96	169	159
计算机、通信和其他电子设备制造业	9148	1345	2707	2005
计算机制造	310	89	121	33
计算机整机制造	21	7	9	
计算机零部件制造	113	28	50	16
计算机外围设备制造	76	21	29	7
其他计算机制造	100	33	33	10
通信设备制造	729	258	273	75

单位：个

嘉兴市	湖州市	绍兴市	金华市	衢州市	舟山市	台州市	丽水市
58	65	32	47	8	2	16	16
10	10	10	10	3	1	6	3
3		2	6			1	1
45	55	20	31	5	1	9	12
362	67	579	414	24	35	222	28
15	6	25	15	1		13	3
4	2	10	8	1	1	21	2
6		256	20	1	1	31	1
39	13	203	165	7		24	4
22	14	6	31	5	7	15	4
7	1	2	19	1	16	37	4
57	17	34	38	3	6	43	3
212	14	43	118	5	4	38	7
354	18	95	115	6	1	44	4
347	18	92	58	5	1	36	4
7		3	47	1		8	
614	148	455	183	82	7	619	41
294	67	53	36	50	2	33	18
256	64	280	123	23	2	521	17
64	17	122	24	9	3	65	6
33	17	82	57	11	6	59	14
12		10	16	3	1	11	4
21	17	72	41	8	5	48	10
894	275	757	691	109	35	268	62
24		15	14	2	1	11	
2			2		1		
1		7	6	1		4	
12		2	1			4	
9		6	5	1		3	
49	5	29	14	5	5	12	4

2-B-4 续表 25

行　业	单位数	杭州市	宁波市	温州市
通信系统设备制造	535	205	201	50
通信终端设备制造	194	53	72	25
广播电视设备制造	471	104	87	41
广播电视节目制作及发射设备制造	22	10	2	3
广播电视接收设备及器材制造	375	80	69	9
应用电视设备及其他广播电视设备制造	74	14	16	29
雷达及配套设备制造	11	3	3	2
雷达及配套设备制造	11	3	3	2
视听设备制造	675	52	227	43
电视机制造	41	3	24	5
音响设备制造	555	40	172	11
影视录放设备制造	79	9	31	27
电子器件制造	1183	254	321	231
电子真空器件制造	97	21	33	20
半导体分立器件制造	219	39	32	93
集成电路制造	113	32	33	10
光电子器件及其他电子器件制造	754	162	223	108
电子元件制造	5117	478	1515	1492
电子元件及组件制造	4776	361	1451	1414
印制电路板制造	341	117	64	78
其他电子设备制造	652	107	160	88
其他电子设备制造	652	107	160	88
仪器仪表制造业	5713	739	1157	1924
通用仪器仪表制造	2651	475	681	825
工业自动控制系统装置制造	776	157	135	222
电工仪器仪表制造	852	152	149	438
绘图、计算及测量仪器制造	218	31	70	26
实验分析仪器制造	192	32	68	23
试验机制造	48	17	6	4
供应用仪表及其他通用仪器制造	565	86	253	112

单位：个

嘉兴市	湖州市	绍兴市	金华市	衢州市	舟山市	台州市	丽水市
26	3	21	11	5	4	6	3
23	2	8	3		1	6	1
152	7	47	14	13	2	4	
3	2		2				
145	4	47	8	10	1	2	
4	1		4	3	1	2	
1			1			1	
1			1			1	
97	18	209	24	1	1	3	
3		4	1		1		
90	18	201	20	1		2	
4		4	3			1	
95	37	94	61	27	4	46	13
7	2	3	4	2	1	3	1
13	7	7	3	11		11	3
10	3	13	7	1	2	2	
65	25	71	47	13	1	30	9
419	188	289	467	50	15	165	39
395	185	273	455	33	15	160	34
24	3	16	12	17		5	5
57	20	74	96	11	7	26	6
57	20	74	96	11	7	26	6
182	45	200	172	33	54	1156	51
110	30	105	88	20	21	280	16
46	14	32	16	5	2	145	2
35	5	10	10	4	9	34	6
5	3	5	49	3	1	24	1
9	5	34	3	2	1	15	
1	2	10	1	1		5	1
14	1	14	9	5	8	57	6

2-B-4 续表 26

行业	单位数	杭州市	宁波市	温州市
专用仪器仪表制造	736	151	225	128
环境监测专用仪器仪表制造	62	16	18	8
运输设备及生产用计数仪表制造	140	22	43	26
导航、气象及海洋专用仪器制造	37	12	10	6
农林牧渔专用仪器仪表制造	15	1	5	1
地质勘探和地震专用仪器制造	15	4	4	3
教学专用仪器制造	135	20	41	39
核子及核辐射测量仪器制造	5	2		2
电子测量仪器制造	145	45	46	17
其他专用仪器制造	182	29	58	26
钟表与计时仪器制造	152	33	65	28
钟表与计时仪器制造	152	33	65	28
光学仪器及眼镜制造	1851	41	101	840
光学仪器制造	203	35	91	17
眼镜制造	1648	6	10	823
其他仪器仪表制造业	323	39	85	103
其他仪器仪表制造业	323	39	85	103
其他制造业	5087	330	514	1254
日用杂品制造	4102	201	385	975
鬃毛加工、制刷及清扫工具制造	304	5	97	24
其他日用杂品制造	3798	196	288	951
煤制品制造	55	5	12	7
煤制品制造	55	5	12	7
核辐射加工	5	2	2	
核辐射加工	5	2	2	
其他未列明制造业	925	122	115	272
其他未列明制造业	925	122	115	272
废弃资源综合利用业	913	207	235	63
金属废料和碎屑加工处理	413	88	129	25
金属废料和碎屑加工处理	413	88	129	25

单位：个

嘉兴市	湖州市	绍兴市	金华市	衢州市	舟山市	台州市	丽水市
46	8	59	38	7	4	52	18
6	1	5	3			2	3
3		14	3	1		22	6
1			2		1	5	
		2	2			4	
1		2				1	
14		3	9	3		5	1
1							
7	5	4	9			8	4
13	2	29	10	3	3	5	4
2	1	1	14	3	1	3	1
2	1	1	14	3	1	3	1
18	3	12	20	3	1	798	14
13	3	9	9	1	1	22	2
5		3	11	2		776	12
6	3	23	12		27	23	2
6	3	23	12		27	23	2
1254	56	501	841	84	5	189	59
1224	33	428	593	64	2	150	47
8	15	6	124	7	1	11	6
1216	18	422	469	57	1	139	41
3		11	7	4	1	5	
3		11	7	4	1	5	
1							
1							
26	23	62	241	16	2	34	12
26	23	62	241	16	2	34	12
71	34	34	36	28	8	177	20
17	3	18	9	7	5	104	8
17	3	18	9	7	5	104	8

2-B-4 续表 27

行业	单位数	杭州市	宁波市	温州市
非金属废料和碎屑加工处理	500	119	106	38
非金属废料和碎屑加工处理	500	119	106	38
金属制品、机械和设备修理业	1321	132	237	101
金属制品修理	37	5	19	2
金属制品修理	37	5	19	2
通用设备修理	170	42	42	16
通用设备修理	170	42	42	16
专用设备修理	152	32	24	22
专用设备修理	152	32	24	22
铁路、船舶、航空航天等运输设备修理	770	10	93	42
铁路运输设备修理	1		1	
船舶修理	757	8	85	39
航空航天器修理	1		1	
其他运输设备修理	11	2	6	3
电气设备修理	77	20	29	6
电气设备修理	77	20	29	6
仪器仪表修理	11	1	4	
仪器仪表修理	11	1	4	
其他机械和设备修理业	104	22	26	13
其他机械和设备修理业	104	22	26	13
电力、热力、燃气及水生产和供应业	**4204**	**491**	**401**	**701**
电力、热力生产和供应业	2745	319	172	479
电力生产	2615	298	157	448
火力发电	129	17	21	9
水力发电	2369	265	112	426
核力发电	5	1		
风力发电	40	3	11	7
太阳能发电	18	3	5	1
其他电力生产	54	9	8	5
电力供应	53	4	3	23
电力供应	53	4	3	23

单位：个

嘉兴市	湖州市	绍兴市	金华市	衢州市	舟山市	台州市	丽水市
54	31	16	27	21	3	73	12
54	31	16	27	21	3	73	12
61	41	60	23	7	558	96	5
3		5				2	1
3		5				2	1
15	6	9	7	1	21	11	
15	6	9	7	1	21	11	
19	5	21	8	2	5	12	2
19	5	21	8	2	5	12	2
14	24	4			523	60	
14	24	4			523	60	
2	4	6	2		3	3	2
2	4	6	2		3	3	2
1					1	4	
1					1	4	
7	2	15	6	4	5	4	
7	2	15	6	4	5	4	
180	**150**	**343**	**300**	**246**	**102**	**496**	**794**
45	34	254	213	197	13	271	748
28	28	247	202	191	13	258	745
19	13	31	9	5	1	4	
	10	214	186	178		241	737
3						1	
			2		8	7	2
2	1	1	1	3			1
4	4	1	4	5	4	5	5
3		3	7	3		4	3
3		3	7	3		4	3

2-B-4 续表 28

行　　业	单位数			
		杭州市	宁波市	温州市
热力生产和供应	77	17	12	8
热力生产和供应	77	17	12	8
燃气生产和供应业	305	48	50	57
燃气生产和供应业	305	48	50	57
燃气生产和供应业	305	48	50	57
水的生产和供应业	1154	124	179	165
自来水生产和供应	604	60	118	95
自来水生产和供应	604	60	118	95
污水处理及其再生利用	324	54	48	44
污水处理及其再生利用	324	54	48	44
其他水的处理、利用与分配	226	10	13	26
其他水的处理、利用与分配	226	10	13	26
建筑业	**20941**	**6809**	**3821**	**2086**
房屋建筑业	2777	746	439	302
房屋建筑业	2777	746	439	302
房屋建筑业	2777	746	439	302
土木工程建筑业	4524	1370	665	519
铁路、道路、隧道和桥梁工程建筑	1832	604	237	178
铁路工程建筑	36	13	6	
公路工程建筑	295	58	49	36
市政道路工程建筑	1273	466	148	118
其他道路、隧道和桥梁工程建筑	228	67	34	24
水利和内河港口工程建筑	412	70	65	46
水源及供水设施工程建筑	218	44	26	34
河湖治理及防洪设施工程建筑	111	22	16	4
港口及航运设施工程建筑	83	4	23	8
海洋工程建筑	29	1	9	3
海洋工程建筑	29	1	9	3
工矿工程建筑	170	46	23	41
工矿工程建筑	170	46	23	41

单位：个

嘉兴市	湖州市	绍兴市	金华市	衢州市	舟山市	台州市	丽水市
14	6	4	4	3		9	
14	6	4	4	3		9	
25	11	29	20	20	14	21	10
25	11	29	20	20	14	21	10
25	11	29	20	20	14	21	10
110	105	60	67	29	75	204	36
66	58	27	46	19	17	68	30
66	58	27	46	19	17	68	30
38	47	28	15	9	10	25	6
38	47	28	15	9	10	25	6
6		5	6	1	48	111	
6		5	6	1	48	111	
1287	**644**	**1389**	**1415**	**552**	**1238**	**1254**	**446**
155	107	228	357	80	59	190	114
155	107	228	357	80	59	190	114
155	107	228	357	80	59	190	114
267	175	410	340	154	144	335	145
97	79	188	158	80	27	124	60
		5	2	3		3	4
26	19	26	24	10	5	33	9
54	46	129	114	64	17	71	46
17	14	28	18	3	5	17	1
41	19	27	23	15	45	46	15
26	9	15	18	8	7	21	10
12	9	10	5	7	1	21	4
3	1	2			37	4	1
3					10	3	
3					10	3	
7	6	12	6	6	4	17	2
7	6	12	6	6	4	17	2

2-B-4 续表 29

行　　业	单位数	杭州市	宁波市	温州市
架线和管道工程建筑	510	170	51	77
架线及设备工程建筑	323	112	26	54
管道工程建筑	187	58	25	23
其他土木工程建筑	1571	479	280	174
其他土木工程建筑	1571	479	280	174
建筑安装业	3351	1122	790	326
电气安装	1064	429	165	99
电气安装	1064	429	165	99
管道和设备安装	937	291	240	96
管道和设备安装	937	291	240	96
其他建筑安装业	1350	402	385	131
其他建筑安装业	1350	402	385	131
建筑装饰和其他建筑业	10289	3571	1927	939
建筑装饰业	7617	2813	1568	761
建筑装饰业	7617	2813	1568	761
工程准备活动	2075	542	255	117
建筑物拆除活动	451	181	74	65
其他工程准备活动	1624	361	181	52
提供施工设备服务	155	49	28	16
提供施工设备服务	155	49	28	16
其他未列明建筑业	442	167	76	45
其他未列明建筑业	442	167	76	45
批发和零售业	**247318**	**66604**	**40567**	**26861**
批发业	175094	48551	32424	16624
农、林、牧产品批发	5487	1303	471	309
谷物、豆及薯类批发	598	124	52	28
种子批发	318	94	32	37
饲料批发	483	123	44	56
棉、麻批发	124	34	38	6

单位：个

嘉兴市	湖州市	绍兴市	金华市	衢州市	舟山市	台州市	丽水市
36	22	37	25	12	11	42	27
22	11	23	17	6	4	28	20
14	11	14	8	6	7	14	7
83	49	146	128	41	47	103	41
83	49	146	128	41	47	103	41
273	96	214	143	46	77	209	55
92	34	46	37	11	42	88	21
92	34	46	37	11	42	88	21
86	23	81	22	19	14	52	13
86	23	81	22	19	14	52	13
95	39	87	84	16	21	69	21
95	39	87	84	16	21	69	21
592	266	537	575	272	958	520	132
479	207	428	508	213	137	395	108
479	207	428	508	213	137	395	108
70	35	55	31	28	812	115	15
20	9	26	12	14	12	30	8
50	26	29	19	14	800	85	7
10	14	16	3	9	5	2	3
10	14	16	3	9	5	2	3
33	10	38	33	22	4	8	6
33	10	38	33	22	4	8	6
18516	**7439**	**30105**	**29172**	**5617**	**3165**	**14463**	**4809**
13439	4501	23272	19183	4117	1989	8621	2373
809	596	578	563	522	25	81	230
56	17	78	59	151	3	8	22
45	11	20	31	15	4	13	16
52	37	12	43	80	14	15	7
7	2	4	25	3		5	

2-B-4 续表 30

行　　业	单位数			
		杭州市	宁波市	温州市
林业产品批发	1677	424	74	35
牲畜批发	687	155	37	53
其他农牧产品批发	1600	349	194	94
食品、饮料及烟草制品批发	15736	4175	2469	1445
米、面制品及食用油批发	1348	340	172	122
糕点、糖果及糖批发	480	176	96	24
果品、蔬菜批发	4337	807	591	135
肉、禽、蛋、奶及水产品批发	2288	579	339	303
盐及调味品批发	262	97	24	27
营养和保健品批发	617	248	56	85
酒、饮料及茶叶批发	3190	1015	505	301
烟草制品批发	51	20	15	2
其他食品批发	3163	893	671	446
纺织、服装及家庭用品批发	49313	12662	5607	3742
纺织品、针织品及原料批发	22657	4040	1453	556
服装批发	12264	4910	1434	1223
鞋帽批发	1581	314	89	678
化妆品及卫生用品批发	1226	519	144	131
厨房、卫生间用具及日用杂货批发	3424	889	590	177
灯具、装饰物品批发	1281	432	268	138
家用电器批发	2978	707	920	329
其他家庭用品批发	3902	851	709	510
文化、体育用品及器材批发	8464	1905	1727	731
文具用品批发	2828	775	708	374
体育用品及器材批发	790	200	125	35
图书批发	218	129	17	26
报刊批发	16	5	5	2
音像制品及电子出版物批发	64	28	8	3
首饰、工艺品及收藏品批发	3387	523	390	235
其他文化用品批发	1161	245	474	56

单位：个

嘉兴市	湖州市	绍兴市	金华市	衢州市	舟山市	台州市	丽水市
157	409	341	110	58	1	9	59
83	16	42	122	141	2	8	28
409	104	81	173	74	1	23	98
1031	418	2124	1434	908	272	771	689
90	58	97	188	172	22	54	33
21	15	57	46	15	2	23	5
340	77	859	561	494	12	120	341
150	87	364	127	51	107	151	30
23	8	12	27	10	4	20	10
70	19	20	38	20	6	37	18
202	104	391	226	93	56	201	96
1		5	4			4	
134	50	319	217	53	63	161	156
4446	1103	14272	5657	228	98	1306	192
2245	656	12605	883	36	17	155	11
1455	284	1114	1384	49	14	335	62
30	2	23	245	8	4	176	12
38	17	32	257	17	10	58	3
118	24	183	1212	30	12	154	35
85	42	50	177	18	4	62	5
244	40	186	339	27	23	137	26
231	38	79	1160	43	14	229	38
288	45	277	3116	47	16	257	55
201	23	103	503	18	10	98	15
20	4	15	354	4		28	5
5		3	34	1		2	1
1	1		2				
2		2	15	1		4	1
30	12	136	1923	14	5	94	25
29	5	18	285	9	1	31	8

2-B-4 续表 31

行　业	单位数			
		杭州市	宁波市	温州市
医药及医疗器材批发	2921	1373	436	271
西药批发	251	92	26	19
中药批发	395	106	20	113
医疗用品及器材批发	2275	1175	390	139
矿产品、建材及化工产品批发	43454	11847	10776	4810
煤炭及制品批发	1409	329	240	124
石油及制品批发	1992	339	638	148
非金属矿及制品批发	457	98	89	37
金属及金属矿批发	12801	4226	3553	1394
建材批发	11207	3624	2065	1150
化肥批发	1296	238	114	86
农药批发	714	148	54	75
农用薄膜批发	53	8	7	3
其他化工产品批发	13525	2837	4016	1793
机械设备、五金产品及电子产品批发	32873	12331	7214	3559
农业机械批发	517	106	64	31
汽车批发	433	122	91	36
汽车零配件批发	3216	1513	591	453
摩托车及零配件批发	263	47	47	51
五金产品批发	9206	2722	2028	1099
电气设备批发	2485	864	428	332
计算机、软件及辅助设备批发	2369	1468	392	130
通讯及广播电视设备批发	852	446	160	77
其他机械设备及电子产品批发	13532	5043	3413	1350
贸易经纪与代理	9709	1250	2215	1029
贸易代理	7795	833	1810	758
拍卖	242	69	41	25
其他贸易经纪与代理	1672	348	364	246
其他批发业	7137	1705	1509	728
再生物资回收与批发	4017	870	1123	309
其他未列明批发业	3120	835	386	419

单位：个

嘉兴市	湖州市	绍兴市	金华市	衢州市	舟山市	台州市	丽水市
128	61	192	182	88	9	133	48
12	13	23	24	15		25	2
13	5	20	54	21		8	35
103	43	149	104	52	9	100	11
3844	1430	3081	1754	1466	869	3061	516
167	87	150	107	56	21	97	31
160	58	138	64	26	213	195	13
25	31	36	59	39	4	21	18
1259	321	475	373	167	189	784	60
883	552	859	494	444	305	651	180
216	83	68	123	180	17	94	77
105	43	28	37	68	6	127	23
9	1	5	8	2	1	6	3
1020	254	1322	489	484	113	1086	111
2233	514	1882	2130	515	433	1762	300
49	20	74	46	31	10	50	36
33	7	25	48	19	4	38	10
121	21	144	168	20	11	153	21
8	5	17	28	6	1	51	2
855	115	566	1032	134	77	497	81
207	68	167	178	49	33	144	15
86	18	65	94	21	11	66	18
26	11	29	43	9	14	27	10
848	249	795	493	226	272	736	107
264	129	410	3440	159	65	569	179
219	102	332	3182	133	50	252	124
17	8	14	26	8	9	15	10
28	19	64	232	18	6	302	45
396	205	456	907	184	202	681	164
243	115	227	257	115	181	461	116
153	90	229	650	69	21	220	48

2-B-4 续表 32

行业	单位数	杭州市	宁波市	温州市
零售业	72224	18053	8143	10237
综合零售	3001	863	332	411
百货零售	1476	463	126	149
超级市场零售	442	89	62	72
其他综合零售	1083	311	144	190
食品、饮料及烟草制品专门零售	9145	2563	948	991
粮油零售	480	139	47	46
糕点、面包零售	326	115	65	21
果品、蔬菜零售	1832	523	189	75
肉、禽、蛋、奶及水产品零售	1886	358	143	117
营养和保健品零售	525	155	62	93
酒、饮料及茶叶零售	1768	611	154	269
烟草制品零售	235	81	72	24
其他食品零售	2093	581	216	346
纺织、服装及日用品专门零售	10719	3313	896	1720
纺织品及针织品零售	1149	336	108	151
服装零售	4778	1817	276	687
鞋帽零售	555	96	37	183
化妆品及卫生用品零售	521	201	33	104
钟表、眼镜零售	1049	224	147	191
箱、包零售	258	64	13	67
厨房用具及日用杂品零售	312	80	41	46
自行车零售	283	88	44	19
其他日用品零售	1814	407	197	272
文化、体育用品及器材专门零售	3885	1253	417	523
文具用品零售	762	242	133	91
体育用品及器材零售	329	90	28	47
图书、报刊零售	296	121	29	26
音像制品及电子出版物零售	58	16	9	18

单位：个

嘉兴市	湖州市	绍兴市	金华市	衢州市	舟山市	台州市	丽水市
5077	2938	6833	9989	1500	1176	5842	2436
99	123	384	319	75	35	185	175
56	71	201	219	33	11	77	70
21	21	22	43	20	10	53	29
22	31	161	57	22	14	55	76
420	297	1696	725	238	136	754	377
16	16	81	57	30	3	22	23
19	5	17	44	11	2	24	3
63	49	457	159	52	9	169	87
109	28	618	105	21	41	280	66
36	13	36	40	16	18	38	18
71	115	183	157	61	22	67	58
8	6	6	8	3	5	14	8
98	65	298	155	44	36	140	114
892	293	1099	1028	139	145	934	260
110	65	159	129	8	10	58	15
514	99	472	337	32	53	408	83
27	8	64	43	5	7	61	24
14	15	28	58	8	9	40	11
80	30	61	83	19	27	150	37
34	4	18	24	6	2	20	6
12	6	19	48	5	15	25	15
29	17	27	17	14	6	10	12
72	49	251	289	42	16	162	57
187	120	436	453	79	53	199	165
53	29	68	58	16	12	36	24
15	8	13	92	11	3	14	8
14	24	17	24	9	8	9	15
1	2	5	3		3	1	

2-B-4 续表 33

行业	单位数	杭州市	宁波市	温州市
珠宝首饰零售	852	252	76	135
工艺美术品及收藏品零售	1128	372	84	138
乐器零售	135	68	20	11
照相器材零售	65	35	3	8
其他文化用品零售	260	57	35	49
医药及医疗器材专门零售	10760	1620	1628	1982
药品零售	9878	1310	1533	1884
医疗用品及器材零售	882	310	95	98
汽车、摩托车、燃料及零配件专门零售	7467	1580	1017	1069
汽车零售	4035	718	517	638
汽车零配件零售	1376	412	195	205
摩托车及零配件零售	444	65	35	59
机动车燃料零售	1612	385	270	167
家用电器及电子产品专门零售	7945	2377	955	1139
家用视听设备零售	501	99	76	71
日用家电设备零售	2212	515	269	310
计算机、软件及辅助设备零售	2646	824	282	374
通信设备零售	1255	413	150	231
其他电子产品零售	1331	526	178	153
五金、家具及室内装饰材料专门零售	10530	2852	1336	1289
五金零售	2998	756	519	325
灯具零售	278	87	32	38
家具零售	1521	418	183	304
涂料零售	2686	529	292	201
卫生洁具零售	261	62	18	81
木质装饰材料零售	596	230	71	66
陶瓷、石材装饰材料零售	787	291	45	107
其他室内装饰材料零售	1403	479	176	167
货摊、无店铺及其他零售业	8772	1632	614	1113
货摊食品零售	30	18	5	2

单位：个

嘉兴市	湖州市	绍兴市	金华市	衢州市	舟山市	台州市	丽水市
31	25	141	92	17	3	63	17
43	21	152	127	21	24	58	88
12	4	5	6	5		3	1
1	1	13	2			1	1
17	6	22	49			14	11
996	637	629	1333	132	225	1163	415
963	599	549	1236	107	215	1106	376
33	38	80	97	25	10	57	39
507	357	655	880	324	81	690	307
267	214	353	545	219	52	331	181
77	39	103	137	24	17	129	38
49	26	43	50	23	2	63	29
114	78	156	148	58	10	167	59
581	304	640	685	226	190	605	243
46	19	48	50	11	10	32	39
225	103	187	213	71	67	209	43
186	81	243	198	79	75	197	107
53	61	61	99	40	25	95	27
71	40	101	125	25	13	72	27
706	642	1008	991	225	235	951	295
240	184	349	266	52	58	171	78
15	10	29	22	10	10	12	13
44	54	113	141	32	19	154	59
302	293	142	297	59	91	406	74
10	7	19	20	3	3	28	10
11	22	66	50	18	8	41	13
15	23	123	81	21	16	47	18
69	49	167	114	30	30	92	30
689	165	286	3575	62	76	361	199
1	1		3				

2-B-4 续表 34

行业	单位数			
		杭州市	宁波市	温州市
货摊纺织、服装及鞋零售	35	3	1	12
货摊日用品零售	33	7	2	9
互联网零售	6091	992	262	549
邮购及电视、电话零售	72	13	3	7
旧货零售	89	13	37	3
生活用燃料零售	590	102	56	164
其他未列明零售业	1832	484	248	367
交通运输、仓储和邮政业	**16320**	**3608**	**3682**	**2379**
道路运输业	8245	2435	1501	1196
城市公共交通运输	422	98	60	70
公共电汽车客运	97	8	8	21
城市轨道交通	12	4	1	3
出租车客运	281	77	49	35
其他城市公共交通运输	32	9	2	11
公路旅客运输	448	96	43	109
公路旅客运输	448	96	43	109
道路货物运输	6611	2115	1239	889
道路货物运输	6611	2115	1239	889
道路运输辅助活动	764	126	159	128
客运汽车站	82	7	10	23
公路管理与养护	220	44	30	22
其他道路运输辅助活动	462	75	119	83
水上运输业	1029	74	197	106
水上旅客运输	81	17	12	11
海洋旅客运输	30		1	6
内河旅客运输	26	12	2	3
客运轮渡运输	25	5	9	2
水上货物运输	662	44	125	71
远洋货物运输	32	2	5	8
沿海货物运输	510	11	109	46
内河货物运输	120	31	11	17

单位：个

嘉兴市	湖州市	绍兴市	金华市	衢州市	舟山市	台州市	丽水市
2	3		10			3	1
	2		12	1			
601	69	67	3222	15	6	230	78
2	1	4	39			2	1
	9	14	6			4	3
18	22	47	52	17	22	47	43
65	58	154	231	29	48	75	73
1050	**609**	**771**	**1283**	**524**	**885**	**1223**	**306**
540	381	347	353	424	273	603	192
36	18	22	19	14	11	56	18
5	5	6	7	8	1	20	8
					1	1	2
29	10	16	10	6	9	34	6
2	3		2			1	2
8	16	24	21	46	19	46	20
8	16	24	21	46	19	46	20
431	303	274	269	321	229	409	132
431	303	274	269	321	229	409	132
65	44	27	44	43	14	92	22
2	3	4	7	3	2	19	2
16	21	5	17	25	8	21	11
47	20	18	20	15	4	52	9
53	39	23	13	3	395	120	6
1	1	1	3	2	26	6	1
					19	4	
1	1	1	2	2		1	1
			1		7	1	
27	33	17	6	1	254	82	2
1		1	3		8	4	
16		5			244	78	1
10	33	11	3	1	2		1

2-B-4 续表 35

行业	单位数	杭州市	宁波市	温州市
水上运输辅助活动	286	13	60	24
客运港口	12	1	1	1
货运港口	79	5	25	11
其他水上运输辅助活动	195	7	34	12
航空运输业	37	8	4	6
航空客货运输	3	1		
航空旅客运输	3	1		
通用航空服务	18	5	2	3
通用航空服务	18	5	2	3
航空运输辅助活动	16	2	2	3
机场	7			1
其他航空运输辅助活动	9	2	2	2
管道运输业	3	2		
管道运输业	3	2		
管道运输业	3	2		
装卸搬运和运输代理业	5257	671	1637	896
装卸搬运	842	91	123	336
装卸搬运	842	91	123	336
运输代理业	4415	580	1514	560
货物运输代理	3692	423	1378	420
旅客票务代理	468	130	89	117
其他运输代理业	255	27	47	23
仓储业	818	167	233	74
谷物、棉花等农产品仓储	134	17	11	22
谷物仓储	106	10	9	20
棉花仓储	8	2	2	
其他农产品仓储	20	5		2
其他仓储业	684	150	222	52
其他仓储业	684	150	222	52

单位：个

嘉兴市	湖州市	绍兴市	金华市	衢州市	舟山市	台州市	丽水市
25	5	5	4		115	32	3
					7	2	
14	3	2	3		8	7	1
11	2	3	1		100	23	2
1	2		8	1	7		
			1		1		
			1		1		
			6	1	1		
			6	1	1		
1	2		1		5		
1	2		1		2		
					3		
			1				
			1				
			1				
265	110	305	757	52	156	367	41
76	24	47	39	15	40	45	6
76	24	47	39	15	40	45	6
189	86	258	718	37	116	322	35
146	76	240	576	35	95	282	21
25	6	14	37		10	29	11
18	4	4	105	2	11	11	3
99	47	31	43	20	42	47	15
16	11	3	16	7	8	10	13
13	6	2	15	6	7	9	9
1		1	1	1			
2	5				1	1	4
83	36	28	27	13	34	37	2
83	36	28	27	13	34	37	2

2-B-4 续表 36

行 业	单位数	杭州市	宁波市	温州市
邮政业	931	251	110	101
邮政基本服务	28	11	2	3
邮政基本服务	28	11	2	3
快递服务	903	240	108	98
快递服务	903	240	108	98
住宿和餐饮业	**13274**	**3590**	**2095**	**2141**
住宿业	5729	1321	882	964
旅游饭店	1268	405	188	118
旅游饭店	1268	405	188	118
一般旅馆	4200	873	639	800
一般旅馆	4200	873	639	800
其他住宿业	261	43	55	46
其他住宿业	261	43	55	46
餐饮业	7545	2269	1213	1177
正餐服务	5720	1779	850	889
正餐服务	5720	1779	850	889
快餐服务	566	174	104	67
快餐服务	566	174	104	67
饮料及冷饮服务	561	201	120	69
茶馆服务	162	61	25	19
咖啡馆服务	191	65	46	22
酒吧服务	117	36	23	14
其他饮料及冷饮服务	91	39	26	14
其他餐饮业	698	115	139	152
小吃服务	338	57	44	111
餐饮配送服务	136	28	37	10
其他未列明餐饮业	224	30	58	31
信息传输、软件和信息技术服务业	**15813**	**9222**	**2430**	**1021**
电信、广播电视和卫星传输服务	465	179	53	52
电信	378	163	34	45

单位：个

嘉兴市	湖州市	绍兴市	金华市	衢州市	舟山市	台州市	丽水市
92	30	65	108	24	12	86	52
1		4	3			1	3
1		4	3			1	3
91	30	61	105	24	12	85	49
91	30	61	105	24	12	85	49
794	**587**	**725**	**1177**	**173**	**408**	**1060**	**524**
393	263	241	601	71	215	518	260
64	63	77	93	36	88	83	53
64	63	77	93	36	88	83	53
299	187	150	473	31	126	435	187
299	187	150	473	31	126	435	187
30	13	14	35	4	1		20
30	13	14	35	4	1		20
401	324	484	576	102	193	542	264
280	238	392	423	92	168	408	201
280	238	392	423	92	168	408	201
38	21	32	66	2	15	40	7
38	21	32	66	2	15	40	7
25	43	14	29	2	3	32	23
3	35	3	4	1	1	4	6
11	4	7	13		2	14	7
8	2	4	11			11	8
3	2		1	1		3	2
58	22	46	58	6	7	62	33
14	8	19	26	3	6	40	10
26	4	7	9		1	7	7
18	10	20	23	3		15	16
656	**264**	**561**	**806**	**150**	**109**	**434**	**160**
19	8	28	33	38	13	26	16
15	5	25	26	31	7	19	8

2-B-4 续表 37

行　　业	单位数			
		杭州市	宁波市	温州市
固定电信服务	47	22	1	3
移动电信服务	112	42	1	18
其他电信服务	219	99	32	24
广播电视传输服务	87	16	19	7
有线广播电视传输服务	73	13	16	6
无线广播电视传输服务	14	3	3	1
互联网和相关服务	1331	622	172	130
互联网接入及相关服务	173	94	8	11
互联网接入及相关服务	173	94	8	11
互联网信息服务	967	442	143	106
互联网信息服务	967	442	143	106
其他互联网服务	191	86	21	13
其他互联网服务	191	86	21	13
软件和信息技术服务业	14017	8421	2205	839
软件开发	10005	6578	1538	487
软件开发	10005	6578	1538	487
信息系统集成服务	1237	504	298	94
信息系统集成服务	1237	504	298	94
信息技术咨询服务	1650	820	237	146
信息技术咨询服务	1650	820	237	146
数据处理和存储服务	256	129	22	39
数据处理和存储服务	256	129	22	39
集成电路设计	167	87	34	2
集成电路设计	167	87	34	2
其他信息技术服务业	702	303	76	71
数字内容服务	84	35	13	8
呼叫中心	8	4		1
其他未列明信息技术服务业	610	264	63	62
房地产业	**17354**	**4662**	**2168**	**3281**
房地产业	17354	4662	2168	3281

单位：个

嘉兴市	湖州市	绍兴市	金华市	衢州市	舟山市	台州市	丽水市
1	1	6	3	1	3	3	3
7		5	6	28	2	1	2
7	4	14	17	2	2	15	3
4	3	3	7	7	6	7	8
4	1	3	5	6	5	7	7
	2		2	1	1		1
45	28	73	147	21	13	56	24
9	5	17	15	7	1	1	5
9	5	17	15	7	1	1	5
30	23	44	101	9	8	45	16
30	23	44	101	9	8	45	16
6		12	31	5	4	10	3
6		12	31	5	4	10	3
592	228	460	626	91	83	352	120
381	153	276	295	44	38	159	56
381	153	276	295	44	38	159	56
70	25	52	46	13	27	88	20
70	25	52	46	13	27	88	20
84	24	73	148	17	11	75	15
84	24	73	148	17	11	75	15
18	4	14	14	5		8	3
18	4	14	14	5		8	3
13	8	9	9	1	1	1	2
13	8	9	9	1	1	1	2
26	14	36	114	11	6	21	24
8	7	5	2	2	2	1	1
			2			1	
18	7	31	110	9	4	19	23
1386	**853**	**1566**	**1520**	**345**	**318**	**877**	**378**
1386	853	1566	1520	345	318	877	378

2-B-4 续表 38

行　业	单位数	杭州市	宁波市	温州市
房地产开发经营	5574	1274	718	694
房地产开发经营	5574	1274	718	694
物业管理	4564	1494	665	427
物业管理	4564	1494	665	427
房地产中介服务	6566	1766	667	2076
房地产中介服务	6566	1766	667	2076
其他房地产业	650	128	118	84
其他房地产业	650	128	118	84
租赁和商务服务业	**59888**	**21851**	**10073**	**6993**
租赁业	3466	1058	518	442
机械设备租赁	3333	1020	492	425
汽车租赁	1814	434	235	282
农业机械租赁	63	9	18	11
建筑工程机械与设备租赁	1092	423	185	92
计算机及通讯设备租赁	24	16	3	1
其他机械与设备租赁	340	138	51	39
文化及日用品出租	133	38	26	17
娱乐及体育设备出租	76	17	14	6
图书出租	3	1		
音像制品出租	3	2		1
其他文化及日用品出租	51	18	12	10
商务服务业	56422	20793	9555	6551
企业管理服务	15092	6005	1619	1804
企业总部管理	868	292	131	86
投资与资产管理	5645	3759	465	293
单位后勤管理服务	245	83	35	37
其他企业管理服务	8334	1871	988	1388
法律服务	538	184	57	100
律师及相关法律服务	503	179	53	91
公证服务	7	2	1	1
其他法律服务	28	3	3	8

单位：个

嘉兴市	湖州市	绍兴市	金华市	衢州市	舟山市	台州市	丽水市
544	381	712	401	194	173	344	139
544	381	712	401	194	173	344	139
426	210	456	350	93	83	278	82
426	210	456	350	93	83	278	82
347	234	301	733	44	47	214	137
347	234	301	733	44	47	214	137
69	28	97	36	14	15	41	20
69	28	97	36	14	15	41	20
4035	**1604**	**4168**	**3857**	**1120**	**1087**	**3895**	**1205**
206	87	198	436	55	108	248	110
193	85	196	415	53	100	246	108
91	54	98	326	17	53	139	85
9	2	3	3	2	1	2	3
80	16	81	65	26	23	87	14
	2		1	1			
13	11	14	20	7	23	18	6
13	2	2	21	2	8	2	2
6	2	2	18		8	2	1
1			1				
6			2	2			1
3829	1517	3970	3421	1065	979	3647	1095
1562	472	1654	428	294	202	845	207
51	36	86	105	23	15	28	15
392	203	26	65	66	28	226	122
20	8	25	16	2	7	9	3
1099	225	1517	242	203	152	582	67
23	23	39	71	25	2	9	5
12	22	39	68	24	2	9	4
			1	1			1
11	1		2				

2-B-4 续表 39

行业	单位数	杭州市	宁波市	温州市
咨询与调查	15977	6329	3189	1904
会计、审计及税务服务	1978	642	368	261
市场调查	119	32	22	23
社会经济咨询	11737	4823	2592	1317
其他专业咨询	2143	832	207	303
广告业	10789	4086	1832	1089
广告业	10789	4086	1832	1089
知识产权服务	752	173	131	189
知识产权服务	752	173	131	189
人力资源服务	2079	521	483	174
公共就业服务	34	4		4
职业中介服务	702	152	104	66
劳务派遣服务	1145	315	340	87
其他人力资源服务	198	50	39	17
旅行社及相关服务	2697	806	381	289
旅行社服务	1654	502	247	172
旅游管理服务	775	203	88	89
其他旅行社相关服务	268	101	46	28
安全保护服务	447	106	75	52
安全服务	254	52	27	38
安全系统监控服务	137	38	34	10
其他安全保护服务	56	16	14	4
其他商务服务业	8051	2583	1788	950
市场管理	2126	368	376	249
会议及展览服务	1190	631	214	64
包装服务	180	45	20	22
办公服务	701	310	94	82
信用服务	28	16	4	
担保服务	713	190	111	88
其他未列明商务服务业	3113	1023	969	445

单位：个

嘉兴市	湖州市	绍兴市	金华市	衢州市	舟山市	台州市	丽水市
765	363	723	1053	219	196	950	286
149	72	150	92	49	34	104	57
4	3	10	7	5		9	4
517	232	442	679	123	137	717	158
95	56	121	275	42	25	120	67
579	276	703	772	179	182	826	265
579	276	703	772	179	182	826	265
68	12	34	69	9	5	56	6
68	12	34	69	9	5	56	6
207	59	129	181	70	105	118	32
3		6	6	2	2	1	6
67	20	27	115	29	62	49	11
101	38	88	41	31	30	59	15
36	1	8	19	8	11	9	
133	113	158	236	119	168	182	112
109	70	99	131	65	84	103	72
19	33	50	73	37	78	73	32
5	10	9	32	17	6	6	8
38	12	37	41	21	11	33	21
26	10	22	23	12	8	22	14
9		13	12	5	2	10	4
3	2	2	6	4	1	1	3
454	187	493	570	129	108	628	161
157	71	216	194	54	42	346	53
67	19	37	74	10	8	59	7
12	3	26	33	2	2	9	6
42	9	38	50	6	4	50	16
	1	1	3		1	1	1
72	32	38	45	37	12	68	20
104	52	137	171	20	39	95	58

2-B-4 续表 40

行业	单位数	杭州市	宁波市	温州市
科学研究和技术服务业	**21062**	**9277**	**3386**	**1643**
研究和试验发展	2449	863	504	213
自然科学研究和试验发展	113	42	14	10
自然科学研究和试验发展	113	42	14	10
工程和技术研究和试验发展	1660	544	396	139
工程和技术研究和试验发展	1660	544	396	139
农业科学研究和试验发展	335	84	61	22
农业科学研究和试验发展	335	84	61	22
医学研究和试验发展	319	188	29	37
医学研究和试验发展	319	188	29	37
社会人文科学研究	22	5	4	5
社会人文科学研究	22	5	4	5
专业技术服务业	12473	5472	2196	1073
气象服务	36	10	4	5
气象服务	36	10	4	5
地震服务	2	1		
地震服务	2	1		
海洋服务	29	8	8	3
海洋服务	29	8	8	3
测绘服务	355	79	40	35
测绘服务	355	79	40	35
质检技术服务	1032	289	259	107
质检技术服务	1032	289	259	107
环境与生态监测	227	93	34	24
环境保护监测	222	90	33	23
生态监测	5	3	1	1
地质勘查	87	39	12	5
能源矿产地质勘查	15	6	1	1
固体矿产地质勘查	16	9	2	1

单位：个

嘉兴市	湖州市	绍兴市	金华市	衢州市	舟山市	台州市	丽水市
1142	**542**	**1709**	**1452**	**388**	**307**	**824**	**392**
172	78	326	135	36	36	56	30
8	4	15	15	3	1		1
8	4	15	15	3	1		1
122	50	241	73	21	24	39	11
122	50	241	73	21	24	39	11
20	10	56	36	12	6	13	15
20	10	56	36	12	6	13	15
22	13	9	10		4	4	3
22	13	9	10		4	4	3
	1	5	1		1		
	1	5	1		1		
667	248	883	669	185	211	588	281
5	1	3	5	1		1	1
5	1	3	5	1		1	1
1							
1							
2			1		4	3	
2			1		4	3	
31	22	20	47	26	9	27	19
31	22	20	47	26	9	27	19
71	30	60	54	16	42	75	29
71	30	60	54	16	42	75	29
25	5	24	4	3	3	7	5
25	5	24	4	3	3	7	5
2	1	8	7	2		2	9
1			1	1			4
			1	1			2

2-B-4 续表 41

行　业	单位数			
		杭州市	宁波市	温州市
水、二氧化碳等矿产地质勘查	1			
基础地质勘查	20	5	4	2
地质勘查技术服务	35	19	5	1
工程技术	6312	2925	1024	526
工程管理服务	1843	678	255	222
工程勘察设计	4293	2174	750	285
规划管理	176	73	19	19
其他专业技术服务业	4393	2028	815	368
专业化设计服务	3182	1504	684	217
摄影扩印服务	532	231	72	64
兽医服务	106	29	6	19
其他未列明专业技术服务业	573	264	53	68
科技推广和应用服务业	6140	2942	686	357
技术推广服务	5192	2483	549	259
农业技术推广服务	2051	585	79	97
生物技术推广服务	712	481	54	32
新材料技术推广服务	334	177	71	12
节能技术推广服务	638	355	132	23
其他技术推广服务	1457	885	213	95
科技中介服务	528	216	103	44
科技中介服务	528	216	103	44
其他科技推广和应用服务业	420	243	34	54
其他科技推广和应用服务业	420	243	34	54
水利、环境和公共设施管理业	**3745**	**900**	**558**	**424**
水利管理业	265	48	33	25
防洪除涝设施管理	35	3	2	2
防洪除涝设施管理	35	3	2	2
水资源管理	69	15	9	5
水资源管理	69	15	9	5
天然水收集与分配	43	5	5	7
天然水收集与分配	43	5	5	7

单位：个

嘉兴市	湖州市	绍兴市	金华市	衢州市	舟山市	台州市	丽水市
			1				
1		2	3			1	2
	1	6	1			1	1
300	132	481	288	93	103	285	155
121	65	129	89	41	54	118	71
169	64	340	185	47	47	156	76
10	3	12	14	5	2	11	8
230	57	287	263	44	50	188	63
153	30	203	172	21	32	144	22
39	13	30	29	7	10	22	15
7	3	22	8	3	1	7	1
31	11	32	54	13	7	15	25
303	216	500	648	167	60	180	81
257	187	449	586	151	49	153	69
141	113	375	470	98	13	38	42
31	27	17	29	9	6	18	8
16	12	17	11	2	4	10	2
30	12	10	30	15	8	21	2
39	23	30	46	27	18	66	15
36	29	21	39	6	6	25	3
36	29	21	39	6	6	25	3
10		30	23	10	5	2	9
10		30	23	10	5	2	9
266	**245**	**400**	**290**	**118**	**106**	**286**	**152**
22	13	27	44	14	5	15	19
5	6	5	3	2		3	4
5	6	5	3	2		3	4
7	2	6	11	2	1	6	5
7	2	6	11	2	1	6	5
1	3	2	11	2	2	3	2
1	3	2	11	2	2	3	2

2-B-4 续表 42

行业	单位数	杭州市	宁波市	温州市
水文服务	6			
水文服务	6			
其他水利管理业	112	25	17	11
其他水利管理业	112	25	17	11
生态保护和环境治理业	461	120	89	72
生态保护	55	10	8	9
自然保护区管理	14	2	2	3
野生动物保护	14	5	1	1
野生植物保护	8		5	1
其他自然保护	19	3		4
环境治理业	406	110	81	63
水污染治理	218	59	55	28
大气污染治理	41	15	9	6
固体废物治理	47	12	5	11
危险废物治理	16	2	4	2
放射性废物治理	1	1		
其他污染治理	83	21	8	16
公共设施管理业	3019	732	436	327
市政设施管理	482	106	52	43
市政设施管理	482	106	52	43
环境卫生管理	371	72	73	54
环境卫生管理	371	72	73	54
城乡市容管理	73	15	14	16
城乡市容管理	73	15	14	16
绿化管理	1276	382	171	121
绿化管理	1276	382	171	121
公园和游览景区管理	817	157	126	93
公园管理	57	15	11	6
游览景区管理	760	142	115	87

单位：个

嘉兴市	湖州市	绍兴市	金华市	衢州市	舟山市	台州市	丽水市
1		2	1	2			
1		2	1	2			
8	2	12	13	6	2	3	8
8	2	12	13	6	2	3	8
46	13	33	13	13	10	26	21
4	5	4	2	1	2	2	8
1	1	1			2		2
	1	1	2			2	1
1							1
2	3	2		1			4
42	8	29	16	12	8	24	13
25	2	15	7	7	1	15	4
5				4		1	1
4	2	6	1			4	2
2	2		1		1	1	1
6	2	8	7	1	6	3	5
198	219	340	228	91	91	245	112
65	81	37	40	13	8	17	20
65	81	37	40	13	8	17	20
21	18	43	9	8	8	52	13
21	18	43	9	8	8	52	13
2	7	6	4	5	1	2	1
2	7	6	4	5	1	2	1
79	56	168	111	45	40	77	26
79	56	168	111	45	40	77	26
31	57	86	64	20	34	97	52
4	7	4	4			6	
27	50	82	60	20	34	91	52

2-B-4 续表 43

行业	单位数			
		杭州市	宁波市	温州市
居民服务、修理和其他服务业	**11214**	**3218**	**1771**	**1694**
居民服务业	4037	1089	723	649
家庭服务	668	219	156	43
家庭服务	668	219	156	43
托儿所服务	12	2	3	2
托儿所服务	12	2	3	2
洗染服务	244	73	54	36
洗染服务	244	73	54	36
理发及美容服务	814	257	123	143
理发及美容服务	814	257	123	143
洗浴服务	447	67	104	48
洗浴服务	447	67	104	48
保健服务	658	122	82	168
保健服务	658	122	82	168
婚姻服务	469	177	68	63
婚姻服务	469	177	68	63
殡葬服务	239	38	74	48
殡葬服务	239	38	74	48
其他居民服务业	486	134	59	98
其他居民服务业	486	134	59	98
机动车、电子产品和日用产品修理业	5148	1534	760	805
汽车、摩托车修理与维护	3988	1027	590	693
汽车修理与维护	3918	1018	578	678
摩托车修理与维护	70	9	12	15
计算机和办公设备维修	434	204	71	33
计算机和辅助设备修理	266	117	53	18
通讯设备修理	73	34	7	7
其他办公设备维修	95	53	11	8
家用电器修理	562	242	75	53
家用电子产品修理	156	56	17	14
日用电器修理	406	186	58	39

单位：个

嘉兴市	湖州市	绍兴市	金华市	衢州市	舟山市	台州市	丽水市
707	**336**	**811**	**929**	**195**	**228**	**1013**	**312**
218	121	197	381	45	79	397	138
38	17	14	52	21	19	61	28
38	17	14	52	21	19	61	28
1		3			1		
1		3			1		
12	5	13	19	2	8	20	2
12	5	13	19	2	8	20	2
16	10	36	86	3	16	114	10
16	10	36	86	3	16	114	10
56	45	35	17	1	3	47	24
56	45	35	17	1	3	47	24
42	26	28	71	4	10	75	30
42	26	28	71	4	10	75	30
14	2	20	81	2	8	27	7
14	2	20	81	2	8	27	7
7	8	16	6	1	9	20	12
7	8	16	6	1	9	20	12
32	8	32	49	11	5	33	25
32	8	32	49	11	5	33	25
366	166	437	381	88	84	422	105
283	133	363	303	67	70	369	90
281	129	356	290	66	69	364	89
2	4	7	13	1	1	5	1
16	14	29	25	7	6	23	6
11	8	19	15	5	4	12	4
2	3	3	4	2	2	8	1
3	3	7	6			3	1
54	18	29	39	12	7	28	5
16	5	7	23	6	2	8	2
38	13	22	16	6	5	20	3

2-B-4 续表 44

行　业	单位数			
		杭州市	宁波市	温州市
其他日用产品修理业	164	61	24	26
自行车修理	29	6	1	6
鞋和皮革修理	16	11	1	2
家具和相关物品修理	11	1	6	2
其他未列明日用产品修理业	108	43	16	16
其他服务业	2029	595	288	240
清洁服务	1550	431	247	149
建筑物清洁服务	214	57	40	18
其他清洁服务	1336	374	207	131
其他未列明服务业	479	164	41	91
其他未列明服务业	479	164	41	91
卫生和社会工作	**97**	**19**	**15**	**20**
社会工作	97	19	15	20
提供住宿社会工作	46	10	6	10
干部休养所	6	1	1	
护理机构服务	7	2	1	2
老年人、残疾人养护服务	32	7	4	7
其他提供住宿社会救助	1			1
不提供住宿社会工作	51	9	9	10
社会看护与帮助服务	41	6	6	9
其他不提供住宿社会工作	10	3	3	1
文化、体育和娱乐业	**11759**	**2599**	**1698**	**1633**
新闻和出版业	130	80	10	13
新闻业	11	3	1	4
新闻业	11	3	1	4
出版业	119	77	9	9
图书出版	29	22	3	
报纸出版	32	14	3	4
期刊出版	38	32	2	2

单位：个

嘉兴市	湖州市	绍兴市	金华市	衢州市	舟山市	台州市	丽水市
13	1	16	14	2	1	2	4
2	1	9	2			1	1
1				1			
1			1				
9		7	11	1	1	1	3
123	49	177	167	62	65	194	69
100	41	154	105	54	58	169	42
23	4	13	17	4	3	29	6
77	37	141	88	50	55	140	36
23	8	23	62	8	7	25	27
23	8	23	62	8	7	25	27
6	**7**	**4**	**2**	**11**	**2**	**9**	**2**
6	7	4	2	11	2	9	2
3	2	2	1	7		3	2
	1		1	1			1
				1			1
3	1	2		5		3	
3	5	2	1	4	2	6	
3	5	2	1	3	1	5	
				1	1	1	
862	**434**	**817**	**1527**	**405**	**239**	**1062**	**483**
3	1	5	11	2	2	2	1
			1	2			
			1	2			
3	1	5	10		2	2	1
			2		1		1
2	1	5	2			1	
			2				

2-B-4 续表 45

行业	单位数	杭州市	宁波市	温州市
音像制品出版	8	6	1	
电子出版物出版	5	3		
其他出版业	7			3
广播、电视、电影和影视录音制作业	1328	242	109	75
广播	14	2	2	4
广播	14	2	2	4
电视	71	25	2	4
电视	71	25	2	4
电影和影视节目制作	878	136	45	17
电影和影视节目制作	878	136	45	17
电影和影视节目发行	35	16	7	3
电影和影视节目发行	35	16	7	3
电影放映	314	58	47	46
电影放映	314	58	47	46
录音制作	16	5	6	1
录音制作	16	5	6	1
文化艺术业	1093	435	176	89
文艺创作与表演	423	147	78	42
文艺创作与表演	423	147	78	42
艺术表演场馆	33	6	9	1
艺术表演场馆	33	6	9	1
图书馆与档案馆	52	11	6	9
图书馆	3			
档案馆	49	11	6	9
文物及非物质文化遗产保护	34	10	7	2
文物及非物质文化遗产保护	34	10	7	2
博物馆	29	5	8	2
博物馆	29	5	8	2
烈士陵园、纪念馆	1			
烈士陵园、纪念馆	1			

单位：个

嘉兴市	湖州市	绍兴市	金华市	衢州市	舟山市	台州市	丽水市
			1				
1			1				
			2		1	1	
153	20	42	586	24	10	39	28
			4	1		1	
			4	1		1	
3	1	3	26	2	2		3
3	1	3	26	2	2		3
120	4	12	531	2		7	4
120	4	12	531	2		7	4
1		3	1			3	1
1		3	1			3	1
27	15	24	24	19	7	28	19
27	15	24	24	19	7	28	19
2					1		1
2					1		1
70	45	88	71	12	17	41	49
29	13	37	20	3	8	23	23
29	13	37	20	3	8	23	23
8		4	2			2	1
8		4	2			2	1
10	3	2	3			4	4
2			1				
8	3	2	2			4	4
1		6	5	1		2	
1		6	5	1		2	
1	2	3	2		5	1	
1	2	3	2		5	1	
			1				
			1				

2-B-4 续表 46

行业	单位数			
		杭州市	宁波市	温州市
群众文化活动	124	53	14	12
群众文化活动	124	53	14	12
其他文化艺术业	397	203	54	21
其他文化艺术业	397	203	54	21
体育	1008	328	151	223
体育组织	11	4	2	1
体育组织	11	4	2	1
体育场馆	28	4	5	8
体育场馆	28	4	5	8
休闲健身活动	837	250	124	207
休闲健身活动	837	250	124	207
其他体育	132	70	20	7
其他体育	132	70	20	7
娱乐业	8200	1514	1252	1233
室内娱乐活动	7707	1344	1165	1164
歌舞厅娱乐活动	1244	247	265	203
电子游艺厅娱乐活动	450	145	56	50
网吧活动	5856	925	834	877
其他室内娱乐活动	157	27	10	34
游乐园	75	14	10	11
游乐园	75	14	10	11
彩票活动	3			2
彩票活动	3			2
文化、娱乐、体育经纪代理	200	75	48	20
文化娱乐经纪人	40	17	6	6
体育经纪人	9	8	1	
其他文化艺术经纪代理	151	50	41	14
其他娱乐业	215	81	29	36
其他娱乐业	215	81	29	36

单位：个

嘉兴市	湖州市	绍兴市	金华市	衢州市	舟山市	台州市	丽水市
7	12	7	11		2	4	2
7	12	7	11		2	4	2
14	15	29	27	8	2	5	19
14	15	29	27	8	2	5	19
45	27	58	51	16	33	58	18
2		1				1	
2		1				1	
2	1	1	2			5	
2	1	1	2			5	
32	24	49	44	16	32	49	10
32	24	49	44	16	32	49	10
9	2	7	5		1	3	8
9	2	7	5		1	3	8
591	341	624	808	351	177	922	387
563	320	604	767	342	164	902	372
110	53	52	52	20	40	144	58
35	28	28	12	4	6	26	60
407	233	512	674	314	117	719	244
11	6	12	29	4	1	13	10
3	4	2	13	3	4	6	5
3	4	2	13	3	4	6	5
		1					
		1					
20	4	6	13	3	1	5	5
3			5	1		1	1
17	4	6	8	2	1	4	4
5	13	11	15	3	8	9	5
5	13	11	15	3	8	9	5

2-B-5 按行业小类、地区分组的

行业	从业人员期末人数	杭州市	宁波市	温州市
总　计	**13146386**	**2720383**	**2612019**	**1803423**
农、林、牧、渔业	**18441**	**1420**	**2303**	**2103**
农业	691	109	177	91
谷物种植	44		39	5
稻谷种植	44		39	5
蔬菜、食用菌及园艺作物种植	252	57	14	
蔬菜种植	219	35	6	
花卉种植	8		8	
其他园艺作物种植	25	22		
水果种植	166	8	26	39
仁果类和核果类水果种植	66	8	24	7
香蕉等亚热带水果种植	30			
其他水果种植	70		2	32
坚果、含油果、香料和饮料作物种植	106	36	8	25
坚果种植	3		3	
茶及其他饮料作物种植	103	36	5	25
中药材种植	120	8	87	22
中药材种植	120	8	87	22
其他农业	3		3	
其他农业	3		3	
林业	20		12	1
林木育种和育苗	20		12	1
林木育种	13		12	1
林木育苗	7			
畜牧业	259	52	34	82
牲畜饲养	135	45	20	23
猪的饲养	135	45	20	23
家禽饲养	40	7	8	5
鸡的饲养	22	7	8	
鸭的饲养	13			
其他家禽饲养	5			5

小微企业法人单位从业人数

单位：人

嘉兴市	湖州市	绍兴市	金华市	衢州市	舟山市	台州市	丽水市
1091994	**568458**	**1178094**	**1220266**	**276546**	**192240**	**1162442**	**320521**
897	**1137**	**3163**	**2049**	**3851**	**90**	**438**	**990**
95		89	3	8	22	20	77
95		81		5			
95		78		5			
		3					
					22	5	66
					22	5	
							30
							36
		8		3		15	11
		8		3		15	11
			3				
			3				
			7				
			7				
			7				
23		13	20	6	6	5	18
23			14	4	6		
23			14	4	6		
		13		2		5	
				2		5	
		13					

2-B-5 续表 1

行　业	从业人员期末人数	杭州市	宁波市	温州市
其他畜牧业	84		6	54
其他畜牧业	84		6	54
渔业	257	1	149	49
水产养殖	257	1	149	49
海水养殖	75		23	37
内陆养殖	182	1	126	12
农、林、牧、渔服务业	17214	1258	1931	1880
农业服务业	14915	1110	1721	1665
农业机械服务	6299	626	1190	479
灌溉服务	139	9	73	5
农产品初加工服务	1206	135	171	172
其他农业服务	7271	340	287	1009
林业服务业	1068	99	49	79
林业有害生物防治服务	470	34	14	43
林产品初级加工服务	176	23	21	11
其他林业服务	422	42	14	25
畜牧服务业	730	36	56	64
畜牧服务业	730	36	56	64
渔业服务业	501	13	105	72
渔业服务业	501	13	105	72
采矿业	**26938**	**6042**	**2063**	**1584**
煤炭开采和洗选业	211	93	16	
烟煤和无烟煤开采洗选	159	60	16	
烟煤和无烟煤开采洗选	159	60	16	
褐煤开采洗选	29	15		
褐煤开采洗选	29	15		
其他煤炭采选	23	18		
其他煤炭采选	23	18		
黑色金属矿采选业	832	138	100	6
铁矿采选	831	138	100	6
铁矿采选	831	138	100	6

单位：人

嘉兴市	湖州市	绍兴市	金华市	衢州市	舟山市	台州市	丽水市
			6				18
			6				18
24			10	9	15		
24			10	9	15		
					15		
24			10	9			
755	1137	3061	2009	3828	47	413	895
601	1003	2736	1691	3568	8	257	555
242	576	2243	350	441		54	98
	6	16	10	10		10	
58	8	244	145	175		18	80
301	413	233	1186	2942	8	175	377
5	46	97	237	178	5	5	268
5	8	11	130	56	5		164
		11	56	53			1
	38	75	51	69		5	103
140	45	184	60	71		8	66
140	45	184	60	71		8	66
9	43	44	21	11	34	143	6
9	43	44	21	11	34	143	6
514	**5273**	**1708**	**1834**	**1668**	**1240**	**1455**	**3557**
74			4	10			14
74			4	5			
74			4	5			
							14
							14
				5			
				5			
		169	21	27		8	363
		168	21	27		8	363
		168	21	27		8	363

2-B-5 续表 2

行　业	从业人员期末人数	杭州市	宁波市	温州市
其他黑色金属矿采选	1			
其他黑色金属矿采选	1			
有色金属矿采选业	2779	885		84
常用有色金属矿采选	1629	884		
铜矿采选	417	282		
铅锌矿采选	986	564		
锑矿采选	35	35		
其他常用有色金属矿采选	191	3		
贵金属矿采选	186			
金矿采选	93			
银矿采选	93			
稀有稀土金属矿采选	964	1		84
钨钼矿采选	770	1		5
放射性金属矿采选	79			79
其他稀有金属矿采选	115			
非金属矿采选业	22757	4878	1920	1463
土砂石开采	21015	4685	1828	1347
石灰石、石膏开采	3448	1160	111	13
建筑装饰用石开采	6825	628	949	834
耐火土石开采	2823	808		11
粘土及其他土砂石开采	7919	2089	768	489
化学矿开采	78	5		3
化学矿开采	78	5		3
采盐	333	1	59	
采盐	333	1	59	
石棉及其他非金属矿采选	1331	187	33	113
石棉、云母矿采选	16	1		15
石墨、滑石采选	36	8		
宝石、玉石采选	32	14	1	
其他未列明非金属矿采选	1247	164	32	98

单位：人

嘉兴市	湖州市	绍兴市	金华市	衢州市	舟山市	台州市	丽水市
		1					
		1					
		340	12	104		99	1255
		288		103		13	341
		1		1			133
		287		29		13	93
				73			115
		51	12			86	37
		51	12				30
						86	7
		1		1			877
		1		1			762
							115
440	5273	1199	1696	1501	1233	1346	1808
440	5241	1060	1232	1354	1166	1134	1528
	1010	133	301	693		19	8
175	2007	535	254	325	435	459	224
	49	81	445	229		282	918
265	2175	311	232	107	731	374	378
			39				31
			39				31
					67	206	
					67	206	
	32	139	425	147		6	249
			7	21			
			17				
	32	139	401	126		6	249

2-B-5 续表 3

行业	从业人员期末人数	杭州市	宁波市	温州市
开采辅助活动	42	22	7	1
石油和天然气开采辅助活动	8			1
石油和天然气开采辅助活动	8			1
其他开采辅助活动	34	22	7	
其他开采辅助活动	34	22	7	
其他采矿业	317	26	20	30
其他采矿业	317	26	20	30
其他采矿业	317	26	20	30
制造业	**8284943**	**1155398**	**1693654**	**1295509**
农副食品加工业	116826	16789	16570	14848
谷物磨制	3938	592	662	325
谷物磨制	3938	592	662	325
饲料加工	13156	1260	768	2442
饲料加工	13156	1260	768	2442
植物油加工	3929	568	276	212
食用植物油加工	3589	496	275	192
非食用植物油加工	340	72	1	20
制糖业	470	64	5	91
制糖业	470	64	5	91
屠宰及肉类加工	15740	2909	856	4596
牲畜屠宰	4298	706	404	687
禽类屠宰	511	179	5	61
肉制品及副产品加工	10931	2024	447	3848
水产品加工	39312	986	7937	4689
水产品冷冻加工	29544	328	6469	2310
鱼糜制品及水产品干腌制加工	6320	363	1006	1534
水产饲料制造	1889	70	271	106
鱼油提取及制品制造	143		18	
其他水产品加工	1416	225	173	739
蔬菜、水果和坚果加工	29733	8002	4563	1141
蔬菜加工	16114	2809	4262	669
水果和坚果加工	13619	5193	301	472

单位：人

嘉兴市	湖州市	绍兴市	金华市	衢州市	舟山市	台州市	丽水市
			3		7	2	
					7		
					7		
			3			2	
			3			2	
			98	26			117
			98	26			117
			98	26			117
817958	**417938**	**783104**	**822055**	**159337**	**91105**	**863734**	**185151**
9076	5116	6702	6256	9973	14563	12198	4735
435	555	394	227	496	69	86	97
435	555	394	227	496	69	86	97
3322	1508	906	464	1879	23	201	383
3322	1508	906	464	1879	23	201	383
221	352	216	224	869	46	267	678
105	313	178	196	849	46	263	676
116	39	38	28	20		4	2
21			225	47		16	
21			225	47		16	
1201	1166	465	2641	638	218	656	394
661	363	66	314	338	185	426	148
25	59	23	145	14			
515	744	376	2182	286	33	230	246
267	503	976	47	46	14036	9754	71
152	83	390	32	45	11622	8108	5
67	109	359			1786	1035	61
48	277	109			416	592	
					125		
	34	118	15	1	87	19	5
2443	522	2461	1532	5570	44	786	2669
2236	379	1124	1130	360	43	748	2354
207	143	1337	402	5210	1	38	315

2-B-5 续表 4

行业	从业人员期末人数	杭州市	宁波市	温州市
其他农副食品加工	10548	2408	1503	1352
淀粉及淀粉制品制造	1635	537	187	254
豆制品制造	4981	979	730	609
蛋品加工	1195	217	288	50
其他未列明农副食品加工	2737	675	298	439
食品制造业	57773	15008	7249	5342
焙烤食品制造	12236	2982	1475	1982
糕点、面包制造	8725	2524	1069	1477
饼干及其他焙烤食品制造	3511	458	406	505
糖果、巧克力及蜜饯制造	4820	2118	335	401
糖果、巧克力制造	2486	596	263	243
蜜饯制作	2334	1522	72	158
方便食品制造	9481	2322	617	951
米、面制品制造	2931	335	358	541
速冻食品制造	3293	573	179	387
方便面及其他方便食品制造	3257	1414	80	23
乳制品制造	1576	228	256	372
乳制品制造	1576	228	256	372
罐头食品制造	7491	1429	1944	41
肉、禽类罐头制造	242	26	12	17
水产品罐头制造	402	18	97	1
蔬菜、水果罐头制造	6009	1338	1736	22
其他罐头食品制造	838	47	99	1
调味品、发酵制品制造	5282	1218	488	605
味精制造	736	121	60	74
酱油、食醋及类似制品制造	2381	324	343	287
其他调味品、发酵制品制造	2165	773	85	244
其他食品制造	16887	4711	2134	990
营养食品制造	2430	1070	209	83
保健食品制造	2895	725	189	52

单位：人

嘉兴市	湖州市	绍兴市	金华市	衢州市	舟山市	台州市	丽水市
1166	510	1284	895	428	127	432	443
308	90	136	88	17		14	4
616	101	779	464	162	127	370	44
135	86	155	108	88		48	20
107	233	214	235	161			375
5337	4903	3150	7659	3432	1254	2689	1750
1373	870	550	1084	625	413	528	354
736	609	488	517	250	412	383	260
637	261	62	567	375	1	145	94
244	312	177	758	51		408	16
238	42	62	635	38		353	16
6	270	115	123	13		55	
1498	830	474	941	791	277	125	655
109	142	110	329	461	15	87	444
798	373	120	60	330	262		211
591	315	244	552			38	
9			700	3		5	3
9			700	3		5	3
138	932	240	537	941	163	758	368
16	48	14	35	74			
	41			35	163	47	
92	668	56	384	808		629	276
30	175	170	118	24		82	92
360	504	523	1031	170	88	89	206
44	33	17	279	78		12	18
235	414	456	106	60	78	39	39
81	57	50	646	32	10	38	149
1715	1455	1186	2608	851	313	776	148
603	33	94	42	180	58	3	55
227	154	404	645	342		75	82

2-B-5 续表 5

行　　业	从业人员期末人数	杭州市	宁波市	温州市
冷冻饮品及食用冰制造	1783	190	439	273
盐加工	580	186	42	18
食品及饲料添加剂制造	7732	2040	1069	379
其他未列明食品制造	1467	500	186	185
酒、饮料和精制茶制造业	46564	9262	4052	3579
酒的制造	12625	1215	1029	968
酒精制造	92	48	18	14
白酒制造	1831	592	138	415
啤酒制造	2384		217	333
黄酒制造	7369	259	609	156
葡萄酒制造	95			20
其他酒制造	854	316	47	30
饮料制造	11025	3389	1086	1409
碳酸饮料制造	479	2	21	193
瓶(罐)装饮用水制造	4522	1064	705	847
果菜汁及果菜汁饮料制造	2198	874	168	28
含乳饮料和植物蛋白饮料制造	1372	439	1	224
固体饮料制造	722	317	11	74
茶饮料及其他饮料制造	1732	693	180	43
精制茶加工	22914	4658	1937	1202
精制茶加工	22914	4658	1937	1202
烟草制品业	2862	2832		
卷烟制造	2551	2551		
卷烟制造	2551	2551		
其他烟草制品制造	311	281		
其他烟草制品制造	311	281		
纺织业	735720	124789	62633	36661
棉纺织及印染精加工	266052	61835	17481	13374
棉纺纱加工	87417	20197	7563	10495
棉织造加工	114535	31639	4044	1296
棉印染精加工	64100	9999	5874	1583

单位：人

嘉兴市	湖州市	绍兴市	金华市	衢州市	舟山市	台州市	丽水市
32	150	84	526	8	8	73	
		23	1		247	63	
777	1026	427	1191	255		562	6
76	92	154	203	66			5
1957	4348	8572	3120	3156	947	2720	4851
795	1503	3118	748	484	731	1487	547
7				5			
28	109	104	146	36	23	163	77
134	500	82	125	280	256	273	184
573	825	2815	424	112	429	946	221
26	10	32				6	1
27	59	85	53	51	23	99	64
1013	791	363	725	624	199	1001	425
58	37	17	133	12		6	
248	372	164	214	151	169	343	245
115	144	44	19	145		547	114
187	151	10	164	189		7	
139	4		119	6		23	29
266	83	128	76	121	30	75	37
149	2054	5091	1647	2048	17	232	3879
149	2054	5091	1647	2048	17	232	3879
				30			
				30			
				30			
139295	71344	196752	72855	7498	1211	19055	3627
48305	16731	71714	28890	4523	444	2664	91
11645	3551	13933	14623	4275	2	1131	2
23015	5566	37414	10215	165	91	1001	89
13645	7614	20367	4052	83	351	532	

2-B-5 续表 6

行　业	从业人员期末人数	杭州市	宁波市	温州市
毛纺织及染整精加工	36875	2727	9853	702
毛条和毛纱线加工	16057	1060	2235	309
毛织造加工	13251	1280	6726	337
毛染整精加工	7567	387	892	56
麻纺织及染整精加工	2771	130	243	67
麻纤维纺前加工和纺纱	1421	76	148	26
麻织造加工	1290	54	55	41
麻染整精加工	60		40	
丝绢纺织及印染精加工	48109	9659	585	184
缫丝加工	8194	2389		
绢纺和丝织加工	32445	6463	309	46
丝印染精加工	7470	807	276	138
化纤织造及印染精加工	69673	10813	3545	468
化纤织造加工	58385	9854	1949	429
化纤织物染整精加工	11288	959	1596	39
针织或钩针编织物及其制品制造	147008	6623	10715	4716
针织或钩针编织物织造	113623	4437	6275	1716
针织或钩针编织物印染精加工	10024	1065	2869	619
针织或钩针编织品制造	23361	1121	1571	2381
家用纺织制成品制造	92520	22534	9505	6980
床上用品制造	37594	11318	3468	1707
毛巾类制品制造	5370	576	607	45
窗帘、布艺类产品制造	29002	7287	2181	3612
其他家用纺织制成品制造	20554	3353	3249	1616
非家用纺织制成品制造	72712	10468	10706	10170
非织造布制造	23320	4438	1885	6121
绳、索、缆制造	5398	1501	692	346
纺织带和帘子布制造	17451	1982	2468	2174
篷、帆布制造	12219	1299	4240	87
其他非家用纺织制成品制造	14324	1248	1421	1442
纺织服装、服饰业	763651	103387	164033	71107

单位：人

嘉兴市	湖州市	绍兴市	金华市	衢州市	舟山市	台州市	丽水市
11454	4164	4440	2076	22	275	1122	40
5968	3041	1898	1063		26	412	40
1279	744	1999	580	22	209	75	
4207	379	543	428		40	635	
823	953	191	122	91	2	149	
401	504	34	101			131	
422	434	157	18	91	2	16	
	15		3			2	
11458	18970	6805	265	99	4	48	32
3114	1875	717	1	98			
6232	15588	3521	242	1	3	8	32
2112	1507	2567	22		1	40	
18455	15447	16773	2170	355	125	1494	28
15568	13404	13578	1659	355	125	1464	
2887	2043	3195	511			30	28
29243	5492	75321	12994	711	138	948	107
24159	4140	64857	6321	711	93	821	93
3309	756	929	410		6	47	14
1775	596	9535	6263		39	80	
11652	4902	17018	15090	714	140	3675	310
6423	1931	3713	7392	395	101	1061	85
432	177	451	2884	118	24	56	
3762	1241	7482	1576	115	9	1729	8
1035	1553	5372	3238	86	6	829	217
7905	4685	4490	11248	983	83	8955	3019
2656	1774	1262	1583	164		1007	2430
229	285	769	526	4	60	809	177
2021	2320	1449	4294	196		498	49
1078	54	375	1359	574	11	2449	193
1921	252	635	2986	45	12	4192	170
124435	63606	103797	103849	6934	1632	17547	3324

2-B-5 续表 7

行　业	从业人员期末人数	杭州市	宁波市	温州市
机织服装制造	436056	69388	58042	57604
机织服装制造	436056	69388	58042	57604
针织或钩针编织服装制造	202214	15397	89926	6422
针织或钩针编织服装制造	202214	15397	89926	6422
服饰制造	125381	18602	16065	7081
服饰制造	125381	18602	16065	7081
皮革、毛皮、羽毛及其制品和制鞋业	500829	34758	13585	260910
皮革鞣制加工	16410	690	217	10841
皮革鞣制加工	16410	690	217	10841
皮革制品制造	118319	9629	6018	24217
皮革服装制造	27570	3187	241	1105
皮箱、包(袋)制造	69314	5438	5298	12681
皮手套及皮装饰制品制造	12226	155	107	7052
其他皮革制品制造	9209	849	372	3379
毛皮鞣制及制品加工	14339	508	1206	776
毛皮鞣制加工	2028	77	275	254
毛皮服装加工	5541	407	712	404
其他毛皮制品加工	6770	24	219	118
羽毛(绒)加工及制品制造	9500	5508	543	33
羽毛(绒)加工	1764	1202	136	3
羽毛(绒)制品加工	7736	4306	407	30
制鞋业	342261	18423	5601	225043
纺织面料鞋制造	33183	10225	2808	8942
皮鞋制造	240796	3012	949	171074
塑料鞋制造	24976	313	368	13982
橡胶鞋制造	31888	3887	1079	23314
其他制鞋业	11418	986	397	7731
木材加工和木、竹、藤、棕、草制品业	129146	15997	9615	4324
木材加工	16164	2302	884	415
锯材加工	6087	1190	188	245

单位：人

嘉兴市	湖州市	绍兴市	金华市	衢州市	舟山市	台州市	丽水市
69884	54994	55082	52988	4911	959	10156	2048
69884	54994	55082	52988	4911	959	10156	2048
37982	3980	19884	22846	654	442	4331	350
37982	3980	19884	22846	654	442	4331	350
16569	4632	28831	28015	1369	231	3060	926
16569	4632	28831	28015	1369	231	3060	926
72346	9176	9068	2060[illegible]	2980	258	70002	7145
2217	1223	283	232	102	11	410	184
2217	1223	283	232	102	11	410	184
50564	3818	1881	16905	941	12	3534	800
21410	637	11	835			1	143
25559	1565	1364	13625	541		2702	541
1307	1326	49	1329	235		666	
2288	290	457	1116	165	12	165	116
10484	749	204	43	343		4	22
1012	389	2	19				
3253	263	120	13	343		4	22
6219	97	82	1[illegible]				
1032		1642	222	58			462
39		353	30				1
993		1289	192	58			461
8049	3386	5058	3199	1536	235	66054	5677
1268	618	3362	596	460	39	4644	221
5886	2610	344	1850	209	165	50806	3891
562	126	500	338	15	30	8742	
261		582	329	772	1	1022	641
72	32	270	86	80		840	924
15257	34402	3918	12263	12679	246	6163	14282
2653	5572	296	958	1671	51	307	1055
273	2327	165	252	1067	20	99	261

2-B-5 续表 8

行业	从业人员期末人数	杭州市	宁波市	温州市
木片加工	3158	473	113	40
单板加工	4946	200	175	31
其他木材加工	1973	439	408	99
人造板制造	24587	2999	935	224
胶合板制造	15140	1817	388	29
纤维板制造	2733	558	160	145
刨花板制造	544	17	86	
其他人造板制造	6170	607	301	50
木制品制造	54136	7744	3835	2643
建筑用木料及木材组件加工	5340	996	374	205
木门窗、楼梯制造	18013	3036	973	965
地板制造	9711	498	59	121
木制容器制造	6852	1675	941	820
软木制品及其他木制品制造	14220	1539	1488	532
竹、藤、棕、草等制品制造	34259	2952	3961	1042
竹制品制造	28675	2856	1119	965
藤制品制造	1314	85	746	
棕制品制造	130		42	5
草及其他制品制造	4140	11	2054	72
家具制造业	155420	21476	20872	9485
木质家具制造	82408	11965	9377	6838
木质家具制造	82408	11965	9377	6838
竹、藤家具制造	4028	704	1052	8
竹、藤家具制造	4028	704	1052	8
金属家具制造	40745	5146	5611	1183
金属家具制造	40745	5146	5611	1183
塑料家具制造	6111	401	2244	108
塑料家具制造	6111	401	2244	108
其他家具制造	22128	3260	2588	1348
其他家具制造	22128	3260	2588	1348

单位：人

嘉兴市	湖州市	绍兴市	金华市	衢州市	舟山市	台州市	丽水市
786	972	68	356	143	4	107	96
1410	2031	23	167	338		53	518
184	242	40	183	123	27	48	180
8437	4843	321	482	3663	16	973	1694
6921	3545	102	137	814	10	80	1297
397	454	97	102	265	6	300	249
36	115	1	5	171		82	31
1083	729	121	238	2413		511	117
4124	13190	2087	8824	5960	148	2684	2897
479	993	266	323	1030	23	244	407
287	2568	506	4666	3905	102	515	490
1076	7218	247	96	225		27	144
780	731	568	517	74	8	573	165
1502	1680	500	3222	726	15	1325	1691
43	10797	1214	1999	1385	31	2199	8636
38	10717	1082	1351	1385		604	8558
	6	15	110			282	70
	10					72	1
5	64	117	538		31	1241	7
19108	26294	5915	22726	3450	504	18516	7074
8681	10211	4056	13865	2815	493	10669	3438
8681	10211	4056	13865	2815	493	10669	3438
97	287	402	257	33		837	351
97	287	402	257	33		837	351
5396	9539	572	6831	472	11	4055	1929
5396	9539	572	6831	472	11	4055	1929
135	1143	116	278	83		1593	10
135	1143	116	278	83		1593	10
4799	5114	769	1495	47		1362	1346
4799	5114	769	1495	47		1362	1346

2-B-5 续表 9

行业	从业人员期末人数	杭州市	宁波市	温州市
造纸和纸制品业	179348	52208	23258	18479
纸浆制造	315	49	97	21
木竹浆制造	132	38	4	9
非木竹浆制造	183	11	93	12
造纸	60126	25830	6458	5167
机制纸及纸板制造	53519	23864	5785	3764
手工纸制造	871	252	49	55
加工纸制造	5736	1714	624	1348
纸制品制造	118907	26329	16703	13291
纸和纸板容器制造	84657	15636	13722	7787
其他纸制品制造	34250	10693	2981	5504
印刷和记录媒介复制业	173737	23751	34185	45631
印刷	165199	22397	33193	42579
书、报刊印刷	14437	4816	2246	1316
本册印制	9413	1401	1548	1504
包装装潢及其他印刷	141349	16180	29399	39759
装订及印刷相关服务	8215	1266	955	3050
装订及印刷相关服务	8215	1266	955	3050
记录媒介复制	323	88	37	2
记录媒介复制	323	88	37	2
文教、工美、体育和娱乐用品制造业	379899	43009	73960	36013
文教办公用品制造	68756	9634	26303	11155
文具制造	33402	1054	17874	4769
笔的制造	28867	7631	7753	5108
教学用模型及教具制造	2668	614	289	1047
墨水、墨汁制造	257	60	77	
其他文教办公用品制造	3562	275	310	231
乐器制造	4830	988	1932	130
中乐器制造	439	47	70	
西乐器制造	2075	469	760	

单位：人

	嘉兴市	湖州市	绍兴市	金华市	衢州市	舟山市	台州市	丽水市
	20136	8605	11384	15391	8665	646	16973	3603
	13			62	41			32
	12			50	1			18
	1			12	40			14
	5482	2766	3444	3010	5496	297	1304	872
	4922	2484	2719	2631	4962	297	1238	853
	8		368	73	66			
	552	282	357	306	468		66	19
	14641	5839	7940	12319	3128	349	15669	2699
	10955	4177	4926	8921	1688	346	14146	2353
	3686	1662	3014	3398	1440	3	1523	346
	14571	4152	10958	23996	2240	1229	11453	1571
	14076	4088	10429	22479	2174	1188	11123	1473
	500	461	1038	2541	552	259	533	175
	649	370	278	1528	332	80	1667	56
	12927	3257	9113	18410	1290	849	8923	1242
	495	64	436	1468	12	41	330	98
	495	64	436	1468	12	41	330	98
			93	49	54			
			93	49	54			
	15394	8441	31587	83962	6140	1586	58500	21307
	1252	1476	2157	10144	1308	24	999	4304
	318	249	1774	5558	113	22	809	862
	426	963	260	2007	1171		121	3427
	150	18		495	16		39	
	22	61	4	30	1	2		
	336	185	119	2054	7		30	15
	470	810	18	390	1		88	3
	239	6		76	1			
	84	671	9	17			65	

2-B-5 续表 10

行业	从业人员期末人数	杭州市	宁波市	温州市
电子乐器制造	610	207	98	
其他乐器及零件制造	1706	265	1004	130
工艺美术品制造	208223	20497	21192	18380
雕塑工艺品制造	37531	1630	2651	2343
金属工艺品制造	33268	2483	3098	5901
漆器工艺品制造	9963	172	291	76
花画工艺品制造	4361	560	421	148
天然植物纤维编织工艺品制造	8909	540	3251	472
抽纱刺绣工艺品制造	43793	11689	1985	1573
地毯、挂毯制造	7253	518	1332	361
珠宝首饰及有关物品制造	9796	155	76	427
其他工艺美术品制造	53349	2750	8087	7079
体育用品制造	38733	8078	10631	1782
球类制造	4048	471	627	412
体育器材及配件制造	10588	3733	2539	260
训练健身器材制造	13100	2388	2053	780
运动防护用具制造	2902	330	1427	131
其他体育用品制造	8095	1156	3985	199
玩具制造	47923	1797	11509	2796
玩具制造	47923	1797	11509	2796
游艺器材及娱乐用品制造	11434	2015	2393	1770
露天游乐场所游乐设备制造	4639	322	574	1650
游艺用品及室内游艺器材制造	4850	1549	1278	85
其他娱乐用品制造	1945	144	541	35
石油加工、炼焦和核燃料加工业	5989	988	2206	626
精炼石油产品制造	5920	940	2185	626
原油加工及石油制品制造	5415	849	2113	513
人造原油制造	505	91	72	113
炼焦	48	48		
炼焦	48	48		

单位：人

嘉兴市	湖州市	绍兴市	金华市	衢州市	舟山市	台州市	丽水市
24	16		256			6	3
123	117	9	41			17	
5593	4266	24699	53762	2682	100	52561	4491
847	521	728	7596	601	31	18801	1782
755	119	963	11885	17	17	6753	1277
98	3	182	282	68		8788	3
25	45	255	2659	106		124	18
51	1380	313	1210	35		1446	211
2413	404	16218	7245	48	45	2043	130
722	294	682	2056	116	1	1097	74
75	122	3601	4118	754		184	284
607	1378	1757	16711	937	6	13325	712
1882	1479	1841	10361	1185	274	795	425
3	547	510	289	875		221	93
399	415	449	2202	160	257	150	24
1009	298	607	5321	95	1	302	246
121	55	9	725	41		9	54
350	164	266	1824	14	16	113	8
6176	155	1573	6712	921	1188	3248	11848
6176	155	1573	6712	921	1188	3248	11848
21	255	1299	2593	43		809	236
	35	371	1495			107	85
11	212	858	122			609	126
10	8	70	976	43		93	25
653	232	347	372	145	290	117	13
653	232	347	372	145	290	117	13
592	192	270	358	113	285	117	13
61	40	77	14	32	5		

2-B-5 续表 11

行　业	从业人员期末人数	杭州市	宁波市	温州市
核燃料加工	21		21	
核燃料加工	21		21	
化学原料和化学制品制造业	207008	45806	32530	14573
基础化学原料制造	38962	7758	4894	743
无机酸制造	2712	526	239	56
无机碱制造	628	331	20	49
无机盐制造	6960	1636	11	35
有机化学原料制造	18570	2785	2535	264
其他基础化学原料制造	10092	2480	2089	339
肥料制造	3871	846	303	558
氮肥制造	733	10	27	438
磷肥制造	271	8	51	
钾肥制造	167		89	
复混肥料制造	830	341	17	5
有机肥料及微生物肥料制造	1527	461	111	114
其他肥料制造	343	26	8	1
农药制造	6305	1358	299	1654
化学农药制造	5843	1062	287	1627
生物化学农药及微生物农药制造	462	296	12	27
涂料、油墨、颜料及类似产品制造	42191	9264	5818	3355
涂料制造	22969	5071	3884	1226
油墨及类似产品制造	3144	643	263	459
颜料制造	4107	943	205	374
染料制造	9453	2198	680	839
密封用填料及类似品制造	2518	409	786	457
合成材料制造	35623	7034	9895	4203
初级形态塑料及合成树脂制造	22225	4095	5270	3054
合成橡胶制造	3412	1029	724	406
合成纤维单(聚合)体制造	4934	999	1805	571
其他合成材料制造	5052	911	2096	172

单位：人

嘉兴市	湖州市	绍兴市	金华市	衢州市	舟山市	台州市	丽水市
22533	15134	20037	21806	16891	1182	12227	4289
4667	2618	4186	2821	8255	424	2356	240
139	245	436	199	842		29	1
40	68	2	20	42		54	2
408	353	676	260	3521		60	
3019	1554	2181	1737	2788	63	1518	126
1061	398	891	605	1062	361	695	111
608	230	279	324	557	9	137	20
150	20		22	42		24	
117	10		10	74		1	
			35	43			
61	52	22	75	217		39	1
280	133	44	152	153	9	59	11
	15	213	30	28		14	8
426	738	677	945	77		131	
413	649	677	942	55		131	
13	89		3	22			
4901	3376	5826	3916	1411	387	3372	565
2470	1905	1457	2873	921	250	2482	430
848	183	37	218	175		294	24
609	514	1040	105	106		104	107
759	717	3023	575	123	132	406	1
215	57	269	145	86	5	86	3
3541	3445	1788	2162	1187	28	1509	831
2296	2168	754	1591	938	25	1387	647
473	226	298	174	28	3	51	
577	769	159	4			40	10
195	282	577	393	221		31	174

2-B-5 续表 12

行业	从业人员期末人数	杭州市	宁波市	温州市
专用化学产品制造	53778	13267	6567	3441
化学试剂和助剂制造	26960	7744	3669	1561
专项化学用品制造	7104	1958	674	315
林产化学产品制造	2877	355	34	12
信息化学品制造	5047	1010	168	108
环境污染处理专用药剂材料制造	2060	887	309	42
动物胶制造	1189	1	64	943
其他专用化学产品制造	8541	1312	1649	460
炸药、火工及焰火产品制造	1529	106	121	32
炸药及火工产品制造	1298	25	120	5
焰火、鞭炮产品制造	231	81	1	27
日用化学产品制造	24749	6173	4633	587
肥皂及合成洗涤剂制造	4575	1097	1867	164
化妆品制造	12368	2279	1242	134
口腔清洁用品制造	663	366	95	
香料、香精制造	2480	1563	360	23
其他日用化学产品制造	4663	868	1069	266
医药制造业	58197	13009	5000	1819
化学药品原料药制造	17177	1535	1021	356
化学药品原料药制造	17177	1535	1021	356
化学药品制剂制造	8053	2436	798	442
化学药品制剂制造	8053	2436	798	442
中药饮片加工	3595	993	372	259
中药饮片加工	3595	993	372	259
中成药生产	5599	1977	231	95
中成药生产	5599	1977	231	95
兽用药品制造	2597	952	274	63
兽用药品制造	2597	952	274	63
生物药品制造	8538	2759	1308	406
生物药品制造	8538	2759	1308	406

单位：人

嘉兴市	湖州市	绍兴市	金华市	衢州市	舟山市	台州市	丽水市
7031	4019	6002	2849	5207	186	2946	2263
3444	1848	3631	1268	1810	68	1264	653
1137	918	522	711	270	87	404	108
9	218	6	110	1101			1032
1180	319	714	170	1310		62	6
168	190	307	82	26	1	3	45
38	120		6	13		4	
1055	406	822	502	677	30	1209	419
1	232	278	292		83	145	239
1	232	278	235		83	80	239
			57			65	
1358	476	1001	8497	197	65	1631	131
158	299	329	394	61		198	8
315	65	379	7086	71		754	43
154			48				
244	4	14	117	27		128	
487	108	279	852	38	65	551	80
3778	5214	10089	6461	1652	896	8433	1846
630	760	3431	2183	421	111	6464	265
630	760	3431	2183	421	111	6464	265
578	703	626	1048	576		343	503
578	703	626	1048	576		343	503
387	242	366	579	248	3	138	8
387	242	366	579	248	3	138	8
196	453	736	481	229	36	600	565
196	453	736	481	229	36	600	565
74	232	362	390	30	105	64	51
74	232	362	390	30	105	64	51
762	1021	255	514	130	641	592	150
762	1021	255	514	130	641	592	150

2-B-5 续表 13

行业	从业人员期末人数	杭州市	宁波市	温州市
卫生材料及医药用品制造	12638	2357	996	198
卫生材料及医药用品制造	12638	2357	996	198
化学纤维制造业	55011	13124	9314	906
纤维素纤维原料及纤维制造	3604	358	1539	137
化纤浆粕制造	701	39	399	
人造纤维(纤维素纤维)制造	2903	319	1140	137
合成纤维制造	51407	12766	7775	769
锦纶纤维制造	6623	1394	902	23
涤纶纤维制造	27425	8913	4424	183
腈纶纤维制造	1638	110	932	288
维纶纤维制造	218		196	3
丙纶纤维制造	1556	68	337	68
氨纶纤维制造	2474	822	58	53
其他合成纤维制造	11473	1459	926	151
橡胶和塑料制品业	535196	57913	146199	75664
橡胶制品业	69107	6809	17686	6501
轮胎制造	4312	779	415	539
橡胶板、管、带制造	18754	1417	3077	1221
橡胶零件制造	24044	1745	6853	1824
再生橡胶制造	2523	576	122	145
日用及医用橡胶制品制造	4794	768	1556	813
其他橡胶制品制造	14680	1524	5663	1959
塑料制品业	466089	51104	128513	69163
塑料薄膜制造	33501	4413	5707	7699
塑料板、管、型材制造	52176	10124	8012	3557
塑料丝、绳及编织品制造	40587	4112	3403	19330
泡沫塑料制造	18692	3041	3872	2397
塑料人造革、合成革制造	27853	1175	581	13231
塑料包装箱及容器制造	39572	8655	11354	2573
日用塑料制品制造	94716	5274	28098	2607

单位：人

嘉兴市	湖州市	绍兴市	金华市	衢州市	舟山市	台州市	丽水市
1151	1803	4313	1266	18		232	304
1151	1803	4313	1266	18		232	304
6411	2122	16772	4212	773	644	547	186
574	128	245	473	83		66	1
138		47	78				
436	128	198	395	83		66	1
5837	1994	16527	3739	690	644	481	185
858	10	2510	924				2
2431	1584	6354	1978	563	644	261	90
43	120	122	23				
			19				
21	218	467	239	45			93
143		991	326	76		5	
2341	62	6083	230	6		215	
47444	12463	32237	47084	6016	2332	100371	7473
4750	1272	3143	3373	536	732	23714	591
392	171	375	704	33	8	875	21
567	288	1125	546	11	207	10180	115
1785	328	863	421	15	490	9510	210
797		47	67	273		408	88
223	74	133	433	113	6	542	133
986	411	600	1202	91	21	2199	24
42694	11191	29094	43711	5480	1600	76657	6882
5237	1251	2783	3188	671	94	2298	160
8533	2398	4859	6135	1028	72	7362	96
2468	709	1868	3892	629	440	3528	208
2251	1061	1125	1157	167	375	3133	113
1793	697	1495	879			3183	4819
2399	1294	4151	3565	359	87	4905	230
4942	976	3538	12225	1568	265	34840	383

2-B-5 续表 14

行　业	从业人员期末人数	杭州市	宁波市	温州市
塑料零件制造	79732	5691	40136	7040
其他塑料制品制造	79260	8619	27350	10729
非金属矿物制品业	307091	64277	38828	19027
水泥、石灰和石膏制造	23901	7400	2957	393
水泥制造	19386	4486	2544	351
石灰和石膏制造	4515	2914	413	42
石膏、水泥制品及类似制品制造	80434	20772	12749	7778
水泥制品制造	68443	18217	10648	7083
砼结构构件制造	5814	1154	1146	283
石棉水泥制品制造	269	99	19	
轻质建筑材料制造	4193	765	710	331
其他水泥类似制品制造	1715	537	226	81
砖瓦、石材等建筑材料制造	78183	12213	8659	5249
粘土砖瓦及建筑砌块制造	46212	4883	4552	1552
建筑陶瓷制品制造	2901	252	366	259
建筑用石加工	14435	4164	1408	2855
防水建筑材料制造	4639	725	1241	30
隔热和隔音材料制造	4168	883	390	94
其他建筑材料制造	5828	1306	702	459
玻璃制造	10964	3534	1782	384
平板玻璃制造	1683	656	224	124
其他玻璃制造	9281	2878	1558	260
玻璃制品制造	54459	9973	4590	1429
技术玻璃制品制造	7470	2841	1341	231
光学玻璃制造	1610	406	49	190
玻璃仪器制造	621	143	234	25
日用玻璃制品制造	31373	2705	1625	354
玻璃包装容器制造	2658	832	290	30
玻璃保温容器制造	1945	46	76	13
制镜及类似品加工	3169	1439	283	421
其他玻璃制品制造	5613	1561	692	165

单位：人

嘉兴市	湖州市	绍兴市	金华市	衢州市	舟山市	台州市	丽水市
8725	560	4716	3626	214	168	8694	162
6346	2245	4559	9044	844	99	8714	711
33150	33713	22065	48588	12521	4423	20326	10173
3376	2817	1863	1872	2050	112	675	386
3252	2591	1832	1824	1477	112	580	337
124	226	31	48	573		95	49
12813	5199	5769	3983	1941	2501	5551	1378
10352	3698	4923	3380	1634	2139	5081	1288
1719	464	224	187	191	226	212	8
6	10	80	10	30			15
509	898	374	211	34	136	177	48
227	129	168	195	52		81	19
7421	9649	7654	8995	5563	1417	7723	3640
5324	5162	4689	7265	4005	704	6092	1984
46	1040	138	111	540		49	100
457	981	694	449	576	588	1136	1127
839	574	484	319	259	11	26	131
517	702	759	304		84	266	169
238	1190	890	547	183	30	154	129
1156	1334	503	707	378	166	972	48
34	35	121	263		5	214	7
1122	1299	382	444	378	161	758	41
2834	2104	1884	26721	1270	1	2748	905
1427	405	402	517	92	1	75	138
213			411	117		210	14
	31	2	17			122	47
583	979	506	22735	697		1186	3
13	171	405	161	211		1	544
16		73	1413			265	43
138	20	227	288	5		318	30
444	498	269	1179	148		571	86

2-B-5 续表 15

行业	从业人员期末人数	杭州市	宁波市	温州市
玻璃纤维和玻璃纤维增强塑料制品制造	12102	2339	1832	515
玻璃纤维及制品制造	6561	1019	1589	256
玻璃纤维增强塑料制品制造	5541	1320	243	259
陶瓷制品制造	17873	3660	3634	2325
卫生陶瓷制品制造	8504	2816	1388	1638
特种陶瓷制品制造	4408	263	1775	378
日用陶瓷制品制造	1521	244	335	236
园林、陈设艺术及其他陶瓷制品制造	3440	337	136	73
耐火材料制品制造	15558	1569	987	240
石棉制品制造	1097	335	156	36
云母制品制造	831	165	8	71
耐火陶瓷制品及其他耐火材料制造	13630	1069	823	133
石墨及其他非金属矿物制品制造	13617	2817	1638	714
石墨及碳素制品制造	2728	322	864	332
其他非金属矿物制品制造	10889	2495	774	382
黑色金属冶炼和压延加工业	135797	24838	31779	20703
炼铁	786	187	475	22
炼铁	786	187	475	22
炼钢	2068	573	347	210
炼钢	2068	573	347	210
黑色金属铸造	54007	7960	15049	7995
黑色金属铸造	54007	7960	15049	7995
钢压延加工	77256	15455	15794	12442
钢压延加工	77256	15455	15794	12442
铁合金冶炼	1680	663	114	34
铁合金冶炼	1680	663	114	34
有色金属冶炼和压延加工业	90356	8224	26255	10643
常用有色金属冶炼	7321	1272	2404	872
铜冶炼	1580	587	456	257

单位：人

嘉兴市	湖州市	绍兴市	金华市	衢州市	舟山市	台州市	丽水市
3737	1004	428	994	541	21	445	246
1164	626	264	854	343		200	246
2573	378	164	140	198	21	245	
474	1222	1207	1066	435	61	1555	2234
223	311	212	245	153	38	1397	83
179	324	502	646	207		121	13
51	211	150	157	70	20	16	31
21	376	343	18	5	3	21	2107
884	8712	1803	509	181	76	201	396
	283	74	49	5	76	37	46
496			17			74	
388	8429	1729	443	176		90	350
455	1672	954	3741	162	68	456	940
290	459	137	104	97		24	99
165	1213	817	3637	65	68	432	841
11410	9832	7125	6874	2703	482	10749	9302
		8	69	5		20	
		8	69	5		20	
7		271	15	35	3	13	594
7		271	15	35	3	13	594
3590	4280	2764	1790	861	375	7886	1457
3590	4280	2764	1790	861	375	7886	1457
7448	5523	3996	4861	1802	103	2814	7018
7448	5523	3996	4861	1802	103	2814	7018
365	29	86	139		1	16	233
365	29	86	139		1	16	233
4261	4304	11511	12804	2147	151	8331	1725
201		580	1093	523	7	268	101
5		44	134			87	10

2-B-5 续表 16

行业	从业人员期末人数	杭州市	宁波市	温州市
铅锌冶炼	886	363	97	294
镍钴冶炼	1509	96	544	102
锡冶炼	162	14	124	
铝冶炼	2346	167	685	148
镁冶炼	177	25	118	
其他常用有色金属冶炼	661	20	380	71
贵金属冶炼	849	179	109	1
金冶炼	433	86		
银冶炼	227	93	48	1
其他贵金属冶炼	189		61	
稀有稀土金属冶炼	592	259	298	27
钨钼冶炼	196	192		4
稀土金属冶炼	327	6	297	23
其他稀有金属冶炼	69	61	1	
有色金属合金制造	10020	669	3110	1816
有色金属合金制造	10020	669	3110	1816
有色金属铸造	7235	386	3393	353
有色金属铸造	7235	386	3393	353
有色金属压延加工	64339	5459	16941	7574
铜压延加工	26073	1284	4260	4560
铝压延加工	27583	2521	8512	1882
贵金属压延加工	913	41	213	464
稀有稀土金属压延加工	2449	73	1944	
其他有色金属压延加工	7321	1540	2012	668
金属制品业	613399	84970	142596	86219
结构性金属制品制造	100944	18144	16081	5125
金属结构制造	39404	10456	10018	2274
金属门窗制造	61540	7688	6063	2851
金属工具制造	96286	19664	21282	8814
切削工具制造	19608	3362	2760	2729

单位：人

嘉兴市	湖州市	绍兴市	金华市	衢州市	舟山市	台州市	丽水市
1			35	29	7		60
78		173	36	393		87	
		22	2				
108		182	842	100		94	20
		33		1			
9		126	44				11
1		395		44		120	
		342		5			
						85	
1		53		39		35	
1				3		1	3
1							
				3		1	3
317	308	364	2465	89		651	231
317	308	364	2465	89		651	231
263	91	177	1433		3	1069	67
263	91	177	1433		3	1069	67
3478	3905	9995	7813	1488	141	6222	1323
538	422	7073	2880	834	74	3599	549
2072	2943	2189	4105	577	41	2129	612
73	46	40	20		2	14	
174	100	103		55			
621	394	590	808	22	24	480	162
41681	14904	36455	130376	7973	3019	49907	15299
6385	3646	5732	34033	3719	444	2306	5329
4608	2049	3855	3458	421	216	1233	816
1777	1597	1877	30575	3298	228	1073	4513
5044	938	3263	26789	393	288	6776	3035
1742	141	462	2454	84	1	3835	2038

2-B-5 续表 17

行 业	从业人员期末人数	杭州市	宁波市	温州市
手工具制造	37113	11743	7538	2953
农用及园林用金属工具制造	12179	1102	2683	58
刀剪及类似日用金属工具制造	7681	972	2112	1139
其他金属工具制造	19705	2485	6189	1935
集装箱及金属包装容器制造	21090	5982	4368	1348
集装箱制造	240	24	76	130
金属压力容器制造	6838	2017	1332	461
金属包装容器制造	14012	3941	2960	757
金属丝绳及其制品制造	16901	5629	2767	1253
金属丝绳及其制品制造	16901	5629	2767	1253
建筑、安全用金属制品制造	153253	11585	40473	35475
建筑、家具用金属配件制造	88479	7840	22868	26631
建筑装饰及水暖管道零件制造	49055	1739	10427	7868
安全、消防用金属制品制造	10625	930	5562	447
其他建筑、安全用金属制品制造	5094	1076	1616	529
金属表面处理及热处理加工	71554	8228	19520	18045
金属表面处理及热处理加工	71554	8228	19520	18045
搪瓷制品制造	6799	1301	1199	752
生产专用搪瓷制品制造	418	53	63	31
建筑装饰搪瓷制品制造	407	126	171	3
搪瓷卫生洁具制造	3368	471	384	691
搪瓷日用品及其他搪瓷制品制造	2606	651	581	27
金属制日用品制造	82824	2574	20860	6224
金属制厨房用器具制造	15705	913	4783	481
金属制餐具和器皿制造	33541	546	6325	877
金属制卫生器具制造	6886	158	3074	1310
其他金属制日用品制造	26692	957	6678	3556
其他金属制品制造	63748	11863	16046	9183
锻件及粉末冶金制品制造	31750	5745	8164	5574
交通及公共管理用金属标牌制造	3637	1254	550	580
其他未列明金属制品制造	28361	4864	7332	3029

单位：人

嘉兴市	湖州市	绍兴市	金华市	衢州市	舟山市	台州市	丽水市
1511	79	1622	9106	163	253	1756	389
154	26	198	7061	53		440	404
771	291	154	1877	46	22	209	88
866	401	827	6291	47	12	536	116
1483	563	3351	2065	489	151	1185	105
5						5	
175	4	746	960	416	146	581	
1303	559	2605	1105	73	5	599	105
1088	1075	892	1886	90	5	1508	708
1088	1075	892	1886	90	5	1508	708
11996	1882	14277	14000	1718	184	19260	2403
10638	1224	1784	11715	676	155	2976	1972
655	439	10892	1031	399	4	15485	116
433	110	1240	519	631	8	514	231
270	109	361	735	12	17	285	84
5526	1789	2505	5517	254	1653	6964	1553
5526	1789	2505	5517	254	1653	6964	1553
293	366	945	654	47		1229	13
190		29	1	45		6	
7		13	21			66	
85		669	7			1048	13
11	366	234	625	2		109	
4711	959	2839	38816	845	116	3544	1336
782	290	475	6696	189	26	497	573
448	153	211	23152	478	14	874	463
161	166	489	281	8		1213	26
3320	350	1664	8687	170	76	960	274
5155	3686	2651	6616	418	178	7135	817
2293	1366	1007	1362	131	90	5615	403
155	164	242	196	29		394	73
2707	2156	1402	5058	258	88	1126	341

2-B-5 续表 18

行业	从业人员期末人数	杭州市	宁波市	温州市
通用设备制造业	910743	112624	240500	141878
锅炉及原动设备制造	22427	6793	3886	1359
锅炉及辅助设备制造	7912	3319	682	430
内燃机及配件制造	8474	979	1864	430
汽轮机及辅机制造	2826	783	829	18
水轮机及辅机制造	2225	1479	151	394
风能原动设备制造	349	28	162	32
其他原动设备制造	641	205	198	55
金属加工机械制造	77213	13008	16827	9796
金属切削机床制造	17610	2681	3442	1099
金属成形机床制造	11824	2360	2851	1708
铸造机械制造	10204	1865	2907	1322
金属切割及焊接设备制造	11228	866	2548	2647
机床附件制造	8702	1298	1928	425
其他金属加工机械制造	17645	3938	3151	2595
物料搬运设备制造	48362	12359	11070	2353
轻小型起重设备制造	10816	2493	880	597
起重机制造	6254	1844	838	471
生产专用车辆制造	5438	1799	1434	53
连续搬运设备制造	5143	1087	1525	70
电梯、自动扶梯及升降机制造	18314	4637	5641	877
其他物料搬运设备制造	2397	499	752	285
泵、阀门、压缩机及类似机械制造	240625	13688	46950	70577
泵及真空设备制造	49118	3503	8097	9592
气体压缩机械制造	14678	2063	3666	1222
阀门和旋塞制造	136454	5564	15657	52166
液压和气压动力机械及元件制造	40375	2558	19530	7597
轴承、齿轮和传动部件制造	145609	19578	49116	7447
轴承制造	99356	9208	40249	2472

单位：人

嘉兴市	湖州市	绍兴市	金华市	衢州市	舟山市	台州市	丽水市
69870	24068	96075	51161	11815	4306	132385	26061
1669	1492	1951	2438	407	332	1709	391
813	911	373	759	304		203	118
61	104	1389	1552	56	332	1444	263
712	376	46	56	6			
58	88		20	35			
		91	30	6			
25	13	52	21			62	10
5102	1442	8235	7039	952	298	10986	3528
1653	259	1905	1030	164		3100	2277
857	107	1094	1275	232	2	1096	242
239	328	1928	727	154	97	399	238
645	19	265	1774	4	85	2344	31
976	29	366	643	135	12	2736	154
732	700	2677	1590	263	102	1311	586
7163	6045	2780	2395	290	17	3292	598
4107	279	967	535	51	7	813	87
705	1006	753	140	92	10	270	125
246	531	342	704	92		177	60
178	871	52	30	40		994	296
1750	3039	562	952	15		821	20
177	319	104	34			217	10
5744	2079	5195	4074	1768	1072	75370	14108
1049	463	1142	1392	386	480	22063	951
1317	638	356	524	473	296	4054	69
1303	139	2323	1206	621	79	44410	12986
2075	839	1374	952	288	217	4843	102
9976	4535	26835	7537	4885	324	11189	4187
9107	2536	22258	390	4491	14	5111	3520

2-B-5 续表 19

行业	从业人员期末人数	杭州市	宁波市	温州市
齿轮及齿轮减、变速箱制造	31587	7198	5896	4194
其他传动部件制造	14666	3172	2971	781
烘炉、风机、衡器、包装等设备制造	109708	14958	19811	12549
烘炉、熔炉及电炉制造	4922	1038	874	127
风机、风扇制造	11978	915	2284	697
气体、液体分离及纯净设备制造	14714	6436	1814	2666
制冷、空调设备制造	25810	4249	3984	739
风动和电动工具制造	32080	542	7174	1659
喷枪及类似器具制造	5977	293	2204	375
衡器制造	3766	598	1136	174
包装专用设备制造	10461	887	341	6112
文化、办公用机械制造	13935	2240	4243	4575
电影机械制造	231	10	103	102
幻灯及投影设备制造	412	174	59	61
照相机及器材制造	3467	316	1872	216
复印和胶印设备制造	2905	732	741	625
计算器及货币专用设备制造	4251	605	180	3368
其他文化、办公用机械制造	2669	403	1288	203
通用零部件制造	237054	27508	84734	30338
金属密封件制造	14050	1373	5445	1793
紧固件制造	83370	5959	25155	19844
弹簧制造	13792	3154	2157	2132
机械零部件加工	91709	13177	37772	4782
其他通用零部件制造	34133	3845	14205	1787
其他通用设备制造业	15810	2492	3863	2884
其他通用设备制造业	15810	2492	3863	2884
专用设备制造业	378463	50254	103034	50319
采矿、冶金、建筑专用设备制造	27323	4943	3822	4608
矿山机械制造	8771	762	340	1982
石油钻采专用设备制造	2671	240	900	1112

单位：人

嘉兴市	湖州市	绍兴市	金华市	衢州市	舟山市	台州市	丽水市
593	637	2856	3925	95	235	5771	186
276	1362	1721	3221	299	75	307	481
4949	4251	17441	21755	613	778	10988	1615
603	1164	436	357	26		157	140
545	343	4674	514	42	94	1557	313
669	871	1063	122	303		632	138
1541	1207	10545	113	175	13	2844	400
412	296	401	18081	4	1	3004	506
128	228	116	577			2004	52
22		25	1775	27	3	1	5
1029	142	181	216	36	667	789	61
242	372	1545	174		1	542	1
16							
58			29			31	
40		990	33				
119	279	131	12		1	265	
9			29			60	
	93	424	71			186	1
34170	2929	30068	4330	2463	1422	17547	1545
2699	209	920	297	32	247	935	100
21835	605	2564	1041	1115	64	4466	722
746	284	3996	207	58	25	1028	5
6082	1292	14962	1654	1164	1071	9218	535
2808	539	7626	1131	94	15	1900	183
855	923	2025	1419	437	62	762	88
855	923	2025	1419	437	62	762	88
25247	8999	39985	20295	5739	9820	57702	7069
3585	1274	3240	1172	1355	508	2580	236
958	930	1358	538	950	77	828	48
226	8	26	2	7	3	87	60

2-B-5 续表 20

行业	从业人员期末人数	杭州市	宁波市	温州市
建筑工程用机械制造	7469	1796	1353	950
海洋工程专用设备制造	540	46	102	
建筑材料生产专用机械制造	4785	1357	268	290
冶金专用设备制造	3087	742	859	274
化工、木材、非金属加工专用设备制造	136701	11860	57446	12108
炼油、化工生产专用设备制造	5707	981	1123	1175
橡胶加工专用设备制造	1680	166	671	90
塑料加工专用设备制造	29343	2464	12536	3881
木材加工机械制造	1481	174	142	23
模具制造	96784	7463	42703	6788
其他非金属加工专用设备制造	1706	612	271	151
食品、饮料、烟草及饲料生产专用设备制造	11192	1038	2798	3061
食品、酒、饮料及茶生产专用设备制造	7738	770	2314	2631
农副食品加工专用设备制造	2345	123	292	339
烟草生产专用设备制造	636	117	188	74
饲料生产专用设备制造	473	28	4	17
印刷、制药、日化及日用品生产专用设备制造	26043	4409	1853	12881
制浆和造纸专用设备制造	2699	1071	60	877
印刷专用设备制造	12449	1322	690	7465
日用化工专用设备制造	796	148	105	193
制药专用设备制造	5054	416	192	3772
照明器具生产专用设备制造	1654	415	442	88
玻璃、陶瓷和搪瓷制品生产专用设备制造	932	327	146	26
其他日用品生产专用设备制造	2459	710	218	460
纺织、服装和皮革加工专用设备制造	72868	6018	14331	5828
纺织专用设备制造	33671	5051	3796	2585
皮革、毛皮及其制品加工专用设备制造	2408	117	279	1182
缝制机械制造	36274	750	10139	1999
洗涤机械制造	515	100	117	62
电子和电工机械专用设备制造	13855	3390	3268	2949

单位：人

嘉兴市	湖州市	绍兴市	金华市	衢州市	舟山市	台州市	丽水市
1088	126	969	267	38		778	104
			5		387		
1131	129	293	313	339	3	642	20
182	81	594	47	21	38	245	4
8640	1821	4639	5787	795	7459	25218	928
505	85	239	942	222	14	409	12
48	117	194	26		15	353	
820	310	281	197	50	7050	1754	
190	309		359	6		266	12
7028	860	3726	4102	517	380	22378	839
49	140	199	161			58	65
762	81	1469	375	245	579	672	112
290	43	832	205	172	253	169	59
383	36	529	169	73	57	292	52
14		31				211	1
75	2	77	1		269		
1729	322	918	1649	487	173	1091	531
379	52	108	23	32	10	62	25
1132	80	288	473	127		623	249
1	10	36	100	142		59	2
29	26	194	65		163	197	
68	130	130	91	94		96	100
54		52	291			3	33
66	24	110	606	92		51	122
3322	1620	17171	4466	243	227	15977	3665
2120	1217	13338	1917	107	136	3382	22
288	338	41	95	1		54	13
747	65	3780	2454	135	91	12484	3630
167		12				57	
1123	311	1194	863	86	56	366	249

2-B-5 续表 21

行业	从业人员期末人数	杭州市	宁波市	温州市
电工机械专用设备制造	6975	1338	1732	1517
电子工业专用设备制造	6880	2052	1536	1432
农、林、牧、渔专用机械制造	21844	2128	5224	927
拖拉机制造	1410	599	350	3
机械化农业及园艺机具制造	12052	738	2452	391
营林及木竹采伐机械制造	318	7	22	80
畜牧机械制造	511	46	175	15
渔业机械制造	883	118	521	5
农林牧渔机械配件制造	4959	423	1396	291
棉花加工机械制造	123	84	2	35
其他农、林、牧、渔业机械制造	1588	113	306	107
医疗仪器设备及器械制造	24850	7808	7367	2161
医疗诊断、监护及治疗设备制造	4517	1885	1156	329
口腔科用设备及器具制造	1808	577	804	24
医疗实验室及医用消毒设备和器具制造	881	308	235	29
医疗、外科及兽医用器械制造	9408	3059	2284	1264
机械治疗及病房护理设备制造	1727	481	694	107
假肢、人工器官及植(介)入器械制造	1166	474	167	86
其他医疗设备及器械制造	5343	1024	2027	322
环保、社会公共服务及其他专用设备制造	43787	8660	6925	5796
环境保护专用设备制造	21451	4462	1715	1791
地质勘查专用设备制造	496	399	26	2
邮政专用机械及器材制造	620	241	242	52
商业、饮食、服务专用设备制造	654	145	278	29
社会公共安全设备及器材制造	10343	1042	2343	2475
交通安全、管制及类似专用设备制造	1154	469	315	90
水资源专用机械制造	1861	450	349	172
其他专用设备制造	7208	1452	1657	1185
汽车制造业	357658	38440	98383	68291
汽车整车制造	4593	839	1063	5
汽车整车制造	4593	839	1063	5

单位：人

嘉兴市	湖州市	绍兴市	金华市	衢州市	舟山市	台州市	丽水市
362	216	653	621	61	38	256	181
761	95	541	242	25	18	110	68
565	744	1664	2801	674	78	6743	296
6	16	38	177			79	142
253	391	1104	1805	155		4657	106
12	12	173	7			5	
75		21	173	3		3	
		4	1		63	171	
132	267	100	455	58	15	1774	48
				2			
87	58	224	183	456		54	
1533	814	1374	741	107	516	2221	208
329	119	55	139	6	180	311	8
127	80	38	52	32	3	23	48
68	8	156	60			12	5
233	234	375	72	48	330	1395	114
80	84	182	66	8		24	1
79	104	63	143			49	1
617	185	505	209	13	3	407	31
3988	2012	8316	2441	1747	224	2834	844
2230	1489	6228	894	446	75	1771	350
		47				22	
	25	60					
1	16	112	24			49	
420	1	1335	761	936	45	625	360
24	68	68	105	7		6	2
247	32	104	178	295		24	10
1066	381	362	479	63	104	337	122
15125	7371	19342	15460	2559	2009	80717	9961
10		150	1949			316	261
10		150	1949			316	261

2-B-5 续表 22

行业	从业人员期末人数	杭州市	宁波市	温州市
改装汽车制造	1764	1264	245	1
改装汽车制造	1764	1264	245	1
低速载货汽车制造	145	144		
低速载货汽车制造	145	144		
电车制造	203	28	61	
电车制造	203	28	61	
汽车车身、挂车制造	1197	144	358	
汽车车身、挂车制造	1197	144	358	
汽车零部件及配件制造	349756	36021	96656	68285
汽车零部件及配件制造	349756	36021	96656	68285
铁路、船舶、航空航天和其他运输设备制造业	120254	13137	22096	14203
铁路运输设备制造	3364	303	849	617
铁路机车车辆及动车组制造	107	104	3	
窄轨机车车辆制造	36		36	
铁路机车车辆配件制造	1913	132	377	529
铁路专用设备及器材、配件制造	1259	47	415	88
其他铁路运输设备制造	49	20	18	
城市轨道交通设备制造	168	39	103	
城市轨道交通设备制造	168	39	103	
船舶及相关装置制造	30874	1964	4797	848
金属船舶制造	19378	476	1953	375
非金属船舶制造	278	18	127	38
娱乐船和运动船制造	1640	891	424	54
船用配套设备制造	8293	579	1948	368
船舶改装与拆除	1051		111	13
航标器材及其他相关装置制造	234		234	
航空、航天器及设备制造	1345	427	433	4
飞机制造	506	124	161	
航天器制造	29		2	

单位：人

嘉兴市	湖州市	绍兴市	金华市	衢州市	舟山市	台州市	丽水市
16	85		1	152			
16	85		1	152			
							1
							1
			43	51		20	
			43	51		20	
35	391		72	7		30	160
35	391		72	7		30	160
15064	6895	19192	13395	2349	2009	80351	9539
15064	6895	19192	13395	2349	2009	80351	9539
3404	1622	2247	11590	817	14194	34711	2233
178	35	212	126	171		873	
	6	154	19			696	
178	29	48	107	171		176	
		10				1	
11							15
11							15
801	318	647	247	19	14172	7023	38
777	170	82	21	3	9926	5562	33
1	18		5		12	59	
13	122		92	8	27	9	
10	8	564	129	8	3316	1358	5
		1			891	35	
63		5	139	1		273	
		5	10			206	
			27				

2-B-5 续表 23

行业	从业人员期末人数	杭州市	宁波市	温州市
航空、航天相关设备制造	464	292	18	
其他航空航天器制造	346	11	252	4
摩托车制造	44672	1354	5080	11696
摩托车整车制造	4664	60	810	512
摩托车零部件及配件制造	40008	1294	4270	11184
自行车制造	33747	8230	9610	906
脚踏自行车及残疾人座车制造	18548	7011	7725	211
助动自行车制造	15199	1219	1885	695
非公路休闲车及零配件制造	3738	562	464	25
非公路休闲车及零配件制造	3738	562	464	25
潜水救捞及其他未列明运输设备制造	2346	258	760	107
潜水及水下救捞装备制造	532	29	309	40
其他未列明运输设备制造	1814	229	451	67
电气机械和器材制造业	741737	90982	236510	174700
电机制造	95773	7639	23439	11259
发电机及发电机组制造	11321	2183	1684	1096
电动机制造	40127	2556	8540	4385
微电机及其他电机制造	44325	2900	13215	5778
输配电及控制设备制造	241673	22099	41341	131299
变压器、整流器和电感器制造	31825	3646	7926	9929
电容器及其配套设备制造	6831	999	2048	1358
配电开关控制设备制造	122228	9059	13032	86579
电力电子元器件制造	54446	4794	12639	25473
光伏设备及元器件制造	13253	1556	3510	1665
其他输配电及控制设备制造	13090	2045	2186	6295
电线、电缆、光缆及电工器材制造	76372	17407	22877	10153
电线、电缆制造	61273	14200	19090	7435
光纤、光缆制造	4050	1797	961	174
绝缘制品制造	4830	636	797	1205
其他电工器材制造	6219	774	2029	1339

单位：人

嘉兴市	湖州市	绍兴市	金华市	衢州市	舟山市	台州市	丽水市
26			102	1		25	
37						42	
589	192	387	4179	463		19129	1603
			1095			1810	377
589	192	387	3084	463		17319	1226
1241	1027	689	4203	152	22	7210	457
552	559	413	1458	3	1	582	33
689	468	276	2745	149	21	6628	424
	50	290	2194	1		145	7
	50	290	2194	1		145	7
521		17	502	10		58	113
114						10	30
407		17	502	10		48	83
51598	24130	45142	32639	12212	3044	60492	10288
2845	3962	11135	8009	499	1340	22964	2682
229	2	640	1339	149	181	3591	227
1309	1864	5632	2429	120	107	12628	557
1307	2096	4863	4241	230	1052	6745	1898
12520	4223	4974	5248	6194	709	9687	3379
2463	517	993	998	2151	37	2624	541
129	303	536	99	103		1253	3
3724	698	1127	964	2166	446	3729	704
3639	1229	1223	1788	720	154	1216	1571
1684	1200	940	1098	520	3	623	454
881	276	155	301	534	69	242	106
5486	4786	2770	3576	1596	112	6364	1245
4410	4109	1922	2231	1099	111	5435	1231
207	427	37	415	32			
688	162	591	75	198		478	
181	88	220	855	267	1	451	14

2-B-5 续表 24

行　业	从业人员期末人数	杭州市	宁波市	温州市
电池制造	16035	1418	4191	631
锂离子电池制造	4292	1070	1527	91
镍氢电池制造	864	24	148	309
其他电池制造	10879	324	2516	231
家用电力器具制造	130554	7475	80383	8607
家用制冷电器具制造	6679	449	3949	383
家用空气调节器制造	5623	1335	2843	217
家用通风电器具制造	11004	226	4581	61
家用厨房电器具制造	27798	1136	17649	878
家用清洁卫生电器具制造	12229	430	9539	437
家用美容、保健电器具制造	12553	235	5754	3552
家用电力器具专用配件制造	27000	3013	17197	1534
其他家用电力器具制造	27668	651	18871	1545
非电力家用器具制造	18232	1344	4927	553
燃气、太阳能及类似能源家用器具制造	14168	1279	3166	549
其他非电力家用器具制造	4064	65	1761	4
照明器具制造	148690	31265	55293	8658
电光源制造	45130	23741	3249	519
照明灯具制造	76718	5535	34771	5737
灯用电器附件及其他照明器具制造	26842	1989	17273	2402
其他电气机械及器材制造	14408	2335	4059	3540
电气信号设备装置制造	5229	976	1597	1586
其他未列明电气机械及器材制造	9179	1359	2462	1954
计算机、通信和其他电子设备制造业	237640	41869	71523	41586
计算机制造	8873	3450	2852	776
计算机整机制造	242	36	155	
计算机零部件制造	2376	930	712	436
计算机外围设备制造	3317	1207	1048	110
其他计算机制造	2938	1277	937	230
通信设备制造	22239	9384	7229	2055

单位：人

嘉兴市	湖州市	绍兴市	金华市	衢州市	舟山市	台州市	丽水市
2960	4004	688	1146	92	2	278	625
279	395	362	368	23	1	127	49
160		11	203			1	8
2521	3609	315	575	69	1	150	568
7885	1580	9706	7753	541	720	5090	814
760	471	289	158	100		110	10
50	13	335	171	1	7	563	88
156		5075	339	40	9	507	10
1328	382	2460	3293	223		356	93
473	144	55	511	139	104	317	80
430	29	95	447	4	412	1338	257
1731	307	846	888	8	87	1340	49
2957	234	551	1946	26	101	559	227
5857	175	1811	2238	214	9	1086	18
5602	175	1738	946	209	9	477	18
255		73	1292	5		609	
13390	5158	12722	4280	2921	115	13646	1242
7340	3076	1983	1101	2038	68	1096	919
5283	1727	8279	2763	617	33	11671	302
767	355	2460	416	266	14	879	21
655	242	1336	389	155	37	1377	283
208		224	118	88	1	380	51
447	242	1112	271	67	36	997	232
26196	9702	15731	17248	3647	693	7473	1972
1251		235	115	4	3	187	
27			21		3		
8		127	20	1		142	
867		46	15			24	
349		62	59	3		21	
1694	288	673	64	39	147	577	89

2-B-5 续表 25

行业	从业人员期末人数	杭州市	宁波市	温州市
通信系统设备制造	15705	7215	5142	1100
通信终端设备制造	6534	2169	2087	955
广播电视设备制造	12670	2630	3579	517
广播电视节目制作及发射设备制造	729	602	24	31
广播电视接收设备及器材制造	9944	1591	2727	157
应用电视设备及其他广播电视设备制造	1997	437	828	329
雷达及配套设备制造	289	48	152	62
雷达及配套设备制造	289	48	152	62
视听设备制造	18480	1506	8088	359
电视机制造	1267	21	923	32
音响设备制造	14450	941	5975	142
影视录放设备制造	2763	544	1190	185
电子器件制造	34392	8184	9288	3790
电子真空器件制造	2777	619	424	268
半导体分立器件制造	6443	992	1210	1070
集成电路制造	4841	1603	1423	347
光电子器件及其他电子器件制造	20331	4970	6231	2105
电子元件制造	127825	14433	37222	32694
电子元件及组件制造	115860	10242	35200	29684
印制电路板制造	11965	4191	2022	3010
其他电子设备制造	12872	2234	3113	1333
其他电子设备制造	12872	2234	3113	1333
仪器仪表制造业	148110	21881	31556	43486
通用仪器仪表制造	68082	14632	18173	14464
工业自动控制系统装置制造	21519	5082	4498	4299
电工仪器仪表制造	15865	3818	2720	6554
绘图、计算及测量仪器制造	5625	1097	1934	329
实验分析仪器制造	4582	976	1862	455
试验机制造	1462	372	105	167
供应用仪表及其他通用仪器制造	19029	3287	7054	2660

单位：人

嘉兴市	湖州市	绍兴市	金华市	衢州市	舟山市	台州市	丽水市
868	100	611	48	39	132	368	82
826	188	62	16		15	209	7
3851	262	854	261	493	38	185	
58	7		7				
3700	176	854	208	409	24	98	
93	79		46	84	14	87	
25			1			1	
25			1			1	
2959	610	4129	741	25	50	13	
58		82	101		50		
2614	610	3931	203	25		9	
287		116	437			4	
3966	1493	2459	1709	1177	47	1560	719
1041	29	71	72	52	8	188	5
1148	471	498	93	524		222	215
104	214	750	96	280	15	9	
1673	779	1140	1448	321	24	1141	499
11326	6427	5815	13092	1410	371	4234	801
10521	6374	5364	12800	582	371	4009	713
805	53	451	292	828		225	88
1124	622	1566	1265	499	37	716	363
1124	622	1566	1265	499	37	716	363
6053	1839	3688	4260	1336	913	31368	1730
4209	1567	2023	2490	726	435	8715	648
2071	1104	806	312	348	16	2841	142
953	133	108	431	29	150	734	235
172	150	60	1455	47	13	358	10
232	39	298	71	128	30	491	
17	13	536	188	1		47	16
764	128	215	33	173	226	4244	245

2-B-5 续表 26

行业	从业人员期末人数	杭州市	宁波市	温州市
专用仪器仪表制造	18701	4563	7059	2404
环境监测专用仪器仪表制造	1713	644	693	115
运输设备及生产用计数仪表制造	5712	1063	2137	912
导航、气象及海洋专用仪器制造	880	359	289	51
农林牧渔专用仪器仪表制造	261	10	149	2
地质勘探和地震专用仪器制造	446	128	236	29
教学专用仪器制造	3569	692	1231	671
核子及核辐射测量仪器制造	94	48		44
电子测量仪器制造	2624	793	937	278
其他专用仪器制造	3402	826	1387	302
钟表与计时仪器制造	4303	619	1876	776
钟表与计时仪器制造	4303	619	1876	776
光学仪器及眼镜制造	52113	1123	2999	24725
光学仪器制造	5767	908	2810	439
眼镜制造	46346	215	189	24286
其他仪器仪表制造业	4911	944	1449	1117
其他仪器仪表制造业	4911	944	1449	1117
其他制造业	92044	6337	13665	22894
日用杂品制造	79928	4155	11568	20389
鬃毛加工、制刷及清扫工具制造	8734	27	3512	267
其他日用杂品制造	71194	4128	8056	20122
煤制品制造	547	63	152	41
煤制品制造	547	63	152	41
核辐射加工	83	10	72	
核辐射加工	83	10	72	
其他未列明制造业	11486	2109	1873	2464
其他未列明制造业	11486	2109	1873	2464
废弃资源综合利用业	20593	2350	7272	539
金属废料和碎屑加工处理	14203	1132	6271	251
金属废料和碎屑加工处理	14203	1132	6271	251

单位：人

嘉兴市	湖州市	绍兴市	金华市	衢州市	舟山市	台州市	丽水市
904	69	1092	804	189	94	1038	485
123	1	55	41			11	30
18		535	22	40		705	280
72			6		6	97	
		52	17			31	
15		6				32	
235		149	458	60		55	18
2							
295	25	89	81			75	51
144	43	206	179	89	88	32	106
90	119	37	387	184	1	84	130
90	119	37	387	184	1	84	130
701	58	391	321	237	6	21104	448
503	58	336	86	4	6	502	115
198		55	235	233		20602	333
149	26	145	258		377	427	19
149	26	145	258		377	427	19
10072	919	11329	17316	2596	73	4884	1959
9690	675	10842	14022	2396	12	4573	1606
368	340	45	3386	348	5	319	117
9322	335	10797	10636	2048	7	4254	1489
142		70	31	27		21	
142		70	31	27		21	
1							
1							
239	244	417	3263	173	61	290	353
239	244	417	3263	173	61	290	353
1556	340	592	640	580	213	6331	180
277	5	223	150	180	151	5479	84
277	5	223	150	180	151	5479	84

2-B-5 续表 27

行　业	从业人员期末人数	杭州市	宁波市	温州市
非金属废料和碎屑加工处理	6390	1218	1001	288
非金属废料和碎屑加工处理	6390	1218	1001	288
金属制品、机械和设备修理业	27882	1109	4396	1054
金属制品修理	307	15	222	12
金属制品修理	307	15	222	12
通用设备修理	1669	422	629	133
通用设备修理	1669	422	629	133
专用设备修理	1129	227	158	104
专用设备修理	1129	227	158	104
铁路、船舶、航空航天等运输设备修理	21945	65	2246	658
铁路运输设备修理	191		191	
船舶修理	21526	41	1891	618
航空航天器修理	125		125	
其他运输设备修理	103	24	39	40
电气设备修理	1405	188	570	41
电气设备修理	1405	188	570	41
仪器仪表修理	73	1	51	
仪器仪表修理	73	1	51	
其他机械和设备修理业	1354	191	520	106
其他机械和设备修理业	1354	191	520	106
电力、热力、燃气及水生产和供应业	**80336**	**9999**	**9338**	**11264**
电力、热力生产和供应业	44412	6144	3879	6620
电力生产	37462	4313	3181	5582
火力发电	12069	1641	2217	612
水力发电	20516	2015	629	4575
核力发电	1642	5		
风力发电	427	31	131	64
太阳能发电	93	18	17	2
其他电力生产	2715	603	187	329
电力供应	2822	285	28	976
电力供应	2822	285	28	976

单位：人

嘉兴市	湖州市	绍兴市	金华市	衢州市	舟山市	台州市	丽水市
1279	335	369	490	400	62	852	96
1279	335	369	490	400	62	852	96
604	643	532	191	38	18345	847	123
20		21				9	8
20		21				9	8
61	63	60	41	3	217	40	
61	63	60	41	3	217	40	
362	28	91	82	6	15	43	13
362	28	91	82	6	15	43	13
96	249	12			17923	696	
96	249	12			17923	696	
13	298	53	7		123	10	102
13	298	53	7		123	10	102
3					2	16	
3					2	16	
49	5	295	61	29	65	33	
49	5	295	61	29	65	33	
7600	**4858**	**7853**	**5663**	**4068**	**1649**	**9596**	**8448**
3145	1694	4801	2890	2873	161	5045	7160
2235	1313	4780	2485	2224	161	4061	7127
1727	783	3579	877	405	5	223	
	176	1162	1427	1630		2100	6802
364						1273	
			27		74	94	6
21	10	1	4	19			1
123	344	38	150	170	82	371	318
473		17	341	304		365	33
473		17	341	304		365	33

2-B-5 续表 28

行业	从业人员期末人数	杭州市	宁波市	温州市
热力生产和供应	4128	1546	670	62
热力生产和供应	4128	1546	670	62
燃气生产和供应业	8225	1542	1170	812
燃气生产和供应业	8225	1542	1170	812
燃气生产和供应业	8225	1542	1170	812
水的生产和供应业	27699	2313	4289	3832
自来水生产和供应	18451	1282	3283	2772
自来水生产和供应	18451	1282	3283	2772
污水处理及其再生利用	7197	982	941	851
污水处理及其再生利用	7197	982	941	851
其他水的处理、利用与分配	2051	49	65	209
其他水的处理、利用与分配	2051	49	65	209
建筑业	**1232991**	**510200**	**159797**	**94987**
房屋建筑业	605978	293526	48517	32133
房屋建筑业	605978	293526	48517	32133
房屋建筑业	605978	293526	48517	32133
土木工程建筑业	267165	72100	31496	37088
铁路、道路、隧道和桥梁工程建筑	152847	40601	16485	22836
铁路工程建筑	1178	215	161	
公路工程建筑	19509	3195	3180	2793
市政道路工程建筑	117037	29954	12083	18814
其他道路、隧道和桥梁工程建筑	15123	7237	1061	1229
水利和内河港口工程建筑	25498	2035	3856	3503
水源及供水设施工程建筑	15682	1158	2630	2768
河湖治理及防洪设施工程建筑	6583	866	695	537
港口及航运设施工程建筑	3233	11	531	198
海洋工程建筑	352	4	110	45
海洋工程建筑	352	4	110	45
工矿工程建筑	9451	1155	643	3107
工矿工程建筑	9451	1155	643	3107

单位：人

嘉兴市	湖州市	绍兴市	金华市	衢州市	舟山市	台州市	丽水市
437	381	4	64	345		619	
437	381	4	64	345		619	
936	822	1021	465	629	135	536	157
936	822	1021	465	629	135	536	157
936	822	1021	465	629	135	536	157
3519	2342	2031	2308	566	1353	4015	1131
2311	1416	1107	1711	423	509	2599	1038
2311	1416	1107	1711	423	509	2599	1038
1176	926	843	513	141	182	549	93
1176	926	843	513	141	182	549	93
32		81	84	2	662	867	
32		81	84	2	662	867	
43171	**21403**	**111720**	**115530**	**35412**	**20086**	**76865**	**43820**
16144	10843	54965	66776	12075	5364	41634	24001
16144	10843	54965	66776	12075	5364	41634	24001
16144	10843	54965	66776	12075	5364	41634	24001
8409	4137	27899	31904	15082	6350	20808	11892
4953	1314	17102	17651	11251	2017	11115	7522
		344	28	12		8	410
310	220	2316	3436	1371	402	1811	475
4181	861	12348	12788	9860	1171	8346	6631
462	233	2094	1399	8	444	950	6
1312	679	2743	2208	2033	2044	4413	672
404	214	2576	2191	1540	390	1587	224
876	244	158	17	493	1	2252	444
32	221	9			1653	574	4
8					108	77	
8					108	77	
81	583	1213	509	420	1274	340	126
81	583	1213	509	420	1274	340	126

2-B-5 续表 29

行　业	从业人员期末人数	杭州市	宁波市	温州市
架线和管道工程建筑	18308	3564	3755	2982
架线及设备工程建筑	11641	2809	1852	1637
管道工程建筑	6667	755	1903	1345
其他土木工程建筑	60709	24741	6647	4615
其他土木工程建筑	60709	24741	6647	4615
建筑安装业	90768	29171	21896	8372
电气安装	33281	14852	4527	2222
电气安装	33281	14852	4527	2222
管道和设备安装	21202	5202	5906	3626
管道和设备安装	21202	5202	5906	3626
其他建筑安装业	36285	9117	11463	2524
其他建筑安装业	36285	9117	11463	2524
建筑装饰和其他建筑业	269080	115403	57888	17394
建筑装饰业	156987	60393	31887	15041
建筑装饰业	156987	60393	31887	15041
工程准备活动	48483	29060	3947	1608
建筑物拆除活动	13104	7300	1529	994
其他工程准备活动	35379	21760	2418	614
提供施工设备服务	12059	6160	312	94
提供施工设备服务	12059	6160	312	94
其他未列明建筑业	51551	19790	21742	651
其他未列明建筑业	51551	19790	21742	651
批发和零售业	**1384817**	**401409**	**236078**	**160288**
批发业	1021405	307053	192317	107345
农、林、牧产品批发	40871	9966	2599	2273
谷物、豆及薯类批发	4971	1119	396	172
种子批发	1962	601	182	258
饲料批发	2216	652	147	190
棉、麻批发	919	302	229	30

单位：人

嘉兴市	湖州市	绍兴市	金华市	衢州市	舟山市	台州市	丽水市
736	377	1855	1042	395	418	1322	1862
507	151	1298	651	132	236	805	1563
229	226	557	391	263	182	517	299
1319	1184	4986	10494	983	489	3541	1710
1319	1184	4986	10494	983	489	3541	1710
5777	2354	10732	2964	778	1575	5162	1987
2477	694	3553	543	140	1182	2192	899
2477	694	3553	543	140	1182	2192	899
1443	375	2838	328	368	87	804	225
1443	375	2838	328	368	87	804	225
1857	1285	4341	2093	270	306	2166	863
1857	1285	4341	2093	270	306	2166	863
12841	4069	18124	13886	7477	6797	9261	5940
5576	3016	10384	11974	4049	2308	7115	5244
5576	3016	10384	11974	4049	2308	7115	5244
625	590	3938	906	1062	4450	1729	568
271	126	1061	189	286	227	653	468
354	464	2877	717	776	4223	1076	100
1115	198	1637	402	2099	30	6	6
1115	198	1637	402	2099	30	6	6
5525	265	2165	604	267	9	411	122
5525	265	2165	604	267	9	411	122
88501	**47094**	**154123**	**142081**	**34016**	**17396**	**73029**	**30802**
66924	30414	125268	93737	25097	10576	46177	16497
4405	5725	5133	4524	3190	109	774	2173
361	159	429	541	942	5	266	581
244	47	199	142	61	16	109	103
277	259	51	211	268	46	92	23
75	16	62	166	5		34	

2-B-5 续表 30

行业	从业人员期末人数	杭州市	宁波市	温州市
林业产品批发	15159	3576	345	320
牲畜批发	5133	1207	324	329
其他农牧产品批发	10511	2509	976	974
食品、饮料及烟草制品批发	110793	30145	15650	11315
米、面制品及食用油批发	10012	2741	1139	1104
糕点、糖果及糖批发	3497	1518	526	149
果品、蔬菜批发	34643	6862	3868	1229
肉、禽、蛋、奶及水产品批发	15514	4417	2099	2555
盐及调味品批发	2875	790	259	440
营养和保健品批发	3669	1481	523	522
酒、饮料及茶叶批发	21880	7140	3268	2186
烟草制品批发	331	137	88	14
其他食品批发	18372	5059	3880	3116
纺织、服装及家庭用品批发	280397	80302	36309	23451
纺织品、针织品及原料批发	123930	24104	9338	3485
服装批发	71953	30564	9940	7138
鞋帽批发	9756	2242	720	4503
化妆品及卫生用品批发	7738	4003	765	806
厨房、卫生间用具及日用杂货批发	17931	5888	3560	1033
灯具、装饰物品批发	7397	2957	1492	879
家用电器批发	20013	5348	6375	2316
其他家庭用品批发	21679	5196	4119	3291
文化、体育用品及器材批发	45730	12801	10516	4516
文具用品批发	16287	4787	4512	2169
体育用品及器材批发	4418	1330	824	228
图书批发	1547	1068	123	160
报刊批发	548	62	169	293
音像制品及电子出版物批发	557	412	28	11
首饰、工艺品及收藏品批发	16165	3397	2324	1322
其他文化用品批发	6208	1745	2536	333

单位：人

嘉兴市	湖州市	绍兴市	金华市	衢州市	舟山市	台州市	丽水市
1327	4221	3604	733	346	21	55	611
493	136	278	938	1066	19	45	298
1628	887	510	1793	502	2	173	557
8345	3972	10786	9974	8291	2075	4947	5293
684	510	506	1504	948	246	394	236
129	99	302	315	201	14	215	29
3357	1037	4502	4033	5507	158	1063	3027
1397	512	1464	864	302	613	934	357
202	58	164	215	178	226	242	101
409	120	89	172	98	52	111	92
1281	1145	2482	1416	690	405	1104	763
6		20	19			47	
880	491	1257	1436	367	361	837	688
20705	7683	77082	25292	1068	517	6682	1306
9452	3696	68743	4088	187	52	683	102
7040	2872	5759	6207	207	68	1724	434
106	3	140	983	37	33	894	95
237	106	143	1130	104	94	304	46
533	95	755	4963	151	50	732	171
390	234	268	688	91	9	375	14
1472	350	838	1943	131	116	907	217
1475	327	436	5290	160	95	1063	227
1590	224	1632	12289	242	58	1560	302
1041	115	625	2232	55	37	633	81
268	15	46	1505	38		119	45
13		37	131	2		9	4
1	6		17				
29		5	53	3		15	1
128	62	833	7230	69	18	643	139
110	26	86	1121	75	3	141	32

2-B-5 续表 31

行 业	从业人员期末人数	杭州市	宁波市	温州市
医药及医疗器材批发	23430	11307	3329	2112
西药批发	3212	1262	231	479
中药批发	4180	1493	198	663
医疗用品及器材批发	16038	8552	2900	970
矿产品、建材及化工产品批发	240381	68991	61890	29154
煤炭及制品批发	10085	2372	1965	1010
石油及制品批发	14530	2396	4302	1104
非金属矿及制品批发	2554	722	538	214
金属及金属矿批发	69411	22699	22369	7628
建材批发	57147	20147	9764	6668
化肥批发	6311	1514	625	733
农药批发	4101	883	310	564
农用薄膜批发	255	49	32	15
其他化工产品批发	75987	18209	21985	11218
机械设备、五金产品及电子产品批发	194066	77410	44367	24385
农业机械批发	2689	590	343	258
汽车批发	3121	941	616	269
汽车零配件批发	18890	8483	4219	2593
摩托车及零配件批发	1648	331	366	267
五金产品批发	46937	13423	11336	6966
电气设备批发	15758	5763	2731	2823
计算机、软件及辅助设备批发	20546	13375	4182	1032
通讯及广播电视设备批发	6465	3997	936	460
其他机械设备及电子产品批发	78012	30507	19638	9717
贸易经纪与代理	50584	6432	11246	6350
贸易代理	40463	4565	9541	4943
拍卖	2095	638	380	342
其他贸易经纪与代理	8026	1229	1325	1065
其他批发业	35153	9699	6411	3789
再生物资回收与批发	18725	4740	4328	1674
其他未列明批发业	16428	4959	2083	2115

单位：人

嘉兴市	湖州市	绍兴市	金华市	衢州市	舟山市	台州市	丽水市
927	482	1126	1656	797	42	1274	378
58	193	113	255	103		466	52
148	77	147	723	237		220	274
721	212	866	678	457	42	588	52
16803	7663	16271	8850	7414	4661	15397	3287
1079	642	1000	694	310	138	626	249
1137	362	870	433	1357	1368	1115	86
103	142	145	324	154	16	65	131
4134	1081	2881	1971	952	988	4436	272
3588	3343	3716	2401	1870	1434	3197	1019
805	387	348	432	528	162	275	502
612	174	249	377	194	26	397	315
42	3	47	27	4	2	28	6
5303	1529	7015	2191	2045	527	5258	707
11182	2805	9219	9875	2393	2069	8812	1549
306	85	299	243	149	36	208	172
253	48	147	328	202	22	250	45
820	111	646	827	143	56	876	116
32	30	98	128	33	11	327	25
4107	573	2621	4458	535	350	2223	345
911	357	953	925	181	168	818	128
523	109	291	413	117	105	317	82
198	59	263	193	42	85	165	67
4032	1433	3901	2360	991	1236	3628	569
1010	738	1830	17094	629	270	3756	1229
771	580	1459	15883	495	205	1204	812
131	58	111	186	55	42	98	54
108	100	260	1020	79	23	2454	363
1957	1122	2189	4183	1073	775	2975	980
1298	615	922	1105	674	702	1943	724
659	507	1267	3078	399	73	1032	256

2-B-5 续表 32

行　业	从业人员期末人数	杭州市	宁波市	温州市
零售业	363412	94356	43761	52943
综合零售	20230	4934	1879	2942
百货零售	9052	2260	649	1263
超级市场零售	5284	998	759	687
其他综合零售	5894	1676	471	992
食品、饮料及烟草制品专门零售	41098	11546	4140	5526
粮油零售	2797	707	218	381
糕点、面包零售	1855	558	303	157
果品、蔬菜零售	8693	2595	955	391
肉、禽、蛋、奶及水产品零售	6126	1300	400	701
营养和保健品零售	2074	666	231	430
酒、饮料及茶叶零售	9150	3036	809	1453
烟草制品零售	1359	341	441	97
其他食品零售	9044	2343	783	1916
纺织、服装及日用品专门零售	48195	16564	4132	8080
纺织品及针织品零售	5411	1780	416	734
服装零售	21716	9280	1366	3139
鞋帽零售	2234	395	158	816
化妆品及卫生用品零售	2378	942	125	476
钟表、眼镜零售	5042	1357	750	890
箱、包零售	1099	345	73	255
厨房用具及日用杂品零售	1278	327	173	191
自行车零售	1326	411	219	68
其他日用品零售	7711	1727	852	1511
文化、体育用品及器材专门零售	20313	6384	2158	2989
文具用品零售	3434	1024	558	418
体育用品及器材零售	1533	433	135	231
图书、报刊零售	2489	667	210	259
音像制品及电子出版物零售	254	54	30	110

单位：人

嘉兴市	湖州市	绍兴市	金华市	衢州市	舟山市	台州市	丽水市
21577	16680	28855	48344	8919	6820	26852	14305
940	1264	2014	2076	806	400	1636	1339
518	579	781	1364	293	92	715	538
272	261	189	372	291	243	673	539
150	424	1044	340	222	65	248	262
1714	2123	4743	4587	1259	991	2490	1979
56	69	348	433	176	38	270	101
98	83	46	272	75	14	233	16
299	372	1048	1648	277	184	412	512
384	224	1535	440	99	229	575	239
102	64	98	160	57	77	121	68
269	870	745	819	399	113	287	350
65	111	15	51	24	70	51	93
441	330	908	764	152	266	541	600
3237	1467	3936	4741	624	869	3379	1166
376	256	718	747	30	52	227	75
1747	544	1494	1714	150	375	1584	323
140	42	133	186	19	29	214	102
39	94	130	288	63	55	127	39
386	170	282	314	91	138	498	166
140	18	52	76	21	18	65	36
35	32	86	174	25	114	74	47
117	124	134	81	66	39	31	36
257	187	907	1161	159	49	559	342
970	883	1653	2244	460	324	1111	1137
298	191	299	264	38	93	175	76
42	50	56	405	93	10	42	36
128	180	218	219	133	97	144	234
3	5	20	10		14	8	

2-B-5 续表 33

行业	从业人员期末人数	杭州市	宁波市	温州市
珠宝首饰零售	5489	1685	612	989
工艺美术品及收藏品零售	4750	1615	316	621
乐器零售	616	308	90	77
照相器材零售	459	256	16	92
其他文化用品零售	1289	342	191	192
医药及医疗器材专门零售	42177	8072	5898	7390
药品零售	37567	6178	5405	6939
医疗用品及器材零售	4610	1894	493	451
汽车、摩托车、燃料及零配件专门零售	59547	11900	10412	7720
汽车零售	35992	6026	5069	4682
汽车零配件零售	6869	2282	988	1060
摩托车及零配件零售	2132	281	238	251
机动车燃料零售	14554	3311	4117	1727
家用电器及电子产品专门零售	47024	12962	6035	7113
家用视听设备零售	4416	581	669	680
日用家电设备零售	13517	3075	1692	1766
计算机、软件及辅助设备零售	15171	4285	1621	2723
通信设备零售	7215	2364	1054	1132
其他电子产品零售	6705	2657	999	812
五金、家具及室内装饰材料专门零售	43219	12818	5785	5961
五金零售	12252	3111	2302	1297
灯具零售	1375	472	155	145
家具零售	7987	2385	862	1711
涂料零售	7551	1577	964	734
卫生洁具零售	1176	297	67	374
木质装饰材料零售	2773	1275	315	311
陶瓷、石材装饰材料零售	3840	1574	270	534
其他室内装饰材料零售	6265	2127	850	855
货摊、无店铺及其他零售业	41609	9176	3322	5222
货摊食品零售	196	106	22	14

单位：人

嘉兴市	湖州市	绍兴市	金华市	衢州市	舟山市	台州市	丽水市
236	273	537	578	86	11	382	100
146	71	366	550	87	99	286	593
43	14	16	23	23		17	5
1	5	59	20			8	2
73	94	82	175			49	91
3334	2447	2338	4741	553	964	4414	2026
3208	2217	1986	4326	443	928	4149	1788
126	230	352	415	110	36	265	238
3819	2663	5691	6858	2315	761	5385	2023
2505	1744	3715	4947	1853	640	3341	1470
288	158	540	660	113	69	554	157
257	134	164	285	76	4	295	147
769	627	1272	966	273	48	1195	249
3040	1916	3478	4289	1603	1120	3732	1736
247	174	590	329	115	67	373	591
1134	687	1059	1488	626	413	1359	218
1051	510	1074	1268	495	354	1236	554
336	351	308	625	205	223	428	189
272	194	447	579	162	63	336	184
2207	2737	3623	3765	786	831	3120	1586
919	907	1350	948	157	241	628	392
53	74	153	110	50	78	55	30
163	417	395	654	186	69	688	457
650	818	395	774	139	230	978	292
45	53	66	103	20	13	87	51
39	88	187	258	55	25	155	65
80	124	391	339	100	70	230	128
258	256	686	579	79	105	299	171
2316	1180	1379	15043	513	560	1585	1313
1	4		49				

2-B-5 续表 34

行业	从业人员期末人数	杭州市	宁波市	温州市
货摊纺织、服装及鞋零售	111	8	1	30
货摊日用品零售	117	31	3	27
互联网零售	26468	5849	1167	2294
邮购及电视、电话零售	472	95	45	18
旧货零售	256	55	75	7
生活用燃料零售	5067	688	629	1077
其他未列明零售业	8922	2344	1380	1755
交通运输、仓储和邮政业	**298209**	**58564**	**80404**	**38919**
道路运输业	157577	38372	38265	20135
城市公共交通运输	21311	5770	3908	2373
公共电汽车客运	6940	403	760	1494
城市轨道交通	4787	2868	1666	29
出租车客运	9179	2412	1480	802
其他城市公共交通运输	405	87	2	48
公路旅客运输	23596	4821	2227	4490
公路旅客运输	23596	4821	2227	4490
道路货物运输	96354	23725	29137	11539
道路货物运输	96354	23725	29137	11539
道路运输辅助活动	16316	4056	2993	1733
客运汽车站	2600	128	362	416
公路管理与养护	7900	1809	1298	513
其他道路运输辅助活动	5816	2119	1333	804
水上运输业	35657	2194	8595	3487
水上旅客运输	3905	1026	266	420
海洋旅客运输	1978		8	103
内河旅客运输	1266	981	57	158
客运轮渡运输	661	45	201	159
水上货物运输	24252	849	6781	2023
远洋货物运输	814	9	275	104
沿海货物运输	20113	326	6051	1479
内河货物运输	3325	514	455	440

单位：人

嘉兴市	湖州市	绍兴市	金华市	衢州市	舟山市	台州市	丽水市
3	11		46			7	5
	4		51	1			
1756	428	351	13310	85	32	693	503
19	50	17	215			6	7
	57	35	12			8	7
286	258	405	385	189	225	497	428
251	368	571	975	238	303	374	363
16720	**10173**	**12032**	**18364**	**8683**	**23957**	**23613**	**6780**
9432	6086	5457	7431	7294	5662	14245	5198
1463	536	719	605	726	304	4190	717
343	265	446	500	563	2	1599	565
					191	7	26
1110	78	273	94	163	111	2581	75
10	193		11			3	51
396	1380	732	1478	1844	1332	3238	1658
396	1380	732	1478	1844	1332	3238	1658
6515	3626	3410	3894	3882	3475	5155	1996
6515	3626	3410	3894	3882	3475	5155	1996
1058	544	596	1454	842	551	1662	827
14	15	157	625	48	48	601	186
755	408	318	594	439	403	786	577
289	121	121	235	355	100	275	64
1402	1567	259	80	12	14568	3455	38
12	10	8	21	11	1947	176	8
					1771	96	
12	10	8	13	11		8	8
			8		176	72	
531	1453	236	35	1	9290	3036	17
91		28	8		181	118	
272		33			9020	2918	14
168	1453	175	27	1	89		3

2-B-5 续表 35

行　业	从业人员期末人数	杭州市	宁波市	温州市
水上运输辅助活动	7500	319	1548	1044
客运港口	485	1	2	15
货运港口	2964	229	753	698
其他水上运输辅助活动	4051	89	793	331
航空运输业	994	287	4	158
航空客货运输	102	5		
航空旅客运输	102	5		
通用航空服务	206	66	2	24
通用航空服务	206	66	2	24
航空运输辅助活动	686	216	2	134
机场	416			122
其他航空运输辅助活动	270	216	2	12
管道运输业	161	160		
管道运输业	161	160		
管道运输业	161	160		
装卸搬运和运输代理业	70767	9386	26810	12084
装卸搬运	18968	1963	3663	6965
装卸搬运	18968	1963	3663	6965
运输代理业	51799	7423	23147	5119
货物运输代理	45856	6137	21687	3869
旅客票务代理	3655	1018	730	1079
其他运输代理业	2288	268	730	171
仓储业	14284	2715	4565	1308
谷物、棉花等农产品仓储	3350	293	222	598
谷物仓储	3059	255	215	596
棉花仓储	88	13	7	
其他农产品仓储	203	25		2
其他仓储业	10934	2422	4343	710
其他仓储业	10934	2422	4343	710

单位：人

嘉兴市	湖州市	绍兴市	金华市	衢州市	舟山市	台州市	丽水市
859	104	15	24		3331	243	13
					460	7	
756	65	4	9		395	44	11
103	39	11	15		2476	192	2
32	10		183	20	300		
			93		4		
			93		4		
			84	20	10		
			84	20	10		
32	10		6		286		
32	10		6		246		
					40		
			1				
			1				
			1				
2996	1281	4415	7203	784	2140	3415	253
1355	344	1893	630	389	985	733	48
1355	344	1893	630	389	985	733	48
1641	937	2522	6573	395	1155	2682	205
1355	895	2371	5738	384	962	2297	161
100	19	99	130		138	312	30
186	23	52	705	11	55	73	14
1341	717	410	788	151	1019	811	459
302	195	129	469	74	205	409	454
239	125	119	457	68	195	383	407
40		10	12	6			
23	70				10	26	47
1039	522	281	319	77	814	402	5
1039	522	281	319	77	814	402	5

2-B-5 续表 36

行　业	从业人员期末人数	杭州市	宁波市	温州市
邮政业	18769	5450	2165	1747
邮政基本服务	905	486	78	18
邮政基本服务	905	486	78	18
快递服务	17864	4964	2087	1729
快递服务	17864	4964	2087	1729
住宿和餐饮业	**233592**	**63183**	**39560**	**33398**
住宿业	92693	25145	15495	10947
旅游饭店	47316	12987	7437	4287
旅游饭店	47316	12987	7437	4287
一般旅馆	42777	11783	7462	6209
一般旅馆	42777	11783	7462	6209
其他住宿业	2600	375	596	451
其他住宿业	2600	375	596	451
餐饮业	140899	38038	24065	22451
正餐服务	118039	32475	20008	18603
正餐服务	118039	32475	20008	18603
快餐服务	8708	2439	1479	920
快餐服务	8708	2439	1479	920
饮料及冷饮服务	6405	2099	1275	993
茶馆服务	1382	523	164	195
咖啡馆服务	2231	662	543	226
酒吧服务	1948	675	246	331
其他饮料及冷饮服务	844	239	322	241
其他餐饮业	7747	1025	1303	1935
小吃服务	3579	498	316	1373
餐饮配送服务	1656	258	498	165
其他未列明餐饮业	2512	269	489	397
信息传输、软件和信息技术服务业	**138970**	**83017**	**23466**	**7233**
电信、广播电视和卫星传输服务	6783	2395	593	684
电信	4922	2247	277	424

单位：人

嘉兴市	湖州市	绍兴市	金华市	衢州市	舟山市	台州市	丽水市
1517	512	1491	2678	422	268	1687	832
1		100	190			6	26
1		100	190			6	26
1516	512	1391	2488	422	268	1681	806
1516	512	1391	2488	422	268	1681	806
14285	**10118**	**12885**	**18249**	**4342**	**9228**	**19604**	**8740**
5751	4238	4857	8240	2192	5188	6291	4349
3132	2229	3105	3093	1819	3429	2956	2842
3132	2229	3105	3093	1819	3429	2956	2842
2333	1835	1618	4742	336	1755	3335	1369
2333	1835	1618	4742	336	1755	3335	1369
286	174	134	405	37	4		138
286	174	134	405	37	4		138
8534	5880	8028	10009	2150	4040	13313	4391
7056	4841	7221	7637	2042	3765	10911	3480
7056	4841	7221	7637	2042	3765	10911	3480
522	293	292	1302	4	240	752	465
522	293	292	1302	4	240	752	465
337	335	149	459	9	10	521	218
62	255	12	53	7	7	35	69
197	34	94	164		3	236	72
59	41	43	238			240	75
19	5		4	2		10	2
619	411	366	611	95	25	1129	228
128	132	86	281	14	14	703	34
400	70	41	84		11	20	109
91	209	239	246	81		406	85
5155	**3039**	**4459**	**5951**	**1021**	**875**	**3147**	**1607**
410	399	484	329	367	132	640	350
275	367	341	177	225	107	342	140

2-B-5 续表 37

行　　业	从业人员期末人数	杭州市	宁波市	温州市
固定电信服务	1244	542	48	58
移动电信服务	779	454	1	80
其他电信服务	2899	1251	228	286
广播电视传输服务	1861	148	316	260
有线广播电视传输服务	1612	117	264	245
无线广播电视传输服务	249	31	52	15
互联网和相关服务	11891	6281	1583	813
互联网接入及相关服务	1432	867	54	122
互联网接入及相关服务	1432	867	54	122
互联网信息服务	8797	4433	1398	618
互联网信息服务	8797	4433	1398	618
其他互联网服务	1662	981	131	73
其他互联网服务	1662	981	131	73
软件和信息技术服务业	120296	74341	21290	5736
软件开发	87498	57624	15544	3190
软件开发	87498	57624	15544	3190
信息系统集成服务	11906	5474	3132	846
信息系统集成服务	11906	5474	3132	846
信息技术咨询服务	11303	6150	1398	892
信息技术咨询服务	11303	6150	1398	892
数据处理和存储服务	2684	1506	298	239
数据处理和存储服务	2684	1506	298	239
集成电路设计	1791	1077	205	8
集成电路设计	1791	1077	205	8
其他信息技术服务业	5114	2510	713	561
数字内容服务	645	254	107	41
呼叫中心	179	127		1
其他未列明信息技术服务业	4290	2129	606	519
房地产业	**253546**	**76861**	**41838**	**31026**
房地产业	253546	76861	41838	31026

单位：人

嘉兴市	湖州市	绍兴市	金华市	衢州市	舟山市	台州市	丽水市
32	94	180	15	70	42	98	65
124		38	35	29	11	3	4
119	273	123	127	126	54	241	71
135	32	143	152	142	25	298	210
135	3	143	142	141	24	298	100
	29		10	1	1		110
292	258	764	1053	68	107	367	305
39	85	107	66	31	10	3	48
39	85	107	66	31	10	3	48
206	173	602	822	22	30	256	237
206	173	602	822	22	30	256	237
47		55	165	15	67	108	20
47		55	165	15	67	108	20
4453	2382	3211	4569	586	636	2140	952
2643	1732	2051	2523	362	280	912	637
2643	1732	2051	2523	362	280	912	637
571	242	253	420	83	227	543	115
571	242	253	420	83	227	543	115
622	156	420	1029	48	48	484	56
622	156	420	1029	48	48	484	56
248	24	175	107	33		44	10
248	24	175	107	33		44	10
180	152	56	51	12	32	2	16
180	152	56	51	12	32	2	16
189	76	256	439	48	49	155	118
111	20	72	12	17	7	1	3
			11			40	
78	56	184	416	31	42	114	115
25720	**12034**	**19799**	**15536**	**4538**	**6012**	**14752**	**5430**
25720	12034	19799	15536	4538	6012	14752	5430

2-B-5 续表 38

行业	从业人员期末人数	杭州市	宁波市	温州市
房地产开发经营	82056	19695	11237	11540
房地产开发经营	82056	19695	11237	11540
物业管理	129556	43519	24118	10834
物业管理	129556	43519	24118	10834
房地产中介服务	35528	12186	5334	7880
房地产中介服务	35528	12186	5334	7880
其他房地产业	6406	1461	1149	772
其他房地产业	6406	1461	1149	772
租赁和商务服务业	**749789**	**211498**	**251570**	**73561**
租赁业	20268	7396	3172	2274
机械设备租赁	18483	6456	2994	2134
汽车租赁	8513	2349	1222	1258
农业机械租赁	359	44	104	75
建筑工程机械与设备租赁	6767	2845	1202	618
计算机及通讯设备租赁	128	87	7	2
其他机械与设备租赁	2716	1131	459	181
文化及日用品出租	1785	940	178	140
娱乐及体育设备出租	1394	768	88	56
图书出租	10	3		
音像制品出租	27	12		15
其他文化及日用品出租	354	157	90	69
商务服务业	729521	204102	248398	71287
企业管理服务	119298	49297	15309	15209
企业总部管理	12162	4463	2529	1097
投资与资产管理	44353	28398	3833	3296
单位后勤管理服务	7359	4353	1206	830
其他企业管理服务	55424	12083	7741	9986
法律服务	7855	3102	784	1462
律师及相关法律服务	7470	3042	770	1402
公证服务	81	26	2	5
其他法律服务	304	34	12	55

单位：人

嘉兴市	湖州市	绍兴市	金华市	衢州市	舟山市	台州市	丽水市
7351	5476	8762	5241	2353	2499	5984	1918
7351	5476	8762	5241	2353	2499	5984	1918
15675	5343	9007	6774	1802	3008	7038	2438
15675	5343	9007	6774	1802	3008	7038	2438
2009	951	1381	3234	303	281	1216	753
2009	951	1381	3234	303	281	1216	753
685	264	649	287	80	224	514	321
685	264	649	287	80	224	514	321
44011	**18985**	**35171**	**35631**	**10943**	**11367**	**44779**	**12273**
1144	591	986	1880	231	492	1178	924
1038	586	945	1695	222	454	1041	918
350	327	394	1130	52	159	490	782
63	8	22	17	9	1	3	13
540	91	449	248	118	119	492	45
	9		22	1			
85	151	80	278	42	175	56	78
106	5	41	185	9	38	137	6
86	5	41	172		38	137	3
3			4				
17			9	9			3
42867	18394	34185	33751	10712	10875	43601	11349
10045	3647	10076	3662	2343	1853	6237	1620
569	490	960	1159	106	147	408	234
2591	1308	376	782	858	266	1835	810
163	74	244	153	5	115	212	4
6722	1775	8496	1568	1374	1325	3782	572
404	237	588	880	223	9	121	45
208	236	588	854	217	9	121	23
			20	6			22
196	1		6				

2-B-5 续表 39

行　业	从业人员期末人数	杭州市	宁波市	温州市
咨询与调查	107879	44326	21703	13569
会计、审计及税务服务	26584	8273	5407	3475
市场调查	913	300	140	160
社会经济咨询	67514	30414	14858	8110
其他专业咨询	12868	5339	1298	1824
广告业	65382	26910	10801	7808
广告业	65382	26910	10801	7808
知识产权服务	4873	1513	952	1233
知识产权服务	4873	1513	952	1233
人力资源服务	231964	24431	167384	5482
公共就业服务	1270	10		33
职业中介服务	39395	10956	14472	981
劳务派遣服务	186148	13072	151335	2305
其他人力资源服务	5151	393	1577	2163
旅行社及相关服务	32211	11359	4647	3231
旅行社服务	21899	8056	3214	2341
旅游管理服务	8118	2236	1130	682
其他旅行社相关服务	2194	1067	303	208
安全保护服务	85186	18258	12153	14337
安全服务	81910	17841	11369	13062
安全系统监控服务	2448	311	276	1263
其他安全保护服务	828	106	508	12
其他商务服务业	74873	24906	14665	8956
市场管理	33302	9125	5203	3913
会议及展览服务	8771	4566	1483	649
包装服务	1487	297	95	149
办公服务	4280	2201	458	470
信用服务	273	180	53	
担保服务	6792	2256	975	989
其他未列明商务服务业	19968	6281	6398	2786

单位：人

嘉兴市	湖州市	绍兴市	金华市	衢州市	舟山市	台州市	丽水市
5379	2678	5444	5514	1195	1078	5185	1808
2026	997	2180	1228	400	372	1594	632
6	12	67	104	8		97	19
2526	1338	2378	2758	656	600	2942	934
821	331	819	1424	131	106	552	223
3306	1894	3234	4073	856	1205	4105	1190
3306	1894	3234	4073	856	1205	4105	1190
253	63	156	331	28	16	298	30
253	63	156	331	28	16	298	30
4851	2823	2911	4549	1011	1601	14739	2182
29		101	765	8	19	288	17
1110	105	1036	553	516	672	8920	74
3095	2709	1709	3085	462	800	5485	2091
617	9	65	146	25	110	46	
1475	1318	1900	3037	937	1662	1758	887
1273	938	1141	1685	537	904	1208	602
173	288	681	1135	292	721	525	255
29	92	78	217	108	37	25	30
12456	3895	5025	6486	2957	2567	4613	2439
12380	3893	4917	6180	2907	2535	4533	2293
52		63	232	27	12	74	138
24	2	45	74	23	20	6	8
4698	1839	4851	5219	1162	884	6545	1148
2318	967	2998	2677	676	489	4464	472
556	190	226	607	79	53	336	26
162	19	205	404	18	28	54	56
298	69	152	278	19	8	247	80
	2	12	7		3	5	11
484	217	299	224	215	108	864	161
880	375	959	1022	155	195	575	342

2-B-5 续表 40

行业	从业人员期末人数	杭州市	宁波市	温州市
科学研究和技术服务业	**195416**	**81210**	**32563**	**17957**
研究和试验发展	17708	6518	3487	1291
自然科学研究和试验发展	711	208	155	38
自然科学研究和试验发展	711	208	155	38
工程和技术研究和试验发展	11934	4080	2644	899
工程和技术研究和试验发展	11934	4080	2644	899
农业科学研究和试验发展	2283	492	409	123
农业科学研究和试验发展	2283	492	409	123
医学研究和试验发展	2520	1627	264	180
医学研究和试验发展	2520	1627	264	180
社会人文科学研究	260	111	15	51
社会人文科学研究	260	111	15	51
专业技术服务业	135114	53543	24610	13944
气象服务	314	102	103	23
气象服务	314	102	103	23
地震服务	6	4		
地震服务	6	4		
海洋服务	386	153	28	103
海洋服务	386	153	28	103
测绘服务	6369	1542	855	822
测绘服务	6369	1542	855	822
质检技术服务	15417	4725	4045	1598
质检技术服务	15417	4725	4045	1598
环境与生态监测	2616	1055	384	272
环境保护监测	2592	1043	374	270
生态监测	24	12	10	2
地质勘查	1321	571	175	30
能源矿产地质勘查	133	71	2	4
固体矿产地质勘查	211	175	7	1

单位：人

嘉兴市	湖州市	绍兴市	金华市	衢州市	舟山市	台州市	丽水市
11638	**5698**	**14681**	**13098**	**3591**	**3374**	**7301**	**4305**
1271	516	2649	830	328	234	350	234
46	36	146	71	7	3		1
46	36	146	71	7	3		1
941	327	1958	430	164	165	300	26
941	327	1958	430	164	165	300	26
129	36	391	277	157	39	43	187
129	36	391	277	157	39	43	187
155	111	81	49		26	7	20
155	111	81	49		26	7	20
	6	73	3		1		
	6	73	3		1		
8428	3616	9253	7031	2319	2850	5968	3552
17	5	4	34	5		2	19
17	5	4	34	5		2	19
2							
2							
12			8		39	43	
12			8		39	43	
450	502	541	649	275	111	327	295
450	502	541	649	275	111	327	295
1294	427	848	582	198	548	873	279
1294	427	848	582	198	548	873	279
353	96	289	35	29	12	68	23
353	96	289	35	29	12	68	23
74	36	168	154	18		17	78
23			1	17			15
			5	1			22

2-B-5 续表 41

行业	从业人员期末人数		
	杭州市	宁波市	温州市
水、二氧化碳等矿产地质勘查	11			
基础地质勘查	519	84	122	24
地质勘查技术服务	447	241	44	1
工程技术	77823	31911	12641	8351
工程管理服务	31363	10349	5134	4271
工程勘察设计	44418	20805	7287	3834
规划管理	2042	757	220	246
其他专业技术服务业	30862	13480	6379	2745
专业化设计服务	22361	10162	5456	1448
摄影扩印服务	4067	1496	578	669
兽医服务	467	127	18	98
其他未列明专业技术服务业	3967	1695	327	530
科技推广和应用服务业	42594	21149	4466	2722
技术推广服务	37128	18198	3729	2118
农业技术推广服务	14372	4023	390	641
生物技术推广服务	4515	3013	366	208
新材料技术推广服务	2384	1380	539	108
节能技术推广服务	4434	2713	802	142
其他技术推广服务	11423	7069	1632	1019
科技中介服务	2981	1354	536	315
科技中介服务	2981	1354	536	315
其他科技推广和应用服务业	2485	1597	201	289
其他科技推广和应用服务业	2485	1597	201	289
水利、环境和公共设施管理业	**46383**	**11793**	**7046**	**4907**
水利管理业	3373	532	490	349
防洪除涝设施管理	374	96	4	6
防洪除涝设施管理	374	96	4	6
水资源管理	887	113	269	60
水资源管理	887	113	269	60
天然水收集与分配	873	49	69	135
天然水收集与分配	873	49	69	135

单位：人

嘉兴市	湖州市	绍兴市	金华市	衢州市	舟山市	台州市	丽水市
			11				
51		58	136			8	36
	36	110	1			9	5
4710	1962	5407	3841	1462	1676	3486	2376
2304	926	1937	1895	607	1028	1698	1214
2257	956	3290	1832	802	599	1698	1058
149	80	180	114	53	49	90	104
1516	588	1996	1728	332	464	1152	482
1025	339	1566	958	173	287	782	165
255	118	134	361	56	87	205	108
70	26	62	23	6	3	33	1
166	105	234	386	97	87	132	208
1939	1566	2779	5237	944	290	983	519
1676	1362	2621	4954	901	249	847	473
967	712	2074	4334	601	79	276	275
221	257	68	143	66	32	78	63
75	50	80	28	5	22	27	70
219	41	105	157	92	37	124	2
194	302	294	292	137	79	342	63
148	204	68	178	13	29	127	9
148	204	68	178	13	29	127	9
115		90	105	30	12	9	37
115		90	105	30	12	9	37
3170	**3287**	**4549**	**3398**	**1314**	**1240**	**3541**	**2138**
221	221	414	512	208	66	138	222
23	14	64	25	4		68	70
23	14	64	25	4		68	70
73	16	107	164	33	5	23	24
73	16	107	164	33	5	23	24
26	140	94	175	55	56	18	55
26	140	94	175	55	56	18	55

2-B-5 续表 42

行 业	从业人员期末人数	杭州市	宁波市	温州市
水文服务	39			
水文服务	39			
其他水利管理业	1200	274	148	148
其他水利管理业	1200	274	148	148
生态保护和环境治理业	5326	1435	1059	914
生态保护	577	91	133	72
自然保护区管理	155	4	67	44
野生动物保护	207	70	1	6
野生植物保护	79		65	8
其他自然保护	136	17		14
环境治理业	4749	1344	926	842
水污染治理	2015	581	549	385
大气污染治理	541	321	78	59
固体废物治理	817	121	94	194
危险废物治理	449	29	65	87
放射性废物治理	4	4		
其他污染治理	923	288	140	117
公共设施管理业	37684	9826	5497	3644
市政设施管理	4847	1029	571	533
市政设施管理	4847	1029	571	533
环境卫生管理	5581	1361	998	869
环境卫生管理	5581	1361	998	869
城乡市容管理	636	197	69	114
城乡市容管理	636	197	69	114
绿化管理	14521	4357	1840	1123
绿化管理	14521	4357	1840	1123
公园和游览景区管理	12099	2882	2019	1005
公园管理	785	184	38	61
游览景区管理	11314	2698	1981	944

单位：人

嘉兴市	湖州市	绍兴市	金华市	衢州市	舟山市	台州市	丽水市
3		17	1	18			
3		17	1	18			
96	51	132	146	98	5	29	73
96	51	132	146	98	5	29	73
427	193	354	275	116	141	212	200
10	36	29	83	55	14	17	37
1	3	8			14		14
	18	8	83			17	4
3							3
6	15	13		55			16
417	157	325	192	61	127	195	163
204	5	104	49	25	5	59	49
48				29		2	4
76	89	165	15			17	46
18	44		66		36	69	35
71	19	56	62	7	86	48	29
2522	2873	3781	2611	990	1033	3191	1716
554	868	248	346	111	86	144	357
554	868	248	346	111	86	144	357
173	272	507	147	45	87	802	320
173	272	507	147	45	87	802	320
11	116	31	11	52	2	22	11
11	116	31	11	52	2	22	11
1309	620	1761	1364	399	500	943	305
1309	620	1761	1364	399	500	943	305
475	997	1234	743	383	358	1280	723
61	76	77	188			100	
414	921	1157	555	383	358	1180	723

2-B-5 续表 43

行业	从业人员期末人数	杭州市	宁波市	温州市
居民服务、修理和其他服务业	**110087**	**28728**	**18539**	**16530**
居民服务业	40897	9476	7675	6936
家庭服务	5546	2076	1350	318
家庭服务	5546	2076	1350	318
托儿所服务	66	9	7	29
托儿所服务	66	9	7	29
洗染服务	3329	1041	758	559
洗染服务	3329	1041	758	559
理发及美容服务	7338	2181	1031	1282
理发及美容服务	7338	2181	1031	1282
洗浴服务	7245	830	1743	930
洗浴服务	7245	830	1743	930
保健服务	9532	1335	1349	2356
保健服务	9532	1335	1349	2356
婚姻服务	2055	794	263	362
婚姻服务	2055	794	263	362
殡葬服务	2798	471	856	483
殡葬服务	2798	471	856	483
其他居民服务业	2988	739	318	617
其他居民服务业	2988	739	318	617
机动车、电子产品和日用产品修理业	48715	13223	7843	7404
汽车、摩托车修理与维护	41268	10051	6524	6618
汽车修理与维护	40881	10001	6505	6542
摩托车修理与维护	387	50	19	76
计算机和办公设备维修	2440	1110	338	357
计算机和辅助设备修理	1331	551	216	196
通讯设备修理	491	233	36	113
其他办公设备维修	618	326	86	48
家用电器修理	4004	1640	762	312
家用电子产品修理	988	279	102	58
日用电器修理	3016	1361	660	254

单位：人

嘉兴市	湖州市	绍兴市	金华市	衢州市	舟山市	台州市	丽水市
7561	**3710**	**7539**	**8733**	**1642**	**2673**	**11623**	**2809**
2665	1377	1839	3565	245	827	5265	1027
375	142	61	259	61	177	533	194
375	142	61	259	61	177	533	194
1		17			3		
1		17			3		
60	98	174	251	11	163	186	28
60	98	174	251	11	163	186	28
106	77	345	731	29	165	1322	69
106	77	345	731	29	165	1322	69
1044	642	431	376	8	29	992	220
1044	642	431	376	8	29	992	220
786	251	258	1221	42	142	1594	198
786	251	258	1221	42	142	1594	198
50	9	89	307	9	23	130	19
50	9	89	307	9	23	130	19
68	75	269	90	22	103	258	103
68	75	269	90	22	103	258	103
175	83	195	330	63	22	250	196
175	83	195	330	63	22	250	196
3656	1742	3721	3564	908	1086	4565	1003
3197	1528	3327	3034	765	1008	4278	938
3191	1490	3253	2961	739	1006	4259	934
6	38	74	73	26	2	19	4
58	96	147	168	17	29	104	16
47	55	85	86	13	16	54	12
3	16	10	20	4	13	41	2
8	25	52	62			9	2
348	116	153	295	118	48	177	35
79	12	61	219	74	5	88	11
269	104	92	76	44	43	89	24

2-B-5 续表 44

行业	从业人员期末人数	杭州市	宁波市	温州市
其他日用产品修理业	1003	422	219	117
自行车修理	87	27	2	21
鞋和皮革修理	50	35	3	8
家具和相关物品修理	137	64	52	16
其他未列明日用产品修理业	729	296	162	72
其他服务业	20475	6029	3021	2190
清洁服务	17439	5085	2809	1477
建筑物清洁服务	2098	449	302	212
其他清洁服务	15341	4636	2507	1265
其他未列明服务业	3036	944	212	713
其他未列明服务业	3036	944	212	713
卫生和社会工作	**688**	**133**	**177**	**139**
社会工作	688	133	177	139
提供住宿社会工作	356	85	88	92
干部休养所	34	22	1	
护理机构服务	94	9	70	13
老年人、残疾人养护服务	227	54	17	78
其他提供住宿社会救助	1			1
不提供住宿社会工作	332	48	89	47
社会看护与帮助服务	267	41	68	42
其他不提供住宿社会工作	65	7	21	5
文化、体育和娱乐业	**91240**	**20928**	**13623**	**14018**
新闻和出版业	2418	1500	184	226
新闻业	79	17	3	37
新闻业	79	17	3	37
出版业	2339	1483	181	189
图书出版	943	820	70	
报纸出版	842	212	93	147
期刊出版	378	344	16	9

单位：人

嘉兴市	湖州市	绍兴市	金华市	衢州市	舟山市	台州市	丽水市
53	2	94	67	8	1	6	14
6	2	17	10			1	1
2				2			
2			3				
43		77	54	6	1	5	13
1240	591	1979	1604	489	760	1793	779
1095	531	1790	1238	457	747	1567	643
317	40	150	246	39	34	227	82
778	491	1640	992	418	713	1340	561
145	60	189	366	32	13	226	136
145	60	189	366	32	13	226	136
32	**54**	**14**	**5**	**54**	**9**	**68**	**3**
32	54	14	5	54	9	68	3
17	28	4	3	29		7	3
	4		3	2			2
				1			1
17	24	4		26		7	
15	26	10	2	25	9	61	
15	26	10	2	5	2	56	
				20	7	5	
5061	**3657**	**5294**	**12089**	**2066**	**1939**	**8897**	**3668**
57	38	186	141	12	7	31	36
			10	12			
			10	12			
57	38	186	131		7	31	36
			15		2		36
45	38	186	93			28	
			9				

2-B-5 续表 45

行业	从业人员期末人数	杭州市	宁波市	温州市
音像制品出版	92	89	2	
电子出版物出版	31	18		
其他出版业	53			33
广播、电视、电影和影视录音制作业	16351	3637	1670	1259
广播	207	8	11	57
广播	207	8	11	57
电视	896	440	7	31
电视	896	440	7	31
电影和影视节目制作	8041	1413	481	101
电影和影视节目制作	8041	1413	481	101
电影和影视节目发行	360	205	69	17
电影和影视节目发行	360	205	69	17
电影放映	6736	1530	1041	1051
电影放映	6736	1530	1041	1051
录音制作	111	41	61	2
录音制作	111	41	61	2
文化艺术业	8947	2805	1790	1210
文艺创作与表演	5018	1317	1135	825
文艺创作与表演	5018	1317	1135	825
艺术表演场馆	620	55	252	23
艺术表演场馆	620	55	252	23
图书馆与档案馆	343	92	12	68
图书馆	4			
档案馆	339	92	12	68
文物及非物质文化遗产保护	263	57	74	13
文物及非物质文化遗产保护	263	57	74	13
博物馆	207	47	33	29
博物馆	207	47	33	29
烈士陵园、纪念馆	11			
烈士陵园、纪念馆	11			

单位：人

嘉兴市	湖州市	绍兴市	金华市	衢州市	舟山市	台州市	丽水市
			1				
12			1				
			12		5	3	
1003	367	665	6225	244	211	734	336
			128	2		1	
			128	2		1	
27	1	41	234	23	18		74
27	1	41	234	23	18		74
477	68	40	5382	7		48	24
477	68	40	5382	7		48	24
1		40	2			10	16
1		40	2			10	16
494	298	544	479	212	191	675	221
494	298	544	479	212	191	675	221
4					2		1
4					2		1
415	324	596	521	69	82	634	501
140	163	344	215	36	50	484	309
140	163	344	215	36	50	484	309
63		80	38			49	60
63		80	38			49	60
65	14	10	41			20	21
3			[illegible]				
62	14	10	40			20	21
32		31	22	1		33	
32		31	22	1		33	
30	20	15	11		19	3	
30	20	15	11		19	3	
			11				
			11				

2-B-5 续表 46

行业	从业人员期末人数	杭州市	宁波市	温州市
群众文化活动	620	231	43	126
群众文化活动	620	231	43	126
其他文化艺术业	1865	1006	241	126
其他文化艺术业	1865	1006	241	126
体育	8314	2682	1451	1313
体育组织	136	100	9	6
体育组织	136	100	9	6
体育场馆	455	149	41	109
体育场馆	455	149	41	109
休闲健身活动	6815	2042	1290	1159
休闲健身活动	6815	2042	1290	1159
其他体育	908	391	111	39
其他体育	908	391	111	39
娱乐业	55210	10304	8528	10010
室内娱乐活动	51354	9287	7798	9558
歌舞厅娱乐活动	24003	4295	4291	5004
电子游艺厅娱乐活动	2255	881	256	251
网吧活动	23220	3877	3140	3870
其他室内娱乐活动	1876	234	111	433
游乐园	1098	138	183	98
游乐园	1098	138	183	98
彩票活动	61			22
彩票活动	61			22
文化、娱乐、体育经纪代理	1057	405	274	98
文化娱乐经纪人	213	101	44	29
体育经纪人	65	64	1	
其他文化艺术经纪代理	779	240	229	69
其他娱乐业	1640	474	273	234
其他娱乐业	1640	474	273	234

单位：人

嘉兴市	湖州市	绍兴市	金华市	衢州市	舟山市	台州市	丽水市
15	81	21	77		7	13	6
15	81	21	77		7	13	6
70	46	95	106	32	6	32	105
70	46	95	106	32	6	32	105
480	373	550	377	156	227	562	143
17		2				2	
17		2				2	
14	4	14	10			114	
14	4	14	10			114	
338	360	410	355	156	162	421	122
338	360	410	355	156	162	421	122
111	9	124	12		65	25	21
111	9	124	12		65	25	21
3106	2555	3297	4825	1585	1412	6936	2652
2941	2220	3005	4380	1508	1347	6805	2505
1235	1049	915	1124	407	686	3766	1231
112	98	124	74	72	40	80	267
1543	993	1695	2795	970	601	2779	957
51	80	271	387	59	20	180	50
28	82	85	300	30	17	40	97
28	82	85	300	30	17	40	97
		39					
		39					
90	28	39	60	26	1	25	11
6			7	24		1	1
84	28	39	53	2	1	24	10
47	225	129	85	21	47	66	39
47	225	129	85	21	47	66	39

2-B-6 按行业中类、营业状态分组的小微企业法人单位数

单位：个

行业	单位数	营业	停业(歇业)	筹建	当年关闭	当年破产	其他
总　计	**807048**	**648204**	**79785**	**42683**	**29753**	**1082**	**5541**
农、林、牧、渔业	**2744**	**2182**	**327**	**140**	**64**	**1**	**30**
农业	41	38		3			
谷物种植	3	3					
蔬菜、食用菌及园艺作物种植	11	11					
水果种植	10	10					
坚果、含油果、香料和饮料作物种植	10	9		1			
中药材种植	6	4		2			
其他农业	1	1					
林业	4	2	1		1		
林木育种和育苗	4	2	1		1		
畜牧业	23	19	1	2	1		
牲畜饲养	12	10		1	1		
家禽饲养	6	5	1				
其他畜牧业	5	4		1			
渔业	14	13	1				
水产养殖	14	13	1				
农、林、牧、渔服务业	2662	2110	324	135	62	1	30
农业服务业	2335	1860	281	119	52	1	22
林业服务业	126	90	21	7	4		4
畜牧服务业	121	102	12	2	2		3
渔业服务业	80	58	10	7	4		1
采矿业	**1257**	**861**	**225**	**68**	**82**	**3**	**18**
煤炭开采和洗选业	20	10	2	7	1		
烟煤和无烟煤开采洗选	9	5	1	3			
褐煤开采洗选	5	3		2			
其他煤炭采选	6	2	1	2	1		
黑色金属矿采选业	22	15	2	4	1		
铁矿采选	21	15	1	4	1		
其他黑色金属矿采选	1		1				

2-B-6 续表 1

单位：个

行 业	单位数						
		营业	停业(歇业)	筹建	当年关闭	当年破产	其他
有色金属矿采选业	69	45	15	4	5		
常用有色金属矿采选	42	30	8	1	3		
贵金属矿采选	5	3	1	1			
稀有稀土金属矿采选	22	12	6	2	2		
非金属矿采选业	1110	772	195	48	74	3	18
土砂石开采	1009	702	178	41	68	3	17
化学矿开采	6	4	2				
采盐	9	5	1	1	2		
石棉及其他非金属矿采选	86	61	14	6	4		1
开采辅助活动	8	3	2	2	1		
石油和天然气开采辅助活动	3	1	1	1			
其他开采辅助活动	5	2	1	1	1		
其他采矿业	28	16	9	3			
其他采矿业	28	16	9	3			
制造业	**360058**	**295535**	**34858**	**15525**	**10686**	**659**	**2795**
农副食品加工业	5423	4462	552	207	156	13	33
谷物磨制	289	245	24	10	6		4
饲料加工	434	356	46	17	12		3
植物油加工	262	213	26	10	11	2	
制糖业	38	33	4	1			
屠宰及肉类加工	668	562	71	21	10	1	3
水产品加工	1554	1274	169	53	45	5	8
蔬菜、水果和坚果加工	1541	1266	159	52	54	3	7
其他农副食品加工	637	513	53	43	18	2	8
食品制造业	2397	1970	238	118	52	7	12
焙烤食品制造	690	576	59	34	15	2	4
糖果、巧克力及蜜饯制造	185	153	18	12	2		
方便食品制造	359	303	25	18	9	3	1
乳制品制造	42	29	6	4	3		
罐头食品制造	222	184	25	8	4		1
调味品、发酵制品制造	221	188	18	6	7	1	1
其他食品制造	678	537	87	36	12	1	5

2-B-6 续表 2

单位：个

行业	单位数	营业	停业(歇业)	筹建	当年关闭	当年破产	其他
酒、饮料和精制茶制造业	2656	2187	295	77	78	5	14
酒的制造	525	437	53	20	13	1	1
饮料制造	666	519	89	19	34	1	4
精制茶加工	1465	1231	153	38	31	3	9
烟草制品业	5	5					
卷烟制造	2	2					
其他烟草制品制造	3	3					
纺织业	29648	25454	2315	854	823	48	154
棉纺织及印染精加工	8969	7791	679	199	244	16	40
毛纺织及染整精加工	1138	965	114	23	30	1	5
麻纺织及染整精加工	88	72	10	4	1		1
丝绢纺织及印染精加工	1464	1219	156	34	49	4	2
化纤织造及印染精加工	3600	3104	275	126	64	6	25
针织或钩针编织物及其制品制造	6380	5541	425	182	204	10	18
家用纺织制成品制造	4587	3840	381	186	142	8	30
非家用纺织制成品制造	3422	2922	275	100	89	3	33
纺织服装、服饰业	25905	20667	3127	959	954	56	142
机织服装制造	13895	10910	1804	513	556	29	83
针织或钩针编织服装制造	6230	5074	702	232	171	15	36
服饰制造	5780	4683	621	214	227	12	23
皮革、毛皮、羽毛及其制品和制鞋业	15288	12380	1748	453	524	49	134
皮革鞣制加工	554	391	80	11	68	2	2
皮革制品制造	4205	3468	355	165	163	25	29
毛皮鞣制及制品加工	1102	923	108	40	30		1
羽毛(绒)加工及制品制造	311	239	47	21	3		1
制鞋业	9116	7359	1158	216	260	22	101
木材加工和木、竹、藤、棕、草制品业	6218	5065	623	235	239	19	37
木材加工	1201	924	149	58	61	5	4
人造板制造	765	618	87	14	41	3	2
木制品制造	2665	2220	237	110	70	6	22
竹、藤、棕、草等制品制造	1587	1303	150	53	67	5	9

2-B-6　续表 3

单位：个

行　业	单位数						
		营业	停业(歇业)	筹建	当年关闭	当年破产	其他
家具制造业	5340	4293	562	250	182	14	39
木质家具制造	3192	2537	362	159	109	2	23
竹、藤家具制造	163	134	16	4	8		1
金属家具制造	1078	899	99	28	37	10	5
塑料家具制造	181	148	14	6	9		4
其他家具制造	726	575	71	53	19	2	6
造纸和纸制品业	9693	8167	830	332	289	14	61
纸浆制造	24	18	3		2		1
造纸	1823	1417	269	46	76	6	9
纸制品制造	7846	6732	558	286	211	8	51
印刷和记录媒介复制业	10053	9061	558	172	203	14	45
印刷	9318	8416	516	146	186	13	41
装订及印刷相关服务	718	631	41	25	16	1	4
记录媒介复制	17	14	1	1	1		
文教、工美、体育和娱乐用品制造业	18524	15011	1885	858	618	28	124
文教办公用品制造	3142	2587	316	132	83	1	23
乐器制造	181	149	21	5	5		1
工艺美术品制造	11267	9187	1119	425	435	24	77
体育用品制造	1497	1125	198	115	43	1	15
玩具制造	1974	1618	174	127	47	2	6
游艺器材及娱乐用品制造	463	345	57	54	5		2
石油加工、炼焦和核燃料加工业	340	272	34	20	11	1	2
精炼石油产品制造	335	268	33	20	11	1	2
炼焦	3	3					
核燃料加工	2	1	1				
化学原料和化学制品制造业	8712	7103	894	349	290	16	60
基础化学原料制造	1260	1041	116	46	47	4	6
肥料制造	253	182	37	21	9	1	3
农药制造	98	77	13	3	4		1
涂料、油墨、颜料及类似产品制造	2215	1843	224	59	73	1	15

2-B-6 续表 4　　　　单位：个

行　业	单位数						
		营业	停业(歇业)	筹建	当年关闭	当年破产	其他
合成材料制造	1027	842	100	53	27	1	4
专用化学产品制造	2779	2260	292	108	91	7	21
炸药、火工及焰火产品制造	29	18	4	1	3		3
日用化学产品制造	1051	840	108	58	36	2	7
医药制造业	1188	935	122	71	47	2	11
化学药品原料药制造	275	195	32	15	28	1	4
化学药品制剂制造	114	89	16	8	1		
中药饮片加工	108	88	8	9	1		2
中成药生产	87	68	10	5	4		
兽用药品制造	66	54	7	3	2		
生物药品制造	193	149	23	14	5	1	1
卫生材料及医药用品制造	345	292	26	17	6		4
化学纤维制造业	1431	1252	103	37	23	5	11
纤维素纤维原料及纤维制造	131	103	19	6	1	1	1
合成纤维制造	1300	1149	84	31	22	4	10
橡胶和塑料制品业	29163	24168	2622	1275	851	51	196
橡胶制品业	3536	2964	297	149	96	8	22
塑料制品业	25627	21204	2325	1126	755	43	174
非金属矿物制品业	12916	10175	1359	548	444	23	367
水泥、石灰和石膏制造	666	483	107	26	36	5	9
石膏、水泥制品及类似制品制造	2892	2129	317	117	104	4	221
砖瓦、石材等建筑材料制造	3865	3020	458	169	171	6	41
玻璃制造	355	290	35	14	14	1	1
玻璃制品制造	2256	1961	147	66	48	2	32
玻璃纤维和玻璃纤维增强塑料制品制造	463	380	47	22	11		3
陶瓷制品制造	798	607	97	39	22	1	32
耐火材料制品制造	754	600	69	29	31	2	23
石墨及其他非金属矿物制品制造	867	705	82	66	7	2	5
黑色金属冶炼和压延加工业	4129	3434	440	95	126	8	26
炼铁	39	32	5		2		
炼钢	58	41	12	2	3		

2-B-6 续表 5

单位：个

行 业	单位数	营业	停业(歇业)	筹建	当年关闭	当年破产	其他
黑色金属铸造	1579	1376	128	19	47	1	8
钢压延加工	2397	1942	285	73	72	7	18
铁合金冶炼	56	43	10	1	2		
有色金属冶炼和压延加工业	3445	2798	350	143	119	7	28
常用有色金属冶炼	322	219	65	20	13		5
贵金属冶炼	25	20	3	1	1		
稀有稀土金属冶炼	21	14	4	1	2		
有色金属合金制造	304	244	30	17	10		3
有色金属铸造	407	335	39	15	15		3
有色金属压延加工	2366	1966	209	89	78	7	17
金属制品业	30630	24375	3273	1689	960	45	288
结构性金属制品制造	4884	3856	560	283	144	10	31
金属工具制造	5052	4074	492	277	153	4	52
集装箱及金属包装容器制造	680	577	58	22	19		4
金属丝绳及其制品制造	906	764	86	19	28	4	5
建筑、安全用金属制品制造	8660	6948	924	399	269	12	108
金属表面处理及热处理加工	2727	2162	236	186	124	4	15
搪瓷制品制造	325	235	56	20	7		7
金属制日用品制造	3831	2847	500	329	116	7	32
其他金属制品制造	3565	2912	361	154	100	4	34
通用设备制造业	45764	37954	4026	2164	1207	68	345
锅炉及原动设备制造	712	570	64	47	25	2	4
金属加工机械制造	4564	3668	405	266	172	7	46
物料搬运设备制造	1565	1333	111	82	27	2	10
泵、阀门、压缩机及类似机械制造	10339	8629	949	372	240	13	136
轴承、齿轮和传动部件制造	5350	4628	399	205	91	10	17
烘炉、风机、衡器、包装等设备制造	4795	3960	427	274	92	10	32
文化、办公用机械制造	436	353	47	21	8		7
通用零部件制造	16945	14040	1478	820	505	23	79
其他通用设备制造业	1058	773	146	77	47	1	14
专用设备制造业	19013	15568	1716	1081	517	28	103

2-B-6 续表 6

单位：个

行业	单位数						
		营业	停业(歇业)	筹建	当年关闭	当年破产	其他
采矿、冶金、建筑专用设备制造	1170	964	100	67	34	2	3
化工、木材、非金属加工专用设备制造	7675	6377	656	414	190	8	30
食品、饮料、烟草及饲料生产专用设备制造	620	501	73	24	12		10
印刷、制药、日化及日用品生产专用设备制造	1277	1044	121	59	33	2	18
纺织、服装和皮革加工专用设备制造	3500	2932	296	164	86	6	16
电子和电工机械专用设备制造	814	645	78	54	25	3	9
农、林、牧、渔专用机械制造	889	714	77	67	27	1	3
医疗仪器设备及器械制造	985	748	125	73	35		4
环保、社会公共服务及其他专用设备制造	2083	1643	190	159	75	6	10
汽车制造业	13696	11471	1197	673	271	13	71
汽车整车制造	73	57	7	5	1	1	2
改装汽车制造	25	19	5	1			
低速载货汽车制造	2	1		1			
电车制造	12	9	1	2			
汽车车身、挂车制造	36	29	3	3	1		
汽车零部件及配件制造	13548	11356	1181	661	269	12	69
铁路、船舶、航空航天和其他运输设备制造业	4369	3385	533	231	169	15	36
铁路运输设备制造	107	81	15	5	4		2
城市轨道交通设备制造	8	6		1	1		
船舶及相关装置制造	1093	780	164	58	75	4	12
航空、航天器及设备制造	34	23	6	2	1	2	
摩托车制造	1495	1228	146	61	40	3	17
自行车制造	1382	1078	169	84	43	5	3
非公路休闲车及零配件制造	167	125	23	16	1	1	1
潜水救捞及其他未列明运输设备制造	83	64	10	4	4		1
电气机械和器材制造业	31930	25800	3297	1550	881	87	315
电机制造	3360	2742	287	187	99	1	44
输配电及控制设备制造	11626	10140	772	355	213	35	111
电线、电缆、光缆及电工器材制造	3099	2577	324	103	72	12	11
电池制造	458	309	69	42	24	6	8
家用电力器具制造	5763	4025	975	448	238	19	58

2-B-6　续表 7　　　　单位：个

行　业	单位数						
		营业	停业(歇业)	筹建	当年关闭	当年破产	其他
非电力家用器具制造	1000	775	117	72	31	1	4
照明器具制造	5744	4568	643	276	182	13	62
其他电气机械及器材制造	880	664	110	67	22		17
计算机、通信和其他电子设备制造业	9148	7372	938	493	267	13	65
计算机制造	310	236	33	27	11		3
通信设备制造	729	585	83	39	16		6
广播电视设备制造	471	403	42	11	9	2	4
雷达及配套设备制造	11	8	2				1
视听设备制造	675	573	64	17	17	2	2
电子器件制造	1183	915	133	87	37		11
电子元件制造	5117	4165	513	249	151	5	34
其他电子设备制造	652	487	68	63	26	4	4
仪器仪表制造业	5713	4827	483	236	127	2	38
通用仪器仪表制造	2651	2294	198	92	46	1	20
专用仪器仪表制造	736	605	72	34	21		4
钟表与计时仪器制造	152	132	15	2	3		
光学仪器及眼镜制造	1851	1536	154	99	49	1	12
其他仪器仪表制造业	323	260	44	9	8		2
其他制造业	5087	4189	474	257	134	4	29
日用杂品制造	4102	3484	333	165	98	3	19
煤制品制造	55	41	7	1	3		3
核辐射加工	5	4	1				
其他未列明制造业	925	660	133	91	33	1	7
废弃资源综合利用业	913	688	128	52	39	1	5
金属废料和碎屑加工处理	413	306	60	26	18	1	2
非金属废料和碎屑加工处理	500	382	68	26	21		3
金属制品、机械和设备修理业	1321	1047	136	46	85	3	4
金属制品修理	37	31	3	3			
通用设备修理	170	144	16	7	3		
专用设备修理	152	129	12	5	5		1
铁路、船舶、航空航天等运输设备修理	770	576	94	26	69	3	2

2-B-6 续表 8　　单位：个

行业	单位数						
		营业	停业(歇业)	筹建	当年关闭	当年破产	其他
电气设备修理	77	69	3	3	2		
仪器仪表修理	11	10	1				
其他机械和设备修理业	104	88	7	2	6		1
电力、热力、燃气及水生产和供应业	**4204**	**3673**	**257**	**173**	**76**	**2**	**23**
电力、热力生产和供应业	2745	2443	152	94	46		10
电力生产	2615	2347	138	76	44		10
电力供应	53	39	8	5	1		
热力生产和供应	77	57	6	13	1		
燃气生产和供应业	305	258	21	20	5	1	
燃气生产和供应业	305	258	21	20	5	1	
水的生产和供应业	1154	972	84	59	25	1	13
自来水生产和供应	604	532	38	13	18	1	2
污水处理及其再生利用	324	244	32	35	6		7
其他水的处理、利用与分配	226	196	14	11	1		4
建筑业	**20941**	**15508**	**2542**	**1585**	**1147**	**27**	**132**
房屋建筑业	2777	2133	284	236	99	3	22
房屋建筑业	2777	2133	284	236	99	3	22
土木工程建筑业	4524	3351	509	423	206	5	30
铁路、道路、隧道和桥梁工程建筑	1832	1387	194	170	64	4	13
水利和内河港口工程建筑	412	273	49	60	27	1	2
海洋工程建筑	29	13	7	6	3		
工矿工程建筑	170	136	12	10	12		
架线和管道工程建筑	510	424	46	16	20		4
其他土木工程建筑	1571	1118	201	161	80		11
建筑安装业	3351	2729	279	189	133	5	16
电气安装	1064	886	79	50	46	1	2
管道和设备安装	937	767	81	46	33	2	8
其他建筑安装业	1350	1076	119	93	54	2	6
建筑装饰和其他建筑业	10289	7295	1470	737	709	14	64
建筑装饰业	7617	5830	744	527	457	11	48
工程准备活动	2075	1022	660	159	219	3	12
提供施工设备服务	155	114	24	11	6		
其他未列明建筑业	442	329	42	40	27		4

2-B-6　续表 9

单位：个

行　　业	单位数						
		营业	停业(歇业)	筹建	当年关闭	当年破产	其他
批发和零售业	**247318**	**201155**	**21591**	**13562**	**9534**	**211**	**1265**
批发业	175094	141381	15913	9781	7023	152	844
农、林、牧产品批发	5487	4424	575	286	160	11	31
食品、饮料及烟草制品批发	15736	12727	1458	965	507	14	65
纺织、服装及家庭用品批发	49313	40609	4173	2630	1644	34	223
文化、体育用品及器材批发	8464	7078	685	373	296	4	28
医药及医疗器材批发	2921	2437	229	147	97	2	9
矿产品、建材及化工产品批发	43454	34615	3953	2392	2240	42	212
机械设备、五金产品及电子产品批发	32873	27169	2591	1752	1204	23	134
贸易经纪与代理	9709	7296	1123	758	455	15	62
其他批发业	7137	5026	1126	478	420	7	80
零售业	72224	59774	5678	3781	2511	59	421
综合零售	3001	2317	312	168	169	7	28
食品、饮料及烟草制品专门零售	9145	7719	692	434	255	5	40
纺织、服装及日用品专门零售	10719	8302	1056	735	545	9	72
文化、体育用品及器材专门零售	3885	3046	358	262	195	1	23
医药及医疗器材专门零售	10760	10011	345	138	225	5	36
汽车、摩托车、燃料及零配件专门零售	7467	6044	617	501	251	5	49
家用电器及电子产品专门零售	7945	6553	649	343	337	11	52
五金、家具及室内装饰材料专门零售	10530	8922	729	528	287	6	58
货摊、无店铺及其他零售业	8772	6860	920	672	247	10	63
交通运输、仓储和邮政业	**16320**	**13375**	**1524**	**770**	**541**	**30**	**80**
道路运输业	8245	6786	788	346	267	21	37
城市公共交通运输	422	379	28	5	8		2
公路旅客运输	448	417	21	5	5		
道路货物运输	6611	5389	645	304	224	21	28
道路运输辅助活动	764	601	94	32	30		7
水上运输业	1029	828	101	56	40		4
水上旅客运输	81	68	6	4	2		1

2-B-6 续表 10

单位：个

行　业	单位数	营业	停业(歇业)	筹建	当年关闭	当年破产	其他
水上货物运输	662	553	52	27	27		3
水上运输辅助活动	286	207	43	25	11		
航空运输业	37	22	8	5	1		1
航空客货运输	3	3					
通用航空服务	18	10	5	3			
航空运输辅助活动	16	9	3	2	1		1
管道运输业	3	2	1				
管道运输业	3	2	1				
装卸搬运和运输代理业	5257	4310	470	263	180	7	27
装卸搬运	842	630	132	33	36	2	9
运输代理业	4415	3680	338	230	144	5	18
仓储业	818	618	97	66	31		6
谷物、棉花等农产品仓储	134	108	19	2	4		1
其他仓储业	684	510	78	64	27		5
邮政业	931	809	59	34	22	2	5
邮政基本服务	28	19	6		2		1
快递服务	903	790	53	34	20	2	4
住宿和餐饮业	**13274**	**11303**	**831**	**593**	**454**	**20**	**73**
住宿业	5729	5064	280	219	132	8	26
旅游饭店	1268	1039	81	105	28	4	11
一般旅馆	4200	3813	177	99	96	3	12
其他住宿业	261	212	22	15	8	1	3
餐饮业	7545	6239	551	374	322	12	47
正餐服务	5720	4811	396	238	235	8	32
快餐服务	566	462	47	32	18	1	6
饮料及冷饮服务	561	449	42	32	33	3	2
其他餐饮业	698	517	66	72	36		7
信息传输、软件和信息技术服务业	**15813**	**11131**	**2144**	**1312**	**1133**	**20**	**73**
电信、广播电视和卫星传输服务	465	360	41	42	19	1	2
电信	378	290	33	36	17	1	1
广播电视传输服务	87	70	8	6	2		1

2-B-6 续表 11

单位：个

行 业	单位数						
		营业	停业(歇业)	筹建	当年关闭	当年破产	其他
互联网和相关服务	1331	930	211	102	78	1	9
互联网接入及相关服务	173	123	28	9	13		
互联网信息服务	967	686	151	68	53	1	8
其他互联网服务	191	121	32	25	12		1
软件和信息技术服务业	14017	9841	1892	1168	1036	18	62
软件开发	10005	6971	1387	800	804	14	29
信息系统集成服务	1237	957	125	96	53		6
信息技术咨询服务	1650	1140	205	174	111	4	16
数据处理和存储服务	256	193	27	19	16		1
集成电路设计	167	125	21	15	4		2
其他信息技术服务业	702	455	127	64	48		8
房地产业	**17354**	**13562**	**1871**	**996**	**704**	**17**	**204**
房地产业	17354	13562	1871	996	704	17	204
房地产开发经营	5574	4625	362	265	213	9	100
物业管理	4564	3515	503	365	149	4	28
房地产中介服务	6566	4958	899	310	323	4	72
其他房地产业	650	464	107	56	19		4
租赁和商务服务业	**59888**	**43255**	**8266**	**4562**	**3231**	**58**	**516**
租赁业	3466	2471	505	245	209	4	32
机械设备租赁	3333	2373	486	235	204	4	31
文化及日用品出租	133	98	19	10	5		1
商务服务业	56422	40784	7761	4317	3022	54	484
企业管理服务	15092	10443	2579	1259	595	12	204
法律服务	538	475	30	9	17		7
咨询与调查	15977	10483	2590	1535	1210	20	139
广告业	10789	8506	1091	524	612	7	49
知识产权服务	752	623	53	40	31	1	4
人力资源服务	2079	1563	255	135	112	3	11
旅行社及相关服务	2697	2236	198	163	83	3	14
安全保护服务	447	359	38	40	8	1	1
其他商务服务业	8051	6096	927	612	354	7	55

2-B-6 续表 12

单位：个

行业	单位数	营业	停业(歇业)	筹建	当年关闭	当年破产	其他
科学研究和技术服务业	**21062**	**15360**	**2574**	**1934**	**1050**	**13**	**131**
研究和试验发展	2449	1524	410	386	105	2	22
自然科学研究和试验发展	113	79	14	13	5		2
工程和技术研究和试验发展	1660	1032	265	276	76	1	10
农业科学研究和试验发展	335	197	68	50	14	1	5
医学研究和试验发展	319	204	55	45	10		5
社会人文科学研究	22	12	8	2			
专业技术服务业	12473	9677	1216	915	603	6	56
气象服务	36	33	2		1		
地震服务	2	2					
海洋服务	29	23	2	4			
测绘服务	355	310	19	10	12		4
质检技术服务	1032	865	80	63	21		3
环境与生态监测	227	173	29	18	5		2
地质勘查	87	58	13	10	6		
工程技术	6312	4879	611	459	329	2	32
其他专业技术服务业	4393	3334	460	351	229	4	15
科技推广和应用服务业	6140	4159	948	633	342	5	53
技术推广服务	5192	3543	796	525	275	5	48
科技中介服务	528	360	86	50	29		3
其他科技推广和应用服务业	420	256	66	58	38		2
水利、环境和公共设施管理业	**3745**	**2646**	**564**	**375**	**112**	**5**	**43**
水利管理业	265	194	39	22	5	2	3
防洪除涝设施管理	35	24	5	5	1		
水资源管理	69	56	5	5	2	1	
天然水收集与分配	43	32	7	2	1		1
水文服务	6	4	2				
其他水利管理业	112	78	20	10	1	1	2
生态保护和环境治理业	461	320	73	47	17		4
生态保护	55	39	10	3	2		1
环境治理业	406	281	63	44	15		3

2-B-6 续表 13

单位：个

行 业	单位数	营业	停业(歇业)	筹建	当年关闭	当年破产	其他
公共设施管理业	3019	2132	452	306	90	3	36
市政设施管理	482	347	76	31	18		10
环境卫生管理	371	277	54	25	12		3
城乡市容管理	73	50	9	11	1	1	1
绿化管理	1276	952	174	98	38	2	12
公园和游览景区管理	817	506	139	141	21		10
居民服务、修理和其他服务业	**11214**	**9070**	**1000**	**577**	**468**	**9**	**90**
居民服务业	4037	3129	396	249	207	7	49
家庭服务	668	436	91	86	45		10
托儿所服务	12	8	2	2			
洗染服务	244	202	23	10	8	1	
理发及美容服务	814	693	40	30	41		10
洗浴服务	447	384	32	15	16		
保健服务	658	542	52	27	32		5
婚姻服务	469	358	56	31	20	3	1
殡葬服务	239	195	17	11	5		11
其他居民服务业	486	311	83	37	40	3	12
机动车、电子产品和日用产品修理业	5148	4509	306	151	158		24
汽车、摩托车修理与维护	3988	3550	213	108	100		17
计算机和办公设备维修	434	363	35	13	18		5
家用电器修理	562	464	43	20	33		2
其他日用产品修理业	164	132	15	10	7		
其他服务业	2029	1432	298	177	103	2	17
清洁服务	1550	1131	200	131	75	2	11
其他未列明服务业	479	301	98	46	28		6
卫生和社会工作	**97**	**55**	**19**	**18**	**3**		**2**
社会工作	97	55	19	18	3		2
提供住宿社会工作	46	26	8	10	2		
不提供住宿社会工作	51	29	11	8	1		2
文化、体育和娱乐业	**11759**	**9533**	**1192**	**493**	**468**	**7**	**66**
新闻和出版业	130	109	12	3	5		1

2-B-6 续表 14

单位：个

行业	单位数	营业	停业(歇业)	筹建	当年关闭	当年破产	其他
新闻业	11	7			3		1
出版业	119	102	12	3	2		
广播、电视、电影和影视录音制作业	1328	891	284	97	49	1	6
广播	14	11		3			
电视	71	56	9	2	4		
电影和影视节目制作	878	515	250	73	36	1	3
电影和影视节目发行	35	27	4	1	2		1
电影放映	314	269	20	17	6		2
录音制作	16	13	1	1	1		
文化艺术业	1093	737	130	143	75	1	7
文艺创作与表演	423	322	43	35	20	1	2
艺术表演场馆	33	29	2	2			
图书馆与档案馆	52	41	4	2	5		
文物及非物质文化遗产保护	34	18	5	9	2		
博物馆	29	19	6	3	1		
烈士陵园、纪念馆	1	1					
群众文化活动	124	72	22	22	6		2
其他文化艺术业	397	235	48	70	41		3
体育	1008	711	160	76	51		10
体育组织	11	10		1			
体育场馆	28	21	5	2			
休闲健身活动	837	592	134	62	39		10
其他体育	132	88	21	11	12		
娱乐业	8200	7085	606	174	288	5	42
室内娱乐活动	7707	6810	505	94	256	4	38
游乐园	75	51	8	15	1		
彩票活动	3	3					
文化、娱乐、体育经纪代理	200	122	33	25	19		1
其他娱乐业	215	99	60	40	12	1	3

2-B-7 按行业中类、营业状态分组的小微企业法人单位从业人数

单位：人

行 业	从业人员期末人数						
		营业	停业(歇业)	筹建	当年关闭	当年破产	其他
总 计	**13146386**	**12466818**	**305533**	**216022**	**122632**	**8756**	**26625**
农、林、牧、渔业	**18441**	**16374**	**1068**	**664**	**213**	**1**	**121**
农业	691	640		51			
谷物种植	44	44					
蔬菜、食用菌及园艺作物种植	252	252					
水果种植	166	166					
坚果、含油果、香料和饮料作物种植	106	70		36			
中药材种植	120	105		15			
其他农业	3	3					
林业	20	14	1		5		
林木育种和育苗	20	14	1		5		
畜牧业	259	229	2	23	5		
牲畜饲养	135	122		8	5		
家禽饲养	40	38	2				
其他畜牧业	84	69		15			
渔业	257	248	9				
水产养殖	257	248	9				
农、林、牧、渔服务业	17214	15243	1056	590	203	1	121
农业服务业	14915	13210	934	531	156	1	83
林业服务业	1068	966	54	34	6		8
畜牧服务业	730	647	46	4	4		29
渔业服务业	501	420	22	21	37		1
采矿业	**26938**	**23959**	**1763**	**569**	**584**	**3**	**60**
煤炭开采和洗选业	211	147	2	61	1		
烟煤和无烟煤开采洗选	159	103	1	55			
褐煤开采洗选	29	26		3			
其他煤炭采选	23	18	1	3	1		
黑色金属矿采选业	832	791	2	38	1		
铁矿采选	831	791	1	38	1		
其他黑色金属矿采选	1		1				

2-B-7 续表 1

单位：人

行业	从业人员期末人数	营业	停业(歇业)	筹建	当年关闭	当年破产	其他
有色金属矿采选业	2779	2611	71	67	30		
常用有色金属矿采选	1629	1531	51	19	28		
贵金属矿采选	186	167	12	7			
稀有稀土金属矿采选	964	913	8	41	2		
非金属矿采选业	22757	20120	1655	389	530	3	60
土砂石开采	21015	18503	1615	334	501	3	59
化学矿开采	78	74	4				
采盐	333	329	1	1	2		
石棉及其他非金属矿采选	1331	1214	35	54	27		1
开采辅助活动	42	8	8	4	22		
石油和天然气开采辅助活动	8	1	6	1			
其他开采辅助活动	34	7	2	3	22		
其他采矿业	317	282	25	10			
其他采矿业	317	282	25	10			
制造业	**8284943**	**7948798**	**154234**	**95985**	**64532**	**6950**	**14444**
农副食品加工业	116826	112562	2237	995	572	93	367
谷物磨制	3938	3735	150	22	12		19
饲料加工	13156	12683	198	161	69		45
植物油加工	3929	3660	104	59	54	52	
制糖业	470	456	10	4			
屠宰及肉类加工	15740	15327	290	92	25	1	5
水产品加工	39312	38023	830	243	177	31	8
蔬菜、水果和坚果加工	29733	28596	451	235	194	4	253
其他农副食品加工	10548	10082	204	179	41	5	37
食品制造业	57773	55090	886	1357	238	119	83
焙烤食品制造	12236	11739	218	152	37	82	8
糖果、巧克力及蜜饯制造	4820	4667	106	45	2		
方便食品制造	9481	8766	51	562	63	35	4
乳制品制造	1576	1518	30	18	10		
罐头食品制造	7491	7323	65	89	4		10
调味品、发酵制品制造	5282	5090	119	13	58	1	1
其他食品制造	16887	15987	297	478	64	1	60

2-B-7　续表 2

单位：人

行　业	从业人员期末人数	营业	停业(歇业)	筹建	当年关闭	当年破产	其他
酒、饮料和精制茶制造业	46564	44218	1385	416	433	14	98
酒的制造	12625	12174	247	110	89	4	1
饮料制造	11025	10413	313	97	188	1	13
精制茶加工	22914	21631	825	209	156	9	84
烟草制品业	2862	2862					
卷烟制造	2551	2551					
其他烟草制品制造	311	311					
纺织业	735720	714499	10189	4662	5321	360	689
棉纺织及印染精加工	266052	260592	2818	1007	1217	283	135
毛纺织及染整精加工	36875	35664	442	162	483	1	123
麻纺织及染整精加工	2771	2685	28	40	1		17
丝绢纺织及印染精加工	48109	46999	422	222	424	5	37
化纤织造及印染精加工	69673	67486	1125	777	222	6	57
针织或钩针编织物及其制品制造	147008	142523	1920	1107	1321	14	123
家用纺织制成品制造	92520	88652	1519	939	1283	23	104
非家用纺织制成品制造	72712	69898	1915	408	370	28	93
纺织服装、服饰业	763651	733553	15941	6523	6412	372	850
机织服装制造	436056	417736	10072	3474	4025	250	499
针织或钩针编织服装制造	202214	195721	3251	1431	1440	82	289
服饰制造	125381	120096	2618	1618	947	40	62
皮革、毛皮、羽毛及其制品和制鞋业	500829	470510	17706	3160	7660	863	930
皮革鞣制加工	16410	14515	607	50	1228	4	6
皮革制品制造	118319	114144	1575	1082	899	388	231
毛皮鞣制及制品加工	14339	13300	781	146	110		2
羽毛(绒)加工及制品制造	9500	9246	131	118	4		1
制鞋业	342261	319305	14612	1764	5419	471	690
木材加工和木、竹、藤、棕、草制品业	129146	122596	2681	1843	1338	389	299
木材加工	16164	15045	482	242	383	8	4
人造板制造	24587	23763	419	124	261	3	17
木制品制造	54136	51476	1155	838	278	154	235
竹、藤、棕、草等制品制造	34259	32312	625	639	416	224	43

2-B-7 续表 3

单位：人

行业	从业人员期末人数						
		营业	停业(歇业)	筹建	当年关闭	当年破产	其他
家具制造业	155420	149964	2426	1649	1101	97	183
木质家具制造	82408	78740	1652	1165	755	2	94
竹、藤家具制造	4028	3799	50	33	116		30
金属家具制造	40745	39869	471	151	159	59	36
塑料家具制造	6111	5976	22	55	47		11
其他家具制造	22128	21580	231	245	24	36	12
造纸和纸制品业	179348	171685	3237	1934	1729	475	288
纸浆制造	315	295	17		2		1
造纸	60126	57448	1227	231	673	467	80
纸制品制造	118907	113942	1993	1703	1054	8	207
印刷和记录媒介复制业	173737	168002	3150	1117	1164	64	240
印刷	165199	159823	3018	994	1082	63	219
装订及印刷相关服务	8215	7866	127	122	78	1	21
记录媒介复制	323	313	5	1	4		
文教、工美、体育和娱乐用品制造业	379899	365192	6616	4428	3011	116	536
文教办公用品制造	68756	66612	1072	629	362	1	80
乐器制造	4830	4748	50	26	5		1
工艺美术品制造	208223	198897	4368	2248	2259	105	346
体育用品制造	38733	37511	437	531	171	1	82
玩具制造	47923	46433	540	745	175	9	21
游艺器材及娱乐用品制造	11434	10991	149	249	39		6
石油加工、炼焦和核燃料加工业	5989	5643	139	137	38	1	31
精炼石油产品制造	5920	5575	138	137	38	1	31
炼焦	48	48					
核燃料加工	21	20	1				
化学原料和化学制品制造业	207008	197337	4371	3324	1547	119	310
基础化学原料制造	38962	36612	756	935	599	36	24
肥料制造	3871	3461	311	65	22	3	9
农药制造	6305	6224	43	4	33		1
涂料、油墨、颜料及类似产品制造	42191	40760	884	231	274	1	41

2-B-7　续表 4

单位：人

行　　业	从业人员期末人数						
		营业	停业(歇业)	筹建	当年关闭	当年破产	其他
合成材料制造	35623	33830	596	1072	100	1	24
专用化学产品制造	53778	51282	1299	672	417	75	33
炸药、火工及焰火产品制造	1529	1468	30	18	10		3
日用化学产品制造	24749	23700	452	327	92	3	175
医药制造业	58197	56144	909	781	238	57	68
化学药品原料药制造	17177	16630	366	56	118	1	6
化学药品制剂制造	8053	7817	113	122	1		
中药饮片加工	3595	3353	19	211	1		11
中成药生产	5599	5391	105	25	78		
兽用药品制造	2597	2490	53	43	11		
生物药品制造	8538	8249	56	153	13	56	11
卫生材料及医药用品制造	12638	12214	197	171	16		40
化学纤维制造业	55011	53079	1012	549	166	127	78
纤维素纤维原料及纤维制造	3604	3356	192	24	1	30	1
合成纤维制造	51407	49723	820	525	165	97	77
橡胶和塑料制品业	535196	513507	9131	7399	4220	200	739
橡胶制品业	69107	66631	929	945	530	23	49
塑料制品业	466089	446876	8202	6454	3690	177	690
非金属矿物制品业	307091	291796	5962	4002	3041	116	2174
水泥、石灰和石膏制造	23901	21565	624	278	287	22	1125
石膏、水泥制品及类似制品制造	80434	78144	791	826	410	3	260
砖瓦、石材等建筑材料制造	78183	72997	2599	962	1362	27	236
玻璃制造	10964	10550	109	226	77	1	1
玻璃制品制造	54459	52647	585	636	387	2	202
玻璃纤维和玻璃纤维增强塑料制品制造	12102	11604	293	107	95		3
陶瓷制品制造	17873	17052	463	173	101	1	83
耐火材料制品制造	15558	14440	218	370	295	2	233
石墨及其他非金属矿物制品制造	13617	12797	280	424	27	58	31
黑色金属冶炼和压延加工业	135797	132071	1840	700	633	432	121
炼铁	786	769	15		2		
炼钢	2068	2026	30	3	9		

2-B-7 续表 5

单位：人

行业	从业人员期末人数						
		营业	停业(歇业)	筹建	当年关闭	当年破产	其他
黑色金属铸造	54007	52932	581	165	259	1	69
钢压延加工	77256	74709	1174	530	360	431	52
铁合金冶炼	1680	1635	40	2	3		
有色金属冶炼和压延加工业	90356	86939	1698	711	787	30	191
常用有色金属冶炼	7321	6852	275	144	24		26
贵金属冶炼	849	837	9	2	1		
稀有稀土金属冶炼	592	580	7	3	2		
有色金属合金制造	10020	9583	258	94	57		28
有色金属铸造	7235	6835	94	48	173		85
有色金属压延加工	64339	62252	1055	420	530	30	52
金属制品业	613399	583360	12390	9103	6575	398	1573
结构性金属制品制造	100944	95724	2200	1849	581	212	378
金属工具制造	96286	92706	1386	1315	586	14	279
集装箱及金属包装容器制造	21090	20429	356	168	129		8
金属丝绳及其制品制造	16901	16114	466	73	216	5	27
建筑、安全用金属制品制造	153253	145063	3525	2084	1962	47	572
金属表面处理及热处理加工	71554	67010	1763	728	1946	42	65
搪瓷制品制造	6799	6438	175	127	41		18
金属制日用品制造	82824	78641	1391	1898	689	73	132
其他金属制品制造	63748	61235	1128	861	425	5	94
通用设备制造业	910743	875966	15087	12373	5600	388	1329
锅炉及原动设备制造	22427	21633	401	238	90	57	8
金属加工机械制造	77213	73548	1669	1154	591	12	239
物料搬运设备制造	48362	47100	444	578	174	16	50
泵、阀门、压缩机及类似机械制造	240625	233172	3804	1858	1329	51	411
轴承、齿轮和传动部件制造	145609	141555	1287	1977	536	148	106
烘炉、风机、衡器、包装等设备制造	109708	105612	1698	1750	524	40	84
文化、办公用机械制造	13935	13358	295	164	77		41
通用零部件制造	237054	225630	4712	4209	2110	63	330
其他通用设备制造业	15810	14358	777	445	169	1	60
专用设备制造业	378463	363713	6146	5886	2359	52	307

2-B-7　续表 6　　　　单位：人

行　业	从业人员期末人数	营业	停业(歇业)	筹建	当年关闭	当年破产	其他
采矿、冶金、建筑专用设备制造	27323	26252	426	525	106	11	3
化工、木材、非金属加工专用设备制造	136701	131772	1891	2100	858	8	72
食品、饮料、烟草及饲料生产专用设备制造	11192	10788	277	67	32		28
印刷、制药、日化及日用品生产专用设备制造	26043	25025	474	300	181	1	62
纺织、服装和皮革加工专用设备制造	72868	70069	1199	1117	446	6	31
电子和电工机械专用设备制造	13855	13049	391	247	119	11	38
农、林、牧、渔专用机械制造	21844	20844	363	345	289		3
医疗仪器设备及器械制造	24850	23798	436	524	49		43
环保、社会公共服务及其他专用设备制造	43787	42116	689	661	279	15	27
汽车制造业	357658	345998	4362	4916	1468	549	365
汽车整车制造	4593	4398	28	18		1	148
改装汽车制造	1764	1738	21	5			
低速载货汽车制造	145	144		1			
电车制造	203	145	1	57			
汽车车身、挂车制造	1197	981	6	209	1		
汽车零部件及配件制造	349756	338592	4306	4626	1467	548	217
铁路、船舶、航空航天和其他运输设备制造业	120254	114369	2819	1675	1032	70	289
铁路运输设备制造	3364	3273	70	15	4		2
城市轨道交通设备制造	168	103		64	1		
船舶及相关装置制造	30874	29093	995	411	334	3	38
航空、航天器及设备制造	1345	1320	10	9	4	2	
摩托车制造	44672	42812	688	434	504	3	231
自行车制造	33747	32173	744	592	161	61	16
非公路休闲车及零配件制造	3738	3337	238	141	20	1	1
潜水救捞及其他未列明运输设备制造	2346	2258	74	9	4		1
电气机械和器材制造业	741737	713174	11977	9163	4866	1317	1240
电机制造	95773	92507	815	1862	464	1	124
输配电及控制设备制造	241673	234867	3130	1724	1323	310	319
电线、电缆、光缆及电工器材制造	76372	73761	1108	478	833	170	22
电池制造	16035	15038	295	434	111	143	14
家用电力器具制造	130554	124366	2511	2031	884	364	398

2-B-7 续表 7　　　　单位：人

行　　业	从业人员期末人数	营业	停业(歇业)	筹建	当年关闭	当年破产	其他
非电力家用器具制造	18232	17491	379	280	69	5	8
照明器具制造	148690	141967	3312	1974	869	324	244
其他电气机械及器材制造	14408	13177	427	380	313		111
计算机、通信和其他电子设备制造业	237640	230184	2861	2971	897	71	656
计算机制造	8873	8619	83	137	31		3
通信设备制造	22239	21730	279	159	39		32
广播电视设备制造	12670	12355	138	93	26	48	10
雷达及配套设备制造	289	286	2				1
视听设备制造	18480	17996	185	234	55	3	7
电子器件制造	34392	32882	383	901	136		90
电子元件制造	127825	124000	1622	1175	507	14	507
其他电子设备制造	12872	12316	169	272	103	6	6
仪器仪表制造业	148110	143005	2657	1363	842	6	237
通用仪器仪表制造	68082	66383	901	532	139	5	122
专用仪器仪表制造	18701	18013	396	218	69		5
钟表与计时仪器制造	4303	4206	67	9	21		
光学仪器及眼镜制造	52113	49661	1166	584	597	1	104
其他仪器仪表制造业	4911	4742	127	20	16		6
其他制造业	92044	88444	1924	1091	439	4	142
日用杂品制造	79928	77313	1537	609	361	3	105
煤制品制造	547	499	7	5	27		9
核辐射加工	83	81	2				
其他未列明制造业	11486	10551	378	477	51	1	28
废弃资源综合利用业	20593	17228	1471	1189	681	6	18
金属废料和碎屑加工处理	14203	11372	1207	1003	613	6	2
非金属废料和碎屑加工处理	6390	5856	264	186	68		16
金属制品、机械和设备修理业	27882	26108	1024	568	124	45	13
金属制品修理	307	292	4	11			
通用设备修理	1669	1608	46	10	5		
专用设备修理	1129	1085	19	8	16		1
铁路、船舶、航空航天等运输设备修理	21945	20358	916	530	94	45	2

2-B-7　续表 8　　　　单位：人

行　业	从业人员期末人数	营业	停业(歇业)	筹建	当年关闭	当年破产	其他
电气设备修理	1405	1395	3	5	2		
仪器仪表修理	73	72	1				
其他机械和设备修理业	1354	1298	35	4	7		10
电力、热力、燃气及水生产和供应业	**80336**	**75356**	**1080**	**3224**	**587**	**2**	**87**
电力、热力生产和供应业	44412	40570	730	2655	407		50
电力生产	37462	33936	676	2396	404		50
电力供应	2822	2691	44	85	2		
热力生产和供应	4128	3943	10	174	1		
燃气生产和供应业	8225	7898	34	285	7	1	
燃气生产和供应业	8225	7898	34	285	7	1	
水的生产和供应业	27699	26888	316	284	173	1	37
自来水生产和供应	18451	18118	153	90	86	1	3
污水处理及其再生利用	7197	6855	107	167	38		30
其他水的处理、利用与分配	2051	1915	56	27	49		4
建筑业	**1232991**	**1208560**	**10537**	**10090**	**2675**	**436**	**693**
房屋建筑业	605978	602040	1370	2036	299	33	200
房屋建筑业	605978	602040	1370	2036	299	33	200
土木工程建筑业	267165	259241	4492	2580	402	344	106
铁路、道路、隧道和桥梁工程建筑	152847	149574	1773	1005	125	329	41
水利和内河港口工程建筑	25498	24107	818	472	78	15	8
海洋工程建筑	352	228	47	72	5		
工矿工程建筑	9451	9234	73	123	21		
架线和管道工程建筑	18308	17922	322	32	24		8
其他土木工程建筑	60709	58176	1459	876	149		49
建筑安装业	90768	87931	895	1591	300	14	37
电气安装	33281	32827	219	166	66		3
管道和设备安装	21202	20426	350	286	111	2	27
其他建筑安装业	36285	34678	326	1139	123	12	7
建筑装饰和其他建筑业	269080	259348	3780	3883	1674	45	350
建筑装饰业	156987	151292	2195	1937	1242	40	281
工程准备活动	48483	46141	1423	493	359	5	62
提供施工设备服务	12059	10931	72	1046	10		
其他未列明建筑业	51551	50984	90	407	63		7

2-B-7 续表 9　　　　单位：人

行　业	从业人员期末人数						
		营业	停业(歇业)	筹建	当年关闭	当年破产	其他
批发和零售业	**1384817**	**1250223**	**62120**	**44410**	**22893**	**806**	**4365**
批发业	1021405	921824	46722	32875	16588	569	2827
农、林、牧产品批发	40871	36955	1884	1281	442	48	261
食品、饮料及烟草制品批发	110793	100384	4907	4067	1187	93	155
纺织、服装及家庭用品批发	280397	255964	11839	7595	4277	110	612
文化、体育用品及器材批发	45730	41505	2137	1244	730	5	109
医药及医疗器材批发	23430	21633	855	643	245	5	49
矿产品、建材及化工产品批发	240381	213963	11743	8746	5069	158	702
机械设备、五金产品及电子产品批发	194066	177477	7802	5527	2730	91	439
贸易经纪与代理	50584	43935	2923	2423	991	38	274
其他批发业	35153	30008	2632	1349	917	21	226
零售业	363412	328399	15398	11535	6305	237	1538
综合零售	20230	17741	895	804	486	33	271
食品、饮料及烟草制品专门零售	41098	36761	2140	1341	685	31	140
纺织、服装及日用品专门零售	48195	41844	2610	1996	1535	25	185
文化、体育用品及器材专门零售	20313	18167	980	663	424	3	76
医药及医疗器材专门零售	42177	40406	871	345	454	13	88
汽车、摩托车、燃料及零配件专门零售	59547	55015	1541	2120	616	29	226
家用电器及电子产品专门零售	47024	42698	2275	1006	767	51	227
五金、家具及室内装饰材料专门零售	43219	38966	1884	1458	722	17	172
货摊、无店铺及其他零售业	41609	36801	2202	1802	616	35	153
交通运输、仓储和邮政业	**298209**	**283913**	**6804**	**4720**	**2000**	**53**	**719**
道路运输业	157577	150392	3495	2042	1132	27	489
城市公共交通运输	21311	20554	529	18	194		16
公路旅客运输	23596	23302	232	57	5		
道路货物运输	96354	91628	2227	1674	606	27	192
道路运输辅助活动	16316	14908	507	293	327		281
水上运输业	35657	34385	592	375	287		18
水上旅客运输	3905	3802	50	26	26		1

2-B-7 续表 10

单位：人

行 业	从业人员期末人数	营业	停业(歇业)	筹建	当年关闭	当年破产	其他
水上货物运输	24252	23348	391	253	243		17
水上运输辅助活动	7500	7235	151	96	18		
航空运输业	994	910	19	32	1		32
航空客货运输	102	102					
通用航空服务	206	167	13	26			
航空运输辅助活动	686	641	6	6	1		32
管道运输业	161	160	1				
管道运输业	161	160	1				
装卸搬运和运输代理业	70767	66860	1920	1412	452	16	107
装卸搬运	18968	17762	776	286	95	1	48
运输代理业	51799	49098	1144	1126	357	15	59
仓储业	14284	13140	477	577	65		25
谷物、棉花等农产品仓储	3350	3117	217	3	8		5
其他仓储业	10934	10023	260	574	57		20
邮政业	18769	18066	300	282	63	10	48
邮政基本服务	905	866	23		2		14
快递服务	17864	17200	277	282	61	10	34
住宿和餐饮业	**233592**	**218690**	**5717**	**5144**	**3249**	**121**	**671**
住宿业	92693	86824	2307	2246	1002	60	254
旅游饭店	47316	43796	1494	1354	520	5	147
一般旅馆	42777	40721	765	752	454	54	31
其他住宿业	2600	2307	48	140	28	1	76
餐饮业	140899	131866	3410	2898	2247	61	417
正餐服务	118039	110662	2769	2284	1963	54	307
快餐服务	8708	8272	188	140	25	1	82
饮料及冷饮服务	6405	5719	286	269	114	6	11
其他餐饮业	7747	7213	167	205	145		17
信息传输、软件和信息技术服务业	**138970**	**120379**	**7410**	**7569**	**3359**	**47**	**206**
电信、广播电视和卫星传输服务	6783	6445	184	56	92	1	5
电信	4922	4621	158	48	90	1	4
广播电视传输服务	1861	1824	26	8	2		1

2-B-7 续表 11

单位：人

行　业	从业人员期末人数	营业	停业(歇业)	筹建	当年关闭	当年破产	其他
互联网和相关服务	11891	10491	724	423	233	1	19
互联网接入及相关服务	1432	1246	110	48	28		
互联网信息服务	8797	7829	537	256	156	1	18
其他互联网服务	1662	1416	77	119	49		1
软件和信息技术服务业	120296	103443	6502	7090	3034	45	182
软件开发	87498	74957	4906	5072	2435	40	88
信息系统集成服务	11906	10288	511	950	141		16
信息技术咨询服务	11303	9701	610	673	270	5	44
数据处理和存储服务	2684	2426	74	145	38		1
集成电路设计	1791	1640	63	53	10		25
其他信息技术服务业	5114	4431	338	197	140		8
房地产业	**253546**	**234031**	**7789**	**8070**	**1863**	**21**	**1772**
房地产业	253546	234031	7789	8070	1863	21	1772
房地产开发经营	82056	74182	2415	3994	94	9	1362
物业管理	129556	123750	2265	2486	912	4	139
房地产中介服务	35528	30817	2605	1086	789	8	223
其他房地产业	6406	5282	504	504	68		48
租赁和商务服务业	**749789**	**685360**	**28494**	**19543**	**14107**	**251**	**2034**
租赁业	20268	17500	1487	762	444	14	61
机械设备租赁	18483	15898	1374	706	434	14	57
文化及日用品出租	1785	1602	113	56	10		4
商务服务业	729521	667860	27007	18781	13663	237	1973
企业管理服务	119298	99931	10495	6065	1795	67	945
法律服务	7855	7573	103	23	69		87
咨询与调查	107879	91530	8109	4984	2764	102	390
广告业	65382	58490	3296	1985	1438	9	164
知识产权服务	4873	4449	183	146	79	8	8
人力资源服务	231964	224020	792	970	6147	4	31
旅行社及相关服务	32211	30351	703	753	299	10	95
安全保护服务	85186	84046	104	992	38	5	1
其他商务服务业	74873	67470	3222	2863	1034	32	252

2-B-7　续表 12

单位：人

行　　业	从业人员期末人数	营业	停业(歇业)	筹建	当年关闭	当年破产	其他
科学研究和技术服务业	**195416**	**175205**	**8436**	**8371**	**2819**	**24**	**561**
研究和试验发展	17708	14326	1281	1774	241	2	84
自然科学研究和试验发展	711	625	46	22	7		11
工程和技术研究和试验发展	11934	9602	856	1266	179	1	30
农业科学研究和试验发展	2283	1858	137	237	40	1	10
医学研究和试验发展	2520	2019	208	245	15		33
社会人文科学研究	260	222	34	4			
专业技术服务业	135114	125345	4066	3847	1591	11	254
气象服务	314	309	4		1		
地震服务	6	6					
海洋服务	386	375	6	5			
测绘服务	6369	6199	47	73	35		15
质检技术服务	15417	14562	341	364	126		24
环境与生态监测	2616	2450	90	58	6		12
地质勘查	1321	1129	132	25	35		
工程技术	77823	72792	2118	1910	845	6	152
其他专业技术服务业	30862	27523	1328	1412	543	5	51
科技推广和应用服务业	42594	35534	3089	2750	987	11	223
技术推广服务	37128	31070	2594	2384	867	11	202
科技中介服务	2981	2447	317	167	44		6
其他科技推广和应用服务业	2485	2017	178	199	76		15
水利、环境和公共设施管理业	**46383**	**41697**	**2109**	**1917**	**440**	**14**	**206**
水利管理业	3373	3058	217	61	7	5	25
防洪除涝设施管理	374	343	13	16	2		
水资源管理	887	815	53	15	2	2	
天然水收集与分配	873	813	50	6	2		2
水文服务	39	37	2				
其他水利管理业	1200	1050	99	24	1	3	23
生态保护和环境治理业	5326	4731	271	215	70		39
生态保护	577	502	41	20	6		8
环境治理业	4749	4229	230	195	64		31

2-B-7 续表 13

单位：人

行业	从业人员期末人数	营业	停业(歇业)	筹建	当年关闭	当年破产	其他
公共设施管理业	37684	33908	1621	1641	363	9	142
市政设施管理	4847	4303	240	163	121		20
环境卫生管理	5581	5130	202	156	88		5
城乡市容管理	636	538	28	67	1	1	1
绿化管理	14521	13387	567	439	102	8	18
公园和游览景区管理	12099	10550	584	816	51		98
居民服务、修理和其他服务业	**110087**	**101081**	**3714**	**2956**	**1886**	**18**	**432**
居民服务业	40897	36799	1629	1408	818	17	226
家庭服务	5546	4655	305	352	191		43
托儿所服务	66	57	2	7			
洗染服务	3329	3213	58	45	12	1	
理发及美容服务	7338	6796	210	113	171		48
洗浴服务	7245	6743	149	272	81		
保健服务	9532	8761	326	243	171		31
婚姻服务	2055	1694	174	101	67	4	15
殡葬服务	2798	2529	132	64	13		60
其他居民服务业	2988	2351	273	211	112	12	29
机动车、电子产品和日用产品修理业	48715	46137	1175	688	619		96
汽车、摩托车修理与维护	41268	39427	773	552	431		85
计算机和办公设备维修	2440	2218	133	32	48		9
家用电器修理	4004	3632	188	57	125		2
其他日用产品修理业	1003	860	81	47	15		
其他服务业	20475	18145	910	860	449	1	110
清洁服务	17439	15590	664	692	393	1	99
其他未列明服务业	3036	2555	246	168	56		11
卫生和社会工作	**688**	**507**	**96**	**56**	**22**		**7**
社会工作	688	507	96	56	22		7
提供住宿社会工作	356	261	57	36	2		
不提供住宿社会工作	332	246	39	20	20		7
文化、体育和娱乐业	**91240**	**82685**	**4162**	**2734**	**1403**	**9**	**247**
新闻和出版业	2418	2285	45	50	24		14

2-B-7 续表 14

单位：人

行 业	从业人员期末人数						
		营业	停业(歇业)	筹建	当年关闭	当年破产	其他
新闻业	79	43			22		14
出版业	2339	2242	45	50	2		
广播、电视、电影和影视录音制作业	16351	14523	1107	626	77	1	17
广播	207	193		14			
电视	896	823	35	34	4		
电影和影视节目制作	8041	6746	984	249	52	1	9
电影和影视节目发行	360	336	20	1	2		1
电影放映	6736	6317	67	327	18		7
录音制作	111	108	1	1	1		
文化艺术业	8947	7550	504	681	172	1	39
文艺创作与表演	5018	4377	186	383	65	1	6
艺术表演场馆	620	596	22	2			
图书馆与档案馆	343	291	32	9	11		
文物及非物质文化遗产保护	263	220	7	32	4		
博物馆	207	153	33	20	1		
烈士陵园、纪念馆	11	11					
群众文化活动	620	415	105	65	9		26
其他文化艺术业	1865	1487	119	170	82		7
体育	8314	7287	496	303	169		59
体育组织	136	134		2			
体育场馆	455	417	35	3			
休闲健身活动	6815	6026	386	257	87		59
其他体育	908	710	75	41	82		
娱乐业	55210	51040	2010	1074	961	7	118
室内娱乐活动	51354	47933	1699	710	906	5	101
游乐园	1098	894	71	132	1		
彩票活动	61	61					
文化、娱乐、体育经纪代理	1057	848	106	69	31		3
其他娱乐业	1640	1304	134	163	23	2	14

2-B-8 按行业中类、开业时间

行业	1949年及以前	1950-1952年	1953-1957年	1958-1962年	1963-1965年
总计	**93**	**203**	**267**	**224**	**95**
农、林、牧、渔业	**1**	**1**	**1**		
农业					
谷物种植					
蔬菜、食用菌及园艺作物种植					
水果种植					
坚果、含油果、香料和饮料作物种植					
中药材种植					
其他农业					
林业					
林木育种和育苗					
畜牧业		1			
牲畜饲养		1			
家禽饲养					
其他畜牧业					
渔业					
水产养殖					
农、林、牧、渔服务业	1		1		
农业服务业	1		1		
林业服务业					
畜牧服务业					
渔业服务业					
采矿业			**1**	**2**	
煤炭开采和洗选业					
烟煤和无烟煤开采洗选					
褐煤开采洗选					
其他煤炭采选					
黑色金属矿采选业					
铁矿采选					
其他黑色金属矿采选					

分组的小微企业法人单位数

单位：个

1966-1970年	1971-1975年	1976-1980年	1981-1985年	1986-1990年	1991-1995年	1996-2000年	1978年	1992年	1997年
217	**378**	**1149**	**3508**	**5429**	**19519**	**55629**	**228**	**3093**	**7310**
	2	**1**	**14**	**9**	**37**	**65**		**14**	**5**
					2				
					1				
					1				
						1			
						1			
					1	1			1
						1			1
					1				
					1	2		1	
					1	2		1	
	2	1	14	9	33	61		13	4
	2	1	10	6	24	47		9	3
			3	1	6	8		4	
			1	1		5			1
				1	3	1			
2	**4**	**7**	**12**	**16**	**41**	**112**	**2**	**7**	**18**
						1			
						1			
			1			1			
			1			1			

2-B-8 续表 1

行　业	1949年及以前	1950-1952年	1953-1957年	1958-1962年	1963-1965年
有色金属矿采选业					
常用有色金属矿采选					
贵金属矿采选					
稀有稀土金属矿采选					
非金属矿采选业			1	2	
土砂石开采			1	2	
化学矿开采					
采盐					
石棉及其他非金属矿采选					
开采辅助活动					
石油和天然气开采辅助活动					
其他开采辅助活动					
其他采矿业					
其他采矿业					
制造业	**31**	**20**	**102**	**81**	**47**
农副食品加工业			9	1	
谷物磨制			3		
饲料加工					
植物油加工			1		
制糖业					
屠宰及肉类加工			2	1	
水产品加工					
蔬菜、水果和坚果加工			1		
其他农副食品加工			2		
食品制造业	2		6	3	
焙烤食品制造			2		
糖果、巧克力及蜜饯制造					
方便食品制造					
乳制品制造				1	
罐头食品制造					
调味品、发酵制品制造	2		3	1	
其他食品制造			1	1	

单位：个

1966－1970年	1971－1975年	1976－1980年	1981－1985年	1986－1990年	1991－1995年	1996－2000年	1978年	1992年	1997年
1				4	3	10		1	6
1				3	2	8		1	5
				1					
					1	2			1
1	4	7	11	12	37	99	2	6	11
	3	4	11	10	34	88	1	5	7
						1			
		3		1	2	2	1	1	
1	1			1	1	8			4
					1	1			1
					1	1			1
117	**228**	**633**	**2032**	**3633**	**12772**	**33661**	**117**	**1927**	**4421**
2	5	10	42	102	277	789	3	42	121
	2		1	2	7	52			7
			6	14	34	79		8	14
1				2	9	24			2
1	1	1	7	7	36	101	1	11	17
	2	4	20	56	119	302	2	14	46
		3	5	15	54	184		7	30
		2	3	6	18	47		2	5
		9	17	39	127	328	2	18	39
		1	4	6	18	76		4	6
		1	1	8	17	35		1	6
		2	3	3	12	33			3
			1	1	3	11			1
		2	4	3	18	48		4	9
		2	3	9	10	33	1	1	5
		1	1	9	49	92	1	8	9

2-B-8 续表 2

行 业	1949年及以前	1950-1952年	1953-1957年	1958-1962年	1963-1965年
酒、饮料和精制茶制造业	3		10	5	
酒的制造	2		7	2	
饮料制造	1				
精制茶加工			3	3	
烟草制品业	1		1		
卷烟制造	1				
其他烟草制品制造			1		
纺织业	4		3		6
棉纺织及印染精加工			2		1
毛纺织及染整精加工	1				
麻纺织及染整精加工					
丝绢纺织及印染精加工	3				3
化纤织造及印染精加工					
针织或钩针编织物及其制品制造					1
家用纺织制成品制造					1
非家用纺织制成品制造			1		
纺织服装、服饰业	1		1		1
机织服装制造	1				
针织或钩针编织服装制造					1
服饰制造			1		
皮革、毛皮、羽毛及其制品和制鞋业	1		1	1	
皮革鞣制加工					
皮革制品制造	1			1	
毛皮鞣制及制品加工					
羽毛(绒)加工及制品制造					
制鞋业			1		
木材加工和木、竹、藤、棕、草制品业		1	2		1
木材加工		1	1		
人造板制造					
木制品制造			1		1
竹、藤、棕、草等制品制造					

单位：个

1966-1970年	1971-1975年	1976-1980年	1981-1985年	1986-1990年	1991-1995年	1996-2000年	1978年	1992年	1997年
2	4	15	39	37	115	375	2	21	56
2	4	12	29	22	56	122	1	13	17
			3	4	20	124		4	25
		3	7	11	39	129	1	4	14
1	8	34	84	153	650	2474	1	83	292
	2	10	30	41	212	874	1	34	144
	1		7	14	59	143		8	20
			1	2	3	11			1
	2	6	6	14	64	217		4	16
	2	2	3	15	46	268		5	21
1		8	13	25	74	383		8	31
	1	1	8	14	65	287		6	28
		7	16	28	127	291		18	31
	4	15	50	126	621	2052	2	87	229
	2	8	26	71	355	1078	1	52	120
	2	7	13	33	161	529	1	22	56
			11	22	105	445		13	53
	1	9	32	115	551	1346		82	191
			1	19	73	77		5	7
		3	6	10	75	291		7	35
		1	1		11	35		3	3
				2	14	58			5
	1	5	24	84	378	885		67	141
1	2	8	33	52	168	447	2	28	55
1	2	3	10	22	16	81	1	2	11
		1	8	4	19	75		2	9
		3	9	15	61	165	1	9	21
		1	6	11	72	126		15	14

2-B-8 续表 3

行　　业	1949年及以前	1950-1952年	1953-1957年	1958-1962年	1963-1965年
家具制造业	1		1		
木质家具制造	1		1		
竹、藤家具制造					
金属家具制造					
塑料家具制造					
其他家具制造					
造纸和纸制品业	1			2	1
纸浆制造					
造纸	1			2	
纸制品制造					1
印刷和记录媒介复制业	2	2	2	3	
印刷	2	1	2	3	
装订及印刷相关服务					
记录媒介复制		1			
文教、工美、体育和娱乐用品制造业	1	2	6	2	2
文教办公用品制造		1	3	1	1
乐器制造					
工艺美术品制造	1	1	3		1
体育用品制造				1	
玩具制造					
游艺器材及娱乐用品制造					
石油加工、炼焦和核燃料加工业					
精炼石油产品制造					
炼焦					
核燃料加工					
化学原料和化学制品制造业			2	3	2
基础化学原料制造					
肥料制造					
农药制造				1	
涂料、油墨、颜料及类似产品制造			1	1	

单位：个

1966–1970年	1971–1975年	1976–1980年	1981–1985年	1986–1990年	1991–1995年	1996–2000年	1978年	1992年	1997年
1		2	11	28	134	349		11	36
		1	8	17	79	190		4	22
				2	5	7			
		1	2	6	33	89		4	7
			1		3	10			1
1				3	14	53		3	6
2	6	17	48	89	381	1036	4	57	151
		1				3	1		
	4	7	9	18	78	280	3	13	32
2	2	9	39	71	303	753		44	119
8	12	37	140	174	664	1447	3	113	231
8	12	35	136	164	634	1361	3	108	219
		2	4	10	30	85		5	12
						1			
	8	18	60	141	473	1514	4	68	184
	3	7	9	23	73	372	1	13	41
		2	3	1	4	26	1	1	2
	3	7	33	83	312	779	2	48	98
		1	5	7	30	134		1	15
	2	1	10	25	42	155		4	20
				2	12	48		1	8
		3		8	12	38	1	1	8
		3		8	12	37	1	1	8
						1			
9	11	25	62	144	447	1210	6	86	169
	2	8	14	25	76	205	1	19	30
3		3	2	2	7	26	1	1	6
2	1	2		9	11	27	2	2	4
	1	4	13	32	127	322		19	50

2-B-8 续表 4

行　业	1949年及以前	1950-1952年	1953-1957年	1958-1962年	1963-1965年
合成材料制造				1	
专用化学产品制造					1
炸药、火工及焰火产品制造					1
日用化学产品制造			1		
医药制造业			2	3	2
化学药品原料药制造			1		
化学药品制剂制造					
中药饮片加工			1		
中成药生产				1	2
兽用药品制造					
生物药品制造					
卫生材料及医药用品制造				2	
化学纤维制造业					
纤维素纤维原料及纤维制造					
合成纤维制造					
橡胶和塑料制品业		1	2	3	
橡胶制品业			1	1	
塑料制品业		1	1	2	
非金属矿物制品业	2		7	2	
水泥、石灰和石膏制造					
石膏、水泥制品及类似制品制造			1		
砖瓦、石材等建筑材料制造	2		1		
玻璃制造			1		
玻璃制品制造				1	
玻璃纤维和玻璃纤维增强塑料制品制造					
陶瓷制品制造			3	1	
耐火材料制品制造					
石墨及其他非金属矿物制品制造			1		
黑色金属冶炼和压延加工业		1	2		
炼铁					
炼钢					

单位：个

1966–1970年	1971–1975年	1976–1980年	1981–1985年	1986–1990年	1991–1995年	1996–2000年	1978年	1992年	1997年
	1	1	4	11	33	130		3	16
1	6	7	20	47	143	364	2	31	38
2			3		2	2			1
1			6	18	48	134		11	24
7	3	2	8	26	103	185	1	22	21
	1		2	7	34	63		9	12
2	1	1	1	4	13	19	1	1	2
				1	4	11			1
4			1	4	16	10		4	
	1		1	3	4	19		1	1
				3	10	27		3	4
1		1	3	4	22	36		4	1
		1	7	7	31	156	1	3	12
			1		2	18		1	2
		1	6	7	29	138	1	2	10
7	6	40	159	273	1036	2824	11	148	349
1	1	7	35	57	154	394	1	27	44
6	5	33	124	216	882	2430	10	121	305
9	29	94	167	227	567	1194	18	79	149
2	5	15	20	9	36	104	3	5	13
3	2	14	32	50	120	267	6	13	29
4	13	46	85	116	232	354	5	34	44
		1			10	28			3
	3	1	3	13	41	107		6	11
	2	2	4	11	12	48		1	5
	1	2	1	4	20	63		5	11
	3	8	13	15	62	118	3	7	20
		5	9	9	34	105	1	8	13
1	10	19	55	109	282	534	3	44	77
			1		4	5		2	1
				1	1	4			1

2-B-8 续表 5

行　　业	1949年及以前	1950-1952年	1953-1957年	1958-1962年	1963-1965年
黑色金属铸造		1	1		
钢压延加工			1		
铁合金冶炼					
有色金属冶炼和压延加工业				1	1
常用有色金属冶炼					
贵金属冶炼					
稀有稀土金属冶炼					1
有色金属合金制造					
有色金属铸造					
有色金属压延加工				1	
金属制品业	3		8	3	4
结构性金属制品制造	2		1		1
金属工具制造			3	1	1
集装箱及金属包装容器制造				1	1
金属丝绳及其制品制造			1		
建筑、安全用金属制品制造	1		1		
金属表面处理及热处理加工			1		
搪瓷制品制造					
金属制日用品制造			1	1	
其他金属制品制造					1
通用设备制造业	5	6	16	21	5
锅炉及原动设备制造			2		
金属加工机械制造		3	2	4	1
物料搬运设备制造		2	2	2	1
泵、阀门、压缩机及类似机械制造	3		4	4	1
轴承、齿轮和传动部件制造	1		2	1	
烘炉、风机、衡器、包装等设备制造			2	2	
文化、办公用机械制造					
通用零部件制造		1	2	8	2
其他通用设备制造业	1				
专用设备制造业	1	2	10	10	1

单位：个

1966–1970年	1971–1975年	1976–1980年	1981–1985年	1986–1990年	1991–1995年	1996–2000年	1978年	1992年	1997年
1	8	16	31	67	154	262	3	24	41
	2	3	21	41	120	256		18	31
			2		3	7			3
	1	7	20	32	164	387		24	47
		1	4	5	14	32		3	3
				2		6			1
						2			
				1	9	35			4
	1	1	3	8	25	54		6	7
		5	13	16	116	258		15	32
4	17	44	148	288	967	2699	7	150	334
		3	12	28	112	341	1	16	43
	2	5	16	39	172	534	1	26	73
	1	1	6	6	37	76		4	16
		2	11	14	48	110		8	15
2	3	7	42	70	224	718		37	84
1	6	19	34	68	135	315	3	25	30
	1			2	5	19		1	1
		3	12	15	96	265	1	20	37
1	4	4	15	46	138	321	1	13	35
21	35	69	310	536	1640	3963	16	251	503
2	1	2	5	13	26	91		3	12
1	2	5	22	48	142	351	1	20	58
	3	4	6	10	54	141		4	16
8	9	18	108	139	466	947	5	90	122
1	4	9	36	55	198	598		28	79
2	2	2	23	54	176	465	1	22	55
			2	7	16	48		1	10
6	14	29	101	204	534	1249	9	77	139
1			7	6	28	73		6	12
6	17	32	123	249	685	1604	4	115	213

2-B-8 续表 6

行　业	1949年及以前	1950-1952年	1953-1957年	1958-1962年	1963-1965年
采矿、冶金、建筑专用设备制造					
化工、木材、非金属加工专用设备制造	1		1	1	1
食品、饮料、烟草及饲料生产专用设备制造			1	2	
印刷、制药、日化及日用品生产专用设备制造		1			
纺织、服装和皮革加工专用设备制造		1	3	3	
电子和电工机械专用设备制造					
农、林、牧、渔专用机械制造			1	1	
医疗仪器设备及器械制造			3	1	
环保、社会公共服务及其他专用设备制造			1	2	
汽车制造业		1		3	1
汽车整车制造				1	
改装汽车制造					
低速载货汽车制造					
电车制造					
汽车车身、挂车制造					
汽车零部件及配件制造		1		2	1
铁路、船舶、航空航天和其他运输设备制造业	1	1	1	3	
铁路运输设备制造					
城市轨道交通设备制造					
船舶及相关装置制造	1	1	1	3	
航空、航天器及设备制造					
摩托车制造					
自行车制造					
非公路休闲车及零配件制造					
潜水救捞及其他未列明运输设备制造					
电气机械和器材制造业	2	1	8	7	9
电机制造				1	2
输配电及控制设备制造		1	5	3	5
电线、电缆、光缆及电工器材制造			1		
电池制造					1
家用电力器具制造	1		1	1	

单位：个

1966–1970年	1971–1975年	1976–1980年	1981–1985年	1986–1990年	1991–1995年	1996–2000年	1978年	1992年	1997年
	2	1	19	24	65	101		12	16
1	2	9	22	78	197	525	2	38	56
1	1	3	11	18	39	61	1	11	9
1	2	2	13	17	64	143		7	33
2	2	10	31	54	148	378	1	30	50
	1		5	12	24	66		2	5
	3	2	8	13	42	71		7	8
	1	3	4	16	41	97		1	13
1	3	2	10	17	65	162		7	23
7	9	20	113	158	540	1195	3	85	167
	1				2	6			1
					1	2			
						1			
						1			
		1		1		3			
7	8	19	113	157	537	1182	3	85	166
3	5	11	24	49	193	531	2	30	89
1		4	1	4	4	12		1	1
1	1	2	6	12	26	75	1	6	12
					1	4		1	2
	4	2	12	25	112	266		17	48
		3	3	6	43	151	1	2	23
			1	1	2	15			1
1			1	1	5	8		3	2
14	15	57	179	262	1126	2899	14	145	389
6	2	8	14	34	141	343	1	9	50
3	6	30	92	108	419	1086	8	65	143
1	2	8	23	38	170	348	3	17	55
	1		4	1	15	41			7
3	2	6	20	43	176	503	1	30	59

2-B-8 续表 7

行　　业	1949年及以前	1950-1952年	1953-1957年	1958-1962年	1963-1965年
非电力家用器具制造					
照明器具制造	1		1	2	1
其他电气机械及器材制造					
计算机、通信和其他电子设备制造业			1		1
计算机制造					
通信设备制造					
广播电视设备制造					1
雷达及配套设备制造					
视听设备制造					
电子器件制造					
电子元件制造			1		
其他电子设备制造					
仪器仪表制造业		1		3	7
通用仪器仪表制造				2	3
专用仪器仪表制造		1		1	3
钟表与计时仪器制造					
光学仪器及眼镜制造					
其他仪器仪表制造业					1
其他制造业				1	
日用杂品制造				1	
煤制品制造					
核辐射加工					
其他未列明制造业					
废弃资源综合利用业					
金属废料和碎屑加工处理					
非金属废料和碎屑加工处理					
金属制品、机械和设备修理业		1	1	1	3
金属制品修理					
通用设备修理		1			
专用设备修理					
铁路、船舶、航空航天等运输设备修理			1	1	3

单位：个

1966—1970年	1971—1975年	1976—1980年	1981—1985年	1986—1990年	1991—1995年	1996—2000年	1978年	1992年	1997年
			1	6	37	56		6	8
1	1	5	17	31	150	462	1	16	59
	1		8	1	18	60		2	8
2	4	6	32	70	320	837	1	44	113
			3	1	6	27		3	2
		1	2	7	46	106		9	19
		1	1	2	25	70		1	14
						1			
		1	1	11	24	56		4	10
	1	1	7	9	36	94	1	7	16
2	3	2	18	36	173	442		19	47
				4	10	41		1	5
7	9	20	46	88	288	741	4	41	126
4	4	11	29	50	131	380	1	18	63
2	3	7	6	15	47	82	1	8	15
	1	1	1	6	10	33	1	1	4
1	1	1	5	11	81	210	1	13	36
			5	6	19	36		1	8
2	2	1	11	28	126	365		27	52
1	1		7	23	113	319		26	48
	1				6	4			
						1			
1		1	4	5	7	41		1	4
		2		8	28	65		7	8
		1		2	8	27		2	3
		1		6	20	38		5	5
1	5	6	12	15	56	77	2	15	10
				1		3			1
	1			1	2	11		1	1
			6	1	7	8		1	
1	4	6	5	9	35	46	2	10	8

2-B-8 续表 8

行 业	1949年及以前	1950-1952年	1953-1957年	1958-1962年	1963-1965年
电气设备修理					
仪器仪表修理					
其他机械和设备修理业					
电力、热力、燃气及水生产和供应业	**1**	**1**	**3**	**17**	**11**
电力、热力生产和供应业	1		3	16	6
电力生产	1		3	12	6
电力供应				4	
热力生产和供应					
燃气生产和供应业		1			
燃气生产和供应业		1			
水的生产和供应业				1	5
自来水生产和供应				1	5
污水处理及其再生利用					
其他水的处理、利用与分配					
建筑业	**3**	**1**	**2**	**3**	**7**
房屋建筑业	2		2	1	3
房屋建筑业	2		2	1	3
土木工程建筑业		1		1	2
铁路、道路、隧道和桥梁工程建筑					1
水利和内河港口工程建筑					
海洋工程建筑					
工矿工程建筑					1
架线和管道工程建筑					
其他土木工程建筑		1		1	
建筑安装业				1	1
电气安装					
管道和设备安装				1	
其他建筑安装业					1
建筑装饰和其他建筑业	1				1
建筑装饰业	1				1
工程准备活动					
提供施工设备服务					
其他未列明建筑业					

单位：个

1966–1970年	1971–1975年	1976–1980年	1981–1985年	1986–1990年	1991–1995年	1996–2000年	1978年	1992年	1997年
				1	2	4		1	
						1			
			1	2	10	4		2	
33	**63**	**162**	**213**	**211**	**340**	**750**	**37**	**62**	**134**
22	52	142	140	118	223	575	33	38	108
22	52	142	132	116	211	556	33	35	104
			7		5	15		3	3
			1	2	7	4			1
			3	6	19	33		4	5
			3	6	19	33		4	5
11	11	20	70	87	98	142	4	20	21
11	11	20	66	68	62	75	4	12	15
				1	1	17			1
			4	18	35	50		8	5
19	**16**	**41**	**81**	**93**	**573**	**1276**	**8**	**74**	**180**
11	9	23	25	22	96	163	4	13	22
11	9	23	25	22	96	163	4	13	22
3	4	7	24	23	123	290	2	21	41
1	2	1	9	7	45	115		11	24
1	1	2	5	8	20	20	1	8	3
						2			
			1	2	9	23			2
		3	3	4	21	47	1		6
1	1	1	6	2	28	83		2	6
3	2	5	18	22	114	275	2	11	47
		1	7	4	37	75		6	15
1	2	1	7	8	40	96	1	2	16
2		3	4	10	37	104	1	3	16
2	1	6	14	26	240	548		29	70
1	1	3	12	22	219	454		24	62
		1	1	3	13	73		3	5
					1	5			1
1		2	1	1	7	16		2	2

2-B-8 续表 9

行　　业	1949年及以前	1950–1952年	1953–1957年	1958–1962年	1963–1965年
批发和零售业	**28**	**126**	**85**	**63**	**14**
批发业	10	55	41	25	7
农、林、牧产品批发		3	6	4	
食品、饮料及烟草制品批发	1	7	14	2	2
纺织、服装及家庭用品批发	1	3	2	1	
文化、体育用品及器材批发		1			
医药及医疗器材批发			1	5	
矿产品、建材及化工产品批发	4	39	16	8	5
机械设备、五金产品及电子产品批发	2	1			
贸易经纪与代理	1	1	1	1	
其他批发业	1		1	4	
零售业	18	71	44	38	7
综合零售	1	33	10	11	1
食品、饮料及烟草制品专门零售	3	5	8	8	
纺织、服装及日用品专门零售	2	6	6	3	1
文化、体育用品及器材专门零售	6	8	9	1	2
医药及医疗器材专门零售	3	6	7	10	2
汽车、摩托车、燃料及零配件专门零售	1	9	1		
家用电器及电子产品专门零售	1			1	
五金、家具及室内装饰材料专门零售		3	3	4	1
货摊、无店铺及其他零售业	1	1			
交通运输、仓储和邮政业	**6**	**9**	**17**	**2**	**5**
道路运输业	3	4	4	2	1
城市公共交通运输					
公路旅客运输	1	4	2	1	1
道路货物运输	1		2	1	
道路运输辅助活动	1				
水上运输业	1	1	3		1
水上旅客运输	1		1		

单位：个

1966－1970年	1971－1975年	1976－1980年	1981－1985年	1986－1990年	1991－1995年	1996－2000年	1978年	1992年	1997年
20	**30**	**136**	**444**	**673**	**2757**	**10395**	**34**	**465**	**1199**
11	20	85	238	409	1996	7824	23	322	886
		11	12	19	59	218	4	15	23
4	6	13	32	50	167	631	3	26	64
1	2	5	18	37	302	1454	1	32	182
1		2	12	14	71	285		9	21
	1	2	6	5	28	126		5	21
4	5	39	104	183	896	2940	13	164	352
1	4	11	39	55	337	1573	1	52	166
	1		1	11	49	166		5	16
	1	2	14	35	87	431	1	14	41
9	10	51	206	264	761	2571	11	143	313
1	2	10	48	35	47	135	2	7	18
4	1	5	30	38	64	258		12	33
1	1	4	22	27	66	278	1	15	43
	1	5	12	13	67	167		13	22
1	2	17	52	64	95	248	3	29	31
2	1	3	11	28	177	470	1	27	61
		2	4	19	89	389	1	8	39
	1	5	21	25	85	438	3	18	45
	1		6	15	71	188		14	21
3	**12**	**25**	**126**	**133**	**470**	**1240**	**2**	**74**	**155**
1	5	10	60	67	253	618	1	44	83
		1	10	12	44	87		7	14
	1	3	11	15	28	87		6	10
1	3	3	30	25	135	343	1	23	44
	1	3	9	15	46	101		8	15
1	2	4	18	14	42	122		6	14
		1	6	4	4	13			1

2-B-8 续表 10

行　　业	1949年及以前	1950–1952年	1953–1957年	1958–1962年	1963–1965年
水上货物运输		1	2		1
水上运输辅助活动					
航空运输业					
航空客货运输					
通用航空服务					
航空运输辅助活动					
管道运输业					
管道运输业					
装卸搬运和运输代理业	2	2	3		2
装卸搬运	1	2	3		2
运输代理业	1				
仓储业		2	7		1
谷物、棉花等农产品仓储		1	7		
其他仓储业		1			1
邮政业					
邮政基本服务					
快递服务					
住宿和餐饮业	**1**	**1**	**10**	**10**	
住宿业	1		2	8	
旅游饭店	1			3	
一般旅馆			2	5	
其他住宿业					
餐饮业		1	8	2	
正餐服务		1	4	2	
快餐服务					
饮料及冷饮服务					
其他餐饮业			4		
信息传输、软件和信息技术服务业	**1**				
电信、广播电视和卫星传输服务					
电信					
广播电视传输服务					

单位：个

1966–1970年	1971–1975年	1976–1980年	1981–1985年	1986–1990年	1991–1995年	1996–2000年	1978年	1992年	1997年
	2	2	9	3	27	84		5	10
1		1	3	7	11	25		1	3
					2	10			1
						1			
					1	4			1
					1	5			
	1					1			
	1					1			
	4	8	37	41	140	338		20	44
	3	1	13	16	25	90		5	13
	1	7	24	25	115	248		15	31
1		3	11	8	30	117	1	4	10
		1	5	1	10	59		3	2
1		2	6	7	20	58	1	1	8
				3	3	34			3
				1	2	12			2
				2	1	22			1
7	**4**	**20**	**58**	**95**	**197**	**669**	**2**	**27**	**67**
4		11	47	69	145	434	2	23	44
1		2	11	27	46	159		7	15
3		9	36	40	95	263	2	16	29
				2	4	12			
3	4	9	11	26	52	235		4	23
1	4	8	10	20	43	169		3	16
				3	5	27		1	4
				1	2	7			1
2		1	1	2	2	32			2
	1	**3**	**8**	**9**	**61**	**405**		**6**	**37**
		3	6	3	6	34			5
		3	4	2	3	23			3
			2	1	3	11			2

2-B-8 续表 11

行　业	1949年及以前	1950-1952年	1953-1957年	1958-1962年	1963-1965年
互联网和相关服务					
互联网接入及相关服务					
互联网信息服务					
其他互联网服务					
软件和信息技术服务业	1				
软件开发					
信息系统集成服务					
信息技术咨询服务	1				
数据处理和存储服务					
集成电路设计					
其他信息技术服务业					
房地产业	**1**	**3**	**3**		
房地产业	1	3	3		
房地产开发经营					
物业管理	1				
房地产中介服务		1	1		
其他房地产业		2	2		
租赁和商务服务业	**15**	**36**	**37**	**28**	**6**
租赁业			2		
机械设备租赁			1		
文化及日用品出租			1		
商务服务业	15	36	35	28	6
企业管理服务	12	35	24	22	6
法律服务	1				
咨询与调查	1		1	2	
广告业					
知识产权服务		1			
人力资源服务					
旅行社及相关服务					
安全保护服务					
其他商务服务业	1		10	4	

单位：个

1966-1970年	1971-1975年	1976-1980年	1981-1985年	1986-1990年	1991-1995年	1996-2000年	1978年	1992年	1997年
					6	33			1
						5			1
					6	26			
						2			
	1		2	6	49	338		6	31
	1			5	32	237		3	21
					5	45		1	6
			2	1	8	38		1	2
						3			
					1	2			1
					3	13		1	1
2	**1**	**3**	**35**	**46**	**470**	**1149**	**2**	**102**	**111**
2	1	3	35	46	470	1149	2	102	111
	1	1	22	28	333	528	1	81	42
1		1	6	8	74	403	1	7	49
			3	5	39	172		9	16
1		1	4	5	24	46		5	4
8	**6**	**54**	**350**	**294**	**1081**	**3693**	**8**	**203**	**759**
	1		4	5	31	101		2	12
	1		4	3	30	97		2	11
				2	1	4			1
8	5	54	346	289	1050	3592	8	201	747
3	2	30	269	152	418	1480	6	80	505
	1	2	13	9	45	78		6	8
	1	1	6	11	105	547		22	25
		1	8	11	145	592		17	79
			1	1	2	12		1	
1		1	8		21	55		5	4
		3	11	15	72	233		17	38
				28	34	28		10	8
4	1	16	30	62	208	567	2	43	80

2-B-8 续表 12

行　　业	1949年及以前	1950-1952年	1953-1957年	1958-1962年	1963-1965年
科学研究和技术服务业	**2**	**2**	**2**	**3**	**1**
研究和试验发展					
自然科学研究和试验发展					
工程和技术研究和试验发展					
农业科学研究和试验发展					
医学研究和试验发展					
社会人文科学研究					
专业技术服务业	1	1	2	2	1
气象服务					
地震服务					
海洋服务					
测绘服务	1				
质检技术服务					
环境与生态监测					
地质勘查					
工程技术				2	1
其他专业技术服务业		1	2		
科技推广和应用服务业	1	1		1	
技术推广服务	1	1		1	
科技中介服务					
其他科技推广和应用服务业					
水利、环境和公共设施管理业				**3**	**2**
水利管理业				2	2
防洪除涝设施管理					
水资源管理					1
天然水收集与分配				2	1
水文服务					
其他水利管理业					
生态保护和环境治理业				1	
生态保护				1	
环境治理业					

单位：个

1966–1970年	1971–1975年	1976–1980年	1981–1985年	1986–1990年	1991–1995年	1996–2000年	1978年	1992年	1997年
3	**4**	**21**	**63**	**85**	**348**	**857**	**4**	**64**	**94**
			3	3	33	76		9	10
					1	8		1	1
			2	2	15	45		3	7
				1	11	9		4	1
			1		6	14		1	1
3	2	18	48	62	222	597	2	31	61
				1		9			4
						1			
				6	14	40			5
			2	9	27	53		1	8
					2	10			1
			4	4	6	5		2	
2	1	15	38	35	141	345	2	26	31
1	1	3	4	7	32	134		2	12
	2	3	12	20	93	184	2	24	23
	2	3	7	18	86	166	2	23	20
			2	2	7	13		1	2
			3			5			1
	2	**5**	**8**	**14**	**86**	**289**	**3**	**17**	**35**
	2	3	4	4	21	27	3	5	5
					2	5		2	
		1	1	1	5	6	1		2
	2	1	1	1	4	4	1		
					1				
		1	2	2	9	12	1	3	3
		1		2	6	16		4	1
					2	3		2	
		1		2	4	13		2	1

2-B-8 续表 13

行　业	1949年及以前	1950-1952年	1953-1957年	1958-1962年	1963-1965年
公共设施管理业					
市政设施管理					
环境卫生管理					
城乡市容管理					
绿化管理					
公园和游览景区管理					
居民服务、修理和其他服务业	**1**	**1**	**1**	**5**	**1**
居民服务业	1		1	3	1
家庭服务					
托儿所服务					
洗染服务					
理发及美容服务			1	1	
洗浴服务				1	
保健服务					
婚姻服务					
殡葬服务	1			1	1
其他居民服务业					
机动车、电子产品和日用产品修理业				1	
汽车、摩托车修理与维护					
计算机和办公设备维修				1	
家用电器修理					
其他日用产品修理业					
其他服务业		1		1	
清洁服务					
其他未列明服务业		1		1	
卫生和社会工作					
社会工作					
提供住宿社会工作					
不提供住宿社会工作					
文化、体育和娱乐业	**2**	**2**	**3**	**7**	**1**
新闻和出版业					

单位：个

1966–1970年	1971–1975年	1976–1980年	1981–1985年	1986–1990年	1991–1995年	1996–2000年	1978年	1992年	1997年
		1	4	8	59	246		8	29
			1	2	10	40		1	3
				1	3	20		1	1
						4			2
				2	32	121		3	15
		1	3	3	14	61		3	8
3	**3**	**13**	**36**	**86**	**212**	**605**	**3**	**39**	**71**
		1	10	22	54	151		8	19
			1		3	11		2	
			1	1	3	24		1	1
			3	4	2	35			1
					2	13			
					3	11			2
					4	3		1	2
		1	5	16	29	34		4	11
				1	8	20			2
2	2	12	24	62	143	401	3	27	46
	2	11	18	51	124	329	3	22	37
			2	2	6	26		2	
1		1	2	7	10	40		3	9
1			2	2	3	6			
1	1		2	2	15	53		4	6
1			1	2	9	37		2	2
	1		1		6	16		2	4
				1	**3**	**20**		**1**	
				1	3	20		1	
					3	10		1	
				1		10			
	2	**25**	**28**	**31**	**71**	**443**	**6**	**11**	**24**
		4	8	1	10	7	2	1	

2-B-8 续表 14

行　业	1949年及以前	1950-1952年	1953-1957年	1958-1962年	1963-1965年
新闻业					
出版业					
广播、电视、电影和影视录音制作业			2	4	1
广播					
电视					
电影和影视节目制作					
电影和影视节目发行				1	
电影放映			2	3	1
录音制作					
文化艺术业	2	2	1	2	
文艺创作与表演	1	1		1	
艺术表演场馆	1	1	1	1	
图书馆与档案馆					
文物及非物质文化遗产保护					
博物馆					
烈士陵园、纪念馆					
群众文化活动					
其他文化艺术业					
体育					
体育组织					
体育场馆					
休闲健身活动					
其他体育					
娱乐业				1	
室内娱乐活动				1	
游乐园					
彩票活动					
文化、娱乐、体育经纪代理					
其他娱乐业					

单位：个

1966–1970年	1971–1975年	1976–1980年	1981–1985年	1986–1990年	1991–1995年	1996–2000年	1978年	1992年	1997年
					2	1			
		4	8	1	8	6	2	1	
	2	17	15	10	12	26	3	2	2
			1			1			
				1	3	1		1	
		1		2	5	10	1	1	1
		1	2			2			
	2	15	12	7	2	12	2		1
					2				
		3	4	12	9	31		2	2
		1	2	5	3	10			
		1	1	1					
				1	4	7		2	
						2			1
						2			
		1		4	1	5			
			1	1	1	5			1
				4	5	19			2
				1					
				3	5	17			2
						2			
		1	1	4	35	360	1	6	18
		1	1	2	30	335	1	4	16
						4			
						1			1
					4	10		2	
				2	1	10			1

2-B-8 续表 15

行　　业	2000年	2001年	2002年	2003年	2004年
总　计	**18524**	**21066**	**26766**	**31146**	**29627**
农、林、牧、渔业	**28**	**37**	**25**	**34**	**30**
农业		1		2	1
谷物种植					
蔬菜、食用菌及园艺作物种植					
水果种植					1
坚果、含油果、香料和饮料作物种植		1		1	
中药材种植				1	
其他农业					
林业	1			1	
林木育种和育苗	1			1	
畜牧业			3	1	1
牲畜饲养			1		1
家禽饲养			2		
其他畜牧业				1	
渔业	1	1	1	1	1
水产养殖	1	1	1	1	1
农、林、牧、渔服务业	26	35	21	29	27
农业服务业	20	26	16	21	21
林业服务业	3	1		6	4
畜牧服务业	3	3	3	1	2
渔业服务业		5	2	1	
采矿业	**26**	**35**	**59**	**71**	**60**
煤炭开采和洗选业		1	1		
烟煤和无烟煤开采洗选			1		
褐煤开采洗选					
其他煤炭采选		1			
黑色金属矿采选业		2		1	
铁矿采选		2		1	
其他黑色金属矿采选					

单位：个

2005年	2006年	2007年	2008年	2009年	2010年	2011年	2012年	2013年
32226	**41083**	**41643**	**41406**	**54523**	**71574**	**84934**	**85290**	**155824**
58	**75**	**154**	**328**	**510**	**291**	**340**	**365**	**354**
	3		3	7	7	4	8	3
	1		1					1
				2	5	1	2	
	1		2	3	1			1
	1			2	1	1	3	
						1	3	1
						1		
						2		
						2		
1	2	1	3	1	1	3	1	2
1	1	1		1	1	2		1
	1		1			1		
			2				1	1
1	1			2	3			
1	1			2	3			
56	69	153	322	500	280	331	356	349
48	60	121	277	457	256	294	326	310
3	3	10	10	20	6	16	14	14
3	3	18	23	9	10	12	10	16
2	3	4	12	14	8	9	6	9
70	**81**	**83**	**93**	**103**	**85**	**116**	**93**	**106**
	1	1	1		1		4	9
							4	4
	1				1			3
		1	1					2
1		1	1	3	2	3	6	
1		1	1	2	2	3	6	
				1				

2-B-8 续表 16

行　　业	2000年	2001年	2002年	2003年	2004年
有色金属矿采选业		3	3	2	4
常用有色金属矿采选		3	1	2	1
贵金属矿采选			2		
稀有稀土金属矿采选					3
非金属矿采选业	26	29	55	66	54
土砂石开采	24	26	54	64	51
化学矿开采					
采盐					
石棉及其他非金属矿采选	2	3	1	2	3
开采辅助活动					
石油和天然气开采辅助活动					
其他开采辅助活动					
其他采矿业				2	2
其他采矿业				2	2
制造业	**10985**	**12571**	**16155**	**17521**	**15883**
农副食品加工业	226	265	257	254	207
谷物磨制	20	20	20	19	11
饲料加工	23	29	22	25	16
植物油加工	8	5	11	5	6
制糖业			1	1	1
屠宰及肉类加工	26	28	30	23	26
水产品加工	80	90	85	85	46
蔬菜、水果和坚果加工	54	72	77	64	83
其他农副食品加工	15	21	11	32	18
食品制造业	99	120	104	102	85
焙烤食品制造	22	23	14	21	13
糖果、巧克力及蜜饯制造	9	10	10	2	5
方便食品制造	12	9	11	18	8
乳制品制造	3	3	4	2	3
罐头食品制造	11	13	13	10	14
调味品、发酵制品制造	11	20	17	12	13
其他食品制造	31	42	35	37	29

单位：个

2005年	2006年	2007年	2008年	2009年	2010年	2011年	2012年	2013年
6	10	3	5	3	1	3	4	4
2	6	2	2	2		3	2	2
			1				1	
4	4	1	2	1	1		1	2
62	67	76	84	96	77	106	73	86
54	62	72	79	85	68	94	64	79
				2		1		2
8	5	4	5	9	9	11	9	5
1	1				2		2	2
	1						1	1
1					2		1	1
	2	2	2	1	2	4	4	5
	2	2	2	1	2	4	4	5
16821	**21528**	**20957**	**18495**	**22308**	**29653**	**31527**	**28012**	**53562**
238	292	269	267	335	328	403	469	567
12	8	11	9	15	21	20	22	33
27	17	25	19	13	28	23	18	36
10	17	11	20	27	23	25	38	26
	3		4		6	7	11	4
35	38	39	39	36	43	56	62	54
63	71	60	58	68	88	89	94	142
63	106	87	83	136	84	123	144	144
28	32	36	35	40	35	60	80	128
80	125	134	112	95	120	186	264	331
19	30	51	33	25	34	79	89	149
4	10	15	8	4	6	7	24	17
7	27	19	23	20	22	35	54	52
1		2	2	1	1		1	4
9	12	6	13	3	12	9	15	17
10	8	11	2	7	13	13	15	17
30	38	30	31	35	32	43	66	75

2-B-8 续表 17

行　　业	2000年	2001年	2002年	2003年	2004年
酒、饮料和精制茶制造业	110	132	128	115	117
酒的制造	25	27	26	28	14
饮料制造	30	43	37	29	43
精制茶加工	55	62	65	58	60
烟草制品业		1		1	
卷烟制造					
其他烟草制品制造		1		1	
纺织业	958	937	1445	1545	1371
棉纺织及印染精加工	327	323	467	511	420
毛纺织及染整精加工	44	52	67	75	55
麻纺织及染整精加工	1	5	6	8	3
丝绢纺织及印染精加工	92	86	112	120	96
化纤织造及印染精加工	118	116	179	210	222
针织或钩针编织物及其制品制造	176	145	276	273	254
家用纺织制成品制造	100	103	173	172	172
非家用纺织制成品制造	100	107	165	176	149
纺织服装、服饰业	758	797	1033	1192	1065
机织服装制造	382	403	486	572	545
针织或钩针编织服装制造	194	234	328	313	269
服饰制造	182	160	219	307	251
皮革、毛皮、羽毛及其制品和制鞋业	341	406	506	561	475
皮革鞣制加工	16	27	37	42	22
皮革制品制造	90	118	160	164	161
毛皮鞣制及制品加工	21	20	37	45	47
羽毛(绒)加工及制品制造	21	21	24	25	10
制鞋业	193	220	248	285	235
木材加工和木、竹、藤、棕、草制品业	162	190	241	264	241
木材加工	28	29	34	44	44
人造板制造	26	33	41	62	37
木制品制造	60	71	94	89	97
竹、藤、棕、草等制品制造	48	57	72	69	63

单位：个

2005年	2006年	2007年	2008年	2009年	2010年	2011年	2012年	2013年
116	115	147	149	109	125	184	219	392
16	19	20	16	13	13	21	27	27
40	27	27	46	24	24	47	66	60
60	69	100	87	72	88	116	126	305
	1							
	1							
1460	1912	1745	1456	1779	2538	2540	2046	5389
385	583	499	359	419	738	610	450	2016
54	80	82	58	57	67	77	63	125
7	3	2	5	4	4	7	7	10
118	87	75	79	78	73	71	48	103
218	287	235	173	209	311	304	236	558
306	392	410	332	519	678	728	611	939
190	256	233	261	281	381	439	423	1111
182	224	209	189	212	286	304	208	527
1151	1467	1378	1157	1512	2258	2346	2160	5430
575	732	693	558	785	1157	1281	1164	3350
308	407	357	280	410	574	469	476	1042
268	328	328	319	317	527	596	520	1038
532	726	671	563	761	1219	1470	1339	3949
30	22	17	9	19	31	26	40	60
149	214	234	200	251	330	461	406	950
71	111	109	45	57	114	91	117	186
16	16	14	13	12	15	29	11	31
266	363	297	296	422	729	863	765	2722
270	358	389	381	387	575	503	530	1156
43	61	61	69	69	102	110	94	302
33	52	62	61	55	59	50	48	65
116	148	163	163	184	298	226	249	502
78	97	103	88	79	116	117	139	287

2-B-8 续表 18

行　业	2000年	2001年	2002年	2003年	2004年
家具制造业	119	108	176	208	200
木质家具制造	58	55	103	118	119
竹、藤家具制造	2	5	5	3	6
金属家具制造	30	29	42	47	50
塑料家具制造	4	5	8	14	4
其他家具制造	25	14	18	26	21
造纸和纸制品业	304	298	416	536	432
纸浆制造	1	1	3		
造纸	83	77	110	156	78
纸制品制造	220	220	303	380	354
印刷和记录媒介复制业	434	489	799	714	575
印刷	407	456	760	656	526
装订及印刷相关服务	27	32	37	57	49
记录媒介复制		1	2	1	
文教、工美、体育和娱乐用品制造业	520	568	819	902	747
文教办公用品制造	129	142	157	178	183
乐器制造	9	9	16	17	15
工艺美术品制造	272	302	478	529	391
体育用品制造	41	37	66	52	66
玩具制造	52	69	86	115	77
游艺器材及娱乐用品制造	17	9	16	11	15
石油加工、炼焦和核燃料加工业	14	18	15	10	22
精炼石油产品制造	13	18	15	10	22
炼焦	1				
核燃料加工					
化学原料和化学制品制造业	389	425	555	570	462
基础化学原料制造	56	77	82	85	59
肥料制造	7	14	12	10	10
农药制造	8	2	6	8	4
涂料、油墨、颜料及类似产品制造	110	125	160	153	129

单位：个

2005年	2006年	2007年	2008年	2009年	2010年	2011年	2012年	2013年
200	288	295	279	354	550	558	579	991
108	144	159	170	197	342	346	367	645
6	9	5	5	6	14	12	15	58
52	90	75	67	80	96	97	97	123
6	11	15	8	14	22	20	17	22
28	34	41	29	57	76	83	83	143
451	548	592	495	618	837	699	744	1414
1	1	3	2	2	2	1	1	3
72	91	113	78	94	125	110	121	198
378	456	476	415	522	710	588	622	1213
498	599	606	382	540	584	541	429	794
463	554	559	356	515	541	501	394	667
34	45	46	26	25	41	40	33	122
1		1			2		2	5
905	1159	1092	926	1082	1527	1633	1658	3203
168	175	195	139	165	227	254	224	435
7	9	8	9	8	10	15	13	9
543	733	663	595	667	964	1000	1054	2078
78	95	73	70	113	142	153	153	212
87	123	127	88	111	145	154	169	381
22	24	26	25	18	39	57	45	88
16	21	17	34	18	19	21	35	30
16	21	17	34	18	18	20	33	30
							2	
					1	1		
472	560	484	497	523	558	541	488	609
70	91	79	57	62	62	78	65	55
9	10	11	12	27	22	31	22	18
1	4	4	4		2	4	4	1
131	148	108	109	131	123	105	117	171

2-B-8 续表 19

行　　业	2000年	2001年	2002年	2003年	2004年
合成材料制造	50	41	58	59	52
专用化学产品制造	119	122	184	189	156
炸药、火工及焰火产品制造	1	2	1	1	1
日用化学产品制造	38	42	52	65	51
医药制造业	56	65	79	81	65
化学药品原料药制造	22	22	22	15	13
化学药品制剂制造	3	8	5	11	7
中药饮片加工	3	5	10	11	2
中成药生产	3	4	1	5	8
兽用药品制造	4	2	2	4	3
生物药品制造	9	6	8	10	12
卫生材料及医药用品制造	12	18	31	25	20
化学纤维制造业	76	55	88	96	79
纤维素纤维原料及纤维制造	13	7	8	8	10
合成纤维制造	63	48	80	88	69
橡胶和塑料制品业	874	1066	1458	1475	1292
橡胶制品业	114	130	189	206	163
塑料制品业	760	936	1269	1269	1129
非金属矿物制品业	371	393	547	729	586
水泥、石灰和石膏制造	34	27	29	49	38
石膏、水泥制品及类似制品制造	97	89	144	227	140
砖瓦、石材等建筑材料制造	88	113	180	224	188
玻璃制造	9	12	7	13	19
玻璃制品制造	41	44	55	71	61
玻璃纤维和玻璃纤维增强塑料制品制造	11	15	36	22	22
陶瓷制品制造	23	20	14	43	35
耐火材料制品制造	33	39	40	53	40
石墨及其他非金属矿物制品制造	35	34	42	27	43
黑色金属冶炼和压延加工业	162	196	249	301	272
炼铁	2	1	2	2	3
炼钢	2	2	6	4	7

单位：个

2005年	2006年	2007年	2008年	2009年	2010年	2011年	2012年	2013年
58	60	57	55	77	83	69	69	100
148	185	172	180	163	194	179	129	163
	1	3	2	3		1	3	1
55	61	50	78	60	72	74	79	100
53	63	47	47	55	70	70	64	74
12	12	6	11	12	8	11	7	8
3	6	4	2	3	4	6	5	9
4	7	3	8	4	7	8	7	13
5	5	4	1	3	3	3	1	5
4	3	3	2	3	4	2	2	4
10	8	11	10	10	15	17	18	17
15	22	16	13	20	29	23	24	18
66	98	94	57	89	148	136	83	136
8	8	5	6	6	11	14	8	10
58	90	89	51	83	137	122	75	126
1459	1937	1791	1562	1890	2490	2289	2164	3818
197	222	194	173	200	308	275	236	379
1262	1715	1597	1389	1690	2182	2014	1928	3439
492	730	648	628	674	865	917	856	2492
19	33	25	40	35	34	39	34	72
114	196	182	176	168	187	219	198	353
147	195	170	188	183	239	260	282	627
16	31	29	15	29	38	38	22	43
70	100	97	82	94	164	158	128	958
20	34	32	23	30	34	27	31	53
26	50	35	47	48	84	75	76	148
35	47	37	26	47	41	41	30	56
45	44	41	31	40	44	60	55	182
244	242	273	248	212	231	188	176	271
1	2	2		4	3	4	1	4
3	2	3	2	4	5	2	7	5

2-B-8 续表 20

行　业	2000年	2001年	2002年	2003年	2004年
黑色金属铸造	80	94	111	118	114
钢压延加工	78	98	129	169	143
铁合金冶炼		1	1	8	5
有色金属冶炼和压延加工业	148	162	210	177	167
常用有色金属冶炼	15	8	20	21	15
贵金属冶炼	1		2	1	
稀有稀土金属冶炼	1		2	1	
有色金属合金制造	13	18	15	9	17
有色金属铸造	15	18	27	22	19
有色金属压延加工	103	118	144	123	116
金属制品业	882	1113	1291	1404	1343
结构性金属制品制造	105	141	182	206	166
金属工具制造	185	210	211	238	252
集装箱及金属包装容器制造	17	18	40	37	42
金属丝绳及其制品制造	35	42	56	46	51
建筑、安全用金属制品制造	251	328	377	362	388
金属表面处理及热处理加工	99	122	130	181	141
搪瓷制品制造	4	11	13	9	10
金属制日用品制造	74	120	148	151	125
其他金属制品制造	112	121	134	174	168
通用设备制造业	1296	1567	1935	2147	2111
锅炉及原动设备制造	26	28	26	34	35
金属加工机械制造	97	125	143	188	166
物料搬运设备制造	41	45	65	84	64
泵、阀门、压缩机及类似机械制造	273	380	478	469	519
轴承、齿轮和传动部件制造	224	221	254	327	285
烘炉、风机、衡器、包装等设备制造	157	195	224	225	194
文化、办公用机械制造	16	17	18	12	19
通用零部件制造	441	520	697	762	793
其他通用设备制造业	21	36	30	46	36
专用设备制造业	561	643	753	862	839

单位：个

2005年	2006年	2007年	2008年	2009年	2010年	2011年	2012年	2013年
87	95	77	72	55	75	40	30	66
151	140	189	169	147	143	140	135	191
2	3	2	5	2	5	2	3	5
164	245	220	200	195	245	255	213	358
21	25	27	23	16	21	23	19	21
3		3	2	1		1	1	3
2	1	1	1	3	3	1		3
14	19	13	20	21	31	23	30	28
18	30	18	16	26	23	38	23	36
106	170	158	138	128	167	169	140	267
1511	1860	1850	1550	2010	2619	2798	2433	4502
223	299	336	274	408	502	489	391	735
267	294	278	260	262	418	459	411	689
40	43	38	31	31	73	51	50	51
53	81	60	48	61	33	61	43	81
398	537	509	422	577	704	813	675	1473
148	151	163	123	112	177	184	170	332
16	28	20	27	18	34	33	32	47
172	222	208	178	309	363	404	378	630
194	205	238	187	232	315	304	283	464
2283	2882	2875	2604	2747	3734	4412	3523	6007
43	43	39	40	38	50	73	44	63
181	249	222	224	285	438	530	425	770
73	119	85	68	115	152	143	147	168
496	599	624	590	615	768	924	827	1269
310	368	405	328	265	394	483	332	446
230	291	285	275	295	382	464	392	579
25	29	28	32	23	38	39	33	46
885	1132	1141	992	1034	1385	1624	1210	2521
40	52	46	55	77	127	132	113	145
916	1140	1017	980	1280	1688	1864	1626	2551

2-B-8 续表 21

行　业	2000年	2001年	2002年	2003年	2004年
采矿、冶金、建筑专用设备制造	38	37	52	55	57
化工、木材、非金属加工专用设备制造	192	243	262	339	304
食品、饮料、烟草及饲料生产专用设备制造	13	27	33	34	26
印刷、制药、日化及日用品生产专用设备制造	42	35	36	58	46
纺织、服装和皮革加工专用设备制造	135	157	201	171	203
电子和电工机械专用设备制造	25	17	32	26	29
农、林、牧、渔专用机械制造	23	31	39	38	41
医疗仪器设备及器械制造	29	25	30	53	49
环保、社会公共服务及其他专用设备制造	64	71	68	88	84
汽车制造业	372	415	571	644	611
汽车整车制造	3	4	3	8	3
改装汽车制造	1	2			1
低速载货汽车制造	1				
电车制造	1	1			
汽车车身、挂车制造	2	2	3	2	2
汽车零部件及配件制造	364	406	565	634	605
铁路、船舶、航空航天和其他运输设备制造业	137	150	215	205	239
铁路运输设备制造	5	2		5	4
城市轨道交通设备制造					
船舶及相关装置制造	17	23	28	25	63
航空、航天器及设备制造	1	2	1		3
摩托车制造	49	55	90	85	95
自行车制造	55	60	86	76	61
非公路休闲车及零配件制造	8	5	7	11	11
潜水救捞及其他未列明运输设备制造	2	3	3	3	2
电气机械和器材制造业	930	1150	1386	1465	1289
电机制造	102	137	184	170	147
输配电及控制设备制造	341	374	451	472	441
电线、电缆、光缆及电工器材制造	102	159	170	188	138
电池制造	17	16	15	27	25
家用电力器具制造	171	201	233	271	246

单位：个

2005年	2006年	2007年	2008年	2009年	2010年	2011年	2012年	2013年
59	66	67	50	72	85	105	96	145
359	478	450	406	509	745	801	693	1215
30	25	20	21	44	54	41	46	81
59	54	60	70	96	113	116	97	181
203	246	191	148	181	265	322	211	352
32	53	48	51	61	82	82	90	97
33	43	38	47	66	83	92	76	112
61	69	32	57	74	81	84	102	96
80	106	111	130	177	180	221	215	272
592	878	814	695	860	1195	1291	1067	1925
4	8	2	5	4	6	2	6	8
1	1	3	1	4	3	1	4	1
1	2	1	1	1	2			2
	2	2	2	2	4	4	3	3
586	865	806	686	849	1180	1284	1054	1911
206	305	296	284	291	296	292	264	472
5	6	7	5	14	13	7	5	8
	1		1		1	4		1
67	87	106	123	81	85	93	67	97
1	2	2	3	1	4	2	4	4
71	85	77	62	68	71	64	67	179
52	112	89	75	108	100	98	100	152
7	11	12	10	10	13	16	13	21
3	1	3	5	9	9	8	8	10
1461	1729	1937	1692	2360	2965	3297	2757	3685
189	188	193	168	212	257	326	257	340
459	604	633	617	858	1126	1305	1039	1455
195	197	211	143	202	238	221	188	247
23	19	31	35	36	47	57	27	34
270	311	339	273	434	494	612	560	714

2-B-8 续表 22

行　　业	2000年	2001年	2002年	2003年	2004年
非电力家用器具制造	22	22	22	31	33
照明器具制造	151	215	278	274	231
其他电气机械及器材制造	24	26	33	32	28
计算机、通信和其他电子设备制造业	298	373	376	399	430
计算机制造	10	7	14	15	23
通信设备制造	36	40	43	34	35
广播电视设备制造	19	24	33	30	26
雷达及配套设备制造				2	1
视听设备制造	19	31	23	34	49
电子器件制造	31	52	39	48	52
电子元件制造	164	200	208	223	219
其他电子设备制造	19	19	16	13	25
仪器仪表制造业	226	264	274	268	243
通用仪器仪表制造	113	121	141	129	123
专用仪器仪表制造	19	36	38	30	37
钟表与计时仪器制造	11	5	10	9	7
光学仪器及眼镜制造	74	94	73	86	63
其他仪器仪表制造业	9	8	12	14	13
其他制造业	121	157	160	205	221
日用杂品制造	102	140	139	180	201
煤制品制造		2	2	2	4
核辐射加工			1		
其他未列明制造业	19	15	18	23	16
废弃资源综合利用业	22	17	41	48	61
金属废料和碎屑加工处理	11	5	15	26	37
非金属废料和碎屑加工处理	11	12	26	22	24
金属制品、机械和设备修理业	19	31	28	41	36
金属制品修理	1	1		2	
通用设备修理	2	9	6	7	7
专用设备修理	5	4	1	6	2
铁路、船舶、航空航天等运输设备修理	10	12	18	16	22

单位：个

2005年	2006年	2007年	2008年	2009年	2010年	2011年	2012年	2013年
47	56	55	76	141	105	105	83	120
249	305	420	343	414	601	560	508	647
29	49	55	37	63	97	111	95	128
438	482	547	538	660	877	920	770	1004
14	15	17	25	27	23	27	34	28
31	34	42	34	47	51	71	45	54
21	23	26	35	23	42	26	29	32
1			1	2	2		1	
50	45	42	39	49	68	52	41	56
49	64	70	78	84	111	123	104	152
240	270	317	286	372	512	540	445	574
32	31	33	40	56	68	81	71	108
189	319	278	261	353	389	456	414	772
94	157	144	112	176	172	231	186	242
24	48	41	49	47	49	44	57	66
11	9	6	5	7	6	7	8	8
46	82	75	76	100	141	141	143	412
14	23	12	19	23	21	33	20	44
250	341	306	287	332	406	515	427	922
231	307	275	238	273	320	406	320	593
1	2	3	6	6	1	2	1	12
								3
18	32	28	43	53	85	107	106	314
61	45	57	70	65	76	78	66	121
30	23	24	33	26	40	36	22	56
31	22	33	37	39	36	42	44	65
47	61	88	94	122	121	124	149	197
1	1	1	1	5	2	2	6	11
6	7	4	5	17	19	17	27	23
6	4	3	13	11	16	13	14	37
25	41	67	64	74	62	80	83	91

2-B-8 续表 23

行　业	2000年	2001年	2002年	2003年	2004年
电气设备修理	1	3		3	4
仪器仪表修理			1	1	
其他机械和设备修理业		2	2	6	1
电力、热力、燃气及水生产和供应业	**154**	**204**	**210**	**195**	**220**
电力、热力生产和供应业	110	155	153	140	148
电力生产	104	154	149	132	143
电力供应	5	1			1
热力生产和供应	1		4	8	4
燃气生产和供应业	7	9	9	15	15
燃气生产和供应业	7	9	9	15	15
水的生产和供应业	37	40	48	40	57
自来水生产和供应	17	26	19	23	31
污水处理及其再生利用	9	7	18	11	19
其他水的处理、利用与分配	11	7	11	6	7
建筑业	**401**	**417**	**640**	**748**	**766**
房屋建筑业	49	47	65	99	108
房屋建筑业	49	47	65	99	108
土木工程建筑业	100	108	133	161	178
铁路、道路、隧道和桥梁工程建筑	37	40	46	57	63
水利和内河港口工程建筑	7	10	8	10	15
海洋工程建筑		1			1
工矿工程建筑	10	7	8	8	10
架线和管道工程建筑	14	16	17	33	32
其他土木工程建筑	32	34	54	53	57
建筑安装业	83	75	119	141	119
电气安装	21	30	28	42	43
管道和设备安装	28	20	37	44	44
其他建筑安装业	34	25	54	55	32
建筑装饰和其他建筑业	169	187	323	347	361
建筑装饰业	136	154	212	236	232
工程准备活动	26	26	97	95	102
提供施工设备服务	3	2	1	7	12
其他未列明建筑业	4	5	13	9	15

单位：个

2005年	2006年	2007年	2008年	2009年	2010年	2011年	2012年	2013年
5	6	5	2	6	7	6	10	13
		1		2		1	2	2
4	2	7	9	7	15	5	7	20
189	**207**	**149**	**159**	**144**	**143**	**167**	**151**	**230**
126	125	81	79	78	71	97	72	108
122	119	77	74	68	67	83	62	99
1	1	2	1	3	1	3	2	6
3	5	2	4	7	3	11	8	3
15	12	13	13	18	20	18	39	41
15	12	13	13	18	20	18	39	41
48	70	55	67	48	52	52	40	81
26	35	18	23	20	16	13	14	18
15	24	28	35	25	31	27	18	43
7	11	9	9	3	5	12	8	20
737	**965**	**934**	**1131**	**1534**	**2104**	**2565**	**2713**	**3475**
96	135	125	124	222	284	352	346	403
96	135	125	124	222	284	352	346	403
156	206	198	201	337	449	537	594	758
57	92	83	81	144	200	213	234	328
20	17	26	17	29	34	44	51	67
2	2		1	2	3	1	3	8
3	10	9	7	10	11	15	17	19
29	24	22	27	37	40	59	51	45
45	61	58	68	115	161	205	238	291
146	162	169	189	252	324	370	391	438
46	67	51	60	93	110	116	118	129
50	43	58	47	53	63	94	107	118
50	52	60	82	106	151	160	166	191
339	462	442	617	723	1047	1306	1382	1876
247	333	346	410	570	831	1000	999	1302
69	85	76	169	109	172	222	299	458
7	7	4	10	15	14	25	16	28
16	37	16	28	29	30	59	68	88

2-B-8 续表 24

行 业	2000年	2001年	2002年	2003年	2004年
批发和零售业	**3644**	**4059**	**5182**	**6465**	**6581**
批发业	2739	3072	3729	4592	4883
农、林、牧产品批发	93	92	87	120	96
食品、饮料及烟草制品批发	238	235	228	313	267
纺织、服装及家庭用品批发	533	604	733	982	968
文化、体育用品及器材批发	110	102	154	181	200
医药及医疗器材批发	41	43	46	87	99
矿产品、建材及化工产品批发	906	1057	1361	1511	1519
机械设备、五金产品及电子产品批发	591	713	865	1052	1301
贸易经纪与代理	63	72	107	130	137
其他批发业	164	154	148	216	296
零售业	905	987	1453	1873	1698
综合零售	43	60	49	56	67
食品、饮料及烟草制品专门零售	85	87	98	150	94
纺织、服装及日用品专门零售	92	124	116	157	163
文化、体育用品及器材专门零售	74	52	76	109	90
医药及医疗器材专门零售	101	115	515	591	584
汽车、摩托车、燃料及零配件专门零售	149	161	211	259	186
家用电器及电子产品专门零售	158	144	164	238	226
五金、家具及室内装饰材料专门零售	147	177	164	232	205
货摊、无店铺及其他零售业	56	67	60	81	83
交通运输、仓储和邮政业	**379**	**468**	**587**	**644**	**727**
道路运输业	197	256	359	343	368
城市公共交通运输	18	33	28	19	18
公路旅客运输	29	40	39	28	19
道路货物运输	127	147	241	245	282
道路运输辅助活动	23	36	51	51	49
水上运输业	33	35	52	55	78
水上旅客运输	2	5	3	7	6

单位：个

2005年	2006年	2007年	2008年	2009年	2010年	2011年	2012年	2013年
7720	**10173**	**10777**	**12073**	**17934**	**23306**	**30577**	**32650**	**64336**
5587	7644	8178	9188	13679	17376	22344	23576	39984
132	152	229	323	535	537	705	784	1356
356	502	634	882	1287	1465	1865	2334	4396
1412	2146	2131	2276	3658	5010	6707	7135	13599
225	345	313	354	526	783	1135	1114	2629
121	135	145	163	263	313	365	393	570
1594	2106	2273	2563	3428	4100	5026	4953	7541
1229	1609	1594	1812	2638	3414	4221	4258	6068
221	329	524	380	718	1039	1483	1780	2523
297	320	335	435	626	715	837	825	1302
2133	2529	2599	2885	4255	5930	8233	9074	24352
61	90	78	95	126	213	269	360	1137
131	206	222	324	435	609	829	1004	4517
209	231	300	341	537	908	1450	1541	4196
92	122	136	163	251	318	449	517	1210
863	852	692	663	361	943	1065	1043	1459
227	261	297	323	476	700	855	988	1780
237	321	380	427	695	776	895	955	1968
232	332	355	388	542	750	966	1056	4516
81	114	139	161	332	713	1455	1610	3569
758	**897**	**866**	**841**	**1277**	**1805**	**1604**	**1573**	**2152**
376	463	433	401	701	869	752	815	1044
16	18	17	17	14	21	17	30	20
20	30	25	15	14	20	10	12	20
296	388	359	336	632	776	672	724	937
44	27	32	33	41	52	53	49	67
61	67	80	56	74	82	71	50	49
2	4	1	3	4	3	6	4	2

2-B-8 续表 25

行　业	2000年	2001年	2002年	2003年	2004年
水上货物运输	26	24	40	31	55
水上运输辅助活动	5	6	9	17	17
航空运输业	4		3	2	1
航空客货运输			1		
通用航空服务	1		1		1
航空运输辅助活动	3		1	2	
管道运输业					
管道运输业					
装卸搬运和运输代理业	105	130	133	185	224
装卸搬运	40	40	33	46	40
运输代理业	65	90	100	139	184
仓储业	30	35	28	44	42
谷物、棉花等农产品仓储	14	8	3	8	3
其他仓储业	16	27	25	36	39
邮政业	10	12	12	15	14
邮政基本服务	3	1		2	1
快递服务	7	11	12	13	13
住宿和餐饮业	**242**	**218**	**279**	**375**	**437**
住宿业	137	116	159	210	238
旅游饭店	42	40	55	60	51
一般旅馆	94	73	101	142	178
其他住宿业	1	3	3	8	9
餐饮业	105	102	120	165	199
正餐服务	77	79	96	127	142
快餐服务	10	9	8	12	18
饮料及冷饮服务	5	7	6	16	19
其他餐饮业	13	7	10	10	20
信息传输、软件和信息技术服务业	**203**	**247**	**317**	**415**	**476**
电信、广播电视和卫星传输服务	12	12	17	18	27
电信	7	9	14	15	23
广播电视传输服务	5	3	3	3	4

单位：个

2005年	2006年	2007年	2008年	2009年	2010年	2011年	2012年	2013年
43	44	56	39	47	53	45	24	24
16	19	23	14	23	26	20	22	23
	1		1	1	2	2	5	7
							1	
			1	1	1	2	2	4
	1				1		2	3
					1			
					1			
254	298	273	299	364	475	610	545	873
32	44	42	49	50	45	68	67	128
222	254	231	250	314	430	542	478	745
33	51	47	43	49	68	62	67	63
3	2	3	3	1	6	2	6	2
30	49	44	40	48	62	60	61	61
34	17	33	41	88	308	107	91	116
2	1	1	1		1	2	1	
32	16	32	40	88	307	105	90	116
501	**598**	**653**	**667**	**844**	**1075**	**1244**	**1444**	**3804**
258	326	332	295	331	410	464	466	1368
64	64	55	65	67	108	98	117	152
186	247	259	216	247	288	345	323	1132
8	15	18	14	17	14	21	26	84
243	272	321	372	513	665	780	978	2436
186	225	253	287	399	523	599	760	1760
15	19	28	30	51	61	42	54	181
21	17	18	25	30	46	67	73	206
21	11	22	30	33	35	72	91	289
546	**677**	**674**	**822**	**1255**	**1518**	**2116**	**2448**	**3778**
24	18	26	21	41	28	43	46	92
19	13	22	19	39	23	36	33	78
5	5	4	2	2	5	7	13	14

2-B-8 续表 26

行　业	2000年	2001年	2002年	2003年	2004年
互联网和相关服务	23	22	18	50	31
互联网接入及相关服务	4	5	2	4	5
互联网信息服务	18	15	16	43	25
其他互联网服务	1	2		3	1
软件和信息技术服务业	168	213	282	347	418
软件开发	114	164	182	242	303
信息系统集成服务	22	26	50	38	48
信息技术咨询服务	26	12	30	44	44
数据处理和存储服务	2			1	4
集成电路设计		4	6	6	2
其他信息技术服务业	4	7	14	16	17
房地产业	**364**	**490**	**566**	**705**	**728**
房地产业	364	490	566	705	728
房地产开发经营	172	203	208	252	269
物业管理	113	157	168	230	217
房地产中介服务	58	111	161	172	198
其他房地产业	21	19	29	51	44
租赁和商务服务业	**1211**	**1288**	**1412**	**2012**	**1834**
租赁业	31	55	64	75	72
机械设备租赁	28	50	62	72	67
文化及日用品出租	3	5	2	3	5
商务服务业	1180	1233	1348	1937	1762
企业管理服务	399	467	487	634	449
法律服务	26	41	20	18	13
咨询与调查	304	132	204	297	378
广告业	182	232	244	322	419
知识产权服务	3	9	21	41	28
人力资源服务	24	35	34	40	85
旅行社及相关服务	65	96	95	157	142
安全保护服务	5	10	4	10	14
其他商务服务业	172	211	239	418	234

单位：个

2005年	2006年	2007年	2008年	2009年	2010年	2011年	2012年	2013年
49	67	41	62	89	117	191	223	327
6	10	5	10	10	17	23	32	39
39	52	34	47	70	84	141	139	225
4	5	2	5	9	16	27	52	63
473	592	607	739	1125	1373	1882	2179	3359
348	428	455	516	828	983	1326	1560	2373
50	60	60	83	95	125	164	173	215
40	59	54	85	116	142	224	273	472
4	10	2	12	12	26	45	54	80
11	10	9	11	11	25	23	18	28
20	25	27	32	63	72	100	101	191
690	**760**	**925**	**917**	**1367**	**1951**	**2025**	**1617**	**2841**
690	760	925	917	1367	1951	2025	1617	2841
251	254	343	308	483	701	589	331	447
200	240	259	287	312	443	435	472	628
198	225	293	292	538	758	944	757	1687
41	41	30	30	34	49	57	57	79
2119	**2440**	**2891**	**3183**	**4043**	**5522**	**7432**	**8284**	**11575**
67	87	99	147	290	360	527	567	901
62	82	97	139	286	353	508	546	863
5	5	2	8	4	7	19	21	38
2052	2353	2792	3036	3753	5162	6905	7717	10674
621	626	793	787	864	1232	1767	1640	2183
22	16	15	33	29	46	40	54	42
381	536	687	798	1064	1614	2271	2739	4134
408	511	612	615	882	1088	1269	1485	1928
37	32	39	52	56	74	81	125	139
101	90	111	152	174	222	265	301	374
132	159	136	163	155	213	297	296	308
16	22	17	19	16	20	48	60	97
334	361	382	417	513	653	867	1017	1469

2-B-8 续表 27

行　业	2000年	2001年	2002年	2003年	2004年
科学研究和技术服务业	**339**	**426**	**471**	**643**	**669**
研究和试验发展	25	36	43	54	62
自然科学研究和试验发展	2	3	1	3	2
工程和技术研究和试验发展	17	16	23	33	36
农业科学研究和试验发展	2	5	7	11	11
医学研究和试验发展	4	12	11	6	9
社会人文科学研究			1	1	4
专业技术服务业	240	306	333	480	487
气象服务	2	2	11	4	1
地震服务					
海洋服务	1	1	1		
测绘服务	14	19	19	45	34
质检技术服务	20	25	42	58	69
环境与生态监测	6	3	2	8	10
地质勘查	4	5	2	4	4
工程技术	142	189	182	282	266
其他专业技术服务业	51	62	74	79	103
科技推广和应用服务业	74	84	95	109	120
技术推广服务	62	69	84	96	110
科技中介服务	9	9	9	9	8
其他科技推广和应用服务业	3	6	2	4	2
水利、环境和公共设施管理业	**106**	**134**	**153**	**168**	**129**
水利管理业	9	17	9	10	12
防洪除涝设施管理	3	2	2	3	1
水资源管理	2	3	3	4	5
天然水收集与分配		4	3	1	1
水文服务					2
其他水利管理业	4	8	1	2	3
生态保护和环境治理业	10	13	10	18	15
生态保护	2	1		3	2
环境治理业	8	12	10	15	13

单位：个

2005年	2006年	2007年	2008年	2009年	2010年	2011年	2012年	2013年
683	**820**	**859**	**1089**	**1559**	**2090**	**2725**	**3140**	**4404**
49	96	80	98	160	274	360	404	599
3	10	4	8	11	10	13	10	25
21	57	51	58	108	192	267	288	434
10	15	11	16	20	34	40	59	72
14	13	13	16	21	35	38	44	63
1	1	1			3	2	3	5
498	521	539	619	879	1146	1550	1676	2444
1	1	3			1	1	1	
						1		1
		1	3	2	4	1	5	10
32	20	10	9	22	17	26	18	22
64	56	66	55	77	88	116	111	112
13	11	13	11	15	26	31	32	39
3	8	1	3	2	3	7	10	15
287	270	289	329	423	567	720	774	1137
98	155	156	209	338	440	647	725	1108
136	203	240	372	520	670	815	1060	1361
108	169	205	331	461	561	687	859	1136
23	22	27	31	36	50	58	104	114
5	12	8	10	23	59	70	97	111
164	**167**	**165**	**218**	**280**	**311**	**391**	**429**	**594**
11	10	14	7	14	21	18	20	35
1	1	2	1	2	3	1	4	5
4	2	4	2	2	5	3	5	11
	2	2	1	3	3	1	2	4
						1		2
6	5	6	3	7	10	12	9	13
25	25	16	36	47	41	47	44	95
7	2		4	2	7	4	8	8
18	23	16	32	45	34	43	36	87

2-B-8 续表 28

行　业	2000年	2001年	2002年	2003年	2004年
公共设施管理业	87	104	134	140	102
市政设施管理	15	18	23	26	15
环境卫生管理	9	7	9	11	9
城乡市容管理	1		5	3	3
绿化管理	36	49	66	61	53
公园和游览景区管理	26	30	31	39	22
居民服务、修理和其他服务业	**213**	**190**	**247**	**391**	**376**
居民服务业	56	65	74	134	116
家庭服务	5	14	11	13	15
托儿所服务				1	
洗染服务	13	9	13	11	13
理发及美容服务	12	11	20	31	22
洗浴服务	9	7	7	27	21
保健服务	5	5	7	10	16
婚姻服务		2	4	7	9
殡葬服务	6	9	7	18	7
其他居民服务业	6	8	5	16	13
机动车、电子产品和日用产品修理业	134	108	140	208	200
汽车、摩托车修理与维护	109	91	110	167	154
计算机和办公设备维修	15	7	16	14	24
家用电器修理	8	6	13	23	15
其他日用产品修理业	2	4	1	4	7
其他服务业	23	17	33	49	60
清洁服务	18	12	22	37	42
其他未列明服务业	5	5	11	12	18
卫生和社会工作	**6**	**4**	**1**	**5**	
社会工作	6	4	1	5	
提供住宿社会工作	4	1		3	
不提供住宿社会工作	2	3	1	2	
文化、体育和娱乐业	**223**	**278**	**462**	**754**	**711**
新闻和出版业	2	1	10	4	6

单位：个

2005年	2006年	2007年	2008年	2009年	2010年	2011年	2012年	2013年
128	132	135	175	219	249	326	365	464
16	25	32	31	37	46	45	49	64
15	14	15	38	35	29	50	55	58
2	3	4	2	4	10	12	8	13
58	49	41	54	76	99	134	161	215
37	41	43	50	67	65	85	92	114
419	**584**	**532**	**586**	**752**	**949**	**1130**	**1287**	**2774**
141	167	148	168	241	354	435	543	1195
21	28	25	31	37	64	70	120	198
	1	1			1	2	3	3
9	18	13	9	17	18	14	29	42
25	22	29	32	56	62	84	107	267
23	21	16	15	20	45	45	50	134
15	28	16	33	47	64	77	73	252
19	26	24	24	33	31	61	88	134
16	14	8	11	5	15	7	7	25
13	9	16	13	26	54	75	66	140
209	316	280	292	338	385	447	450	1120
161	247	205	220	258	290	331	328	885
15	25	39	27	27	38	49	43	73
26	42	32	40	42	43	51	59	108
7	2	4	5	11	14	16	20	54
69	101	104	126	173	210	248	294	459
51	83	86	110	144	160	173	234	338
18	18	18	16	29	50	75	60	121
4	**4**	**3**	**4**	**4**	**7**	**9**	**9**	**17**
4	4	3	4	4	7	9	9	17
1	3	2		2	3	3	6	8
3	1	1	4	2	4	6	3	9
747	**1107**	**1021**	**800**	**609**	**764**	**966**	**1075**	**1822**
9	5	7	7	14	8	8	8	13

2-B-8 续表 29

行　业	2000年	2001年	2002年	2003年	2004年
新闻业			1	1	
出版业	2	1	9	3	6
广播、电视、电影和影视录音制作业	9	5	19	22	49
广播				1	1
电视	1	2		1	6
电影和影视节目制作	3	2	5	9	33
电影和影视节目发行			2	1	2
电影放映	5	1	12	10	6
录音制作					1
文化艺术业	17	10	13	19	9
文艺创作与表演	5	1	4	5	3
艺术表演场馆		2	2	3	1
图书馆与档案馆	4		3	1	
文物及非物质文化遗产保护	1			2	1
博物馆		1	1		2
烈士陵园、纪念馆					
群众文化活动	3	1	2	4	2
其他文化艺术业	4	5	1	4	
体育	10	12	19	30	22
体育组织		1			
体育场馆			4	2	2
休闲健身活动	8	9	14	24	18
其他体育	2	2	1	4	2
娱乐业	185	250	401	679	625
室内娱乐活动	176	244	392	670	609
游乐园	2	1	2		4
彩票活动					
文化、娱乐、体育经纪代理	3	2	4	5	5
其他娱乐业	4	3	3	4	7

单位：个

2005年	2006年	2007年	2008年	2009年	2010年	2011年	2012年	2013年
		1		1		2		2
9	5	6	7	13	8	6	8	11
28	95	71	48	83	108	150	193	364
	3		1			1	4	1
6	6	5	5	4	9	8	5	9
16	66	48	30	59	65	93	130	302
1	1		2	3	3	9	3	2
5	19	18	10	15	29	36	49	46
				2	2	3	2	4
20	25	42	48	66	81	149	210	328
8	13	20	20	38	32	59	95	99
	3	3		1	2	3	1	5
	5	3	4	3	4	3	5	9
1		1	3	1	4	5	4	8
3		2	2	1	1	4	5	5
							1	
5	3	5	6	4	7	14	19	40
3	1	8	13	18	31	61	80	162
41	59	51	61	69	104	101	130	275
3	1	1			2		1	2
4				1	1	4	4	5
29	53	46	55	60	87	77	105	230
5	5	4	6	8	14	20	20	38
649	923	850	636	377	463	558	534	842
636	907	822	601	339	422	505	463	722
1	2	3	8	8	6	5	7	21
							1	1
6	6	5	12	20	16	23	35	45
6	8	20	15	10	19	25	28	53

2-B-9 按行业中类、开业时间

行业	1949年及以前	1950-1952年	1953-1957年	1958-1962年	1963-1965年
总 计	**4391**	**4194**	**8680**	**8808**	**3955**
农、林、牧、渔业	**2**	**3**	**26**		
农业					
谷物种植					
蔬菜、食用菌及园艺作物种植					
水果种植					
坚果、含油果、香料和饮料作物种植					
中药材种植					
其他农业					
林业					
林木育种和育苗					
畜牧业		3			
牲畜饲养		3			
家禽饲养					
其他畜牧业					
渔业					
水产养殖					
农、林、牧、渔服务业	2		26		
农业服务业	2		26		
林业服务业					
畜牧服务业					
渔业服务业					
采矿业			**1**	**342**	
煤炭开采和洗选业					
烟煤和无烟煤开采洗选					
褐煤开采洗选					
其他煤炭采选					
黑色金属矿采选业					
铁矿采选					
其他黑色金属矿采选					

分组的小微企业法人单位从业人数

单位：人

1966－1970年	1971－1975年	1976－1980年	1981－1985年	1986－1990年	1991－1995年	1996－2000年	1978年	1992年	1997年
13846	**16792**	**41031**	**100085**	**167378**	**640996**	**1646253**	**8790**	**94213**	**237335**
	2	**38**	**81**	**54**	**236**	**560**		**68**	**28**
					29				
					22				
					7				
						2			
						2			
					2	15			15
						15			15
					2				
					15	158		15	
					15	158		15	
	2	38	81	54	190	385		53	13
	2	38	45	42	128	220		32	5
			24	5	54	116		21	
			12	3		27			8
				4	8	22			
31	**47**	**106**	**659**	**580**	**1017**	**3293**	**61**	**137**	**724**
						1			
						1			
			70			52			
			70			52			

2-B-9 续表 1

行　业	1949年及以前	1950-1952年	1953-1957年	1958-1962年	1963-1965年
有色金属矿采选业					
常用有色金属矿采选					
贵金属矿采选					
稀有稀土金属矿采选					
非金属矿采选业			1	342	
土砂石开采			1	342	
化学矿开采					
采盐					
石棉及其他非金属矿采选					
开采辅助活动					
石油和天然气开采辅助活动					
其他开采辅助活动					
其他采矿业					
其他采矿业					
制造业	**1596**	**1072**	**5145**	**4961**	**1820**
农副食品加工业			627	11	
谷物磨制			72		
饲料加工					
植物油加工			32		
制糖业					
屠宰及肉类加工			90	11	
水产品加工					
蔬菜、水果和坚果加工			161		
其他农副食品加工			272		
食品制造业	75		253	109	
焙烤食品制造			47		
糖果、巧克力及蜜饯制造					
方便食品制造					
乳制品制造				66	
罐头食品制造					
调味品、发酵制品制造	75		205	25	
其他食品制造			1	18	

单位：人

1966—1970年	1971—1975年	1976—1980年	1981—1985年	1986—1990年	1991—1995年	1996—2000年	1978年	1992年	1997年
1				334	193	387		23	277
1				283	87	296		23	276
				51					
					106	91			1
30	47	106	589	246	805	2851	61	114	445
	31	69	589	211	724	2397	60	102	217
						3			
		37		30	58	207	1	12	
30	16			5	23	244			228
					19	2			2
					19	2			2
7071	**9159**	**24594**	**67577**	**108002**	**467135**	**1236327**	**5533**	**65233**	**179012**
33	65	409	1081	3005	9165	22935	19	1202	3375
	49		18	2	279	847			182
			365	379	1272	2818		93	647
5				54	318	622			11
28	1	12	241	212	999	2966	12	478	683
	15	47	327	1501	3576	8718	7	318	948
		114	67	636	2218	5390		303	827
		236	63	221	503	1574		10	77
		309	102	941	4104	11210	34	562	1575
		10	32	82	734	1714		370	311
		1	5	355	478	1289		2	88
		81	33	38	357	1263			223
				10	77	719			116
		42	17	50	678	2118		89	447
		157	14	253	369	766	16	3	149
		18	1	153	1411	3341	18	98	241

2-B-9 续表 2

行业	1949年及以前	1950-1952年	1953-1957年	1958-1962年	1963-1965年
酒、饮料和精制茶制造业	152		881	141	
酒的制造	97		842	60	
饮料制造	55				
精制茶加工			39	81	
烟草制品业			54		
卷烟制造					
其他烟草制品制造			54		
纺织业	444		69		97
棉纺织及印染精加工			55		1
毛纺织及染整精加工	56				
麻纺织及染整精加工					
丝绢纺织及印染精加工	388				76
化纤织造及印染精加工					
针织或钩针编织物及其制品制造					15
家用纺织制成品制造					5
非家用纺织制成品制造			14		
纺织服装、服饰业	278		38		1
机织服装制造	278				
针织或钩针编织服装制造					1
服饰制造			38		
皮革、毛皮、羽毛及其制品和制鞋业	1		30	1	
皮革鞣制加工					
皮革制品制造	1			1	
毛皮鞣制及制品加工					
羽毛(绒)加工及制品制造					
制鞋业			30		
木材加工和木、竹、藤、棕、草制品业		19	28		1
木材加工		19	12		
人造板制造					
木制品制造			16		1
竹、藤、棕、草等制品制造					

单位：人

1966-1970年	1971-1975年	1976-1980年	1981-1985年	1986-1990年	1991-1995年	1996-2000年	1978年	1992年	1997年
32	62	197	727	1213	2866	8050	11	1022	1300
32	62	179	538	527	1596	3497	6	591	677
			37	306	452	1657		286	194
		18	152	380	818	2896	5	145	429
1	583	1687	5081	7108	32887	120304	188	3225	17421
	478	967	2338	2663	12178	56905	188	1161	10846
	30		656	1123	3504	5774		477	915
			126	56	282	389			15
	8	179	241	700	3732	10643		291	910
	41	3	164	536	1864	7812		235	691
1		432	643	1126	4605	19344		351	1688
	26	34	162	278	2617	9641		208	1411
		72	751	626	4105	9796		502	945
	258	1079	2336	4054	33692	101213	90	3431	10847
	196	796	1550	2335	20984	59334	80	2252	6200
	62	283	468	1226	9030	27801	10	980	2690
			318	493	3678	14078		199	1957
	35	81	1854	3967	28768	71294		4421	11143
			155	256	2255	3128		109	377
		32	389	599	4086	15827		385	1761
		5	5		622	1161		229	202
				13	554	2281			320
	35	44	1305	3099	21251	48897		3698	8483
5	36	91	491	870	4222	12685	28	447	1977
5	36	31	71	188	156	884	5	6	65
		12	244	31	545	3222		27	703
		47	118	302	1373	5634	23	97	864
		1	58	349	2148	2945		317	345

2-B-9 续表 3

行业	1949年及以前	1950-1952年	1953-1957年	1958-1962年	1963-1965年
家具制造业	1		23		
木质家具制造	1		23		
竹、藤家具制造					
金属家具制造					
塑料家具制造					
其他家具制造					
造纸和纸制品业	212			98	52
纸浆制造					
造纸	212			98	
纸制品制造					52
印刷和记录媒介复制业	133	55	16	53	
印刷	133	30	16	53	
装订及印刷相关服务					
记录媒介复制		25			
文教、工美、体育和娱乐用品制造业	1	85	114	116	24
文教办公用品制造		5	63	25	12
乐器制造					
工艺美术品制造	1	80	51		12
体育用品制造				91	
玩具制造					
游艺器材及娱乐用品制造					
石油加工、炼焦和核燃料加工业					
精炼石油产品制造					
炼焦					
核燃料加工					
化学原料和化学制品制造业			236	253	261
基础化学原料制造					
肥料制造					
农药制造				12	
涂料、油墨、颜料及类似产品制造			201	235	

单位：人

1966–1970年	1971–1975年	1976–1980年	1981–1985年	1986–1990年	1991–1995年	1996–2000年	1978年	1992年	1997年
134		7	93	871	5562	15245		414	1101
		1	65	596	3056	8319		92	811
				130	195	197			
		6	20	94	1468	3741		70	181
			8		260	746			17
134				51	583	2242		252	92
18	78	428	1513	2404	10657	28699	72	1546	5726
		50				32	50		
	60	159	685	845	3318	11763	22	497	1780
18	18	219	828	1559	7339	16904		1049	3946
131	399	890	2668	2929	15438	34907	284	2648	5742
131	399	798	2645	2821	14988	33368	284	2532	5590
		92	23	108	450	1451		116	152
						88			
	160	464	1041	3255	16837	53892	163	1960	7192
	47	117	92	301	2638	13887	6	529	2038
		31	50	187	57	927	1	2	15
	101	266	558	1598	9818	23949	156	1055	3018
		49	138	508	1182	5499		2	503
	12	1	203	645	2021	7700		92	1353
				16	1121	1930		280	265
		15		118	191	897	1	14	418
		15		118	191	888	1	14	418
						9			
911	380	1095	1681	5438	17763	39242	301	3246	5335
	22	335	392	1458	2565	9505	14	471	1042
109		96	34	22	356	666	1	2	49
255	29	270		549	1052	2132	270	286	71
	15	100	326	1321	5282	8470		1018	1835

2-B-9 续表 4

行　　业	1949年及以前	1950-1952年	1953-1957年	1958-1962年	1963-1965年
合成材料制造				6	
专用化学产品制造					22
炸药、火工及焰火产品制造					239
日用化学产品制造			35		
医药制造业			258	347	147
化学药品原料药制造			196		
化学药品制剂制造					
中药饮片加工			62		
中成药生产				248	147
兽用药品制造					
生物药品制造					
卫生材料及医药用品制造				99	
化学纤维制造业					
纤维素纤维原料及纤维制造					
合成纤维制造					
橡胶和塑料制品业		2	39	134	
橡胶制品业			2	2	
塑料制品业		2	37	132	
非金属矿物制品业	22		685	322	
水泥、石灰和石膏制造					
石膏、水泥制品及类似制品制造			257		
砖瓦、石材等建筑材料制造	22		18		
玻璃制造			79		
玻璃制品制造				147	
玻璃纤维和玻璃纤维增强塑料制品制造					
陶瓷制品制造			211	175	
耐火材料制品制造					
石墨及其他非金属矿物制品制造			120		
黑色金属冶炼和压延加工业		1	124		
炼铁					
炼钢					

单位：人

1966–1970年	1971–1975年	1976–1980年	1981–1985年	1986–1990年	1991–1995年	1996–2000年	1978年	1992年	1997年
	1	3	164	474	2157	5974		192	720
33	313	291	455	1155	4328	8207	16	978	808
510			171		46	21			20
4			139	459	1977	4267		299	790
813	222	75	562	1720	6486	13588	45	865	1411
	58		148	393	1508	5579		172	984
303	128	45	120	334	1562	1288	45	20	3
				30	331	460			153
475			28	77	1237	1705		134	
	36		108	125	172	916		51	10
				635	772	1764		218	257
35		30	158	126	904	1876		270	4
		254	271	409	2280	8988	254	78	1364
			131		36	636		35	121
		254	140	409	2244	8352	254	43	1243
436	214	922	4027	6824	32741	84008	152	4485	12792
114	62	267	890	1685	5032	13066	5	653	1588
322	152	655	3137	5139	27709	70942	147	3832	11204
539	1228	3837	6210	6518	16330	34916	670	2395	4300
280	315	863	1809	191	1466	4873	210	96	658
30	16	79	430	417	2216	5977	22	298	545
229	705	2327	3152	4515	6795	8742	212	918	1162
		13			987	1317			274
	60	15	18	649	1527	4491		206	254
	9	107	52	166	407	1573		78	286
	40	30	128	44	1129	2484		444	201
	83	316	547	419	1298	3127	225	231	682
		87	74	117	505	2332	1	124	238
40	363	893	2016	4037	9761	26354	78	1657	3647
			31		70	33		52	4
				25	2	484			410

2-B-9 续表 5

行业	1949年及以前	1950-1952年	1953-1957年	1958-1962年	1963-1965年
黑色金属铸造		1	53		
钢压延加工			71		
铁合金冶炼					
有色金属冶炼和压延加工业				84	127
常用有色金属冶炼					
贵金属冶炼					
稀有稀土金属冶炼					127
有色金属合金制造					
有色金属铸造					
有色金属压延加工				84	
金属制品业	35		334	358	101
结构性金属制品制造	11		68		15
金属工具制造			219	280	3
集装箱及金属包装容器制造				54	72
金属丝绳及其制品制造			1		
建筑、安全用金属制品制造	24		32		
金属表面处理及热处理加工			1		
搪瓷制品制造					
金属制日用品制造			13	24	
其他金属制品制造					11
通用设备制造业	49	319	977	1354	132
锅炉及原动设备制造			232		
金属加工机械制造		23	19	145	51
物料搬运设备制造		102	265	143	1
泵、阀门、压缩机及类似机械制造	18		295	404	36
轴承、齿轮和传动部件制造	25		70	205	
烘炉、风机、衡器、包装等设备制造			93	97	
文化、办公用机械制造					
通用零部件制造		194	3	360	44
其他通用设备制造业	6				
专用设备制造业	15	237	172	574	10

单位：人

1966–1970年	1971–1975年	1976–1980年	1981–1985年	1986–1990年	1991–1995年	1996–2000年	1978年	1992年	1997年
40	168	858	820	2277	5403	10115	78	842	1878
	195	35	901	1735	4245	15547		763	1243
			264		41	175			112
	10	290	603	910	5264	14409		851	1773
		1	96	112	328	470		48	34
				184		309			158
						24			
				10	273	1410			201
	10	7	72	106	331	1123		66	339
		282	435	498	4332	11073		737	1041
45	897	1733	5342	7552	29363	83173	153	4495	11405
		98	187	470	2740	8900	8	446	1075
	63	31	636	788	5628	16258	16	1227	2594
	67	32	605	244	1978	3009		305	906
		147	120	243	935	3486		125	602
34	49	204	1126	1367	5721	22288		1199	2998
10	636	1049	1625	2756	4941	10835	69	652	913
	15			23	190	1008		10	18
		67	703	174	3477	8274	51	344	1069
1	67	105	340	1487	3753	9115	9	187	1230
1256	1532	2361	10074	15506	54039	134381	658	6901	20846
251	50	64	271	341	1209	4161		235	282
1	88	236	722	1180	4040	8886	196	361	1707
	269	217	348	593	2741	7152		407	719
562	215	740	3467	5575	17184	36457	276	2099	5894
35	154	309	1337	2343	8578	25799		1182	4603
33	187	45	1058	1605	7157	19180	44	770	3023
			19	170	620	2484		60	650
368	569	750	2606	3618	11580	28100	142	1617	3166
6			246	81	930	2162		170	802
211	756	1377	3990	6198	21366	52108	188	3825	6785

2-B-9 续表 6

行　业	1949年及以前	1950-1952年	1953-1957年	1958-1962年	1963-1965年
采矿、冶金、建筑专用设备制造					
化工、木材、非金属加工专用设备制造	15		89	24	10
食品、饮料、烟草及饲料生产专用设备制造			6	20	
印刷、制药、日化及日用品生产专用设备制造		50			
纺织、服装和皮革加工专用设备制造		187	10	249	
电子和电工机械专用设备制造					
农、林、牧、渔专用机械制造			1		
医疗仪器设备及器械制造			36	86	
环保、社会公共服务及其他专用设备制造			30	195	
汽车制造业		124		150	1
汽车整车制造				147	
改装汽车制造					
低速载货汽车制造					
电车制造					
汽车车身、挂车制造					
汽车零部件及配件制造		124		3	1
铁路、船舶、航空航天和其他运输设备制造业	146	221	9	214	
铁路运输设备制造					
城市轨道交通设备制造					
船舶及相关装置制造	146	221	9	214	
航空、航天器及设备制造					
摩托车制造					
自行车制造					
非公路休闲车及零配件制造					
潜水救捞及其他未列明运输设备制造					
电气机械和器材制造业	32	6	153	403	306
电机制造				31	96
输配电及控制设备制造		6	69	106	124
电线、电缆、光缆及电工器材制造			14		
电池制造					63
家用电力器具制造	30		20	110	

单位：人

1966-1970年	1971-1975年	1976-1980年	1981-1985年	1986-1990年	1991-1995年	1996-2000年	1978年	1992年	1997年
	130	58	570	456	2557	3587		902	485
6	17	565	831	2703	6587	16747	163	1275	1365
41	33	12	343	227	871	1597	8	203	93
1	149	13	351	572	1704	4643		253	1229
19	129	618	927	858	3764	10852	17	716	1641
	16		143	159	585	1518		31	70
	37	4	107	226	1276	2127		102	206
	66	87	269	696	1646	4242		79	804
144	179	20	449	301	2376	6795		264	892
846	315	1151	6669	5958	22373	47181	180	3280	7086
	27				198	348			86
					241	245			
						144			
						15			
		160		3		80			
846	288	991	6669	5955	21934	46349	180	3280	7000
75	478	545	709	1960	8232	21603	258	1118	3974
8		123	31	568	390	391		29	50
59	32	257	286	203	558	2334	256	59	423
					35	398		35	251
	446	76	359	846	5224	11938		683	2404
		89	18	289	1632	5605	2	87	783
			5	7	165	475			1
8			10	47	228	462		225	62
1083	699	3087	5621	8639	44476	111544	1171	5292	16419
306	313	539	1040	1210	6705	16110	158	352	2716
254	205	2054	2491	4371	17002	42775	700	2290	6365
180	2	251	1064	1136	5722	12712	147	539	2061
	55		29	1	772	2122			258
163	121	208	529	1044	5851	17853	156	1532	2559

2-B-9 续表 7

行业	1949年及以前	1950-1952年	1953-1957年	1958-1962年	1963-1965年
非电力家用器具制造					
照明器具制造	2		50	156	23
其他电气机械及器材制造					
计算机、通信和其他电子设备制造业			16		23
计算机制造					
通信设备制造					
广播电视设备制造					23
雷达及配套设备制造					
视听设备制造					
电子器件制造					
电子元件制造			16		
其他电子设备制造					
仪器仪表制造业		2		130	472
通用仪器仪表制造				116	97
专用仪器仪表制造		2		14	216
钟表与计时仪器制造					
光学仪器及眼镜制造					
其他仪器仪表制造业					159
其他制造业				97	
日用杂品制造				97	
煤制品制造					
核辐射加工					
其他未列明制造业					
废弃资源综合利用业					
金属废料和碎屑加工处理					
非金属废料和碎屑加工处理					
金属制品、机械和设备修理业		1	9	12	65
金属制品修理					
通用设备修理		1			
专用设备修理					
铁路、船舶、航空航天等运输设备修理			9	12	65

单位：人

1966-1970年	1971-1975年	1976-1980年	1981-1985年	1986-1990年	1991-1995年	1996-2000年	1978年	1992年	1997年
			1	103	1163	1994		122	130
180	2	35	265	760	6643	16200	10	455	1905
	1		202	14	618	1778		2	425
45	137	329	605	1954	16262	37866	255	2945	4872
			12	1	455	1226		302	65
		6	9	152	2118	4668		796	273
		3	6	17	1146	2815		65	513
						30			
		16	3	186	1245	2353		392	257
	1	255	110	156	2060	2954	255	75	738
45	136	49	465	1413	8840	22292		1252	2876
				29	398	1528		63	150
315	181	770	1960	2750	9698	28647	262	1713	6429
128	124	375	1421	1728	4502	14893	35	626	3801
68	37	175	173	616	1586	2774	7	395	506
	19	110	4	210	272	1238	110	1	157
119	1	110	329	139	3100	8734	110	690	1539
			33	57	238	1008		1	426
6	40	20	179	637	4824	13881		1017	2489
3	39		80	600	4692	12663		1015	2426
	1				37	44			
						2			
3		20	99	37	95	1172		2	63
		13		73	551	1604		63	100
		4		18	386	944		36	11
		9		55	165	660		27	89
96	31	185	71	184	937	1503	18	115	168
				7		20			1
	3			17	5	225		4	2
			13	2	34	23		2	
96	28	185	50	145	632	1172	18	100	165

2-B-9 续表 8

行 业	1949年及以前	1950-1952年	1953-1957年	1958-1962年	1963-1965年
电气设备修理					
仪器仪表修理					
其他机械和设备修理业					
电力、热力、燃气及水生产和供应业	**7**	**10**	**84**	**978**	**810**
电力、热力生产和供应业	7		84	971	47
电力生产	7		84	272	47
电力供应				699	
热力生产和供应					
燃气生产和供应业		10			
燃气生产和供应业		10			
水的生产和供应业				7	763
自来水生产和供应				7	763
污水处理及其再生利用					
其他水的处理、利用与分配					
建筑业	**1629**	**1**	**342**	**459**	**774**
房屋建筑业	1628		342	7	746
房屋建筑业	1628		342	7	746
土木工程建筑业		1		8	13
铁路、道路、隧道和桥梁工程建筑					5
水利和内河港口工程建筑					
海洋工程建筑					
工矿工程建筑					8
架线和管道工程建筑					
其他土木工程建筑		1		8	
建筑安装业				444	3
电气安装					
管道和设备安装				444	
其他建筑安装业					3
建筑装饰和其他建筑业	1				12
建筑装饰业	1				12
工程准备活动					
提供施工设备服务					
其他未列明建筑业					

单位：人

1966–1970年	1971–1975年	1976–1980年	1981–1985年	1986–1990年	1991–1995年	1996–2000年	1978年	1992年	1997年
				1	12	41		1	
						2			
			8	12	254	20		8	
1697	**1899**	**1940**	**4122**	**3797**	**7359**	**13009**	**481**	**1316**	**2528**
242	483	1299	2095	2263	4741	8864	288	826	1719
242	483	1299	1344	2026	3361	8122	288	544	1590
			701		570	485		282	81
			50	237	810	257			48
			30	145	634	1282		48	177
			30	145	634	1282		48	177
1455	1416	641	1997	1389	1984	2863	193	442	632
1455	1416	641	1965	1216	1671	1729	193	387	559
				1	5	693			5
			32	172	308	441		55	68
4543	**3873**	**8436**	**11436**	**8799**	**65385**	**123356**	**1575**	**8764**	**19492**
4039	3405	6384	5675	3741	23130	37851	889	2231	4861
4039	3405	6384	5675	3741	23130	37851	889	2231	4861
457	361	1081	4574	2371	16509	35810	201	3690	6070
5	13	20	1830	1482	5581	15350		1084	4015
347	345	338	1578	621	4016	2539	190	2406	684
						31			
			1	37	1794	913			104
		619	209	160	2062	3100	11		601
105	3	104	956	71	3056	13877		200	666
31	42	733	442	1230	7105	14846	485	350	2076
		138	241	253	1751	5307		209	472
25	42	80	152	314	2546	4376	80	130	954
6		515	49	663	2808	5163	405	11	650
16	65	238	745	1457	18641	34849		2493	6485
1	65	220	706	1371	17670	29554		2391	5950
		12	29	83	755	3569		29	370
					6	91			1
15		6	10	3	210	1635		73	164

2-B-9 续表 9

行 业	1949年及以前	1950-1952年	1953-1957年	1958-1962年	1963-1965年
批发和零售业	**412**	**1773**	**1373**	**819**	**203**
批发业	117	718	749	543	136
农、林、牧产品批发		35	68	89	
食品、饮料及烟草制品批发	28	85	383	18	112
纺织、服装及家庭用品批发	22	97	5	3	
文化、体育用品及器材批发		1			
医药及医疗器材批发			68	239	
矿产品、建材及化工产品批发	40	486	216	79	24
机械设备、五金产品及电子产品批发	7	11			
贸易经纪与代理	15	3	5	11	
其他批发业	5		4	104	
零售业	295	1055	624	276	67
综合零售	20	467	76	63	1
食品、饮料及烟草制品专门零售	10	31	97	47	
纺织、服装及日用品专门零售	9	124	97	64	4
文化、体育用品及器材专门零售	234	277	251	10	17
医药及医疗器材专门零售	11	19	69	65	42
汽车、摩托车、燃料及零配件专门零售	4	117	14		
家用电器及电子产品专门零售	3			8	
五金、家具及室内装饰材料专门零售		13	20	19	3
货摊、无店铺及其他零售业	4	7			
交通运输、仓储和邮政业	**361**	**676**	**1071**	**204**	**172**
道路运输业	290	143	687	204	66
城市公共交通运输					
公路旅客运输	286	143	306	146	66
道路货物运输	1		381	58	
道路运输辅助活动	3				
水上运输业	67	378	214		11
水上旅客运输	67		87		

单位：人

1966–1970年	1971–1975年	1976–1980年	1981–1985年	1986–1990年	1991–1995年	1996–2000年	1978年	1992年	1997年
105	**447**	**1660**	**3948**	**4898**	**22574**	**86719**	**679**	**3729**	**10153**
79	360	1322	2492	3078	16305	66160	576	2570	7595
		358	57	189	503	2032	265	72	316
15	152	247	580	502	1918	7311	178	256	695
4	68	11	289	273	3388	12834	4	397	1555
5		13	113	263	596	3280		39	313
	1	192	162	52	278	1523		68	296
39	59	311	959	1117	6121	22253	88	1268	2595
16	58	180	195	397	2600	12953	37	293	1386
	6		5	99	453	1187		98	96
	16	10	132	186	448	2787	4	79	343
26	87	338	1456	1820	6269	20559	103	1159	2558
1	50	66	423	243	423	1064	4	40	165
10	8	8	206	220	668	1993		208	375
4	4	11	178	230	435	1737	1	76	346
	4	66	93	77	529	1517		52	171
2	5	60	200	255	458	1115	13	130	150
9	3	34	121	319	1682	4946	3	273	607
		13	30	179	797	3892	10	75	331
	6	80	135	120	577	2385	72	147	214
	7		70	177	700	1910		158	199
16	**400**	**1556**	**3424**	**3544**	**11695**	**38650**	**9**	**1616**	**4798**
4	160	457	1407	2492	5589	18988	1	742	3491
		13	119	448	1439	3847		160	952
	48	287	619	1211	1055	5889		132	1017
4	104	12	459	361	2456	7132	1	333	1077
	8	145	210	472	639	2120		117	445
6	72	50	862	503	2667	5561		411	530
		13	379	167	294	561			70

2-B-9 续表 10

行业	1949年及以前	1950-1952年	1953-1957年	1958-1962年	1963-1965年
水上货物运输		378	127		11
水上运输辅助活动					
航空运输业					
航空客货运输					
通用航空服务					
航空运输辅助活动					
管道运输业					
管道运输业					
装卸搬运和运输代理业	4	127	121		15
装卸搬运	3	127	121		15
运输代理业	1				
仓储业		28	49		80
谷物、棉花等农产品仓储		22	49		
其他仓储业		6			80
邮政业					
邮政基本服务					
快递服务					
住宿和餐饮业	**93**	**93**	**138**	**410**	
住宿业	93		9	248	
旅游饭店	93			216	
一般旅馆			9	32	
其他住宿业					
餐饮业		93	129	162	
正餐服务		93	66	162	
快餐服务					
饮料及冷饮服务					
其他餐饮业			63		
信息传输、软件和信息技术服务业	**1**				
电信、广播电视和卫星传输服务					
电信					
广播电视传输服务					

单位：人

1966－1970年	1971－1975年	1976－1980年	1981－1985年	1986－1990年	1991－1995年	1996－2000年	1978年	1992年	1997年
	72	19	431	30	1910	3841		409	448
6		18	52	306	463	1159		2	12
					22	474			60
						93			
					18	87			60
					4	294			
	54					106			
	54					106			
	114	1035	994	373	2644	8955		341	514
	93	32	444	148	750	4020		224	108
	21	1003	550	225	1894	4935		117	406
6		14	161	125	695	3299	8	122	175
		1	100	15	232	2248		72	46
6		13	61	110	463	1051	8	50	129
				51	78	1267			28
				23	16	302			16
				28	62	965			12
182	**144**	**263**	**1562**	**2634**	**4351**	**16037**	**2**	**540**	**2094**
112		204	1399	2053	3170	10126	2	435	1477
2		101	1128	1398	1983	7447		277	982
110		103	271	623	1131	2588	2	158	495
				37	56	91			
70	144	59	163	576	1181	5911		105	617
60	144	53	158	471	1045	4855		101	438
				71	29	600		4	47
				1	21	57			9
10		6	5	33	86	399			123
	95	**168**	**57**	**150**	**1121**	**6254**		**45**	**554**
		168	45	69	293	659			108
		168	35	59	5	424			67
			10	10	288	235			41

2-B-9 续表 11

行业	1949年及以前	1950-1952年	1953-1957年	1958-1962年	1963-1965年
互联网和相关服务					
互联网接入及相关服务					
互联网信息服务					
其他互联网服务					
软件和信息技术服务业	1				
软件开发					
信息系统集成服务					
信息技术咨询服务	1				
数据处理和存储服务					
集成电路设计					
其他信息技术服务业					
房地产业	**17**	**23**	**101**		
房地产业	17	23	101		
房地产开发经营					
物业管理	17				
房地产中介服务		2	42		
其他房地产业		21	59		
租赁和商务服务业	**187**	**373**	**341**	**217**	**46**
租赁业			10		
机械设备租赁			5		
文化及日用品出租			5		
商务服务业	187	373	331	217	46
企业管理服务	145	352	189	177	46
法律服务	18				
咨询与调查	7		1	22	
广告业					
知识产权服务		21			
人力资源服务					
旅行社及相关服务					
安全保护服务					
其他商务服务业	17		141	18	

单位：人

	1966–1970年	1971–1975年	1976–1980年	1981–1985年	1986–1990年	1991–1995年	1996–2000年	1978年	1992年	1997年
						116	691			1
							107			1
						116	576			
							8			
		95		12	81	712	4904		45	445
		95			80	454	3707		14	294
						89	648		19	106
				12	1	104	390		7	21
							13			
						5	12			4
						60	134		5	20
	10	**350**	**45**	**634**	**643**	**9091**	**31134**	**40**	**1831**	**3261**
	10	350	45	634	643	9091	31134	40	1831	3261
		350	35	353	372	5242	7176	35	1439	472
	7		5	171	155	3236	21654	5	286	2568
				76	69	370	1809		62	174
	3		5	34	47	243	495		44	47
	89	**39**	**769**	**3498**	**30124**	**39914**	**57410**	**66**	**8770**	**11203**
		15		149	43	303	815		6	72
		15		149	22	300	793		6	63
					21	3	22			9
	89	24	769	3349	30081	39611	56595	66	8764	11131
	12	5	251	1843	1341	7142	13001	60	1024	3205
		5	56	304	142	1221	1735		105	186
		9	60	74	94	1555	12553		150	247
			4	118	88	1297	5972		292	661
				2	2	27	132		12	
	8		55	273		2039	1113		298	12
			34	477	422	1454	5155		340	682
					27309	21574	8048		6102	4044
	69	5	309	258	683	3302	8886	6	441	2094

2-B-9 续表 12

行业	1949年及以前	1950-1952年	1953-1957年	1958-1962年	1963-1965年
科学研究和技术服务业	**54**	**112**	**7**	**129**	**39**
研究和试验发展					
自然科学研究和试验发展					
工程和技术研究和试验发展					
农业科学研究和试验发展					
医学研究和试验发展					
社会人文科学研究					
专业技术服务业	39	92	7	128	39
气象服务					
地震服务					
海洋服务					
测绘服务	39				
质检技术服务					
环境与生态监测					
地质勘查					
工程技术				128	39
其他专业技术服务业		92	7		
科技推广和应用服务业	15	20		1	
技术推广服务	15	20		1	
科技中介服务					
其他科技推广和应用服务业					
水利、环境和公共设施管理业				**47**	**79**
水利管理业				36	79
防洪除涝设施管理					
水资源管理					10
天然水收集与分配				36	69
水文服务					
其他水利管理业					
生态保护和环境治理业				11	
生态保护				11	
环境治理业					

单位：人

1966–1970年	1971–1975年	1976–1980年	1981–1985年	1986–1990年	1991–1995年	1996–2000年	1978年	1992年	1997年
89	**118**	**606**	**1540**	**2025**	**6267**	**15863**	**68**	**1162**	**1669**
			18	11	258	768		68	88
					1	49		1	10
			6	6	74	398		44	73
				5	97	129		18	1
			12		86	192		5	4
89	111	591	1471	1947	5122	13554	54	911	1415
				1		51			20
						21			
				330	407	989			133
			32	184	395	1008		6	229
					14	232			2
			159	102	174	95		118	
77	24	566	1200	1215	3868	9497	54	779	855
12	87	25	80	115	264	1661		8	176
	7	15	51	67	887	1541	14	183	166
	7	15	20	65	869	1369	14	178	157
			24	2	18	86		5	8
			7			86			1
	74	**149**	**179**	**430**	**1470**	**5597**	**110**	**356**	**816**
	74	110	124	38	366	419	110	39	67
					6	64		6	
		87	47	2	44	87	87		33
	74	19	60	12	139	87	19		
					7				
		4	17	24	170	181	4	33	34
		21		56	28	389		17	81
					5	107		5	
		21		56	23	282		12	81

2-B-9 续表 13

行　　业	1949年及以前	1950-1952年	1953-1957年	1958-1962年	1963-1965年
公共设施管理业					
市政设施管理					
环境卫生管理					
城乡市容管理					
绿化管理					
公园和游览景区管理					
居民服务、修理和其他服务业	**8**	**30**	**9**	**86**	**11**
居民服务业	8		9	56	11
家庭服务					
托儿所服务					
洗染服务					
理发及美容服务			9	1	
洗浴服务				34	
保健服务					
婚姻服务					
殡葬服务	8			21	11
其他居民服务业					
机动车、电子产品和日用产品修理业				2	
汽车、摩托车修理与维护					
计算机和办公设备维修				2	
家用电器修理					
其他日用产品修理业					
其他服务业		30		28	
清洁服务					
其他未列明服务业		30		28	
卫生和社会工作					
社会工作					
提供住宿社会工作					
不提供住宿社会工作					
文化、体育和娱乐业	**24**	**28**	**42**	**156**	**1**
新闻和出版业					

单位：人

1966–1970年	1971–1975年	1976–1980年	1981–1985年	1986–1990年	1991–1995年	1996–2000年	1978年	1992年	1997年
		18	55	336	1076	4789		300	668
			29	32	189	491		24	48
				20	176	271		79	10
						24			13
				94	511	2322		82	253
		18	26	190	200	1681		115	344
13	**63**	**141**	**557**	**1255**	**2580**	**7821**	**52**	**456**	**859**
		23	185	459	456	1862		80	269
			3		30	64		29	
			20	72	23	329		15	64
			32	108	7	446			6
					24	216			
					23	197			12
					51	6		3	4
		23	130	275	207	506		33	178
				4	91	98			5
8	43	118	368	726	1883	5085	52	346	552
	43	112	275	655	1697	4385	52	287	483
			6	8	92	225		48	
3		6	35	59	63	437		11	69
5			52	4	31	38			
5	20		4	70	241	874		30	38
5			3	70	208	731		22	15
	20		1		33	143		8	23
				5	**6**	**178**		**3**	
				5	6	178		3	
					6	145		3	
				5		33			
	82	**560**	**811**	**438**	**795**	**4045**	**114**	**187**	**144**
		169	280	50	177	192	81	65	

2-B-9 续表 14

行　业	1949年及以前	1950-1952年	1953-1957年	1958-1962年	1963-1965年
新闻业					
出版业					
广播、电视、电影和影视录音制作业			33	88	1
广播					
电视					
电影和影视节目制作					
电影和影视节目发行				12	
电影放映			33	76	1
录音制作					
文化艺术业	24	28	9	60	
文艺创作与表演	1	10		56	
艺术表演场馆	23	18	9	4	
图书馆与档案馆					
文物及非物质文化遗产保护					
博物馆					
烈士陵园、纪念馆					
群众文化活动					
其他文化艺术业					
体育					
体育组织					
体育场馆					
休闲健身活动					
其他体育					
娱乐业				8	
室内娱乐活动				8	
游乐园					
彩票活动					
文化、娱乐、体育经纪代理					
其他娱乐业					

单位：人

1966–1970年	1971–1975年	1976–1980年	1981–1985年	1986–1990年	1991–1995年	1996–2000年	1978年	1992年	1997年
					19	4			
		169	280	50	158	188	81	65	
	82	338	404	161	196	268	32	76	11
			24			11			
				22	89	15		75	
		1		7	47	67	1	1	3
		18	4			32			
	82	319	376	132	38	143	31		8
					22				
		52	121	151	74	282		9	20
		39	113	97	13	89			
		8	3	1					
				1	23	37		9	
						37			5
						40			
		5		40	34	34			
			5	12	4	45			15
				65	20	256			10
				20					
				45	20	232			10
						24			
		1	6	11	328	3047	1	37	103
		1	6	5	310	2856	1	28	78
						65			
						17			17
					16	48		9	
				6	2	61			8

2-B-9 续表 15

行　业	2000年	2001年	2002年	2003年	2004年
总　计	**512623**	**550856**	**684215**	**783063**	**723253**
农、林、牧、渔业	**228**	**259**	**263**	**391**	**246**
农业		15		26	30
谷物种植					
蔬菜、食用菌及园艺作物种植					
水果种植					30
坚果、含油果、香料和饮料作物种植		15		10	
中药材种植				16	
其他农业					
林业	2			5	
林木育种和育苗	2			5	
畜牧业			55	6	11
牲畜饲养			45		11
家禽饲养			10		
其他畜牧业				6	
渔业	32	5	9	13	6
水产养殖	32	5	9	13	6
农、林、牧、渔服务业	194	239	199	341	199
农业服务业	80	146	115	103	115
林业服务业	98	2		217	75
畜牧服务业	16	18	75	16	9
渔业服务业		73	9	5	
采矿业	**458**	**973**	**1543**	**2230**	**1487**
煤炭开采和洗选业		15	15		
烟煤和无烟煤开采洗选			15		
褐煤开采洗选					
其他煤炭采选		15			
黑色金属矿采选业		199		100	
铁矿采选		199		100	
其他黑色金属矿采选					

单位：人

2005年	2006年	2007年	2008年	2009年	2010年	2011年	2012年	2013年
686274	**867786**	**750395**	**721427**	**841194**	**1029665**	**944296**	**817380**	**1070814**
361	**511**	**1121**	**2104**	**3247**	**1942**	**2197**	**2431**	**2329**
	28		35	125	172	66	152	13
	15		24					5
				38	125	50	17	
	8		11	76	32			2
	5			11	15	5	45	
						8	90	6
						3		
						13		
						13		
5	13	7	58	3	23	21	15	22
5	6	7		3	23	13		4
	7		13			8		
			45				15	18
5	12			13	21			
5	12			13	21			
351	458	1114	2011	3106	1726	2097	2264	2294
321	392	920	1718	2871	1626	1897	2070	2089
6	22	49	58	129	20	110	104	70
14	8	93	166	30	45	45	63	105
10	36	52	69	76	35	45	27	30
1341	**1356**	**1418**	**2425**	**1910**	**1368**	**2169**	**1426**	**1183**
	5	3	1		14		88	69
							88	56
	5				14			10
		3	1					3
52		28	80	60	44	83	64	
52		28	80	59	44	83	64	
				1				

2-B-9 续表 16

行　业	2000年	2001年	2002年	2003年	2004年
有色金属矿采选业		69	171	95	278
常用有色金属矿采选		69	73	95	2
贵金属矿采选			98		
稀有稀土金属矿采选					276
非金属矿采选业	458	690	1357	2025	1197
土砂石开采	449	615	1356	2013	1083
化学矿开采					
采盐					
石棉及其他非金属矿采选	9	75	1	12	114
开采辅助活动					
石油和天然气开采辅助活动					
其他开采辅助活动					
其他采矿业				10	12
其他采矿业				10	12
制造业	**380382**	**418440**	**507026**	**561002**	**466341**
农副食品加工业	6313	9084	6569	6836	4535
谷物磨制	311	324	405	179	145
饲料加工	887	1067	667	1100	388
植物油加工	349	63	185	194	69
制糖业			7	5	3
屠宰及肉类加工	555	1163	760	579	543
水产品加工	1986	4014	2165	2387	1335
蔬菜、水果和坚果加工	1971	1894	2254	1433	1654
其他农副食品加工	254	559	126	959	398
食品制造业	2990	4138	3079	3423	3479
焙烤食品制造	542	615	452	536	630
糖果、巧克力及蜜饯制造	166	502	109	71	150
方便食品制造	285	540	418	856	462
乳制品制造	169	227	173	66	169
罐头食品制造	97	458	640	318	740
调味品、发酵制品制造	340	631	416	134	483
其他食品制造	1391	1165	871	1442	845

单位：人

2005年	2006年	2007年	2008年	2009年	2010年	2011年	2012年	2013年
107	449	17	270	31	20	260	31	66
102	84	16	187	30		260	19	25
			30				7	
5	365	1	53	1	20		5	41
1177	869	1368	2045	1808	1260	1803	1118	990
1073	787	1340	1904	1681	1194	1608	1029	936
				22		30		23
104	82	28	141	105	66	165	89	31
5	1				24		3	9
	1						1	6
5					24		2	3
	32	2	29	11	6	23	122	49
	32	2	29	11	6	23	122	49
445829	**535054**	**491364**	**411053**	**463890**	**576653**	**499353**	**394055**	**569387**
6094	6255	5822	4800	6182	5449	5368	6364	6010
154	237	152	107	174	257	118	232	184
1181	454	705	389	161	875	332	292	663
193	314	222	229	268	282	202	275	400
	82		40		85	134	73	41
1011	779	1107	799	1287	899	890	920	441
1901	1531	1942	1277	1746	1622	1486	1815	1866
1341	1939	1187	1428	1759	1052	1720	1998	1466
313	919	507	531	787	377	486	759	949
2716	3998	3086	1974	2198	2947	3279	3157	3119
793	743	1036	398	357	676	986	935	1448
190	348	495	118	112	95	55	340	106
266	1421	307	346	495	382	918	666	631
8		4	24	9	1		1	7
249	244	267	306	26	640	165	286	207
154	261	263	105	270	457	92	84	68
1056	981	714	677	929	696	1063	845	652

2-B-9 续表 17

行业	2000年	2001年	2002年	2003年	2004年
酒、饮料和精制茶制造业	2183	2756	2688	1861	2780
酒的制造	912	481	425	364	480
饮料制造	290	753	606	578	798
精制茶加工	981	1522	1657	919	1502
烟草制品业		227		30	
卷烟制造					
其他烟草制品制造		227		30	
纺织业	43936	39967	61851	63257	45893
棉纺织及印染精加工	19827	17811	26164	23216	17660
毛纺织及染整精加工	1956	2342	2834	2931	1922
麻纺织及染整精加工	45	222	364	479	113
丝绢纺织及印染精加工	4197	4281	3695	4970	3001
化纤织造及印染精加工	3891	3643	4849	6886	5863
针织或钩针编织物及其制品制造	7544	6026	12628	11417	7828
家用纺织制成品制造	3527	3007	6737	6646	5347
非家用纺织制成品制造	2949	2635	4580	6712	4159
纺织服装、服饰业	34290	38636	49981	49924	40693
机织服装制造	19810	22405	26082	26328	22297
针织或钩针编织服装制造	10216	10743	16001	14202	11673
服饰制造	4264	5488	7898	9394	6723
皮革、毛皮、羽毛及其制品和制鞋业	17782	18741	22203	26578	21864
皮革鞣制加工	552	1378	1281	1307	1035
皮革制品制造	4883	4462	7297	7663	8121
毛皮鞣制及制品加工	754	685	725	1029	727
羽毛(绒)加工及制品制造	899	1152	416	1372	466
制鞋业	10694	11064	12484	15207	11515
木材加工和木、竹、藤、棕、草制品业	4078	5203	6347	6641	5958
木材加工	341	460	512	642	495
人造板制造	926	1203	1539	2587	1328
木制品制造	1620	1904	2777	2053	2562
竹、藤、棕、草等制品制造	1191	1636	1519	1359	1573

单位：人

2005年	2006年	2007年	2008年	2009年	2010年	2011年	2012年	2013年
2314	2951	2732	2622	1542	1484	3150	2330	3030
536	841	418	219	294	159	281	296	401
600	774	543	809	346	526	685	873	626
1178	1336	1771	1594	902	799	2184	1161	2003
	2551							
	2551							
42639	49819	38600	29897	35828	46821	40939	28225	43451
14111	17013	12378	8958	8696	14435	10192	6698	13077
1544	2848	2832	1443	1305	1326	1370	1457	1577
53	101	105	80	99	110	61	70	61
3710	2121	1488	1550	1975	1808	1580	654	1299
5173	4680	3832	2771	3873	5221	4379	3096	4973
7992	10905	8109	6509	9804	11772	10771	7462	9526
5879	6633	5243	5592	6060	7178	7092	5899	8401
4177	5518	4613	2994	4016	4971	5494	2889	4537
38289	46943	41206	34308	44336	59003	48727	45597	82396
21735	25866	22417	18273	24708	31424	27847	25481	55369
10313	13142	11666	9227	12935	17531	10731	11481	13607
6241	7935	7123	6808	6693	10048	10149	8635	13420
20031	25802	22187	20099	25686	44147	42145	31453	73395
858	647	597	279	476	715	708	525	784
5668	7378	6636	6503	6826	7929	9486	7852	11433
1013	1246	1978	352	642	1056	707	1028	1326
153	457	504	155	632	155	394	89	707
12339	16074	12472	12810	17110	34292	30850	21959	59145
6957	8543	10621	9754	7995	12041	8426	7817	14205
659	1112	1020	1244	1101	1706	1581	1054	3169
1320	1763	2802	2327	1211	1634	931	880	1008
2927	3526	3807	4037	3883	6361	3732	3323	5715
2051	2142	2992	2146	1800	2340	2182	2560	4313

2-B-9 续表 18

行业	2000年	2001年	2002年	2003年	2004年
家具制造业	4535	3644	7665	11183	8397
木质家具制造	2211	1611	4855	6075	4824
竹、藤家具制造	26	123	154	49	137
金属家具制造	1158	1372	1469	3237	2088
塑料家具制造	200	67	188	473	224
其他家具制造	940	471	999	1349	1124
造纸和纸制品业	8215	7543	11497	16209	8935
纸浆制造	1	9	16		
造纸	3843	3127	5046	9391	3017
纸制品制造	4371	4407	6435	6818	5918
印刷和记录媒介复制业	10331	10644	15223	12722	9945
印刷	9833	10045	14588	11877	9048
装订及印刷相关服务	498	595	539	830	897
记录媒介复制		4	96	15	
文教、工美、体育和娱乐用品制造业	17107	17701	25295	27834	21638
文教办公用品制造	4670	3564	4619	4729	5073
乐器制造	339	415	529	714	705
工艺美术品制造	7306	9914	13436	16351	10747
体育用品制造	2019	1557	2899	2057	2496
玩具制造	2113	2023	3420	3643	2050
游艺器材及娱乐用品制造	660	228	392	340	567
石油加工、炼焦和核燃料加工业	175	492	213	156	815
精炼石油产品制造	166	492	213	156	815
炼焦	9				
核燃料加工					
化学原料和化学制品制造业	11448	12275	13075	16749	11571
基础化学原料制造	2268	2358	2145	3263	1715
肥料制造	310	544	177	83	168
农药制造	379	84	517	604	345
涂料、油墨、颜料及类似产品制造	2554	3561	3279	2875	2653

单位：人

2005年	2006年	2007年	2008年	2009年	2010年	2011年	2012年	2013年
7146	12417	11143	8595	10049	14958	11453	12072	14621
3092	4190	4835	4827	5013	8102	6783	6975	9037
108	377	486	182	236	459	134	229	832
1973	6320	3700	2133	2175	3053	2559	2649	2679
497	382	685	266	755	547	446	406	159
1476	1148	1437	1187	1870	2797	1531	1813	1914
8458	10207	10305	8438	11808	13218	8303	8202	11905
8	9	28	36	7	43	41	6	30
1625	3372	2888	1982	3499	3332	2082	1778	1845
6825	6826	7389	6420	8302	9843	6180	6418	10030
9492	8820	8704	5550	8534	8057	6843	5030	6384
9085	8478	8311	5244	8275	7675	6463	4807	5751
362	342	390	306	259	369	380	210	612
45		3			13		13	21
20404	26431	22354	18484	21057	25317	25145	20623	31164
3934	4345	4230	2389	3426	3584	3974	2893	4798
132	150	166	113	176	148	121	126	83
10152	15024	11471	11828	11300	14311	14609	12548	19739
3199	2874	1873	1330	2872	3336	2695	1906	2152
2018	3166	3730	2003	2873	3170	2974	2505	3723
969	872	884	821	410	768	772	645	669
226	328	326	363	185	269	788	302	299
226	328	326	363	185	249	787	263	299
							39	
					20	1		
11332	10932	11463	11237	10651	9975	8736	5373	5588
2343	1904	2564	1755	1444	1848	1762	642	718
154	95	205	138	303	155	251	208	104
33	126	100	148		6	20	20	1
2176	1863	1386	1775	1900	1699	1097	862	1110

2-B-9 续表 19

行　业	2000年	2001年	2002年	2003年	2004年
合成材料制造	2225	1524	2113	2617	1817
专用化学产品制造	2630	2726	3724	4878	3356
炸药、火工及焰火产品制造	1	11	1	206	8
日用化学产品制造	1081	1467	1119	2223	1509
医药制造业	5076	3384	4876	5184	3544
化学药品原料药制造	2662	1323	1605	1517	762
化学药品制剂制造	342	615	357	1028	683
中药饮片加工	81	119	443	346	38
中成药生产	571	178	34	116	460
兽用药品制造	291	14	115	210	223
生物药品制造	577	415	604	495	704
卫生材料及医药用品制造	552	720	1718	1472	674
化学纤维制造业	4842	2952	4774	5950	3475
纤维素纤维原料及纤维制造	501	276	284	183	150
合成纤维制造	4341	2676	4490	5767	3325
橡胶和塑料制品业	22445	26303	32457	33630	31270
橡胶制品业	3512	3087	4140	4414	4700
塑料制品业	18933	23216	28317	29216	26570
非金属矿物制品业	10796	13073	14873	24997	18112
水泥、石灰和石膏制造	1374	1607	1118	2847	1585
石膏、水泥制品及类似制品制造	2496	3812	5595	9768	4981
砖瓦、石材等建筑材料制造	2411	2532	3584	5328	4339
玻璃制造	281	333	292	668	936
玻璃制品制造	1862	2178	1584	2115	2230
玻璃纤维和玻璃纤维增强塑料制品制造	248	408	1084	869	744
陶瓷制品制造	994	721	373	1595	1382
耐火材料制品制造	532	1042	599	949	921
石墨及其他非金属矿物制品制造	598	440	644	858	994
黑色金属冶炼和压延加工业	5676	6605	9727	13241	9504
炼铁	18	2	26	22	88
炼钢	24	75	193	372	286

单位：人

2005年	2006年	2007年	2008年	2009年	2010年	2011年	2012年	2013年
2275	2254	2066	2434	2887	2272	1918	889	1523
3048	3318	3928	2896	2733	2647	2710	1367	1380
	25	18	121	130		1	3	18
1303	1347	1196	1970	1254	1348	977	1382	734
2847	2799	2186	2316	1513	1649	1600	997	1038
1146	768	576	456	491	431	113	21	59
5	324	167	205	271	24	459	59	76
161	237	201	562	26	138	29	111	297
71	382	84	4	51	20	132	54	95
241	62	102	45	48	42	107	19	12
853	255	572	149	248	260	186	375	241
370	771	484	895	378	734	574	358	258
2456	4103	4127	1736	3058	3819	3019	1565	1757
545	182	69	155	152	222	158	174	249
1911	3921	4058	1581	2906	3597	2861	1391	1508
29606	37554	31657	26749	30237	38176	29356	25758	32359
3942	3739	3635	3459	3441	4350	3388	2446	3064
25664	33815	28022	23290	26796	33826	25968	23312	29295
12445	19982	18716	14841	15668	20740	18275	13610	30761
309	800	745	1002	1074	702	925	497	891
3429	6608	8171	5471	4421	5704	6610	3794	2558
2967	4169	3855	3386	3757	5258	3702	3652	5073
356	1321	679	443	890	825	896	327	595
2900	2421	2824	1841	2488	4264	3215	2042	17397
782	1052	682	622	666	1082	786	488	482
537	1221	826	1055	832	1503	902	913	1741
585	1422	555	625	816	750	507	410	577
580	968	379	396	724	652	732	1487	1447
8050	6619	8338	7950	6740	5770	3174	2743	3655
28	31	71		260	68	21	1	34
52	33	30	10	45	22	26	23	390

2-B-9 续表 20

行　　业	2000年	2001年	2002年	2003年	2004年
黑色金属铸造	2794	3402	4502	4821	4133
钢压延加工	2840	3115	4998	7573	4832
铁合金冶炼		11	8	453	165
有色金属冶炼和压延加工业	6081	4872	6484	6313	5573
常用有色金属冶炼	239	122	569	974	419
贵金属冶炼	5		40	35	
稀有稀土金属冶炼	1		53	160	
有色金属合金制造	392	691	816	480	733
有色金属铸造	202	732	560	303	418
有色金属压延加工	5242	3327	4446	4361	4003
金属制品业	25244	30450	35737	39798	35863
结构性金属制品制造	2723	3978	5621	5238	5057
金属工具制造	4790	6086	5271	5805	6905
集装箱及金属包装容器制造	767	615	1459	1163	2102
金属丝绳及其制品制造	1546	842	1099	1132	1074
建筑、安全用金属制品制造	6723	8417	9569	9035	8768
金属表面处理及热处理加工	3187	3610	4436	6431	4200
搪瓷制品制造	83	472	224	268	272
金属制日用品制造	2529	3393	5110	6629	4164
其他金属制品制造	2896	3037	2948	4097	3321
通用设备制造业	40737	47455	52962	56456	54568
锅炉及原动设备制造	1517	1990	585	1233	1563
金属加工机械制造	3027	4012	3590	4721	4043
物料搬运设备制造	2328	2089	2528	3203	2560
泵、阀门、压缩机及类似机械制造	10208	11812	15956	15267	15825
轴承、齿轮和传动部件制造	7252	9442	8656	10327	8829
烘炉、风机、衡器、包装等设备制造	5476	6970	6713	5652	5767
文化、办公用机械制造	662	798	927	706	641
通用零部件制造	9560	9621	13405	14483	14493
其他通用设备制造业	707	721	602	864	847
专用设备制造业	17446	17702	21703	27733	22063

单位：人

2005年	2006年	2007年	2008年	2009年	2010年	2011年	2012年	2013年
3146	2769	2864	2256	1616	2235	847	714	904
4690	3699	5285	5587	4802	3385	2278	1992	2262
134	87	88	97	17	60	2	13	65
5378	6831	6136	5653	4828	5048	4317	3044	4013
854	400	572	528	259	334	697	338	213
23		134	49	25		36	10	4
5	90	13	60	39	6	6		9
707	429	711	488	1519	780	370	292	253
434	508	385	653	493	303	368	103	325
3355	5404	4321	3875	2493	3625	2840	2301	3209
36834	43782	40463	30583	37795	44148	38025	31040	39219
5393	8734	9361	6470	8870	9932	8632	4921	6024
6106	6228	5850	4503	3914	6504	4646	4738	5724
1819	905	977	1110	1256	1429	925	743	480
824	1601	1096	818	1326	706	559	334	534
8614	10979	10011	7278	8482	9574	9883	8430	13270
3943	4452	3484	2869	2132	4443	3644	2676	3298
470	618	324	462	285	479	669	428	592
4838	6219	5388	3768	7445	6795	5459	5423	5392
4827	4046	3972	3305	4085	4286	3608	3347	3905
52285	63388	59139	50812	46494	59465	54246	41388	48024
1367	1679	1684	1296	811	1042	1448	534	563
4006	5526	3590	4778	4755	6325	6145	4281	5891
3602	4267	3126	2120	2725	3797	2988	1948	1470
13595	14428	15935	12978	12233	14510	12315	9642	10653
8648	10075	11364	7876	5473	7707	7932	5535	4666
5742	8395	6816	6162	4911	6792	5475	5154	5498
800	1167	1026	1224	470	1055	467	599	714
13783	16906	14958	13642	14209	16628	16124	12575	17409
742	945	640	736	907	1609	1352	1120	1160
23021	24664	22271	18997	22946	28213	24138	17644	19645

2-B-9 续表 21

行　业	2000年	2001年	2002年	2003年	2004年
采矿、冶金、建筑专用设备制造	1438	1228	989	2135	1695
化工、木材、非金属加工专用设备制造	5845	7160	8257	10231	7357
食品、饮料、烟草及饲料生产专用设备制造	472	535	873	1052	699
印刷、制药、日化及日用品生产专用设备制造	907	1326	959	2266	1042
纺织、服装和皮革加工专用设备制造	3594	3141	4782	4982	4958
电子和电工机械专用设备制造	557	295	809	539	822
农、林、牧、渔专用机械制造	369	1035	1125	1323	1675
医疗仪器设备及器械制造	1085	1417	1483	1909	1448
环保、社会公共服务及其他专用设备制造	3179	1565	2426	3296	2367
汽车制造业	14304	15133	19423	23318	21044
汽车整车制造	46	394	353	814	22
改装汽车制造	149	370			105
低速载货汽车制造	144				
电车制造	15	51			
汽车车身、挂车制造	59	21	87	2	19
汽车零部件及配件制造	13891	14297	18983	22502	20898
铁路、船舶、航空航天和其他运输设备制造业	4541	6567	5564	6970	7641
铁路运输设备制造	93	136		134	121
城市轨道交通设备制造					
船舶及相关装置制造	296	1215	553	1271	1469
航空、航天器及设备制造	1	212	8		118
摩托车制造	2011	1925	2535	2888	3352
自行车制造	1752	2661	2126	1982	2125
非公路休闲车及零配件制造	283	257	236	397	450
潜水救捞及其他未列明运输设备制造	105	161	106	298	6
电气机械和器材制造业	33396	40204	42452	45464	38934
电机制造	4540	4883	5697	6296	4887
输配电及控制设备制造	12282	11419	12065	13044	11201
电线、电缆、光缆及电工器材制造	4035	4732	5922	4958	4393
电池制造	977	493	1007	1072	782
家用电力器具制造	5477	8247	7553	8904	7887

单位：人

2005年	2006年	2007年	2008年	2009年	2010年	2011年	2012年	2013年
1790	1262	1370	1519	1850	1468	1829	1518	1267
7963	9705	10000	6717	7587	9665	9519	6196	8507
619	431	341	375	337	670	513	580	516
1003	1141	1131	1240	1719	2279	1619	1348	1457
6207	5245	3859	3176	3105	5504	4193	2623	3215
588	1211	1155	797	1199	1089	1163	984	747
1078	1478	1108	1205	1842	2700	1228	1093	1141
1699	1740	406	1127	1673	1878	1258	963	698
2074	2451	2901	2841	3134	2960	2816	2339	2097
19308	27393	21289	17619	21719	25884	23139	16672	20227
320	495	148	40	331	235	124	267	330
10	131	290	5	124	59	149	8	27
41	18	10	1	4	6			57
	27	18	49	31	124	42	507	27
18937	26722	20823	17524	21229	25460	22824	15890	19786
7567	7530	6996	7815	7639	5653	6286	4530	5134
393	81	102	131	353	143	182	42	35
	1		11		15	126		15
3532	2315	2550	3923	2937	1751	3097	847	982
1	221	29	103	25	8	31	13	143
2043	2391	1873	1578	1850	1295	1178	1106	1725
1407	2242	2223	1719	1897	2156	1265	2297	2002
104	278	166	196	315	107	233	164	182
87	1	53	154	262	178	174	61	50
41621	46438	50420	39709	46884	57869	45927	33441	35340
6774	6173	5573	4550	5327	5283	5149	3826	4851
10133	13370	15100	13638	14797	18662	15648	10102	12843
5710	6442	5431	2271	3291	4334	2938	2436	2388
1134	764	1045	1221	1186	2414	1234	304	331
8121	7466	9312	6549	8673	10496	8537	6834	5594

2-B-9 续表 22

行 业	2000年	2001年	2002年	2003年	2004年
非电力家用器具制造	389	567	293	974	908
照明器具制造	5160	9188	9455	9493	8057
其他电气机械及器材制造	536	675	460	723	819
计算机、通信和其他电子设备制造业	13828	17794	14468	13428	13427
计算机制造	425	445	960	503	481
通信设备制造	1859	1734	1483	1447	1144
广播电视设备制造	929	1061	911	1063	632
雷达及配套设备制造				146	6
视听设备制造	845	1508	770	964	1453
电子器件制造	916	3750	1938	2190	1949
电子元件制造	7777	8853	7768	6472	6908
其他电子设备制造	1077	443	638	643	854
仪器仪表制造业	7506	8805	9112	8718	7507
通用仪器仪表制造	3752	3890	5028	3886	3936
专用仪器仪表制造	273	1057	1605	1371	1027
钟表与计时仪器制造	379	72	264	171	324
光学仪器及眼镜制造	2807	3611	2002	2887	2082
其他仪器仪表制造业	295	175	213	403	138
其他制造业	4162	5158	4929	5042	4891
日用杂品制造	3676	4680	4432	4542	4422
煤制品制造		5	11	5	47
核辐射加工			70		
其他未列明制造业	486	473	416	495	422
废弃资源综合利用业	731	432	1257	822	1768
金属废料和碎屑加工处理	599	266	963	636	1564
非金属废料和碎屑加工处理	132	166	294	186	204
金属制品、机械和设备修理业	188	500	542	535	654
金属制品修理	4	8		15	
通用设备修理	5	67	46	110	44
专用设备修理	19	18	1	30	19
铁路、船舶、航空航天等运输设备修理	157	254	483	270	560

单位：人

2005年	2006年	2007年	2008年	2009年	2010年	2011年	2012年	2013年
1599	1443	758	1351	1983	1654	1140	1048	1244
7638	10010	12385	9640	10722	13177	9592	7940	6981
512	770	816	489	905	1849	1689	951	1108
13621	11527	14169	14422	13430	17365	15214	10144	11098
304	499	333	916	308	657	1101	496	165
779	907	1393	1186	1049	1614	1484	508	549
290	733	798	648	296	919	365	616	327
25			32	29	20		1	
1187	1148	1510	1587	995	1483	915	577	551
2057	1789	2131	2606	1896	2283	2142	2037	2054
8001	5791	7133	6707	7599	9526	8001	5142	6464
978	660	871	740	1258	863	1206	767	988
6596	8095	7816	6259	7808	7407	8403	6823	9711
3383	4199	4302	2617	3445	2454	3389	1990	2105
1134	1253	898	894	1296	604	800	682	416
356	189	204	172	132	50	344	84	79
1346	2208	2215	2270	2527	4093	3523	3938	6840
377	246	197	306	408	206	347	129	271
4596	5741	4836	5334	5482	6894	6490	5128	7692
4270	5074	4442	4397	4419	5882	5204	4209	5712
1	144	26	34	132	3	11	15	31
								11
325	523	368	903	931	1009	1275	904	1938
2219	1225	1209	1857	1129	2765	1663	843	1114
1412	797	910	1443	678	2241	1015	384	501
807	428	299	414	451	524	648	459	613
1281	1386	3047	2280	4469	2102	2779	2140	3033
8	60	3	38	19	15	31	36	47
13	53	41	38	255	98	442	135	76
40	10	8	516	70	71	37	81	156
758	996	2707	1577	3839	1585	2181	1792	2509

2-B-9 续表 23

行业	2000年	2001年	2002年	2003年	2004年
电气设备修理	3	146		36	13
仪器仪表修理			1	10	
其他机械和设备修理业		7	11	64	18
电力、热力、燃气及水生产和供应业	**2201**	**3607**	**4020**	**4969**	**4900**
电力、热力生产和供应业	1594	1741	2118	3535	3017
电力生产	1306	1738	1753	3053	2554
电力供应	272	3			65
热力生产和供应	16		365	482	398
燃气生产和供应业	87	349	354	496	887
燃气生产和供应业	87	349	354	496	887
水的生产和供应业	520	1517	1548	938	996
自来水生产和供应	183	1015	570	493	495
污水处理及其再生利用	249	444	841	390	460
其他水的处理、利用与分配	88	58	137	55	41
建筑业	**39507**	**27742**	**62029**	**81547**	**101182**
房屋建筑业	11836	8431	16083	46698	61807
房屋建筑业	11836	8431	16083	46698	61807
土木工程建筑业	16628	8091	13624	15739	14746
铁路、道路、隧道和桥梁工程建筑	4570	4674	6578	9143	7983
水利和内河港口工程建筑	1111	665	1873	1062	2451
海洋工程建筑		8			4
工矿工程建筑	214	724	152	307	529
架线和管道工程建筑	921	588	456	1440	885
其他土木工程建筑	9812	1432	4565	3787	2894
建筑安装业	2900	3155	5460	7563	3095
电气安装	743	1056	1264	2575	1494
管道和设备安装	987	860	1704	1403	765
其他建筑安装业	1170	1239	2492	3585	836
建筑装饰和其他建筑业	8143	8065	26862	11547	21534
建筑装饰业	7146	6717	7555	7436	16600
工程准备活动	874	1126	999	2669	1915
提供施工设备服务	45	55	19	56	1057
其他未列明建筑业	78	167	18289	1386	1962

单位：人

2005年	2006年	2007年	2008年	2009年	2010年	2011年	2012年	2013年
349	261	80	9	182	139	50	44	42
		21		22		1	6	10
113	6	187	102	82	194	37	46	193
4011	**3867**	**2105**	**3545**	**3003**	**2466**	**2033**	**2611**	**1700**
1734	1755	931	1314	1694	773	1219	1007	963
1560	1538	675	909	1541	741	909	836	854
1	6	119	5	20	2	43	71	32
173	211	137	400	133	30	267	100	77
652	463	172	336	349	247	298	1100	226
652	463	172	336	349	247	298	1100	226
1625	1649	1002	1895	960	1446	516	504	511
1055	1041	316	1047	537	569	102	157	155
446	469	581	746	414	809	345	304	217
124	139	105	102	9	68	69	43	139
78927	**112945**	**76045**	**75516**	**96719**	**128716**	**78989**	**59104**	**23821**
43103	66643	40015	33697	57340	77781	36242	27210	3889
43103	66643	40015	33697	57340	77781	36242	27210	3889
11568	18111	14962	18802	24052	30649	13975	14890	6539
6205	12551	11433	11729	16153	20776	8418	9690	3114
644	943	1411	1526	1783	1660	521	462	684
33	59		3	66	17	3	26	45
194	628	145	213	460	1702	129	687	828
789	1494	759	403	2357	1403	895	446	243
3703	2436	1214	4928	3233	5091	4009	3579	1625
3002	4534	4708	4799	4283	5601	12568	4284	2689
615	1322	2477	1215	1859	1533	8297	1039	799
1074	671	771	1468	390	715	1652	830	908
1313	2541	1460	2116	2034	3353	2619	2415	982
21254	23657	16360	18218	11044	14685	16204	12720	10704
4546	6834	4488	11166	9100	10699	8726	7259	6079
9032	11758	6297	1487	741	1767	1305	1256	3667
1115	396	119	2033	278	487	4796	1260	288
6561	4669	5456	3532	925	1732	1377	2945	670

2-B-9 续表 24

行　业	2000年	2001年	2002年	2003年	2004年
批发和零售业	**28822**	**31685**	**38043**	**46141**	**46971**
批发业	21892	24321	28172	34041	35016
农、林、牧产品批发	535	818	705	927	776
食品、饮料及烟草制品批发	2250	2340	2173	2805	2632
纺织、服装及家庭用品批发	4592	4773	6668	7587	7391
文化、体育用品及器材批发	1234	889	1104	1396	1708
医药及医疗器材批发	559	545	517	838	1157
矿产品、建材及化工产品批发	6576	6903	8550	10075	9585
机械设备、五金产品及电子产品批发	4795	6697	6761	8128	9188
贸易经纪与代理	405	480	717	940	918
其他批发业	946	876	977	1345	1661
零售业	6930	7364	9871	12100	11955
综合零售	358	503	582	420	620
食品、饮料及烟草制品专门零售	772	565	607	848	495
纺织、服装及日用品专门零售	448	679	737	1075	899
文化、体育用品及器材专门零售	778	428	558	712	411
医药及医疗器材专门零售	405	554	2265	2796	2684
汽车、摩托车、燃料及零配件专门零售	1478	1690	2162	2511	3656
家用电器及电子产品专门零售	1495	1299	1535	1859	1757
五金、家具及室内装饰材料专门零售	733	1121	906	1294	895
货摊、无店铺及其他零售业	463	525	519	585	538
交通运输、仓储和邮政业	**12455**	**14463**	**15605**	**14459**	**18159**
道路运输业	5666	8127	10235	6798	8954
城市公共交通运输	802	1344	1450	450	714
公路旅客运输	2089	2064	2167	1036	1182
道路货物运输	2229	3210	4909	3830	5728
道路运输辅助活动	546	1509	1709	1482	1330
水上运输业	1071	1690	1988	2543	3062
水上旅客运输	12	129	29	278	470

单位：人

2005年	2006年	2007年	2008年	2009年	2010年	2011年	2012年	2013年
50712	**69898**	**72543**	**77083**	**110571**	**133029**	**167380**	**168246**	**245136**
38908	55279	56573	60055	85735	100725	125260	124040	159361
1241	1484	2080	2692	4379	3814	4910	5841	7808
3619	4363	6408	7700	10019	10556	12767	14420	19407
9904	17518	15096	16149	24503	29491	36070	37517	50298
1458	2268	1983	2158	3080	4320	5920	5636	9508
1058	1293	1252	1429	2215	2294	2542	2457	3297
10102	13017	13242	14084	17810	21188	27973	24992	30645
8314	11407	11909	11551	16335	19640	22963	21061	23389
1475	2236	3111	2202	4216	5587	8016	8435	10370
1737	1693	1492	2090	3178	3835	4099	3681	4639
11804	14619	15970	17028	24836	32304	42120	44206	85775
486	1141	828	727	815	1657	1845	2257	5364
811	1221	1499	2356	2641	3844	4451	4924	13491
1227	1384	2001	2003	2969	4266	6578	6966	14458
549	631	805	841	1466	1711	2127	2546	4430
3069	3215	2764	2600	3409	3450	3876	3939	5234
2343	2428	2891	2512	4263	6069	6783	6614	8239
1583	2117	2606	3005	4352	4483	5002	5030	7422
1152	1796	1843	1945	2725	3423	4439	4359	13842
584	686	733	1039	2196	3401	7019	7571	13295
15845	**18558**	**16950**	**15001**	**22050**	**27618**	**19864**	**20684**	**16554**
7600	11359	8837	7747	13034	13536	10111	12134	8290
448	2612	1619	909	438	826	591	3764	280
1014	1259	1082	534	800	507	687	696	477
5278	6944	5790	5081	11335	11345	8024	6992	6634
860	544	346	1223	461	858	809	682	899
2114	2437	2472	2368	1610	2372	1091	857	535
105	93	5	286	62	163	65	405	245

2-B-9 续表 25

行　业	2000年	2001年	2002年	2003年	2004年
水上货物运输	997	1175	1473	1748	2073
水上运输辅助活动	62	386	486	517	519
航空运输业	53		33	328	1
航空客货运输			4		
通用航空服务	5		24		1
航空运输辅助活动	48		5	328	
管道运输业					
管道运输业					
装卸搬运和运输代理业	4581	3751	2569	3773	4683
装卸搬运	3140	1294	1009	1692	1722
运输代理业	1441	2457	1560	2081	2961
仓储业	633	765	362	775	1046
谷物、棉花等农产品仓储	370	129	46	114	41
其他仓储业	263	636	316	661	1005
邮政业	451	130	418	242	413
邮政基本服务	7	2		21	67
快递服务	444	128	418	221	346
住宿和餐饮业	**4551**	**4706**	**6806**	**7396**	**9143**
住宿业	2356	2482	4453	4034	4484
旅游饭店	1659	1698	2978	2592	2497
一般旅馆	685	763	1427	1402	1923
其他住宿业	12	21	48	40	64
餐饮业	2195	2224	2353	3362	4659
正餐服务	1685	1839	2089	2880	3874
快餐服务	402	192	105	185	239
饮料及冷饮服务	44	113	38	158	177
其他餐饮业	64	80	121	139	369
信息传输、软件和信息技术服务业	**3113**	**3581**	**4320**	**5324**	**5927**
电信、广播电视和卫星传输服务	152	371	515	356	434
电信	67	326	486	270	378
广播电视传输服务	85	45	29	86	56

单位：人

2005年	2006年	2007年	2008年	2009年	2010年	2011年	2012年	2013年
1526	1649	1797	1783	1120	1664	857	290	176
483	695	670	299	428	545	169	162	114
	1		5	18	33	6	34	39
							5	
			5	18	1	6	19	27
	1				32		10	12
					1			
					1			
4848	3625	3551	3531	4365	4397	6146	5178	5917
629	389	777	613	801	524	1110	1204	1442
4219	3236	2774	2918	3564	3873	5036	3974	4475
665	909	835	676	718	1094	739	601	553
33	11	121	38	13	86	6	25	20
632	898	714	638	705	1008	733	576	533
618	227	1255	674	2305	6185	1771	1880	1220
23	14	1	175		250	5	6	
595	213	1254	499	2305	5935	1766	1874	1220
9830	**11328**	**12516**	**14943**	**15464**	**19877**	**21129**	**26261**	**47964**
4765	4953	5417	5986	5247	6164	6453	7271	13372
2812	2465	2194	2669	1896	2810	2430	3268	4539
1913	2402	3055	3188	3066	3251	3642	3721	8094
40	86	168	129	285	103	381	282	739
5065	6375	7099	8957	10217	13713	14676	18990	34592
4052	5621	5848	7309	8449	11984	12656	16432	27785
224	222	767	833	994	877	558	773	2028
254	345	258	315	358	446	639	853	2372
535	187	226	500	416	406	823	932	2407
6633	**7622**	**6619**	**8315**	**11802**	**14061**	**15783**	**17864**	**23125**
518	210	450	243	574	331	424	327	796
349	148	348	220	571	224	382	226	303
169	62	102	23	3	107	42	101	493

2-B-9 续表 26

行　业	2000年	2001年	2002年	2003年	2004年
互联网和相关服务	604	308	144	609	483
互联网接入及相关服务	106	28	17	48	130
互联网信息服务	493	271	127	547	347
其他互联网服务	5	9		14	6
软件和信息技术服务业	2357	2902	3661	4359	5010
软件开发	1780	2230	2540	3220	3794
信息系统集成服务	247	416	603	655	634
信息技术咨询服务	302	162	254	330	328
数据处理和存储服务	8			7	41
集成电路设计		64	45	70	35
其他信息技术服务业	20	30	219	77	178
房地产业	**8705**	**12026**	**11882**	**14705**	**14048**
房地产业	8705	12026	11882	14705	14048
房地产开发经营	2347	2364	2685	2833	2775
物业管理	5587	8146	7650	9956	9395
房地产中介服务	562	1337	1227	1353	1278
其他房地产业	209	179	320	563	600
租赁和商务服务业	**19766**	**20215**	**16259**	**23083**	**35907**
租赁业	178	507	449	571	838
机械设备租赁	165	492	432	543	793
文化及日用品出租	13	15	17	28	45
商务服务业	19588	19708	15810	22512	35069
企业管理服务	3912	4969	4746	5484	5058
法律服务	507	487	239	231	169
咨询与调查	7824	1427	2353	3334	3842
广告业	2292	1949	1739	2435	3226
知识产权服务	29	258	290	338	230
人力资源服务	854	3878	1818	2843	16379
旅行社及相关服务	1599	1658	1357	2009	1859
安全保护服务	102	1836	94	614	1320
其他商务服务业	2469	3246	3174	5224	2986

单位：人

2005年	2006年	2007年	2008年	2009年	2010年	2011年	2012年	2013年
454	823	405	689	1026	1245	1351	1513	1970
72	64	52	117	104	157	139	209	188
361	730	319	505	852	896	884	941	1261
21	29	34	67	70	192	328	363	521
5661	6589	5764	7383	10202	12485	14008	16024	20359
4388	4878	4354	5419	7897	8759	9808	11471	14349
608	590	660	947	798	1012	1363	1043	1840
292	543	417	564	712	1162	1588	2139	2291
16	191	14	115	147	496	359	598	673
202	126	82	112	164	290	232	171	181
155	261	237	226	484	766	658	602	1025
13106	**13298**	**14156**	**14261**	**16625**	**25578**	**24392**	**17165**	**19726**
13106	13298	14156	14261	16625	25578	24392	17165	19726
2748	2840	4001	4466	7438	12168	10925	5350	7599
8435	8201	7688	7652	6304	9219	8984	7587	5017
1437	1733	2123	1851	2675	3818	4038	3824	6416
486	524	344	292	208	373	445	404	694
37228	**69411**	**30490**	**71744**	**63838**	**59345**	**67853**	**62035**	**58521**
513	676	800	1666	1668	2258	2966	2496	3500
462	637	786	907	1655	2071	2814	2327	3265
51	39	14	759	13	187	152	169	235
36715	68735	29690	70078	62170	57087	64887	59539	55021
5464	5477	5939	7414	6328	9116	11881	11517	11016
330	403	201	455	215	443	557	374	270
4073	3938	5519	6289	7102	11327	12559	14181	17443
2945	3188	4552	3573	5585	6199	6828	7568	8068
231	330	207	391	279	314	472	675	668
13337	46138	6251	45581	34262	21447	17996	13418	5109
1687	1954	1283	1876	2031	1857	2380	2037	2628
4454	3357	1955	457	1539	1157	5867	3231	2361
4194	3950	3783	4042	4829	5227	6347	6538	7458

2-B-9 续表 27

行 业	2000年	2001年	2002年	2003年	2004年
科学研究和技术服务业	**5755**	**6928**	**7935**	**10274**	**8409**
研究和试验发展	259	233	515	524	444
自然科学研究和试验发展	3	39	8	8	15
工程和技术研究和试验发展	115	154	235	422	316
农业科学研究和试验发展	95	9	146	70	67
医学研究和试验发展	46	31	106	19	33
社会人文科学研究			20	5	13
专业技术服务业	4927	5993	6463	8747	6788
气象服务	6	9	143	24	2
地震服务					
海洋服务	21	38	1		
测绘服务	247	414	366	884	578
质检技术服务	418	390	1005	1113	1377
环境与生态监测	156	134	23	95	148
地质勘查	92	109	57	81	49
工程技术	3280	4237	4198	5725	3685
其他专业技术服务业	707	662	670	825	949
科技推广和应用服务业	569	702	957	1003	1177
技术推广服务	465	575	807	889	1092
科技中介服务	70	89	129	86	46
其他科技推广和应用服务业	34	38	21	28	39
水利、环境和公共设施管理业	**2045**	**2411**	**2905**	**2801**	**1988**
水利管理业	140	185	188	161	176
防洪除涝设施管理	36	24	61	85	1
水资源管理	9	12	79	48	122
天然水收集与分配		63	47	2	30
水文服务					18
其他水利管理业	95	86	1	26	5
生态保护和环境治理业	184	152	113	282	307
生态保护	52	9		18	3
环境治理业	132	143	113	264	304

单位：人

2005年	2006年	2007年	2008年	2009年	2010年	2011年	2012年	2013年
10545	**8968**	**9533**	**10046**	**13920**	**18066**	**19959**	**20447**	**23162**
536	862	821	772	1166	2324	2508	2840	3020
8	75	33	59	77	60	77	98	102
235	513	612	504	735	1714	1804	2009	2146
103	175	32	86	139	180	200	351	484
101	55	122	123	215	362	421	358	259
89	44	22			8	6	24	29
8624	6182	6914	6735	8984	10253	11843	11398	12844
46	3	11			17	5	2	
						4		2
		15	19	87	79	3	56	67
613	282	163	109	237	297	296	147	212
1162	882	1233	863	1181	1487	1346	1043	686
205	79	209	95	232	345	278	286	239
75	81	20	20	17	47	31	95	101
5641	3552	3867	3927	4553	4911	5654	5244	5965
882	1303	1396	1702	2677	3070	4226	4525	5572
1385	1924	1798	2539	3770	5489	5608	6209	7298
1129	1731	1665	2283	3483	4715	4880	5152	6230
143	86	103	222	183	399	303	538	518
113	107	30	34	104	375	425	519	550
2050	**2275**	**2430**	**2771**	**3454**	**3445**	**3585**	**3756**	**4365**
64	243	242	56	216	131	167	94	201
1	16	36	4	9	14	3	34	16
21	35	52	11	64	51	19	24	71
	65	26	9	55	9	8	8	55
						1		13
42	127	128	32	88	57	136	28	46
405	419	254	459	486	359	430	440	712
33	15		20	134	52	34	91	44
372	404	254	439	352	307	396	349	668

2-B-9 续表 28

行 业	2000年	2001年	2002年	2003年	2004年
公共设施管理业	1721	2074	2604	2358	1505
市政设施管理	228	211	419	297	249
环境卫生管理	156	252	174	171	40
城乡市容管理	10		88	10	12
绿化管理	535	836	1349	962	660
公园和游览景区管理	792	775	574	918	544
居民服务、修理和其他服务业	**2889**	**2290**	**2833**	**4687**	**4340**
居民服务业	667	593	1138	1866	1252
家庭服务	8	156	160	156	131
托儿所服务				10	
洗染服务	190	60	275	209	119
理发及美容服务	85	88	288	449	232
洗浴服务	144	67	131	516	348
保健服务	85	81	65	201	220
婚姻服务		10	15	33	31
殡葬服务	109	77	150	131	75
其他居民服务业	46	54	54	161	96
机动车、电子产品和日用产品修理业	1719	1337	1334	2202	2277
汽车、摩托车修理与维护	1573	1161	1019	1879	1856
计算机和办公设备维修	109	37	175	79	101
家用电器修理	34	47	139	211	200
其他日用产品修理业	3	92	1	33	120
其他服务业	503	360	361	619	811
清洁服务	455	303	289	546	602
其他未列明服务业	48	57	72	73	209
卫生和社会工作	**105**	**41**	**20**	**94**	
社会工作	105	41	20	94	
提供住宿社会工作	100	15		47	
不提供住宿社会工作	5	26	20	47	
文化、体育和娱乐业	**1641**	**1489**	**2726**	**3960**	**4205**
新闻和出版业	77	3	113	20	200

单位：人

2005年	2006年	2007年	2008年	2009年	2010年	2011年	2012年	2013年
1581	1613	1934	2256	2752	2955	2988	3222	3452
143	266	320	349	500	300	257	398	395
203	217	476	709	330	751	761	652	368
12	25	60	18	28	109	103	54	93
624	556	451	518	836	859	1138	1341	1431
599	549	627	662	1058	936	729	777	1165
5601	**6151**	**6308**	**6807**	**8384**	**9586**	**10496**	**10777**	**19132**
2159	1679	1904	1980	2780	3654	4525	4967	9288
424	350	265	308	390	543	720	795	1042
	3	26			6	2	8	11
155	246	263	228	189	174	244	333	390
372	142	364	278	474	483	734	939	1892
493	228	194	258	383	804	757	1049	1743
313	448	395	539	762	1041	1282	1185	2768
74	83	161	83	160	177	286	331	554
251	91	138	167	161	129	28	86	117
77	88	98	119	261	297	472	241	771
2194	3233	2687	3040	3560	3610	4093	3723	7156
1880	2659	2328	2525	3063	2959	3482	3029	6253
72	256	178	154	134	204	190	213	314
225	307	176	335	324	365	361	316	393
17	11	5	26	39	82	60	165	196
1248	1239	1717	1787	2044	2322	1878	2087	2688
1052	1175	1541	1671	1874	1948	1496	1730	2155
196	64	176	116	170	374	382	357	533
22	**56**	**6**	**31**	**13**	**41**	**64**	**47**	**59**
22	56	6	31	13	41	64	47	59
4	50	4		4	15	12	27	24
18	6	2	31	9	26	52	20	35
4233	**6488**	**6791**	**5782**	**6304**	**7874**	**9050**	**10471**	**14650**
327	88	112	69	199	37	54	166	162

2-B-9 续表 29

行　　业	2000年	2001年	2002年	2003年	2004年
新闻业			12	4	
出版业	77	3	101	16	200
广播、电视、电影和影视录音制作业	79	69	323	359	517
广播				8	5
电视	15	27		1	93
电影和影视节目制作	7	41	39	138	278
电影和影视节目发行			14	4	85
电影放映	57	1	270	208	54
录音制作					2
文化艺术业	173	118	94	149	132
文艺创作与表演	51	1	23	56	68
艺术表演场馆		83	19	18	29
图书馆与档案馆	28		19	2	
文物及非物质文化遗产保护	32			15	23
博物馆		20	3		8
烈士陵园、纪念馆					
群众文化活动	32	4	16	33	4
其他文化艺术业	30	10	14	25	
体育	166	111	369	443	462
体育组织		6			
体育场馆			144	26	132
休闲健身活动	142	71	223	402	268
其他体育	24	34	2	15	62
娱乐业	1146	1188	1827	2989	2894
室内娱乐活动	1043	1061	1779	2904	2746
游乐园	52	20	18		59
彩票活动					
文化、娱乐、体育经纪代理	16	13	21	32	33
其他娱乐业	35	94	9	53	56

单位：人

2005年	2006年	2007年	2008年	2009年	2010年	2011年	2012年	2013年
		3		14		9		14
327	88	109	69	185	37	45	166	148
364	1184	1085	882	891	1682	1910	2372	3091
	12		13			20	104	10
62	126	32	55	31	173	51	58	61
212	720	770	629	472	615	913	1001	2088
1	2		16	31	27	95	5	14
89	324	283	169	350	810	820	1198	912
				7	57	11	6	6
131	419	475	376	868	851	919	1566	2009
67	290	256	249	720	506	414	1020	922
	63	109		4	95	9	2	123
	30	4	44	23	31	42	22	65
3		1	10	3	27	32	61	40
4		17	4	10	1	33	29	38
							11	
52	31	31	18	18	12	76	65	135
5	5	57	51	90	179	313	356	686
453	349	429	442	867	689	969	1010	1352
100	3	5			13		1	8
36				5	1	41	26	24
270	312	395	424	679	569	834	875	1176
47	34	29	18	183	106	94	108	144
2958	4448	4690	4013	3479	4615	5198	5357	8036
2897	4359	4425	3593	3172	4334	4717	4747	7400
1	9	13	186	128	135	139	161	117
							39	5
31	17	31	75	86	74	174	205	197
29	63	221	159	93	72	168	205	317